국외편
재만 조선인 통제(4)
1933~1945년 일제의 재만 조선인 정책 자료집

국외편

일제침탈사
자료총서 78

재만 조선인 통제(4)

−1933~1945년 일제의 재만 조선인
정책 자료집

동북아역사재단 일제침탈사 편찬위원회 기획

김주용·이명종 편역

| 발간사

　일본이 한국을 침탈한 지 100년이 지나고 한국이 일본의 지배로부터 벗어난 지 70년이 넘었건만, 식민 지배에 대한 청산은 이루어지지 못하고 있다. 일본의 독도영유권 주장은 도를 넘어섰다. 일본은 일본군'위안부', 강제동원 등 인적 수탈의 강제성도 인정하지 않고 있다. 일본군'위안부'와 강제동원의 피해를 해결하는 방안을 놓고 한·일 간의 갈등은 최고조에 이르고 있다. 역사문제를 벗어나 무역분쟁, 안보위기 등 현실문제가 위기국면을 맞고 있다.

　한·일 간의 갈등은 식민 지배의 역사를 어떻게 볼 것인가 하는 역사인식에서 기인한다. 역사는 현재와 과거의 대화이며 이를 기반으로 미래로 나아갈 수 있다. 과거 침략의 역사를 미화하면서 평화로운 미래를 말하는 것은 불가능하다. 식민 지배와 전쟁발발의 책임을 인정하지 않고 반성하지 않으면 다시 군국주의가 부활할 수 있고 전쟁이 일어날 위험성도 배제할 수 없다. 미래지향적 한일관계를 형성하고 나아가 동아시아의 평화와 번영의 기틀을 조성하기 위해 일본은 식민 지배의 책임을 인정하고 그 청산을 위해 노력해야 할 것이다.

　식민 지배의 역사를 청산하기 위해서는 식민 지배는 어떻게 이루어졌는지 그 실상을 명확하게 규명하는 일이 긴요하다. 그동안 일본제국주의에 맞서 조국의 독립을 위해 헌신한 독립운동가들의 활동을 찾아내고 역사적으로 평가하는 일에는 상당한 성과를 거두었다. 반면 일제 식민침탈의 구체적인 실상을 규명하는 일에는 충분한 노력을 기울이지 못했다. 제국주의가 식민지를 침탈했다는 것은 너무나 당연한 사실로 여겨졌기 때문에, 굳이 식민 지배에서 비롯된 수탈과 억압, 인권유린을 낱낱이 확인할 필요가 없었는지도 모른다. 그러는 사이 일본은 식민 지배가 오히려 한국에 은혜를 베푼 것이라고 미화하고, 참혹한 인권유린을 부인하는 역사부정의 인식을 보이는 데까지 이르고 있다. 일제의 통치와 침탈, 그리고 그 피해를 종합적으로 조사하고 편찬할 필요성이 여기에 있다.

　일제침탈사를 체계적으로 정리하는 일은 개인이 감당하기 어렵다. 이에 우리 재단은 한국학계의 힘을 모아 일제침탈사 편찬위원회를 꾸렸다. 편찬위원회가 중심이 되어 일제의 식민지 침탈사를 정치·경제·사회·문화 모든 방면에 걸쳐 체계적으로 집대성하기로 했다. 일제 식민침탈의 실체를 파악하기 위해 2020년부터 세 가지 방면으로 사업을 추진하고 있다. 하나는 일제침탈의 실상을 구체적이고 생생한 자료를 통해서 제공하는 일로서 〈일제침탈사 자료총서〉로 편찬한다. 다른 하나는 이들 자료들을 바탕으로 연구한 결과물을 〈일제침탈사 연구총서〉로 간행한다. 그리고 연구의 결과를 대중들이 이해하기 쉽게 〈일제침탈사 교양총서〉를 바로알기 시리즈로 간행한다. 자료총서 100권, 연구총서 50권, 교양총서 70권을 기본목표로 삼아 진행하고 있다.

〈일제침탈사 자료총서〉에서는 정치·경제·사회·문화 모든 방면에 걸쳐 침탈의 역사를 자료적 차원에서 종합했다. 침략과 수탈의 역사를 또렷하게 직시할 수 있도록 생생한 자료를 제공하는데 목표를 두었다. 그동안 관련 자료집도 여러 방면에서 편찬되었지만 원자료를 그대로 간행한 경우가 많았다. 이번에 발간되는 자료총서는 해당 주제에 대한 침탈의 실상을 체계적으로 이해할 수 있는 구성방식을 취했으며, 지배자의 언어로 기록되어 있는 자료들을 독자들이 쉽게 읽을 수 있도록 모두 번역했다. 자료총서를 통해 일제 식민 지배의 실체와 침탈의 실상을 있는 그대로 이해할 수 있게 되기를 기대한다.

2024년
동북아역사재단 이사장

| 편찬사

    1945년 한국이 일제 지배로부터 해방된 지 79년의 세월이 지났다. 그럼에도 불구하고 일본 사회 일각에서는 여전히 일제의 한국 지배를 합리화하고 미화하는 주장이 나오고 있으며, 최근에는 한국 사회 일각에서도 일제 지배를 왜곡하고 옹호하는 주장이 나오고 있다. 이는 한국과 일본 사회, 한일 관계와 동아시아 국제관계의 미래를 위해서도 결코 바람직하지 않은 일이다.

    이에 동북아역사재단은 일제의 한국 침략과 식민 지배에 대한 학계의 연구 성과를 총정리한 〈일제침탈사 연구총서〉를 발간하기로 하였다. 이에 따라 2019년 9월 학계의 전문가를 중심으로 편찬위원회를 구성하였으며, 편찬위원회는 학계의 연구 성과를 토대로 정치·경제·사회·문화 부문에서 일제의 침탈이 어떻게 이루어졌는지 정리하여 연구총서 50권을 발간하기로 하였다.

    주지하듯이 1905년 일제는 러일전쟁에서 승리한 뒤, 한국에 군대를 주둔시키면서 한국의 외교권을 빼앗고 통감부를 두어 내정에 간섭하였다. 1910년 일제는 군사력으로 한국 정부를 강압하여 마침내 한국을 강제 병합하였다. 이후 35년간 한국은 일제의 식민 통치를 받았다.

    일제는 한국의 영토와 주권을 침탈하였을 뿐만 아니라, 군사력과 경찰력으로 한국을 지배하면서, 정치·경제·사회·문화의 모든 부문에서 한국인의 권리와 자유, 기회와 이익을 박탈하거나 제한하였다. 정치적으로는 군사력과 경찰, 각종 악법을 동원하여 독립운동을 탄압하고, 한국인의 정치활동을 억압하고 참정권을 박탈하였으며, 집회와 결사의 자유를 억압하였다. 경제적으로는 일본자본이 경제의 주도권을 장악하고, 일본인 위주의 경제정책을 수행했으며, 식량과 공업원료, 지하자원 등을 헐값으로 빼앗아 갔고, 농민과 노동자 등 대다수 한국인의 경제생활을 어렵게 하였다. 사회적으로는 한국인들을 차별적으로 대우하고, 한국인의 교육의 기회를 제한하고, 한국인으로서의 정체성을 박탈하여 결국은 일본의 2등 국민으로 만들고자 하였다. 문화적으로는 표현과 창작의 자유, 종교와 사상의 자유를 억압하고, 한글 대신 일본어를 주로 가르치고, 언론과 대중문화를 통제하였다. 중일전쟁, 아시아태평양전쟁을 도발한 뒤에는 인적·물적 자원을 전쟁에 강제동원하고, 많은 이들을 전장에 징집하여 생명까지 희생시켰다.

〈일제침탈사 연구총서〉는 침탈, 억압, 차별, 동화, 수탈, 통제, 동원 등의 단어로 요약되는 일제의 침략과 식민 지배의 실상과 그 기제를 명확히 밝히고자 하였다. 이를 통해 일제의 강제 병합을 정당화하거나 식민 지배를 미화하는 논리들을 비판 극복하고, 더 나아가 일제 식민 지배의 특성이 무엇이었는지, 식민 통치의 부정적 유산이 해방 이후에 어떤 영향을 미쳤는지를 밝히고자 하였다.

편찬위원회는 연구총서와 함께 침탈사와 관련된 중요한 주제들에 관하여 각종 법령과 신문·잡지 기사 등 자료들을 정리하여 〈일제침탈사 자료총서〉도 발간하기로 하였다. 아울러 일반인과 학생들이 보다 쉽게 읽을 수 있는 〈일제침탈사 교양총서〉를 바로알기 시리즈로 발간하기로 하였다.

일제의 한국 침략과 식민 지배의 역사는 광복 후 서둘러 정리해냈어야 했지만, 학계의 연구가 미흡하여 엄두를 내기 어려웠다. 이제 학계의 연구가 어느 정도 축적되어 광복 80주년을 맞기 전에 이와 같은 작업을 할 수 있게 된 것을 다행으로 생각한다. 한일 양국 국민이 과거사에 대한 올바른 역사인식을 갖고 성찰을 통해 미래를 향해 함께 나아갈 수 있기를 기대하면서 삼가 이 책들을 펴낸다.

2024년
동북아역사재단 일제침탈사 편찬위원회

| 차례

발간사 ·················· 4
편찬사 ·················· 6
편역자 서문 ·················· 13

I   '만주국' 시기 재만 조선인에 대한 단속

<해제> ·················· 20

1   반만항일(反滿抗日) 재만 조선인에 대한 단속 ·················· 22

2   재만 조선 농민에 대한 통제 ·················· 74

II   중일전쟁 이전 '만주국' 시기 만주 이민 정책

<해제> ·················· 86

1   만주국 이민 정책의 개요와 정책 수립 ·················· 90

2	재만 조선인 이민 정책의 성격	98
3	재만 조선인의 저항	168

Ⅲ   '안전농촌', '집단부락' 정책

	<해제>	172
1	안전농촌 정책	178
2	집단부락 정책	198

Ⅳ   '만주국' 시기 재만 조선인 관리시설

	<해제>	224
1	'만주국' 시기 재만 조선인의 인구 현황	226
2	우가키 총독 시기(1931.6~1936.8) 재만 조선인 관리시설	240

3	1937년경 '만주국'의 조선총독부 시설	255
4	미나미 총독 시기(1936.8~1942.5) 재만 조선인 관리시설	291

V 중일전쟁 이후 조선인의 만주 개척

	<해제>	308
1	개척민 정책과 '개척민'의 탄생	312
2	개척민의 종류와 형태	339
3	개척민의 생활 실태와 위상	344
4	만주개척의 연혁 및 조선인 개척	359

VI   '만주국'의 치외법권 철폐와 재만 조선인의 상황

<해제> 460

1   일본의 만주국에 대한 치외법권 철폐 과정 463

2   치외법권 철폐 이후 재만 조선인의 상황 501

자료 목록 590

참고문헌 597

찾아보기 599

| 일러두기

1. 일제침탈사 자료총서는 가급적 일반 시민들이 읽고 이해할 수 있는 현대적인 문장과 내용으로 구성했다.
2. 인명 및 지명 등 고유명사는 처음 등장할 때 원어를 병기하고 이후에는 한글만 표기했다. 한글 표기는 국립국어원 외래어표기법에 따랐다.
3. 연도는 서력 표기를 원칙으로 하고 관련 연호는 병기했다. 날짜는 원문 그대로 하고 음력과 양력 여부를 알 수 있는 경우에만 '(음)', 또는 '(양)'으로 기재했다.
4. 숫자는 천 단위까지 아라비아 숫자로 표기하고 만 단위 이상은 '만'자를 넣어 표기했다. 도표 안의 숫자는 가급적 그대로 표기했다.
5. 국한문혼용체와 같이 탈초만으로 문장을 이해하기 힘든 경우 가급적 현대어에 가깝게 윤문했다. 단 풀어쓰기 어려운 낱말이나 문구는 원문을 병기하거나 편역자주를 이용했다.
6. 낱말이나 문구에 대한 설명이 필요한 경우, 또는 편찬사업의 취지에 따라 자료 해설이 필요한 경우 편역자주를 적극 활용했다. 단, 편역자주는 1), 2) 등으로 표기하고, 원 자료의 주석이 있는 경우는 *, ** 등으로 표현했다.
7. 판독이 불가한 글자의 경우 ■로 표기했다.

편역자 서문

만주 지역은 한국사와는 불가분의 지역이다. 고대부터 지리적으로 한국사의 영역에 포함된 시기도 있었으며, 제국주의 시대 이주민들의 활동 공간으로 주목받은 지역이었다. 그리고 여전히 한국인의 피가 흐르고 있는 중국 '조선족'의 집거구이기도 하다. 현재 진행형으로서 만주는 그만큼 한국인, 한국사와 연결되어 있음을 알 수 있다.

1931년 만주사변(9·18)으로 만주 지역을 군사적으로 점령한 제국 일본은 1932년 3월 1일 만주국을 만들었다. 1932년 3월 1일 만주국은 공식 성립을 알렸다. 하지만 만주국의 집정 푸이는 신경(新京, 오늘날 창춘)에 도착하지 않았다. 그가 창춘에 도착한 것은 3월 8일 늦은 밤이었다. 다음 날인 3월 9일 만주국 집정(執政)에 취임하였으며, 바로 만주국 국기 게양식에 참석하였다. 그는 2년 뒤 1934년 3월 1일 황제에 등극하였으며, 즉위식은 오늘날 위황궁(僞皇宮)박물관으로 사용되고 있는 만주국 황궁 근민루 정전에서 거행되었다. 특히 제정이 시작된 이후 제국 일본은 푸이를 위해서 새롭게 궁전을 만들고, '일만일심일덕(日滿一心一德)'이라는 의미로 동덕전(同德殿)이라고 칭했다. 그런데 만주국 황궁의 정문인 내훈문(萊勳門)은 황제인 푸이와 일본 관동군 사령관이 함께 사용하였다. 다시 말해 관동군 사령관이 실질적인 만주국의 지도자라고 할 수 있다.

푸이는 민을 위해 부지런히 정사해야 할 근민루에서 제국주의 일본을 대변하는 연회를 개최하거나 관동군 사령관 등 일본 관료들을 접견하는 데 활동을 집중하였다. 1935년 4월 처음으로 일본을 방문하여 일왕 히로히토와 접견하고 일본 전통가무를 관람하면서 요요기 연병장에서 열병식에도 참석하였다. 그뿐만 아니라 야스쿠니 신사도 참배하였다. 만주국으로 귀국한 후 '훈민조서'를 발포한 것도 근민루 승광문 앞이었다.

만주국의 황제는 푸이였지만 만주국을 실질적으로 운영한 것은 제국 일본이었다. 그 가운데 관동군의 영향력은 지대하였다. 만주국 성립으로 일본인 이민이 급증하리라는 예상과 달리, 교착상태에 빠지게 되자 일제는 1934년 제1차 이민회의를 개최하여 농업이민을 포함한 여러 형태의 이민 정책에 대한 전반적인 재검토에 들어갔다.[1] 1935년 7월에는 만주척식주식회사와 만주이민협회를 통해 10개년 100만 호 500만 명 일본인 이주 계획을 세우기에 이른다. 일본인 이민은 '이주비'의 과다 계상으로 재정적 부담이 가중할 것이라는 반대여론을 뒤로하고 추진되었다. 만주국에서 야마토(大和) 민족이 식민 통치의 핵심으로 자리 잡고, 피압박 민족의 항일 역량을 억제하기 위해 일본인의 대규모 이민이 절대적으로 필요하다는 인식이 반영된 계획이었으나, 1937년부터 1941년까지의 5개년 계획 동안 실제 일본인 이주 가구는 4만 2,000여 가구에 불과했다.

따라서 제국 일본은 한인 이주 정책을 적극적으로 실시하였다. 안전농촌과 집단부락이 그 좋은 예이다. 한인 이주는 이 시기 이후 집단 이주로 특징지을 수 있다. 일제는 일본 국내의 과잉인구 문제를 해결하고 만주 지역을 개척하기 위해 일본인 이민 정책을 본격적으로 추진하였다. 무장이민, 청소년의용단 등 일본인 집단 이민 정책이 실시되었지만, 그 효과는 미미했다. 특히 만주국에서 '자랑스럽게' 계획하고 추진했던 100만 호 일본인 이민 계획은 결국 실패로 돌아갔다. 이에 반해, 한반도 남부에 거주하던 농민들은 선만척식회사라는 알선업체를 통해 집단으로 이주하기 시작했다. 1930년대 초 약 100만 명의 한인 이주자는 1945년 해방 당시 약 220만 명으로 늘어났다. 이는 약 10년간 강제 이주된 한인 이주자의 규모를 역설적으로 보여준다. 이들 이주자는 대부분 흑룡강성의 남부와 북부에 집중되었으며, 현재도 이들의 삶의 흔적을 쉽게 찾아볼 수 있다.

이 자료집은 만주국 성립 이후 제국 일본의 패전까지 진행된 만주 지역으로의 한인 이주의 강제성과 그 정책의 실상을 파악할 수 있는 자료들로 구성되어 있다. 먼저 제1장에서는 만주국의 성립과 재만 조선인에 대한 단속과 관련된 자료를 수록하였으며, 이를 '반만항일(反滿抗日)' 세력과 일반 농민에 대한 정책 자료로 구분하였다. 반만항일 조선인에 대한 단속 자료로는 일본 외무성측 자료와 국내 신문 보도기사를 수록하였고, 일반 조선인 농민에 대한 통제자료는 일본 정부와 조선총독부의 정책 그리고 관동군의 정책으로 나누어 수록하였다. 조선총독부의 정책 자료는 만주국 성립 이후 항일 조선인 세력에 대한 제국 일본의 노

---

[1] 만주사변 전후 이주 한인과 중국인들이 수전을 둘러싼 갈등이 한 언론사의 오보로 촉발되어 일어난 만보산사건과 같은 경우는 만주는 물론 국내에도 큰 영향을 미쳤다.

골적인 탄압 실태를 보여주는 중요한 자료이다. 특히 일본 외무성 자료는 만주국 성립 이후에도 조선인들이 일제와 만주국에 저항한 실태를 명확히 드러낸다. 또한, 선무기관 협조회의 활동 등을 통해 재만 조선인 통제의 실상을 보다 미시적으로 파악할 수 있다.

제2장에서는 만주국 시기 이민 정책 전반과 재만 조선인 이민 정책을 파악할 수 있는 자료들을 구분하여 수록하였다. 재만 조선인 이민 정책의 전체상을 알 수 있는 자료로서 《재만 조선인 통신》에 실린 만주국 척식과장 윤상필의 대담기사를 수록하였다. 만주국에서 대표적인 한인 관료인 윤상필은 주로 만주국의 토지관리 및 정책 입안에 큰 영향력을 발휘하였으며, 한인의 집단이주에도 관여하였다. 한인이주 문제는 만주국 성립 이후 중요한 농촌 해결 문제이자 이른바 '건국이념'의 실현이라는 측면에서 중요시되었다. 만주국의 면적은 일본 본토의 약 3배 정도였다. 이러한 국토를 효율적으로 관리하기 위해 장기적인 계획이 필요하였으며, 특히 미간지의 이용방안이 적극 추진되었다. 국토의 종합적 개발을 위해 만주국 정부에서는 미간지의 효율적 이용 방책을 강구하였다.[2] 미간지 정비는 산업부 대신 및 각 성장의 지도 감독을 받아 현장에서 이를 집행하였다.[3] 그만큼 미간지에 대한 부분은 만주국 입장에서는 가장 중요한 농업문제 가운데 하나였다. 다시 말해 만주에서의 미간지 개척과 수전 개발의 화두는 '한인'을 배제하고는 상상할 수 없었던 것이 당시의 현실이었다.[4]

특히 조선총독부에서 펴낸 『조선인 이민 문제의 중대성』 자료는 만주국 성립과 조선인 이민의 불가분의 관계를 설명하고 있으며, 향후 재만 조선인 정책의 길라잡이라고 할 수 있다.

제3장에서는 만주국 성립과 함께 추진되었던 재만 조선인 안전농촌 성책과 집단부락 관련 자료를 수록하였다. 조선인 안전농촌의 실태와 향후 재만 조선인 관리 정책을 분석한 자료로서 《조선총독부 조사월보》〈조선인의 안전농촌의 경영관리와 복리증진 시설〉 자료를 맨먼저 배치하였다. 이어서 《재만 조선인 통신》 제2호, 〈재만 조선인 안전농촌 순회기〉를 수

---

2 黑龍江省檔案館 編, 2005, 『東北日本移民檔案』-黑龍江省 1, 광서사범대학교, 24쪽.
3 미간지의 원활한 개간을 위해 정비심의기관으로 만주국정부는 중앙, 성 및 현에 다음과 같은 기관을 설치하였다. 첫째 개척위원회 제1분과회(개척용지정비관계)를 두어 미용지정비방침 및 정비지구에 관하여 심의 업무를 담당하였고, 둘째 성개척위원회 토지분과회(가칭)는 성개척위원회 방침 및 정비지구에 관한 심의를 담당하였다(黑龍江省檔案館 編, 2005, 위의 책, 24~25쪽).
4 김기훈, 2011, 「만주국시기 조선인 이민담론의 시론적 고찰-조선일보 사설을 중심으로-」, 『동북아역사논총』 31, 135~138쪽.

록하였다. 이 자료는 제국 일본이 선전했던 안전농촌의 견실성, 안전성 등이 어떻게 기행문에 담겨져 있는지 알 수 있는 중요한 자료이다. 이외 《매일신보》와 《중앙일보》에 게재된 안전농촌 관련 기사를 수록하여 안전농촌의 실상을 생생하게 알리려고 했다.

그리고 집단부락 관련 자료는 먼저 《매일신보》 기사를 수록하였으며, 그 외 《재만 조선인 통신》 자료를 수록하였다. 이들 자료는 한반도에서 신음하고 있던 조선 농민들이 만주로 이주하여 보다 안정적인 생활을 지속할 수 있었던 중요 토대는 집단부락이었다는 점을 강조한 것이다. 특히 《조선총독부 조사월보》에 실린 간도 집단부락 건설 개황 역시 제국 일본의 선전 기사로 채워져 있었다. 조선인들이 만주로 갈 수밖에 없었던 시대적 상황을 제국 일본이 아닌 내재적 문제로 치부하였다.

제4장에서는 조선총독부에서 간행한 「만주국 시기 재만 조선인 관리 사업과 시설」에 관한 자료를 수록하였다. 1940년 조선총독부에서 발간한 『조선총독부 30년사』와 『재만조선총독부시설기념첩』을 각각 번역한 『국역 조선총독부 30년사』(2018, 민속원), 『일본제국의 양면 탄압과 회유: 재만조선총독부시설기념첩』(2017, 민속원)을 이용하였다. 먼저 '만주국' 시기 재만 조선인의 인구 현황을 살펴보았고, 이어서 재만 조선인 관리시설들을 우가키 총독 시기와 미나미 총독 시기로 나누어서 정리하였다. 이들 자료를 통해서 '만주국' 시기 재만 조선인을 관리하고 통제하기 위한 시설들을 일목요연하게 파악할 수 있다. 일제는 재만 조선인에 대한 일련의 통제정책을 강구한 동시에 이른바 "안정" 조치도 취하였는데, "안전농촌"과 "자작농 창정" 정책이 대표적인 예이다. "안전농촌" 등에 수용된 조선인 농민들은 정치적으로 엄밀한 감시를 받았을 뿐만 아니라 경제적으로 비참한 생활을 면치 못하였다.

제5장에서는 중일전쟁 이후 재만 조선인 입식의 또 다른 형태를 알 수 있는 자료를 수록하였다. 제국 일본은 이른바 '개척민'이라는 타이틀을 만주 이주 일본인과 조선인에게 부여하였다. 마치 선구적인 존재로서 조선인들의 위상을 결정하고자 하였으나 실질적인 강제이주의 대상자라고 할 수 있다. 만주국에서는 치안 불안요소를 극복하고 신진 청년들을 더 많이 이주시키기 위해 청소년의용대를 운영하였다.[5] 1936년 12월에 이르러 3,600명의 입식을 완료하였다. 기본훈련을 실시하였고, 1939년 다시 갑종훈련소에서 훈련시켜 만주국의 '충

---

5   영안현의 경우 1936년 청년의용대가 사란지에 개설되었으며 黑龍江省檔案館 編, 2005, 앞의 책, 143쪽.

실한' 이식 침략자의 선봉으로 만들고자 했다. 이러한 방침에도 불구하고 훈련소에는 크고 작은 분규가 발생하였다. 즉 훈련생을 훈련소에 입소시켰지만 훈련생도 간의 다툼, 기존 주민과의 마찰, 간부 명령에 대한 불복종 등 사건이 지속적으로 발생하자, 이에 대한 근본적인 대책 강구가 필요하였다. 다시 말하자면 한인의 집단 이주에 대한 필요성이 역설적으로 제기되기에 이른다.

집합 이민 형식으로 이주한 한인들의 경우, 만주국은 그들을 '유랑성' 이민으로 간주하였다. 그러나 선거주 이주자의 재이주는 단순한 개인적 문제가 아니라 사회적 문제라는 점을 간과한 인식이었다. 1938년 7월, 이주 한인에 대한 취체 요강이 변경됨에 따라 개척 농민은 선척(鮮拓)이 직접 관리하게 되었으며, 집합 개척 농민은 선척의 자금을 받아 금융회를 통해 이를 알선받았다.

또한 개척민 정책의 실상을 파악할 수 있는 신문 자료를 수록하였으며, 연변 지역에서 개척민의 이름으로 살아갔던 조선족들의 구술 자료를 선별하여 포함하였다. 나아가 『만주개척년감』에서 조선인 개척과 관련된 부분을 발췌하여 수록하였다.

제6장에서는 1937년 이후 만주국에서의 치외법권 철폐와 재만 조선인 상황 관련 자료를 수록하였다. 만주에서 일본제국주의의 치외법권에는 영사재판권 외에 경찰권과 세금부과권까지 있었다. 그리고 만철 부속지대에서는 비법적인 행정권까지도 행사하여 왔다. 그러나 '만주국'이 설립된 이후 치외법권은 아무런 의미가 없게 되었을 뿐만 아니라 오히려 일본과 '만주국'의 정치적 통치를 통일하고 강화하는 데 불리하였다. 이런 배경하에서 '만주국'에서의 치외법권 철폐가 추진되기 시작하였다. 이에 관하여 먼저 《매일신보》, 《동아일보》, 《조선중앙일보》 등에서 '만주국'의 치외법원 철폐 과정에 대해 보도한 기사를 수록하였다. 이어서 잡지 《조광》, 《삼천리》, 《신시대》 등에서 치외법권 철폐 이후의 재만 조선인의 생활상을 보여주는 자료들을 수록하였다. 이러한 자료들은 '만주국' 치외법권 철폐 이후에도 재만 조선인의 생활상이 얼마나 고난하고 빈궁했는지를 잘 보여주고 있다.

끝으로 결코 쉽지 않은 재만 조선인 정책 편역 작업을 빈틈없이 진행한 동북아역사재단 관계자 여러분의 노고에 진심으로 감사드린다.

김주용, 이명종

I

'만주국' 시기 재만 조선인에 대한 단속

해제

제1장에서는 만주국의 성립과 재만 조선인에 대한 단속과 관련된 자료를 수록하였으며, 이를 '반만항일(反滿抗日)' 세력과 일반 농민에 대한 정책 자료로 구분하였다. 일제는 재만 조선인들을 "만주 공산 비적 활동의 발기자들"이라고 단언하고 통제하는 데 온 힘을 다 기울였다. '만주국' 시기 재만 조선인에 대한 통제 정책은 반만항일(反滿抗日) 조선인에 대해서 뿐만 아니라 일반 조선인 농민에 대해서도 진행되었기 때문이다. 반만항일 조선인에 대한 단속 자료로는 일본 외무성 측 자료와 국내 신문 보도기사를 수록하였고, 일반 조선인 농민에 대한 통제자료는 일본 정부와 조선총독부의 정책 그리고 관동군의 정책으로 나누어 수록하였다.

1932년 8월에 관동군은 '만철 경제조사회'를 통해서 「재만 조선인 이민대책 요강」을 작성하여 재만 조선인에 대한 통제 정책의 가이드라인을 제시했다. 재만 조선인의 항일조직을 파괴하고 항일투쟁을 탄압할 뿐만 아니라 일반 재만 조선인과 항일 무장부대 간의 연계를 차단하는 동시에 경제면에서 재만 조선인을 "안정"시켜 일제의 통제하에 관리하려는 정책이었다.

1933년부터 일본과 만주국 당국은 조선인들이 거주하는 남만주와 북만주의 33개 도시와 진(鎭)에 영사분관과 경찰서를 증설하고, 경찰과 '자위단'을 대폭 증가시켰다. 일본군과 만주국의 군대, 경찰, 그리고 '자위단'은 조선인 항일 부대와 유격구를 대상으로 연속적인 "토벌" 작전을 감행하며, 소위 "치안 숙정"이라는 명목 아래 조선인들을 무참히 학살하였다. 일제의 "토벌대"에는 '간도협조회'가 앞장섰다. '간도협조회'는 일제가 1934년 9월 김동한 등 친일조선인들을 규합하여 '일본관동군 헌병사령부 연길헌병대'의 외곽조직으로 만든 단체로서 동만의 5개 현과 하얼빈, 길림에 각각 지부를 두었다. 1936년 3월경 '간도협조회'는 1년 반 동안 항일부대의 보총 250자루, 권총 83자루, 탄알 7,568발, 서류 300여 가지를 탈취하였다. 1938년 7월 25일 관동군은 「재만 조선인 지도요강」을 제정하여 재만 조선인을 집결시켜서 통제하는 방식을 취하였다. 동만주의 5개 현과 동변도의 18개 현을 조선인의 집거지로 정하고, 중국·소련 및 중국·몽골 국경지구 그리고 기타 지구에 산재하고 있는 조선인들을 강박하여 집결시키자는 것이었다.[1] '간도협조회'와 '조선인의용자위단'의 조직과 활동에 대해서는 자료 「공비 토벌 그리고 선무기관의 조직」에 수록되어 있다.

---

1 김기봉·방영춘·권립 편저, 1987, 『일본제국주의의 동북침략사』, 연변인민출판사, 196~198쪽.

1. 반만항일(反滿抗日) 재만 조선인에 대한 단속

1) 일본 외무성 측의 자료

〈자료 01〉 재만 조선인의 불령 행동 및 취체 상황[일본 외무성 동아국(東亞局) 제2과, 1933.12, 『최근지나급만주관계제문제적요(最近支那及滿洲關係諸問題摘要)』(제64의회용), 508~526쪽]

재만(在滿) 조선인의 불령(不逞) 행동 및 취체(取締) 상황

1. 남만(南滿) 방면의 상황

조선 독립을 목적으로 과거 수년에 걸쳐서 만주에서 불령(不逞)을 일삼고 있는 신민부(新民府), 참의부(參議府) 및 정의부(正義府) 3단체는 1928년 가을에 대동단결(大同團結)을 목적으로 삼고 길림에서 삼부통일회의(三府統一會議)를 개최하였다. 그 결과 종래부터 위 세 단체 상호 간의 확집(確執) 그리고 각파 내에서의 내쟁(內爭)의 기운을 도리어 격성(激成)하게 되었다. 그런데 통화(通化)에서는 같은 해 10월을 기해 우리 출장 관헌이 동 방면을 기반으로 삼은 참의부의 대검거를 실행한 결과, 참의부는 마침내 궤멸하여 그 일부는 정의부와 합쳐서 흥경[興京, 현재의 신빈(新賓)]을 근거지로 하여 국민부(國民府)라는 새로운 불령단(不逞團)을 조직하여 재정부(財政部), 사법부(司法部), 선전부(宣傳部) 등 여러 가지 내부적 기관을 만들어 완연한 하나의 독립정부로서 지방 선민(鮮民)에 임하고 동시에 혁명군 별동대를 만들어 국민부의 명령에 복종하지 않는 선량한 선농(鮮農)에 대해 폭행과 살육을 행하여 자기 존립을 위해 착취한 결과, 수년래 동 방면에서의 일반 선농의 생활에 다대한 위협을 주었다. 이러한 사정에 비추어 봉천영사관(奉天領事館)에서는 조선총독부 측과 협력하고 또 통화·해룡(海龍) 두 분관(分館)과도 밀접한 연락을 유지하여 최근 2~3년에 걸쳐 국민부 소멸

(掃滅)을 위해 종종 부심(腐心)하고 수차의 토벌을 실행했다. 그렇지만 지세의 원격(遠隔)과 불편으로 이들 불령단이 지방 하급관헌 및 지방민과 통모(通謀)하고 있는 관계상 쉽게 예기할 만한 효과를 거두지 못하고 있다. 그 후 1930년(昭和 5) 조선공산당이 중국공산당에 가맹한 결과 공산당 세력이 증대하자 국민부도 이에 압박을 받아 일시 모습을 감추었다. 하지만 지나 관헌의 공산당 탄압이 엄중해짐에 따라 국민부는 그 앞잡이가 되어 공산당 탄압에 협력하고 이 때문에 공산당의 쇠미(衰微)에 반비례하여 다시 세력을 성반(盛返)하여 공산당에게 잠식된 구래의 지반(地盤)을 회복하게 되었다.

1931년(昭和 6) 가을 만주사변 발발 후 통호, 해룡 두 분관 그리고 안동영사관(安東領事館)에서는 만주 측 지방 관헌 등과 밀접한 연락 아래 1932년 1월 중순경부터 2월 중순에 걸쳐서 서로 수차의 순찰 및 일제 검거를 행하였다. 통화분관에서는 1월 20일 마침 국민부 대회 출석을 위해 흥경에 집합 중인 국민부 중앙집행위원 이종건(李鍾乾), 혁명군사령장관 김보안(金輔安), 동 부사령 장세용(張世湧), 동 독립대장 이규성(李奎星), 혁명당집행위원장 이호원(李浩元), 혁명군 제2중대장 전운학(田雲鶴) 외 19명을 일거에 체포하고 해룡분관에서는 유하(柳河)지방에서 국민부 간부 박영훈(朴永勳) 외 7명 및 공산당원 10명을 검거하고 또한 안동영사관(安東領事館)에서는 혁명군 대장 이진무(李振武), 혁명군 간부 이삼현(李三賢), 홍학순(洪學淳), 김태묵(金泰黙), 이병표(李秉彪), 안국형(安國亨) 이후 8명을 체포하였다. (별표 제1호표 참조-표는 생략함) 이리하여 국민부와 혁명군 간부의 주요한 자는 거의 전부 체포되어 사실상 국민부는 거의 완전히 궤멸됐다. 그런데 전술한 각 공관에서는 잔여 분자를 철저하게 박멸한다는 방침으로 계속 검거에 노력하는 동시에 한편으로 이전 잘못을 뉘우치고 귀순을 신청한 자에 대해서는 사정이 허락하는 한 이를 받아들인다는 방침으로 임했다. 그 결과 그 후 대세에 순응하여 공순한 뜻을 표하고 귀순해 오는 자 십수 명에 달했다.

그 후 잠시 남만 방면에서는 불령단의 책동을 듣지 못했는데 3월에 이르러 만주에서 신국가가 창건되고 있었다. 내외 다단하여 변경의 경계 수박(手薄)해 짐을 틈타서 신빈현(新賓縣) 지방에서도 반만분자(反滿分子)인 대도회(大刀會), 항일의용군(抗日義勇軍), 마적(馬賊) 등이 발호하게 되어 불령단 잔류분자는 대도회 등과 연락하여[일설에는 국민부 사령장 양서봉(梁瑞鳳)은 김천현(金川縣) 내의 대도회에 참가했다고 전해진다] 그 원조를 받아 세를 얻어서 결사대, 암살대 등을 조직하고 지방 재류민을 위협하기에 이르렀다. 더욱이 4월 통화사건(제2편

제7장 참조) 발발은 이들 불령선비(不逞鮮匪) 암약의 기회를 주어 그 세력 회복을 조성하기에 이르렀다.

이 정세를 틈타서 통화 일대에서 반장요녕민중자위군총사령(叛將遼寧民衆自衛總司令) 당취오(唐聚五)는 신빈현(新賓縣) 왕청문(旺淸門)에 근거를 가진 국민부 제1지대 사령 앞 6월 9일부로

> 자위군 조직 이래 각지 동지가 이에 참가하고 그 세력은 점점 커져 한국 동지도 아군에 참가, 원조하고 있기 때문에 동지라는 신분을 증명하기 위해 이에 부호(符號)를 규정한다. 그 부호 양식은 폭 3촌, 길이 4촌의 백포에 공작(工作)이라고 기입한 한국혁명동지의 신호를 채인(採印)하여 해당 동지가 공동동작(共同動作)에 나선 때나 여행 등의 경우에 각로(各路) 군경은 일응(一應) 검사한 뒤에 허가한다.

라는 밀령을 내려 불령선인(不逞鮮人)을 그 반만운동(反滿運動)에 이용하려고 시도했다.

통화사건 이후는 남만 및 동변도 일대는 의용군 및 대도회비의 대립관계 그리고 황군의 활동으로 국민부의 세력이 부진(不振)하게 되었다. 하지만 양하산(梁河山)이란 자가 행정부 총사령이 되어 혁명군으로서 총사령 양서봉(梁瑞鳳) 아래로 장총 또는 권총을 소지한 5개 중대 약 150명을 가지고 따로 황군 및 만주국군의 토벌에 관한 정보 수집을 목적으로 약 40명의 특무대란 것을 만들어 일반 선농(鮮農)에 대해서는 현 대양(大洋) 1원(圓) 60전(錢) 내지 3원 60전의 의무금 등의 세금을 강징(强徵)하여 의연 준동(蠢動)을 계속했다.

이같이 국민부에서는 만주사변 이래 그 본래의 주장인 조선 독립을 항일반만운동(抗日反滿運動)으로 전환하여 장학량(張學良)의 만주국 교란 음모단에 참여한 이래 오로지 이런 종류의 제 단체와 행동을 같이 하고 있다. 그런데 1932년(昭和 7) 7월 상순경부터 국민부 유력자 간에 항일운동의 장래를 고려하여 연래의 숙망(宿望)인 조선 독립의 방침으로 복귀할 것을 요한다고 하는 논의가 대두하여 8월 5일 신빈현(新賓縣) 위자욕(葦子峪)에서 동현을 중심으로 하는 근현(近縣) 각 선농(鮮農) 부락의 대표자 및 국민부 간부를 소집하여 독립운동 재건의 비밀회의를 개최하여

(1) 국민부를 중심으로 하는 독립정부 조직의 건

(2) 독립정부의 군대 편성의 건

(3) 각현 행정기관 정비의 건

(4) 재만 조선인 단체의 통일 및 국민정부와의 연락의 건

(5) 조선 현재의 사회정치 기구의 교란 파괴의 건

(6) 재정방침 및 징병제도의 확립 그리고 역원 선임 기타의 건

을 결의하고 동시에 독립정부의 소재지는 통화(通化) 혹은 신빈(新賓)으로 하고 그 형태는 이미 국민부 종래의 조직에 준하는 것으로 하고, 다시 국민정부 및 재만 조선인 제단체에 독립정부 조직에 대해 양해와 원조를 구하도록 교섭원을 파견하고 또 '테러리스트'단을 조직하여 선내에 파견하여 대관(大官)의 암살, 방화와 파괴 등의 작업을 결행시킬 결사투사를 인선(人選)하여 압록강 상류의 일만(日滿) 관헌의 경비가 수박(手薄)한 경로를 선택해서 선내 잠입을 기도했다고 전해진다. 그리고 같은 해 9월 만주국이 제국에 의해서 정식으로 승인되자 각지 의용군의 행동이 갑자기 활발해져서 양서봉(梁瑞鳳) 및 양하산(梁河山) 등 국민부의 간부는 전술한 당취오(唐聚五)의 신임을 받아 양자 사이에 국민부 혁명군이 의용군에 참가하여 행동을 같이 하는 경우에는 장래 의용군의 지반이 공고해질 것을 기대해서 혁명군의 목적인 조선 독립을 위해 10만의 병사와 무기를 대여하여 적극적인 원조를 줄 것이라는 취지의 밀약을 맺었다고 전해지기에 이르렀다.

그런데 10월 중순 동변도(東邊道)에서 황군이 출동하여 다시 도량(跳梁)하려고 하는 국민부 및 혁명군의 근거지를 쳐서 일대 타격을 주자 그 세력은 태반이 줄어들어 대부분 특히 중간간부 이하가 사방으로 이산하여 거의 통제력을 잃어, 간부 양서봉, 양하산, 고이허(高而虛) 이하 재래의 당원 등 100명 내외도 일단 도망쳐 달아났다. 하지만 다시 신빈현에 잠복하여 은연(隱然)히 세력을 지속하고 황군 철수 후에 재기 활동의 획책을 꾀하여 그 활동 근거지를 신빈현 아래 사도하자(四道河子)로 이동했다. 동시에 근거지 이전 아울러 이후 세력확장 비용으로 현양(現洋) 4,000원(元)을 계상(計上)하여 군자금 모집원을 집안(輯安), 관전(寬甸), 임강(臨江), 장백(長白), 무송(撫松), 통화, 환인(桓仁), 신빈, 금천(金川), 유하(柳河), 안도(安圖), 몽강(濛江)의 각 현 및 선내(鮮內) 방면에 파견했다는 정보가 있다. 또한 일본 관헌의

선농에 대한 수확 현지 보호는 그들의 군자금 징수에 일대 지장을 초래하고 있음에 비추어 현지 보호를 일본 관헌에 요청한 선농은 혁명군의 행동을 방해한 주구(走狗)로써 조사한 뒤 극형에 처하고, 기타 반대 분자도 철저히 통격(痛擊)을 가하기 위해서 연내에 혁명군 200 내지 500명을 새로 모집하였다. 이들은 충분히 훈련한 뒤 만철부속지(滿鐵附屬地)는 물론 선내로도 파견되어 군자금을 강징(强徵)할 것 등을 결정하고 다시 만철선(滿鐵線) 파괴, 일만(日滿) 요인의 암살 계획 등을 도모하여 의연히 책동을 계속하는 모양이다. (별표 제2호표 참조-표는 생략함)

2. 북만(北滿) 방면에서의 상황

북만 지방에서의 조선인 민족운동은 중국공산당의 대두, 공산파 조선인의 발호 등의 영향을 받아서 1930년(昭和 5) 봄 이래 갑자기 세력이 쇠퇴하였다. 그런데 같은 해 5월 공산당의 소위 5월 공작에서 영안(寧安), 동녕(東寧) 두 현의 돈화동만지방(敦化東滿地方) 폭동 발발 이래 지나 관헌의 공산파에 대한 검거 취체가 엄중해졌다. 그러자 민족파는 이 기회를 틈타서 자파의 지반 획득, 세력 만회를 도모하여 교묘히 관헌에 영합하여 공산당 취체의 주구가 되어서 분주한 한편, 한족총연합회(韓族總聯合會), 한족자치연합회(韓族自治聯合會) 혹은 주민회(住民會) 등으로 칭하는 각 단체는 흥한배일(興韓排日)을 표방하고 활동했다.

이 가운데 김좌진(金佐鎭) 일파의 조직에 관계한 한족총연합회는 1930년 말까지 해림(海林)에 근거하고 있었다. 그런데 간부의 무능과 주민 반감을 기회로, 야심을 가진 박내춘(朴來春)의 주창 아래 인민대표대회를 산시참(山市站)에 소집하여 1931년(昭和 6) 1월 총연합회를 해산하여 농무연합회(農務聯合會)라 칭하는 이명동체(異名同體)의 단체를 조직했다. 그렇지만 머지않아 내홍이 생겨 3월에 농민당(農民黨)이란 것을 조직했는데, 당내에 암투가 생겨 박내춘파는 다른 간부를 배척하여 임시인민대표대회를 개최하고 다시 15명으로 이루어진 폭력단체 한(韓)테러단(團)이란 것을 조직하였다. 한테러단은 회(會) 내외의 반대분자 소토(掃討)를 도모하였고 이에 반항해서 성립한 민우연맹(民友聯盟)과 계속 투쟁하고 있다. 그런데 한테러단의 간부는 만주사변 발발을 기회로 10월 부랴부랴 하얼빈 지방에 잠입하여 10만 원(圓) 모연(募捐)을 결행하기 위해 책동 중, 위 박(朴) 외 1명은 우리 당국의 손에 체포되어 일대 타격을 입었다. 잔당은 내홍을 계속하던 중 하얼빈 관헌의 탄압으로 주요 인물이 모두 사방으로 흩어져 와해되었다.

또한 한족자치연합회는 1931년 2월 주하현(珠河縣) 오길밀하(烏吉密河)에서 이청천(李靑天), 신숙(申肅) 등의 주창으로 조직되었다. 그러나 얼마 지나지 않아 간부들 사이에 내홍과 갈등이 생겼고, 동시에 하동(河東) 조선인 부락 일대에 잠복해 있던 다수의 공산당원들에게 위협을 받게 되었다. 이에 같은 해 6월경, 지나 관헌의 탄압까지 더해지면서 주요 인물들이 도주하고 조직은 흩어져 와해되고 말았다.

더욱이 아성주민회(阿城住民會)는 1931년 2월 동지 재주 조선인이 조선인 공산주의자의 탄압 및 지나 관헌의 불법 탄압에 견디지 못하고 자위(自衛)를 위해, 이지영(李枝榮) 등의 주창으로 성립된 것으로 대개는 순량한 농민으로 이루어졌다. 이지영은 민족주의자 수령과 밀접한 연락 관계에 있었기 때문에 자연 국민부 계열의 계통에 속하게 되었다. 만보산사건 이래 배일책동을 계속해 왔는데, 만주사변 후 우리 군이 길림(吉林)을 점령하자 이지영 등은 이의 탄압을 받아 하얼빈으로 도주하는 중 10월 3일 동지에서 우리 당국의 손에 검거된 결과 그 세력은 곧 쇠퇴하였다.

이보다 먼저 만주사건이 발발하고 일지(日支) 관계가 급박해지자 한족연합회 수령 남대관(南大觀)과 권수정(權守貞) 일파는 원(元) 길림변방부사령 지배하의 장교들과 공모하였다. 이들은 한족자치연합회 군사위원 이청천(李靑天)과 국민부 군사파 이동선(李東善) 일파와 연락하여 시국을 이용하여 재만 민족파의 대동단결을 조직한다는 방책을 강구했다. 이를 위해 1931년 10월 18일 한족연합회, 국민부, 한족농무연합회(韓族農務聯合會), 조선혁명당(朝鮮革命黨) 대표 30여 명을 동지연선(東支沿線) 석도하자(石道河子)에 소집하여 시국대책회의를 개최하고

1. 한족연합회, 국민부, 한족농무연합회, 조선혁명당 등 연합하여 재만한교총연합회(在滿韓僑總聯合會)를 조직하고 동회(同會) 안에 연합선전부(聯合宣傳部) 및 연합총군부(聯合總軍部)를 설치한다.
1. 연합선전부는 재만 조선인 민족파의 대동단결에 관한 대내(對內) 선전을 하고 연합총군부는 동 4단체의 군사파를 연합하여 이를 기초로 하여 동지연선을 중심으로 군대를

양성하고 지나 군대와 공동전선을 펼쳐서 일본군에 적대행동을 취한다.

1. 연합총군부는 원(元) 길림변방부사령 왕(王) 군법과장(軍法科長) 배하(配下)의 육군장교의 지휘를 받는다.
1. 연합선전부 및 연합총군부 비용은 지나 측 군부의 원조 및 북만지방 재주 조선인 부호들의 의연금으로 지출한다.
1. 무기 및 피복은 전술한 지나 육군으로부터 지급받는다.

등을 결의한 뒤 석두하자(石頭河子)를 근거로 하여 요하(饒河), 호림(虎林), 밀산(密山), 동빈(同賓), 동녕(東寧) 및 영안(寧安)의 각지에 걸쳐 군사부원 모집에 착수했다.

그런데 위 남대관, 권수정 등은 황군의 길림점거의 결과 동지동부연선(東支東部沿線) 모아산(帽兒山) 방면으로 도주하고 이곳에서 재기를 도모하였다. 그런데 장학량(張學良) 및 장작상(張作相)계의 일단이 1931년 11월 빈현(賓縣)에서 반길림정부(反吉林政府)를 수립하여 길림임시정부를 참칭하여 맹렬한 배일책동을 개시하였다. 그러자 간부와 내통하여 그의 양해와 원조하에 배일(排日)을 책모(策謀)하고 원(元) 한족자치연합회 간부였던 이청천, 신숙 등 주요인물과 결합하여 아성현(阿城縣) 대길하(大吉河)에 한국대독립당(韓國大獨立黨)을 조직하였다. 이청천을 총사령, 남대관을 부사령으로 하는 한국독립군(韓國獨立軍)을 편성하였으며(별지 제3호 참조), 별도로 당내에 구국군후원회(救國軍後援會)를 조직해 반길림군(反吉林軍)에 대해 군자금을 모금하고 헌금하였다. 동시에 이들은 배일운동에 적극적으로 힘썼다.

한편, 국민부 수령 김이대(金履大), 이탁(李鐸) 등도 아군의 길림 진출의 결과로 이곳을 탈출하여 북만 지방으로 잠입하자마자 동지선(東支線) 동부 연선지방에서 재기를 꾀하고 있다. 그런데 전술한 길림임시정부가 조직되자 20여 명으로 구성된 무장대를 거느리고 길림임시정부에 가서 타협한 결과로 그 원조하에 조선혁명군을 조직하고(별지 제4호표 참조) 이탁을 총사령, 김이대를 부사령으로 하여 빈현 이도하자(二道河子) 및 송봉산(松鳳山) 삼천궁(三千宮) 지방에 근거하여 반군(叛軍)에 대한 모연(募捐)에 종사하는 등 자주 책동을 이어갔다. 그 후 1932년(昭和 7) 1월 하순 길림군과 정초(丁超) 일파 반길림군과의 항쟁이 격화하여 길림군 중의 일부가 반길림군에 침반(寢返)했다. 북만의 정세가 위태해져서 황군이 하얼빈으로 출동하자, 이청천 등을 간부로 삼은 한국독립군은 정초(丁超)군으로부터 무기를 지급받아 대원을 모집했다. 이들은 일본 측 기관 파괴, 일본 요인 암살 등을 기도하고 지방 혼란의 기회를 틈타 여러 차례 하얼빈 시내에 잠입했다. 또한 조선혁명군 일파도 동지(東支) 동부 연선에서 반길비군(反吉匪軍)과 책응(策應)하여 반일 군사행동에 참가했다. 그러나 반길연합군(反吉聯合軍)이 패주하면서 동지연선(東支沿線) 각지로 흩어졌고, 이후 하얼빈시 방면도 점차 평온을 되찾았다. 이어 신국가 건설이 진행되면서 지방 정세는 완전히 일변하게 되었다. 때문에 일시 반길림파에 내통하여 책동해 오던 불령선인(不逞鮮人)이 당국에 공순(恭順)의 뜻을 표하며 자수(自首)를 신고하는 사례가 속출하게 되었다.

그리하여 이상의 불령단은 그 후에도 이합집산(離合集散)을 되풀이하면서 여기저기서 준동을 계속하고 있다. 그런데 2월 하순 한국독립군에서 이청천 일파와 홍진(洪震) 일파 사이에 내홍이 생겨 이청천파는 정초의 군대에 편입되고 한국독립연대를 칭하여 삼성(三姓), 부금(富錦) 방면에서 횡행하였다. 홍진 일파는 유만괴(劉萬魁)의 구국군(救國軍)에 투항하여 영안현 고려령자(高麗嶺子), 신안진(新安鎭) 방면에 반거(蟠居)하고 또한 전술한 조선혁명군의 별동대인 유동열(柳東悅) 일파는 목란현(木蘭縣)에서 풍점해(馮占海)의 반군(叛軍)에 참가하여 항일반만 군사행동을 계속하는 등 그 폭위(暴威)는 일시 깔볼 수 없는 것이었다. 그렇지만 그 후 북만 각지에 걸친 황군의 대토벌이 개시되고 또 3월 말 이래 동지남선(東支南線) 도뢰소(陶賴昭)를 시초로 일면파(一面坡), 해림(海林), 영고탑(寧古塔) 등 수개소에 우리 경찰분서 또는 파견소를 개설하여 경계 및 취체를 엄히 한 결과 그 통제가 점차 어지러워졌다. 그뿐만 아니라 반군 측과의 알력 또는 동지 간의 내홍 등도 있어서 세력이 현저히 쇠퇴하고 최근에는 오지(奧地) 아편지대 등에 근거하여 가까스로 여천(餘喘)을 지키고 있는 상황이다.

⟨자료 02⟩ 길림성 정부의 선인취체에 관한 훈령 시정 문제[일본 외무성 동아국(東亞局) 제2과, 『최근지나급만주관계제문제적요(最近支那及滿洲關係諸問題摘要)』(第六十五議會用), 1933.12, 73~80쪽]

길림성(吉林省) 정부의 선인취체(鮮人取締)에 관한 훈령(訓令) 시정(是正) 문제

1933년(大同 2, 昭和 8) 6월 29일 길림성장은 관하 각 현장, 각 경찰청장 및 각 경무국장에게 재류 선인 중 불량분자는 우리 쪽 영사 소재지에서는 일만(日滿) 쌍방 경관이 공동으로 체포한 뒤 가장 가까운 영사관(領事官)에 인도해야 하고, 또 원격지에서는 만주국 현장(縣長)이 확증을 가지고 체포한 뒤 관계 일본영사에게 인도해야 한다는 취지를 훈령했다(별지 제1호). 본래 만주국 측에서 방인(邦人)을 체포할 수 있는 경우는 우리 쪽에 통보할 겨를 없이 중대한 현행범에만 원칙으로 하고, 방인의 범죄에 대해서는 만주국 측은 우리 쪽 관헌에게 통보할 수 있을 뿐이어서 사찰 체포는 우리 관헌만이 할 수 있는 것이다. 본건 길림성 공서 훈령은 제제합이(齊齊哈爾) 영사와 흑룡강성장 사이의 오지 거주 제국신민의 부당행위 취체 협정과 대비하여 특히 조선인만을 목표로 하고 있을 뿐만 아니라 부당하게 광범한 권능을 만주국 지방관헌에게 부여하고 있다. 장차 그쪽이 이를 남용하여 선인 압박의 도구로 이용할 염려가 없지 않다. 본성에서는 길림 모리오카(森岡) 총영사대리로 하여금 본건 훈령 시정 방안을 성정부 당국과 교섭하도록 하였다. 동 총영사대리는 본성 훈령에 기초해 전술한 점을 상세히 지적하고 본건 훈령의 시정 또는 취소 방안을 제시한 동시에 동성 총무청장에게

(1) 현행 조약상 조선인의 사법관할권은 일본영사에 속함으로써 영사주재지와 장차 원격 지방을 불문하고 만주국 관헌은 조선인에 대해 가택수사, 체포 또는 감금을 할 수 없다. 일일이 사정을 일본영사에 통보하고 그 조치를 요구해야 한다.
(2) 따라서 만주국 관헌은 일본영사의 의뢰로 원조를 주는 경우 외에는 조선인에 대해 직접 사법경찰권을 집행할 수 없다.
(3) 범죄 또는 불법행위의 성질이 중대하고 긴급해서 치안유지상 일본영사에 통보하고 그 조치를 구할 여유가 없는 경우로서 일반 상식상 사정이 어쩔 수 없다고 인정되는

사건에만 만주국 관헌은 일시 선인(鮮人)을 구속하는 것을 허용한다. 그렇지만 이 경우는 즉시 사정을 일본영사에 통보하고 또 지체 없이 신병(身病)을 일본영사에게 인도해야 한다. 특히 위는 특별히 비상한 경우에 한한 것이므로 만주국 지방관헌은 이런 수단을 남용하지 않도록 충분히 주의해야 한다.

라는 동관(同官)의 마지막 시정의견을 제시하고 위에 따라 정정안문(訂正案文) 작성방법 교섭을 거듭하였다. 이에 길림성 측에서는 8월 24일에 이르러 별지 제2호와 같은 안문(案文)을 기초하여 동 총영사대리의 의견을 구해 왔다.

위 시정(是正) 안문을 검토함에 원래 훈련 중 「회동일방경헌엄밀사나송교취근일본영사관징처(會同日方警憲嚴密査拏送交就近日本領事館懲處)」로 되어 있는 것을 「계의조약범위내원조일본경무기관이당수사체포지의미(係依條約範圍內援助日本警務機關以當搜查逮捕之意味)」라고 정정한 것은 이전에 가하다고 하였다. 그렇지만 영사가 주재하지 않는 원격지방에 있어서는 「과유현행범중난이유예지장합자응검사증거체포속모인도어일본관헌(過有現行犯中難以猶豫之場合自應檢查證據逮捕速謀引渡於日本官憲)」으로 정정한 것은 해석 차제(次第)에서 도박 등 작은 범죄까지 현행범이므로 만주국에서 체포할 수 있는 것이 된다. 동 총영사대리의 제출 의견과는 큰 차이가 있어 적어도 '현행범' 위에 '중대(重大)' 2자를 추가하도록 다시 설득해 보았지만, 길림성 측은 상조문세(商租問題) 해결과 관련하여 1933년(昭和 8) 1월 27일 무등(武藤) 대사가 사(謝) 외교총장에게 보낸 공문 부속서의 내용을 인용하면 반대했다. 해당 부속서에는 '현행범으로 체포할 자에 대해 만주국 관헌이 먼저 체포한 경우, 해당 관헌으로부터 인도받아 일본국 관헌이 처벌할 것'이라고 명시되어 있다. 길림성 측은 이를 근거로 일본 측이 이미 만주국 관헌의 일본인 현행범 체포 권한을 인정한 것으로 해석할 수 있다. 그뿐만 아니라 1933년 3월 신경에서 전만경무청장회의 석상에서 대사관 측 대표는 영사가 주재하지 않는 지방의 선인취체(鮮人取締) 방법에 관한 만주국 측 출석자의 질문에 대해 이들 선인의 체포 그리고 영사로 인도까지의 일시적 신병의 구속은 실제상 어쩔 수 없다고 답변한 취지도 있다. 길림성장이 본건 훈령을 발하게 된 것은 상당한 근거를 가지는 것이므로 '현행범' 위에 '중대' 문자를 기입하고 또한 길림총영사 대리의 의견처럼 범죄 또는 불법행위의 성질 중대하고 긴급하여 치안유지상 일본영사에 통보할 겨를이 없는 경우 운운의 문자를 삽입한 것 등은 성장의 체면과 전기 무등 대사의 공문과 아울러 대사관과의 종래 양해에 따른 것이다. 길림성 지방관헌에 한해서는 조치하기 어렵다는 뜻을 주장하고 논의가 정리되지 않은 문제는 만주국 중앙정부 대(對) 대사관의 교섭으로 이관되었다. 이후 재만 대사관에서는 외교부를 통해 민정부(民政府) 당국에 대해 전기 길림성 정정안 중 '현행범' 위에 '중대' 2자를 더하도록 교섭을 거듭했다. 동부에서는 (1) 일만 양국의 우호관계 및 경찰기관에 다수 일계(日系) 관리의 채용을 보고 있는 금일 일본인에 대한 부당한 취급은 방지할 수 있어야 하고 (2) '중대한'의 자구는 매우 애매하므로 그 적용상 종종 의견의 차이를 가져와서 도리어 분란을 배양할 것이라는 이유로 길림성안이 타당하다는 회답이 11월 상순에 도착했다. 따라서 대사관에서 다시 공구(攻究)를 거듭했는데 그 결과 위 회답안은 본성 훈령과 전절(前節)의 제제합이 결정과도 서로 어긋나고 또한 장래 전반적 결정을 하는 경우의 규준도 되는 중대한 관계가 있는 형편이다. 그럼에도 (1) 일본인 범죄인을 만주국 관헌이 체포할 수 있는 것은 극히 예외적 경우에 한해야 하고 또 일본관헌이 존재하지 않는 오지에서 현행법이 있는 경우 만주국 관헌이 치안유지의 필요상 이를 붙잡는 것은 실제상 어쩔 수 없다. (2) 우리 쪽 관헌의 눈이 닿지 않는 오지에 들어가 사변 후 점하게 된 우세한 지위를 이용하여 각종 범행을 하는 불량 내선인(內鮮人)에 대해 단순히 일본관헌이 없으므로 방임하는 것은 제국의 대만(對滿) 정책상 좋지 않다. (3) 만주국에 대해서는 구 동북정권 또는 민국에 대하는 것과 완전 같은 태도로서 임하기 어렵고 특히 (4) 길림성 정정안처럼 '유예하기 어려운 경우'라는 제한 외에 '중대한'이라는 제한을 추가할 조약상의 근거가 없는 상황이므로, 결국 길림성안 수준에서 절충할 수밖에 없다는 의견과 함께 본성의 의향을 품청해 왔다.

따라서 본성에서는 재만대사의 의견을 고려하는 한편 우리 측의 주요 우려 사항이 훈령의 남용으로 인해 방인(邦人)이 부당한 취급을 받을 가능성에 있다는 점을 인식하고 있다. 그러나 길림성안에 명시된 '유예하기 어려운 경우'라는 표현은 해석에 따라 우리 측에 상당히 광범위한 보장을 제공하고 있다. 또한 상당한 경무(警務) 경험을 가진 외무성 및 관동청 경찰관이 각 현공서에 채용·배치된 점을 고려할 때, 이전 제재합이의 결정과 비교해 일부 용어상 불만족스러운 부분이 있기는 하지만, 이는 불가피한 측면이 있다. 결론적으로 길림성안 수준에서의 절충은 문제가 없다고 판단되었으며, 이에 따라 12월 8일부로 위와 같은 취지의 훈령을 재만대사에게 전달하였다.

'별지 제1호' 일본어 번역문

길림성 공서 훈령 경자(警字) 제506호

각 현공서, 각 경찰청, 각 경무국 앞

살펴보니, 사변 이래 선인(鮮人)의 입경하는 자가 날마다 증가하고 대다수는 그 성질이 선량하여 본분에 안주하는 자들이나, 반동사상을 지니거나 무식하여 함부로 사단을 빚어 무고(誣告)를 일삼고 향민(鄕民)을 깔보는 자도 또한 적지 않다. 엄중히 취체하여 일만(日滿) 친선상 큰 장애의 발생을 제거하고 인민으로 하여금 편안할 수 있도록 함으로써 왕도정치에 부합할 수 있도록 하여 폭(暴)을 제(除)하여 양민을 안정시킨다는 뜻을 기하려고 한다. 즉 각 현에서는 명령에 따라 지금부터 관내 거류 선인에 대해 절실히 조사를 마쳐서 불량분자가 있으면 곧바로 일본관헌과 회동하여 엄중사찰 체포하고 가장 가까운 일본영사관에 송치, 처벌한다. 일본영사관으로부터 멀리 떨어진 현(縣)에서는 현이 취조한 뒤 범적(犯跡)이 확실한 자는 바로 체포하여 일본 측에 통지하여 송치, 처벌하고 한편 처리상황을 바로 본서에 보고히여 누락이 없도록 할 것을 녕령한다.

길림성장 희흡(熙洽)

대만주국(大滿洲國) 1933년(大同 2) 6월 29일

'별지 제2호' 일본어 임시 번역

경자(警字) 제호

훈령

올해 6월 29일부 본서 경자(警字) 제506호 훈령 중 수사 및 체포에 관한 사항의 자구는 해석상 오해를 일으킬 우려가 있다. 위 훈령의 취지는 조약에 정해진 규정의 범위 내에서 일본 측 경찰기관을 원조하고 수사 및 체포에 나서야 한다는 의미이다. 그런데 단지 일본 측 경찰기관의 소재지를 떠난 원격 지방에서 현행범인을 인지하고 체포를 유예하기 어려운 경우에는 우리 쪽이 확증을 들어 체포한 후 속히 범인을 일본 측 관헌에게 인도하는 절차를 집행해도 지장이 없다는 뜻이므로, 이런 종류의 섭외(涉外)사건은 각별히 신중하게 취급하여 조치에 잘못이 없도록 하기 바란다.

〈자료 03〉 간도 공비 대책 문제[일본 외무성 동아국(東亞局) 제2과, 『최근지나급만주관계제문제적요(最近支那及滿洲關係諸問題摘要)』(第六十七議會用), 1934.12, 185~190쪽]

간도(間島) 공비(共匪) 대책 문제

1. 개설

간도 지방에서는 소비에트구역과 비(非)소비에트구역으로 확연히 구별할 수 있다.

(1) 소비에트구역에는 각종의 적색(赤色) 기관[예를 들면 병영, 병공창(兵工廠), 피복창, 양말창(糧秣廠), 병원, 학교, 혹은 인쇄소, 재판소, 감옥 등]이 있다. 소비에트 구(區)의 수는 큰 것이 3, 작은 것이 3이지만 정말 무장공비(武裝共匪)라고 볼만한 것은 각 소비에트구에서 1개소 약

100명을 최대로 한 것이다. (종래 영사관의 정보로 지난번 군의 토벌결과 대체로 정확한 것임이 판명되었다.)

(2) 또한, 백색 구역에서는 이른바 국제 노선의 철저한 적용으로 인해, 기존의 반제동맹호제회(反帝同盟互濟會)나 농민협회 등의 당표현단체(黨表現團體)는 대부분 개편되어 반일회(反日會)로 전환되었으며, 이는 반일 통일전선을 형성하는 기관으로 변하였다. 그런데 이들 회원 중 무릇 1천 수백 명은 반일회가 공산당의 기관인지 아닌지를 잘 이해하고 있지 않다. 그렇지만 실제로는 뒤에 언급되는 적색공회(赤色公會)와 함께 당의 유력한 배양기관(培養機關)임이 분명하며, 그 강령에는 만주국의 전복과 조선의 독립을 목표로 한다는 내용을 게시하였다. 더불어 적 상황(敵狀) 정찰은 본래 공산당의 첩보(諜報) 활동에 종사하고 있다는 점에서 이를 확인할 수 있다. 적생공회는 소위 국제노선에 기초해서 점차 확대되고 있는데 그 중 채목공인(採木工人), 철로, 광산 등을 제일의 목표로 삼고 있다.

(3) 그런데 현재 경비(警備) 기관은 만주국 측의 것을 제하고 군 및 영사관경찰기관(27) 그리고 집단부락(25)이 있다. 또한 집단부락 외에 수많은 독립 자위단(自衛團)이 있다. 이들 각 기관에서 전술한 공산당의 검거 취체를 힘써왔다. 그럼에도 불구하고 공산당이 폭행을 여기저기서 저질러 이의 대책 수립을 통감하고 있는 바이다.

2. 대책

이상의 형세에 비추어 보아 이의 대책으로는 다음 3항에 중점을 두는 것이 기의(機宜)을 얻을 수 있다.

(1) 기존 집단부락 내에서 자위단(自衛團)의 강화

기존 집단부락 자위단 중에는 모범적 충성을 다하고 있지만 탄환 부족 등으로 인해 패한 자도 있다. 무기탄약을 소지하고 도망한 자가 있는 등 그 지도훈련은 난사(難事) 중의 난사에 속한다. 그러므로 이의 구체적 방법으로는

1) 25개의 집단부락(1부락 100호, 600인 중 자위단원은 약 30명 정도)을 다섯 계급으로 구분하

고, 별도로 경찰보조원 150명을 배치하여 지도모범 자위단원을 구성한다. 이를 소대로 편성한 뒤,

2) 제1개월 차에는 위 자위단원을 제1급 집단부락의 자위단원과 바꾸고, 제1급의 자위단원은 5개소의 경찰분서에서 1개월 내지 1개월 반 훈련할 것.

3) 훈련을 받은 자위단원은 원부락으로 귀환시켜서 동시에 모범자위단을 제2급의 부락 내로 이동시키고 제2급의 자위단원을 제1급에 준하여 훈련을 행한다.

4) 이상의 과정을 다섯 차례 반복하면, 25개의 자위단은 강력한 경찰 보조기관으로 거듭나게 된다. 그 인원은 총 750명에 달하며, 여기에 경찰 용원(傭員) 150명을 추가하면 조직의 면모를 일신할 수 있을 것이다.

5) 자위단원에 대한 급여는 집단부락민의 갹출로 급료 월액 8원을 지급해 왔다. 그렇지만 특수 임무의 중요성에 비추어 보아 이에 7원의 보조를 더해 합계 약 15원의 월수를 얻도록 한다. (보조 총액 연 6만 3,000원)

6) 본 계획에 기초해 자위단원의 지도 감독은 우리 영사관경찰관으로 충당하게 하는 것은 가장 편의적이고 실제적이다. 다만 만주국 측의 통제를 어지럽히지 않기 위해 군의 구처(區處) 아래에 둔다. 또 본 단원을 특종 경찰 용원으로 한다. (명칭은 별도로 고려한다)

(2) 적색특별검거대의 조직

적색구역 내에서 활동하는 공비는 지리에 능통하며 첩보 능력이 뛰어나고, 특히 사격 실력이 우수하므로, 이들을 검거하기 위해서는 신중한 접근이 필요하다. 상황에 따라 교전이 발생할 가능성도 있으므로, 경찰관의 지도 아래 변장을 통해 공비에게 접근할 수 있는 위치에서 점진적으로 검거를 실행하는 것이 필요하다. 그 인원은 1개소 100명으로 하고 3개소 계 300명의 인원이 필요하다.

(3) 적색구역에서 집단부락의 설치

전술한 적색구역의 소토(巢討)가 완료된 이후에는 해당 지역에 집단부락을 설치하는 것이 필요하다. 특히, 3대 적색구역의 중심부에 집단부락을 설립할 수 있다면 그 효과는 더욱 뚜렷할 것이다. 다만, 이러한 외진 지역에 집단부락을 건설하는 경우, 비적의 내습 위험이 높아 무

장을 반드시 갖춰야 하며, 동시에 경찰분서(인원 약 50명)를 설치하여 집단부락의 보호와 통제 임무를 수행해야 한다. (경찰분서의 인원은 약 50명 정도로 배치하되, 이는 기존 경비 인력의 융통을 통해 충당할 예정이다. 또한, 치안이 회복됨에 따라 경찰분서의 인원을 점차 줄일 수 있을 것이다.)

3. 본 대책 안출(案出) 경위 기타

이상은 수년간 공산당 문제에 대한 연구를 맡아온 재만 대사관 경무부 소속의 정상(井上) 서기관이 장기간 현지에 머물며 여러 차례의 위험을 무릅쓰고 상세히 조사·분석한 끝에 마련된 방안이다. 이 성안(成案)은 간도와 길림의 영사관 경찰기관뿐만 아니라 관동군 수뇌부 및 출장 군부와 사이에 수차례 토의와 연구를 거쳐 완성된 것이다. 동 서기관의 연구에 의하면 소련 측은 다른 날에 북철(北鐵) 포기를 예견하고 만주 적화의 간선(幹線)으로서 동부 소령(蘇領)의 접양지(接壤地)인 간도에 「소」구(區)를 구성하였다. 이를 기반으로 순차적으로 전만와 조선에 대한 적화공작의 발판으로 의도를 가지고 있음을 밝혔다. 그러므로 지금 이 문제를 소멸하지 않으면 그로 인한 피해가 어디까지 미칠지 예측할 수 없으므로, 본건의 소요 경비를 마련하는 데 있어 심각하게 고심하고 있는 형편이다.

〈자료 04〉 공비 토벌 그리고 선무(宣撫)기관의 조직[일본 외무성 동아국(東亞局) 제2과, 『최근지나급만주관계제문제적요(最近支那及滿洲關係諸問題摘要)』(第六十七議會用), 1934.12, 465~475쪽]

공비(共匪) 토벌(討伐) 그리고 선무기관(宣撫機關)의 조직

일만(日滿) 당국에서는 간도 지방에서 공비(共匪) 토벌에 종사시키기 위해서 조선인의용자위단(朝鮮人義勇自衛團)을 조직시키는 동시에 공비의 선무(宣撫) 그리고 사상선도(思想善導)를 위해 협조회(協助會)를 조직했다. 요지는 다음과 같다.

제1. 조선인의용자위단(朝鮮人義勇自衛團)의 조직

1. 단원

주로 가족 또는 친족 중 공비 때문에 피해를 입어 그들에게 반감을 가진 20세 이상 30세 미만인 자로 하고 연길 협조회(延吉協助會)로 하여금 모집에 맡겨서 11월 1일 이를 조직했다.

2. 편성

2개 분단(分團)과 8개 반으로 편성하여 단장 1, 서기장 1, 지도원 1, 분단장 2, 분단서기 2, 반장 8, 단원 80으로 계 95명이다.

3. 소속계통

연길현 경무국장에 예속하고 독립수비보병 제7대대장의 지휘감독을 받는다.

4. 임무

군대의 지휘에 따라 오로지 공비 토벌에 종사해야 하는데 구체적 방책은 아직 결정되지 않았다.

5. 경비

관동군의 지출에 따라 1934년(昭和 9) 10월부터 1935년 3월까지 6개월간 총액 1만 원으로 하고 그 내역은 다음과 같다.

6,000원	단원 급여
1,500원	피복비
2,500원	토벌비 기타
합계	1만 원

6. 장래에 대한 예상

장래 본 자위단을 계속할지 여부는 아직 결정되지 않았다.

상기 의용단은 10월 말경부터 단원모집에 착수하여 11월 1일 조직하여 우리 수비대에서 훈령 중인데 12월 중순경부터 실무에 복무시킬 예정이다.

제2. 간도협조회(間島協助會)의 조직

동아민족의 대동단결을 목표로 하고 주의(主義) 선인(鮮人) 잔당의 초무(招撫) 그리고 일반 선인의 사상선도를 목적으로 하는 사상단체인 간도협조회는 연길헌병대장의 주선으로 9월 5일 조직하였다. 그 요강 및 활동상황은 다음과 같다.

1. 선언

현하 국제정세의 급격한 변동과 신흥 만주국의 성장은 동아민족의 일대 결의와 각오를 촉진한다.

그러면 우리들도 동방 민족의 일원이자 신흥 만주국의 구성원으로서, 이처럼 내외로 다단한 비상시국에 직면하여 역사적·사회적으로 중대한 임무를 완수해야 할 책임이 있음을 깊이 인식한다. 이에 우리는 편협한 민족적 감정과 현실을 그르치는 계급투쟁을 과감히 버리고, 일치단결과 협력으로 맡은 바 임무를 완수하며, 우리 스스로의 요구와 활로를 용기 있게 개척하고자 한다. 우리는 과거의 과도기적 편협성과 산만함, 무통제, 비합리적이고 무모한 운동 방식을 청산하고, 발전 과정에 있는 만주국의 일원으로서 그 건설에 기여하며, 민중의 요구인 당면한 이익과 행복, 생활의 전반적 향상을 도모하기 위해 분투하고자 한다. 또한, 광범위한 영역에서 대아시아를 목표로 삼아 동아시아 제 민족의 대동단결을 공고히 하고, 나아가 외래 사상을 엄숙히 비판하고 검토하며, 건실한 아시아 정신을 발휘함으로써 만주국의 건전한 발전을 통해 대아시아의 번영을 이루기 위해 노력하고자 한다.

2. 강령

 1. 우리들은 사회적 생활의 향상을 기한다.
 2. 우리들은 편협한 민족적 관념을 방기하고 아세아민족의 대동단결을 기한다.

3. 규약

제1조 본회는 간도협조회 본부라고 칭한다.
제2조 본회는 본회의 강령을 실현함을 목적으로 한다.
제3조 본회는 본부를 간도 연길에 둔다.

제4조 본회는 본회의 목적과 같은 취지인 자와의 제휴에 인색하지 않는다.

제5조 본회 회원은 본회강령을 승인하고 규약을 준수하며 온갖 결의에 종사하는 자로서 삼는다.

제6조 본회 회원은 회원 2명 이상의 보천(保薦)으로 본회의 허가를 얻은 자로 삼는다.

제7조 본회 조직부문 및 직원은 다음과 같다.

고문 약간 명, 회장 1명, 부회장 1명, 서무부 1명, 재무부 1명, 조직부 약간 명, 선전부 약간 명, 교양부 약간 명, 산업부 약간 명

제8조 고문은 본회의 자문에 응한다.

제9조 회장은 본회를 대표하고 일체의 회무(會務)를 통할한다.

제10조 부회장은 회장을 보좌하고 회장 사고 시는 이를 대리한다.

제11조 서무는 회장 및 부회장을 보좌하고 회무를 총변(總辨)하여 회장 및 부회장 사고 시는 이를 대리한다.

제12조 재무부, 조직부, 선전부, 교양부, 산업부 등은 선전 기타의 분담 사무를 집행한다.

제13조 대회는 필요에 따라 회장이 소집한다.

제14조 본회의 지회는 필요 지방에 10인 이상의 회원으로 조직한다.

제15조 지회는 본회의 규약을 준용한다.

제16조 본회 재정은 회비, 사업순익금, 보조금 및 잡수입으로 충당한다.

제17조 본 규약은 공포일부터 시행한다.

4. 표어

1. 재만 백만 동포 갱생에 여명의 종이 울린다.
1. 투쟁사의 패화(敗禍)를 회고하면서 미래의 복리를 전제로 하는 협조회는 고고(呱呱)한 소리를 거두었다.
1. 이 땅의 개척에 피땀을 흘리고 골육을 부수어 버린 백만동포여
1. 그 대가 복리에 영도(領導)하는 우리들의 나침반 협조회 기치 아래 강력히 모이자.

5. 활동상황

간도협조회는 본부를 연길에 두고 지부를 팔도구(八道溝), 조양천(朝陽川), 명월구(明月溝), 백초구(百草溝), 동불사(銅佛寺)의 5개소에 설치하여 회원 모집에 착수했는데 10월

1일까지 다음과 같이 입회자를 보았다.

연길 본부	124명
팔도구 지부	525명
조양천 지부	205명
명월구	77명
백초구	50명
동불사	94명
계	1,067명

위 회원 내에서 공작대원을 선발하여 이를 2대로 편성하고 제1기 공작으로서 9월 20일부터 10월 3일까지 사이에서

제1대를 명월구, 노두구(老頭溝), 동불사, 조양천 방면으로
제2대를 위자구(葦子溝), 알아하(嘎呀河), 삼도구(三道溝), 대두천(大肚川), 백초구, 의란구(依蘭溝) 방면으로
1 지방에 대해서 2, 3명 내지 4, 5명을 2일 내지 4일씩 진출시키고 제2기 공작으로서 10월 6일부터 16일까지 공작원을 5대로 나눠

제1대를 의란구, 백초구, 합마당(蛤蟆塘) 방면에
제2대를 백초구, 목단구(牧丹溝), 전합마당(前蛤蟆塘) 방면에
제3대를 대황구(大荒溝), 전합마당 방면에
제4대를 팔도구 방면에
제5대를 토산자(土山子), 삼도구, 이도구(二道溝) 방면에

제1기와 대략 같은 모양으로 편성하여 진출시켰다. 그런데 불령단(不逞團)의 협박 혹은 무장공비의 습격을 받는 등 상당한 곤란에 직면했다. 그럼에도 이에 굴하지 않고 오지에서 부

락민을 집합시켜 강연, 좌담회를 열거나 혹은 선전삐라를 배부하거나 혹은 앞장서서 그들의 소굴에 들어가 열심히 귀순을 권고하는 등 결사적 활동을 계속했다. 이들 공작 때문에 11월 1일까지 354명을 귀순시킬 수 있었다.

상술한 바와 같이 협조회의 성립은 간도 지방 일반 선민(鮮民)에게 상당한 반향을 주었던 것 같다. 11월 20일 선자(鮮字) 신문《간도일보(間島日報)》는 〈공산주의자에게 고한다. 동양 '몬로'주의로 전향하라〉고 제(題)하고 공산파의 전향을 권고한 아래와 같은 사설을 실은 것은 그 일례로서, 종래 선자 신문이 공산계 조선인에 대해 공공연히 이런 기사를 게재한 것은 절무(絶無)한 일이다.

선자(鮮字), 간도일보의 기사 요지

저번 만주국가의 건설은 동아의 대국에 일대변화를 초래했다. 동아의 맹주 일본은 다년 백인의 압박, 간섭, 굴레로부터 이탈하여 동양의 평화 나아가 세계의 평화를 확립해야 할 동양 '몬로'주의의 필요를 강조했다. 그리하여 우리들 재만 조선인의 지위도 신흥 만주국 구성의 일원으로서 동양 '몬로'주의의 솔하(率下)에 대동단결하여 그 생존과 번영을 기대할 수 있음을 의심하지 않는다. 그런데 간도 지방에는 이제 오히려 시세의 변천을 자각하지 않고 편협한 민족주의 운동이나 세계 각국의 공적으로 사갈시(蛇蝎視)당하는 공산주의 운동에 광분하고 재만동포를 괴롭혀서 그 발전을 저해하는 자 있음은 실로 개탄해 마지않는 바이다. 이들 주의자는 모름지기 동아의 대국에 각성하여 재만 백만의 동포 갱생을 위해 단연코 전향할 것을 저망한다. 운운.

요컨대 간도 지방에서의 공산파 불령단(不逞團)은 지세(地勢)의 관계상 그리고 구 동북관헌의 대일(對日) 정책상 암암리에 이를 비호하는 사정도 있다. 그 기반 세력이 상당히 뿌리가 강해서 아직 설불리 낙관할 수 없지만 계속 일만(日滿) 군경의 소탕(掃蕩) 공작 아울러 협조회 등의 초무(招撫) 공작의 진행이 함께 어우러지고, 한편 집단부락의 증설에 수반하여 공비의 활동 구역도 다소 좁아지는 감이 없지 않다. 그렇지만 삼림지대의 천험(天險)에 근거하고 소련의 후원을 믿고 있는 관계상, 이의 숙정(肅正)이 용이하지 않음은 제3편 제5장의 「간도 공비 대책 문제」[2]에서 상술한 대로이다.

〈자료 05〉 불령선인 선무기관 협조회의 활동 상황[일본 외무성 동아국(東亞局) 제2과, 『최근지나급만주관계제문제적요(最近支那及滿洲關係諸問題摘要)』(第六十八議會用) 하권, 1935.12, 185~191쪽]

불령선인(不逞鮮人) 선무기관(宣撫機關) 협조회(協助會)의 활동 상황

(1) 하얼빈(哈爾賓) 협조회

1933년(昭和 8) 6월 1일 창립된 하얼빈협조회는 군의 원조로 작년부터 농장, 금광 및 임업을 경영하고 이에 협조회원을 수용 종업(從業)시킴으로써 그 생활의 안정을 보장하고 있다. 한편 회(會)의 주의 강령의 선전과 아울러 불령선인(不逞鮮人)의 전향 귀순공작에 힘씀으로써 회원이 점차 증가하여 올해 1월 이후 8월까지의 신입회원은 271명, 8월 말 현재 회원 3,632명이다. 올봄, 부회장 이대훈(李大勳) 외 몇 명이 동변도 지역에 출장하여 선무 공작을 수행한 결과, 기대한 만큼의 성과를 거두지는 못했으니, 불령신인 25명의 전향자를 확보했다. 또한, 올해 9월에는 만주의 민족파 거두로 알려진 남경(南京)의 이청천(李靑天)과 연락하여 군관학교 입학생 모집을 담당했던 이욱(李旭)을 귀순시키는 등 상당한 성과를 거두고 있다. 한편, 동 협조회 회장 김이대(金履大)의 사임에 따라, 올해 4월 16일 간부 개편을 통해 다음과 같이 새로운 임원진이 선임되었다.

　출석자 59명
　회장 권화산(權華山) 부회장 이대훈(李大勳)

---

2 〈자료 03〉를 가리킨다.

총무 김응두(金應斗)

간사 고한봉(高漢峰), 조백산(祖白山), 김인수(金仁洙), 이붕해(李鵬海), 조성원(趙星垣)

평의원 박관해(朴觀海), 김영헌(金榮軒), 김도(金濤), 신오(申悟), 박중화(朴中和), 한광준(韓光俊), 김공천(金恭泉)

동 협조회의 현재 경영한 사업 및 선인 청년 지도를 위해 조직한 협조청년회의 상황은 다음과 같다.

1) 농장으로서 고가둔(顧家屯), 통화(通化), 대방신(大房身)의 3농장을 경영하여 회원 약 1,000명을 수용 경영하도록 하고 있지만 올해는 수해(水害) 및 상해(霜害) 때문에 아직 소기의 수확을 거둘 수 없었던 것 같다.
2) 북철(北鐵) 동부선 대성장(大城場) 사금광은 약 200명의 인원을 수용하며 운영되고 있다. 그러나 올해 5월 4일, 선만(鮮滿) 연합비적 약 400명이 내습하여 방화와 약탈을 자행한 결과, 자위단(自衛團) 대장 13명이 전사하고 가옥 29호가 소실되는 등 약 2만 원의 손해를 입었다. 이로 인해 운영이 일시 중단되었으나, 군의 지원을 받아 현재 재건 및 경영을 재개하고 있다.
3) 임업으로서는 오상(五常) 및 목릉(穆陵) 방면에서 삼림 벌채 및 제재(製材)를 판매하고 있다.
4) 하얼빈(哈爾賓) 협조회 청년회의 조직

   창립: 5월 5일

   목적: 재만 선인 청년의 의식적 교양으로써 인격의 완성과 지위의 향상을 기하고 아울러 편협한 민족관념을 포기함으로써 아세아주의 청년 간의 대동단결을 기한다.

   사업방침:

      도시 및 농촌의 청소년 지도

      농촌의 계몽 및 정화 운동

      민족협화의 구체 방법을 연구 증진한다.

   유지방법:

입회금 30전, 회비 월 10전 외에 기부금으로써 유지한다.

역원:

회장 이대훈

부회장 맹중은(孟中恩)

간사 김약천(金若泉) 이하 11명

서무 및 회계, 교육부, 조직 선전부, 조사연구부 이상 각 2명

체육부 1명, 고문 3명

(2) 간도협조회

간도협조회는 연길헌병대의 주도면밀한 통제감독하에 점차 그 기초 안정되어 착착 실적을 거두고 있다. 올해 3월 조직의 개정을 행하였는데 현재(6월 말)에서 동회의 조직 및 사업의 상황은 다음과 같다.

1) 조직

본부

산업부, 조직부, 교육부, 선전부

지부

명월구(明月溝), 백초구(百草溝), 도문(圖們)

구회

팔도구(八道溝), 조양천(朝陽川), 노두구(老頭溝), 동불사(銅佛寺), 이도구(二道溝), 삼도구(三道溝), 대도구(大道溝), 대두천(大肚川)

총반(總班)

반(班)

비고

(1) 1반은 5인으로 하고 각 부락마다에 총반을 두고 구회는 수 개의 부락을 통할한다.

(2) 반 476개소 총반 91개소 구회 10개소이다.

(3) 협조회 역원 50명, 공작원 20명, 회원 5,900명

(4) 산업부는 농장, 광산을 경영하고 노동 안내소를 설치하여 각종 노동의 소개 취직을 알선한다.

(5) 조직부는 회의 조직, 활동방침을 연구 실시한다.

(6) 교양부는 회원의 정신 향상과 교양의 증진을 도모한다.

(7) 선전부는 협조회의 강령 사명을 선전함과 동시에 민족 및 공산주의적 불령선인의 전향 운동 및 공작을 실시한다. 이를 위해 기관 잡지 발행을 계획 중.

2) 사업의 상황

협조회 공작원 20명 및 특별공작원 약간 명은 항상 공비(共匪) 출몰지구로 진출하여 공비의 근거지 및 그 동정을 조사함과 동시에 이의 유치 및 귀순공작에 노력하고 있다. 그런데 작년 9월 협조회 조직 이래 올해 5월까지의 유치인원 1,817명이어서 귀순시킨 자 1,700명이 넘었다. 이외에 군의 보조로 하여 공비토벌에 맡기기 위해 연길수비대장의 직접 지휘 감독 하에 속하는 '의용(義勇)자위단'[단원 135명, 소총 120정, 경기관총 2정, 승마(乘馬) 37두를 가짐]이 있다. 작년 10월 편성, 소정 6개월의 군사훈련을 완료하면 지체 없이 군의 공비소탕에 협력하여 각지에 출동 상당의 공로가 있었다. 그런데 이의 경비지출에 곤란을 가져와 9월 28일 이를 해대(解隊)하여 동월 30일, 간도성 경찰청 직할의 삼림경찰대로 편입되어 일계(日系) 경관 지휘하에 삼림벌채지에 주둔하게 되었다.

더욱이 각 지부 및 구회에서 회원 중 정수(精粹) 분자를 선발하여 '협조의용단'을 조직하여 이에 해당 지방 주둔 군헌(軍憲) 지도 아래 간이한 군사훈련을 시행하여 유사시에 대비하고 있다. 그런데 현재 편성한 것은 왕청(汪淸) 지부 1개소뿐인데 올가을 농한기를 이용하여 각 지부 구회에서도 같은 조직 훈련을 예정하고 있다.

협조회원 및 귀순 공비의 생활 안정 보장을 위해, 산업부에서는 둔전영(屯田營)과 장지영(張芝營)의 두 농장을 운영하며, 이곳에 124호 500명을 입촌시켰다. 그 외에 소백초구(小百草溝)의 사금광 시굴(試掘)을 위해 150명의 회원을 종업원으로 고용하였다. 아울러 노동안내소를 설치하여 석탄 채굴, 목재 운반, 금광 작업 인부를 관리하고, 철도 및 도로 개수, 교량

가설, 제방 축조 등 다양한 노동 현장에 2,500명을 알선하여 운영하고 있다.

〈자료 06〉 관동군 추계 치안숙정 계획(사상대책)[일본 외무성 동아국(東亞局) 제2과, 『최근지나급만주관계제문제적요(最近支那及滿洲關係諸問題摘要)』(第六十八議會用) 하권, 1935.12, 297~352쪽]

관동군(關東軍) 추계(秋季) 치안숙정(治安肅正) 계획(사상대책)

관동군에서는 만주국 치안의 현황에 비추어 보아 특히 추계 치안숙정계획(治安肅正計劃)을 수립해 올해 9월 중순부터 11월 중순에 걸쳐 주로 빈강, 길림, 간도, 봉천, 안동의 5성을 중심으로 초비토벌(剿匪討伐)을 행하게 되었다. 그런데 특히 만주국 내에서의 공산분자 및 반만항일 분자의 잠행적 약동(躍動)은 치안유집상 특히 중시를 요함에 따라 이들 사상적 불량분자의 근본적 절멸을 기하기로 되었다. 8월 30일 군 주최 아래 일반 각 관계자가 집합하여 참모장 그리고 주임관으로부터 본 계획에 관한 설명을 행했다. 이번 치안 공작은 여전히 군의 토벌을 주된 목표로 삼고 있지만, 종래의 경험을 고려할 때 관동헌병대 사령관의 통제 아래 일만 각 관계기관의 긴밀한 협력과 조화를 이루는 데 중점을 두고 있다. 특히, 만주 측 군경에 대한 적절한 지도와 함께 선선 공작 및 사상 대책에도 주력하여, 철저하고 확실한 치안숙정을 실현하려는 것이다. 이로써 재만 제국대사관에서도 관계 각 공관장에게 위 취지를 시달하여 충분히 협력하도록 하였다.[별지, 관동군 추계치안숙정계획(갑호), 전만 일제(一齊) 사상대책실시계획 대강(을호), 치안숙정계획에 수반한 만주국 측의 협력에 관한 요망도(병호) 참조]

본 공작 실시 이래 10월 말까지 각지 실적 보고를 종합함에 본 계획 개시에 수반하여 일만 각 경무기관은 밀접한 연락을 유지하고 특히 경무연락위원회의 조직은 그 협조를 원활히 하는 데 힘을 쓰고 있는 것 같다. 때마침 동계에 가까워져서 해산 휴양기에 들어서려고 한 비적은 공전(空前)의 대토벌에 조우하여 풍찬노숙하며 분산 도피하였을 뿐만 아니라 그 합류연락을 완전히 방지당하게 되었다. 오히려 비적 가운데 양민을 가장하여 도시 등에 잠입한 자가 있는 것 같은데 각 기관의 엄중한 경계와 활동으로 비적 내지 반만항일사상 포지

자로서 검거된 자가 각지 모두에 다수에 달했다. 또한 지속적으로 실시되고 있는 일제 혹은 부분적 검문·검색은 통비자(通匪者), 통소자(通蘇者) 및 기타 불량배들에게 무형의 위협을 가함으로써 예방 경찰의 목적을 충분히 달성했다. 이 외에 반만항일 잠행공작에 대해 자금 공급의 혐의가 있는 중국계 전포대상점(錢舖大商店) 등의 검색 등도 상당한 효과를 거두었다. 한편 이번 공작은 종래 사상대책 방면에서 경험이 부족한 만인(滿人) 경찰관에게 훈련을 제공함으로써 협동 정신을 함양하는 데에도 적지 않은 기여를 했다.

그렇지만 다른 한편 이번 공작실시에 관련하여 동변도 일대에서 만군경(滿軍警)이 민간에 숙영한 경우 의연 숙박료와 물품대 등의 지불을 게을리한 자가 있다. 또한 종래 집가법(集家法)의 실시 때문에 가옥의 소각 또는 파괴를 받은 농민 사이에 원차(怨嗟)의 소리가 높고 이들 지방민의 만군경과 지방관헌에 대한 신뢰심이 옅어서 나아가서는 만주국의 장래에 대해서도 종종 불안을 품은 자도 있다는 것을 간취(看取)하게 되었다. 그러나 비적과 양민의 구분, 그리고 이들을 선도하고 교화하는 공작은 만주 민심의 파악과 안정에 심대한 영향을 미치므로, 이에 대한 수단과 방법을 앞으로 더욱 철저히 연구하는 것이 매우 중요하다고 생각된다.

갑호

1935년(昭和 10) 8월 28일

관동군사령부

1935년(昭和 10) 관동군(關東軍) 추계(秋季) 치안숙정계획(治安肅正計劃)

목차

기1 　방침

기2 　일반요령

기3 　추계 토벌 계획

　제1 목적

　제2 요령

　제3 각 병단(兵團) 행동의 준칙 및 만주국 군경 행동

　제4 토벌기간

　제5 통신, 보급, 위생

　제6 토벌 종료 후의 대책

　제7 경비

　제8 기타

기4 　치안 제 공작 계획

　제1 목적

　제2 요령

　제3 각 기관 행동의 준칙

　제4 공작 종료 후의 대책

　제5 기타

기5 　사상대책 계획

　제1 목적

　제2 요령

　제3 각 기관 행동의 준칙

　제4 사상대책 행동 종료 후의 대책

　제5 기타

1935년(昭和 10) 관동군 추계 치안숙정계획

기1. 방침

1. 군은 만주국의 정치 확립을 촉진하고 대외 작전 준비를 강화하는 목적으로써 전만 특히 국방상의 요역(要域) 및 철도지대 그리고 정치, 경제, 산업개발상의 요역에 대해 토벌 등의 방법으로 되도록 신속히 치안확립의 철저를 기한다. 이를 위해 치안의 현황에 비추어 보아 특히 동, 동남 및 남 방위지구(주로 빈강, 길림, 간도, 봉천, 안동 5성)에 중점을 지향한다.

2. 만주국 내에서 공산분자 및 반만항일 분자의 잠행적 약동은 경시해서는 안 되므로 이들 사상적 존재 분자의 절멸을 기함과 동시에 그 배후지의 차단(遮斷)하고 기타 모든 가능한 수단을 철저히 동원하여 이들 분자의 근본적 삼제(芟除)를 기도한다. 이를 위해 관동군을 중심으로 재만주국 일만(日滿) 각 기관을 들어 위 목적 달성에 노력한다.

기2. 일반 요령

1. 전기 방침에 기초한 목적 달성을 위해 관동군을 중심으로 토벌, 치안 제 공작, 사상대책 등의 각종 수단을 다해, 일만 각 기관은 적극적으로 이의 협동 원조를 단행한다.

그리고 위 차안숙정 행동은 치안 현황 및 종래의 경험 등에 비추어 보아 관동군으로서는 끝까지 토벌제일주의에 근거함을 본칙으로 하고 토벌행동 이외의 치안숙정 행동을 위한 군 본연의 작전, 연성 등에 대해 악영향을 미치지 않도록 함을 요한다.

2. 토벌은 9월 중순부터 11월 중순까지 전반적으로 진행되며, 각 지구 방위사령관이 해당 지구 내 치안숙정을 위해 특히 지역적 중점을 두고 적극적인 계획하에 실시한다. 동, 동남, 남 방위지구(주로 빈강, 길림, 간도, 봉천, 안동 5성)에 중점을 두기 위해, 제3사단 제1 및 제2 독립수비대의 병력을 강화하고, 타 지역에서 병력을 추가로 배치한다.

3. 치안 공작, 사상 대책 등의 각종 수단은 창의적이고 적극적인 기획 아래 토벌 이전부터 이미 착수하여, 토벌 기간 중에는 이를 밀접하게 따라가며 지원한다. 또한 토벌 종료 후에는 이러한 대책을 더욱 보강함으로써, 장래에 확고불발(確固不拔)의 친안확립 기초를 강화한다.

4. 토벌, 치안 제 공작, 사상대책 등의 각종 수단의 실행은 이를 낱낱이 분리하는 일 없이, 토벌 실시 전에서의 정첩(偵諜)을 주밀하게 하고, 비정(匪情) 특히 사상적 근원을 천명하여 시책기(施策機)를 억제하고, 민중과 비적과의 절연을 도모한다. 공비(共匪), 반만항일비(反滿抗日匪) 등 정치비(政治匪)에 대해서는 철저한 토벌행동으로 각지에서 이를 섬멸함과 동시에 근거지를 가진 비적에 대해서는 완전히 이를 복멸한다. 각종 수단을 다해 비수(匪首)의 살육, 비단(匪團) 상호의 이간, 적정한 수단으로써 삼은 통비자(通匪者)의 절멸을 책하는 등 치안 우란의 근원을 철저하게 삼제(芟除)하는 일에 힘쓴다.

또한 토벌 후 병력을 분산 배치함과 동시에 각 지구에서 만군경(滿軍警) 등으로 하여금 해지 부근의 치안확립을 담임할 수 있도록 지도한다.

기3. 추계 토벌 계획

제1. 목적

1. 전만 특히 동, 동남 및 남 방위지구 내의 비적, 특히 공비와 반만항일비 등 정치적·사상적 비적을 각 지역에서 섬멸하고, 토벌하지 못한 도비(逃匪)는 계획적으로 특정 지역으로 압박하여 만주국 내 치안 확립을 보강한다.

제2. 요령

2. 각 지구 방위사령관으로 하여금 현재 진행 중인 치안 활동의 성과를 활용하여, 이러한 치안 공작을 철저히 실행하도록 하고, 필요한 준비를 완성하여 토벌 전에 치안숙정과 관련된 적절한 포고를 발표한다. 이어 비적에 대한 과감한 토벌을 단행해 이를 각 지역에서 섬멸하도록 하며, 토벌 실행 시 군대로 하여금 양민과 비적을 신중히 구분하도록 하여, 양민에게 정신적·물질적 피해를 철저히 방지함으로써, 향후 치안공작 실시에 유감이 없도록 한다.

3. 각 지구 방위사령관은 국방상의 요역(要域), 철도지대 및 정치, 경제, 산업 개발상의 요역에 있는 비적을 각 국지마다 섬멸하고, 한 번 토벌 수정한 지역에 대해서는 철저한 치안확보를 위해 소요 수단을 강구한다. 동시에 만주국 측 기관으로 하여금 치안을 확보할 수 있도록 지도한다. 동북구(東北區) 방위사령관은 본 토벌 동안 제4독립수비대 및 동북구 내에서

의 제2독립수비대의 잔치(殘置)부대를 구별하여 지휘한다.

4. 동(東), 동남(東南) 및 남북(南北) 구(區) 방위사령관(防衛司令官)은 전항 요역에서의 도비(逃匪)에 대해서, 동(東) 방위지구(빈강, 삼강 2성)에 있어서는 분송자령(奔松子嶺), 대과(大鍋), 산령(山嶺), 노령산맥(老嶺山脈), 소백산산맥(小白山山脈) 등의 지역으로, 동남 방위지구(길림, 간도 2성)에 있어서는 합이파령산맥(哈爾巴嶺山脈), 소백산산맥, 백두산 부근의 지구로, 남 방위지구(봉천, 안동 2성)에 있어서는 백두산 부근, 노야령(老爺嶺), 환인(桓仁) 서쪽 산지대의 지구로 이를 압박해서 민중과 비적과의 차단, 절연을 감행하고 이후 섬멸을 용이하게 하도록 수단을 강구한다.

5. 각 지구 방위사령관은 토벌 기간 중은 물론 전후에도 치안 공작 및 치안유지회를 활용하여 별도로 기획한 사상 대책 등을 적용하고, 적절한 수단으로 통비자(通匪者)를 철저히 제거한다. 동시에 토벌 및 기타 공작 실행 이후 지역에 잔루(殘漏)한 비적의 검색, 검거, 처단 등의 적정(適正)을 기한다.

6. 각 지구 방위사령관은 토벌 동안은 물론 그 전후에서의 준비, 치안 제 공작, 사상대책 등에 관해 각 방위지구의 각 지경(地境) 부근에서의 항소 긴밀한 연계를 유지하고 간극(間隙)이 없도록 해야 한다.

7. 신경(新京) 경비사령관은 해당 지역의 경비에 차질이 없도록 만전을 기하는 한편, 필요시 신경 부근에서의 토벌을 실시할 수 있도록 준비한다.

8. 군정부(軍政部) 최고고문은 만주국군을 힘써 지도하여 대규모로 일본군의 토벌행동에 참가시키기 위해 되도록 많은 병력을 일본군 지휘과의 지휘[구처(區處)]를 받도록 한다.

또한 군정부 최고고문은 일만군(日滿軍)이 토벌에 참가하도록 하기 위해 만주국 현(縣) 경찰대 및 기타 무장단체를 지도하고 소요 수단을 강구한다.

9. 일본군 지휘관은 만군(滿軍)을 사용할 때는 되도록 이에 독립 임무를 부여하도록 한다.

10. 만주국 정부로 하여금 군의 토벌행동, 치안 제 공작, 사상대책 등에 대해 정부는 물론 각 성 각 현에게 적극적으로 협력하도록 한다. 동시에 군의 토벌, 치안 제 공작 등의 성과에 부산한 지방치안확보의 수단을 촉진 보강시킨다.

11. 조선군에 대해 관동군의 토벌에 책응하여 혼춘 지방 및 압록강 연안 방면에서 소요 처지를 강구하도록 요망한다.

12. 제3사단장으로 하여금 국경봉쇄를 보강하는 등의 수단을 강구하도록 한다. 또한 소련 측의 신경을 앙분(昻奮)시키지 않는다. 국경에 있는 적군(赤軍)의 경거망동 등을 예방하기 위해 동경 중앙부에게 소련 대표부에 군의 토벌 실시를 통첩하도록 요망한다.

제3. 각 병단(兵團) 행동의 준칙 및 만주국 군경 행동

13. 각 지구 방위사령관은 자신이 맡은 방위 지구를 토벌 지역으로 정하고, 시의적절한 계획을 실행한다. 다만, 특정 지역에서의 토벌은 인접 방위사령관들과 긴밀히 연락·협의하여, 토벌의 시기와 방법 등에 차질이 없도록 해야 한다. 필요에 따라 용병(用兵)상의 관계에 의해 일시적으로 자신의 담당 방위 지구를 벗어나 작전을 수행할 수 있다.

    동 및 동남 지구방면

    (1) 도가선(圖佳線) 연선 및 도가선 동부지구[영안현(寧安縣), 동녕현(東寧縣), 왕청현(汪淸縣) 방면]

    (2) 납빈선(拉賓線) 연선지구[오상현(五常縣), 서란현(舒蘭縣), 액목현(額穆縣), 위하현(葦河縣) 방면]

    동남 및 남 지구방면

    (1) 백두산(白頭山) 북방면[안도현(安圖縣), 무송현(撫松縣), 장백현(長白縣) 방면]

    (2) 백두산 서북방면[화전현(樺甸縣), 휘남현(輝南縣), 몽강현(濛江縣) 방면]

    (3) 반석현(盤石縣) 방면

    서 및 서남 지구방면

    서 및 서남 양 방위지구 경계방면의 각현

14. 각 지구 방위사령관은 특히 비적 세력, 토벌병력, 토벌기간, 지역 등과 관련하여 철저히 지역적 중점주의를 채택해야 한다. 참신(嶄新)한 방법과 절대적 지구력(持久力)을 발휘하는 등 철저한 방책을 감행하여 토벌성과를 극대화하는 데 유감이 없도록 해야 한다.

15. 동, 동남 및 남 지구 방위사령관에게 특히 배속한 부가(部家, 예정기간)는 아래와 같다.

    동지구(東地區)

        제9사단의 보병 1연대: 9월 하순부터 1936년 봄까지

        제9사단 통신대의 일부: 상동

군동군 자동차대의 1중대: 10월 초부터 11월 중순까지

통신 제3대대의 무선전신: 상동

2소대 및 유선 2전신소: 상동

임시 제1, 제2 구호반: 상동

동남지구(東南地區, 현재 배속 중인 제16사단 보병 3대대는 당분간 다름없이 그대로 배속해 둔다.)

제9사단의 보병 1대대(필요한 무선기를 포함): 9월 하순부터 11월 봄까지

제16사단의 보병 2대대(필요한 무선기를 포함): 9월 하순부터 올해 말까지

관동군 자동차대의 1중대: 10월 초부터 11월 중순까지

전신 제3대대의 무선전신: 상동

2소대 및 유선 2전신소: 상동

임시 제3, 제4 구호반: 상동

동지구(東地區)

제9사단의 보병 1여단(1대대): 9월 하순부터 올해 말까지

제9사단 통신대의 일부: 상동

제9사단의 치중병(輜重兵) 1중대: 10월 초부터 11월 중순까지

전신 제3대대의 무선전신 2소대: 상동

임시 제5, 제6 구호반: 상동

이외에 각 지구에 비행대를 협력시킨다. 또한 토벌기간 토벌부대가 수시로 사용할 수 있도록 환자 비행기를 정비 배치한다. 이를 위해 필요한 지점에 연료, 폭탄을 집적하여 비행기가 수시로 출동하는 데 유감이 없도록 한다.

각 지구에 대한 헌병의 배속에 관해서는 별도로 정한다.

위 배속부대 중 보병부대에 있어서는 배속기간을 연장하는 경우를 고려해서 현 주둔지에 유수(留守) 근무요원 기타 부대 개변이 예상되므로 이의 기간 인원(주로 현역 2년 병)을 잔치(殘置)하도록 한다.

또한 비행부대에 있어서는 12월 상순에서의 개편 실시에 유감이 없도록 한다.

16. 군정부 최고고문은 제3사단장, 제1, 제2 독립수비대 사령관과 협정하여 만주국군을 필요에 따라 이동하고 각 병단장(兵團長) 담임지구 내에 있는 자(증가된 것도 포함)를 해당 병

단장 지휘[구처(區處)] 아래 행동하도록 한다.

특히 제3사단장이 실시하는 국경봉쇄 보강을 위해서는 되도록 정안군(靖安軍)을 사용하도록 한다.

17. 제3사단장은 국경봉쇄 보강을 위해 소재 헌병을 지휘한다.

18. 국경에서는 특히 용병(用兵)에 주의하여 고의로 소련 측의 신경을 자극하는 일을 피해야 한다. 그러나 토벌할 시에 포로의 획득 및 병기의 노획 등에 의해 소련 측 기타로부터의 지원, 사주에 관한 증적의 포착에는 힘쓰도록 한다.

19. 토벌 실시에 방법에는 '기4 치안 제 공작 계획' 및 '기5 사상대책 계획'의 각 실시와 연계를 긴밀히 하여 상소의 성과 확대를 기하기로 한다.

이를 위해 특히 토벌 실시 전의 준비, 병력배치를 적절히 하도록 함과 동시에 토벌 실시 후의 분산 배치의 운용 등에 관해 유감이 없도록 해야 한다.

20. 각 병단장의 담임지구 내에서 예하 또는 지휘하의 부대가 아닌 일만군경(日滿軍警)을 구처(區處)하는 권한은 1934년(昭和 9) 3월 3일 발령 관작령(關作令) 제575호 군명령에 의거하도록 한다.

제4. 토벌기간

21. 토벌기간은 9월 중순부터 11월 중순까지로 예정한다.

22. 각 병단 토벌기간에 행동의 준기는 대개 아래와 같다.

(1) 토벌준비와 토벌실시 배치부서를 대략 10월 초순까지 완료한다.

단 대략 9월 하순까지는 치안 제 공작의 철저를 도모하는 동시에 사상대책의 각종 수단에 적응하게끔 행동한다.

(2) 전항 이후 대략 1개월 반은 토벌실행기간으로 예정한다.

제5. 통신, 보급, 위생

23. 통신은 다음 각호에 준거하여 행한다.

(1) 관동군 사령부와 지구 방위사령부와의 통신은 지구 방위사령부 소재지에 기설 군 전신소가 있는 경우에는 군통신망을 사용하고, 그렇지 않은 경우에는 배속 무선

전신 소대로써 기설 전신소를 경유하고 또는 신경 군전신소와 직접 교신한다.

(2) 인접 방위지구 사령부 간의 통신은 기존 통신망을 기본적으로 활용하며, 기존 전신소가 없는 경우에는 무선전신 소대를 통해 직접 교신한다.

(3) 이상의 통신 제원(諸元)은 별도로 정한다.

(4) 방위 지구를 달리하는 제1선 부대 간의 통신은 상호 협정에 의한다.

(5) 조선군과의 연락은 신경 군전신소를 경유함을 본칙으로 하지만 직접 협력하는 부대 상호 간의 통신 실시는 양 부대의 협정에 의한 것으로 한다.

(6) 암호서는 현재 사용 중인 상용암호서를 사용한다.

이를 위해 다른 방위지구(다른 병단)으로부터 배속된 부대에 대해서는 피배속 지구 내 상용암호서를 군으로부터 직접 사령부를 거쳐 교부한다.

(7) 각 방위지구 상호 간의 연락은 '이근삼(利根三)'을 사용한다.

24. 보급에 관해서는 다음 각호에 준거한다.

(1) 다른 방위지구(다른 병단)에 배속된 부대는 정수(定數) 탄약, 기타 필요한 자재를 휴행하고 그 보충은 피배속부대에서 담임하고 또한 행리용(行李用) 마차는 피배속부대에서 준비한다.

(2) 관동육군창고장(關東陸軍倉庫長)은 관계 병단장(兵團長)과 협정하여 철도연선 소요 지점 및 특히 필요로 하는 지점에 필요한 경우 출장소를 개설하고 그 보급에 임하도록 한다.

(3) 기타 세부에 관해서는 별도로 정한다.

25. 위생

군으로부터 배속하는 구호반은 부표와 같이 편성하고 제3사단의 것은 하얼빈(또는 편성지에서)으로, 제1독립수비대의 것은 봉천으로, 제2독립수비대의 것은 길림으로, 10월 5일까지 파견(배속)한다.

제6. 토벌 종료 후의 대책

26. 토벌 후에는 치안 확립이 필요한 지역의 요충지에 병력을 분산 배치하고, 치안 공작을 철저히 강화해야 한다.

단 동, 동남 및 남 지구 방위사령관에 배속시켜 보병부대 이외의 부대는 토벌 종료 후 되도록 속히 원소속으로 복귀시킨다.

또한 보병부대의 원소속 복귀에 관해서는 별도로 정해야 하지만 새로 동지구(東地區)에 배속한 제9사단의 보병 1연대 및 동남(東南) 지구에 배속한 제9사단의 보병 1대대는 내춘에 이르기까지 배속할 예정이다. 위 제 부대의 원소속 복귀 시기는 군명령으로써 이를 율(律)한다.

27. 만주국군의 토벌 종료 후의 배치에 관해서는 동, 동남 및 남 지구에서는 특히 농후(濃厚)하게 해야 한다. 그 세부에 관해서는 별도로 정한다.

제7. 경비

28. 경비에 관해서는 별도 계산한다.

제8. 기타

29. 군정부 최고고문은 제3사단장 및 제1, 제2 독립수비대 사령관 등의 요구에 응해 필요한 인원을 그 지휘하에 들어가게 한다.

30. 수송에 관해서는 각 병단 기타의 직접 관동군 철도선구(鐵道線區) 사령부와 협정하기로 한다.

31. 각 병단의 토벌계획은 책정(策定)되는 대로 되도록 빨리, 또한 토벌 후의 제3사단 및 제1, 제2 독립수비대의 부대배치 기타 치안확립행동에 관한 계획은 늦어도 10월 말까지 군사령관에 보고해야 한다.

32. 기비밀(機秘密) 유지에 관해서는 특히 주의를 배사(倍徙)하고, 조금이라도 군의 행동 및 계획 내용이 조금이라도 사전에 비적들에게 노출되지 않도록 만전을 기해야 한다.

기4. 치안 제 공작 계획

제1. 목적

1. 치안 공작의 목적은 기존 치안 활동을 강화하는 동시에, 토벌 기간과 그 전후에 병력의 분산 배치 및 군의 행동과 긴밀히 연계하여 지방 치안 유지 조직을 확립하는 데 있다. 이를

통해 비적 세력을 격멸하고, 지방 행정기관이 주도하는 청향(淸鄕) 작업의 철저한 실행을 촉진한다.

이를 위해 동 및 동남 방위지역에서는 현재 실행 중인 치안공작반을 다시 강화하고 기타 지구에 있어서는 이에 준하는 치안공작반을 편성하는 등 최선의 수단을 동원하여 근본적으로 치안 확립의 기초를 강화한다.

제2. 요령

2. 동 및 동남 방위지구에서의 치안공작은 올해 6월 13일 관작령(關作令) 제682호에 기초하여 치안공작반의 묘용(妙用) 적정(適正)을 도모하는 동시에 토벌 실시 동안은 물론 그 전후에서의 치안확립의 기초공작 특히 지방치안유지 조직의 확립을 강화 촉진한다.

또한 치안공작반이 없는 지구에서는 해당 지구의 치안 상황에 맞게 대응하도록 하며, 앞서 언급한 치안공작반에 준하는 특수 임무, 특히 정탐을 철저히 수행할 수 있는 치안공작반을 운영한다. 이를 통해 토벌 기간 전후에 걸쳐 지방 치안 유지 조직의 근본적인 확립을 촉진한다.

3. 치안 제 공작의 실시는 특수임무를 가지는 치안공작반이 맡도록 하고 공작반은 주로 지방행정기관을 지도하여 그 적극적 활동을 촉진하고 제 공작을 실시하도록 한다.

이를 위해 토벌 기간은 물론 그 전후에 걸쳐, 시의에 적합한 지방 치안 기구의 정비와 강화를 추진한다. 또한 비정(匪情)의 첩지(諜知) 공색(控索)[특히 비수(匪首) 및 그 배후관계를 분명히 할 것을 면(勉)함], 산재된 총기의 회수, 병기 및 탄약의 밀송방지[특히 방인의 이의 방압(防壓) 철저], 통죄자(通罪者)의 검색, 부락 방위 설비의 지도, 교통·통신망의 정비를 철저히 한다. 아울러 적정하고 합법적인 수단으로 방어력 있는 집단부락을 건설하고, 민중 선무 활동을 전개하여 각 지역 상황에 맞는 조치를 실행한다. 특히 공작이 완료된 지역에 대해서는 일만군을 분산 배치하여 해당 지방기관이 스스로 지적을 격퇴하고 치안을 유지할 수 있도록 하여 점차 해당 지역을 확대·강화해 나가야 한다.

그리하여 해당 공작지역은 각 지구의 치안상황 및 현재 실시하고 있는 성과 등에 비추어 보아 본 토벌의 목적에 응하도록 각 방위사령관에서 적절하게 이를 정하도록 한다.

4. 치안유지회를 지도하여 이로써 토벌은 물론 치안공작반의 활동 기타의 지찬행동의 실

행을 용이하게 하도록 적극적으로 활동시킨다.

5. 삼림벌채 지역에서의 경비기관으로 하여금 토벌, 치안 제 공작 기타의 치안행동을 맡는 각 기관과 긴밀히 연계하여 경비의 철저를 꾀하고 치안숙정 확립에 노력하도록 한다.

제3. 각 기관 행동의 준칙

6. 동, 동남 및 남 지구방위사령관은 치안숙정이 특히 요구되는 지역에 대해, 이미 1~3현(縣)당 1개의 치안공작반을 배정하도록 한 1934년(昭和 9) 7월 28일 발령된 관작령 제611호에 따라, 치안공작반을 편성하거나 증설한다. 이를 통해 방위지구 내 치안 공작을 담당하도록 한다

7. 전항 방위지구 내의 모 지구의 치안을 담임하는 부대장은 스스로 치안공작반장이 되고 또는 적임한 부하 장교로써 해당 동작반장을 시켜서 그 지구 내 직접 치안공작을 맡도록 한다.

8. 치안공작반은 토벌 전부터 적극적으로 활동하여 토벌을 용이하게 하도록 준비하고 토벌 개시와 동시에 무릇 관계 토벌대와 긴밀히 연계하여 제 공작을 이에 근수(跟隨)시켜서 특히 지방행정기관의 시설로써 시의 적응하여 제 공작의 성과를 영속 확대시키도록 한다.

9. 방위지구 내 특정 지구의 치안을 담당하는 부대장은 치안숙정을 위해, 토벌 작전을 수행하는 군대와 치안 공작을 담당하는 치안공작반의 역할을 명확히 구분하여, 시책이 적절히 이루어지도록 해야 한다. 이와 함께 군대는 절대로 정치적 행동에 관여하지 않도록 하고, 치안공작반은 지방 행정기관의 자발적이고 적극적인 활동을 방해하지 않도록 해야 한다.

10. 치안유지회로 하여금 1934년(昭和 9) 10월 11일 개정한 치안유지에 관한 일반지도방침 그리고 1935년(昭和 10) 7월 6일 「1935년도(康德 2) 치안유지에 관한 일반지도 요령」에 준거하여 토벌행동 및 사상대책의 각종 수단을 적극적으로 원조하게 한다.

특히 중앙치안유지회는 토벌 자금 지원, 탄약 배급, 경비 전화망 설치 촉진 등을 통해 토벌을 용이하게 하고, 치안 유지와 관련된 중앙 각 기관 간의 연락·통제를 담당하도록 한다. 또한, 각 성(省)의 치안유지회 지도와 중앙선무소위원회의 활동 등을 통해 치안 공작과 사상대책에 적극 협력하도록 한다.

11. 삼림 벌채 지역의 경비 관련 기관은 1935년(昭和 10) 6월 8일에 제정된 삼림 벌채 지역의 결정 및 경비 요강, 그리고 1935년도(康德 2) 국유림 벌채 계획과 이에 따른 경비 계획에 따라

운영한다. 이와 함께, 해당 기관은 토벌, 치안 공작, 사상 대책과 긴밀히 연계하여 활동하도록 한다.

제4. 공작 종료 후의 대책

12. 공작 종료 후의 대책은 이번 추계 토벌, 치안 공작 및 기타 행동의 성과를 고려하여 올해 11월 말까지 결정한다.

이를 위해 동, 동남 및 남 지구방위사령관은 이의 공작 종료 후의 대책에 대한 의견을 종래의 경험에 기초해 상보하는 동시에 11월 15일까지 군사령관에게 구신(具申)한다.

제5. 기타

13. 치안 제 공작에 필요한 경비는 별도로 정한다.

기5. 사상대책 계획

제1. 목적

1. 만주국 왕도정치의 보급 철저를 적극적 수단으로 강화하는 한편, 전만 지역 특히 도시, 철도, 주요교통로, 수로 등에 잠입한 남경정부의 반만항일 지하공작원, 구 동북군벌계의 책동분자, 국내외로부터 소련 및 중국공산당에 의한 적화공작원 등 실로 만주국 내의 치안을 교란하려는 불령분자를 철저하게 검색, 검거한다. 이를 통해 사상적·정치적 비세(匪勢) 창궐의 근원을 제거하고, 만주국 내 초비(剿匪)를 철저히 실행한다.

제2. 요령

2. 만주국 왕도정치의 철저한 보급은 관동군을 중심으로 하는 일만 각 기관 특히 만주국 측 기관의 적극적 수단에 의해 이의 강화를 도모한다.

3. 만주국 왕도정치를 방해하려고 하는 자에 대한 경방(警防)은 관동군의 방침에 기초해 관동헌병대 사령관 통제하에 이루어진다. 일만 헌병과 경찰 각 기관은 각 직책에 따라 각 불령공작단 내부에 깊이 잠입하여, 이들의 전술과 조직을 주밀하게 첩지 탐색하여, 추수(追隨)

를 허용하지 않는 창의적 각종 수단을 다하여 그 조직의 파괴, 분열시키고, 현지 불령 공작원을 철저히 검거하며, 그 배후의 사주 및 연락체계를 근본적으로 처단한다. 이러한 조치를 통해 대책 기간은 물론 장래에 걸쳐서 이들 불령책동의 여지가 없도록 철저하게 차단해야 한다.

4.[3] 본 사상대책기간은 과도적 수단으로서 올가을 9월 초부터 올해 말까지 기간을 삼아 관동군의 토벌 기타 제 공작과 밀접하게 연계하여 목적 달성에 유감이 없도록 한다.

또한 본 대책의 성과와 관련 상황에 따라 필요하다면 기간을 연장한다.

5. 본 사상대책의 중점은 만철 본선, 안봉선(安奉線), 봉길선(奉吉線), 경도선(京圖線), 구북철(北鐵) 연선의 각 요지, 특히 중요 도시와 동변도, 동부 국경 방면의 주요 지점, 해륙 접속 교통 요지, 기타 긴급한 지점을 대상으로 한다..

6. 일만 헌병과 경찰 각 기관의 통제와 연락을 용이하도록 하기 위해 경무 연락위원회를 신경 기타 지구에 조직한다.

또한 필요하다고 인정한 경우에는 특정 지구에 대해 특별 경비 기간을 설정하여 관동헌병대 사령관으로 하여금 일만 헌경을 지휘(구처, 지도)하여 전기 목적의 달성을 철저히 하도록 한다.

7. 일만 헌병과 경찰 각 기관은 시책 실시간은 물론 그 사전 사후에 일만 각 기관 특히 각 지구 일만 군대 및 치안공작반 등과 밀접히 협조 연계하여 일심일체가 되어 목적 달성에 유감이 없도록 해야 한다.

제3. 각 기관 행동의 준칙

8. 일만군, 특히 일본군은 엄격한 군기를 바탕으로 용감히 황도(皇道)를 선포하는 선구적 신병(神兵)임을 주민들이 자연스럽게 믿도록 유도한다. 이를 통해 은혜와 위엄을 겸비한 일본군의 존엄성을 강조하여 비적, 특히 사상적·정치적 비적이 불령한 책동을 일으킬 여지를 완전히 차단한다. 이를 통해 만주국의 왕도정치를 철저히 보급하는 것을 요결(要訣)로 삼는다.

---

3   원자료에는 "3"번으로 되어 있으나 "4"로 수정함. 이하의 번호도 순차적으로 수정한 것임.

9. 일만 군경의 융화협동은 치안숙정상 극히 긴요하므로 일본군대는 만군경을 절대로 경시하는 일 없이 그 장점을 유감없이 발휘시켜서 철저한 초비(剿匪) 행동은 정말 왕도선포의 선구인 진성(眞誠)의 신념을 굳게 파지하도록 해야 한다.

10. 왕도정치의 철저한 보급은 단지 전단, 포고, 활동사진, 강연회, 구휼 등으로써 도저히 목적을 달성할 수 없으므로, 치안관계 각 기관은 특히 왕도가에 공존하는 우붕(友朋)의 친으로서 민중계몽교화의 부단한 열의에 의하여 정신적 연쇄의 완성에 노력함을 요한다.

11. 치안유지회는 선무 소위원회의 지침에 따라 왕도정치의 철저한 보급을 위한 직접적이고 적극적인 수단을 강구하도록 한다.

12. 만주국 왕도정치를 방해하려는 자에 대한 경방(警防)을 위해 각 경찰기관은 각 고유의 소관 지구를 그 공작의 지구로 정하고 그 본연의 직능을 발휘하여 시의적절한 획책을 실행한다. 그 중점은 아래 요점에 따라 공작을 실행하는 데 두며, 각 기관 간, 특히 인접 기관 및 방위사령관을 포함한 각급 지휘관들과 긴밀히 연락·협의한다. 이를 통해 검색과 검문에 의한 검거의 시기와 방법에 차질이 없도록 하고, 군의 토벌, 치안 공작 및 기타 행동과 긴밀히 연계되도록 한다. 이를 위해 필요하다면 일시적으로 자기 관구(管區) 외에서 행동할 수 있다.

    좌기

    1. 만철 본선(열차 내를 포함. 이하 같음)

        신경, 봉천, 대련, 대석교(大石橋), 개원, 사평가, 영구, 기타 요지

    2. 봉길선(奉吉線)

        반석, 조양진(朝陽鎭), 산성진(山城鎭) 등

    3. 안봉선(安奉線)

        안동, 봉황성, 연산관(連山關), 본계호(本溪湖) 기타 요지

    4. 무순선(撫順線)

        무순

    5. 경도선(京圖線)

        길림, 돈화, 연길, 용정, 도문, 기타 요지

    6. 구 북철(北鐵) 연선

        합이빈(哈爾濱), 쌍성보(雙城堡), 요문(窰門), 일면파(一面坡), 목단강(牧丹江), 수분하

(綏芬河), 목릉(穆陵), 발리(渤利), 가목사(佳木斯), 제제합이(齊齊哈爾), 해랍이(海拉爾), 만주리(滿洲里), 찰란둔(札蘭屯), 박극도(博克圖), 대흑하(大黑河), 북안진(北安鎭), 기타 북만 각선의 요지

7. 동변도 동부국경 방면

집안, 임강, 장백, 혼춘, 기타 요지

8. 동만 국경

동녕(東寧), 밀산(密山), 호림(虎林), 반절하(半截河), 요하(饒河), 기타 요지

9. 해륙(수륙) 접속 교통요지 및 기타 요지

산해관, 고북구(古北口), 건창영(建昌營), 승덕(承德), 적봉(赤峯), 조양(朝陽), 금주(錦州), 임서(林西), 개로(開魯), 통요(通遼), 조남(洮南), 정가둔(鄭家屯), 아이산(阿爾山), 의란(依蘭), 기타 요지

13. 사상대책 기간은 이를 준비, 실시, 보강 3기(期)로 나눈다.

이를 위해 관동헌병대 사령관은 관계 병단장과 긴밀히 연계하여 각 기(期)에서의 각 경찰기관의 행동을 통제하여 토벌 및 기타 제 공작에 긴밀히 즉응 연계하여 검거 처단 등의 적정을 기하고 또한 지방치안확보의 수단을 촉진 보강하도록 한다.

14. 경무연락위원회의 조직 계통 임무의 대강은 아래와 같다.

  1. 조직

중앙위원회를 신경에 설치하고 관동헌병내 사령관을 위원장으로 한다.

지방위원회를 각 헌병대 본부 소재지에 두고 각 헌병대장을 지방위원장으로 한다.

기타 각 지방 요지에 지구위원회를 두고 헌병분대[동 분견대(分遣隊) 분주소(分駐所)]장을 지구위원장으로 한다.

헌병분대(동 분견대, 분주소)가 상주하지 않는 곳에 있어서는 관동국(關東局) 혹은 영사관 경찰서(동 분서 파출소)장을 지구위원장으로 충당하도록 한다.

필요하다면 각 위원회에서 간사회를 설치하여 위원장의 명을 받아 위원회가 정한 상무(常務)를 처리한다.

관동헌병대 사령관은 관계 각 기관과 협정하여 전 각항의 각 위원회의 조직을 정하고 되도록 속히 군사령관의 인가를 받도록 한다.

2. 각 위원회의 계통은 아래와 같다.

중앙위원회-지방위원회-지구위원회

3. 임무

(1) 사상대책에 대한 경무 통제운용에 관한 사항의 입안 및 심의

(2) 군사령관, 관계방위사령관 및 각 부대장 등의 치안 제 공작에 대한 명령, 지시, 기획 등의 보급 철저의 조성

(3) 관동군과 기타 각 기관과의 절충 연락

(4) 기타 중앙위원장이 필요하다고 인정한 사항

15. 국경에서는 특히 행동에 주의하고 소련국 측의 신경을 자극하는 일을 피해야 하지만 소연방과 비적과의 관계를 천명하기 위해 확증 포착에 노력하도록 한다.

16. 사상대책에 관한 경방(警防)상의 제 공작 실시의 세부사항은 관동헌병대 사령관으로 하여금 입안 처리하도록 한다.

제4. 사상대책 행동 종료 후의 대책

17. 사상대책 실시 후 각 기관은 각 본연의 배치태세에서 관계 제 부대 및 각 기관과 밀접히 협조연계하고 특히 동, 동남 및 남 방위지구 내의 요지에 분산 배치되어 있는 제 부대와 일심일체가 되어 치안 제 공작에 즉응하여 치안확립의 목적 달성에 유감이 없도록 한다.

이를 위해 각지 경무 연락 회보를 강화하여 경무연락위원회의 폐쇄 후 그 업무를 인계하여 본 공작 수행의 성과를 더욱더 보강 확대하도록 한다.

제5. 기타

18. 관동헌병대 사령관은 사상대책 세부(細部)에 관한 계획을 책정하여 되도록 속히 군사령관에게 보고하도록 한다.

또한 본 사상대책의 의견을 각 기관의 의견과 함께 11월 말일까지 군사령관에게 구신하도록 한다.

을호(乙號)

관동헌병대사령부

10월 상순

전만 일제사상 대책 실시계획 대강(全滿一齊思想對策實施計劃大綱)

방침

1. 본계(本季) 군대의 초비(剿匪)행동 개시에 먼저 전만 일제히 용의 개소 및 불령분자를 검책, 검거하여 비적 세력 배양의 근원을 복멸한다.

2. 일제 검거로 사상비(思想匪) 정치비(政治匪)의 정황을 명확히 함으로써 장래의 대책상 근거를 확립한다.

실시요령

1. 검색 검거 실시 기간

    10월 상순 중 되도록 속히 실시한다.

2. 검색 검거 상 유의해야 할 개소

    (1) 사상비, 정치비와 그 배후 계통과의 연락 개소

    (2) 사상비, 정치비 활동의 본거

    (3) 대소(對蘇), 대지(對支) 국경통과 요점

    (4) 비적 상호의 연락 개소

    (5) 자금공급의 중개소인 중국계 은행 대상점 등

3. 검색 검거 실시상 특히 중점을 두어야 할 지역은 아래와 같다.

    봉천(奉天)헌병대 관내

    봉천(奉天), 무순(撫順), 청원(淸源), 산성진(山城鎭), 통화(通化), 본계호(本溪湖), 봉황성(鳳凰城), 안동(安東), 대고산(大孤山), 장하(莊河), 대련(大連), 영구(營口), 해성(海城)

연길(延吉)헌병대 관내

    연길(延吉), 용정촌(龍井村), 명월구(明月溝), 돈화(敦化), 신참(新站), 길림(吉林), 반석(盤石), 이수구(梨樹溝)

하얼빈(哈爾賓)헌병대 관내

    하얼빈(哈爾賓), 쌍성(雙城), 오상(五常), 주하(珠河), 영안(寧安), 소수분하(小綏芬河), 동녕(東寧), 이수진(梨樹鎭), 반절하(半截河), 밀산(密山), 탕원(湯原), 모아산(帽兒山)

승덕(承德)헌병대 관내

    금주(錦州), 산해관(山海關), 조양(朝陽)

4. 주만(駐滿) 소련(蘇聯) 요인(要人)을 검거하고 혹은 영사관 기타 소련 국가기관을 검거하려고 하는 경우는 지체 없이 중앙위원장에게 보고하고 그 지시를 기다린다.

5. 검색 검거 실시상의 주의

    (1) 관계 일본군대 특무기관과 긴밀히 연락을 유지할 것.

    (2) 기도(企圖)의 비닉(秘匿)에 노력할 것.

    (3) 각 경무기관 상호의 연락을 밀실(密實)히 할 것.

병호(丙號)

1935(昭和 10).8.30.

관동군사령부

1935년(昭和 10) 관동군 추계치안숙정에 수반한 만주국 측(군정부를 제함)의 협력에 관한 요망

요강

만주국 측(군 정부 제외)은 현(縣) 경찰대 등 무장 단체를 직접 토벌에 참가시키는 한편, 관계 기관, 특히 지방 행정(자치) 기관으로 하여금 필요한 치안 공작을 수행하도록 한다. 이를 통해 토벌 및 사상 대책에 긴밀히 협력하고 적극적으로 대응하여 치안숙정의 효과를 확대하고 영속시킨다.

이들 협력의 중점을 빈강(濱江), 길림, 간도, 봉천, 안동 5성(省)으로 지향한다.

실시요령

제1기(토벌 개시 전)

토벌 개시에 앞서서 되도록 속히 다음 사항에 착수하여 토벌, 치안 제 공작, 사상대책의 실시를 용이하게 할 수 있도록 준비한다.

1. 비적(匪情)에 대한 첩보 탐색을 더욱 철저하고 활발히 하여 일만 군경의 토벌 및 사상대책의 실시에 편리하도록 한다. 동시에 비적에 대한 무기 탄약의 밀송을 방지하고 토벌 개시 후 비적(匪賊)의 초멸(剿滅)을 용이하게 한다.
2. 현(縣) 경찰대, 행정경찰, 삼림 경찰대, 자위단 등 무장단체의 훈련을 강화하고 토벌 개시 후에 직접 참가 또는 협력을 가장 효과적이 되도록 한다.
3. 중앙정부 및 각 지방행정기관은 일본군에서 편성한 치안 공작반에 소요의 인원을 배속하고 치안 제 공작에 종사하도록 한다.
4. 교통, 통신 관계기관은 그 정비를 촉진하고 토벌행동 및 치안 제 공작의 실시를 용이하게 할 수 있도록 한다.
5. 선전, 수무(綏撫) 공작을 일층 적극적으로 실시하고 양민과 비적의 분리 작용을 촉진한다. 단 선전의 실시는 별도로 정한 바에 의거한다.
6. 보갑제도의 확립을 독려함으로써 인민의 자정(自淨) 자강(自强)을 도모하는 동시에 적극적으로 치안숙정에 협력하도록 한다.
7. 민간 산재 무기의 조사 회수를 강력히 행하고 이를 비적의 손에 건네는 일을 방지한다.

제2기(토벌 실시간)

토벌 실시간 각 관계기관은 제1기의 사업을 계속하는 것 외에 다음 사항을 실행하고 토벌 및 사상대책에 협력함과 동시에 치안 제 공작을 완전히 하도록 한다.

8. 현 경찰대, 성 직할 경찰대 등 치안경찰은 군정부 최고고문의 지도를 받아서 직접 일만 군대의 토벌에 참가하도록 한다.

특히 현(성)의 경계 등에 구애되는 일 없이 유동적(遊動的)으로 행동하고 토벌 효과를 철저하게 한다.

9. 각 현 행정경찰, 삼림 경찰대, 자위단 등은 각각 본연의 임무에 정진하여 간접으로 일만 군경의 토벌에 협력 책응함과 동시에 필요한 때 직접 토벌에 참가한다.

10. 각 지방 해정기관은 치안공작반과 긴밀히 연계하여 그 지도를 받는 동시에 자발적이고 적극적으로 치안 제 공작을 수행한다. 또한 피해 인민에 대한 구제, 시료를 실시하는 등 토벌 및 치안 제 공작의 성과를 확대하고 영속하도록 한다.

특히 종래 비적의 세력범위였던 지역으로서 새로 획득한 지방에 대해서는 민속(敏速)하게 경무기관 등의 분주(分駐), 보갑제도의 실시 등으로 정령(政令)을 보급하고 왕도 정치의 은택을 입도록 한다.

11. 토벌 종료 후에는 관민일치 제2기 동안에 제 공작의 완성을 꾀한다. 또한 이를 확대 영속하도록 하기 위한 수단을 강구함으로써 한 번 토벌 또는 치안공작을 행한 지역은 다시 비적에 통하거나 또는 비적화되는 일 없이 왕도낙토화하도록 힘쓴다.

부기

본 치안 제 공작의 실시는 민족의 여하를 불문하고 혼연일체가 되어 담당한다. 또한 제 시설은 모두 이에 균점(均霑)하도록 행해야 한다.

2) 국내 신문의 보도 기사

⟨자료 07⟩ ○○단(團) 취체(取締)코저 사무관을 만주에 파송(派送), 경무국(警務局) 보안과(保安課) 부산(富山) 사무관을, 재주(在住) 조선인의 생활상태도 조사, 특법(特法) 방안을 확립?(《동아일보》, 1934.3.10)

경무국 보안과의 부산(富山) 사무관은 10일에 약 1개월간 예정으로 만주전토에 출장키로 되었다.

이번의 용무는 남북만주에 거주하는 조선 사람의 생활상태와 사상경향과 치안상태와 ○○단의 상황과 공산당의 상황 등을 상세히 조사코자 함에 있다는 바 이번 출장으로 말미암아 혹은 특별한 재만 조선인 취체의 방안이 생길는지도 모르리라 한다.

⟨자료 08⟩ 재외 조선인 취체코저 외사 경찰을 확장, 밀정정책과 파견원 직접활동 경무국에서 출장조사(《동아일보》, 1934.3.16, 2면)

최근 재외 조선인 특히 ××파 ■■■■이 정치적으로 혹은 직접행동 등으로서 현저하게 활동을 개시하여 작금 양년에 상해폭탄사건을 필두로 남북만주에 근거를 둔 국민부(國民府)와 이청천(李靑天) 등이 집단적으로 만주의 치안과 기타 사항을 적극적으로 파괴하려는 음모가 노골화되었다고 한다.

이에 비추어 총독부에서는 외사경찰(外事警察)의 대확장을 계획하고 그 준비에 급급하고 있다. 이 외사경찰의 확장안이라는 것은 조선사람이 다수히 왕래 또는 집단으로 거주하는 지방이나 정치운동 또는 직접운동의 음모 소굴이라고 지칭되는 지역 등에 경무국원을 파견하여 그 내부를 조사하고 중요인물의 검거와 동시에 그 근거를 충격하여 소탕시키자는 것으로 재작년 상해에 좌백(佐伯) 부영사를 두는 것과 같은 방법의 파견원을 배치하자는 것이다.

현재에도 중요한 지역에는 파견원들이 가 있으나 최근 정서에 의하면 길림(吉林)과 봉천

(奉天), 하얼빈 등 3개소에 새로이 파견원을 배치하여 조선 사람의 행동을 사찰하고 신경(新京)과 북평(北平) 등지 간도 지방의 파견원, 경찰관 등과 협동하여 사찰 경계함으로부터 상해, 천진 등지와도 연락활동토록 하자는 것이다.

그리고 이제까지는 외사경찰의 전비용이 거의 밀정(密偵) 정책에 경주하였으나 이 밀정의 보고만으로는 확신키 어려운 점도 적지 아니하므로 이번에는 밀정책과 병행하여 파견원의 직접 활동을 충실히 하자는 것이라 한다.

이번에 경무국의 부산(富山) 사무관과 정가(井家) 속이 20일간의 일정으로 만주 방면으로 출장을 간 것도 이를 실현할 전제로서 실정을 조사코저 함에 있다는 바, 동 사무관이 돌아오면 그 즉시로 실현될 것이라고 한다.

〈자료 09〉 재외 조선인 취체코저 외사 경찰망 확충, 외지 파견원이 모이어 회의, 사상 직접행동 방지코저(《동아일보》, 1934.4.27, 2면)

각 도 경찰부장회의가 끝나고 금 26일로부터 경무국 외지파견원 회의를 총독부 제2회의실에서 개최한 후 각지 파견원의 상황보고가 있은 다음 재외 조선인 금후의 취체방침을 토의하기로 되었다. 출석한 파견원은 봉천(奉天), 하얼빈, 북평(北平), 동경, 상해 등인데 재외 조선인의 사상적 동향에 따라 금후의 취체방침으로는 연년히 발생되는 상해폭탄사건과 각종 직접 행동에 관한 것과 공산운동자에 대한 것 등이 중심이 된다고 한다.

이같이 고등경찰에 관한 것이니만치 이 회의가 끝나게 되면 외사경찰망의 확충 등으로 금후에는 더욱 준엄하여지리라 한다.

〈자료 10〉 재외 조선인의 책동도 철저 단속, 블랙리스트를 작성, 내외 각 경찰에 배비(配備)(《매일신보》, 1934.8.23, 7면)

1935, 1936년의 국제 위기(危期)를 앞두고 국외에서 모종 비밀결사운동에 책동하는 다수

의 조선인 취체문제는 국내의 치안 공작 이상으로 주목하고 있다. 지나 만주 방면에 대한 외사경찰을 엄중 단속하여 오던바 그들을 단속하려면 무엇보다도 그들의 동정과 인물 성질, 이역 등을 자세히 알아둘 필요가 있다고 하여 매년 이에 대한 조사를 철저히 해왔다. 그런데 이번은 특히 범위를 확대하여 국외에 있는 조선인 요시찰 주요인물 전부를 망라하여 성명과 변명(變名), 연령, 원적, 현주소 등 세밀한 『국외에 있는 용의(容疑) 조선인 명부』를 인쇄하여 이것을 경시청과 각 도 부현 경찰부와 만주국 경찰서 등에 발송하기 시작하였다. 이것으로서 고등경찰의 일대 보조재료로 삼아 재외 조선인 운동자 단속의 보강공작을 하려는 것이다.

〈자료 11〉 재만 조선인 취체의 통제기관을 설치, 만주 당국과 총독부 중간연락, 실현은 명후년경 예정(《동아일보》, 1934.11.11, 조간 2면)

【봉천 10일발 연합】 지금까지 만주에 있어서의 조선인 통제기관으로는 신경에 조선총독부 출장소가 있었고, 봉천, 길림, 용정촌에는 현 사무관이 있었고, 기타 각지에는 속관을 파견하였다. 또 사상방면의 취체에 있어서는 경무국 파견원을 각 요소에 주재하게 하여 부분적 통제를 하게 하였는데 최근에 이르러서는 조선인의 도만(渡滿)하는 수효가 격증하게 되었으므로 총독부에서는 1936년(昭和 11)부터 10년 내지 11년 동안의 계속 사업으로 경비 약 5,000만 원으로써 조선 농민의 북만 이민을 계획하였다. 동시에 만주에서의 조선인 사정으로 보더라도 민회(民會)를 필두로 그 외 허다한 소단체가 산재하여 그중에는 과격 사상을 가지고 있는 조선인도 상당히 있는 현상이다. 이것을 통제·지도하기에는 도저히 현재와 같은 파견원만으로는 충분한 성적을 얻을 수 없으므로 이러한 만주현상에 비추어 종전에 비하여 상당히 강력한 조선인 통제기관을 설치할 계획을 진행 중이라고 한다.

즉 그 내용은 일반 행정은 재만 일본 지도기관과 만주국의 통치하에 두더라도 소위 특수성을 가지고 있는 조선인 문제에 관해서는 총독부로부터 특수한 정치적 지도와 취체를 철저히 하기 위하여 만주국 당국과 총독부 사이에 중간 연락기관을 설치함으로써 재만 조선인 지도취체의 총본영을 만들 예정이라고 한다.

이 기관의 실현을 위하여 방금 총독부에서는 각 관계방면과 타협하고 있다는데 그 실현은 대개 1936년도(昭和 11)경이나 될 것 같다.

〈자료 12〉 재만 조선인 통제기관 설치안 지도취체를 철저히(《매일신보》, 1934. 11. 12, 1면)

현재 만주에 있는 조선인통제기관으로는 신경(新京)에 조선총독부출장소가 있고, 봉천, 길림, 용청촌에는 현(縣)사무관을 두고, 기타 각지에는 속관(屬官)을 파견하고 또 사상방면 취체로는 경무국 파견원을 요소요소에 주재하게 하여 부분적 통제를 하고 있다. 그런데 최근 조선인의 입만(入滿)이 현저히 증가하여 총독부에서도 1936년(昭和 11)부터 10개년 내지 11개년의 계속사업으로 경비 약 5,000만 원을 가지고 선농(鮮農)의 북만 이민을 기도하고 있다. 또 만주의 조선인 사정으로 보아도 민회를 필두로 종종 잡다한 소단체가 산재하여 다수 조선인 중에는 불온분자도 상당히 있는 현상이므로 이것을 통제·지도하기에는 현재와 같은 파견원만으로는 충분한 성적을 얻기는 불가능하여 일반 유식자 간에 이 적당한 대책을 강구하자는 소리가 대두하게 된 것이다. 확문(確聞)한 바에 의하면 금회 총독부에서는 상당히 강력한 조선인통제기관을 설치하자고 계획하고 있다. 일반 행정은 재만 지역의 제국 지도 기관 및 만주국 통치하에 두되, 특수성을 가진 조선인에 대해서는 만주인과의 관계를 고려하여 총독부가 특수한 정치적 지도와 통제를 철저히 하기 위함이다. 이를 위해 만주국 당국과 총독부 간에 중간 연락 기관을 설치하여, 재만 조선인 지도와 통제의 총본영으로 삼으려는 것이다. 총독부는 현재 관계 방면과 협의를 진행 중이며, 실현은 1936년(昭和 11)경이 될 것으로 보인다.

〈자료 13〉 해외조선인 취체전문 파견원 회의 소집 재외 조선인의 증가를 따라 신방침 수립의 목적(《매일신보》, 1935. 4. 16, 5면)

총독부에서는 오는 5월 3일과 4일 양일을 기하여 재외파견원(在外派遣員)-주로 만주국

방면- 전부를 소집하여 회의를 개최하기로 결정하고 관계 방면에 이에 대한 통첩을 발하였다. 이번 '재외파견원 소집회의'의 목적은 현지의 실정보고(實情報告)와 그 보고를 종합하여 앞으로의 대책을 수립하려고 하는 것인데 현지 제일선에서 활동하는 그들의 의견을 토대로 하여 외지정책(外地政策)의 확립을 기하고자 하는 것이다. 만주국의 조선주민이 해마다 증가함에 따라 여러 가지 문제가 중대해지고 있는 이때 동 회의의 개최는 여러 가지로 주목된다고 할 것이다.

〈자료 14〉 재외파견원 의회를 소집, 재외 조선인 취체를 협의코저 7, 8 양일 경무국 주최(《매일신보》, 1935.6.6, 5면)

오는 7, 8일 양일간 총독부 경무국에서는 길림(吉林), 봉천(奉天), 신경(新京), 북경(北京), 상해(上海) 등지의 재외 파견을 소집하고 회의를 개최하는데 회의의 내용은 각기 재외 상황 보고와 재외 조선인이 조선 내에 잠입하여 치안을 교란케 하는 방지책을 토의하기로 되었다.

2. 재만 조선 농민에 대한 통제

1) 일본 정부와 조선총독부의 정책

〈자료 15〉 1934년 10월 30일 「조선인 이주 대책의 건」 각의 결정[일본 내무성, 「조선인 이주 대책의 건(朝鮮人移住對策の件)」, 1934, (아시아역사자료 센터)]

발사(發社) 제166호
조선인 이주 대책의 건

조선 남부지방은 인구 조밀하여 생활이 궁박한 자가 다수 있기 때문에 남선 지방민이 내지로 도항하는 자가 최근 극히 다수에 달해 심지어 내지인의 실업 및 취직난을 일층 심각하게 만들뿐 아니라 종래부터 내지에 재주하는 조선인의 실업도 더욱 심해지고 있다. 또한 이에 수반하여 조선인 관계의 각종 범죄, 차가(借家) 분의(紛議) 기타 제반 문제를 야기하여 내선인 간에 사단을 빈번하게 하여 내선융화를 저해할 뿐 아니라 치안상에도 우려할 사태를 발생시키고 있다. 이에 대해서는 조선 및 내지를 통해 적절한 대책을 강구할 필요가 있다. 즉 조선인을 선내에 안주시키는 동시에 인구 조밀한 지방의 인민을 만주로 이주시키고 내지 도항을 일층 감소시키는 것이 긴요하다.

그리고 이들 방책은 내지와 조선 모두의 이익을 위해 일체로서 이를 실시하는 것이 필요하고 재정이 허락하는 범위에서 다음의 요목에서 들고 있는 사항을 실시해야 한다.

기(記)

조선인 이주 대책 요목
1. 조선 내에서 조선인을 안주시킬 조치를 강구할 것.

1) 농촌진흥 및 자력갱생의 취지를 더욱 강화하고 철저히 할 것.

2) 춘궁기 궁민의 구제를 위해 사환미(社還米) 제도의 보급, 토목사업, 기타 유효한 방도를 행할 것.

3) 북만개척, 철도부설 계획 등을 실시할 수 있도록 촉진할 것.

2. 조선인을 만주 및 북선(北鮮)으로 이주시킬 조치를 강구할 것.

1) 농업이민 보호조성에 적당한 시설을 강구하고 특히 인구 조밀한 남선지방의 농민을 만주 및 북선에 이주시키고 만주이민에는 만주국과 관계 및 내지인 이민과의 관계를 고려하여 관계자 기관과 연락하여 실시할 것.

2) 만주 특히, 그 동부지방 및 북선에서 각종 토목사업에 종사하는 노동자에 대해서는 가능한 남선(南鮮)의 농민 중에서 공급하고, 이를 위해 노동자가 이동할 경우에는 조선총독부에서 이의 통제 및 조성에 대해 적당한 방도를 강구할 것.

3. 조선인의 내지도항을 한층 감소시킬 것.

1) 조선 내에서 내지도항을 강하게 억제할 것.

2) 조선 내에서 지원유지(地元諭止)를 한층 강화할 것.

3) 밀항의 취체(取締)를 한층 엄중히 할 것.

4) 내지의 고용자에 유시(諭示)하여 조선에서 새로이 노동자를 고입(雇入)하려는 것을 그만두고 내지 재주 조선인 또는 내지인을 고용하도록 권고할 것.

4. 내지에서 조선인의 지도향상 및 그 내지융화를 도모할 것

1) 조선인 보호단체를 통일하여 강화시키고, 이와 함께 지도·장려·감독할 방법을 강구할 것.

2) 조선인 밀집지역의 보안, 위생, 기타 생활 상태를 개선하고 향상할 것.

3) 조선인을 지도교화하고, 내지에 동화시킬 것.

위 각의를 청함

1934년(昭和 9) 10월 26일

〈자료 16〉 1936년 10월 〈만주국에서의 선농 취급 요령(滿洲國に於ける鮮農取扱要領)〉[〈조선인 만주개척의 사적 고찰(朝鮮人滿洲開拓の史的考察)〉, 《조선(朝鮮)》 342호, 1943.11]

만주 농경지를 선농(鮮農) 취급상 견지에서 다음 3지구로 구분한다.
① 선농 입식을 지도, 원조할 지구
　　조선인 기주 농민이 다수 거주 하는 간도성 동변도 23현[연길(延吉), 왕청(汪淸), 화룡(和龍), 혼춘(琿春), 안도(安圖), 무순(撫順), 홍경(興京), 집안(輯安), 장백(長白), 관전(寬甸), 환인(桓仁), 통화(通化), 몽강(濛江), 휘남(輝南), 김천(金川), 반석(磐石), 유하(柳河), 청원(淸原), 임강(臨江), 무송(撫松), 동풍(東豊), 해룡(海龍), 목릉(穆稜)] 이 지구에 대해서는 적극적으로 신규 이주를 지도 원조함.
② 국방상 선농을 입식시켜야 할 지구
　　신규입식은 인정하지 않고, 기 입식한 선농에 대해서는 속히 다른 지구로 집결시킴
③ 기타 지구
　　일본인 이민 입식예정지구에 대해서는 원칙적으로 조선인 이주를 허가하지 않고, 그 외 지구에 선농을 집결시켜 원주민과 융합하도록 적당히 통제함.

〈자료 17〉 1937년 4월 〈선농 이주 통제 그리고 안정 실시 요령(鮮農移住統制竝に安定實施要領)〉[〈조선인 만주개척의 사적 고찰(朝鮮人滿洲開拓の史的考察)〉, 《조선(朝鮮)》342호, 1943.11]

1) 영농을 목적으로 입만(入滿)한 조선인 이민의 수용호수는 매년 1만 호 이내로 하여 이민사무처리위원회의 논의를 거쳐 정한다.
2) 조선총독부는 매년 영농을 목적으로 한 이주희망자를 전형하여 적당하다고 판단되는 자에 한해 1만 호의 범위 내에서 이주증을 교부한다.
3) 일만 양국정부 및 관계기관은 위 조항의 이주증명서를 소지하지 않은 선농을 입만시

키지 않도록 유효적절한 수단을 강구하여 양과 질적인 면에서 통제하도록 한다.

기주선농(既住鮮農)은 ① 각 현에 산재 또는 부동(浮動)하는 선농, ② 국경지대 내에서 다른 곳으로 이전해야 할 선농, ③ 일본 내지인 입식예정지에서 다른 곳으로 이전해야 할 선농을 23현(1936년 10월 결정된 지역)의 지도 원조 지구 또는 17현 집결지구로 이주 결정함.

2) 관동군의 재만 조선인 통제 정책

〈자료 18〉 재만 조선인(在滿朝鮮人) 지도요강(指導要綱)

재만 조선인 지도요강

1938년(昭和 13) 7월 25일
관동군사령부(關東軍司令部)

지도방침(指導方針)

재만 조선인은 만주국의 중요한 구성분자인 것을 정말 자각시켜 스스로 그 소질을 향상하고 내용을 충실히 하도록 하는 동시에 기꺼이 만주국민으로서의 의무를 이행하고 나아가 만주국의 발전에 공헌하도록 하여 타민족과 협화 융합하여 균등한 조건으로써 제반 방면에 견실한 발전을 이루도록 지도한다.

지도요령(指導要領)

1. 재만 조선인으로 하여금 만주국 구성의 중요분자임에 위배하지 않도록 스스로 그 내용을 정화 충실히 해야 할 정신을 각성 진흥시키고 특히 의무 이행의 관념 및 근로정신의 조장에 힘쓴다.

   이를 위해 속히 먼저 그 핵심적 지도계급을 양성 파악하고 또 각종의 현존 민중단체는 그 성질에 따라서 만주제국 협화회에 통합하고 자정(自淨)적 교화하여 종래 상극(相剋) 불통일을 시정한다.
2. 재만 조선인에게 필요한 물질적 보조의 실시에 당해서는 헛되이 그들의 자력갱생을 해칠 우려가 있는 소승적(小乘的) 시여(施與)를 피하고 산업개발 및 교화 시설 등의 개선에 충당하고 근로자강의 미풍을 조장시킨다.
3. 구(舊) 동북정권(東北政權) 시대의 폭정에 대한 반동적 관념과 일부의 잘못된 우월감을 억제하고 민족협화의 건국정신을 철저히 하여 타민족과의 융합을 도모하고 이와 균등한 조건 처우로써 제반 방면에 견실한 발전을 이루게 한다.
4. 재만 조선인은 그 실력에 따라서 적소에 종사하고 타민족과 동등한 자격으로써 관공리에 임명한다.
  특히 간도, 동변도(東邊道) 같은 지방에서 그렇게 한다. 그렇지만 이 실현에 당해서는 인격 실력을 고려하여 급격한 변혁을 피하고 선만인(鮮滿人) 간의 대립적 감정을 격화시키지 않도록 유의한다.
5. 조선인 농업이민은 군사상 기타 필요에 따라 적의하게 통제 지도하고 특히 농민의 정착심을 양성시켜서 견실한 만주국 구성분자로서의 경제적 발전의 근기(根基)를 확립시킨다.
6. 재만 조선인에게 만주국 내의 치안유지를 맡기고 또 점차 국방의 책무를 부담시킨다.

〈자료 19〉 선농취급요강(鮮農取扱要綱)

선농취급요강

1938년(昭和 13) 7월 25일
관동군사령부(關東軍司令部)

방침

재만 조선인 지도요강에 기초하여 조선인 농업이민에 대해 필요한 지도 보호를 가하는 동시에 적의하게 이를 통제함으로써 그 안정과 견실한 발전을 기하도록 한다.

요령

1. 신규 입식(入植) 호수(戶數)는 우선 매년 대개 1만 호로 한다.

    전항의 한도를 변경할 경우에는 이민사무처리위원회의 논의를 거치기로 한다.

2. 만주국 정부는 전년도 적의한 시기까지 지역 그리고 종류별 입식 호수를 결정하고 조선총독부에 통지해야 한다.

3. 조선총독부는 전호의 통지에 기초해 이주 희망의 농민에 대해 이주지역별 입식자를 결정하고 이에 이주증명서를 발급해야 한다.

4. 조선총독부는 이주증명서를 소지하지 않는 자를 입만(入滿)시키지 않도록 적의한 조치를 강구해야 한다.

5. 만주국 정부는 입만 선농(鮮農)의 통제 그리고 보도(補導)를 위해 선만(鮮滿) 국경 필요 개소에 척정판사처(拓政辦事處)를 설치해야 한다.

6. 이민의 선정에 당해서는 그 소질에 중점을 두고 입만 후 만주국의 구성분자로서 유감이 없음을 기하는 동시에 필요에 따라서 선만(鮮滿) 양쪽에서 훈련을 실시해야 한다.

7. 신규 입식자는 토지의 정황 기타 사정이 허하는 한 별도로 정한 지역에 집단(集團) 입식시키거나 또는 일반적으로 적의한 방법으로 집합(集合) 또는 분산(分散) 입식시키기로 한다.

8. 입식자는 그 안정을 기약할 수 있는 한 반드시 바로 자작농으로 함을 요하지 않는다. 적절하게 소작농으로 하여 입식을 안정하게 한다.

9. 신규 입식지역은 국경지대 기타 특별히 정한 지역 이외로 하고, 매년마다 구체적 입식 구역은 정부에서 선척(鮮拓), 금융회(金融會) 기타 관계기관과 협의한 뒤에 정하기로 한다.

10. 신규 입식자의 토지 선정 및 입식에 대해서는 협화회, 지방행정기관, 선척, 금융회 기타 관계기관이 협력하여 필요에 따라 지도와 원조를 하기로 한다.

    집단 입식의 용지(用地)는 미간지(未墾地)를 원칙으로 하고 그 정비 요령은 내지인 이민 용지의 경우에 준한다.

11. 집합 또는 분산 입식지(入植地)에 있어서는 원주민 경작지와의 조정을 고려해야 한다.

12. 기주(旣住) 선농(鮮農)으로서 영농의 기초가 안정하지 않고 부동(浮動)한 자에 대해서는 적의한 안정 조치를 강구해야 한다.

비고

1. 국경지대 기타 특별히 정한 지역에 기주(旣住)하는 선농(鮮農)의 처치(處置)에 대해서는 일반 원주민의 예에 의한다.
2. 본 요강에 대응하여 선척(鮮拓), 금융회, 농무계(農務稧) 등의 관계를 조정하고 그 기능을 합리적으로 하는 방도를 강구하기로 한다.
3. 종래의 「선농취급요강」, 「선농이주통제와 안정실시요령」 및 「동 세목」은 폐지한다.

〈자료 20〉 1938년 7월 28일 〈선농취급요강(鮮農取扱要綱)〉[〈조선인 만주개척의 사적 고찰(朝鮮人滿洲開拓の史的考察)〉,《조선(朝鮮)》342호, 1943.11]

1) 종래 동변도의 집결방침을 개정하여 군사상 기타 필요에 따라 적의 통제하고, 원칙적으로는 특별지역을 제외한 이외 식지역(殖地域)을 한정하지 않는다.
2) 신규입식호수는 종래 1만 호 이내를 개정하여 선농이주의 필요성에 따라 1만 호 정도로 입식하는데 정부와 기타 관계기관은 적극적으로 노력한다.
3) 조선총독부는 이주자를 모집 또는 독려하지 말고 이주희망자에 한해서 이주증명서를 교부한다.
4) 조선총독부는 이주증명서를 소지하지 않은 자를 입만(入滿)시키지 않도록 적당한 조치를 강구하고 만주국에서도 척정판사처(拓政辨事處)를 설치하여 통제 보도(輔導)한다.
5) 이주자의 질적인 면은 조선 측에서 선정할 때 충분히 고려하고, 만선 양측에서 적당한 훈련을 실시한다.
6) 입식형태를 집단·집합·분산으로 구분하여 반드시 그 호수를 이행하고, 그 취급 방법에 따른다.
7) 기주 선농에 대해서는 생활의 기반이 불확정한 부동 선농에 한해 결집하고 원칙적으로 현주지에 안정시킨다.

〈자료 21〉 1939년 12월 〈조선인 개척민에 관한 건〉[〈조선인 만주개척의 사적 고찰(朝鮮人滿洲開拓の史的考察)〉, 《조선(朝鮮)》 342호, 1943.11]

1) 조선인 개척민에 대한 지도방침은 일본인 개척민에 준하고 그 실정 즉, 문화·민도에 적응하도록 안배한다. 경지면적, 보조금액, 행정경제 구제 등에서 그러하다.
2) 조선인 개척민은 마땅히 조선 내에서 이주를 적의 통제하고 재만 조선인의 안정을 도모한다.
3) 매년 1만 호의 수적 통제에는 변경이 없고, 이후 수적 확충을 기한 집단·집합개척민을 합하여 신규 이주호수의 과반수가 되도록 한다.
4) 이주요령은 종전대로 집단·집합·분산으로 하고, 집단개척민은 일본인 집단개척민의 예에 준해서 세밀하고 철저히 따르고 조속히 자립할 수 있도록 지도한다.
5) 집단·집합개척민의 행정경제기구는 원칙적으로는 만주국제도에 융합귀일(融合歸一)하고, 이주 후 당분간은 개척민의 형태와 개척지의 실정에 따라 가촌제(街村制)와 경제협동구조의 운용에 적의 고려하여 보도(輔導) 안정에 유감이 없도록 한다.
6) 조선인 개척민 훈련은 개척민 간부, 기간(基幹) 개척민, 일반개척민, 중견청년개척민 등 목적에 따라 조선에서는 조선총독부와 기타 관계기관, 만주국에서는 해당 개척 관계기관에서 담당하고, 그 훈련에 대해서는 밀접한 연계를 보지(保持)하는 조치를 강구한다.
7) 만주척식공사와 만선개척주식회사의 통합으로 개척취급기구의 일원화를 도모한다.
8) 조선인 개척민 조성에 관해서는 일본인 개척민의 예에 준해서 그 특수성을 감안하여 적당히 고려한다.
9) 학교경영에 관해서는 학교조합을 설립하고, 신학제(新學制)에서 정한바에 따라 지방단체에서 경영하며, 교육비는 만주국과 조선총독부에서 보조한다.
10) 청년의용대에 조선인 청년을 참가시켜 공동훈련을 행한다.
11) 기주 조선인 농민 중 안정시켜야 할 자에 대해서는 물심양면으로 힘을 쏟아 안정적으로 정착하도록 보도(輔導)하여 건전한 만주국의 구성원이 되도록 한다.

〈자료 22〉 1942년, 제2기 5개년 계획 실행목표 개요에 대하여(滿洲開拓 第二期 五個年計劃 實行目標 概要の就て)[《조선(朝鮮)》342호, 1943.11]

1) 제2기 5개년 계획은 입식수는 집단, 집합개척민 2만 2,500호, 분산개척민 2만 7,500호로 입식시기는 원칙적으로 봄으로 한다.
2) 개척민 송출은 조선의 농촌재편성에 호응하여 분촌계획에 따라 모촌(母村) 분촌(分村) 간의 긴밀한 연계를 고려한다.
3) 개척민의 자질향상을 위해 일반개척민과 기간개척민의 훈련을 강화한다.
4) 개척지 설정에 관해서는 적지조사·급수·토지개량·풍토병조사를 종합하여 입식 2년 전에 입식지를 설정하도록 하고, 전 해는 교통통신시설·가옥건설을 실시하여 기초시설을 완벽하게 갖추도록 한다
5) 농업경영은 가족의 자급적 영작주의에 따라 유축(有畜)농업 경영을 원칙으로 하여 경영 안정과 증산을 적극적으로 도모한다.
6) 개척지의 경영은 적정한 규모로 결정하여 계획 수립 등을 촉진하고, 신속히 연부상환(年賦償還)을 개시하여 지도한다. 집단개척지에서는 개척단 단장을 중심으로 농촌공동체를 구성하고, 개척지 건설을 원활히 수행하도록 적당한 법적조치를 강구하며, 집합개척지에서는 개척흥농회의 육성에 노력해야 한다.
7) 분산개척민의 안정정착을 도모하기 위해 적극적으로 보도(輔導)를 강구하고, 만연한 도만자(渡滿者)의 지원저지에 적극적으로 조치를 강구해야 한다.
8) 기주농민의 경지확보를 위해 계획적으로 자작농 창정을 실시하고, 창정(創定) 후의 유지감독은 적절한 조치를 강구하여 중견지도자의 연성을 도모며, 보도원(輔導員) 설치를 고려한다.
9) 개척지 지도원 제도는 지도원훈련소의 충실강화를 통해 정원대우의 개선, 신분 보증 등의 조치를 강구하여 지도력 충실을 기한다.
10) 개척민에 대한 대부의 적당한 기준을 정하고, 건설에 필요한 자금은 5년 거치 10년 상환으로 하며, 보조금은 입장조건에 따라 특수보조를 고려한다.
11) 보건 요원을 확보하고 개척지에 적응하도록 생활지도에 만전을 기한다. 개척지 교육

은 교원 요원 확보와 질의 향상을 기하고, 교육내용의 충실을 도모하여 청소년의 연성, 부녀자의 계몽·교화를 도모하며, 개척신사를 건설하여 정신귀의를 중심으로 한다.

12) 청년의용대는 매년 1개 중대를 편성하고, 여자훈련은 여자 척식훈련소를 건설하여 만주개척사정 보급철저를 도모하여 화가(花嫁)의 알선에 적절한 방안을 강구한다.

II

중일전쟁 이전 '만주국' 시기 만주 이민 정책

해제

1932년 3월 성립된 만주국은 관동군의 국가였다. 만주국의 면적이 한반도의 4.4배였듯이 정책 수행에 필요한 인적 자원 수급이 무엇보다도 필요하였다. 그래서 제국 일본은 본국의 농민들을 이주하려는 원대한 계획을 세웠지만 목표를 충분히 달성하지 못했다. 따라서 이를 보완할 인적자원이 필요하였다. 필요충분조건에 가장 근접한 존재가 한반도 거주자들이었다.

이민 문제가 민족 발전에 중대한 영향을 미친다는 것은 이제 새삼 논할 필요가 없으며, 오늘날의 세계 정세가 이를 명확히 보여주고 있다. 그러나 정치적 훈련이 길지 못한 우리는 이 문제를 종종 무관심하게 넘겨버릴 뿐만 아니라, 때로는 오히려 의혹을 품고 대하는 경우도 많다. 그러나 인구 증가와 잇따른 재해는 조선 농민들을 자연스럽게 만주로 이주하도록 만들었으며, 이는 조선인의 자각적인 활동이 있기 이전에 시대적 흐름이 조선 민족의 대륙 진출을 촉진한 결과라 할 수 있다.[1]

만주국에서 대표적인 한인 관료인 윤상필[2]이 피력한 '조선인 이민 정책'의 한 단면이다. 윤상필은 주로 만주국의 토지관리 및 정책 입안에 큰 영향력을 발휘하였으며, 한인의 집단 이주에도 관여하였다. 한인이주 문제는 만주국 성립 이후 중요한 농촌 해결 문제이자 이른바 '건국이념'의 실현이라는 측면에서 중요시되었다. 만주국의 면적은 일본 본토의 약 2.2배 정도였다. 이러한 국토를 효율적으로 관리하기 위해 장기적인 계획이 필요하였으며, 특히 미간지의 이용방안이 적극 추진되었다. 국토의 종합적 개발을 위해 만주국 정부에서는 미

---

[1] 『在滿朝鮮人通信』 59호, 7쪽.
[2] 윤상필은 대한제국 육군무관학교 마지막 생도로서 일본 육사 27를 졸업하였다. 졸업한 후 일본 육군에 복무하다가 퇴역한 후 만주국에서 활동하였다. 그의 손끝에서 수많은 한인들이 만주로 이주하게 되었다. 윤상필은 만주국 협화회 설립 당시 이사진 42명 가운데 유일한 조선인의 한사람이었다. 그만큼 만주국 내 입지가 확고하였음을 알 수 있다(임원근, 「滿洲國과 朝鮮人將來, 滿洲國紀行(其二)」 삼천리 제5권 제1호, 1933년 1월호, 53쪽). 하지만 해방 후 그는 소련군에 끌려가 시베리아 유형장에서 마지막 생을 마감해야 했다.

간지의 효율적 이용 방책을 강구하였다.[3] 미간지 정비는 산업부 대신 및 각 성장의 지도 감독을 받아 현장에서 이를 집행하였다.[4] 그만큼 미간지에 대한 부분은 만주국 입장에서 가장 중요한 농업문제 가운데 하나였다. 다시 말해 만주에서의 미간지 개척과 수전 개발의 화두는 '한인'을 배제하고는 상상할 수 없었던 것이 현실이었다.[5]

만주사변 전 일본농민의 만주 진출 사업은 좌절의 연속이었다. 재만 일본인 인구는 1930년에는 약 30만 명 정도였는데 이들의 대부분은 치안이 확보된 관동주 및 만철부속지 내에만 국한되어 있었다.[6] 이 가운데 일본인 농업이민은 1,000여 명에 불과하였다. 관동군은 만주사변 이후 새로운 패러다임의 일본인 농업 이민 정책을 추진하였다. 수전 경작을 중심으로 한 도작(稻作, 벼농사) 농가 5만 호를 이주시킬 계획과 함께, 초기 구상은 15년 동안 10만 호의 일본인을 이주시키는 것이었다. 만주 농업 이민에서 도작 농가에 중점을 둔 이유는 일본인 이민들이 자신들의 주식인 쌀을 생산하여 자급자족을 가능하게 함으로써 정착의식을 강화할 수 있기 때문이었다. 또한 수도작은 만주의 재래 농작물보다 단위당 수익이 월등히 높았으며, 중국인들이 재배 기술을 갖추지 못한 상태였기 때문에 생활 수준이 낮은 중국인 농가와의 경쟁에서도 우위를 점할 수 있다고 판단했기 때문이었다. 관동군은 만주사변(9·18) 전 일본인 농업이민 이주 경험을 토대로 농업이민의 성공적인 정착을 우선으로

---

3 黑龍江省檔案館 編, 2005, 『東北日本移民檔案』-黑龍江省 1, 광서사범대학교, 24쪽.

4 미간지의 원활한 개간을 위해 정비심의기관으로 만주국정부는 중앙, 성 및 현에 다음과 같은 기관을 설치하였다. 첫째 개척위원회 제1분과회(개척용지정비관계)를 두어 미용지정비방침 및 정비지구에 관하여 심의 업무를 담당하였고, 둘째 성개척위원회 토지분과회(가칭)는 성개척위원회 방침 및 정비지구에 관한 심의를 담당하였다(黑龍江省檔案館 編, 2005, 위의 책, 24~25쪽).

5 김기훈, 「만주국시기 조선인 이민담론의 시론적 고찰-조선일보 사설을 중심으로-」, 『동북아역사논총』 31, 135~138쪽.

6 김영, 2004, 『근대 만주 벼농사 발달과 재주 조선인』, 국학자료원, 174쪽.

고려해 자연적·경제적 조건이 좋은 숙지와 치안이 비교적 안정되고 교통이 편리한 철도연선 지대를 선택해 대규모 수전농장을 경영함으로써 이주를 성공시키고자 하였다.[7] 중일전쟁 이전 만주로의 이민 정책에 대해서 조선총독부의 관심은 지대하였다. 이를 반영하듯 조선총독부는 1935년 『조선인 이민 문제의 중대성』을 발간하였는데, 발간 목적을 다음과 같이 밝혔다.

> 만주국의 탄생 이후, 조선의 경제 문제는 일본·조선·만주를 연결하는 사슬의 일환으로, 새로운 시각으로 관찰하지 않으면 안 되는 정세가 되었다. 인구 문제를 생각하는 것도, 동아시아 블록의 세 단위가 가지는 각자의 특징을 대조함에 따라 해결의 공식을 손에 넣을 수 있다는 것은 조사할 필요도 없다. 아니, 현실적으로 이론에 선행하여 이미 조선인의 만주국 이거(移居)는 현저한 사실이다. 이 사실을 똑바로 보지 않고서는 금일 이후의 대(對) 만주 경제론 및 조선 통치를 생각할 수 없는 것이 당연하다. 본서는, 조선총독부가 발행한 잡지 《조선》 10년 2월호에 게재되기도 하였는데, 필자 가마타 사와이치로(鎌田 澤一郎) 씨는 이민 문제 연구를 위해 자주 만주와 몽골 오지로 여행을 가서 직접 이민의 현황 및 만주 농업의 실태 등을 조사한 결과를 밝힌 것이므로, 일만 관계를 연구하는 인사가 선호하는 참고자료가 될 것이라고 믿고, 여기에 특별 인쇄하여 반포하기로 했다.[8]

이 자료는 만주의 조선인 이민 정책의 길라잡이라고 할 수 있다. 특히 저자 가마타는 만주와 몽골을 현지 조사한 후 조선인 이민 정책이 바로 제국 일본의 국부를 축적하는 길이며,

---

7 김영, 앞의 책, 175쪽.
8 鎌田 澤一郎, 1935, 『조선인 이민 문제의 중대성』, 조선총독부.

나아가 대륙정책을 수행하는 데 조선인을 중요한 자원이라고 강조하였다.

한편 제국 일본의 만주 이민 정책에 대해 조선인들의 저항 역시 치열하게 전개되었다. 특히 간도지역에서 주로 실시되었던 집단부락 정책에 대한 불만은 크게 고조되었다. 이에 대해서는 《조선중앙일보》의 기사를 수록하였다.

1. 만주국 이민 정책의 개요와 정책 수립

⟨자료 23⟩ 조선인과 만주국(2)(《매일신보》, 1937.6.16)

재만 조선인의 현황

　조선인의 만주 이주는 물이 낮은 곳을 향해 흘러가는 것처럼 자연지세인 것은 전술한 바와 같다. 그리하여 건국 이후 왕토낙토의 건설 사업이 진행되면서 갑자기 조선인의 이주가 증가하여 매년 5, 6만~8, 9만 명의 입국자가 있다. 그러나 이민의 이동이 격심한 것과 오지에 거주하는 자에 대한 조사가 불철저하기 때문에 최근까지도 정확한 통계숫자가 없다. 1936년 6월 말 현재 만주국 각 현에서 조사한 바에 따르면 87만이라지만 조사가 부실한 점을 고려하여 추산하면 약 20만 호, 100만 명을 돌파한다고 볼 수 있을 것이다.

　그 분포상황을 보면 이주의 연혁을 여실히 현시하여 간도와 동변도로부터 점차 각지에 발전하여 금 일에서는 전 만주 각지 어느 현에나 조선인이 재주하지 않은 곳이 없다 하여도 과언이 아닌 상태이다.

　간도는 근세 조선인이 만주발전의 근거지로 되어서 조선인 인구는 48만 명으로 성내 총인구의 8할을 차지하여 전만 조선인의 반수가 간도에 재주하는 셈이다. 이곳에 근거를 두고 힘을 양성하여 다시 북상함으로써 북만에 발전하였다.

　간도성 다음에 봉천성의 11만 3천여, 안동성의 10만 1천, 빈강성의 7만 5천, 길림성이 5만 6천, 삼강성이 1만 7천, 용강성이 6천, 금주성이 2천 8백, 흥안남성이 2천의 순서인데 기타의 성에서는 흑하와 열하성이 8백, 서북동의 흥안 각성이 각 백 명 내외를 헤아리고 있다.

　그리고 도시에 대해서 보면 안동이 제1로서 1만 7천, 봉천이 그다음으로 1만 1천, 하얼빈이 7천 7백, 신경의 5백, 길림의 1천 6백 등으로 이것도 조선인 발전의 동향을 나타나게 할 것이라 할 수 있다. 조선인은 미작을 주로 하기 때문에 수전 적지의 윤택한 지방에 많이 발전한 동향을 표하여 봉천성, 빈강성(하얼빈특별시를 포함) 등이 비교적 다수 조선인 이주자를 흡수하고 있는 것도 이것의 증좌라고 하겠다. 따라서 흥안 각성이나 열하성 방면에는 이주의 역사도 새롭지만 장래도 발전할 여지는 비교적 적을 것으로 예상된다. 조선인의 생업 중 대부분을 점하는 것은 물론 농업인데 십수만 호에 달하여 재주 전 호수의 약 8할에 해당하고 대부분은 소전 경작을 주로 하는 소작농이다. 이 점은 내지에 도항하는 조선인 대부분이 소위 자유노동자인 것과는 매우 경향이 다르다.

종래 조선인의 생활상태는 일반으로 빈공하여 영농자는 대부분이 소작농으로 특히 이주자의 대부분이 농업자금이 없어 만연한 삼삼오오 도래하여 수계를 따라 가면서 각지에 전전하여 만농으로부터 토지를 차입하여 자본을 차득하여 수전을 개간하여 소작농이 되는 것이 보편의 과정이었다. 따라서 그 소작권이라는 것은 극히 불안전하여 토지 지주의 착취가 막심하였다. 그러나 만주국 건국 이후는 종래의 정치적 장애는 제거되어 조선농이 자각하여 각지에서 자력갱생 농촌 진흥운동의 발흥, 토착 축재의 환기 등 점차 자립적으로 자작농으로 향상된 기운에 향하고 있는 것은 매우 반가운 일이다.

동시에 관동군, 만주국, 조선총독부에서는 상호 협력하여 재주 조선인의 보호 무육과 신규 이민에 대한 적극적 지도와 그 시설이 근래 좋은 성과를 나타내고 있어 재만 조선인의 장래는 전도가 양양하다. 기타 교육산업, 금융 등의 상황에 대해서는 특히 상술치 않고 이후 이민 문제, 재만 조선인의 정치적 관계를 기술할 때 적절하게 설명하고자 한다. 특히 집단부락, 안전농촌 문제에 대해서는 그 모범적인 것으로 영구 농촌의 약진적 발전상을 특기하는 외에는 현하 선만간에 여러 가지로 논의되는 이민통제 문제를 농할 때 병술하려고 한다.

〈자료 24〉 만주국의 조선인 이민통제내용?(《재만 조선인 통신》 27, 1937)

윤상필(尹相弼) [만주국 민정부 척정사(拓政司) 제2과장] 씨와 문답

시일 1937년(昭和 12) 4월 16일 · 장소 신경(新京, 현 장춘) 윤씨 댁

문자(問者) 본지 편집장 서범석(徐範錫)

오랫동안 세간의 주목을 끌던 만주국의 조선 농민 이주 통제는 지난 4월 6일 그 실 요령 외

세목 결정으로 대체의 내용을 확실히 알게 되었다(本誌四月十五日發行二十六號第七頁參考). 그러나 아직도 통제실시의 원칙적 정신에 대한 당국의 상세한 설명이 부족한 관계로 통제발설 당초부터 우리의 뇌리에 왕래하던 회의는 완전히 해소되지 아니하였다. 즉 '지성적(地城的) 통제'와 '수(數)의 통제'에 대하여 정확한 인식을 얻지 못하였으며, 따라서 그 통제의 정신을 결(快)하게 수배(首背)하지 못하였으니 이에 관한 조선 내지 방면의 힐문적 언론이 점차 당두함에 있어서 본지는 이 통제의 원인적 정신을 적출하여 설명을 가하는 동시에 만주국의 건국정신을 기조로 한 특질을 넓게 알리기 위하여 만주사변 당시부터 조선인 이민 관계에 기초적 공세가 있으며 현재에도 조선인 이민 관계를 전폭적으로 지도하고 있는 민정부 척정사(拓政司), 제이과장 윤상필 씨와 더불어 이에 관한 대담 비사를 발표하니 이것으로 만주국의 이민통제와 더불어 내용과 정신의 일편이 세간에 뚜렷이 나타나면 만족하는 바이다.

서(徐): 조선이민을 통제한다는 말이 조선이민을 제한한다는 말로 들리는 경향이 있어 흔히 만주건국에 대하여 환멸을 느끼는 사람이 많습니다.

윤(尹): 조선이민을 통제하는 것은 조선 농민을 잘 살게 하기 위하여 하는 것이오. 또 조선 농민의 이주를 국가가 직접지도를 하지 아니하였을 때도 많이 왔으며, 만족한 정도는 아니라고 하나 만주에 뿌리를 박고 살았으니까 그렇게 간섭적 지도를 하지 않았더라도 조선 농민은 그대로 방임하여 두면 적극적으로 장려하는 일본이민보다 훨씬 많이 올 수 있다고 반박하는 분이 있습니다만 만주국이 일개 단일 민족의 국가가 아니오. 오족의 국가인 이상 각기 민족 적응한 정치와 지도가 필요한 것이올시다. 만주국의 구성 민족에 질과 환경과 의식이 동일하다면 문제가 아니오. 아시다시피 적극적으로 장려치 아니하면 잘 오지 아니하는 민족에 대해서도 만주에서 다른 민족과 사이좋게 반목 없이 잘살도록 지도할 필요가 있는 것이올시다. 이러한 관계 즉 만주국 건국정신과 이 이민은 스스로 어떠한 방법을 규정하게 되는데 그 규정된 방법이, 즉 이민통제가 되어 일본 이민은 이렇게 조선이민은 저렇게 하지 아니하면 아니 된다는 결론을 가져오는 것이올시다. 그렇기 때문에 만주 건국정신을 잘 이해한다면 당연히 이 이민통제의 진의와 정신을 아울러 이해하게 될 것이올시다.

서(徐): 지금 설명으로 만주 외 이민을 만주국의 건국정신에 비치어 통제할 필요가 있는 것은 잘 알 수 있으나 그 통제에 대하여 삼가 의심하는 점은 즉 지역적 통제와 수의 통제올시다. 조선 민족이 만주국의 당당한 구성 분자이며 또 일본제국의 신민인 이상 치외법권 철폐와 동시에 일본제국 신민이 향유한 권리 즉 일본제국 신민은 만주국 영토 내에서 만주국민과 동등한 대우로써 거주, 직업, 여행을 자유롭게 할 수 있다는 조문에 비추어 볼지라도 조선인의 자유이주를 지성적으로 또 그 수를 제한한 데 대하여 결코 쾌히 받아들일 수 않습니다.

윤(尹): 그 점에 대하여는 만주국의 건국정신을 이해하신다면 다시 말할 필요가 없으나 만주국의 구성 민족 가운데 선주 민족의 이해관계를 전연 무시한 만주국의 정치가 있을 수 없는 동시에 구성민족 중 신입 민족의 이해관계 또한 존중해야 할 것이올시다. 지금 조선인은 걸핏하면 자신의 힘을 너무 믿는 폐단이 있습니다. 만주 이주를 방임하면 넉넉히 선주 민족과 경쟁하면서 살 수 있을 것 같이 생각하나, 그것은 크나큰 오산이올시다. 지금까지 조선인은 선주 민족이 방기하였든 저습지를 개간하여 생활의 근거로 하였기 때문에 금일의 생활 토대를 얻었으나 앞으로 선주 민족의 수전에 대한 지식과 이해관계에 눈을 뜬다면 조선인의 수전을 근거로 한 생활토대는 반드시 안위를 받을 것이올시다. 당장에 예를 들면 남만 지방의 만인의 수전 경작지가 매년 증가하는 사실과 안봉연선의 수전이 대부분 만인지주의 손으로 경영되어가는 사실을 볼지라도 넉넉히 짐작할 수 있을 것이올시다. 또 한편 조선인의 장래 생활이 수전과 초사를 한다면 조선 민족을 위하여 크나큰 불행이 아닐까요. 그러니까 만주국 구성 민족으로서 조선인의 생활을 보장한다는 견지에서 조선민족의 이해관계를 우선적으로 취급하는 지도원조 지성으로 하였으며 그다음 지정 집결지역(本誌二十六號參考)을 설정하였습니다. 이것이 소집지역 통제라 하여 오해를 사고 있으나 이 지역통제의 근본정신이 조선민족의 만주생활를 뿌리 깊게 자리잡도록 하기 위한 것이올시다. 또 그 지역이 조선의 인접지대이며 조선과 만주가 비슷한 곳이라 조선족의 적지성에도 적합한 곳이 올시다.

서(徐): 지역을 설정한 정신은 그러하나 수(數)에 대해서는 일 년에 만 호 5만 명이라는 수를 제한한 것은 무슨 까닭인가요.

윤(尹): 이 수(數)를 통제한 것은 결코 영외인(永外人)이 아니며 절대적이 아니올시다. 지역에 있어서도 결코 현재의 지도원조 지역인 간도, 동변도 23현과 지정 집결 지역인 인접 16현이 영구적이 아니오 절대적이 아니올시다. 왜 5만 명으로 정하였느냐 하면 이것은 지난 사변 이래 조선으로부터 만주에 이주한 조선인의 평균 수가 매년 약 5만 명이었습니다. 그러하기 때문에 이 수를 가지고 만주국의 이민통제 사무의 한도를 정한 것이올시다. 만주국이 이민에 대한 지도 원조를 하려면 그 실행에서 어떠한 규모가 있어야 할 것이올시다. 다시 말하면 조선에서 올 수 있는 최고 수를 한도로 하고 이민 지도 원조의 규모를 정한데 불과합니다. 그런 고로 이 사실 자체에 변동이 있어 조선에서 매년 10만, 20만이나 만주국에 이주해야만 하는 정세가 되면 만주국에서는 이에 순응하여 지역의 확장, 수의 증가를 결정할 것이올시다.

서(徐): 지금까지의 말씀은 만주국의 견지로 조선 이주민을 보는 데서 나오는 의견이며 또 주장인 줄 압니다. 이 만주국의 조선이민 통제에 대하여 조선인 자신이 그 합리점을 발견하고 스스로 그 통제를 실천하는데 진심을 가졌으면 좋을 것 같습니다. 조선에서도 우가키(宇垣)씨가 자력갱생운동과 농촌진흥운동을 그처럼 정성스럽게 하였으나 민간이 이에 대해 냉담한 반응으로 보여 만족스러운 결과를 얻지 못한 것처럼 만주국의 조선이민통제가 아무리 그 내용이 진선진미한 것이라도 조선인이 그것에 대해 냉담하고 무관심하다면 조선의 자력갱생운동처럼 실패하지 아니할까요.

윤(尹): 물론 그렇습니다. 만주국에서 아무리 조선인의 복리를 위하여 하는 일이라도 조선인 자신이 열정을 가지고 덤비지 아니하면 아니 될 것입니다. 그러면 이 이민통제를 조선인의 입장에서 본다면 첫째로 우리는 만주건국정신을 실천하는데 가장 효과있는 방식은 타민족과 접촉하는 면적을 줄여서 민족 대 민족의 마찰이 없도록 하여야 할 것이올시다. 이 점은 만주국으로도 간절히 바라는 바이나 조선인 자신이 이민족과 공동생활을 경영하는데 항상 마찰이 있어 민족적 신망과 친선을 해한다면 결국 소수민족이면서 무력한 존재인 조선인은 구박만 받을 것이오. 구박만 받는다면 결국 낙오하고 말 것이올시다. 그러기 때문에 우리는 스스로 이민족과 마찰이 있을 접촉면의 면적을 줄여야 합니다. 그 대신 친선면의 면적, 즉 협화면의 확대는 도모하여야 할 것이올시다.

이 외에 조선인 자체만으로 보아서 이민통제가 필요한 점은 첫째로 우리들의 교육이올시다. 조선인 교육 문제에 있어서 그 내용인데 현재 조선인이 영령쇄쇄히 산재하여 산다면 결국 만주인 본위의 학교에 들어가서 교육을 받지 아니하면 아니될 것이올시다. 만주의 민족협화는 잡연하게 혼연하게 일체로 하는 것이 아니라 각 민족을 각기 단일민족으로 인정하고 어느 정도의 자치를 인정함으로써 각 민족에 적응한 정치를 행하는 것이올시다. 그러니까 교육에 있어서도 조선민족의 단계에 필요한 일본제국의 민족화교육을 시연하려면 조선인 본위의 교육기관이 필요할 것이올시다. 그런데 조선인이 분산하여 산다면 조선인 본위의 교육기관을 만들 수 없을 것이올시다. 무엇보다도 우리의 장래인을 우리의 의도대로 교육한다는 것은 중대한 문제이올시다.

또 그다음은 금융이올시다. 이 금융도 교육 문제와 같이 조선인이 만주에 있어서 자유경쟁을 능히 하면서 생존할 수 있다면 별문제가 아니나 도저히 자유경쟁을 해서는 승산이 없는 것이야 어떻게 하겠습니까. 결코 조선인의 본질이 나빠서 그러는 것은 아니올시다. 아무리 본질이 훌륭한 민족이라도 전투력이 없고 또 이것을 부조하는 배경이 없다면 별수 없는 것이올시다. 그런 까닭으로 조선인의 농촌생활의 필수조건인 농경자본의 융통이 없다면 조선인 이주민의 생활이 만주사변 전의 빈농과 다름이 없을 것입니다. 아무리 조선인을 위한다 할지라도 산지사방에서 사는 조선 사람을 위해서 금융기관을 어떻게 설치하겠습니까. 우리의 농민 이주민에게 금융이 필요하다면 역시 집단으로 살아야 합니다. 또 셋째로는 만주의 만주의 현하 정세로 보아서는 아직도 10년, 20년은 자위력이 필요합니다. 이 자위력이란 분산하여 사는 사람에게는 없습니다. 이 자위력을 결성하는 데는 무엇보다 집단으로 살아야 합니다. 넷째로는 조선인에게 적응한 행정을 우리가 바란다면 또한 우리가 집단으로 살아야 할 것입니다. 이것도 합당한 이유올시다. 대체로 만주국의 건국정신에 비추어 본다면 조선민족의 민족적 개성을 충분히 발전시켜야 할 것입니다. 조선족을 이민족에게 동화시키는 것이 만주건국의 정신이 아닌 이상 조선족의 발전을 위하여 충분한 행정적 시설이 있어야 할 것입니다. 그러나 아무리 만주국이 왕도국가이며 도의세계라 할지라도 조선인 일개인을 위하여 민족적 개성을 조장하는 행정적 시설은 못할 것이올시다. 말할 필요도 없이 우리가 우리의 생활상 기초를 세우려면 만주국에서 흩어져 살지 않고 반드시 모여서 살아야 하는 것이올시다. 그런데 만주국에서 모여 사는 것을 두고 이의를 제기하는 것은 참으로 불가사의한 일이올시다. 또한 우리가 집결하여 살게 되면 자연히 행정기관에서도 우리 동포가 대다수를 차지하게 될 것이올시다. 이 실례는 간도에 수두룩합니다. 간도의 반분 이상의 촌민과 촌분리는 대개가 조선인이올시다.

서(徐) : 현재 결정된 지도원조 구역과 집결지정 구역의 내용이 어떻게 다릅니까.

윤(尹) : 지도원조 구역에 있어서의 조선인 이민은 절대 우선권이 있습니다. 간단히 말하면 이 구역에서는 조선인과 내지인이 한 땅을 사려고 할 때 그 땅은 조선인이 사게 됩니다. 즉 동변도, 간도 23현에서는 조선 농민의 자유발농이 용허되어 있습니다. 그러나 집결지정 지역 16현에서는 일본 내 이민의 지정지로 있는 터이라 일본 내지 이민에게 지정된 이외의 지역을 조선 이민의 집결지로 하고 이 지역은 만주척식회사(滿洲拓植會社)도 필요에 응하여 취득할 수 있게 되어 있습니다. 다시 말하면 지도원조 구역에서는 조선이민과 관계가 없는 만주척식회사는 토지취득을 할 수 없고 다만 조선인 농민 또는 조선 농민을 지도원조하는 만선척식회사만이 취득할 수 있게 되어 있으며 기타 집결 구역에서는 조선인 이민이 토지취득을 임의로 못하고 그 구역 내에서도 특별히 지정하는 곳만 취득할 수 있게 되어 있습니다.

서(徐) : 지도원조 구역과 집결지정 구역 이외의 지방에 현재 거주하는 조선 농민을 전부 지도원조 구역과 지정 구역에 옮기면 지금까지의 조선인이 취득한 토지는 어떻게 합니까?

윤(尹) : 기왕 집단통제되는 농촌은 현상 그대로 안정시키고 그 대신 결코 신규 입식을 안 시킬 방침이올시다.

서(徐) : 이민 구역 내외의 조선이민이 만주인의 토지를 소작 혹은 임차 관계로 경작하고 있는 토지에 대하여 이것을 그 농민 자신이 매수하려고 할 때는 어떻게 하면 좋습니까?

윤(尹) : 편지 한장이면 됩니다. "이러이러한 곳에 얼마만 한 면적의 토지가 있는데 시가얼마가량으로 살 수 있으니 이것을 내 명의로 사주시오"하고 만선척식공사에 편지를 써서 부치면 만선척식에서는 그 토지를 매수 혹은 개량하는 비용에 1할 또는 2할을 더하여 10년 혹은 15년, 20년으로 그 농민에게 불하합니다. 즉 자작농 창정을 실시합니다.

서(徐) : 그 토지를 농민자력으로 산다면 문제가 없을 터이지요.

윤(尹) : 그야 물론이지오.

서(徐) : 그런데 간혹 들리는 소리 중에 지방에 현재 조선인이 소작하는 토지를 농민이 사려고 할 때 현공서에서 허가하지 않는다고 하는데 사실입니까?

윤(尹) : 그럴 리가 있나요. 다만 농민 자신이 사는 것은 상관없으나 간혹, 농민 자신이 사지 않고 조선 내에서 새로 들어온 농사 기업가들이 토지를 사려고 하는 수가 있는데 이에 대하여 15정보 이상은 허가를 받아야 하니까. 자연 현공서에 신청하게 됩니다. 그럴 때는 현공서가 그 기업가의 경영관이 만선척식공사 보다 다소간이라도 나으면 허가를 하나 만선척식보다 농민에 대하여 다소라도 불리하면 허가를 하지 않는 까닭으로 해서 그러한 잡음이 생기는 것이올시다.

서(徐) : 만주국에서는 지주를 만들지 않을 작정이로군요.

윤(尹) : 자작농을 만들고 지주는 만들지 않을 작정이올시다. 조선과 일본 내지의 폐해를 보고 신흥 만주국에서 그러한 폐해를 답습할 이유가 만무하지요.

.

2. 재만 조선인 이민 정책의 성격

〈자료 25〉 조선인 이민 문제의 중대성(조선총독부, 1935)

만주국의 탄생 이후, 조선의 경제 문제는 일본·조선·만주를 연결하는 사슬의 일환으로, 새로운 시각으로 관찰하지 않으면 안 되는 정세가 되었다. 인구 문제를 생각하는 것도, 동아시아 블록의 세 단위가 가지는 각자의 특징을 대조함에 따라 해결의 공식을 손에 넣을 수 있다는 것은 조사할 필요도 없다. 아니, 현실적으로 이론에 선행하여 이미 조선인의 만주국 이거(移居)는 현저한 사실이다. 이 사실을 똑바로 보지 않고서는 금일 이후의 대(對) 만주 경제론 및 조선 통치를 생각할 수 없는 것이 당연하다. 본서는, 조선총독부가 발행한 잡지《조선》10년 2월호에 개재되기도 하였는데, 필자 가마타 사와이치로(鎌田 澤一郎) 씨는 이민 문제 연구를 위해 자주 만주와 몽골 오지로 여행을 가서 직접 이민의 현황 및 만주 농업의 실태 등을 조사한 결과를 밝힌 것이므로, 일만 관계를 연구하는 인사가 선호하는 참고자료가 될 것이라고 믿고, 여기에 특별 인쇄하여 반포하기로 했다.

1935년 5월
조선총독관 방문서(房文書) 과장

조선인 이민 문제의 중대성

카마타 사와이치로(鎌田 澤一郎)

1. 비상시국과 약진 일본

'비상시국'과 '약진 일본'이라고 하면, 얼핏 보기에 지극히 서로 엇갈리는 것 같지만, 1935년[황기(皇紀) 2595년]에 일본을 대표하는 표현이 되고 있다.

약진 일본이 국세의 전모라면 비상시국이 아닐 것이고, 위기에 처한 비상시국으로서 초려(焦慮)에 있는 국세의 내용이라면 약진 일본으로서의 낙관적 기대는 공허할 것이며, 단일 논리의 힘은 더없이 큰 모순을 이 두 단어 속에서 발견할 것이지만, 현실의 일본은 이 두 가지의 평어(評語)를 어떤 모순도 없이 수용시키지 않으면 안 되는 실정에 있다.

세상에 행하여지는, 비상시국을 보는 방법이 핵심으로 하는 점은, 1935년을 한계로 하는 해군조약 문제의 중요성을 주로 의미해 온 것 같다. 또 한편으로 약진 일본의 모습을 대표하는 것으로는 일본제품의 해외 진출, 나아가서는 국내 제 산업의 융성을 예로 들 수 있을 듯하다.

만약 만주 문제에 이른다면 그 어떤 것에도 공통하는 관련을 지니고, 만주국의 건전한 성장은 곧 약진 일본의 모습 그 자체라고 보아야 할 것이고, 이에 따라 앞으로도 계속하여 가해질 것이며 국제적 중압은 바로 끊임없이 비상시국의 소인이 될 만한 성질일 것이다.

위의 관점에 설 경우, 본년이야말로 비상시국의 최고봉이라 말할 수 있을 것이다. 즉 1935년이 드디어 온 것이다. 지난해 12월 20일 앞서 휴회에 들어갔던 군축 예비교섭은 회의의 실정으로 미루어 보아 그 성공은 굉장히 지난할 것이라고 생각되고, 회의의 결렬, 머지않아 다가올 건함(建艦) 경쟁과 일, 영, 미 3개국을 무조약 상태로 두는 것에 따른 세계 불안은 점점 증대하며, 비상시국은 여기에 영속성을 띠어온 것이라고 일반적으로 상상되고 있는데, 필자가 보고 있는 점에서는, 국제 정국의 동향은 그렇게 파괴적인 결말을 보는 일 없이, 일본의 주장은 영미의 반성과 정치적 수습에 의해 수용되고, 비율주의에 기초한 구속으로부터 해방되어, 국비 평등의 자유에 따른 어띠한 새로운 조약이 발생하기에 이른 것은 아닐까 사유하고 있는 것이다.

현재 미국 등에서도, 신춘에 부랴부랴 미국으로 돌아간 데이비스 전권을 맞이하여 대통령 및 국무장관 사이에서 국제 정국에 대처하는 방책을 재검토하고 있다고 전해지며, 워싱턴 조약에 의한 비율주의를 절대적으로 밀어붙여 영미의 접근 기타 견제책에 의해 일본의 주장을 연화시키려 하던 기존 방침을 버려서, 새로운 국면을 기하고, 서서히 대기하는 자세로 옮겨가고 있어서, 지식인 사이에서, '왜 미국이 일본에 대비하여 우세한 해군을 필요로 하는가'의 근본적 이유에 대해 예리한 비판의 메스를 보태기 시작한 것 같다.

'미국의 대일 투자액은 4억 천만 달러, 중국에의 투자액은 겨우 1억 3천만 달러, 또한 일미 무역은 1934년도에 미국 측에 현저하게 유리한 것이었다. 이 명백한 사실이 있음에도 불구하고 일본을 가상의 적으로서 군함 건조에 달러를 주입하려고 하는 것은 왜인가'라는 논의가 일고, 결국 '그 사이에 미국이 대해군을 고대하려는 것은 극동의 정국에 간섭하기 위한 것이므로 국리민복(國利民福)에는 직접 관계가 없는 것이고. 약한 중국에 동정하거나 또는 미국에 있어서 유력한 시장으로서 존속시키려고 한다고 주장하는 것은 일단 사리에 맞지만, 제도(濟度)할 수 없는 중국을 위해 일본과 한바탕 싸움은 생각지도 못하고, 결국 중국에 간섭할 수 없다'는 의견이 유력해지고, 극동 정책에 상당한 변화를 초래할 것이라고 간절히 바라며, 그 태도가 어떠한 형태로든 회의 상에 보여질 것이라고 기대하고 있다.

영국에서도 대전 후에 유럽 대륙의 경제적 지배권에 관하여, 지금도 불이 나는 듯한 싸움의 와중에 있고, 그것이 독일을 둘러싼 전채(戰債) 문제, 배상금 문제 등의 복잡한 이해와 연결되며, 대전에 의해 생긴 거대한 모순이 차례차례 새롭게 누가(累加)되어 형세가 더욱더 거역할 수 없는 오늘날, 일본과 동아시아에 소란스러운 일 등은 물론 마땅하지 않았고, 상기 미국의 태도 등이 명확해지기에 이르러, 이 또한 신국면의 전개에 노력해야 하는데, 이렇게 관찰해 볼 때는 해군조약 문제를 비상시의 최고봉이라고 제창하는 것에 관한 내용은 오히려 1935년에 비가 내리지 않아서 땅이 굳은 형태가 되고, 이 방면에 있어서 비상시는 해소의 실마리에 도달한 것이 아닐까 생각된다.

더욱이 '약진 일본'의 현세를 일본 상품의 해외 진출, 무역 증가, 국내 제 산업의 발흥에만 관찰의 중점을 두는 경우, 이대로의 상태에서 긴장을 푸는 따위의 일이 있다면 이것 또한 1935년이 비약 일본의 최고봉이 되는 것이 아닐까 걱정된다.

1934년도의 아국 수출입 무역의 추세를 대충 살펴보면, 1933년에 전선적(全線的)으로 전개하기 시작한 수출의 증대는, 본년에도 점점 그 기세를 지속하고, 거기에 대응하여 수입도 증가하며, 1934년 12월 25일까지의 수출입액은, 43억 2,669만 7,000원이었고, 수출 21억 1,759만 6,000원, 수입 22억 910만 1,000원에 달하여, 전년에 비해 수출은 3억 355만 원 (1할 6푼 7리)을, 수입은 3억 4,570만 2,000원(1할 8푼 6리)을 증가시켰으며, 수입초과액은 전년의 4935만 3,000원에 대해, 9,150만 5,000원이 되는데, 여기에 대만 및 조선의 입초액을 가산할 때는, 1억 2,306만 1,000원이 되어, 전년 같은 기간의 7,866만 4,000원에 비해 4,440만 5,000원(5할 6푼 4리)의 입초액이 증가한 것이다.

세계 무역이 일반적으로 오히려 감퇴하고 있을 때, 1932년도부터 증가하기 시작한 일본의 무역을 불과 2개년 사이에 이 비약 상태로 순치해 온 것이야말로, 곧 세계적 논의의 초점이 된 이유인데, 또 한편으로 보면 1932년 이래 매해의 증가율을 보면, 1933년에 수출의 증가 44.3%를 헤아린 데에 대해, 9년도에는 16.7%가 되어, 이미 그 증가율은 굉장히 완만해졌고, 그 가운데서도 특히 8년도에는 수출의 증가율이 수입의 증가율을 훨씬 능가하고 있었던 것이, 본년에는 반대로 수입의 증가율이 수출의 그것을 추월하고 있다. 이 둘의 사정에 따라 8년도 이래 그렇게나 왕성했던 아국의 수출 증가도, 간신히 각국의 국내시장 방위책의 효과와 더불어 그 한계에 근접하고 있는 것이 아닐까 하는 의혹이 논자 간에 대두하기 시작한 것이다.

만약 이 예측이 적중하여 무역 상태가 급격하게 조락(凋落)하는 일은 없더라도, 본년부터 포화기에 들어선 것이라고 한다면, 단순히 1936년 이후에는 '메이드 인 재팬'의 진출을 약진 일본의 표징으로 삼는 사람들의 목표는 여기에서 해소를 시작하는 것이다. 그렇다면 1936년 이후에는 '비상시국'도 '약진 일본'도 없어지는 것이 아닐까 하는 논의가 성립되는 이유가 되는 것이다.

그렇지만 필자는 비상시국과 약진 일본의 모습은 결코 이 두 가지만을 목표로 하여 논의할 수 있는 것이 아니라고 본다. 일본 민족 사회의 저면을 부단하게 유동하는 큰 문제로, 한층 영원성 있는 비상시국과 약진 일본의 소인이 또 달리 숨어 있는 것을 확신하는 것이다.

2. 인구 문제의 중요성

그 가장 중대한 것, 하나는 일본의 인구 문제이다. 본 문제에 관해서는 본지 1934년 8월호에서 「인구 문제와 북조선 개척의 의의」라고 제시하고 그 외모를 기술하는 곳이 있으므로, 가능한 한 중복을 피하기로 하는데, 말하자면 해당 민족의 성쇠는 그 민족의 정신적 산물인 문물제도 즉 문화의 힘과 그 민족의 신체적 소질 곧 생리적인 힘에 올라타 움직이는, 국운의 흥륭은 인구의 증가를 보여주고, 인구의 감퇴는 민족 그 자체의 감망(減亡)을 표징한다.

인류가 시작된 이래 서력 1800년 사이에 세계의 인구는 8억 5,000만 명이 되었다. 그런데 1800년부터 1933년에 이르는 약 1세기 반 동안 그것이 실로 20억 1,200만 명으로 증가한 것이고, 게다가 또한 매년 200만 명씩의 체증을 보이고 있었다.

과거 20만 년 동안의 인구 증식 공작을 겨우 100년 만에 이루어 낸 근세 국가는, 고대인이 몽상조차 할 수 없었던 현란한 근대 문명을 지상에 건설하는 데에 성공했는데, 더구나 그 일면 과학의 발달에 의한 자본주의 경제의 총아 기계공업의 고도화는 차츰 인간의 손으로부터, 직업을 빼앗아 가고, 증가하는 인구에 대해 감소하는 직업이라는 큰 모순에 도달하여 실업문제를 낳았으며, 그 결과는 사회 불안을 온양해서, 세계 각국 어떤 나라에서도 인구 문제가 심각한 국가, 민족의 중대 문제로 화하여 온 것이다.

근대 자본주의의 발전 과정에서, 그 경제 조직의 상승 확장 기간 중에는, 인구의 증가는 경제의 발전과 반드시 서로 표리해 왔다. 심신 모두 건전한 인구의 증가는 반드시 모국 약진의 기본이 되고 동력이 되었다. 따라서 인구가 희박한 영토에서는 어떻게 인구의 증가를 도모해야 할지 고심하고, 인위적으로 인구의 흡수에 급급함이 있었던 것이다.

그런데 역사는 급전하여, 나라마다 희구해 마지않았던 인구 증가가, 하나의 국난으로서 국책 상의 가장 중요한 문제가 되고, 특히 아국은 국토가 협소하기 때문에 이미 인구의 밀도가 높고, 증가율 또한 열강 중에서 가장 상위에 있는데, 매년 백만의 증가 인구를 보여주는 나라야말로, 국가적 고민은 점점 깊어지는 것이다. 증가하는 인구는 이윽고 1억에 가까워지고, 대만과 조선을 합하여 1억 5,000만을 헤아릴 날도 멀지는 않을 것이다. 게다가 당분간 생산 연령, 즉 15세에서 59세의 한창 일할 수 있는 인구가 개벽 이래 미증유의 강력한 속도로 증가한다. 왜냐하면 현재 일본 인구의 연령 구성을 보면 소년의 비율이 굉장히 크다. 이 소년 인구는 앞으로 20년 사이에 성장하여 새롭게 직업을 구하려는 청년 인구가 된다. 우에다(上田) 박사의 계산에 의하면, 생산 연령 인구는 1950년까지 현재의 3,500만 명에서 4,500만 명으로, 즉 1,000만 명 증가하게 된다. 이 1,000만 명의 증가는 당연히 거기에 따르는 직업의 증가를 필요로 한다. 이 문제는 산아 제한 등의 소극적 수단으로 해결할 수 있는 문제가 아니다. 생각건대 그들은 이미 태어난 인구이지, 앞으로 태어날 인구가 아니기 때문이다.

1,000만의 청장년 남녀에게 직업을 부여하는 것, 이것이 금후 20년간에 걸쳐 국책의 기조를 결정할 만한 중대 문제이고, 게다가 한 단계 국내적으로 그 방책을 그르치면, 실업자의 증대는 사회 불안을 연속시키고, 내정상의 위기를 내포하여 그 자리에 '비상시국'은 영원성을 띠고 복재(伏在)하기에 이를 것이다.

게다가 고래의 역사는 인종의 우월함과 인구의 증가가 그 민족의 필연적인 영토 확장이 되고, 다시 회전하여 영토의 확장이 민족의 향상, 인구의 증가가 되고 있는 까닭에, 건전한 인구 증가의 추세가 계속되는 한, '약진 일본'도 역시 그 영원성을 띠게 되는 차제가 되어, 일본 민족의 장래의 광명을 거기에서 보기 시작할 수 있을 것이고, 동시에 한번 대외 방책을 그르치면 외교상의 위기를 유발하기 쉬울 것이다.

세계대전의 원인은 독일의 과잉 인구에 발인한다. 당시의 신흥 독일은 식민 정책에 열중하고 과잉 인구의 배출구를 찾아, 아시아와 터키랄 것 없이 닥치는 대로 영국과 충돌했다. 그리고 가장(假裝)의 적 영 제국에 대해 극력 군비의 충실을 꾀하며 세계대전이 된 것이다.

이 전쟁으로 일패도지한 독일에 대해, 프랑스가 지극히 가혹한 조건을 내놓고 앞으로의 인구 증가를 저지하려고 도모한 것은, 일찍이 1700년경 자국의 인구가 2,000만 명이 되었을 때, 당시 독일과 오스트리아 두 나라의 인구는 겨우 1,000만 명에 지나지 않아, 매우 우월한 위치를 점하여 온 것에 비해, 후년 독일 한 나라만으로 6,800만 명에 달하고 자국은 4,000만 명이었기 때문에 맥없이 보불전쟁에 참패한 쓴 경험을 맛보았던 까닭이다.

"이탈리아의 인구는 증식한다, 고로 팽창의 권리가 있다"라고 절규하며 인구 증가에 급급해 하던 무솔리니 수상, 매년 200만 명씩 증가하여 1940년에는 2억에 달하고, 게다가 그 영토와 자원은 5억을 품을 수 있는 러시아의 인구야말로, 그 받들고 있는 공산주의보다도 훨씬 세계의 나라들을 두렵게 하는 이유이고, 이렇게 보면, '비상시'와 '약진'은 상호간 표리하며, 인구 문제에 근기를 가지는 것이 명백하세 관취(觀取)되는 것이다.

3. 팽창하지 않으면 폭파한다

범람하는 인구는 국내 산업의 진흥과 이민 정책, 두 가지 외에 길이 없다. 면적이든 인구의 밀도이든 일본과 매우 닮은 이탈리아는 일찍부터 이 한 가지에 국가 정책의 중점을 두어, 해외 이민이 많은 점에서, 종래의 일본과 의도를 달리했다. 미국의 이민 제한을 받기 이전인 1920년부터 2, 3년까지의 4년간 121만 명의 이민을 보내어, 세계 총인구의 40분의 1을 점유하는 이탈리아 국민은, 세계 총이민 수의 4분의 1을 점하고 있다고, 세계의 인구 과잉국을 선망하게 한 것인데, 이탈리아인의 해외 발전에 관해서는 상당히 강한 근거가 있어서 우선

정부도 자치체(自治體)도 이민 기관을 만들고, 이민 상황의 조사부터, 이민 수속의 지도, 예비지식의 교습, 도항 중 및 착항 후의 대내 사무처리를 위한 감독관, 직업 소개, 노동계약 개선, 자금 융통, 위생 보급 등 전 국민의 지지를 토대로, 실로 주도면밀한 준비와 큰 노력을 치른 것이었다.

일본에서도 도쿠가와(德川) 300년의 쇄국으로부터 각성하고, 유신 개국 후 현저하게 증가하는 인구 문제의 중요성을 깨달아, 퇴영(退嬰), 위축의 국민성을 차례로 연마하고, 해외 웅비의 기풍이 차차 번성하려 함에 따라 서서히 사위를 전망하니, 세계의 지도는 선각한 백인국에 의해 덧칠해지고, 거의 무인(無人)에 가까운 토지까지 선점하여 남긴 곳이 없어서, 아시아의 대부분 및 가까운 태평양상에 이르기까지 백인 세력의 범위는 확대 강화되어 야마토 민족 진출의 여지는 어디에도 발견할 수가 없다.

때마침 우호 관계에 있는 나라들로 합리적인 이민을 아주 조금씩이라도 할 수 있게 되어, 재외 일본인이 간신히 10여만 명을 헤아리기에 이르자, 우선 미국을 시작으로 하여 일본인 진출의 낙원이 된 브라질조차도 차례로 문호를 닫아서, 인구 밀도 608명으로 허덕여 가며 캐나다 3명, 호주 및 시베리아 2명 등, 인가가 드문 풍요로운 들판을 기대하면서도 세울 방책이 없다.

핑계를 댈 필요 없이 시모무라(下村) 박사의 아래의 이야기로 이 문제를 살펴보기로 하자.

여기에, 기려하게 닦고 청소된 수기(數奇)를 집중시킨, 천수(泉水)를 앞에 둔 훌륭하고 넓은 건물이 있고, 지극히 적은 수의 사람이 지극히 윤택하고 한가롭게 살고 있다. 거기에 이웃하여 9척 2칸의 좁은 칸막이 방에 많은 수의 사람이 떼지어 살며 괴로워하고 있다고 하자. 이 무엄하고 더러운 옷차림의 무리가 호화로운 저택의 객실에 비집고 들어가서, 정원의 이끼 낀 길을 높은 나막신으로 저벅저벅 걸어 다닌다면 그 민폐를 헤아리고도 남는데, 그렇지만 그러한 지연의 구획은 언제 누가 영구불면의 것으로 정한 것일까? 지금 극장에서 연극을 본다, 어떤 구획에서는 한 관람 칸에 1명, 아니 4, 5 관람 칸에 오직 1명만이 유유히 책상다리를 하고 앉아 있고, 또는 옆으로 누워 있다. 여기에 이웃하는 한 칸에는 5, 6명 꽉꽉 차서 고조되고 있다 여긴다. 누구라도 이대로는 안 되며 무엇이라도 하지 않으면 안 된다고 생각할 것이다. 그것도 몇 천 년이라고 하는 긴 기득권이라고 한다면, 19세기에 들어올 때까지는 세계의 열강은 연중 무기를 들고 전쟁하여 서로에게 흥망성쇠가 있으며, 식민지 등도 큰 수고를 들이지 않고 많은 것을 얻었다. 그것이 20세기에 들어 유럽대전이 되고, 베르사유 회의가 되고, 여기서부터 앞으로 미래영겁 이 기득권은 영구적일 것이라고 일컬어져서는, 도쿠가와 막부 말기에 드디어 뒤늦게 눈이 떠져 국제의 동류에 들어간 후진의 일본 따위는 전혀 눈을 맞출 수 없고, 다른 세력권 안으로 자유롭게 출입하여 제멋대로 하는 것도 온건하지는 않지만, 그렇다고 해서 이번 회만으로 끝남으로써 움직이지 않는 철장이다, 만대불역이다라고 관계를 끊을 이유는 없다.

만주 문제 같은 것도 관련된 견지로부터 이를 새롭게 다시 볼 때, 지극히 자연 타당한 근본 원인을 거기에서 발견할 수 있을 것이다.

거듭 말한다. 일본에서의 내정상, 외교상의 비상시국도 만주 문제도 또한 약진 일본의 에너지도 모두 그 근본 원인은 인구 문제에 잠재되어 있는 것이라고.

4. 일만 경제 번영의 근기

일본이 만주국의 창립을 원조하고 또 그 성장에 관해서 긴밀한 관계를 지속하며 친절하게 보육의 임무를 담당하는 것은, 결코 영토적 야심과 일방적인 경제적 침략 때문이 아니다. 해마다 국내에 범람하고 있는 인구 문제를, 인가가 드물고 또한 들판이 많은 이웃 나라에서 해결하는 것과 동시에, ㄱ 인적 세력으로 숨겨진 자원의 개발에 힘쓰게 하고, 만주 경제에 기여하여 일만 경제 블록의 기본적 결성에 참가하게 하는 것이 큰 목적이다.

말하자면 일본에 있어서 영원히 비상시의 잠재인 인구 문제 해결의 일조가 되고, 나아가 약진 일본 배양의 근기가 되는 것이 이유이다.

그래서 만주 건국 후 최대 중요 문제인 인적 세력의 부식(扶植)이, 과연 긴급 타당하게 행해지고 있는 것일까, 즉 만주 이민 문제는 조속하고 적절하게 실시되어 온 것인가, 이 점 또한 유감스러운 지경을 벗어나지 못하는 여러 가지 점이 널리 존재하고 있는 것이다.

일본이 만주 경영에 착수하고부터 30년, 사변 전에 자본의 투하 20억 원을 헤아림에도 불구하고, 인구는 관동주 및 대상(帶狀)의 부속지에 20여만 명을 헤아리는 데 그치고, 그것도 관리 및 만철 사원 및 이들을 상대로 하는 약간의 상공업자일 뿐, 정말로 대지에 확실하게 뿌리를 내리고 있는 자는 적고, 다수는 타지에서 돈을 벌려는 근성의 소유자였으며, 상공업자는 약간의 성공을 거두는 대로 금의환향하는 것만 희망하고, 따라서 많은 투기적 이권적 대상만을 골랐으며, 봉급 생활자는 본래 정착성이 없으므로, 한번 실직하면 바로 모국으로 돌아가는 것을 당연시하는 등 모든 이민 기구가 시종 부동적이었기 때문에 바야흐로 일본의 대륙 발전이 취약했던 것을 부정할 수는 없다.

일찍이 세계적 민주주의의 물결을 타고 중국에서 국민 운동의 창끝이 여순과 대련의 회수열(回收熱)로까지 진전해 왔을 때 만주에서 인적 세력의 빈약함은, 한때 이 압력에 억눌려지는 것처럼 세계인의 눈에 비추어진 것은 지금도 기억이 생생하다. 그래서 금후 일만 경제 배합 상에, 뭐니뭐니 해도 솔선하여 행해야 할 것은 인적 세력의 부식이고, 이는 곧 가장 좋은 경제력 부식의 전면적 동인이 된다는 것으로, 이제 와서 새롭게 논의를 기대할 만한 것이 아니다. 따라서 그 기반은 부동성이 적은 농업 이민으로 삼아야 한다는 점은 많은 설명이 필요하지 않을 것이다.

그런데 사변 이전까지의 우리 대만주(對滿洲) 이민사는 유감스럽게도 실패의 연속이었다. 관동주 내 애천촌(愛川村)은 일본인 집단 이민의 선구적 사례로 볼 수 있으나, 국유지에서 무상으로 제공된 땅과 경제적 지원, 관변의 보호에도 불구하고 독립적인 정착이 어려운 실패의 역사로 시작되었다. 이어 대련농사회사는 무리한 방식으로 4,000여 정보(町步)의 토지를 확보하였으나, 겨우 74호의 이민을 정착시킨 후 4년 만에 1,000만 원의 자본금 대부분을 소진하며 지속적인 논란에 휩싸였다. 1914년(大正 3)에 시행된 독립수비대 만기병(滿期兵) 농업 이민 정책 역시 실패로 돌아가는 등 이 같은 사례는 일일이 열거하기 어려울 정도였다.

더욱이 만주 건국 후라고는 해도, 여명만몽의 천지에 웅비해야 할 절대적 결심과 각오로써, 우리야말로 신흥 만주를 개척해 갈 기름진 평야에서 눈부시게 제 구실을 하는 농업 이민 지도자가 되리라고 했던, 나가노(長野)현의 산업조합에서 선발된 청년 집단 이민의 대륙식민강습소가 맥없이 무너진 것을 시작으로, 동본원사(東本願寺) 척사(拓事) 강습소가 지지부진했고, 또 관영 가목사(佳木斯) 이민 초기의 대실패에 의해 일본 농업 이민의 전망은 절망적이라는 논의가 왕성했던 듯하니, 이 중대한 국책 수행의 전도가 참으로 암담하였다. 어쩌다가 성공했다고 전해진 일등원(一燈園)농장, 백음태래(白音太來) 지역의 부랑자 마을 등은 모두 경제적 특수 조건에 의한 것이었다. 즉 일종의 종교적 신념을 바탕으로 고난을 뛰어넘어 노동에 종사하고, 그 생활비는 1인당 1개월 2원 이상을 필요로 하지 않아 그 이외의 노임은 전혀 계산하지 않는 것 같은 조직이거나, 도회지에서 밀려난 지식층 실업자들이 과거의 부박(浮薄)한 생활을 청산하고 단순한 농민으로서 만주의 자토(赭土)에 뼈를 묻겠다는 각오로 근근이 살아가는 형태였다. 그들의 생활비는 1개월 2원의 식비와 1원 50전의 용돈으로 열심히 노동하고, 또한 그 지대(地代)라는 것이 특별 저액(低額)의 정조(定租)에도 불구하고, 오히려 매해 약간씩의 결손을 면할 수 없다고 하는 등의 실상에 지나지 않아 생활 수준이 높아지기커녕 점점 더 열악해졌으며, 이를 통해 만주 이민 생활이 얼마나 어렵고 고달픈지 절실히 느낄 수 있는 것이다.

과연 그렇다면 대 만주 일본인 이민의 앞날은 근본적으로 정신적, 경제적 요인 때문에 금후에도 전혀 성공하지 못한다고 진위 판단을 해야 할 것인가? 아니다, 아니다. 이 국책 상의 중대 문제는 방임하면 안 되고, 그 방책에 대해서는 갖가지 각도에서 연구 시설의 여지가 많이 존재하는 것으로, 확고한 신념을 새롭게 수립해야 할 근기는 엄존한다. 단 문제는 꾸준한 연구와 공고한 실행이 필수가 되는 것인데, 그 비책을 익히기 전에 가장 긴급을 요하는 문제는, 우선 조선인 이민을 선행시키는 것이 필요하다. 이 대 만주 조선인 이민의 동향 여하가, 즉 만주에서 일본인 이민의 제역(制域)을 결정하고, 동시에 일본 사회 문제의 중요한 근본 부문의 해결을 수행하며, 반도 2,000만 통치 문제의 영원성과 관련되므로 대 만주 국책이 가장 중요함을 띠어 온 것이다. 7 무엇 때문에 그러한가를 다음과 같이 분석 해부해 보기로 한다.

5. 만몽 오지 개척의 선구자

만주사변 발발 진인(眞因)의 한 가지는, 100만에 가까운 재만 조선인이 입은 박해에 대한 황군의 의전(義戰)이었던 것은 새삼 말할 필요가 없다.

"1931년 7월의 만보산사건을 계기로, 만주와 몽고에서의 사태가 점차 긴박해져 왔다"고 전 만주국 총무장관 고마이 도쿠조(駒井德三) 씨는 그의 회고록 『대만주건설록(大滿洲建設錄)』의 벽두에 쓰고 있다. 당시 만보산사건과 비슷한 재 만주 조선인 박해 사건은 언제 어디서든 일어나고 그 실상은 오랫동안에 걸쳐 우리 수비대 장교와 병사의 가슴에 깊이 불을 붙이고, 끊임없이 동정의 눈으로 대기하게 했던 것이다.

따라서 만주 건국 후에 그들이 오랜 기간에 걸친 가렴주구와 박해로부터 해방되고, 오족공화(五族共和), 공존공영이라는 왕도정치의 출현에 따라 그 장래의 안녕을 약속받는 기쁨은 무엇에도 비할 것이 없다.

생각해 보면, 긴 인종(忍從)과 시련의 생활이었다. 어떨 때는 동북 군벌의 주구에게, 어떨 때는 공비에게, 혹은 민족주의자에게, 또는 군벌에게 등등, 때때로 세월 따라 변화하는 현전에서 가장 강력한 존재로 적합하고, 그 학정 아래에서 어떨 때는 이용당하고, 혹은 착취당하고, 추방당하며, 생생유전의 생활을 영위하면서도, 오히려 흙을 삼켜가면서라도 살아가지 않으면 안 되어 오지로, 오지로 수류를 거슬러 올라가서는, 황무지, 습지를 비옥한 땅으로 변화시키고, 만주 도처에 '수전왕국'을 구축해 내고 있었던 것으로, 그 끈질긴 척식력에 대해서는 커다란 경의를 표해도 좋다고 생각한다.

그렇지만 당시와 같이 생활의 불안과 동요가 영속하고 어디에서도 안주의 생활을 찾아낼 수 없어서 우리는 과연 일본 국민인지, 아니면 중국의 국민인지 회의를 품기 시작하고, 또는 그 어느 쪽이라도 좋다는 편의주의를 받드는 등 결국은 그 방랑성이 제2의 천성이 되는 것처럼 마무리되고 있는 것 역시 당연한 것이었다.

그렇다고는 해도 지금 일본 제국의 국위는, 전 만주 도처에 발양되어, 비적의 토벌 등도 순조롭게 행진하니, 변방 땅에 이르기까지 치안 공작은 정비시키고, 재 만주 조선 농민의 활동 무대는 정말로 확대 강화되려고 할 때, 그들은 일본 제국 신민의 의식을 되돌리고, 전폭적 신뢰를 우리의 국위에 걸며, 자신들의 생활에도 드디어 봄이 멀지 않았다는 신념을 가지기 시작하여, 생생약동의 기백이 점점 움직이려고 하는 것을 놓쳐서는 안 된다.

이리하여 중국인으로부터 고구려인으로 비하되고, 그 자신 역시 자기 비하하는 마음으로 대했던 종래의 관념을 일소하고, 일본의 국민된 영광을 받들고, 씩씩하게 제1선에 서서 만몽 오지 개척의 선구자로서 자임하게 되었다. 갱생의 의기와 열정을 불사르는 이때, 대국적인 시야에서 조용하게 이 현실을 직시하고 그들을 위해 조선을 위해 나아가서는 전 일본을 위해 지극히 타당한 경륜을 만주 땅에서 행하는 일은, 이윽고 동아시아의 패권을 장악하려고 하는 일본 민족에게 부과된 위대한 의무라고 말할 수 있을 것이다.

6. 조선인 이민의 8대 의의

우리들은 여기에서 대 만주 조선인 이민에 관한 8대 의의를 명확하게 할 수 있는 것이 기쁘다. 반도 백의대중(白衣大衆)의 만주 진출은, 이 기회야말로 크게 환영하고 장려해야 할 것으로, 그 방책이야말로 현하 일본 제국의 일대 경륜이 될 것이다.

8대 의의에 관하여 그 근간을 요약 열거하면

(1) 산동고력(山東苦力)의 강력한 진출은, 만주로 하여금 그들을 위한 왕도낙토를 만들게 하여, 어렵게 얻은 영구 확보의 권익이 현실적으로 더없이 희박해질 우려가 있으니, 그것을 막고 자국인의 세력을 영원히 부식(扶植)하기 위하여.

(2) 만주국 농업 개발의 수행상, 조선 농민은 그 중심이 되어 크게 공헌하고, 막대한 생산을 신생한다.

(3) 선농의 진출은 조선 내에서 인구 과잉과 경지 부족을 완화하고 조선 내 동포의 생활도 풍족하게 한다.

(4) 조선 민중의 대책 없는 일본 진출을 전향시킬 수 있게 됨에 따라, 일본 노동 문제의 일대 위협을 없앨 수 있음과 동시에 현재 일본에 정주하는 백의대중도 신예 노동자 이입에 따른 격심한 경쟁으로부터 해방되어, 궁핍의 끝에 있는 생활을 차차 완화할 수 있으니, 필연 이 둘의 문제는 일본의 사회 문제에 관하여 가장 중요한 해결책이 된다.

(5) 만주에서 선농의 성공은, 조선 민중 전체에 대해 사상(思想)상 더없이 명랑한 시사(示唆)를 주고, 또 그들이 일본 제국 신민이 되었다는 자각과 감격으로 타오르는 것이야말로 진정 내선융화의 근기를 배양하여 다년에 걸친 대립의식을 일소할 수 있으니, 조선 통치상 일대 좋은 영향을 가져올 수 있다.

(6) 조선 민족을 잘 소화하고 포용하는 것은 대국적 도량의 현현이고 현하 신일본의 동향이 동아시아에 패권을 주장하는 실력을 차츰 구비해 오고 있는 경우, 전 아시아 민족의 갈앙(渴仰)과 신뢰를 점점 깊어지게 하는 소이이다.

(7) 선농의 진출은 필연적으로 물자의 수요를 부르고, 만주 깊숙한 구석구석에 이르기까지 모국의 상품을 유치하는 한편 만주인 농가 등에도 자연스럽게 그 소비를 감염시킬 수

있다. 오늘날이야말로 아직 그 처음은 더없이 빈약하다고 해도, 그들이 순조로운 영농으로 차츰 토지를 획득하고, 생활의 향상을 초래한 경우 그 액수야말로 엄청날 것이다.

(8) 산동고력 진출 문제를 논하는 경우, 그들이 노동 기간 종료와 함께 고향 산동으로 돌아간다는 이유로, 쭈뼛쭈뼛 부족하다고 설하는 논자가 있다. 그것이야말로 유통 경제 제1과의 인식을 미처 지니지 못한 것으로, 이 귀환 고력은 만주 경제에 있어서 무서워할 만한 것이다. 즉 누적된 노임을 가지고 타국의 영토로 돌아가, 이를 소비하기 때문에 당연히 여기에 막대한 자본의 도피가 행해지고, 그 액수는 매년 약 2,500만 원에 달한다고 한다. 그런데 조선인은 아무리 많은 수로 유입되고 또 조선과 만주 사이를 왕래한다고 해도 결코 그러한 걱정은 없다.

이하 위의 각 항에 근거하고, 그 위에 이것을 연역 해부함으로써, 조선인 이민 선행이 얼마나 중요한지를 명확하게 하고 싶다.

7. 만주에 있어서 노동 문제의 장래와 고력(苦力, 쿨리)

쿨리라고 하는 것은 산동, 직례(直隸)로부터 오는 정련 노동자의 중국인 이민을 가리킨다. 만주는 이들의 이민으로 발달해 온 경역(境域)이다.

청조가 그 정치적, 군사적 정책에 따라, 만주에 봉금 정책을 편 후에는, 현저하게 그 경제 발달을 정지 내지는 후퇴시켜, 오랫동안 화외(化外)의 변경으로서 돌보지 않게 되었는데, 러시아의 촉수가 만주 북변으로 움직이기 시작함에 따라, 청국 정부는 변경의 실력 충실을 위해 초민령(招民令)을 발하고, 여기에 본토로부터 적극적인 국내 이민을 행하기에 이른 것이 그 시초이다.

그 후 일러전쟁의 돌발은 국내 만주 이민 정책에 커다란 장애를 초래하는 계기가 되었다. 이 전쟁은 겉으로는 만주의 경제를 파괴한 것으로 보였으나, 실제로는 북만(北滿) 이민을 유도하는 중요한 계기가 되었으며, 이를 위한 준비기라고도 볼 수 있다. 당시 러시아의 조차지(租借地)와 철도 부속지에서 이루어진 도시 건설, 공장 설립, 주둔군의 소비 증가 등으로 인해 루블 화폐가 한인 이민 사회에 미친 경제적 자극은 상당했다. 전쟁 기간 중에도 비전투 지역에서는 예상보다 활발한 경제 활동이 이루어졌으며, 러일전쟁 후 러시아 군부 당국의 통계에 따르면 러시아 군대는 전쟁 기간 동안 식량과 의류를 포함하여 총 23억 9,700만 파운드를 소비하였으며, 그중 85%가 토착 생산품을 통해 조달되었다. 한편, 일본군이 만주의 전쟁 과정에서 사용한 자금 또한 1억 원을 넘긴 것으로 기록되어, 이 전쟁이 단순한 파괴를 넘어 만주 경제와 이민 유동성에 상당한 영향을 미쳤음을 보여준다(전후 군표의 유통액 1억 5,000만 원이라고 한다). 그리하여 이들의 자금이 토착민의 구매력을 키우고, 화폐 경제의 침투에 박차를 가해 중국과 일본, 특히 천재, 내란, 착취에 괴로웠던 산동, 직례 방면의 농민에게 만주야말로 우리들의 낙토라는 관념을 양성시키기에 이르렀다.

러일전쟁 후 만철 경영을 중심으로 하는 일본의 만주 개발 사업은 일본과 중국 공존의 이상을 바탕으로 더없이 활발하게 개시되어 해가 갈수록 확대 속행되어 갔다. 특히 권익권 내 치안 유지 및 교통 기관 정비의 노력 등은 기타 문화적, 경제적 개발과 더불어 종래 중국인 자신에 의해 '이적(夷狄)'이라고 칭해져 '화외(化外)의 민'으로서 돌아보지 않고, 유럽과 미국인 사이에서도 "문화의 뒤뜰"이라고 소외되었던 만주를 전적으로 동양의 낙토로 만든 것이다.

그리하여 만주 농민의 이 안온한 생활이 전란과 주구에 의해 기아선상에서 방황하고 있는 각지로 전해지자, 산동·하북 등 북중국 방면으로부터 끊이지 않고 계속하여 '정부가 기도(企圖)할 수 없는' 자유 이민의 유입이 증가하여 그 수가 실로 1개년 70~80만 내외에 달하기에 이른 것이다.

그들은 처음에 '포관동'(만주에서 순식간에 한밑천 벌기)이라고 말하며 나왔던 것이다. 따라서 최초의 시기에는 그 6~7할은 귀국하고, 3~4할만이 이주자로서 그쳤는데, 최근 십수 년의 경향은 이것과 반대로 귀환자는 더욱이 사람을 필요로 한다는 실태를 선명히 하고, 청조의 북경 천도 때의 백만 명이, 일러전쟁으로 1,500만 명이 된 것이 전후 차츰 늘어나기 시작하여 1,700만 명이 되고, 사변 전인 1931년에는 3,000만 명이 되었으며, 더욱이 사변 후 200만 명 이상 증가하고 있는 것이다.

만주가 리튼 보고서에도 있는 것과 같이 '광범하고 또한 풍요로운 지역'이 된 것이 명확해져서 세계의 보고(寶庫)로서의 번영을 얻을 수 있었고, '농업 및 광업상의 자원으로 군침을 흘려'왔던 것은 과거 30개년에 있어서 일본의 경륜과 거기에 촉발된 중국 이민, 즉 고력(苦力)의 힘이 이미 있었던 것이라고 말하지 않으면 안 된다.

그렇지만 9·18 사건 이후 만주의 무대는 일변했다. 건국에 의한 새로운 단계로 신장하고 있는 신만주국은, 모든 정세에 있어서 우리 국민에게 가장 유리하게 전개되지 않으면 안 된다. 따라서 이들 중국 이민에 관해서도 종래와 전혀 다른 관점에 서서 이를 재음미하지 않으면 안 된다.

사변 후 일시적으로 그 수가 줄어든 것처럼 보였던 이들 이민의 무리는, 건국 후 치안 유지의 확충 및 계속되는 제제(帝制) 실시에 따른 신국가의 항구성을 인식하기에 미치고, 다시 한번 낙토만주로! 만주로! 라며 진군을 시작하여, 눈사태를 밀치며 내습하고 있고, 그 수 1년에 백만이라고 기술되어 있다.

가뜩이나 만주국 내 만주인 인구 자연 증가도 오늘날 이미 1년에 25만을 헤아리는데, 금후에도 그 증가율은 점점 상향할 것으로, 종래대로 고력의 천입(遷入)을 방치하는 것은, 중국이 만주국과 잠시 적대의 지위를 계속해야 할 것을 상상할 경우, 우선 치안 유지상, 또 만주국의 발육상에서 결코 기뻐할 만한 현상이 아닐 뿐만 아니라, 앞으로 일만 경제 블록을 형성하고 일본 본토인 및 조선인의 진출로, 정말로 일본 제휴의 결실을 들고, 또는 내선 인구 문제의 해결을 해야 할 방침부터 전하는데, 그 경쟁 상대인 중국 이민의 유입을 막지 않으면, 일본에 있어서 만주 건국 후원의 의의는 더없이 희박해지고, 결국에는 고력을 위한 왕도 낙토의 건설이 되고 말 것도 장담하지 못한다.

그런데 건설 공작을 주로 하는 만주 경제의 진행은 한편으로 오히려 새로운 노동력의 공급을 원하고 있다. 농지 개척, 국도(國都) 건설, 철도 부설, 각종 중경공업 발흥, 광산 채굴, 모든 것은 노동력의 증가를 필요로 한다. 재만(在滿) 3,000만 민중만으로는 급속히 발전하는 각종 산업의 수요를 감당할 수 없었고, 이는 입국 취체(取締) 규제와 제한 조치를 실시하는 주요 원인이 되었다. 일부 산업 분야에서는 일본인 이민을, 다른 분야에서는 조선 동포의 신속하고 대규모적인 만주 진출을 추진하는 것이 필수적이었다. 이는 노동력 공급의 공백을 메우고, 외부 세력의 개입을 저지하며, 조선인 이민 문제의 가장 중요한 의미를 형성하였다.

8. 쌀의 증산 연액 1억 원

8대 의의 제2, 조선 농민의 농업 개발에 의한 생산 문제를 논급하겠다.

조선 농민 이민 진출의 결과는 당연히 만주에서의 수전 개발과 쌀의 증산을 사유하게 한다. 사실 만주에 있어서 벼농사의 기원은, 메이지 초년 무렵 압록강의 물결을 넘어간 한 조선인이 그 강안에 밭을 개간한 것을 효시로 한다.

그들은 조상 대대로 이어온 농업 기술을 새로운 정착지에서 실천하여 성공을 거두었다. 만주에서는 황폐하고 방치된 갈대밭과 추운 땅을 오랜 시간에 걸쳐 옥토로 바꾸었으며, 오늘날에는 북위 38도 56분의 대련에서부터 북위 48~49도의 북만주 오지에 이르기까지 광범위한 지역에서 벼농사가 다른 작물보다 유리한 고수익 신산업으로 자리 잡았다. 그 결과 벼농사는 급속한 발전을 이루었으며, 현재 재배 면적은 9만 9,000정보(町步), 생산량은 160만 석에 달하며, 이는 약 1,000만 원의 경제적 가치를 지닌다. 더욱이 앞으로의 발전 가능성도 매우 크며, 내가 조사한 바에 따르면, 이미 북위 49도의 흑룡강 조운(鳥雲) 지방부터 50도의 대흑하(大黑河), 나아가 54도의 막하(漠河)까지 벼농사 시험재배에 성공한 상태이다. 이는 세계 벼 재배의 최북단 한계에 도달한 것으로, 특히 그 재배 성과가 우수하다는 점은 만주의 토지가 벼농사에 대한 높은 적응력을 가지고 있음을 여실히 증명하는 것이다..

생각한 바와 같이 일본의 미곡 문제에 조응하고 만주산 쌀 증산 문제를 기우하여, '만주에 있어서는 차후 벼의 재배는 증가시켜서는 안 된다' 등 정부 당로자조차 인식 부족의 폭론을 토로하기에 이르렀다.

이같이 의론은 결과에 있어서 '조선인은 만주에 들어가지 않을 것이다'와 마찬가지가 되는 것인데, 일본의 농민 제군이여, 위정자여, 경제학자여, 걱정하지 마라. 조선 농민은 계속 이주시킨다, 수전은 무조건 개발시킨다.

쌀은 점점 증산시킨다. 이것으로 조금도 일본 본토의 미곡 문제에 아무런 악영향을 주지 않을 뿐인가, 여차하는 경우 비정상적으로 큰 역할을 만주쌀에 부과하는 일이 가능한 것이다.

이러한 것이 가능할 리가 없다, 고 일부의 상식론자는 자기의 연구 부족을 모른 체 하며 바로 반박할 것이다. 그러나 사실은 간단하다. 우선 만주 수전 발달의 경로를 보고, 더욱이 장래의 미곡 문제를 고찰하고, 대 만주 수전작의 대책과 그 결론에 도달한다면, 누구도 오늘날까지 소위 상식론을 방기하고, 만주의 수전 증가를 크게 환영하며, 나아가서는 조선 농민 진출의 논거가 미곡 문제에 있는 사람들은 바로 이를 해소하니 조선인의 대 만주 이민이 대환영인 것은 필연이라고 생각된다.

도대체 만주 전체에 진행되는 금후의 수전 가경 면적은 어느 정도일까. 이것이야말로 조선 농민 포용 수의 기초가 되고, 또 미곡이 생산 증가와 소비의 밸런스를 측정하는 중요 지침도 되며, 동시에 일본 본토의 미곡 문제에 관련해 중요한 숫자가 되는 것인데, 사람에 따라 30만 정보라 하고. 혹은 50만 정보라 주장하고, 또는 100만 정이라고 말한다. 그러나 사실은 그 근거가 될 만한 수원(水源), 수량(水量)의 기본 조사가 행하여지지 않아서 그들의 예측은 심하게 정확도가 부족하다고 해도 좋을 것이다. 단, 농림성 K 기사가 사변 전 실지 조사를 한 보고는 어느 정도 권위가 있는 것으로 오늘날 한층 더 신뢰하고 있는 것인데, 이 조사 방법은 개전(開田) 예정지의 관개(灌漑) 방법 등도, 단순히 하천만으로 기초를 두지 않고, 하천의 자연 관개, 둑 쌓기, 굴, 저수지, 우물, 양수기 등 다양한 방법으로 구별하고, 개간 수단 같은 것도 배수, 방수제, 토지의 깎아메우기를 포함하는 것은 물론, 개전 공사의 난이도에 따라 그 개전 비용을 갑[단당(段當) 10원 이내], 을(동 30원 이내), 병(40원 이내)으로 하여 상당히 주밀한 계산이 행해지고 있다. 그 숫자의 결과는 58만 8천여 정보로 되어 있지만, 이 조사는 사변 전의 것이어서 북의 한계는 신경(新京)에 그치고, 흑룡강성 대부분은 제외되었으며, 또 남만주에 있어서도 간도 지방, 길림 동부 지방 및 봉천 연선의 몇몇 현도 포함되어 있지 않은 것으로, 이들의 개전 예정지를 우선 풍부하게 어림잡아 11만 정보로 본다. 그러면 69만 8,000정보가 되고, 현재의 수전 면적 9만 8,000정보를 빼면 약 60만 정보가 우선 중용될 가경 면적이라 말할 수 있을 것이다.

그래서 조선 농민 1가구당의 경작 및 생활 면적을, 최소한도 2정 5반보라고 보고, 1가구 5인 가족으로서 350만 명의 인구를 수용할 수 있는 것이다. 여기에 이 가경지로부터 벼의 단당 수확량을 평균 1석 7두로 한다면 1,000만 석여의 증가가 되는데, 겉겨 1석의 가격을 10원으로 본다면 실로 1억 원의 생산을 만주 경제에 새롭게 기여하는 것이 되어, 종래 개전의 분량을 합하면 정말로 1억 1,000만 원의 산미액이 되는 것이다.

그러면 그 쌀을 어떻게 할 것인가 하는 것인데, 이 숫자에 위협받아서, 조급한 판단을 내려서는 안 된다. 이 정도의 것이 개발되는 일에 관한 시간과, 만주 국내에서의 축년 소비 증가의 계정(計定)을 해야 한다. 단숨에 60만 정보가 개간되는 것은 아니다. 과거의 역사는 60개년에 근근이 약 10만 정보이다. 이것을 1개년으로 나눠 보면 실로 1,600여 정보에 지나지 않는데, 그것은 단순한 자연 유입의 엉성한 경작이었다. 이후는 조밀한 보호 장려가 가해

짐으로써 이민 유입과 확장 지역과의 밸런스를 1개년 약 2만 정보로 한다. 그러면 실로 앞으로 30년을 요하는 것이다.

그리하여 해마다 개발될 예정의 2만 정보에서 생산되는 겉겨(쌀겨)의 양 34만 석으로 양생할 수 있는 인구는 17만 명이다. 일본인을 주로 하는, 쌀을 먹는 인구가 1개년 17만 명 정도 증가하지 않는다면, 만주 건국에 관한 막대한 희생을 어떻게 한다는 것인가. 또 만주국 사람이 차츰 생활의 향상을 초래하고 쌀을 소비하는 양도 머지 않아 다대해질 것은 명료하다. 사람들은 만주국 생활의 저급함을 이야기하며 용이하게 쌀을 소비하는 지역으로 달성시킬 것을 논하는데, 인간의 본능에 기초한 생활의 향상은 본래 쌀밥을 사랑하던 만주국 사람을 쌀의 소비권 내로 끌어들이기가 현저함을 적확하게 예상할 수 있는 것이다. 현실적으로 한 번 일본인 가정의 고용인으로서 쌀을 주식으로 상용할 수 있었던 만주인은, 그 맛을 잊을 수가 없어 다시 보통의 만주인 가정으로 돌아가는 것을 극력 기피하는 것이 알맞은 실례이다.

게다가 현재의 현황은 어떠한가를 말한다면, 수전쌀 연생산액 75만 7,761석(최근 5개년간 평균 또한 겉벼의 5할을 현미로 가정), 마른 땅 곡미 89만 8,358석(위와 동일) 계 165만 6,119석의 만주산 쌀을 먹고, 그러고도 오히려 부족함이 발생하여 안동·대련·영구(營口)의 남만 3항으로부터 18만 876석(최근 5개년 평균)이라는 쌀을 수입하고 있고, 더구나 그 산지는 중국쌀, 외국쌀이 대부분을 차지하고 있는 것이다.

가령 농작 면적을 전기와 같이 1년에 2만 정보 증가시킨다고 해도, 이 2, 3년은 쌀의 소비자를 한 사람도 늘리지 않아야 단순히 수입쌀을 구축하는 것만으로 충분할 것이 현실이다. 따라서 쌀의 소비자는 급격하게 증가하고 있고, 개전 비용의 부담만 견뎌낼 수 있다면, 배액 4만 정보씩의 개전을 하여도, 산미의 소비는 실로 용이할 것이라고 생각되며, 선농 이주와 수전 증가에 대한 기우와 같은 것은 단번에 운산무소(雲散霧消)하여 그 인식 부족을 깨닫는 날은 분명히 머지않았음에 틀림없을 것이다.

9. 모국 식량 문제의 대예비군

한편 만주에 있어서 미곡 증산의 기도는 반대로 모국의 인구 식량 문제에 관하여 영원한 안심을 부여하는 것이라고 말할 수 있다.

최근 아국의 미곡 문제는 공급 과잉 때문에 큰 문제를 야기하고 있었던 것으로, 정부는 그 대책에 관하여 필사적이 되어 사이토 내각 당시 등은 미곡통제법으로 11억 5,000만 원이라는 거액의 자금을 결정하고, 군비에 쏟을 방대한 예산을 오히려 매년 미곡 대책에 필요하다고 보았다. 여론의 귀추는 필연적으로 생산 제한 방향으로 강하게 존재하고 있었던 것은 물론이고, 그렇기 때문이야말로 만주산 쌀의 생산 문제가 일찍이는 의회의 큰 문제가 되었는데, 이것을 긴 안목으로 보면 매년 일본과 조선을 합하여 130만을 돌파하는 인구의 급격한 증가와 더불어 반드시 그 목표를 과잉으로 두는 착오를 자각할 날이 올 터, 근년의 실례를 회고해도, 1915년(大正 4) 오쿠마(大隈) 내각 시대가 흡사 1933년과 마찬가지로 쌀의 과잉으로 고심하고, 오쿠마 총리는 정부의 대책이 주효하지 않으니 투기꾼을 모아 쌀의 거품 가격에 부심하고, 혹은 바다에 투기를 단행시키는 등 고심참담한 것이었다. 그런데 겨우 2년 후 빨리도 1917년 흉작으로 쌀이 부족하였으며, 1918년에는 무서울 만큼 쌀 소동을 야기하고, 당시의 정부는 외국 쌀을 1석에 140원이라는 고가로 수입하여, 막대한 불하 차액을 국가에서 부담하는 등의 결과를 초래한 것이다. 그해 농작물의 과잉 생산이 있었으나, 이는 결코 국가 100년의 대계를 그르쳐서는 안 되는 문제였다. 현실적으로 보았을 때, 1921년 동북 지방에서는 냉해가 발생하였으며, 남선(南鮮), 규슈(九州), 시코쿠(四國) 등에서는 조기 한발이, 호쿠리쿠(北陸)에서는 수해가, 그리고 간사이(關西) 지방에서는 역사적으로 드문 대형 태풍이 발생하였다. 이로 인해 이미 흉작의 주기에 접어들었다고 볼 수 있으며, 여기에 인구 증가와 생활 수준 향상에 따른 소비 급증까지 더해지면서 쌀의 부족을 초래할 날이 멀지 않았음을 생각하게 하는 것이다.

그렇지만 흉작에 걸린 장래는 예상할 수 없으니, 우선 대체로 일본의 미곡 문제는 생산과 소비의 밸런스가 해결되는 것이라는 전제를 토대로 대 만주 미곡 문제를 생각해 보겠다. 만주쌀의 수입에 대하여 극단적으로 위협을 느끼는 사람은, 관세의 신축에 의해 용이하게 그 제한 및 수입 금지가 행하여진 것을 몰랐을 것인데, 현재 이미 이 관세의 장벽에 의해 거의 만주쌀의 수입은 일본에게 절무하다는 사실을 연구하고 있는 것일까.

만주는 조선·대만과는 전혀 사정이 상이한, 단순한 외국 땅이 아닌, 엄연한 독립국이지 않는가. 불필요할 때 관세로 금지를 해도 결코 외지의 차별 대우는 아니다.

그렇다면 말할 수 있을 것이다. 사정이 좋을 때는 수입하고, 사정이 나쁠 때는 금지한다. 그렇게 하면 일본으로 향할 때는 만주쌀은 폭등하고, 수입 금지를 당했을 때는 폭락하니, 그것은 너무나도 만주 경제를 무시하는 비인도적 처치가 아닌가라는 것이 일단은 지배적이다. 그러나 여기에 관해서는 만주의 특수 조건이 준비되어 있어서 결코 걱정할 바가 아니었던 것이다. 그것은 무엇인가 하면, 만주쌀의 생산 비용이 철저하게 저렴하다고 하는 것이다. 일본에서의 쌀 생산 비용은 평균 1석에 23원 여인데, 만주에서의 쌀 생산비는 4원 78전이다. 5원이면 약간의 이윤이 있고, 현미로 10원이니, 일본의 4할밖에 되지 않는다. 이 한 가지는 만주쌀 장래의 굉장한 강점인데, 만약 일본 본토로 점점 수입의 필요가 생기는 경우 등은 반드시 가격이 폭등할 때여서 생산자는 수배의 이윤을 취할 수 있고, 식량의 부족은 밭 작물, 혹은 값싼 중국 쌀, 외국 쌀 등으로 보급할 수 있을 것이며, 일본으로의 수입이 금지된다고 가정하더라도, 이후 벼 가격이 6원 이하로 떨어지지는 않을 것이라고 예상되기 때문이다. 1928년 벼가 3원여로 매매되었는데, 그래도 오히려 다른 밭 작물보다도 훨씬 수익률이 좋았던 것이다.

따라서 영원한 대작과 수전 증가의 장려상의 견지를 합하여 가장 중요한 것은, 미곡 생산의 비용이 결코 올라가지 않도록 주의하는 것이다. 생산비만 저렴하면 어떻게든 방법이 생긴다는, 이 의미에 있어서 일본인이 발표하는 토지 개량, 경지 정리에 의한 기계 양수의 대규모 개전과 같은 것도 충분하게 음미해야 하며, 그것이 일본과 조선의 쌀 가격의 비교에 따른 수익의 기준이 되는 경우 등은 결단코 불가능하다. 은검불원(殷鑑不遠) 조선에 있도다, 헛된 대규모 사업이 쌀의 생산비를 높이고, 백성도 괴롭게 하며, 관리자도 두 손 들게 되며 또한 일본의 미곡 문제를 위협하는 것이다.

재차 말하는 만주쌀의 특이성은 생산 비용의 저위이다. 결코 이것을 상승시키는 특이한 정책은 취하지 말아야 할 것이다. 그렇게 하면 자연 관개에 따르는 조선 농민은, 차후 오히려 수백만 명 증가하여 수전 경작에 종사한다 해도, 일본으로서 조금도 미곡 문제에 관한 위협을 느끼지 못할 뿐인가, 앞으로의 인구 식량 문제에 크나큰 효과를 가져올 것이다.

근년 들어 비록 과잉 생산의 경향이 지속되었다고는 하나, 1934년의 흉작으로 인해 불과 1년 만에 기존의 과잉 생산된 쌀이 거의 소진될 것으로 전망되고 있다. 더욱이 장기적인 수급 관계를 고려할 때 인구 증가와 생활 수준 향상에 따라 매년 점진적으로 생산 부족이 발생할 가능성이 있으며, 이러한 상황은 일본에 있어 불가피한 현실로 보인다. 그럴 때 모국 식량 문제의 예비군으로서의 만주쌀의 작용은, 어쩌면 예상 이상의 무엇인가가 있을 것이다.

마지막으로 지금 한 번 더 말한다, 조선의 대량 이민에 의한 만주산 쌀의 증가는, 하등 모국의 미곡 문제의 위협은 되지 않을 뿐인가, 설마 하는 때의 절대(絶大)적 공적이 될 것을 실로 열망할 수 있을 것이라고.

10. 조선 내 과잉 인구와 일본 사회 문제의 의의 해결

제3, 제4의 의의인 조선 내 인구 과잉 문제와 일본의 노동 문제에 관한 것을 고찰해 보겠다.

본년은 조선 통치 25주년이다. 이 포인트에 서서 반도 인구 증가의 추세를 회고해 보면 거기에서 놀랄 만한 숫자를 발견한다. 한일병합 당시인 1910년(明治 43) 말에는 1,331만 3,017명이었던 총인구가, 1933년 말에는 2,079만 1321명으로 팽창하여 실로 747만 8,304명이 증가했고, 또한 매년 29만 636명 증가하고 있다.(최근 10개년 평균)

이 형세는 한편으로 조선 통치의 공적으로서 시정 비판의 기준이 되는 것인데, 인구의 증가가 국운 흥륭의 토대가 되고, 경제의 발전과 반드시 서로 표리해 온 근세 자본주의의 세계적 발전 과정의 한 가운데에 있을 때는 용이하게 문제없이 수용되어 왔던 것이다. 그러나 세계 경제 공황이 연속적으로 내습하고, 때마침 일시적인 군수 인플레이션의 발흥이 있었는데, 농업 경제는 여전히 공황의 영역을 벗어나지 못하고, 특히 조선의 농업 경제 조직은 다분히 봉건적 요소를 내포하고 있었기 때문에 해를 이어 발생하는 농촌 과잉 인구 19만은 전혀 소화할 길이 없고 경지는 더욱더 분할되어 협애해졌다. 도시에 있어서 10만의 과잉 인구도 간신히 새롭게 발흥하고 있는 약간의 공업만으로는 용이하게 흡수하지 못하여 결국 도시와 시골 모두 실업자가 거리에 넘쳐나게 되었다. 결국 조선 전체의 과잉 인구 문제는 조선의 외부에서 해결하는 것 외에 도리가 없어서 필지의 상태에 이른 것이 다년, 즉 일만이던 조선 농민은 이미 백만의 숫자를 보이고, 또 일면 부산으로부터 시모노세키(下關)를 넘어 간사이(關西), 간토(關東)의 대도시를 목표로 쇄도하는 오십만의 일본 이입 무리가 발생한 것이다.

일본 유입의 이 추세는 그렇지 않아도 공황의 아래에 있는 일본의 노동계를 계속 위협하고, 일본 노동자는 조선에서 유입한 노동자군을 저지하지 않으면, 국내 노동자의 실직자 격발을 초래하는 것으로 그 장래를 상당히 우려하고 있다. 현재 조선인 노동자 오십만의 일본 재주자를 전무하다고 보면 일본에 실업자는 한 사람도 없을 뿐 아니라, 오히려 노동 시장은 여유작작할 것이라고 볼 수 있기 때문이다.

여기에서 우리는 미국 대통령 루스벨트가 1934년 3월 24일 필리핀 독립을 허락한 것에 관한 마크다윗, 타이팅그스 법안에 서명하고 필리핀의 독립을 허락한 것을 때마침 상기하는 것인데, 36년 전의 약속을 지키기 위해 인도주의국 미국이 오늘날 그 실행을 한 것이라고 생각하는 것은, 근본적인 오류이다. 결국, 조선 노동자의 범람으로 인해 고민하던 일본 본토의 상황에서 하루라도 빨리 벗어나고자 하는 바람이, 이민 금지라는 중대한 결정을 내리게 한 핵심적인 요인이었다. 미국이 태평양 국가로서 동양에서 강력한 발언권을 가지게 하고, 존 헤이로 하여금 만주의 문호 개방을 주장하게 만든 것도 결국 필리핀 영유를 위한 전략적 목적에서 비롯된 것이었다. 그러나 필리핀과 깊이 연관된 이 중대한 권리를 포기하고 필리핀을 독립시키는 것은 불가피한 선택이었으며, 그 배경에는 필리핀 노동자의 미국 유입을 저지하려는 비인도적인 이유가 자리하고 있었다.

사실 일본 본토에서도 조선인 노동자가 누년 증가하는 다음의 숫자, 특히 1932년도 이후 급격하게 그 발걸음을 빠르게 하고 있는 실태는 미국인의 필리핀인 유입에 대한 것과 같이, 일본 측 노동자를 공포스럽게 하여 사회학자로 하여금 삼사삼고(三思三考)하게 하고, 위정자로 하여금 머리를 돌리게 하기에 충분한 것이다.

일본 재류 조선인 누년 증가표

연차/종별	인구	전년비 증가인원
1919	26,605	4,194
1920	30,189	3,584
1921	38,651	8,462
1922	59,851	21,214
1923	80,617	20,752
1924	120,238	39,621
1925	133,710	13,472
1926	148,503	14,992
1927	175,911	27,408

1928	243,328	67,417
1929	276,031	32,703
1930	298,091	22,060
1931	318,212	20,121
1932	390,543	72,331
1933	456,217	65,674

이 상황을 추이하면 1개년 약 10만 평균의 증가는 반드시 그러하리라고 볼 만하고 일본 재주자 100만, 200만의 소리를 듣는 것도 곧 머지 않을 것이라고 생각되는 것이다.

더구나 이렇게 도항한 조선 노동자의 일본에서의 생활은 하등 행복하지 않고, 저액 노임에 만족하며 생활에 허덕이고, 거의 카이드 계급이어서 도쿄 근교에서도 산견(散見)하는 듯이, 타마(多摩) 강변, 혹은 아라카와(荒川) 둑방 아래 등의 하원(河原)에서 다같이 움막에 오래된 함석으로 임시 집을 짓고, 최하의 생활선에서 방황하고 있었던 자가 많다.

일본에서 조선의 인구 밀도를 보는 사람은 말한다.

"일본에 있어서 1933년도의 인구 밀도는 1평방킬로미터당 175.9인이다. 그런데 조선에 있어서 같은 해의 밀도는 1평방킬로미터당 94.2인이다. 아직 반수밖에 달하지 않았지만, 20~30만 정도의 증가 인구는, 어찌 이것을 조선 밖으로 범람시키지 않으면서도, 또 소화 수용할 수 있는 여지가 있을 것 아닌가"라고.

이것은 일단 최선이지만, 조선의 대륙적 풍토, 산악 면적 및 취락의 상황, 산업 사태에 관하여 인식 없는 말이고, 일본에서는 도쿄, 오사카, 기타 6대 도시의 극단적인 집중 인구를 분산 평균한 것이 되기 때문에 그에 관련된 평균 숫자를 보는 것인데, 이것을 지방적으로 일본과 조선의 대조를 보면[젠쇼 에이스케(善生永助) 씨 「조선의 인구 문제」 참조]

인(人)   인(人)

충청남도(170.7) = 시가(滋兒) 현(171)   - 가고시마(鹿兒島) 현(171)

전라북도(168.3) = 와카야마(和歌山) 현(168) - 도치기(栃木) 현(177)

경상북도(127.3) = 나가노(長野) 현(126)

경상남도(173.6) = 도쿠시마(德島) 현(173)

황해도(91.1)·평안북도(89.2) = 아오모리(青森) 현(91)

이 되고, 조선에서 인구 밀도의 가장 희박한 함경북도도 36.6인이라 홋카이도(北海道) 32인보다는 약간 높은 비율을 보이고 있다. 중부 이남은 그 산업 상태에 대비하여 이미 포화 상태에 달하고 있는 것으로, 함경남북도 북조선 개척 지역과 같이 지극히 희박한 남쪽 지방 부분을 제외하고는 사실 조선 내에서 인구 흡수의 여지는 남아 있지 않은 것이다.

그러면 앞으로 더욱 매년 증가할 조선 민족의 신장할 길은 인구가 희박한 천부(天府), 왕도의 나라 대만몽이 있을 뿐이다.

이리하여 조선 내에서는 인구 과잉과 경지 부족을 완화하고 조선 내 동포의 생활도 풍족하게 하며, 또 한편 무정견한 일본 진출을 전향할 수 있으니, 일본 노동 문제의 위협을 배제할 수 있을 뿐 아니라, 현재 일본에 정주하는 백의대중도, 신예 노동자 이입의 격심한 경쟁으로부터 해방되어 궁핍한 생활은 차츰 완화되니 필연적으로 이 두 가지의 문제는 일본의 노동 문제와 사회 문제에 관하여 가장 중요한 해결이 되는 것이다.

11. 이민의 성공과 반도 통치의 좋은 영향

제5, 만주에서 조선인의 성공이 반도 통치상에 미치는 호영향에 관하여 생각해 보자.

이 만주 이민 문제는 까딱하면 조선인 측의 편견을 만들기 쉽다. 그것은 '조선인을 만주에 이주시키고, 그 후임자로 일본인을 불러들여, 조선을 독점하려고 하는 것이다'라고, 조선 민족 비약의 최대 호기인 본 문제를 어리석게도 비방하는 자들이 나타난 것에 의해서도 엿볼 수 있는 것이다. 그러나 관련된 편견이야말로 조선 동포 비약의 최호기를 심하게 모독하는 것으로, 흡사 뻗어나가는 자신의 싹을 스스로 꺾어버리고 밟아 뭉개는 것과 같은 것이다. 만주의 현실은 천박한 편견자의 불안은 일취하고 착착 조선인을 위해 그 활로는 전개하고 있으며, 나의 이민 문제 연구의 시찰 여행 중 가장 감동을 받은 것은 선재 조선인 유지를 교대로 말한 다음의 일절이다.

이 사람들은 만주로 건너간 후 상당히 긴 세월을 지낸 농촌의 유지 및 민회의 간부 등으로 최근 단체를 만들고 고향을 잊기 어려워 시찰 여행으로 귀선(歸鮮)한 것이다.

"조선에 오랜만에 돌아가 보고 그 발달에 놀랐습니다. 그것은 평양과 경성의 대도시가 도회답게 신장하고 있는 것이 아닙니다.

농촌이 좋아지고 있는 것입니다. 종래라면, 자력갱생, 정신작흥, 농촌진흥의 운동 등을 하여도 단순히 조정에 대하는 자리이고 내면으로 들어가면 정신의 긴장도 없으니, 따라서 그 실질도 좋아질 리가 없었던 것입니다. 그런데 이번만큼은 진짜입니다. 농민들이 그렇게 하지 않으면 먹고 살 수 없다는 자각과, 그 자각을 일으킴에 관하여 당국의 지도가 좋았던 것이겠지요. 경지는 잘 정리되고 경작 방법은 발달하며, 부업에는 열심이고 작지만 잘 청소해 두어, 저택의 주위도 깨끗해졌으며 또한 새로운 건축 등도 조금씩 보이니, 약간이라도 저금을 갖게 되어 우리들이 만주에 이주하기 전과 비교하면 실로 대단한 차이네요.

소위 조선 민족의 결점이었던 태정방계(怠情放繼)로 일치단결의 마음이 없다는 것 등도 농촌에서는 차츰 자취를 감추어 남자도 여자도 근면해졌습니다. 이렇다면 조선의 농촌도 차차 좋아질 것을 보증한다고 느끼고 왔습니다. 물론 이것은 좋은 부락을 중심으로 하는 이야기이고, 종래 우리 민족의 결점인 비뚤어진 근성을 바로잡지 못하고, 고분고분 개선의 결실을 받아들이지 못하는 패거리의 마을은 아직도 소용없을 뿐인가, 한층 전락하고 있는 듯합니다.

그러나 좋은 마을, 아름다운 마을을 보면서 내가 통절히 느낀 것은 이 그리운 고향에 돌아가 낙착하고 싶다는 감정이 용솟음칩니다. 즉 생활의 환경으로서는 만주가 훨씬 뛰어나므로 같은 태도의 근면함으로 만주에서 일한다면, 반드시 부자가 되겠다고 생각하고 진보한 조선을 보고 돌아와서 오히려 만주의 생활이 한층 즐거워졌습니다"라고.

이것이 지극히 솔직한 감정의 흐름으로 단순히 그들 일부 유지의 생각일 뿐 아니라, 재 만주인의 대부분이 가지고 있는 인식이고, 만주에서 조선 농민을 중심으로 하는 이주민은 현재 모두 경제적으로 풍족하여, 그 전도에 크나큰 희망을 가질 수 있는 상세에 있다는 증거가 다음과 같지 않을까?

12. 조선 농민 성공의 실례

여기에서 그 좋은 예 1, 2를 보자. 이것은 사변 후 조선총독부 기타의 진력으로 가능했던 안전농촌과 같이 후원자의 힘을 기대한 것이 아니고, 전적으로 조선 농민의 자치적 노력 정진에 의해 완성되고 성공한 조선 농민 부락이다.

신경으로부터 12리 정도 북쪽으로 이통현성(伊通縣城)에 가는 도중 송화강의 상류 연안에 고유수(孤楡樹)라는 조선 농민 부락이 있다. 200호 1,000명 정도인 이민촌으로, 꽤 오래된 역사를 가지고 있다.

13년 전에 자연스럽게 들어간 조선 농민이, 차츰 수전을 개발하고 집단이 된 것으로, 수리관계가 처음부터 좋고 땅이 비옥하며, 이주민의 소질이 굉장히 좋아서 질실 근면하고 집약적 농경이 구석구석 미치니, 종래부터 만주인의 소작이지만, 사변 전 이미 재산을 이루는 자가 다수였다.

이 땅은 원래 신경 부근의 농촌으로서는 유명한 민족주의자의 마을이었다. 현재의 민회 지부장 등도 그 수령급의 한 사람이었지만, 사변을 계기로 시국을 달관하고 바뀌어 전향한 것이다. 현재 민족주의자는 전부 자취를 감추고, 더구나 전 마을에 일사불란한 통제가 지켜져, 농사의 개량, 부업의 보급이 철저하니 집집마다 어디나 가계가 풍족하여, 빚 같은 것은 한 푼도 지지 않았다.

그 경영 방법의 특례로서 찹쌀 경작이 있다. 식량으로서 남기는 분량만 멥쌀을 농사짓고, 나머지는 전 경지 몽땅 찹쌀인데, 오랜 기간에 걸쳐 품종의 개량, 파종의 전기 방법 등 정치한 연구를 수행하였으므로, 그 품질이 상당히 향상하여, 신경 부근에서는 고유수의 찹쌀이 유명하고, 보통쌀에 비해 석 3, 4원 고가로 매각되어서 수확량의 비율로 1호당의 수입은 굉장히 많은 것이다.

이 좋은 쌀을 생산하는 수전도 만주인의 손에는 전혀 쓸모가 없었던 황무지, 습지였다. 그것을 동요하(東遼河)의 본류로부터 물을 끌어넣어 영영 고생하여 오늘을 만들기에 이른 것인데, 아마도 이것은 전 만주에서 유일하게 내용 충실한 조선 농민의 모범 부락일 것이라고 생각한다. 따라서 사변 전의 소작 시대부터 만주인 부락과의 조화 등도 지극히 좋고, 일동 이 땅이야말로 영원한 무덤의 땅이라고 정하여 어떤 동요도 일어나지 않고 안정이 돌아오고 있다.

최근은 신경에서 소비되는 30~40만 장의 가마니가 신경 부근의 농촌에서 1장의 생산도 없는 점에 주목하고, 맹렬한 마력을 이 생산에 쏟아붓고 있다. 이러한 점을 보고 있으면 오히려 주의자(主義者) 자리에 있던 자가 한번 전향하면, 생활 경영에 대해서 전부 성실 진지하며, 사물에 대한 이해가 빠른 것 같다.

봉천 북릉(北陵) 부근에도 수전 경작으로 부를 만든 조선 농민이 있다. 이 부근은 장작림 시대에 사카키바라(榊原) 농장이라고 불리며, 만주 수전의 자본적 경영의 선구였는데, 경영 곤란으로 만철에 양도되고, 민철은 새롭게 동아권업공사에 경영을 위탁하고 있다. 북릉, 오가황(吳家荒), 공태보(公太堡) 세 군데인데, 공태보는 지금 오히려 수지가 맞지 않는 농민이 많아 공사에서도 희생을 치르고 있는데, 다른 두 군데는 최근 경영 상태가 양호해지고, 특히 북릉에는 장정화군(張鼎華君)이라는 조선 농민이 있어서, 23천지 정도의 소작을 하고, 매년 벼 400석(중국 되 석 2두 8승)의 평균 수확이 있었으며, 회사에 납입하는 소작료는 정조(定租) 150석이기 때문에, 가령 석 10원으로써 2,500원의 수입이 있고, 본택을 봉천 시가지에 가졌으며, 아이를 도쿄의 대학에 입학시켜 여유작작한 생활을 보내고 있다.

이 농장 일대는 운하의 물을, 동릉(東陵)의 전방으로부터 받아들였던 것이고, 수로는 일직선으로 동북대학의 앞을 관통하여 신민의 둔으로 주행하고 있다. 청조의 종묘로서 세계적 명승지인 북릉과 동릉을 배경으로, 지금은 역산 처분에 직면해 적막한 학량별장(鶴梁別莊)의 수립을 앞두고 있거나, 당당한 동북대학의 웅장한 대하고루(大廈高樓)를 기대하고 있다. 이렇게 성공한 조선 농민 일가를 떠올리면, 가슴 깊이 감개무량한 심정이 드는 것이다.

이상, 부락과 개인이 제각기 성공한 일례의 증거를 제시했는데. 이것들은 전술한 재만 조선인 유지의 이야기를 이서한 엄연한 사실이고, 또 장래를 암시하는 유력한 실례이다. 하물며 이들은 동북 군벌로서 더욱 전횡(傳橫)을 일삼고, 착취, 학대가 미치지 않는 곳이 없는 상황에서 시련을 겪고 있었지만, 오히려 경제적으로 성공한 것이고, 이후는 충분히 치안도 확보하여, 확실한 상조권(商租權)도 설정할 수 있어서 왕도낙토의 땅에서의 활동인, 마땅한 지도 개발을 할 수 있다면 전 조선의 조선 이민의 성공을 기대할 수 있을 것, 따라서 그 효과는 단순하게 조선 과잉 인구의 해결만으로 그치지 않고 전 조선 민중에 지극히 명랑한 시사를 보이며, 조선 통치 상에 일대 호영향을 갖출 수 있을 것이 필연적일 터, 그 효과 또한 지대할 것이라고 단언할 수 있는 것이다.

13. 비약 일본의 대국적 금도(襟度)

제6 비약: 일본이 대국적 금도로서 우선 조선 민족을 잘 이해하고 포용하는 것은 이윽고 전 아시아 민족의 갈앙(渴仰)과 신뢰를 점점 깊게 하는 소임임을 이야기하자.

만주사변 후, 제10 사단의 장사(將士)가, 피난 조선 농민의 원지 귀환에 당당한 수비 대형을 정비하여 행진하여, 무사하게 그들을 원지로 정착하게 한 일은, 지금도 또한 재만 조선 농민이 눈물을 글썽이며 이야기하는 감격의 사변 일화이다.

"길림성 오지에는, 상상 이상으로 조선인이 다수 거주하고 있었던 것에 놀랐다. 일찍이 경백호(鏡洎湖) 부근 일원 비적의 첫 토벌을 했을 때, 전진하는 해당 지구의 민회장 앞으로 한 편의 통신을 해 두었더니, 실로 연락을 잘해준 것이다. 물론 일면식도 없고 그중에는 단지 민회장이라는 것뿐 이름조차 불명한 자가 많으며, 그쪽도 역시 진짜 군대를 처음 보는 상황이었는데, 동포의 군대가 와 준다고 하는 감격으로 불타올라, 용의주도하게 만사에 걸쳐 진력을 써 주었으니, 굉장히 도움이 된 것이다. 군대 측도 역시 정중하고 친절하게 조선인 동포에게 응대한 것이므로 눈물을 머금을 정도로 정신적으로 딱 맞았다"라고, 이 두 가지는 현지 만주에서 아름다운 일화로서 길이길이 남을 만한 상호 간의 인상이다.

그런데 사변에 있어서 감격의 열기가 겨우 사그라들기에 이르러서, 재만 조선인의 일부 중에는 섣불리 제국의 시설로 자기 한 몸의 이익 중심 때문에 불평을 부르짖는 자, 또 무리를 지어 만주인에 대해 오만불손함으로써, 반대로 일만 친선에 재앙이 되는 자도 나오는가 하면, 또 이들 약간의 사례에 기초하여, 신부(新府) 동포가 신속하게 다량으로 만주 진출을 할 수 있도록 온갖 경륜을 경도해야 할 좋은 기회임을 잊고, 단순하게 눈앞의 소승적 의론을 상하로 하며, 나아가 이것을 위해 필요한 것을 역설하는 자까지 있고, 또 온건한 자연방임론자도 나와서, 다음과 같은 이야기를 하는 것이다.

"조선 동포의 만주 진출의 급무함에 관해서는 동감이다. 그러나 그들의 만주 입성은 전부 경제적 환경에서 출발하는 것이다. 말하자면 조선에 비해 만주 쪽이 훨씬 경제적 조건으로 풍족하기 때문으로, 이 상태는 이후도 상당히 길게 지속될 것이다. 따라서 만주 오지의 치안 공작이 완비되고, 현지의 인식이 깊어짐과 더불어, 협애한 조선 내의 경지로 궁박한 생활을 보내는 그들은, 자유롭게, 풍요로운 천지를 찾아, 조수와 같이 쇄도할 것이다. 현재 본년의 춘경 전에 들어온 엄청난 조선 농민의 현황은 어떠한가. 따라서 하등 특별한 보호 시설 등 자유방임해야 할 것이라고"

이것은 일본과 조선 어느 쪽의 방면에서도 때때로 듣는 의론이다. 과연 사실은 그야말로 그대로여서 이후도 방임하는데, 오히려 만주로 넘어간 자는 끊임없이 계속하여 증가할지도 모른다. 그러나 이들 논자에 대해 필자가 한마디 묻고 싶은 것은, "제군은 일본이 오늘날 세계의 대국이고, 게다가 금후 한층 비약적으로 아시아에 으뜸을 주장할 만한 입장에 있는데, 명실공히 아시아 민족의 중심된 자각이 있는가, 아닌가"라는 것이다.

오늘날까지 월경한 100만의 재만자와 일본 제국과의 국가 국민적 결합은 과연 완전하게 행하여져 있던 것일까. 유감스럽게도 상호적으로 이를 보고 아니라고 대답할 수밖에 없는 상태였다.

그들 재만 조선인은 사변 전까지는 전혀 일본 제국의 신민된 어떠한 긍지도 자각도 가질 수 없었던 것이다. 또 그 결합도 바라지 않았다. 그것은 만주로 건너간 동기와 그 경과가 단순히 각 개인이 삶의 집착에 지배되어 움직여진 지극히 자연스러운 추세이고, 비기업적인 진출이며, 또 전적으로 통제되지 않고 거의 원시적인 이주 방법을 취하여, 자유방임 자연유입 그 자체였다. 거기에는 국가적 보호의 편린조차도 미치지 않는다고 그들이 극언하는 것도 또한 이유가 있는 것이다.

국가와 그 국민이 하등의 이해관계를 가지고 있지 않다는 것만큼 서글플 만한 것은 없다. 이해가 서로 일치하여, 서로 의지하고 서로 돕는 일치단결의 기풍도 생겨야, 처음으로 국운 흥륭의 기초가 되는 것인데, 이 신념을 확실히 움켜쥘 수 없었던 그들이, 자칫하면 허무주의가 되고, 나아가서는 공산운동, 민족운동으로 투신하기 쉬우며, 또는 그들 주의자에 편승하기 쉬웠던 것도 한편으로는 무리가 없는 것이었다.

게다가 그 변외유랑의 백성의 소리는 어느새 조선 내에 침투하고, 그 민심의 일부를 자극하여 심하게 동요시키는 등의 일도 있어서 장래 동아시아의 맹주로서도, 또 대국의 금도로서도 상당히 철저한 방책을 그들 재만 조선인에 대해 취할 만한 필지에 이르고 있었던 것이다. 다소간 구 동북군벌의 배일방침으로 방해받아 아무런 방법도 쓸 수 없었던 바로 그때, 봉천 사변이 나고, 신만주국의 성립도 되고, 여기에 필연적으로 제국의 정책과 조선 민족의 이해관계는 전면 일치하여, 제국의 생명선이었던 만주와 몽골은 또한 조선 민족 생존을 위한 생명선이 된 것이므로, 오늘날 조선 민족은 야마토 민족과 굳게 손을 잡고, 북방을 바라보며 만몽의 천지로 비약해야 한다는 신념이 조선 내는 물론, 재만 백만 동포 중에도 맹렬하게 일어나고 있는 것이다. 지금 이때를 빌려 2천만 조선 동포의 향배거취를 명확하게 결정하는 지도 융합의 좋은 시기는 없는 것이다.

파커 교수는 아일랜드의 문제를 논하며, 최대의 곤란은 아일랜드인의 영국인에 대한 악감정이다, 그러나 그것은 역사의 소산이기 때문에 금후 역사로써 그 감정을 해소하는 것은 불가능하지 않을 것이라고 말했다. 마찬가지로 일본과 조선 민족 간에도 꼭 맞는 것이다. 즉 일한 합병 이래 민족적 편견과, 이해 관계의 불일치로 왠지 모르게 제국 정부에 반감을 가지고 있었던 일부 유리(流離)의 재만 조선인마저, 만주 건국의 역사적 사실과, 그 이해관계의 당연한 일치 앞에서는 일절의 악감정이 해소되고 있는 것이다. 더구나 그 구체적 기대는 오로지 만몽 이민의 성과 여하에 있다고 말할 수 있는 것이다. 조선인 이민 문제를 옳다고 단정짓고, 또 완전한 방책을 기기서 보이며, 수저하고 망설이는 일 없이 신속하게 단행하는 것이야말로, 동양 민족 영원의 평화를 위해, 또 아국군 흥륭을 위한 대정치의 한 국면이라고 말할 수 있다고 생각한다.

14. 모국 상품의 시장 문제와 귀환 고력이 자본 도피

다카하시 장상(藏相)이 각의의 석상에서 "만주는 외국이다"라는 말을 돌연 발표한 것은, 현하의 대 만주 인식이 자칫하면 착오로 떨어지기 쉬운 작금, 확실한 하나의 잠언이다.

만주가 외국이라는 외적 관념은 물론 충분하게 소유하면서도, 경제상의 유통 원칙에 있어서 까딱하면 단순하게 일본과 일시동인으로 보기 쉬운 상세가 각 방면으로 관행되고 있었다면 그야말로 이 한마디에 세간이 떠들썩하게 상기되었을 것이라고 느꼈다.

사실 경제상에 있어서는 어디까지나 외국이라고 하는 명확한 관념을 기반으로 일 처리를 하지 않으면, 단순히 만주국인 및 재만 일본계 관리만의 왕도낙토를 구축하여, 일본 혼자 여전히 고갈의 운명을 감수하지 않으면 안 되는 처지로 떨어지지 않는다고 단정하지 못하지 않을까. 그 의미에 있어서 가장 보편타당한 방책은 전국적(全局的)인 인적 요소의 부식인 것은 이미 서술하였는데, 무언가 한 가지 지극히 평범한 사항이면서 아국 상공업이 영원히 번창하기 위해, 광범한 시장 확립의 필수성을 잊어서는 안 된다.

제 외국이 오늘까지 만주 및 중국에게 몹시 탐내어 왔던 것은, 말하자면 그 시장의 가치이다. 특히 미국 등은 존 헤이의 문호 개방 기회 균등의 선언으로 중국 및 만주 시장의 개방 그 자체를 극동 외교의 구축으로 삼아 동양에 하나의 기본 관념을 창작한 것과 같이, 모두 장래에 걸친 통상 자본 지배하에 있어서 그 시장 가치를 획득하려고 한 이유밖에 되지 않는다.

그러면 오늘날의 만주국이 일본에 대해 자원국의 위치를 제공하는 한편, 일본 상품의 일대 소비국이 될 것은 어쩌면 당연하다. 이 경우 다수의 조선인이 급속하게 오지 진출을 시도하는 것은 필연적으로 자본의 수요를 부르고, 만주 오지의 구석구석에 이르기까지 모국 상품을 유치할 수 있으며, 또 만주인 농가에도 자연적으로 그 소비 순치의 습관을 만들게 할 수 있는 것이다. 수전 개척의 선구자는 동시에 모국 상품 진출의 파이오니아를 겸하는 것이 되고, 그 효과는 상당히 광범하다는 것을 열망할 수 있는 것이다. 이는 제7의 의의인데, 제8로서 앞에서 게재한 산동 귀환 고력이, 축적한 노임을 고향으로 가지고 돌아가고, 여기에 필연적인 자본의 도피가 행하여진 것에 관해서는 오늘날까지 아직 많은 논의를 보지 못한 실정이었지만, 이것도 앞에서 예로 들었던 다카하시 장상의 '외국'이라는 말의 의미에 따라 귀납하면 조선인 노동자에 의해 비슷한 일이 행하여진다면 논리는 완전히 반대가 되고, 따라서 그 효율은 갑절이 되는 결과를 가져오는 것이다.

이상 조선인 이민의 8대 의의에 관해서 그 근간을 연역할 생각이었는데, 기회로서 조선 민족의 대 만주 비약의 제 사상(事相)에 관해서 재음미해 보자.

15. 조국 만주여

만주 땅은 조선 민족에게 오히려 제1의 조국이라고도 할 만하다. 4,000년 전 단군 중심의 문화 시대 이전, 멀리 북만(北滿) 지방에서 형성된 한 종족이 점차 남하하여 융합되면서, 소위 타타르계 몽골인이 등장하였다. 그중에서도 가장 높은 문화를 보유했던 부여족은 현재 북만의 부여(扶餘)와 농안(農安) 등지, 즉 송화강 본류와 지류를 따라 국가를 건설하고 한때 강력한 패권을 주장하였다. 이후 점차 남하하여 조선에 정착하면서 조선 민족의 선조가 되었다고 전해지고 있다. 부여족은 처음에 예맥(濊貊)이라 불리며 조선 반도의 서북부에 거주하였으나, 이후 점차 북만(北滿)으로 이동하였다. 그들은 다시 인근의 옥저(沃沮) 등 여러 민족과 융합한 후, 다시 남하하여 집단적으로 국가를 건설하였으며, 그 수도를 평양으로 정한 것이 바로 고구려라고 전해진다. 어느 설이든 간에 조선인이 스스로 부여족의 후예로 인식해 온 데에는 상당한 역사적 근거가 있음을 알 수 있다.

부여족의 정통 후계자 고구려는 평양에 있으면서, 멀리 만주 일대 간도 지방까지 호령하며, 해당 지방 일대가 고대에 전부 조선의 영역이었던 것은 사실이다.

고구려는 용맹무쌍, 기략종횡(機略縱橫)의 민족이었다. 그래서 순차적으로 세력을 얻어 새로운 성을 봉천 부근으로 진전시키고, 만몽 전부를 거두어 스스로 맹주가 되며 한족을 구축했을 뿐 아니라, 당시 이미 조선 반도의 중부까지 침입 점거하고 있던 낙랑(樂浪) 4군의 한인 세력을 완전히 구축한 것이었다.

따라서 현재 만몽의 천지에 이 고구려 활약의 옛날을 떠올리는 고려라는 명칭이 붙은 지명은 굉장히 많아서, 남쪽은 신의주의 대안 안동부터 5번째의 역에 고려문이 있고, 북쪽은 도남(洮南, 타오난)에서 300지리(支里)의 지점에 고려성이 있으며, 서쪽은 산해관(山海關)의 바로 앞 요하의 동안(東岸)에 근접하여 고려성자(高麗城子)가 있고, 동쪽은 부여라고 하는 도회가 지금도 또한 존재하고 있는 것은 말할 것도 없으며, 하얼빈에서 길림에 이르는 랍보선(拉賓線) 오상역(五常驛)의 근방에도 고려영(高麗營)이라고 하는 지점이 있다.

만약 동변도(東邊道) 일대를 여행한다면, 환인(桓仁)·통화(通化)·신빈(新賓)·임강(臨江)·해룡(海龍)·봉황성(鳳凰城) 등에는 고대 고구려 시대의 풍속, 성문, 가기(家基) 등 많은 유적의 현존을 볼 수 있고, 산성진(山城鎭)에는 고대 고구려 시대의 축성지도 남아 있다.

즉 고구려의 역사는 만주 중심이고 조선 반도에 있어서 그것은 작은 일부분에 지나지 않으며, 이들 유적을 보고 만주의 현세에 생각이 미칠 때, 조선인은 물론 일본인에 있어서도 감개무량으로 역사의 번전윤회(飜轉輪廻)를 생각하는 것이다. 그 후 고구려는 당에게 공격받아 쇠망했는데, 곧 그 유신 대조영(大祚榮)은 고구려의 유족을 규합하여 대발해국을 건설하고, 고구려 문화의 흔적을 수용하여 250년간 만주에 군림했다.

다음으로 발해를 멸망시킨 요(遼)도 처음에 거란(契丹)이라 하는데, 이것도 고구려의 유민이며, 다음으로 간도 및 조선 함경도로에서 일어나 요를 멸망시키고, 중국 본토의 대부분도 점거하여 금나라를 세운 여진족도 고구려의 이민이었다. 그 후 명의 시대에 중국 본토도 남북 만주도 한때 한족의 손에 넘어가 있었는데, 조선 북부의 한 구석에 뿌리를 내리고 있던 여진족 중 누르하치(奴爾哈濟)가 백두산의 산기슭에서 발흥하여, 중국 본토 및 남북 만주는 완전히 그의 손으로 돌아갔다. 이것이 청국의 태조이고, 즉 만주 신황제의 선조였으며 300년간 한족을 지배한 것이었다.

말하자면 남북 만주는 어떠한 의미에서 해석하면, 역사적 민족적으로 중국의 영토가 아니라, 조선 민족에게는 망각할 수 없는 우리들의 조국이다.

16. 재만 백만 조선 농민의 유래

그러한 역사적 관계에 놓여 있었기 때문에 조선인이 산업적으로 만주 이주를 기도한 것도 상당히 오래되어, 청조 강희제(康熙帝)가 백두산에 정계비를 세우고 변강 방비에 힘쓸 무렵, 이미 간도 지대 국경 부근의 계곡에는 농경에 종사하는 다수의 조선인을 발견하기도 하였다. 메이지 2년에 조선 서부지방에서 일어난 5개년의 장기간에 걸친 가뭄에 의한 대기근은 굶어 죽은 시체가 첩첩 쌓여 도로변에 쓰러져 있는 참상을 보이고, 이 때문에 삶의 위협을 느끼고 만주 이주를 기도한 자도 배출했다. 메이지 23년 소위 경오(庚午)의 대흉년에 즈음해서도 북조선 지방의 재난민이 계속되어 월경 이주한 것인데 구 한국 정부는 오래도록 극단적인 쇄국주의를 고집하고 있었기 때문에 만주 이주에 관해서는 금령을 내고 월경 도주자에게 총상, 사형으로써 임하였던 것이다. 그렇지만 국금을 범하며 월경하는 자가 여전히 그 발자취를 끊지 못하여, 메이지 26년에 이르러 처음으로 그 금령을 푼 결과 점점 이주자는 증가하고, 일청전쟁 직후 4만 명을 넘기기에 이르렀다. 당시의 이주지는 주로 압록강 연안을 시작으로 하여, 동지나철도 연선, 간도 지방, 두만강 연안 방면이었다.

　동변도 일대에 걸쳐서 개간에 종사하게 된 것은 메이지 39년경부터이다. 이리하여 매년 그 수가 증가하고, 사변 전인 1931년 현재의 수를 보면 외무성 발표 60만 7,150인, 만철 78만 3,187인, 동양협회 55만 3,000인, 만선신보 81만 1,628인, 대동민보 136만 인, 조선총독부 55만 3,000인이라고 되어 있어서 지극히 제각각이었다. 아무래도 중국의 국가 상황은 그 인구를 조사하는 데에 소금의 소비량으로써 추정한다고 하는 미개한 상태였으므로, 하물며 교통이 불편한 광무무한의 변방에서 어떠한 연락 통제도 없으니, 산재하는 조선인 이주자 수를 조사하고 정확함을 기하는 것은 상당히 지난했음에 틀림없다. 리튼 보고서에는 「재만 조선인의 수는 80만」이라고 보고되고, 아사히 연감 최근판에는 58만 9,424인으로 되어 있는데, 조사 누락을 추측한다면 또한 상당수를 헤아릴 수 있으므로, 우선 백만 내외라고 산정하는 것이 지극히 사실에 근접하는 것 같다.

　그들의 이주 동기는,

1. 조선 내에 있어서의 생활난
2. 정치적 불만
3. 사상적 불만
4. 시행심에 의한 만연한 도만(渡滿)
5. 개인의 감춰진 사정(전과 기타)

등으로 분류할 수 있다.

　가장 많은 원인은 1번에 속하고, 그 다수는 농민이라는 것은 말할 것도 없다. 그들의 대부분은 교양이 얕고 사세에 우원하지만, 거의 순박하였고, 물줄기를 따라서는 오지로 거슬러 올라가 수전 왕국을 구축한 파이오니아들이다. 경영의 비합리화와 동포 불량분자의 기만, 중국 지주의 착취, 관권의 압박, 마적의 강박 약탈, 동족인의 정치 운동 자금의 호별당 징수금 등 착취당하는 온갖 기회로 폭로되어 일종의 산업 노예의 모양새였지만, 사변 후는 적어도 이렇게 불합리한 착취 기구로부터는 탈각할 수 있었다. 심경도 변화하여 제국의 국위에 신뢰를 두는 사람이 많아졌으나, 여전히 정치적 불만을 품고 만주로 건너간 이들도 적지 않았다. 2번의 정치적 불만을 갖고 만주로 건너간 자는 독립운동가를 표방하고, 그 대표적인 자는 조직적인 군대와 유사한 단체를 구성하여 순박한 농민들에게 부과금을 징수하며 활동 자금을 마련하는 경우가 많았다. 3번의 사상적 불만자는 거의 공산당으로 뛰어들었고, 4번, 5번의 경우에 가장 불량분자가 많았다. 이들은 만주로 건너간 후에도 자본이 부족하여 마땅한 직업을 갖지 못했고, 아편이나 몰핀과 같은 금지된 물품을 밀매하거나, 소규모의 수상한 음식점을 운영하는 경우가 많았다. 심지어 새롭게 만주로 들어오는 동포들의 재산을 노리는 것을 생업으로 삼는 자들도 존재하였다.

조선인을 믿지 못함으로써 가장 나쁜 인상을 주는 사람은 이 부류에 속하는 것이 가장 많은 것이다. 또한 만주사변을 계기로 하여 재만 조선인 지식 계급의 사상상의 경향을 주시하고, 이것을 표로 보면 다음과 같다.

사상별/경향 추세	사변 전의 대세	사변 후의 대세
배일주의자(소위 불령선인)	민족주의자와 공산주의자 두 가지로 분화되어 대립하고 있는데 시세의 흐름에 따라 전자는 이어서 후자에 의해 극복되어지고 있다.	일본군의 철저한 소탕에 따라 민족주의자는 다음에 자멸 또는 전향하였고 공산주의자도 다수 전향하여 그 잔여 부대는 지하로 잠입하였다.
친일주의자	무조건으로 친일감정을 가진 자는 그 수가 아주 소수이다.	급격하게 증가하는 경향
중간자(소위 온건주의)	지식 계급의 대다수를 차지하고 있다. 재만 조선인의 사상을 대표하는 자도 볼 수 있다	수적으로 증가하는 경향, 하지만 명확한 지도정신을 결하였기 때문에 견고한 신념을 가지지 못함

이들의 경향에 관해서는 위정(爲政)의 국면에 있지만, 특별한 주시 연구를 요하고, 이 전환기에 대처하는 방도를 급속하게 수립하는 것이 필요하다는 것은 두말할 나위가 없다.

17. 일대 역사적 전환기에 있는 조선 민족

만주 건국은 조선 민족에게는 심각한 역사적 전환기이다. 이 기회에 조선 민족의 역사적 사회적 특질 등 그 통유성을 명확하게 하여 이를 재확인할 필요는 절실하다. 이 새로운 관점에 처해서 과거를 고찰하고, 그래서 조선 민족의 지도 방침의 근본을 거기에서 발견하지 않으면 안 되는 것이다.

인간은 환경을 지배하고, 또한 이것을 변혁한다. 그래서 그 영향을 토대로 생활하기 때문에 한편으로 인간은 자연적·역사적·사회적인 제 영향의 총화의 산물이다. 조선 민족은 이 의미에서 일본과 중국 두 민족의 중간성을 가지고 있다. 이것은 즉 지리적 영향과 역사적 환경의 결과였고, 야마토 민족과 같이 기민하지도, 중국 민족과 같이 둔중하지도 않고, 또 중국 민족과 같이 대륙적 유장함은 없지만, 야마토 민족과 같이 섬나라 특유의 급한 성질은 없다. 이 중간성은 인류 문화 중에서 가장 비상식적, 자연 발생적인 언어로 가장 잘 나타나 있다. 즉 조선어는 문법상의 문장론에 있어서는 일본어와 같은 계통에 속하고, 음론에서는 중국어와 매우 닮아 있다.

그 공통된 민족적 성격을 솔직하게 말한다면,

1. 사대사상을 가지고, 근면심이 부족하며 의뢰심이 강함.
2. 기력이 없지만 확신 있는 목표를 발견했을 때는 상상 이상의 활동력을 발휘한다.
3. 자존심이 강하고 곤고(困苦)와 결핍을 견뎌낼 수 있음.
4. 정치적 관심을 가지고, 결사를 선호하여 잠행 운동이 뛰어나지만, 결사력이 모자라서 당파 싸움이.
5. 어학에 굉장히 능하고, 다민족의 법제 습관에 적응성을 가진다.

이상의 성격상의 단점도 장점도 전부 장기간에 걸쳐 다른 강대한 민족의 지배를 받으면서 또는 이조 500년의 폐정(弊政) 아래에서 생활한 것에 의해 배양된 습성이다.

태만하고 의뢰심이 강한 것은 폐정에 신음하며 활동에 대한 지기(志氣)를 상실했음에 의해서이다. 그렇지만 생활에 대한 희망과 광명을 전부 잃어버린 것은 아니다. 때때로 확신 있는 목표를 발견하면 잠재적으로 영혼의 깊숙이 숨어 있던 사기는 맹렬하게 각성하고, 상상 이상의 활동성을 띠어 온 것이다. 일찍이 3·1운동, 만보산사건, 평양 사건 등은 이 일례의 증거이다.

또 일찍이는 찬연한 고유문화를 가진 적이 있는 민족으로서 어쨌든 자존심이 강한데, 하지만 그 반면 사회적으로 불우한 경험을 통해 곤고와 결핍을 견딜 수 있는 소질을 가지고 있다. 종래 만몽에 있어서 일본인 이민이 열성적인 보호 조성을 받아 가면서 하여간 위미부진해짐에 반하여, 자유방임의 한가운데에서 박해와 압정을 참아내며 만주로 건너간 것이 백만에 미치고, 게다가 시베리아 방면으로 20만의 진출을 보는 등은 이것을 실증할 수 있는 것이다.

"인간은 본래 정치를 좋아하는 동물이다"라고 희대의 철학자 아리스토텔레스도 말하고 있는데, 조선 민족은 특히 정치적 관심이 깊고 또한 그 기술적으로도 성장하고 있는 것도 같다. 이것은 항상 강대국 사이에 개재하여 상호의 세력을 이용하고, 때때로 견제하게 한 역사적 기간이 상당히 길었던 탓인데 그것이 개개의 경우였으며 일반적으로 단결력이 부족하고 당쟁이 많은 것을 특징으로 한다. 그러나 전 민족이 나아갈 방도가 명확해지고, 이 의식을 철저히 할 수 있어서 밝은 정치가 실시된다면 잠행 운동과 당쟁은 소멸시킬 수 있을 것이라고 생각한다.

18. 극동 제 민족 융화 결성 전에

이상의 민족적 특성을 통해 고찰되는 것은 금후 과연 야마토 민족에게 혼연히 융화할 수 있는지 아닌지 하는 것이다. 그것은 타민족의 법제 습관과 기타 일반 문화에 대한 순응성이 풍부하기 때문에, 대우하는 데 방도를 갖는다면 민족적 동화는 오히려 쉬울 것이라 생각되지만, 한편 민족적 자존심이 강하기 때문에 적절한 방법을 얻지 못하면 동화가 점점 곤란하다.

원래 민족 간의 동화와 융합이라고 하는 것은 전혀 불가능한 것일까, 아니, 결코 그렇지 않다는 것을 알기에는 일체 민족이라는 것은 고정 불가변의 자연적 범주가 아니라, 즉 역사적 산물인 것을 연구하면 좋겠다. 그러면 한 민족이라고 하는 것은 종족 해소의 결합에 의해 태어난 것이라는 역사적 사실을 다수 발견할 수 있을 것이다. 원시시대에는 씨족이 있고, 봉건 중기까지는 종족이 있는데, 민족은 없었던 것이다. 민족은 집권적 봉건제 확립과 함께 새싹을 틔우고, 장원 경제와 토지 경영으로 바뀌었으며, 근대적 국민 경제가 건설되면서 처음으로 공고하게 결성되었다. 우리들은 봉건 중기부터 근대사의 전면에서 많은 종족 해소와, 민족 결성 통일 운동을 보게 되지 않을까.

그와 같이 일정한 역사적 사회적 사건을 토대로 결성된 민족은, 또한 일정 조건하에 분리

작용을 일으키는 것도 가능한데, 하나의 민족이 다른 민족과 결합하여 새로운, 보다 커다란 민족 국가를 만드는 것도 가능하다.

우리들은 미국에 이주한 영국인이, 영국과 대립하여 구별되는 다른 민족 국가 미국을 건설한 것을 인지함과 동시에, 영국 민족은 잉글랜드인, 스코틀랜드인, 아일랜드인이 집결할 수 있었던 것도 고려하지 않으면 안 된다. 이를 말하자면, 민족이라는 것은 자본주의 경제 조직하에서도, 경제적 연계, 영토적 문화적 공통성을 가지는 인간의 통일 집합체였고, 금후 우리 극동에서도, 극동 제 민족을 포괄할 수 있도록 위대한 경제적 문화 건설이 진행되면, 제 민족이 융합화하는 극동 대국가를 건설할 수 있는 것은, 과학적 역사적 명확함으로 실증할 수 있는 것이다.

특히 극동 제 민족 간에는 동문동종으로서 상호에 긴밀한 문화 연계가 긴 역사의 위에 이미 존재하고 있는 것이다. 이 경우에 일본과 중국 두 민족의 중간성을 가지고 강한 순응성을 가지는 조선 민족의 사명과 그 책임은 상당히 중대함이 있는 것이다.

19. 명확한 사적 실증

이 기회에 야마토 민족과 조선 민족과의 역사적 제 관계를 회고하는 것은, 대 만주 이민 문제 나아가서는 극동 제 민족의 융합 결성 문제에 중대한 의의를 시사하는 것이 됨으로써, 여기에 약간의 재검토를 해보고 싶은 것이다.

조선의 긴국은 중국의 제국 요(堯) 시기, 단군이 신인(神人)의 태백산(평안북도 묘향산)에서 나라가 비롯되었다고 전해지고 있지만, 이것은 불교가 산악 숭배의 심리로부터 후세 도가의 사상을 섞은 전설에 지나지 않는다고 여겨지고 있다. 이 당시부터 전설상에서 이미 일본과 조선의 관계는 엮여져 단군이 규슈(九州)로 건너가 천조대신(天照大神)과 회견하고, 농경법에 관하여 크게 설한 바 있다고 조선 측의 소설로 전해진 것이라고 생각되는가 하면, 마한, 진한, 변한의 시대, 스사노오노미코토(素戔嗚尊)는 이즈모(出雲) 지방을 평정 경영하여 후에 아들 이타케루노미코토(五十猛命)와 함께 반도에 들어가 소시모리(曾戸茂梨, 경상도의 남부)라는 곳에 멈추어, 그 지방을 다스리고, 또 식림을 장려하여 피아의 교통에 이바지할 배를 만들 만한 목재의 양성에 뜻을 두게 되었다는 것이 우리나라 상고사에 게재되어 있다. 기타 쓰노노미코토(津野命)의 구니비키(國引) 전설 등도 있는데, 이들 전설, 신화를 통해서도 고대에 있어서 일본과 조선 반도와의 긴밀한 관계는 미루어 알 수 있다. 사실 상고부터 일본과 조선과의 교섭은 전설과 신화가 말하는 바 이상으로 자유롭고 빈번했던 것으로, 석일본기(釋日本記)에 인용된 북(北) 규슈 모든 나라의 풍토기, 예를 들면 후젠(豊前) 풍토기, 치쿠젠(筑前) 풍토기 등에 역사로 남은 조선 관계의 여러 가지 기재를 발견할 수 있다.

서기 1세기 말에 쓰여진 전한서(前漢書)의 지리지에 "낙랑(樂浪)의 바다에 왜인이 있는데, 나뉘어 백여 국을 이루는 세시로써 내헌(來獻)한다"라고 쓰여 있고, 중국의 역사 서적에는 왜인의 이름으로 조선 반도를 방문한 최초의 일본인이 기록되어 있다. 낙랑이라 함은 한의 무제가 원봉(元封) 3년(서기전 108)에 지금의 대동강 하류 지역을 중심으로 하여 위세를 넓히고 있는 조선족을 토벌하고 그 고터에 세운 사군(四郡)의 하나이다. 정벌을 받은 조선족은 주(周)의 무왕에게 멸망한 은(殷)의 주왕(紂王)의 왕족이었던 기자(箕子)가 도리에 어긋남을 간언하다가 등용되지 못하고, 조선에 들어와 평양에 수도를 정한 것이 그 시조라고 전해지고, 그 영역은 조선 북부로부터 멀리 만주에 미쳐서 압록강 유역 일대가 그 중심이었다고 한다.

기자가 조선국을 자칭하고부터 자손이 이어받기를 41세 700년에 이르는데, 그 후에 기준(箕準)의 시대는 중국에서 한(漢)과 초(楚)의 항쟁이 격렬하던 때였다. 연왕(燕王) 노관(盧綰)은 이 싸움(지금의 북경 부근 일대 지방에서 벌어짐)으로 멸망하고, 그 장수 위만(衛滿)은 부족을 이끌고 기자의 조선에 들어갔으며, 나라를 계승하려고 했던 준왕은 바다를 건너 남쪽으로 달려 금마저(金馬渚, 전라도)에 의거해 한왕(韓王)이 되었다. 여기에서 위만은 자립하여 조선왕이 되고 손자인 우거(右渠)에 와서부터 세력이 강하고 교만해져서 한의 변방 관리를 죽이고, 남쪽 나라 마한이 한에게 조공을 바치려고 하는 것을 저지하며, 어쨌든 한에게 공손하지 않아서 정벌당한 것이다.

그즈음 반도의 내부에는 한족(韓族)이 거주하며 수많은 소국을 형성하고 있었는데, 크게 나누어 마한·진한·변한의 3부로 한다. 마한은 가장 커서 50여 나라로 나뉘고, 지금의 전라·충청·경기의 3도를 점하고 있었는데, 준왕은 쫓기어 마한으로 들어가 왕이 되고 자손이 오래 뒤를 이었다고 한다.

변한은 12국으로 나뉘어 경상도 남부에 있고, 진한도 12개국으로 나뉘어 경상도 동북의 대부분을 차지하고 있었는데, 황기 604년경 이 진한의 일국인 신라에 박혁거세라고 전하는 자가 일어나 경주에 수도를 만들고 어진 정치를 펼치며 위세를 사방으로 넓혔다. 3대 후 박씨에 의해 석탈해가 왕통을 계승했는데, 이 석 씨가 일본 본토에서 도항한 사람이라고 전해지고, 그 재상 호공(瓠公)도 일본에서 와서, 시조로부터 4대를 섬기며 공을 세우고 신라통일의 기초를 배양했으므로, 신라는 차츰 세력을 얻어 결국에 진한을 통일한 것이었다.

그 후 350년 정도 동안에 마한의 백제가 발흥하여 마침내 마한을 멸망시키고 서해안에 패권을 제창했으며, 이 사이 압록강 중류 북해안에 살고 있던 고구려(만주의 부여족)가 세력을 발흥하여 차차 남하하여 백제와 경역을 접하게 되었다.

당시 변한에는 대가야(大加羅) 외 5국이 주가 되어 연방을 만들고 있었는데, 신라 발흥과 더불어 차츰 그 압박이 괴로워 스진(崇神)천황 말 소나카시치(蘇那曷叱智)를 사신으로 하여 조공하고 원조를 구하였기 때문에, 스이닌(垂仁)천황이 새롭게 황통을 계승하자, 이 연방에 임나(任那)라고 하는 새로운 국명을 주고, 고쇼 쓰네히코(鹽乘津彦)를 보내어 이를 보호하게 한 것이다. 이것이 임나에 배치된 일본부의 기원인데, 한편 더욱이 신라의 왕자 천일창(天日槍)이 쇼토쿠(聖德)를 연모하여 왕위를 동생에게 양보하고 일본에 귀화한 것도 스이닌천황의 치세였던 것이다.

그 후 진구(神功)황후의 신라 정벌, 게다가 삼국 세력 변천에 동반되는 원조, 중고사 시대에 들어서는 백제에게 원조, 신라의 반도 통일, 발해국의 입공, 고려의 발흥, 근대사에 들어서는 고려의 쇠운, 원구(元寇), 이조의 신흥 등으로부터 히데요시(秀吉) 시대의 조선의 역할, 근대에 있어서는 일청, 일러의 역할에시부터 합병에 이르기까지 일본 3000년의 역사 중 조선에 접촉하지 않은 단면은 거의 없다고 말해도 좋다.

그런데 그 과정 중 특히 상고에서 중고에 이르는 동안은 한(漢)·한(韓)의 사물이 조선 민족을 통해 아국 문화의 형성에 참여한 것은 결코 선소(尠少)하지 않아서, 일한 관계야말로 아국 고대부터 상대에 걸친 개화 발전의 외적 경로의 최초의 것이라고 단정할 수 있는 것이다.

20. 영국의 인류학자 핸든은 말한다

역사적 교섭의 빈번함은 필연적으로 혈액의 혼효(混淆)를 초래하고 있다. 영국의 인류학자 핸든은 동양에 있어서 가장 아름다운 인류는 고구려 인종이고, 그 혈액의 4할은 일본인에게 흐르고 있다고 발표했을 정도이다.

　　신별(神別)　　　404씨(氏)
　　황별(皇別)　　　335씨
　　쇼반(諸蕃)　　　326씨
　　미정　　　　　　117씨
　　총계　　　　　　1182씨

라고 하는데, 신찬성씨록(新撰姓氏錄)은 좌우 교(京)·야마시로(山城)·야마토(大和)·가와치(河內)·셋쓰(攝津)에 관한 모든 성의 소유(所由)를 기재한 것으로 각 성씨마다 그 본원을 명확히 하고, 고전설을 기록하여 개개 성씨의 출신이 사실로서 계통을 제기한 것으로, 신별(神別)은 천신지기(天神地祇)로부터 나온 것이고 황별(皇別)은 역대의 천황으로부터 나온 것이지만, 쇼반(諸蕃)이라는 것은 중국·조선의 후예이다.

　거기에 쇼반을 그 출신의 나라에 따라 세별한 것을 보면,

	한	백제	고려	신라	임나	계
좌경(左京)	39	14	15	1	3	72
우경(右京)	44	46	9	3	0	102
야마시로(山城)	9	6	4	1	1	21
야마토(大和)	11	6	6	1	2	26
셋쓰(攝津)	13	9	3	1	3	19
가와치(河內)	16	15	3	2	0	56
이즈미(和泉)	11	8	0	1	0	20
계	163	104	40	10	9	326

　위의 제1표에 미정이라고 하는 117 성씨는 옛날 기록에 아주 오랜된 법전에서 누락된 선조를 가진 자가 있는데, 억지로 출신의 나라를 추정하여 채록하면, 한 13씨, 백제 16씨, 고려 48씨, 신라 8씨, 임나 2씨가 되고, 바로 위의 326명에 합하면 성씨록 소재 전 성씨 수의 3할

을 초과하는 것이어서, 핸든이 주장한 것과 약간 일치하게 되는 것이다.

그러니까 이들 쇼반과 당시의 역사적 발전과의 관계를 고찰하는 데에 그 숫자보다도 수용, 즉 사회적 융합이 얼마나 순조롭게 행하여지고 있었는지를 우선 주시해야 할 것이다.

또 고사기(古事記)를 펼쳐서 오진(應神)천황의 조에 이르면 '옛날 신라의 국주(國主)의 아들, 이름은 아메노히보코(天之日矛)라고 하는데, 이 사람이 건너왔다.(중략) 다시 돌아가는 길에 다지마국(多遲摩國)에 머물렀다가 그곳에 정착하였다. 아메노히보코는 타지마국의 마타오[俣尾, 이름은 마에쓰미(前津見)]라는 여인과 결혼하여 아이를 낳았다. 그 아이의 이름은 다지몬 보로스쿠(多遲問母呂須玖)였다. 보로스쿠의 아들은 다지마 아키라데이(多遲摩斐泥), 그의 아들은 다지마 기타나라기(多遲摩北那良岐), 그의 아들이 다지마 모리(多遲摩毛理), 그의 차자는 다지마 히타카(多遲摩比多訶)였다. 이후 청일자(淸日子, 三柱)는 다기마 노메히(當摩之咩斐)와 결혼하여 아들 스가노 모로오(酢鹿之諸男)와 딸 스가노 유라도미(菅野由良度美)를 낳았다. 다지마 비타카(多遲摩比多訶)는 그의 질녀 유라도미(由良度美)와 결혼하여 아들인 가쓰라기노 다카아가히메노미코토(葛城之高額比賣命)를 낳았다. 이는 오키나가타라시히메(息長帶比賣)의 어조(御祖, 어조는 선조의 의미가 아니고, 모친이라고 칭해야 할 것이다)'라고 해서 진구(神功)황후, 즉 오키나가타라시히메노미코토(息長帶比賣命)야말로 조선 민족의 혈통을 계승했음을 명확히 보여주며, 간무(桓武)천황의 어머니가 백제 왕족의 후손이라는 점도 분명히 드러낸다.

高野正繼(백제 무령왕이 후예) = 土師眞妹
       |
   高野新笠 = 光仁天皇
      |
    桓武天皇(光仁天皇의 아들)

이상의 제 사실은 조선과 일본의 종족적 동원관계를 명확하게 할 수 있는 2, 3의 예증이고, 피는 물보다 진하다고 하는 명언대로, 조선 민족은 고대에 이미 긴밀하게 연결되고, 그 관계는 고귀함까지 이르고 있는 것이다.

21. 제2차 세계대전에 대비하여

생각을 다음의 시대로 달리는 것이 허락된다면, 거기에 이르는 계단으로써 하나의 전쟁을 상상하는 것도 허락될 것이라고 생각한다. 그러나 앞으로 일어날 전쟁은 단순히 단일 민족 국가를 건설하기 위한 전쟁이 아니라, 강대 민족을 중심으로 주변 여러 민족이 대동단결하여 거대한 경제 블록을 구축하는 전쟁이 될 것이다. 이는 현재 세계적인 규모에서 민족 국가 간의 자유무역이 한계에 다다른 상황과 맞물려 있다. 각국이 자국 중심의 봉쇄적 자급 경제 블록을 급속히 확대해 나가면서, 이러한 흐름을 기반으로 전쟁이 전개될 가능성이 높다고 볼 수 있다. 이 경우 조선 민족은 막연한 방관자의 태도를 취하여, 전후의 독립을 꿈꿀 수 없게 되는 것이다. 그것은 자본, 자원, 근대 생산 기술 모두 빈약한 조선은, 봉쇄 경제가 지배하는 다음의 역사적 시기에 있어서 도저히 경제적 원인에 의해 독립 국가를 건설하는 것은 불가능함을 충분히 지각해 왔기 때문이다. 또 세계대전 후 윌슨이 제창한 약소 민족 자결주의 역시 결국 미국식 정의와 인도주의를 내세운 하나의 술책에 불과했다. 전쟁 이후 급격히 발전한 미국의 경제력은 통상과 자본의 확장을 통해 약소 민족들의 독립 국가를 실질적으로 지배하고, 그들의 자원 시장을 독점하려는 야심을 품고 있었다. 이에 대해 조선 민족도 충분히 자각하게 되었으며, 다시는 이러한 공허한 명분에 동요되지 않겠다는 깊은 성찰과 냉정을 가지게 되었다. 특히 시대의 흐름은 봉쇄적 자급 경제에서 자유무역으로 변화하고 있으며, 이에 따라 통상과 자본 수출을 위한 노력은 점차 쇠퇴하고 있다. 다시 제2의 윌슨이 나와서 피리를 부는 듯한 일 따위도 없을 것이다. 만약에 다음의 대전을 예측하고, 조선 민족의 동향을 추지(推知)한다면, 자기 생존상의 경제 원리에 의해 분투하는 일은 어떠한 의심의 여지도 없을 것이다.

이상을 통해 그 최종적 결론으로서 몇 명이라도 떠올리게 된 것은 대 만주 조선인 이민의 급속한 진출의 필요성이다. 게다가 그것은 단순히 조선 민중의 행복을 위해서일 뿐 아니라, 전 일본을 위하여, 전 만주를 위하여 아니, 전 동아시아를 위하여, 대국 일본이 상당한 희생을 치러서라도, 단행해야 할 일대 계획이라고 말하지 않으면 안 된다. 그리하여 조선인 이민의 객관적 상세가 심각하게 인식되어 온 것이라고 보고, 그렇다면 어떠한 방책을 세워서 그들을 만주에 보내야 하는가, 또 일본인 이민과의 연맹을 어떻게 지켜야 하는가 등에 관한 구체적인 방책이야말로 점점 중대함을 더하여 온 것이다.

22. 조선인 안전농촌이라는 것은 무엇인가

이러한 객관적 상세에 있는 경우, 조선총독부가 사변 직후부터 재만 조선인 보호시설의 하나로, 영구(營口)·철령(鐵嶺)·하동(河東)·수화(綏化)의 네 군데에 새로운 마을 안전농촌을 건설한 것은 단순히 재만 조선 농민 문제뿐 아니라 이민 문제의 전 국면에 대해 좋은 시험장이 될 만하다고 생각된다.

영구(營口)는 남만주에, 하동(河東)과 수화(綏化)는 북만주에, 철령(鐵嶺)은 그 중앙에 위치하고 있다. 이들은 각각 지형, 기후, 풍토 등의 차이를 가질 뿐만 아니라, 경영 및 시설 면에서도 다양한 장점을 지니고 있다. 따라서 이들의 발전 과정은 향후 만주의 농업 경영에도 크게 기여할 것으로 기대된다.

안전농촌 창립의 동기는 사변으로 타격을 받은 재만 조선인의 구제로 그 단서가 출발한다. 그들 동포가 당시에 있어서 타격받은 것이 실로 상상 이상이었고, 때마침 수확기에 즈음하여 사변의 발발을 보았기 때문에, 눈앞의 풍요로운 수확을 전망하면서도 이를 방기하고 피난하지 않을 수 없기에 이른 것, 또 불안한 가운데 상당한 수확은 하면서도, 병비(兵匪) 패잔병의 도량 때문에 마을을 떠나지 않으면 안 되는 것, 또 어디까지나 현지에 머물면서 일하여 오히려 비적의 내습을 받거나, 또는 패잔병이 도피할 때 피해를 입고, 약탈, 방화, 학살, 부녀자 폭행 등 미개한 야만인이라 하더라도 해서는 안 될 폭행과 학살을 저지르는 자, 그들의 독수에 쓰러지는 인명, 약탈당한 자재는 실로 헤아려 알지 못할 것이 있다.

해를 넘겨 1932년의 춘경에 당해서도, 오지 비적의 도량 창궐이 극에 달하고, 일본 군경의 결사적 토벌로 치안이 유지된 지방에 원지(原地) 귀환을 알선했는데, 일시적 평정뿐으로 영구한 안주를 얻지 못하고, 게다가 북만주 일원의 수해로 의한 피난 선농이 더해져 보호를 필요로 하는 자 3만에 이른 것이다. 이들을 수용하고 생활의 안정을 보장하기 위해, 조선총독부, 관동군, 대사관, 만주국, 그리고 만철(滿鐵) 간에 협의가 성립되었다. 이에 따라 총독부는 보조금을 지급하고, 만철은 저리 자금을 융통하며, 동아권업공사에 그 경영을 위탁하였다. 이는 장차 이들을 자작농으로 자립시키려는 계획의 일환으로, 네 개소 모두 경지는 잘 정비되었으며, 경비 조직이 완비되어 치안에 대한 불안 요소가 전혀 없었다. 따라서 계획대로 진행된다면 '안전농촌'이라는 목표를 실현할 수 있을 것이며, 동시에 그들의 생활 역시 안정적으로 보장되어, 진정한 의미의 안전농촌으로 자리 잡기를 기대하는 바이다.

가. 영구(營口) 안전농촌

요하(遼河)의 물이 요동만으로 흐르는 곳, 무역 도시 영구가 있다. 그 대안 하북역에서 태산 철로 지선의 열차를 타고 30분, 전장대(田庄臺) 가까이에 영구 안전농촌이 개척되고 있다.

1933년까지는 요하 하류에 전개된 습지와 소금기를 머금은 황무지로서 아무도 돌보지 않았던 무인 장소는 2,580정보의 큰 면적을 한 구획으로, 우선 새로운 방사 도로의 간지선(幹支線)의 정비를 보고, 각 부락에는 중국식 평방이 집합하여 지어지고, 의사가 있고, 보통학교가 있고 경찰분서가 있으며, 사무소가 있고, 집 수 800호, 4천 인의 선농을 수용하여 무인의 대평원에 지금 새로운 인생이 영영하게 창조되고 있다.

1호당 경작 배당액은 수전 2정 4반 보, 택지 기타 1반 보, 60호의 10부락, 80호 1부락, 120호의 1부락, 합계 12개 부락을 만들고, 게다가 그것을 크게 나누어 중앙 부락, 제1부락, 제2부락의 3개소로 하여 질서 정연한 진용(陣容)을 정비하고 있다.

수전의 젖줄인 관개용수는 요하의 자연 유수를 이용하는 기계 양수에 의해, 이노쿠치 식 CEW형 42인치의 큰 펌프가 2대 설치되어 200마력의 원동기에 의해 간조 시 1대에 75개의 양수가 가능하도록 되어 있다. 배수구는 요동만에 개통하고, 해변의 방파제도 새롭게 쌓아 올리고 있다.

촌민의 대부분은 안동·무순·봉천·해룡 등의 피난민인데, 먼 길을 마다하지 않고 열하(熱河) 개로(開魯)로부터의 희망 입촌자들도 있고, 최근 것으로서는 1934년 가을, 남선 수해 이재민 500호의 입촌이 있고, 현재 1087호, 5,482명을 수용하고 있다.

좁지만 새롭고 따뜻한 우리 집은 건설되고 할당되어, 위생, 교육(보통학교 3교), 금융 기관도 갖추고, 각 농무계는 공제 조합, 소비 조합, 판매 조합의 기능도 겸하고, 상주 경찰관 25명, 기관총도 비치했으며, 사무소 망루에 있는 2만 촉광의 서치라이트를 점하고, 수원지의 수전회사와 조합하여 위기에 대비하며 수비대와의 연락을 취하고 있다.

1933년도는 정지개전(整地開田)도 소비되고, 일급 70전이 지급되어 스스로 그 창설의 중요한 임무를 담당했는데, 그 여력은 부업으로 힘을 쏟고, 9년도에 처음으로 씨를 뿌려, 그 생육 경과에 관해서는 각 방면으로부터 수많은 흥미와 기대로써 주시되고 있는데, 수도(水稻)

의 발육 상태가 지극히 좋고 반당(反當) 평균 겉벼 2석 3두 4승 8합, 합계 3만 5,000여 석의 쌀 수입을 얻고, 고복격양(鼓腹擊壤)이라고는 말할 수 없어도, 이 황무지로 이 풍작을 얻은 것에 관해서는 촌민의 전도에는 다대한 희망이 빛나기 시작하고 있다.

또 이 땅이 동면기에 부업 원료가 풍부한 것은 무엇보다 행복하다. 그것은 요하 하류의 연간에 있는 광대한 노적지(蘆荻地)인데, 이것은 만주에서 1개년 300만 매를 소비한다고 하는 거적의 원료를 무한정 공급하기 때문이다. 필자가 방문했을 때는 이미 이 거적 제작에는 일가를 움직여 숙련하고, 또 가마니 제작도 열심히 하고 있었다.

본 농촌의 조직은 모두 자작농 대우였는데, 설정비 이자, 관리비를 공제하고 다른 것은 전부 농민의 수입으로 하여, 농민 장래의 생활 향상에 도움이 되고 있다.

나. 철령 농촌

만철 본선 철령역으로부터 20km, 교통이 매우 편리한 곳에 있다. 이 땅은 장작림(張作霖)의 매제 양춘방(楊春芳)이, 사변 전 포기(圃記)도전공사를 이미 경영하고 있고, 기성 수전 720정보가 존재하고 있는 바이다.

양춘방(楊春坊)은 사변 당시 재빨리 천진으로 도망쳤으며, 이로 인해 해당 지역도 반드시 역산(逆算) 처분당할 것이라는 소문이 퍼졌다. 공명한 일본군 당국은 이 정도 혈연의 연결로 역산 처분을 하는 따위의 일은 하지 않았다. 그러한 소문에 의해 토지 브로커, 이권가 등이 활발하게 활약하고 상조(相助) 문제와 관련해서도 예상치 못한 어려움이 발생했다. 그러나 조선총독부의 독려와 경영을 담당한 권업공사의 노력에 따라 점진적으로 해결책이 마련되었으며, 1934년에는 계획된 면적의 매입이 거의 완료되었다. 수원(水源)은 대범하(大汎河)에서 확보하였으며, 도수로 및 관개 시설이 완비됨에 따라 작부(作付) 면적은 650전보(町步)에 달했다. 이로써 250호, 총 1,250명의 피난민이 겨우 생활의 안정을 찾게 되었다.

토지는 회흑색의 비옥한 식토(粘土)로, 일부 지역에서는 단보(段步)당 벼 4석 이상의 수확이 이루어지기도 한다. 1932년도 평균 수확량은 2석 4두 7승 8합, 1933년도는 2석 5두 2승 4합, 1934년도는 2석 5두 8승 7합에 달하며, 매우 안정적인 평균 생산량을 유지하고 있다.

이 안전농촌은 1932년도에 지극히 민속하게 계획된 최초의 것이다. 이미 만주인 지주와의 계약으로 십수 년 수전 경작을 계속하고 있는 선주(先住) 조선 농민 등도 있어서 그들은 이미 생활의 안정을 얻고 저축의 여유조차 생기고 있다. 이들 선주 조선 농민은 만주인의 구 가옥에 살고, 새로운 입촌자에게는 건축 자금을 대부하여 조선 가옥을 신축해 살게 하고 있는 것인데, 매년도 농경 자금 같은 것도 항상 완제되어, 필자가 방문한 때는 경작 필수의 볍씨는 사무소의 앞마당에 높이 쌓고, 가격이 쌀 때 매입을 행한 대두 가루 비료가 첩첩 거적으로 뒤덮여 갈무리되어 있는 상태로 여유작작함을 보이고 있다.

이 땅이 경제상 특별한 강점은, 교통이 편리하기 때문에 산미 및 부업 생산품의 전부가 봉천의 대소비지로 매우 간단하게 저액 운임으로 반출될 수 있는 것이다.

일계(一稧) 5정보의 채취전의 선정, 양돈의 개시, 해충 주제의 공동 작업 등 새로운 농업 시설이 연이어 계획되어, 1935년도부터는 점점 자작농 창정을 개시하고, 토지의 매수 가격에 6분의 이자를 더하여, 10년 내지 15개년 부(賦)로 분할 불입하도록 하는 것이다, 어떻게 그렇게 좋은 조건으로 해 줄 수 있는 것일까 부락민은 신기하게 생각하고 있을 정도이다.

일묘(一畝)의 경작지도 없이, 일개의 농구조차 없이, 식사할 때 겨우 소지한 하나의 숟가락이 비워지기를 기대하며, 가족 5명이 차례로 사용했었다고 할 정도로 빈궁했던 선농들이 이윽고 어엿한 자가농(수전 2정보 4반, 밭 5묘보)이 된 것도 그렇게 시일을 요하지 않을 것이다.

다. 하동 농촌

만주 지도를 펼쳐서 우선 하얼빈을 찾아낸다. 거기서 북만철로 동부선을 포크라나니챠의 방향으로 향하여 조금 더 더듬어 가면, 오길밀하(烏吉密河)라고 하는 역에 도달한다. 이 땅은 주하(珠河)라고도 하고, 이 지방을 흐르는 송화강(松花江)의 지류에서 자색의 진주가 나오기 때문에 이렇게 이름 붙였던 것이라고 한다. 이 주하가 중류로 합류하는 마이하(螞蟻河)라고 이르는 또 하나의 강이 있다. 버드나무의 녹음이 피어오르는 이 마이하를 막아 그 오른쪽 강변으로 2,000여 정보의 새로운 수전촌을 만든 것이 이 하동 농촌이다. 따라서 미 마을에서 생산되는 쌀은 자색 진주를 씻어내고 있는 물로 재배되는 것이고, 길림 대평원이 저쪽, 하동 부토(富士)가 우뚝 솟아 있고, 이름도 없는 산용(山容)을 삼방으로 둘러싸서 자색으로 빛나며, 풍경 또한 일본 및 조선 호남 연선의 대평원을 방불케 하는 아름다운 장소이다.

마을에 들어서면 곳곳의 중국 가옥마다 일장기가 휘날리고 있는데, 이는 해당 지역의 주택을 매입한 후, 원래 거주하던 만주인들이 모두 퇴거를 마쳤음을 의미한다. 현재 우리 조선

동포 850호, 총 3,485명이 이곳에 정착하여 안정적인 삶의 터전을 마련하고 있다.

1933년도 춘경기 전에 개촌한 것으로, 지극히 어수선한 준비 공작을 정비했기 때문에, 수도작과 같은 것은 현저하게 지연되었는데, 무비료로 벼 2석 5두 3합(합계 2만 석)이라는 평균 수확을 얻고 개가를 올려 1호 200원이라는 순익을 남길 수 있었던 일조차 있었는데, 9년도는 천후의 혜택을 받지 못하여, 수해, 저온 등으로 현저하게 흉작이었고, 그 실수익액이 위태로웠는데, 그래도 오히려 2석 2두 9승 1합이라고 하는 평균액을 얻고 있다.

전 지구 개전 이후에는 1,000호, 5,000명의 수용이 예정되어 있다. 이러한 소식을 접한 도쿄와 오사카 지역의 조선인 노동자들로부터 서면을 통한 열정적인 신청이 쇄도하고 있으며, 신청자가 예정된 수용 규모를 항상 초과하여, 선발 과정에서 어려움을 겪고 있는 상황이다.

조선보통학교령에 준하는 보통학교의 설치, 총독부 촉탁의 파견에 의한 보건 위생, 하얼빈 금융회 지소의 신설, 부이사 상주에 의한 농경 자금 기타의 금융, 역축 사양의 독려, 부업의 장려 시설 등도 정비하고, 하얼빈영사관경찰서는 8만 원을 투자하고 마을의 중앙 고지에 경찰분서를 신축하여 40명의 경찰관을 상주시키고 경비에 임하고 있는데, 사변 전에는 조선공산당 및 홍창회(紅槍會)의 본부 등이 있어서 제법 무시무시한 곳이었다. 그 잔당과 비적의 섬멸에는 수비대도 상당히 고심했지만, 지금은 치안도 잘 유지되고, 촌민은 아주 평온한 수면을 탐내고 있다.

이 근처는 산이 가까운 만큼 땔감은 꽤 풍부했고, 연료 등은 상당히 좋은 장작을 사용해 마을의 전등 회사 등도 장작을 연료로 하는 화력발전이다. 필자가 방문했던 것은 1934년의 춘경 전이었는데, 전년도에 있어서 예상 이상의 수확액에 따라 이 지역 농민의 순조로운 성장이 오지 일대로도 전해져서 연수현(延壽縣)·흥륭진(興隆鎭) 근처에 오랫동안 반거(蟠居)하고 있던 민족주의자가 속속 전향하여 주거 신고서를 영사관에 제출하고, 민회를 만들고 싶다, 학교를 만들고 싶다 등등의 신청이 다수 있던 시기였다.

일찍이는 국어를 사용하면 참살당하고, 아동은 모두 러시아의 귀조자(歸朝者)가 편찬하는 가리판(철필인쇄)의 교과서에 의해 적색 교육을 받거나, 총독부의 한 촉탁의의 셋집을 찾아주었다고 하는 이유만으로 린치를 당했던 만큼, 강렬한 공비의 소굴이 이윽고 자작농 창설의 제 시설도 정비되고 순박한 조선 농민에게 있어서 진짜로 왕도낙토가 될 것이 결코 멀지 않았다고 생각된다.

라. 수화(綏化) 농촌

수화(綏化)는 최북단의 안전농촌이고, 또 가장 새롭고 빈북선(賓北線) 진가강점(秦家崗站) 동방 약 4방리(邦里), 수화현 쌍하(双河) 진노민하(鎭弩敏河)의 왼쪽 강변에 있고, 1934년 3월 사업에 착수한 것이었다. 계획 예정 면적 약 1,000정보, 1호당 2정 4반보로 하고 이에 약 400호, 2,000명 수용 예정인데, 우선 초년도의 수용은, 280호, 930명이었고, 작부 면적 400정보였다.

이 농촌으로 수용된 조선 농민은 앞의 세 농촌에 비해 약간 이색적인데, 즉 사변에 의해 하얼빈·치치하얼(齋齋哈爾)·해랍이(海拉爾) 등의 도시에 피난한 자가 달리 정해진 직업 없이 아편과 몰핀을 밀매하여 불법 영업을 하다가 만주국의 질서 회복과 함께 차츰 그 활동의 여지를 잃고, 또 동포의 수치로써 지탄받고 있던 자를 수용한 것이다. 따라서 촌민의 안정, 영농 모습 등에 지대한 주목이 쏟아지고 있다.

토지 매수는 현(縣) 당국의 양해와 알선 덕분에 매우 순조롭게 진행되었으며, 예정된 가격으로 단기간 내에 전 지구의 매수를 완료할 수 있었다. 쌍하진(双河鎭) 동쪽 노민하(弩敏河)의 수원을 활용하기 위해 목조 취수문을 축조하고, 이를 기점으로 용수 간지선을 따라 자연 관개를 계획하였다. 이에 따라 지구 내에 제방(堤防) 공사를 착수하였으나, 예상치 못한 다우(多雨)와 고습(高湿)으로 인해 공사 진행이 원활하지 않았다. 더욱이 극심한 홍수 피해까지 겹쳐 예기치 않은 자연재해로 인해 공사의 진척이 현저하게 지연되었다. 응급 시설을 통해 간신히 통수를 이루었으나, 파종 시기를 놓친 데다 냉해까지 겹쳐 작황이 극도로 불량하였으며, 평균 수확량은 겨우 9두 9승 5합에 불과하였다. 그러나 1935년(10년도)에는 복구 공사를 완료하고 120호의 추가 수용을 진행하여, 계획된 수확량을 달성하기 위해 긴장 속에서 준비를 진행하고 있다. 이 지역은 완전한 농촌 지대 중에서도 최북단에 위치한 만큼, 도작(稻作)과 관련하여 중요한 시험적 의미를 지니고 있다. 따라서 향후 농업 발전과 인적 구성의 변화에 따라, 그 완성도가 흥미로운 시사점을 제공할 것으로 기대된다.

복리 증진의 시설로서는 상술한 세 안전농촌과 마찬가지로 위생, 교육에 대한 시설을 소유함과 동시에, 하얼빈 금융회 지사를 신설하고, 농경 자금 이외의 생계비 지출을 행하며, 생활의 안정을 꾀하고, 경비는 하얼빈 총영사관경찰서로부터 경관 파견 외에 만주국 경관의 호의로운 경비가 있으므로 치안은 잘 지켜지고 있다.

마. 간도 집단 부락

간도 집단 부락은 앞서 언급한 안전농촌과는 조직 면에서 약간 차이가 있다. 그러나 그 형성 동기는 동일하게 사변 이후 병비(兵匪) 및 공비(共匪)의 박해를 피해 일본 군경의 경비가 있는 지역으로 간신히 목숨을 건져 도망쳐 온 6,000호, 총 3만 6,000명의 피난민 중 적절한 대상자를 선별하여, 견고한 자위 설비를 갖춘 부락에 수용하고 생활의 안정을 도모하기 위함이었다. 이에 따라 1934년 2월, 조선총독부는 9만 6,000원(1호당 70원, 공동 건축물 한 부락당 1,000원) 중 6만 원을 먼저 지출하였으며, 나머지 3만 6,000원은 동양척식주식회사(동척)를 통해 즉시 실행하도록 조치하였다. 이는 간도 지역에서 자작농을 육성하기 위한 창립 자금의 일부로, 급박한 상황 속에서 서둘러 건설된 특수 이민촌이었다.

건설을 위해 현지로 파견된 젊은 총독부 직원들은 일본 군경의 엄호 아래, 공비 출몰로 빗발치는 탄환 속에서 그야말로 죽음을 무릅쓰고 활동하였다. 때로는 축성가로서 방어 시설을 구축하고, 공사판에서 인부들을 감독하며 토담을 쌓았으며, 때때로 대목수의 도편수가 되어 가옥 건축을 지도하는 등 고심을 거듭하여 매우 짧은 기간 동안에 공사를 완공할 수 있었으며, 이는 기념할 만한 업적 중 하나로 남게 되었다.

집단 부락의 창설 지점은 치안 관계가 허락하는 범위에 있어서 여지가 많은 미개척의 방면이 선택되고, 지미(地味)·땔감·음료수 등 생활 필수의 환경 및 장래의 경지 확장의 여유조차 전망하여 꽤 친절하게 설비되어 있다. 그 지점은

북합막당(北哈蟆塘)

태양촌(太陽村)

중평(仲坪)

춘흥촌(春興村)

세린하(細燐河)

장인강(長仁江)

토산자(土山子)

청산리(靑山里)

낙타하자(駱駝河子)

의 9군데였는데, 마을은 모두 경지의 중앙에 견고한 토담을 쌓고, 사각에는 포탑을 구축하였으며, 그 둘레의 가운데에 2호 1동 2간, 축사가 붙은 온돌 가옥을 지어 부락민 안민의 장소로 하고, 만일 적습의 경우에는, 문을 닫고 자위단원은 즉시 포탑으로 들어가 사계(射界)에 들어온 공비적을 사격한다. 낮에는 자위단원 호위하에 각자 경작하고, 저녁이 되면 토담 안의 자기 집으로 돌아가 문을 닫고, 보초를 서며, 순라를 돌면서 경계에 임하니, 스스로 지키고 스스로 경작하는 둔전병식을 지극히 자연스럽게 조직하고 있다.

부락의 인적 조직은, 부락장의 통솔하에 행정 방면은 부부락장이 담당하고 그 아래에 호장(戶長)이 있으며, 경비 방면은 자위단장이 이를 담임하고, 그 아래에 부단장, 대장, 조장이 있어, 질서정연하게 있는데, 자위단은 선인 중 청장년에 대하여 무장 훈련을 실시했던 것으로, 표면상 만주국 현장의 지휘하에 있는 것인데, 군경의 보조 기관으로서 유감없이 그 기능을 잘 발휘하고 있다.

겨우 1~2주 동안 총기 사용법과 전투 요령을 훈련받은 데 불과한 이 자위단원들은, 과거 육친이 공비(共匪)의 총탄에 희생된 자들과 공비에 대한 근본적인 원한을 품은 자들이 뒤섞여 있었다. 또한, 사변을 통해 일본 제국의 신민(臣民)이 된 것에 대한 감사와 감격이 더해져, 그들의 가슴속에 불타는 의지를 더욱 강하게 만들었다. 그 결과, 부락 건설 과정에서 총 49회의 교전이 발생하였음에도 불구하고, 적들이 단 한 차례도 토담에 손을 대지 못하도록 막아낼 수 있었다. 이러한 조선 청년들의 기개와 활동력은 앞으로 만주국의 치안 유지뿐만 아니라, 더 나아가 국방 문제, 특히 징병제 실시 등의 측면에서도 중요한 고려 요소가 될 수 있을 것으로 보인다. 그래서 간도 개척의 최전선에 있는 이 집단 부락의 농민들은 긴장된 상태에서 경작을 이어갔으며, 작년 가을 수확기에는 상당히 좋은 성과를 거두었다. 이러한 성과는 단순한 농업 생산의 성공을 넘어, 만주에 거주하는 조선인들의 미래에 안정과 번영이 찾아올 것임을 예견하는 긍정적인 징후라 할 만하다. 이에 따라 이들의 농촌이 더욱 건전하게 발전하기를 간절히 기원하는 바이다.

또 만주국 측이 간도에서 계획한 농촌 재건 운동으로, 보갑연좌법(保甲連座法)에 의한 자위자치의 집단 부락 장려안이 있다. 종래 간도 혼춘 지방은 지극히 소수 취락의 부락이 산재했기 때문에, 병공비의 참해가 인가가 희박한 땅인 만큼 심했으므로, 피해민 구조를 위해 산일(散逸) 생활을 집단생활로 개조시키려고, 113만 원의 예산으로써, 호수 2만 6,216호를 촌락 3,588개소에 집주하고, 자금 융통, 경지의 알선, 가옥 건축, 농사 지도를 친절하게 행하고자 함에 있다.

이 일은 만주가 치안 공작상 특수한 지역이라는 인식을 간과한 일부 주장들에 대한 가장 확실한 반증이 된다. "이민은 산재적 자유 이민이 가능하며, 획일적인 집단 이민이나 안전농촌과 같은 제도는 오늘날 불필요하며, 오히려 농민 경제 발전에 적합하지 않다"등의 이설을 수립한 자에 대한 가장 좋은 실증이다. 만주국 측에 있어서조차 오늘날 이후 오히려 이러한 제도를 신설하려고 하는 추세에 있는 것을 생각하면, 전기 안전농촌 및 집단 부락의 건설이 틀림없이 긴급하고 적절한 시설인 것을 스스로 분명하게 생각하는 것이다.

23. 간도를 재음미해야 한다

간도와 이민 문제, 간도와 사상 문제는 조선 통치의 경륜에 매우 다각적인 관계를 갖는 것이다. 그런데 우리 국민 대중에게 소위 간도 문제가 가장 강하게 인상되기에 이른 것은 다이쇼 9년 10월의 혼춘 사건이었다. 이것은 국경지대 전역에서 배일(排日) 조선인들이 강력한 무력 단체를 조직하고, 소비에트 러시아의 지원을 받아 동국(東國) 과격파와 연계하여 군관 양성과 무기 공급에 관한 계약을 체결한 사건이었다. 그들은 병영을 세우고 장정들에게 군사 훈련을 실시하였으며, 간도의 대한국민회 회장 구춘선(具春先)이 총사(總司)로서 이를 지휘하였다. 상하이 임시정부와도 상호 협력하며, 시베리아에서는 대한군정서와 대한신민부 등 배일(排日) 조직이 점차 세력을 확장하고 있었다. 이들은 조선 내와도 긴밀한 연락을 유지하면서, 같은 해 5월에는 용정촌의 간도 총영사관 일부와 두도구(頭道溝)를 방화하고, 일거에 조선 내로 진격하려는 움직임을 보였다. 그 세력은 결코 가볍게 볼 수준이 아니었으며, 10월 상순에는 더욱 규모가 확대되어, 불령선인(不逞鮮人)에 과격파 러시아인과 중국 마적까지 합세하여 대규모 부대를 편성하였다. 이들은 혼춘(琿春) 영사관을 습격하여, 영사관 건물을 흔적도 없이 불태우고, 다수의 일본인을 학살한 것이다.

두만강 바깥으로 황군이 출동한 것은 이때였고, 제19 사단 보병 제38 여단의 약간의 부대가 급작스럽게 명을 받아 간도 일대에 걸친 치안의 유지를 맡은 것인데, 무력단은 완강하게 아군에게 저항하고, 국자가(局子街)·용정촌(龍井村)·두도구(頭道溝)·백초구(百草溝) 등의 영사분관 소재지도 습격하려고 하여 사건은 상당히 확대되어 간 것이었다.

이때 일본 정부는 고하타(小幡) 주중공사를 통해 중국 국민정부에 대해 엄중한 항의를 제기하였으며, 안혜경(顏惠慶) 외교총장과 협의하여 일중 공동 출병 계약을 성립시켰다. 그러나 중국 정부는 국내에서 격화되는 배일(排日) 감정에 부담을 느꼈으며, 해당 지역의 책임자인 장작림(張作霖)은 출병 거부 의사를 타전하면서 사태의 조율이 쉽지 않은 상황이 되었다. 결국 일본은 단독으로 증병(增兵)을 단행할 것을 공식적으로 발표하였으며, 시베리아 출병 중이던 블라디보스토크 집결 부대에서 일부 병력을 차출하여 파견하였다. 이들은 조선군과 협력하여 작전을 수행한 끝에, 최종적으로 사태를 진압하는 데 성공하였다.

이 사건이 한번 일본으로 전해지자 근래에 없는 대사건으로 전 국민의 신경을 자극했다. 연말부터 다음 해에 걸친 의회에 있어서도 당연히 간도 문제가 논의된 것이지만, 그때 의원 사이에 있어서 간도라 함은 어느 섬이냐며 조선 동해안 일대와 연해주의 바다를 찾았으나 아무래도 발견할 수 없어서 아직 지도에조차 게재되어 있지 않은 작은 섬에서 일어난 사고로 별일 아니라고 안심했다 등의 우스갯소리가 남겨져 있는 것인데, 이 정도로 간도와 조선과의 관계에 대한 인식은 지식인 사이에서조차 깊지 않았던 것이다.

간도 연구는 이 시기부터 점차 일반적으로 인식되기 시작했다. 특히 혼춘 사건은 비교적 신속하게 진압되었지만, 이후 사상적 문제의 해결은 점점 더 어려워졌다. 간도가 러시아와 가까운 지리적 요건, 그리고 만주 지역의 복잡한 정치적 정세와 맞물려 점차 해결이 불가능해졌기 때문이다. 공산당은 체계적인 통제 아래 점차 세력을 확장해 나갔으며, 이에 대응하기 위해 중국 측과 체결한 미쓰야(三矢) 협정조차 오히려 역효과를 초래하였다. 그 결과, 공산당의 영향력은 이주 조선인의 90% 이상을 장악하는 수준에 이르렀고, 나아가 두만강을 넘어 북조선 지역까지 침투하기 시작하였다. 이에 따라 조선 내 사회주의자들의 분포에서도 북조선 지역이 전체의 50% 이상을 차지하는 상황으로 변모하였으며, 이는 사변(事變) 이전부터 나타난 흐름이었다

그 조직은 중국공산당의 지령을 받고 있는 것으로, 그 예하에 만주 위원회가 있고, 그 아래에 남만·북만·동만 세 위원회가 예속하고, 간도는 동만 위원회에 속하며, 그 아래에 화룡(和龍)·연길(延吉)·왕청(汪淸)·돈화(敦化) 등의 현(縣) 위원회가 있고, 현 위원회의 아래에 구(區) 위원회가 각각 10개 단체 정도 있다. 구 위원회의 아래에 지부, 세포라고 하는 순서로 되

어 있고, 그들의 후방에는, 하바로브스크 제3 인터내셔널의 동양 선전부가 대기하고 있었다.

그런데 사변 후 형성은 일변하였다. 그토록 조선공산당의 금성철벽으로 우뚝 솟은 간도도, 강제적으로 입당시킨 순박한 농민들이 차츰 제국의 위신에 신뢰하여 처음부터 분해 작용을 개시하고, 공비 토벌의 성공과 동시에 지리적으로도 차츰 후퇴하기 시작하여, 그 세력도 옛날과 견줄 수 없으니, 전향자도 속출하고, 기왕 십수 년 조선 사상계의 암종이자, 조선 통치에 있어서 장해 발생의 한 요인이기도 하며, 나아가서는 전 일본의 사상계에 미치는 영향 또한 컸던 간도 일원이 이후 시설 여하에 따라서는 충분히 황화(皇化)를 입은 선량한 선농 지구였던 것 또한 매우 어려운 정세가 되고 있을 뿐인가, 조선 내 인구 문제, 나아가서는 전 이민 문제 해결의 중요 지점으로서 있는 것이다.

더욱이 간도 일원이 그야말로 조선인에게 왕도낙토 되는 날이 오지 않을까. 다년에 걸치는 역사적 현안이 일거에 해결되어 조선 내의 민심에도 지극히 호경기를 미치는 한편, 국경을 넘어 블라디보스토크, 니콜리스크 방면에 존재하는 50만의 조선인에 대해서도 효과적인 시사를 던지는 것이 필연이라고 느끼고 있다.

이 방면에 있어서는 사변 전은 중국인의 세력이 꽤 왕성했지만, 사변 후 급격하게 실추하고 인구도 30만에서 17만으로 격감했는데, 그 반대로 조선인의 세력은 차제로 중국인과의 위치를 바꾸어 인구도 50만으로 증가하고 있다고 하는 것이다. 그리고 우수·니콜리스크 방면의 조선인은 간도 공산당의 병참부도 담당하고, 또 동빈학교(東斌學校)를 짓고 결심하여 민족적, 사상적 교육을 하고, 수재를 상하이, 톈진, 베이징(北平, 北京) 등의 소비에트 색깔이 농후한 학교에 보내어, 여기를 졸업한 자가 간도와 니콜리스크 부근의 지도자 간부가 되고, 또 상하이에 잠재하여 각종 책동을 하거나 만주 국내에 있어서 요란을 기도하는 등의 일을 끊임없이 계속하고 있다.

물론 이 러시아령 대안까지 왕화(王化)를 입는 것은 용이한 일이 아니다. 그렇지만 간도의 안정, 조선인의 낙토라고 하는 현실의 건설은 간도에 있어서 그들이 활약의 여지를 차츰 감쇄하고, 따라서 첨예한 각종의 공작을 획책하는 것에 여지가 없도록 하여 그 결과가 조선 내 사상 대책, 나아가서는 우리나라의 사상 대책에 굉장한 영향을 부여할 수 있는 것을 충분히 열망할 수 있는 것이다.

24. 좌우 불령사상의 온실

고래 조선인은 간도를 칭하여 간도(墾島) 또는 북간도(北間島)라고 부르고 있었던 것이다. 옛날 조선 종성(鍾城), 온성(穩城) 사이에 두만강류의 분파가 있어서, 중주(中洲)를 형성했는데, 주위 겨우 1리, 토리가 비옥해서 부근의 주민이 이를 개간하고 간도(間島) 또는 간도(墾島, 間島와 墾島는 조선 발음이 서로 통한다)라고 칭하고, 대안 일대 지방을 부르는 데에 종성간도·회령간도·무산간도라는 칭호를 사용하고 있었지만, 점차 월강 이주자가 증감함에 동반하여, 결국 간도 전반을 관칭하기에 이르러, 무송(撫松)·안도(安圖)의 두 현 지방을 서간도라 부르고, 현재의 지역을 북간도라 칭하기에 이른 것이다.

간도는 옛날에, 중국과 조선의 국경이 분명하지 않아서, 양국에 있어서 경계 문제에 관하여 끊임없이 분쟁하고 있던 지역이다. 강희(康熙)년간 당시 청의 성조(聖祖)는 청조 발상의 영지인 장백산(백두산)을 그 판도에 편입시키려는 의도 때문에, 오라(烏喇) 총관 목극등(穆克登) 등을 파견하여 백두산에 올라 소위 정계비를 세우게 한 것인데, 이 정계비가 후에 이르러 간도에 관한 쟁의의 큰 문제가 된 것으로, 중국 측은 비에 기재한 문장 '동위토문(東爲土門)'의 토문은 도문(圖們), 즉 두만강이었고, 이것을 경계로 한 간도 일대는 바로 자국의 영토로 하고, 조선 측은 정계비는 두만강의 상원이 아닌 토문강원(土門江源)에 세워져 있다, 토문강은 두만강과는 다른 강이고, 비가 세워진 땅에서 발원하여, 동동북의 방면으로 흐르며 우여곡절로 그 방향을 바꾸어, 결국 송화강으로 들어가고 흑룡강이 되는 것으로, 정계비의 문자 그대로, 또 위치 그대로 토문강이라고 한다면 당연히 간도는 조선령이 된다고 주장하는 것이었다.

그 때문에 여러 번 감계담판(勘界談判)을 반복하고 있었는데, 을유담판(1885, 明治 18) 때 조선 대표 이중하(李重夏)는 "나의 머리는 베어도, 국경은 줄일 수 없다"라며 각종 협박을 견디고 있으면서도, 대국인 중국이고 또 그 속박 안에 있으면서도, 단호하게 항쟁한 정도였고, 조선 측의 간도에 대한 집착은 당시부터 치열함이 있었다.

게다가 이 동안 광서(光緖) 초년(明治 7)경부터 북조선의 궁한 백성은 남몰래 강을 건너 간도에 이주 경작하는 자가 차츰 증가하니, 나중에는 함경북도 관찰사로부터 공공연하게 지권(地券)을 교부하고 관개를 허가한다는 상태였고, 을유담판 개시의 동기는 중국 측의 조사에 의해, 이미 이 지권의 교부를 받아 개척하는 경지가 천여 상(晌) 되는 것에 놀랐던 것이었다.

그후 청일전쟁의 결과, 조선은 중국에서 완전히 독립하고 이에 경계 문제가 다시 들고 일어나는 것을 보았는데, 다음으로 북청사변이 일어나고, 러시아의 마수도 차츰 뻗치니, 복잡함이 극에 달했지만, 메이지 35년 이범윤(李範允)을 북변간(北邊墾) 간도 관리사에 임명하고, 정계비 이하 토문강 이남의 구역은 명확하게 우리의 영토가 됨에 따라, 장량(丈量)의 제도에 의해 세율을 정하는 것이 마땅했지만, 당분간은 보호관을 설치하여 개간민을 보호할 것을 포고했는데, 당시 이미 재주 조선인 10여 만을 헤아리고 있었다고 하는 것이었다.

러일전쟁에 이르러, 이 이범윤은 러시아에 가담하고, 사포대(私砲隊)를 이끌어 우리 북한군에 대항하며 한때 화려하게 활동하고 있었는데, 평화 극복 후 러시아령으로 도망가서 폭도의 수령이 된 것이었다.

전쟁 중 걸린 문제도 있고, 또한 중국과의 분쟁을 피하기 위해 감계 문제는 일시 중지되고 있었던 것이었는데, 전후 메이지 10년 중국 관헌의 횡폭과 마적 불령배의 능욕과 학대로부터, 간도 재주의 한국 백성을 보호해야 할 것이라는 표면적 이유에 따라, 간도 문제를 한국 측에 유리하게 해결하기 위해, 당시 한국 측으로부터 외교권이 위임된 일본 정부가, 갑자기 통감부 파출소를 용정촌에 설치한 것이다. 일행은 사이토 스에지로(齋藤季治郎) 대좌가 이를 인솔하고, 현 이씨 왕조의 직장관이었던 시노다(篠田) 법학박사 등도 약관이면서 총무과장으로서 그 일행에 가담했다.

당시의 청국 정부는 크게 놀라서, 육군 중장 진소상(陳昭常) 및 육군 소장 오록정(吳祿貞)에게 대병을 따르게 하여 간도에 파병하여, 한국 백성 및 소수의 우리 파견원을 압박 공갈하며. 각종 사건도 빈발했지만, 잘 참고 견디어 소수의 헌병만으로 재류민을 지키고 치안을 유지하고 있었는데, 메이지 42년 7월에 이르러, 결국 최후의 결심을 하고, 오늘날까지 소속 미정의 땅으로 행동한 간도를, 한국 영토로서 행동해야 할 것 및 한국 백성은 청국 정부에 납세의 의무가 없다는 취지를 성명하며, 파출소에서는 바로 일본 정부를 향해 출병의 요구를 하기에 이르렀던 것이지만, 8월 4일에 이르러 급전 직하하여 「간도협약」이 결성되며, 수십년 이래의 현안은 해결된 것으로, 그것은 만주 제 현안의 해결과 교환하여, 반대로 간도를 중국의 영토로서 인정한다고 한 것이었다.

간도를 방기하고 교환적으로 해결한 당시의 대 만주 제 현안이라고 하는 것은 무엇일까, 1, 안봉선 개축 문제. 2, 신민둔(新民屯)에서 법고문(法庫門)으로 철도를 부설하려고 하는 청국 측에 대한 항의. 3, 대석교(大石橋)와 영구(營口) 사이의 지선은 러시아가 임의로 부설했기 때문에, 그 양도를 받은 우리 정부에게 철폐를 압박하고 있었다. 4, 무순 및 연대(煙臺)의 반환 요구. 5, 철도 연선의 광산 합판 계약에 대한 그들의 이의. 6, 경봉선을 봉천 성근(城根)으로 연장하는 것에 관하여, 만철 교차의 교섭 중이었던 영토권을 교환한 것은 당시 확실히 우리 외교의 실패였다.

그 후 조선인의 사이에 있어서는, 우리의 대 만주 현안 해결을 위해서, 조선 측의 영토권을 희생으로 제공했다고 하며, 분만(憤懣)하는 자가 많았고, 긴 조선 통치에 악영향을 끼치기에 이르렀던 것이다. 즉 간도 재주의 조선인은 원망과 한탄과 실망으로 불안한 생활을 보내고, 게다가 간도 사건으로 격화의 극에 달하고 있었던 일중 관헌의 반목이 이들 재주 조선인에게 누를 끼치고, 중국 측의 극단적인 압박 치하에 신음할 수밖에 없는데, 어쩌다가 한일병합에 대한 불평의 무리가 많이 들어와서, 왕성하게 배일을 선동하자, 장작에 기름을 붓는 것과 같이 울발한 간도 조선인의 기세를 단번에 올려, 우선 민족주의자의 온상이 되었고, 뒤이어 공산당이 점거하는 지역이 되었고, 소위 불령선인의 산지가 되었으며, 비옥한 천혜의 농경지로 화하고, 좌우 불령사상의 일대 온실을 형성하여 국내로까지 큰 영향을 주며, 오늘에 미치고 있는 것인데, 지금 만주국의 출현, 일본 세력의 확대 강화는, 이 간도 영토권 희생의 원차(怨嗟)를 모두 해소하고, 그야말로 면목을 일신하려고 하는 때이다. 여기에 일본으로서 일개의 경륜이 될 수 없는 것은 당연하다고 말하지 않으면 안 된다.

25. 대만(對滿) 이민의 중심지성(中心地城)

간도는 총면적 1,656평방미터, 사국(四國) 또는 함경북도보다 약간 광대한 것으로, 총인구 52만여 명 중 조선인 41만을 헤아리고, 일본인은 약 4,000명, 만주국인 11만여 명을 헤아려 인구 밀도 1평방미터 330명이며, 조선에 있어서 가장 인구가 희박한 함경북도의 460명에 대해서도 또한 굉장히 희박한 상태이다.

가경지면적은 40만 정보, 그 6할이 안 되는 23만 2,000정보가 이미 경작되어 있고, 총인구의 8할은 순농(純農)이며, 그 대부분은 조선인이다. 그래서 기(旣)경토지 중 11만 200정보는 귀화 조선인[지방주인(地方主人)이라고 부른다] 5만 3,000명에 의해 소유되어 있다. 이 토지 소유는 전 만주에 걸쳐 타에 비교할 것도 없는 간도 독특한 것으로, 표면적으로 지방주인이 아니면 매매할 수 없지만, 일반적으로 조선인이 지방주인과 이름을 나란히 써서 구매할 때는 등기가 가능하니, 사실상 소유하는 것이 가능한 것이다. 이것을 전민(佃民)이라고 하는데, 전민은 명의를 빌린 귀화인에게 약간의 사례금을 지불하고, 그 후의 소유권은 그들의 손으로 옮겨 매매대차 모두 자기 뜻대로 한다. 이것은 사변 전부터 중국 관헌도 인정하고 있던 것인데, 상조권(商租權)의 확충과 함께 간도에 있어서 이 조선인 토지 소유 문제에 관하여 특별한 고려를 기울일 필요가 있다고 생각한다. 들리는 바에 의하면, 만주국 측에 있어서는, 전 만주의 토지 문제 통일을 위해, 간도도 동일한 범주 속에 넣어 실질적으로는 그렇게 변화가 없는 상조에 포함시키려는 의향 같은데, 상조와 소유는 글자 그대로 오는 통념에 있어서 몹시 상이함이 있다. 겨우 알알이 고생하여 얻은 그들의 토지이다. 그 대책이 개악(改惡)이 되지 않도록 적법한 처치를 강구할 것을 절실하게 희망하고 있는 바이다.

이상의 토지 소유 문제가, 이미 만주에서 조선 농민 문제 중의 특이성인데, 또 하나 대 만주 조선 농민 진출에 관하여 간도 자체가 참으로 좋은 컨디션을 가진다는 것을 기술해 두고 싶다.

그것은 조선인 이민에 관한 필수성을 인식하는 사람들 사이에 있어서도, 조선 농민이라고 하면 쌀농사를 상기하고 최근 미곡 문제가 일본과 조선을 통틀어 중대한 정치 문제로까지 진전한 실상으로 보아, 만주에서 수전의 증가, 쌀의 증산이 더욱 중대한 결과를 일본의 미곡 문제로 받아들일 것을 우려한 나머지, 이 설호의 기회에 있어서조차 조선 농민의 진출을 환영하지 않는 경향도 있는 것이다. 본 문제는 결국 '자라 보고 놀란 가슴 솥뚜껑 보고 놀란다'라는 류로, 만주에서 수전의 증가는 하등 걱정할 만한 결과를 초래하지 않고, 그 상세는 앞의 장에서 이미 서술한 바 있는데, 가령 기우론자의 말을 수용하는 가정을 바탕으로 간도를 본다고 한다면, 여기에서 기뻐할 만한 현상을 발견하는 것이다. 왜냐하면 간도 일원에 걸친 기간지도 미간지도, 거의 전부가 화전 농작지여서, 소위 수전의 증가를 초래하지 않기 때문이다. 게다가 미개간지에 포용해야 할 인원은 오히려 이후 족히 100만 이상의 새로운 이주자를 환영할 수 있는 것이다.

이상의 사실을 통하여 간도 문제를 재음미하면, 역사적 관계는 말할 나위도 없고, 그들에게 있어서 전부 고향이며, 지리적 관계에 이르러서는 단순히 인접한 땅에 지나지 않고, 더구나 현재 거주 동포는 전 만주에 산재하는 수의 50% 이상을 차지하며, 경지는 일본과 조선 모두 충돌하지 않는 작물을 식재할 수 있어서, 가뜩이나 그 좋은 방책을 얻으면 조선 사상계에 밝고 좋은 영향도 수반하는 이 간도와 조선인 이민 문제야말로, 오히려 대 만주 이민 문제의 중핵이 되는 것으로서 진지한 연구 시설의 가치가 있을 것이라고 생각한다.

26. 동아시아를 지지하는 대국적 경륜

이상 지극히 다각적으로 조선인 이민의 긴절성(緊切性)을 논하고 또한 현지 시설의 일부분을 소개하여 그 진전성을 실증할 수 있었다.

그러면 이러한 중대 의의를 가지는 조선인 이민 문제를 어떠한 방책에 의해 빠르게 설비할 것인가, 그 기조가 될 만한 것을 다음에 기술해 보겠다.

1) 이민 사업은 국가적 견지에 서서 계획해야 한다.

동아시아를 지지하는 대국 일본의 입장에서 이민 문제를 처리해야 하고, 결코 눈앞의 소승적인 고식(姑息) 수단으로 일시적 방책 또는 편법에 안주해서는 안 된다. 그 계획은 어디까지나 국가 국책에 기조를 두어야 한다.

2) 재만 기주 조선 농민에 대해 이 기회에 있어서, 적절한 보호 훈련의 시설을 정비하여, 물심양면의 결합을 도모하고 생활의 안녕과 향상을 부여할 것.

먼저 거주하는 자를 우대하고, 그 사상을 조정하게 하는 것은 단순히 새로운 이민 장려에 대한 최선의 지표일 뿐만 아니라, 그들이 종래의 방랑적, 허무적 생활을 청산하고 일본 제국 신민된 자각을 가지게 되는 것은 조선 통치상에 있어서, 또한 대 만주 인적 요소상에 있어서, 지극히 중요한 효과를 가져올 것.

3) 선주자(先住者)의 조정 및 새로운 이주자에 대한 방책은 모두 집단 부락 본위이어야 하는데, 단순히 천편일률적 주입식 교육 방법은 안 된다.

만주에 있어서 치안상의 특수 조건 및 이민의 교육, 훈련, 금융, 기타 제반에 미치는 시설 통제의 사정상, 그 이민 계획은 당연히 집단 부락 본위여야 하는데, 그 구역 이외는 전혀 발전의 여지가 없는 것 같은 느낌을 준 것은, 이민의 향상심을 노리는 소이가 되기 쉬우므로, 모든 계획에 상당한 여유를 존치해 둘 것.

4) 자작농의 창정을 본지(本旨)로 할 것.

상조권 문제 해결의 이 기회에, 그들로 하여금 토지를 갖게 하는 것은 무엇보다도 생활을 안정시키는 것이 되고, 또한 노력 발분이 된다. 거기에는 강력한 기관으로써 싼 가격으로 또한 광대한 지역을 획득하고, 이곳에 집단 부락을 건설하여 적당하게 이민에게 분할하며 10개년 내지 20개년 연부(年賦)로써 상환하게 하는 것이 가장 좋은 법일 것이다. 이 경우 매년 상환 금액은 대체로 종래의 소작료의 액수가 나오지 않도록, 될 수 있는 대로 민력을 함양하는 것이 적당하다.

5) 영농은 반드시 다각적 농법에 기초를 둘 것. 수전, 화전, 축산 및 기타의 부업 등을, 여러 가지 지리적 환경에 대응하여 적절한 안분을 할 것을 설계해야 할 것.

작물이 한쪽으로 치우치는 위험성과 불경제는, 일본과 조선을 통하여 농업 경영상 잘 경험되어, 지금은 다각적 농법의 소리가 발언되는 때, 새로운 처녀지에 있어서의 설계는 물론 이 신동향의 기초 위에 두지 않으면 안 된다.

특히 만주에 있어서는 유축농업을 중요시하는 것을 망각해서는 안 된다고 생각한다.

6) 이민의 보호 조성 기관으로서, 반관반민의 일대 회사를 설립해야 할 것. 단 그 조직은 반드시 일본과 조선이 따로따로 되어 있을 것.

이민의 취급은 이민 회사로 하여금 행하게 할 것을 가장 적당한 것으로 한다. 그래서 이빈처럼 특히 중대 국책 수행에 관한 내용을 포함하는 경우에는 과거에 여러 가지 실패한 역사를 가지고, 또한 너무 복잡한 기구를 소유하는 등의 기관은 될 수 있는 대로 피하며, 가장 청신한 입장에서 활동할 수 있게 함으로써 당연히 새로운 기관의 설립을 급무로 한다.

이 경우 이미 일본 이민에 관한 기관은 설립의 기운에 달하고 있는 연유인데, 조선 이민을 그 속에 종합하고 포함하는 등은 매우 졸렬하다. 왜냐하면 그 지리적 관계, 영농법, 생활 습관등의 입장에서 조선 농민 이민은 당연히 일본 이민의 3분의 1의 소요 경비로 충분한 것인데, 그들을 동일 회사에서 일본인과(課), 조선인과(課)와 같이 분류하여 취급한다 하더라도, 어떻게든 차별적 취급을 하는 것 같은 느낌을 주기 쉽고, 애써서 고심 노력해도, 우선 처음에 그러한 정신적 불평을 가지게 해서는 그 효과를 간절히 바라는 것이 지난하기 때문이다.

27. 국가적 이민 회사 설립의 요항

이 요항은 1934년 8월 집필된 졸저 『만주 이민의 새로운 길』에 기재하기 위해 스스로 복안(腹案)을 세운 간결한 하나의 개인적인 생각에 지나지 않는다. 전해들은 바에 의하면 그후 조선총독부에서도 대 만주 이민 문제의 근본적 해결을 위해, 일대 이민 회사 설립의 필요에 육박하여 그 기운은 차츰 무르익고 있는 것 같다. 바야흐로 실현의 때 타산지석이라도 된다면 기대 이상의 행운이라고 생각하고, 여기에 다시 올리는 바이다.

이민 회사의 자본금은 적어도 3,000만 원 이상으로 한다. 이것은 반관반민이라는 주지에 의해 일만 합변으로 설립하고 일본 측은 조선총독부로 하여금 소유주식의 주체가 되게 하며, 또한 감독시키는 것이 적절하다.

원래 만주에서의 조선인의 보호와 무육(撫育)은, 그 기관이 복잡하기 때문에, 오히려 연락 통제가 결여된 느낌이 있다. 예를 들면 조선 민회, 경찰 취체 및 무국적자 취적은 외무성에 속하고, 상기 이외의 조장(助長) 방면 즉 교육, 위생, 금융 등이 조선총독부에 속하는 것인데, 이들의 사항도 다수 조선 민회를 통하여 행하여야 하는 것이 가장 효과적이며, 또한 통제상 필요하기도 한 것인데, 민회 본래의 경비 지변(支辨)은 외무성에 있고, 총독부가 어떤 일을 하려고 하는 경우 그 경비는 외무성을 거치지 않고 직접 민회에 지출되고 있는 등, 오늘날 이미 적지 않은 불리와 불편을 보고 있다. 과거에는 일반적으로 조선인에 관한 것은 모두 조선총독부를 통해서 행하는 것이 가장 좋은 방책이라고 생각한 것이다. 이것은 조선 통치의 방침으로서 가장 필요한 것으로, 재만 조선인의 입장에서도 조선총독부를 통하여 미치는 황화에 흠뻑 젖어드는 것이, 얼마나 총독 정치를 활용하는 소이가 되는지는 설명할 것도 없을 것이다. 따라서 이 이민 회사도 총독부의 감독하에 둔다고 한다면, 조선에는 여러 가지 특수 조건이 있다는 것을 자각하고, 일본 이민 회사의 시설과 비교하여 불평을 품는 등의 일은 없을 것이라고 생각되는 것이다.

그래서 이 회사가 수행해야 할 사업의 주된 것은,

1) 이민의 이주 지구의 선정

우선 적당한 토지를 선정하고, 그 매입, 또는 교부를 받으며, 이주의 준비를 하고 부여하는 것이다. 이것은 만주국 및 관동군 특무부와 협조하는 것에 의해, 상당히 민속하고 또 광범하게 적당한 땅을 획득할 수 있다고 생각한다.

2) 집단 부락 구성의 설계

1호 2정 5반 보 이상의 토지 및 예비지를 준비하고, 50호 내지 100호를 1단위로 한다. 또 이 집단을 연쇄하여 2,000호 정도의 단위를 만들고, 여기에 이민 기관의 지사를 둔다.

부락에는 농경에 관한 경험자로서, 신이주자 5호에 대해, 1호 정도의 기이주자를 혼입시키는 것이 좋다.

3) 이민의 모집

만주 기주자로 벽원(僻遠)의 땅에 사는 자, 및 사변 피난민으로 또한 원지로 귀환하지 못하는 자 등을 조사하여 일정의 지구에 집중시키는 한편, 조선 내의 빈곤자로서 지조가 견실하고 노동력이 풍부한 자를 모집하고, 그 배분의 방법은 가급적 동향자, 친척, 지인 등 사로 어울리기 좋은 자를 한 곳에 집중시킬 것.

4) 경작 형태의 정돈

지세, 수리 기타 경지의 환경에 응하여 가급적 다각 농업에 적당하도록 지역의 정돈을 한다.

5) 금융 기관의 정비

설하며, 각 현마다 지부를 설치한다.

이 금융 기관이야말로 전체 이민에 생명을 불어넣는 가장 소중한 역할이 되는 것이다. 즉 와서 살자마자 생활비, 토지 구입비, 건축비, 농경 자금 등을 방출하고, 이것을 저리 장기(低利長期)의 연부상환제(年賦償還制)로 하는 것이다.

이 사무 취급은 관엄함의 적절함이 필요함.

6) 경찰 위생 기관의 설치

의원을 상주시켜 무료 진료, 저액 진료를 하고, 또한 평상시 위생 사상의 보급에 노력하게 한다.

7) 판매 구매 조합

농산물 및 부산물의 부매 및 일상생활 자료 구입에 편리하도록, 이 조합을 활동하게 한다.

8) 자경 방비단의 조직

부락 내의 장정에게 자치적으로 조직하고, 재향 군인에게 지휘하게 한다.

9) 교육 기관의 정비

일반 농민, 지도 간부, 자제의 세 가지로 나누어, 교육을 철저하게 보급할 필요가 있고, 이 문제는 모든 시설 중 가장 중요한 위치를 점하는 것이 되므로, 뒷장에서 약간 상세하게 서술하기로 한다.

28. 살아 있는 교육 기관을 만들어라

이주 현지에 있어서 교육 기관을 나누어 3개의 조직으로 구분한다. 그 제1은 중견 간부를 양성해야 하는 이민훈련소, 제2는 일반 백성의 성인 교육, 제3은 자제 교육의 간이 학교이다.

이민 훈련 오로지 중견 인물을 양성한다. 조선 내에서 우수한 청년, 학력은 대체로 농업학교 졸업생으로서 지조가 견고한 자를 선발하여, 1개년간 현지에서 만주 농업 경영에 관한 학술계를 체득시키고, 또한 규율 통제의 생활 훈련을 부여했다. 졸업 후는 각 부락에 적절하게 배속하여 부락 지도의 중심이 되게 한 것이다.

원래 이민 사업에 관하여 가장 중요한 것은 중심인물의 존재라고 하는 것이다. 가목사(佳木斯) 이민 중국민 고등학교 졸업생의 성적만은 비교적 양호한 것이고, 또 백음태래(白音太來)의 부랑인 마을과, 일등원(一燈園)의 이민촌이 얼마쯤 성공의 경계에 근접하고 있는 것도 말하자면 중심인물이 존재하고, 그 신념이 차츰 각자의 정신에 침투해 가기 때문이다.

이 한 가지를 주시하여, 이민 기관 설립과 동시에 제1로 착수해야 하는 것은, 이 중견 인물 양성의 일사이다.

부락 배속에 관해서의 취급은, 하나의 이민으로서의 자격으로도 좋고, 또 이민 기관 직속의 지도원으로서도 좋다.

성인 교육 이것은 단순하게 신이민 기관만의 영역이 아니라, 조선총독부의 소위 재만 조선인 보호와 무육의 범위에 있어서도, 크게 힘을 쏟아야 할 대사업이라고 생각한다.

재만 조선 농민은 일자무식한 자도 꽤 많다. 그렇지만 그중에는 상당히 교양도 있고, 또한 공산당 혹은 민족주의의 세례를 받은, 이론만 앞세워 따지기 좋아하는 인물도 상당수 개재하는 것이다.

무지한 자와 이러한 자가 뒤섞여 있던 이민 부락의 민가에게 왕도, 황화를 입게 하여, 제국 신민된 자각의 기반으로 발랄한 활동을 하도록 하려면, 제대로 된 성인 교육, 즉 인생의 재교육이 필요하다. 종래 이러한 것은 전혀 불가능하다고 여겨지고 있었다. 그러나 오늘날의 기회에 있어서는 결코 불가능하지 않다. 거기에는 조선의 민족성을 잘 이해하고, 소아병적인 이론 같은 것을 타이르고 또 타일러서 반박할 수 있는 풍부한 식견을 가지며, 역사적, 민족적 학식이 깊으니, 그들로 하여금 충분히 열복(悅服)하게 할 수 있는 인물을 끊임없이 파견하여 강연으로 혹은 간담으로 민중과 직접 접촉하고 무육 훈화한다. '이야기하면 이해하는' 그들이기도 하다. 필자와 같은 사람은 위의 어느 것에도 가치가 없는데, 단지 그들을 사랑하는 열정만으로, 시찰 여행 중 도달한 곳의 농민과 기거를 함께 하고 무릎을 맞대며 친근하게 이야기를 나눈 것만으로, 어쩐지 서로에게 크게 양해(諒解)하는 기분이 드는 것이다.

기타 야학회, 강습회 등 성인 교육의 방법은 여러 가지 있을 것이다. 단, 이 기회에 있어서 가장 중요한 것은, 역사적, 민족적, 문화적으로 일본과 조선 화합 필지의 명확한 신념을 주며, 만주 안주(安住)의 이해를 깊게 하여, 일본 제국 신민된 자각을 긍지하게 하는 것이다.

간이학교 서당식 간이학교는 안전농촌 및 민회를 경영하는 자가 이미 존재한다. 2부 교수, 3부 교수로 조선총독부 교육령에 의한 6개년의 보통 교육을 실시하고 있다. 조직은 이것으로 좋다. 단, 저자가 여기에 일신기축(一新機軸)으로 힘을 고르고 싶은 것은 교과서의 개정이다.

현재 사용하고 있는 것은 물론 조선 총독부 발행의 보통학교 교과서이다. 기후, 풍토가 전혀 다른 만주에 있어서 일본과 조선의 물상을 대상으로 하여 편찬된 것은 매우 모순이 많다. 예를 들면 3월 "복숭아의 계절, 들에는 자운영이 피어 있습니다. 유채꽃에 나비가 춤추고 있습니다"라고 기재되어 있다고 친다. 북만주의 오지에서는 아직 동면기의 한 중간이고, 들판은 눈에 뒤덮여 있으며, 강은 견빙으로 막혀 있어서 유채꽃은커녕, 3월은 말할 것도 없고, 4월이 되어도, 5월이 와도, 복숭아도 자운영도 민들레도 유채꽃도 없다. 이것은 아주 작은 일례다. 유연한 어린이의 두뇌에 거짓을 가르치고, 가공의 교육을 해야 하는 장면은 굉장히 많다.

또 좋은 반면만을 순수하게 받아들인다고 해도, 그것은 단순히 일본 본토를 동경하고, 고향 조선을 그리워하게 하여, 침착하게 만주에 정착하여 일한다고 하는 신념을 배양할 수 없다.

만주에는 만주 특유의 자연 매력이 있고, 또 각각의 향토색이 있다. 박물학적으로도 특별히 자랑할 수 있는 것도 존재한다. 이것들을 잘 취해 받아들이고, 또한 모국과 만주와의 관계 등도 잘 이해시켜, 만주를 영원한 분묘의 땅으로 하는 신념을 키우는 교과서의 편찬은 급무 중의 급무이다. 또 그렇게 곤란한 일도 아니다. 이것은 본래 조선총독부가 담임해야 할 일일지도 모르지만, 이민 기관에서 결행해도 또한 유효하다.

교육 기관 정비에 관하여 더욱이 한걸음을 나아가 제창하고 싶은 것은, 두 가지의 조선인 중등학교의 신설이다. 하나는 농업학교, 하나는 사범학교이다. 이것은 이민 기관이 행하여야 할 범위가 아니고, 조선총독부, 혹은 만주국에서 조속한 연구를 하여 실현될 것을 절실히 희망하는 것이다.

그것은 그들 이민의 자제로서, 앞으로 향상의 희망을 갖게 하고, 그 생활을 명랑하게 함에 관하여 무엇보다 간이하고 적절한 시설이 되기 때문이다. 즉 현재 조선인 이민의 자제가 나아가야 할 길로서는, 아버지의 업을 이어 현지에, 혹은 방랑하며 농경을 영위하는 것 외에는 아무 것도 없다. 물론 대부분은 살기 위해 일상생활에 쫓겨 향학연찬(向學研鑽)의 여유 따위는 정말로 많지 않았을지 모른다. 그러나 그들 유랑의 백성 중에도 상당히 좋은 소질을 가진 자제는 상당히 많다. 나는 이것을 수많은 간이서당의 생도 중에서 발견한 것이다. 이들을 하나는 농업학교에 입학시켜 만주 독자의 영농법을 연구 체득하게 하며, 장래 농사 개량의 중견 인물이 되게 하고, 하나는 이 또한 만주 특별의 교육자 양성 기관으로서, 그 졸업생은 이후 순차적으로 확대될 전 만주 부락의 간이학교에서 교편을 잡게 하여, 제2세대의 교육 훈련을 담당하게 하는 것이다.

그 어느 쪽도 관비로 기숙사 등도 무료기식하게 한다. 생도의 자격은 재만 거주자에 한하고, 경쟁 시험에 의해 소질이 좋은 자를 모은다. 그 위에 전문학교 입학 등의 경우에는 조선인 농학교, 및 사범학교와 동일한 자격을 부여해 둔다.

이러한 것은 한편으로, 만주 독자의 입장에 있어서 농업 기술자 중견 인물, 혹은 교육자를 얻을 수 있음과 동시에, 전 만주에 걸친 조선 농민에게 절대적인 인생에의 희망을 가지게 할 수 있다고 생각한다. 인간이 '이 정도로 막다른 곳이다'라고 생각하면 누구라도 허무적으로 되기 쉽다. '노력하면 크게 향상할 수 있다'고 하는 신념을 가지면, 순순히 진지하게 인생을 대한다. 아주 약간의 시설이면서도 이 두 가지는 조선 농민의 자제에게, 아니, 그 모든 가정에게 확실한 장래에 한 가닥의 광명을 부여할 수 있을 것이 확실하다.

29. 토목 노동자의 입만(入滿) 문제

조선인 이민이라고 하면 꼭 농민만으로 한정되는 것이 오늘날까지의 상식이었다. 어쩌다가 토목 노동자의 문제가 올라와도, "고력(苦力)에 비교하면 조선인은 전혀 쓸모없다. 태만하고 이론만 앞세우니 부리기 나쁘고, 노동 능률이 오르지 않는다. 지금 경도신선(京圖新線)의 건설에 대해, 연선 민회장으로부터 군부로 열심히 보내는 진정이 있었기 때문에, 청부업자에게 명하여 조선인도 고력으로 붙여 사용하게 했다. 그런데 어떠한가. 결국 직무 수행차 출장을 가 보면 예정 수의 반도 나오지 않는다. 게다가 그 무리도 조금 있으면 중간에 그만두어 버리거나, 또 계속하는 자는 조금 자금이 생기면 별안간 쉬겠다고 하는 상태여서 실제로 전혀 쓸 수 없는 조선인 노동자는 질색이다"라고 한다.

유감이지만 이 말은 정말이다. 그러나 이 정도의 사실로 조선인 노동자가 만주에서 제 역할을 못 한다고 단정하는 것은 아직 이르다.

지금 보아라, 조선 내에 있어서 토목 공사, 철도 항만의 공사는 모두 조선인 노동자이지 않은가, 나진항(羅津港) 수축에 관해 노동력의 부속을 초래하여, 급거 5천 명의 토목 노동자를 남조선에서 보낸 것은 아주 최근의 일이다.

일본 본토에 있어서 토목, 건축, 항만, 철도 등의 제 공사의 40% 이상은 조선인이다. 도시 사람이 긴자(銀座) 산책 중에 잘 보는 지하철 공사의 노동자가, 화려한 지상의 분위기를 전혀 다른 곳처럼 여기며, 어둑어둑한 지하에 숨어들어 아세틸렌의 냄새에 흐느껴 울면서 밤을 지새우고 부지런히 힘써 일하는 것도 조선인이 대부분이다.

그러니까 일본 국내의 토목업자, 건축업자는 아득한 바다를 건너 해마다 남조선 방면으로 노동자를 모집하러 오고, 엄청난 인원이 시모노세키(下關)로부터 흘러든다. 이리하여 일본의 노동 문제를 자극한다고 하는 순서가 되는 것이다. 그들 업자의 착안은 간단하다. 자금이 싸고, 쓰기 좋고, 근면하기 때문인 것에 불과하다. 그래서 저액 임금에 만족하는 그들은 일본으로 도항해도 『일을 해도 일을 해도 우리 생활이 편해지지 않음』에도 불구하고, 오히려 매년 그 수가 늘어간다.

그러면 조선에 있어서는 이같이 능률적인 조선인 노동자가 왜 만주에서 제 역할을 못하는 것일까. 생활 정도의 경쟁, 저임금 측면에서도, 충분히 고력에게 필적할 수 있는 것이다. 이것은 얼핏 보면 정말 기이한 현상이라고 말하지 않으면 안 되는 것인데, 이곳에도 하나의 연구 부족이 존재한다.

즉 만주에서 토목 노동을 신청한 것은, 전혀 노동자로서의 경험도 훈련도 없는 단순한 백성이다. 특히 경도선 실패의 실정을 조사해 보면, 그것은 각 민회장이 농민과 별로 상담하지 않고 희망자도 모이지 않으니, 선의의 지레짐작으로, 이 기회에 일하게 해주고 싶다고 열심히 진정을 넣은 것인데, 어쩌다가 농번기거나, 또는 토목 노동에 전혀 길들여 지지 않거나 해서 모처럼의 계획이 허사로 돌아간 듯 한 바이다.

또 만주의 백성은 실제 노동에 있어서 실로 안이한 것이다. 이 기회에 잠깐 설명해 두고 싶은데, 춘경기에 들어 밭을 갈고 물을 넣고, 벼를 직접 파종한다. 못자리를 만들거나 정조식(正條植) 등은 물론 하지 않는다. 뭐라 해도 봄이 늦고, 가을이 빨라 일조기가 짧고, 곧 서리가 내리기 때문에, 어쨌든 밭을 만들어 볍씨를 힘닿는 대로 뿌리면 그것으로 할 일은 끝난 것이다.

제초 등도 별로 하지 않는다. 한여름이 오면 벼와 잡초가 쑥쑥 자란다. 이것을 벼째 큰 낫으로 쥐어 벤다. 다시 한번 자라면 또 그렇게 한다. 2, 3회 베어내면 벼는 성육 과정에 들어가고, 쑥쑥 잡초를 벗어나 생육한다. 그것을 방임해 두면 결실하게 되는 것이다. 물 걱정 등도 자연에 맡겨 별로 하지 않는다.

어떤 일본인이, 이런 엉성한 경작으로는, 이라며 크게 분발하여, 일본과 같이 못자리를 만들고 정조식을 했더니 거의 그 대부분을 고사시키고 말았다. 이듬해는 직파했는데, 제초도 깍듯이, 비료도 주며 크게 신경을 썼지만, 볏대가 너무 웃자라서 결국 쌀알이 맺히지 않거나 이삭으로 끝나고 말아서, 3년째부터는 만주식 허술한 재배로 환원했다는 실화가 있다.

물론 현재의 원시적 경영이 최선이라고는 말할 수 없을 것이다. 이후 영농상 크게 개량을 가해야 할 점이 많은 것이지만, 지나치게 열중하면 오히려 냉정한 판단을 하기 어렵다. 특수 지역에는 역시 거기에 맞는 재배법이 경험되고 발달해 가는 것으로, 만주에서 선농의 수전 재배는 실로 노동의 안이함에 길들여지고 있는 것이다.

여담이지만, 이러한 상태이기 때문에 토목 노동, 광산 노동과 같은 일은 하지 못하는 것이다. 동시에 그들도 역시 그것을 좋아하지 않아서, 궁박은 해도 오히려 농한기 같은 때도 될 수 있는 한 유연하게 있고 싶은 습관을 가지고 있다. 그래서 그저 임시로 백성을 다른 노동에 사용해도 제 역할을 하지 못하고 또한 전술과 같이 출역하지 않는 상태가 되니, 이리하여 조선인 노동자는 안 된다는 통념을 주고 말았던 것이다.

그렇지만 숙련된 전문 노동자를 보낸다면, 우리들은 산동 고력에 기울지 않는 노동력을 발휘할 것을 보증할 수 있다.

예를 들면 시모노세키 직업소개소의 보고에 의하면, 같은 지방의 힘든 토목 노동의 종업원은 모두 조선인이다. 그래서 이들을 사용하는 경우 민족적 노동 습성을 인정하고 활용하면 놀랄 만큼 능률을 발휘한다고 한다. 일례를 들면, 일본인은 무거운 것을 운반할 때는, 어깨에 봉을 대고 2명이 짊어진다. 이것을 그대로 조선인에게 시키면 실로 약하다. 오늘날까지 어깨를 사용한 적이 전혀 없기 때문이다. 그런데 조선 본래의 담군(擔軍, 어깨에 딱 맞는 틀을 만들어 이것을 메고, 그 위에 싣는다)으로 운반한다면, 적어도 그 능률은 일본인 3명의 일을 족히 2명으로 해내고도 남을 것이라고 하는 것이 실증되고 있는 등이 하나의 실례이다.

자본 및 기술만의 진출이, 부재지주적 편기성으로 떨어지는 자 있어서, 반드시 노동력의 제공도 합하여 단행하지 않으면 안 되는 것은 전술하였다. 특히 이 경우 산동 고력 진출 제한의 방책부터, 일본이 참여하는 기업에는 국가의 명령으로 일정 비율의 조선인 숙련 노동자를, 혹은 일본에서 또는 조선에서 불러서 고용하고 싶은 것이다.

여기에 대해서는, 만철을 시작으로 토목 건축업자 기타로 맹성을 촉구하고 싶다. 또 조선총독부는 이러한 경우에 한 걸음 앞으로 걸어 나가고 이것이 수송상의 조력, 및 현지의 보호에 관하여, 조선 농민에게 사랑스러운 무육, 조장을 가해야 한다고 생각한다.

만약 일본 재주의 숙련 노동자가 진출하여 만주로 건너가고, 또 그 생활이 일본 이상으로 풍족한 상태도 된다면 실로 일석삼조의 묘안이다.

마지막으로 재만 지식인 문제를 약간 기재해 두고 싶다. 이 방면에 관해서는 조선 농민 문제가 숫자에 있어서 중대하므로, 걸핏하면 임금 노동자 문제와 함께 망각하기 쉬운 것 같다. 그러나 농민 문제는 끊어도 끊을 수 없는 유기적 관계에 놓여있는 것으로, 농민 문제만의 해결로는 그저 부분적이고, 기형적인 대책에 지나지 않게 된다.

거기에 관해서 일례를 말하자면, 소위 불령선인인 자가, 순량한 농민에게 어떠한 악영향을 미치게 되었는가. 또 일본 사람들의 조선인에 대한 관점이 어떻게 그릇되어 있는가를 돌아보면 분명하다. 그들은 모두 지식 계급의 출신이다. 그들을 미워하기 전에 먼저 무엇이 그들로 하여금 불령의 무리가 되게 하였는가를 고찰하지 않으면 안 된다.

그들 중, 일정불변의 사상 아래, 주의 관철을 위해 힘쓰고 있는 자는 지극히 적고, 다수는 실업에 위협받아, 전자의 종용유설(慫慂誘說)에 미혹된 자가 많고, 더욱이 빈곤의 중압에 견디기 어려워서 일을 구하러 끌려 들어간 자가 거의 전부이다.

또 불령선인이 된 자도, 아편이나 기타 금지된 물품(禁制品)의 매매, 수상한 요리점 운영, 연선(沿線)에서의 각종 브로커 등의 부정업에 의해 겨우 호구해 가는 자가 대부분으로, 조선인은 구제하지 못한다는 관념을 부여하여 반도 2,000만 동포에게 민폐를 끼치는 것은 실로 이들의 무리이다.

이들의 모든 부분을 깊이 고찰하고 이 기회에 관동군, 만철, 만주국 등 가장 인사 문제에 관계가 깊은 제 기구가 나아가 지식 조선인의 좋은 분자에게는, 바른 제도의 길을 부여하여, 생활의 안정과 희망을 부활시키는 것을 절실히 희망한다. 현재 우수한 지식 조선인은 각종 직장에서 가장 충실하게 힘을 기울여 그 본무에 노력하고 있는 것이다.

30. 결론

이상 대 만주 조선인 이민의 필수성 및 중대성에 관해, 전국성(全局性)의 객관 상세 등으로 그 실정을 상술했는데, 이에 당연히 일어나는 질문은 "그러면 일본인 이민은 어떠한가"라고 하는 문제이다.

본문은 그 방향에 관한 연구를 목적으로 하지 않기 때문에 그 상세한 비교 연구는 다른 날로 양보하기로 하고, 그저 과거에 일본인 이민 실패의 역사적 경과만을 보면, 어떠한 방법 수단을 강구해도, 일본인 이민은 정착성이 없다고 비관하고 끝내는 것은 경솔한 생각이다.

여기에 일단의 연구와 노력을 한다면, 국면의 타결은 결코 곤란하지 않고, 거기에 일신영역의 개척을 충분히 발견할 수 있는 것이다. 예를 들면 봉산선(奉山線) 연선으로의 새로운 진출, 과수원 경영을 확대하여 드라이애플을 만들고, 잼·샴페인의 공장을 세우거나 혹은 미국 해안 지방 농업 개척사를 본받아 이리게이션(인공관개)에 따른 경작 방법의 신개발, 혹은 철로총국이 시도하려고 하는 철도연선 招住(초주)의 특수 방책, 또는 잎담배 재배 등과 같은 종합적 고등 농업의 경영 방향 등이다.

또 특별한 국방 국책에 기초한 둔전병제 이민과 같은 것도 당초 약간의 실패가 있었지만, 결코 앞날의 전국(前局)을 다루어서는 안 된다. 또 그 경영이 가령 경제적으로 채산이 맞지 않는 등의 일이 있어도, 어떤 규획점까지는 강행할 필요가 충분히 있다고 생각된다.

이렇게 한편 경제적으로, 역사적으로, 민족적으로 또는 동아시아에 대한 신일본의 경륜으로서, 필지의 상세에 있는 조선인 이민의 중대성을 인정하여 이것저것 제휴하고, 같이 행동하며 진군하여 적어도 일본인 200만, 조선인 500만 정도를 멀지 않은 장래에 이식하는 것을 수행하지 않으면 안 된다.

그래야 청사에 빛날 만한 만주 건국의 홍업에 참가한 인본으로서, 처음으로 명확한 의의를 파악할 수 있게 되고, 국방으로, 외교로, 사회적으로 진실로 일본을 이롭게 하는 바 적지 않고, 말하는 바의 일본 경제 블록의 가장 완전한 정초를 구축하게 되는 것이다.(마침)

부기(附記)

본문은 특히 이민 문제 연구를 위해 수차에 걸쳐 만주와 몽고의 천지를 구석구석까지 돌아다니고, 각 방면의 이민 현지에서, 부락민과 침식을 함께하며 연구에 종사한 소산의 일부이다. 처음부터 이 하나의 문서기 현하 비상시국하에 이민 문제의 중요성에 대해, 일반 식자의 치열한 연구욕을 전면적으로 확충할 수 있을 것이라는 자신은 가지지 못하지만, 종래 흔했던 간단한 관청의 보고서, 아니면 신문지의 보도, 현지 한 국부의 통신 등을 종합한 것과는 달리 적어도 조선 이민 문제에 관해, 대지를 걸으며 집적해 얻은 독자적 신념만은 가진 셈이다. 또한 졸저 『만주 이민의 새로운 길』(東京 千倉書房 版)도 비슷한 수확이 되고, 본문은 오히려 그중의 조선인 이민 문제만 에센스라고도 말할 만하며, 따라서 이 책과 중복되는 부분이 많은 것은 면할 수 없는데, 이 점 사전에 양해를 구해두는 바이다. 또한 일본인 이민 문제 및 그 이민촌의 실상, 인구 문제의 상설(詳說) 등에 관해 이 책이 참조된다면, 더욱이 한층 깊은 이해를 품을 수 있을 것이라고 생각한다.

3. 재만 조선인의 저항

〈자료 26〉 반만군의 집단부락 습격은 이민계획에 대문제《《조선중앙일보》, 1935.5.22》

금년에 들어 만주 각지의 반만군과 공산군은 작년의 대흉작으로 인해 산간지대를 본거지로 삼으면서 식량 부족에 시달리게 되었다. 지난 1월 동안 모두 대안 각지의 도회지를 습격하여 군량을 확보하려는 방편으로 식료품을 약탈하였다. 최근에 이르러서는 춘궁기를 당한 관계로 더욱 식량난을 가져오게 되어 그 출몰은 날로 더할 뿐만 아니라 지난 16일 밤에는 주하현 부수향의 조선인 집단부락을 습격하여 무고한 조선 농민 70여 명을 살해한 참사까지 일으켰다. 반만군이 지금까지 출몰하는 중에 조선인의 집단부락을 습격하여 다수한 생명을 살육한 것은 이번이 처음으로 방금 총독부 외사과에서는 앞으로 조선인의 대만이민 계획상 중대한 문제라 하여 사태를 우려하고 그 대책을 연구 중이라 한다.

종래 간도일대와 기타 지역의 집단부락에 대한 경비는 협조회의 의용단체와 주둔군으로서 충당하여 왔으나 이번에 이 참사를 일으킨 데에는 그 경비액의 부족도 부족이려니와 전반적으로 집단부락의 경비책에 중대한 결함이 있는 것이라 하여 이 점을 크게 고려하고 앞으로는 자위단체의 강화와 주둔군의 증원을 외무성 측과 관동군 측과 연락을 취하여 단행할 의향을 가지고 있다 한다.

〈자료 27〉 삼백동포 충화사건《《조선중앙일보》, 1936.2》

어제 본사 사회면에서 보도된 바에 의하면 만주국 안동성 집안현 제2구와 제3구에 거주하는 조선인에 대하여 동 지방 치안유지위원회로부터 동 지역 주민을 중심으로 집단부락을 건설할 터이니 재래 같이 분산하여 거주하지 말고 한곳으로 집합하라는 통지를 받았으나 그에 복종하지 않는다는 이유로 3백여 동포가옥은 식량, 의류 등도 빼내 올 사이가 없어 충화(衝火)되고 말았으며, 이 엄동에 갈 곳이 된 2천여 명은 임시로 천막을 치고 겨우 혹한을 피고 있다. 그러나 이미 아사, 동사, 병사의 수십 명 희생자가 발생되었을 뿐만 아니라 생활의 여력이 없어 부득이 산중으로 도주하여 마적군에 투신한 자까지도 있다는 비참한 사실이 일어났다고 전하였다. 그런데 오늘 속보를 접한 바에 의하면 그 참상은 상상 이상으로서 다수의 희생자를 내고 있으며, 영하 30도의 추위에 유아를 업은 채 동사한 부인도 있는바 설상가상으로 민회에서는 대부금을 독촉하고 만주인 지주는 소작료와 기타 부채의 청장을 강박하여 곤란이 막심하다고 한다. 더욱이 동 지방회에서는 공방이 있음에도 불구하고 이재민 중에서 불과 8, 9명을 수용하였을 뿐만 아니라 수수방관하는 까닭에 주민은 극도로 격앙하여 공기가 매우 험악하므로 목하 경찰에서 엄중 경계 중이라고 한다.

우리들은 이 사건에 대해 그 시비곡직을 직접적으로 논란하는 것은 잠시 중지하거니와 문제는 3백여 호 2천여 명의 생사가 직접 관련되고 있으며, 더욱 금후 그 증가를 예상하는 조선 내 동포의 이주이며 또 현재 동국 영토 내에 있는 근 100만을 헤아리는 동포 농민의 당면하고 있는 중대 사건으로 결코 간과할 수 없는 사안이라고 생각한다. 더구나 현재 만주 내의 조선 농민들을 비록 치안 유지의 필요로 어쩔 수 없이 집단부락 내로 이주시킬 사정 있다고 가정하더라도 단시간 내로 다수의 농민이 정착할 가옥과 농토를 버리고 일제히 한곳으로 집합한다는 것은 결코 용이한 일이 아니며 이때까지 영위하던 경제생활을 직접으로나 간접으로나 파괴하는 모험이 없이 이를 실행할 수가 없는 것도 쉽게 추단할 수 있는 바이다. 그렇다고 지금까지의 영락한 생활에나마 집착하여 불근하면 금차 사건과 대동소이한 운명을 각오하지 않을 수 없으니 재만 동포의 곤경을 가히 상상할 수 있지 않은가.

옛 동 삼성 시대에서 군벌과 지주의 가렴주구에 부대끼면서 재만동포들은 황무지를 개척하고 경지를 개량하여 만주농업으로 하여금 금일의 지위를 이루게 한 중요한 공적을 끼쳤으나 결국에 촌토조차 가지지 못하고 기아와 학대밖에 얻은 것이 없었다. 그러나 만주국 성립 이후에도 의연한 것은 그들의 운명이었으니 과거의 공로는 거의 무시되고 혹은 국적 문제로 혹은 상조권 문제로 또 교육 문제에까지 매사에 차별적 대우와 무권리 상태를 감내할 수밖에 없을 뿐만 아니라 심지어 반만군과 내통한다는 혐의로 적지 않은 곤란을 겪고 있는 것이 금일의 재만동포의 현상이라 하면 그들의 장래 운명은 터럭만큼의 낙관까지도 불허하는 것이 사실일 것이다. 작년과 올해 사이에 만주로부터 귀환하는 동포 수가 격증하여 이주자 수를 초과한다는 통계는 금일의 재만 동포의 현상을 웅변으로 설명하는 것이니 문제는 결코 단순하지 않아서 이러한 사건에 응하여 수시로 적절한 구제의 방책을 강구하는 것도 필요불가결하거니와 특히 재만동포를 위하여 근본적 해결책이 수립되지 않으면 제2, 제3의 유사한 불상사의 발생을 피할 수 없을 것이다.

III

'안전농촌', '집단부락' 정책

해제

만주국은 각기 다른 민족의 융합과 협동을 국가건국 이념의 최우선으로 설정하였고, 이에 따라 만주사변 등으로 피해를 입은 이주 한인에 대한 정책을 구체적으로 실현하기에 이른다. 여기에서 일본 정부와 관동군, 조선총독부의 한인 피난민에 대한 본격적인 대책 마련이 시급한 문제로 대두되었으며, 조선총독부의 입김이 강하게 작용되어 나타난 대표적인 정책이 안전농촌의 설립이었다. 그렇다면 일제가 안전농촌을 설립하게 된 배경은 무엇인가. 먼저 '만주사변'으로 인하여 정치 지형이 바뀌면서 이주 한인들의 피해가 곳곳에서 발생하였다는 점을 들 수 있다.[1] 일제가 만주사변을 일으키면서 봉천북대영(奉天北大營) 주둔군이 각지로 흩어졌고[2] 이로 인해 이주 한인 마을에도 그 영향이 나타났다. 즉 관동군에게 패한 중국군들은 한인마을에 들어가 약탈, 방화, 강간 등의 만행을 자행하였다. '치안'의 혼란은 더욱 가중되었으며 한인들은 수확기의 농작물을 그대로 둔 채 피난을 떠나야만 하는 처지에 놓였다. 이들은 봉천, 무순, 본계, 해룡, 안동, 영구, 장춘, 하얼빈 지역으로 이동하였으며, 1932년 1월 초에 이미 그 수가 1만 9,300여 명에 이르렀다.[3] 상황이 이렇게 되자 만주 각지의 피난 이주 한인 문제는 일제로서도 시급히 해결해야 할 당면과제로 대두하게 되었다. 이에 조선총독부는 만주사변으로 발생한 많은 이주 한인 피난민에 대하여 외무성과 합동으

---

[1] 손춘일, 2001, 『해방전 동북조선족 토지관계사 연구(하)』, 길림인민출판사, 296쪽.

[2] 孫邦, 1991, 『9.18事變資料匯編』, 吉林文史出版社, 276~281쪽. '만주사변' 당시 북대영 군사대 대장을 맡고 있었던 李樹桂는 일본군이 침입 상황과 중국군의 퇴각 상황을 상세하게 기록하였다. "18일 10시 20분 유조구 방면에서 큰 굉음이 발생하였으며 일본군이 바로 북대영을 침습하자 이에 북대영은 저항한번 제대로 못하고 동대영으로 퇴각하였고 이 과정에서 많은 사상자가 발생하였다"라고 하여 일본군에 의한 중국군의 일방적인 퇴각 사실을 알 수 있다.

[3] 民族問題研究所 編, 2000, 『日帝下戰時體制期政策史料叢書』 1, 韓國學術情報株式會社, 473쪽. 林元根은 제1차 조선공산당 사건 이후 만주 지역 답사를 통해 이주 한인의 실상과 일제의 대륙침략정책을 알렸다. 1932년말 그는 심양(봉천)의 피난 이주 한인에 대하여 '5전짜리 인생'이라고 묘사하였다(林元根, 1933, 「滿洲國과 朝鮮人將來」, 『三千里』 5권 1호, 56쪽).

로 직접적인 구제방안을 강구하기에 이르렀다.[4] 그 방침 아래 만주 지역에 5개의 안전농촌이 설치되었다. 영구, 삼원포, 하동, 수하, 철령에 차례로 설치되었으며, 한인들은 만주 지역에서 재이주를 하거나 한반도에서 이주하여 정착하는 경우로 나뉘었다.

조선총독부 및 만주국에서 안전농촌을 설치한 주요 목적 가운데 하나는 안정적인 치안 확보에 있었다. 만주 지역은 일제가 한국독립운동의 책원지라고 할만큼 항일무장투쟁이 치열하게 전개된 곳이다. 일본 정부는 만주국을 건립한 이후 무엇보다도 '치안유지'에 중점을 두었다. 정상적인 국가형태를 유지하기 위해서 일제는 관동군으로 하여금 항일세력을 탄압하는 한편 만주국군을 창설하여 '공비'를 토벌한다는 명목으로 한인사회를 통제하고자 하였다.[5] 일제는 강압적인 인상을 불식시키고 안정적으로 한인사회를 통제하기 위해서는 안전농촌과 같이 집단으로 한인을 관리할 필요가 있다고 판단하였고, 안전농촌을 그 대안으로 삼았다.[6] 그러나 만주국 건국 이후에도 치안 상황은 여전히 불안정했다. 봉계군벌 마점산(馬占山) 등이 조직한 의용군, 구국군의 활동과 중국공산당 만주성위 산하 기관들의 조직적인 항일투쟁은 만주국 입장에서는 공권력의 확립과 그들이 건국이념으로 내세웠던 '오족협화'를 실현하기 위해 가장 시급히 해결해야 할 과제였다. 또한 일제는 잠재적 저항집단으로 여겨졌던 이주 한인에 대한 근본적인 대책이 마련되어야 한다고 인식하였다.[7] 일제는 '독립군의 보급창고'라고 할 수 있는 한인사회를 직접적으로 통제·감시 관리하기 위해서 안전농촌

---

4 朝鮮總督府, 『施政三十年史』, 398쪽. 만주사변 직후 일제는 여비와 주거비용 등을 합해 가구당 100원 정도의 구제비를 책정하였다(民族問題研究所 編, 2000, 앞의 책, 473~475쪽).
5 蘭星會, 1970, 『滿洲國軍』, 402~404쪽.
6 民族問題研究所 編, 2000, 위의 책, 251쪽. 556쪽.
7 民族問題研究所 編, 2000, 앞의 책, 556~557쪽.

을 설립하게 되었다.[8]

1932년 세워진 만주국을 통해 일제는 안정적인 식량 수급과 체제 안정이라는 두 마리 토끼를 잡기 위해 농촌 사회 재편에 주력하였다. 그 결과물이 안전농촌과 집단부락 설치라고 할 수 있다. '만주사변'은 일제의 침략 정책이 수면으로 등장한 것이며 이로 말미암아 이주 한인 문제는 새로운 국면을 맞이하게 되었다. 자율이라는 무대에서 타율이라는 무대로의 이전을 뜻하기도 하였으며, 타율 속에는 통제와 강제성이 내포되어 있었다. 관동군의 막강한 화력을 앞세워 성립된 만주국은 건국 이념을 협화로 내세우면서 그 반대 세력에 대한 철저한 탄압의 기술을 선보였다. 이른바 치안숙정을 실시하였으며, 항일세력을 제거하고자 했다. '안전농촌'의 탄생은 여기에서 비롯되었다. 하지만 만주사변, 만주국 성립 과정에서 파생된 안전농촌의 설립은 한인에게는 강제성의 또 다른 울타리이기도 하였다. 안전농촌을 '안전'하게 세운 일제로서는 '치안의 담보'와 수탈의 가속화를 함께 추진할 수 있었다. 그 중심에 이주 한인이 있었다.

안전농촌 설치의 두 번째 목적으로 '오족협화'의 실현을 들 수 있다. 만주 이주 한인들은 중국인 지주와 크고 작은 갈등을 겪고 있었다. 안전농촌의 설치는 순전히 한인들을 대상으로 추진되었기 때문에 각 민족 간의 갈등을 해소할 수 있었다고 일제는 판단했다. 만주 지역 한인들은 수전농법을 통해 자신들의 위상을 높였다. 한족들이 불가능했던 수전개발은 오로지 이주 한인들의 몫이었다. 다만 이러한 수전개발로 만주국 성립 이전에도 갈등이 빈번하게 발생하였는데 대표적인 사건이 만보산사건이었다.[9] 수전개발의 전제 조건은 농수로의

---

8 『滿蒙各地ニ於ケル鮮人ノ農業關係雜件』 6, 「三源浦農場ニ關スル件」(1935.7.31. 機密제399호).
9 『滿蒙各地ニ於ケル鮮人ノ農業關係雜件』 4, 「安全農村ニ於ケル公共的事務處理ニ關スル件」, 1933.4.26. 公機密 378호.

확보였다. 만주는 풍부한 수자원을 보유하고 있었지만 물길을 사용할 수 있는 관개시설이 턱없이 부족하였기 때문에 갈등이 곳곳에서 도사리고 있었다. 일제로서는 오족협화를 실현하기 위해서도 이러한 갈등의 단초를 제거해야 했다.[10]

마지막으로 안정적인 식량 확보를 들 수 있다. 메이지유신 이후 일제는 만성적인 쌀 부족에 시달렸다. 1895년 대만총독부 설치 이후 가장 먼저 시행한 것은 농업생산량 제고를 위한 권업모범장 설치였다. 이를 통해 쌀 부족 국가의 오명을 지우려고 했다. 식민지 조선에서도 마찬가지로 끊임없는 쌀 증식 계획을 세웠으며 종자개량 등의 방법으로 농업생산력 향상을 위해 노력하였다. 일제는 만주의 광활한 황무지를 활용하여 집단적 안전농촌을 설립함으로써 이를 해소하고자 했다. '만주사변'은 이를 더욱 촉진하는 계기가 되었다. 재편된 정치 지형 속에서 일제는 이주 한인을 집단으로 수용하여 안정적인 식량수급과 농업생산력의 제고를 꾀하였다.

만주국은 성립 후 어느 정도 치안과 정부조직이 안정되었다고 판단하여 1934년 7월에 제2차 정부조직을 개편하였다. 집성은 황제로 바뀌었고 제2기 치안숙정이 날로 심해지고 있었다.[11] 일제는 반일 항일세력에 대한 꾸준한 귀화, 즉 회유정책을 펼쳤으며 한편으로는 저항운동을 철저하게 탄압하는 정책을 병행하였다. 중공당 동만특위 화룡현 평강구 소속 유격대는 파종기에 농민들의 경작과 한인 집단부락 건설을 방해하기 위해 여러 차례 공작을 시도했으나, 일제의 철저한 검거와 단속으로 목표를 달성하지 못했다. 1934년 3월, 이도구 오천수동 지방에서 인계된 후 그 지역에 근거지를 구축한 유격대는 지속적으로 연락을 취하며 경찰서를 습격하고 친일파를 위협하는 활동을 전개했다. 그러나 같은 해 10월 중순,

---

10 『滿蒙各地ニ於ケル鮮人ノ農業關係雜件』6,「三源浦農場設置方ノ件」, 1935.4.16. 機密제198호.
11 蘭星會, 1972, 『滿洲國軍』, 83~84쪽.

일본군의 토벌 작전으로 인해 식량 등을 상실하는 피해를 입었다. 이후 동만특위의 지령에 따라 이도구에 잠입해 반일회를 조직하고 모연 공작을 개시했다.[12]

이처럼 치안 숙정을 통한 항일 세력 탄압은 더욱 효과적인 방식으로 전개되었으며, 그 중심에는 '집단부락'의 설치가 있었다. 초기 집단부락 설치는 일제가 간도 지역을 '불령단의 소굴'로 간주한 것과 깊은 관련이 있다. 만주국 건국 이후 지속적으로 치안 숙정을 단행했지만, 공권력이 벽지(오지)까지 미치지 못하는 한계가 있었다. 이에 따라 항일 세력을 일반 사회로부터 '격리'하는 방식으로 집단부락이 추진될 수밖에 없었다. 1933년부터 본격적으로 추진된 한인 집단부락 설치는 북간도 지역을 중심으로 빠르게 확산되었다. '안전농촌' 설치가 강제성의 초기단계라면 집단부락은 본격적 궤도에 들어섰다고 할 수 있다.

안전농촌의 설치 배경과 경작과정에 대해서는 조선총독부 조사월보 자료 〈조선인의 안전농촌의 경영관리와 복리증진 시설〉을 수록하였으며, 이 자료는 제국 일본의 선전자료와 같은 성격을 띠고 있다. 그 외 안전농촌 자료는 《재만 조선인 통신》의 안전농촌 순회기 등을 선별하여 수록하였다.

집단부락 자료는 조선총독부 조사월보에 실린 「간도 집단부락 건설 개황」을 수록하였다. 이 자료에서는 집단부락의 설치 동기를 다음과 같이 파악하였다.

간도와 혼춘 지방은 사상적으로 지극히 복잡한 지방으로서, 만주사변 이전부터 불령단의 소굴, 공비의 근거지로 알려져 있던 곳이다. 이 지역에 사는 선량한 조선인 농부는 끊임없이 그 박해를 받아왔으나, 만주사변 직후, 즉 1932년(昭和 7) 2월 1일 백초구(百草溝)의 한 영장(營長) 왕덕림(王德林)이 구국이라는 이름을 빌려 반기를 들고, 이 땅에서 함부로 날뛰기에

---

12 『在支滿本邦』 22, 「頭道溝狀況」.

이르러 소요가 극에 달했다. 간도 지방의 치안이 요란해지고 있다며 황군이 출동하고, 적병은 궤멸하여 사방으로 흩어졌지만, 소수 부대의 병비(兵匪)는 아군 군경의 틈을 노려 출몰할 뿐 아니라, 과거 수년 전부터 준동을 이어 왔던 공비도 이에 책응하며 도량창궐이 극에 달하여 살해, 방화약탈, 납치 등 하늘과 사람이 모두 용서할 수 없는 만행을 감행하였다. 이러한 흉도의 마수를 피하여, 자신의 피와 땀으로 개간한 토지를 던지고 가재를 버리고 겨우 몸 하나만 일본 군경의 보호를 구하며, 도회지로 도망 온 선량한 조선인 농부는 엄청나게 수가 늘어, 1933년(昭和 8) 초에 약 6천 호 3만 5천여 명에 달하였다.[13]

이같이 제국 일본은 만주 지역에서 활동하는 반만항일세력의 존재를 집단부락 설치의 주요 배경으로 인식했다. 제국 일본이 만주국을 운영할 때 가장 강력하게 반대한 세력이 바로 반만항일세력이었고, 이들이 민들과 접촉하는 기회를 차단하기 위해 집단부락을 설치한 것이다. 이는 일본의 의도가 분명하게 드러나는 조치였다.

---

13 〈간도 집단부락 건설 개황〉,《조선총독부 조사월보》제6권 1933년 3월호.

1. 안전농촌 정책

〈자료 28〉 조선인의 안전농촌의 경영관리와 복리증진 시설[외사과 마쓰바 히데후미(松葉秀文),《조선총독부 조사월보》, 1936년 2월호]

 표만주에 있는 5개소의 조선인 안전농촌(주)은 주로 만주사변 및 그 후 하얼빈을 중심으로 북만 일대에 돌발했던 대홍수의 영향으로 오지부터 만철 연선 기타의 도읍지에 피난하였던 조선 농민을 보호 구제하고 그들에게 항구적, 안정적 정주지를 주고 생업의 기초를 확립시키는 것을 당면의 목적으로 조선총독부가 시설하였던 소위 재외 조선인 보호 무육에 관한 사업의 하나로서 그 창의는 대내외적으로 자랑해도 무방하다.
 (주) 기설 5개소의 조선인 안전농촌은 다음과 같은 지역에 설치되어 있다.

농촌명	소재지	적요
영구 농촌	봉천성 영구현 영구 부근	봉산선 하북역 및 전장태역의 중간 봉산철로 지선의 일대의 간척지
하동 농촌	빈강성 주하현 오길밀하참 부근	빈수선 오길밀하역 북방 2리 주하, 연수 양현에 걸쳐 있는 마이하 하동 일원
철령 농촌	봉천성 철령현 철령 부근	만철 본선 난석산역 서방 1리 철령 남방 오리
수화 농촌	빈강성 수화현 수화 부근	빈북선 진가강역 동방 4리, 쌍하진에서 북쪽에 저해 있는 노민하 남안 일대
삼원포 농촌	봉천성 유하현 삼원포 부근	봉길선 산성진 동남방 160리 유하현 삼원포 시가 근접지

 위 안전농촌이 설정 경영되었던 것에 대해서는 관동군, 대사관, 만철의 원조에 힘입은 바 컸지만, 이 가운데 만철은 이를 위해서 만주사변 전 조선총독부와 특약하였고, 게다가 중국 측의 압정에 따라 그 실적을 거두기가 쉽지 않은 상태였던 간도 자작농 창정 계획을 서둘렀으며, 표만주에서 실시하는 일을 변경하였을 뿐만 아니라 그 방계 회사인 동아권업주식회사로 하여금 조선총독부 출자금의 배액의 자기 자금을 지출하게 하였고, 직접 농경지를 물

색하고 관개, 배수 기타 필요한 토지 개량공사를 시행하였다. 조선총독부 감독하에서 농촌 경영의 요지를 마땅히 하고 있는 것이다. 기존 5개소의 안전농촌의 호구, 경작면적, 설정비의 현상은 다음과 같다.

농촌명	건설연도	호구		면적		설정비
		호수	인구	총면적	실경수전면적	
영구 농촌	1933	1,035	5,461	2,956.00	2,477.00	903,469(946,000)
하동 농촌	1933	789	3,372	2,354.80	1,623.57	844,569
철령 농촌	1932	269	1,235	737.14	650.97	214,842(143,300)
수화 농촌	1934	337	1,314	1,154.01	701.58	331,000(74,000)
삼원포 농촌	1935	190	1,037	470.00	400.00	(128,000)
계		2,620	12,357	7,671.95	5,853.12	2,421,907(429,900)

비고: 설정비는 실행예산, 괄호 내는 1935년도 분을 표시한다.

안전농촌에 수용된 조선 농민에 대해서는 적당한 시기에서 토지대, 공사비, 기타 건설비, 제반 경비 일체를 포함한 설정비의 연부상환(장기)을 하기 위해 가급적 신속하게 완전한 자작농으로서 독립시킴과 함께 장래에는 그들의 자치에 따라 농촌의 경영을 실시하려고 하는 이상 아래에서 현재 착착 지도 훈련을 하고 있다. 안전농촌 설정 후 이미 3여 년의 시간이 지났으며 오늘날 이를 농촌 관리 및 복리 증진 시설에 대한 어떠한 진전이 있었는가 한번 점검하려고 한다.

1) 농촌 경영 관리의 상황

현재 안전농촌의 토지는 관동군, 대사관 등의 알선에 기초하여 동아권업주식회사가 만주국 혹은 만주인 지주로부터 상조(商租)하여 이를 농촌 내의 조선 농민에게 분할 경작시키고 있었다는 것은 이미 서술한 바와 같다. 토지대에 대해서는 추가로 적당한 시기부터 동아권업주식회사에 대해서 연부 상환하고 가급적 신속하게 완전한 자작농(엄밀한 의미에서는 토지

상조농임)으로서 독립시키며 또 농촌의 경영, 관리에 대해서도 조선 농민의 자치에 따라 행하는 방침이 수립되었고, 그 방침에 따라서 훈련이 행해지고 있는데, 농촌개설 이래 3년간부터 금일까지 이와 같은 방침이 아직 이루어지지 않고 있다. 따라서 그것까지의 잠정적 방법으로서 농촌의 지도장려, 사회 시설의 정비 등에 관한 농촌 경영 및 관리는 일체 동아권업주식회사(당 회사는 안전농촌 내 중앙에 사무소를 개설하고 있음)에 따라 행하고 있다.

그런데 회사는 그것을 위해 필요한 관리비의 실비액을 농촌 내의 조선 농민 각자에게 부담시키고 있다. 그것은 농촌 주재인 인건비, 일반사무비, 각종 세금공과, 수리비, 관개수로 유지보수비, 설정비에 대한 금리 등 농촌 유지 관리에 필요한 일체 비용을 포함하고 있다. 이에 관해서는 매년 동아권업주식회사가 예산을 편성하고 조선총독부의 사정, 승인을 거친 후 실행하는 것으로 되어 있다. 관리비의 징수 방법은 모두 현물에 따르며, 관리 예산을 기준으로 하여 이를 벼로 환산하여 반당 관리비 부담 정량을 정한 위에서, 다시 각호별 부담액을 산출하여 수확이 완료된 후에 징수하고 있다. 상기의 방법에 따라 수납된 벼의 처분액과 실제 관리비와의 과부족에 대해서는 이를 설정비 감정 내에서 조정하여 정리하고 있다.

2) 자치시설

안전농촌에 수용된 조선 농민을 자작농으로 하고 이 농촌을 하나의 자치농촌으로 독립시키려고 하는 하나의 과정으로서 각 농촌에서는 각 부락마다 농무계(農務禊)를 조직하였고 일 농구형성을 단위로 하여 각 계에 계장 및 이사를 직원으로 두었다. 이들로 하여금 계무를 담당하게 하였고 다시 상호 농무계의 연락을 유지하고 공동으로 처리해야 할 사무를 위해 각 안전농촌의 중심에 농무계 연합회를 설치하여 동아권업 출장소의 지휘하에 자치적 훈련을 하고 농촌 경영의 하나의 기구로서 전 농호를 통하고 있는 것이다. 현재 각 농무계가 공동으로 처리하는 사항의 중요한 것은 (1) 신사의 건설 및 유지, (2) 학교 및 병원의 건설 및 유지, (3) 농사지도 장려, (4) 부업(주로 새끼, 가마니, 안평 등)의 장려, (5) 경우(耕牛) 증식 및 경우 보험의 실시, (6) 수역 예방, (7) 도로 및 수로 기타 시설물의 유비보수, (8) 공동판매 및 구입의 알선, (9) 장구비부(葬具備付) 및 공동묘지 관리, (10) 공제대부, 기타 사항이다. 이들 사업 자금은 각 농민 각호의 부담으로 해야 할 성질의 것인데, 농촌 창정 후 4년 지난 현재는 일부 농민의 갹출금, 공동판매 및 구입 알선 수수료에 의한 것 외 대부분은 조선총독부의 보조금으로 유지되고 있는 현상이다.

3) 금융시설

각 안전농촌에 대한 농경자금 및 생활비의 대부는 각 가장 가까운 조선인 금융회에 의해서 행해졌고, 금융회는 또 그것을 위해서 각 농촌 내에 지소를 설치하기에 이르렀다. 이들 금융회의 대부자금은 재만 일반 조선 농민에 대한 조선인 금융회의 경우와 같으며, 동아권업주식회사 차입금과 약간 액의 자기 수지금에 의한 것이었다. 그 대부는 주로 종자대, 인대, 경기비, 농구비, 비료비, 제초비, 수확비, 연료비, 피복비, 식계비 등에 대한 것이었다. 이들 대부의 회수율의 상황은 자못 양호하며 이는 일면 안전농촌의 안전율을 여실하게 보여주는 것이다. 1934년 대출, 회수는 다음과 같다.

농촌명\구별	1934년		
	대출액(엔)	회수액(엔)	회수율(%)
영구 농촌	80,050	68,050	85
하동 농촌	70,593	45,593	64
철령 농촌	38,258	41,438	108
수화 농촌	39,790	10,787	28
합계	228,691	165,868	72

4) 사회교육 시설

(1) 교육시설

재만 조선인은 일반적으로 자못 향학심이 왕성하며, 그들이 10호 집단이 되면 반드시 자제의 교육기관의 설치를 요망하고 있는 상태이다. 안전농촌에서도 조선인 농부는 입촌하여 아직 농경에 착수하지 않았음에도 먼저 자제의 교육시설을 요망하고 있는 상태에 있다.

따라서 조선총독부는 이러한 요구의 중요성을 고려하여 학교 건축비와 유지비를 보조하고, 안전농촌 내에 보통학교 또는 서당을 개설하여 조선 내와 동일하게 아동 교육의 보급에 힘쓰고 있다. 이러한 교육 시설은 일반 재주 조선인 아동을 위한 것보다 더욱 완비된 형태로 운영되고 있다. 특히 철령 농촌의 사례를 보면, 1933년 5월 농촌이 건설되자마자 조선 농민들이 자발적으로 서리를 자문하여 학교 조합을 조직하고, 각자의 농작 면적에 따라 기금을 갹출해 새로운 교사를 건축하고 있다. 기타 하동, 수화 농촌에서도 현재 신 교사 건축의 구체적 준비를 실행하고 있다. 안전농촌 내의 보통학교의 학급제도는 무릇 조선교육령에 따라서 6년제 교육을 시행하고 더욱이 이에 보습과를 가설하여 학습 외에 수전경작을 실습하고 있으며 농사지식의 함양에도 노력하고 있다. 아동의 취학 상황은 아주 양호하며 미취학 아동이 거의 없는 호성적을 보이고 있다. 1935년도 농촌 아동 취학 상황은 다음과 같다.

학급별 농촌별	제1학년		제2학년		제3학년		제4학년		제5학년		보습과		합계		아동총수
	남	여	남	여	남	여	남	여	남	여	남	여	남	여	
영구 농촌	177	55	172	42	77	7	49	3	-	-	26	5	501	13	613
하동 농촌	138	83	136	46	88	15	66	2	-	-	22	-	449	147	596
철령 농촌	35	25	33	21	51	16	15	2	7	1	-	-	141	65	206
수화 농촌	72	45	35	24	33	4	30	-	15	-	13	-	198	74	272
계	422	208	376	133	249	42	160	7	22	1	61	5	1,289	398	1,687

(2) 위생시설

조선총독부에서 오래전부터 재만 조선인의 위생 상태를 대비하기 위해서 조선인의 대집단 개소에는 무릇 촉탁의를 배치하였다 그렇지 않은 곳에는 정기, 또는 부정기로 순회 진료를 하였으며, 기타 일반적으로 정기 또는 임시로 종두 혹은 역병에 대한 예방주사를 행하였고 또는 의약품을 무료로 배포하던 관계상 각 안전농촌이 설정되었을 즈음에도 농촌 내에서 이와 같은 시설을 보급하였고 농촌 내의 위생 상태에 준비하였기 때문에 자못 양호한 편이었고, 아직 풍토병, 전염병 기타 악병(惡病)이 발생하지 않고 있다. 개별적으로 안전농촌 내의 위생시설을 보면 영구, 철령 두 농촌에서는 촌 내 중앙 부락에 조선총독부의 보조금을 받아서 병원을 세웠으며, 이곳에 촉탁의가 상주하여 일반 조선 농민의 진료를 담당하였다. 하동 농촌에서는 인접시가인 주하가(珠河街)에 농촌 촉탁의가 있는 병원을 설치하여 이곳에 상주하는 촉탁의가 달마다 여러 차례 촌내의 순회 진료를 담당하였다. 또 수화, 하동 두 농촌에서는 아직 촌내에 병원도 없고, 가까운 곳에 촉탁의도 상주하지 않고 있는데, 때 따라 하얼빈, 기타로부터 수시 순회 진료를 하고 있기 때문에 농촌 내의 위생 상태에는 하등 문제 될 것이 없는 모양이다.

(3) 경비 상황

안전농촌이 설정되었던 지점은 많은 비적 혹은 공산당원의 소굴에서 가까운 아주 위험 지대였지만 농촌개설에 즈음하여 일본수비대, 만주국경찰대, 영사관경찰관의 토벌 및 선무 공작이 행해지면서 또 농촌 설정 후 경찰관이 촌내에 주재하는 일이 있으면서 이래 그 부근에 비적이 자취를 감추었다. 또 간도 집단부락에서와 같이 대부대의 비적의 습격을 만나 참담한 피해를 입은 일도 없고, 지극히 평온한 농촌의 '아토모스페야이'를 양성하고 있다. 아울러 만일 비적의 습격을 대비하는 한편 내부의 친안유지의 필요 상 각 안전농촌 내에서는 다소의 경관이 상주하고 있다. 즉 영구 농촌에서 18명, 하동 농촌에 30여 명, 또 철령 농촌과 같이 그 위치가 만철 본선에 가깝고 교통이 편리한 요지에서도 사무소 내에 파출소를 설치하고 2명의 경찰관을 주재시키고 있다. 수화 농촌에서는 일찍이 15명의 경찰관이 파견되었는데 최근 쌍화진에 10명의 경찰관이 상주하고 있으며, 또 이곳 일대는 항상 수화현 경무사의 만주인 기마대에 의해 경비되고 있다. 기타 이 부근의 부락에는 자위단이 조직되었으며, 그들의 경비에 따라 충분하게 수화 농촌의 치안이 유지되고 있는 관계로 현재 이곳에는 상주 경찰관은 존재하지 않는다.

〈자료 29〉 재만 조선인 안전농촌 순회기(《재만 조선인 통신》 2호, 봉천흥아협회, 1936)

평화의 이민자이자 천의의 사도인 조선민족이 지금부터 60여 년 전 몸에 촌철도 가지지 않고 두만(豆滿), 압록(鴨綠), 두 강을 건너 만주와 연해주를 전전하면서 울래야 목이 메고 우수래야 어이없는 가진 고난을 겪다가 마침내 천의의 명한 바 왕도 만주국의 당당한 일원이 되었으니, 인위가 어찌 천의를 좌우할 수 있으랴. 반세기를 넘은 우리의 만주 이민사를 들춰 볼 때 눈물 없이는 볼 수 없을 것이다. 그러나 우리는 이 선인들의 꾸준한 노력, 힘찬 인내로 오늘날의 복을 누리게 되었으니, 선인들의 거룩한 영전에 오늘, 이 땅에 널린 동포의 축복받는 자태를 기록하여, 한 깊게 돌아가신 지하의 선인들을 위로하고자 기설된 안전농촌의 현상을 소개한다.

낙천생기(樂天生記)

(전언) 만주에서 우리가 방금 갈고 있는 수전은 종래 선주농민들이 치지도외(治之道外)하든 농경 부적지로 황무지와 저습지였다. 이 버림받은 땅을 연조 혹은 소작으로 기간하여 천재지변과 싸우면서 점차로 개척한 것이다. 그러나 그 수익의 대부분은 소작과 무시무시한 농촌자금, 식량 기타 차입금의 고리로 빼앗기고 한편 동북관헌의 가감주구로 인하여 그나마 안주의 땅을 얻지 못하면서 우왕좌왕의 유랑을 하였기 때문에 농토를 얻어 농사를 짓는 농민들도 농노와 다름없이 되어 실로 이들의 거룩한 만주개척의 공에 돌아오는 보수는 천재지변의 참화, 관민의 압박, 지주의 착취, 비적의 약탈, 방랑하는 생활뿐이었다.

이에 대하여 관계당국도 상당한 고려를 한 결과 이들 조선 농민을 안주의 땅에 정착하게 하여 이것을 보호 지도하는 동시에 그 생활의 안정향상을 도모하고자 1922년 동아권업공사(東亞勸業公司)를 창립하고 예의 그 달성에 진력하였으며 다시 그 사명 수행의 일단으로 1929년 정부의 만몽 적극정책에 다수 조선 농민을 이주케 하고자 간도 지방에서 조선 농민 자작농 창설을 주안으로 한 토지매수에 착수하였으나, 당시 중국관헌의 방해 및 만철 총재의 경질로 인하여 만철의 방침이 변경되어 중도에서 토지매수를 중지하였다. 그러나 당시의 취지정신은 계승되어 1931년 조선총독부와 만철의 협정으로 소위 간도 자작농 창정 5개년 계획을 수립하게 되어 동년도 이후 5개년간에 걸쳐 매년 총독부에서 10만 원, 만철이 20만 원, 계 30만 원을 계속 지출하여 총액 150만 원으로 미간지 및 기간지 약 1만 5,000정보를 매수하여 조선 농민 약 3,000호를 수용하여 이들에게 장기연부상환의 방법으로 점차 토지를 분양하여 견실한 자작농 창정을 하기로 하고 이 실시 수행에는 동아권업이 그 충에 당하기로 결정되어 만단의 준비를 하던 중 마침 동년 9월 18일 만주사변이 발발되었다.

회고하건대 이 만주사변으로 받은 당시의 재만동포의 타격은 실로 상상 이상의 것이었다.

사변의 발생으로 치안이 문란하여진 지방의 상황은 일시 수습할 수 없는 혼란 상태에 빠졌다. 특히 오지 동포는 목전에 등풍한 수확을 두고 도량 발호하는 병비의 약탈 살육 등에 대항할 수 없었다. 결국 수년간의 땀과 노력의 결정인 농사를 버리고, 계속 철도연선의 안전지대로 피난하게 되었다. 그리하여 그 일부는 1932년 춘경기를 당하여서도 원지의 치안이 의연히 회복되지 아니하여 귀환할 수 없어 그 고난이 형언할 수 없는 상태였다.

그리하여 조선총독부에서는 원지 귀환을 못하는 피난민에게 항구적 안주지를 골라서 생업의 기초를 확립시키고자 만철과 협의한 결과 전에 세웠던 간도 자작농 창정계획을 급속히 표방 만주에 실시하기로 결정하고 새로 남북만주에서 농경지를 획득한 후 이 피난민을 집단 이주케 하는 동시에 관개, 배수 등 기타 토지개량공사의 완성을 계하는 한편 금융, 경비, 교육, 위생 등 제반복리의 증진 시설에 노력하여 여기에 모범적 집단농장 소위 안전농촌의 설정을 보게 된 것이다.

최초로 이 실시의 충에 당한 동아권업에서는 1932년 철령 농촌(鐵嶺農村)을 건설하여 피난의 제1차 수용을 하였다. 그러나 그 후 오지 치안의 상태는 의연히 회복되지 않고 피난민은 날로 증가하였을 뿐 아니라 1932년 하기에 북만일대를 엄습한 미증유의 홍수로 인하여 저습지의 수전경작을 하던 조선 농민은 오랜 세월 힘겹게 일구어 온 농토와 농가를 탁류에 빼앗기고 적신으로 철도연선 각 도시에 나오게 되었으니 그 수가 일시 3만여에 달하여 각 관계당국의 구휼을 받게 되었다.

그리하여 이 중에서도 역시 1만여의 농민이 원지귀환을 못하게 되었으므로, 다시 8년도에 대규모의 안전농촌 설정계획을 실시하기로 하고 남만 방면에서는 영구 농촌, 북만 방면에서는 하동 농촌을 건설하였다. 다음 9년도에는 특별히 하얼빈총사령관의 요망에 의하여 사변 및 수해를 입은 피난민으로 당시 하얼빈 시내에 산재하여 있든 이들을 수용하기 위하여 동아권업에서는 조선총독부와 협의한 결과 만철의 양선원조를 얻어 수화 농촌(綏化農村)을 설정하였다.

이리하여 안전농촌 설정사업은 단순히 만주사변 피난민 및 북만 수재민의 구제 안정책에 그치지 않고 만주 신국가 성립에 수반한 정치적 구현될 조선이민의 대량 이주를 앞두고 집단농촌 건설의 하나의 모범적 형태가 되어 이것을 선구로 1935년도 안전농촌설정 계획이 기도되어 남북만주 전반에 걸쳐 적지 조사를 하였으나 자금 및 이민입식시기 등 관계로 결국 영구(營口), 수화(綏化), 철령(鐵嶺) 등 각 기설 농촌의 확장을 계획 실시하였으며, 새롭게 삼원포(三源浦) 안전농촌을 설정하기로 결정하고 목하 제반의 건설공작을 하는 중이다.

이같이 각 안전농촌은 전부 조선총독부 및 만철회사의 감독과 원조하에 동아권업이 그 건설과 경영을 맡고 있는데 이미 완성된 곳이 영구, 하동(河東), 철령, 수화 등 4개소의 안전농촌이다. 이 4개소 농촌의 총면적을 합하면 실로 7,200정보에 달하며 실제 경작 수전의 면적이 5,400정보이며 수용농민의 수가 2,400호, 1만 1,000명에 달하였으며 이 설정비 총액이 229만 4,000원에 달하였다.

금후 1935년도의 계획인 기설 농촌 확장사업 및 삼원포 농촌 신설 계획이 완성되는 날이면 총면적이 1만 1,000정보에 달할 것이며 실제 경작 수전 면적이 약 2,200정보 수용농민이 4,100호에 2만 500명에 달할 터라고 한다.

그리하여 이들 농민은 적당한 시기에서 토지대, 공사비, 기타 건설제비를 포함한 일체의 건설비를 장기연부 상환케 하여 완전한 자작농으로 독립케 하는 동시에 장래 농촌의 경영은 조선 농민의 자치에 맡길 방침이 되어 있다.

물론 이와 같은 조선 농민 갱생의 기본인 안전농촌의 건설에는 관동군을 비롯하여 대사관, 만주국 정부, 기타 지방관헌의 비호 후원이 절대적인 힘이 되고 있는 것을 특서하여 둔다.

영구 안전농촌 편

사변 직후 우리는 귀에 못이 박힐 정도에 영구 농촌의 이야기를 들었다. 우리가 새로 차지한 '가나안' 복지는 염분이 많아 농민들이 고생을 겪고 있으며, 동아권업이 막대한 건설비와 토지 개량비를 들였음에도 자작농 설정은 어렵다는 등의 긍정과 부정의 소식을 들었다. 이는 우리의 관심이 이 농촌에 집중되었음을 의미한다. 그러면 과연 이 농촌은 어떠한 곳인가.

이 농촌은 봉천성 영구현 제7구 소년자방촌(小碾子房村)의 관할에 속한 곳으로 이 촌의 전면에서 요동만에 향하여 전개된 일대 집단초생지다. 동부는 봉산철도 지선을 따라 대요하(大遼河)에 접하였으며 북부는 소년자방, 소염탄(小鹽灘), 동신둔(東新屯) 등 각 부락에 연하고 남부와 서부는 요동만에 면하고 있다.

시장과의 교통거리는 영구 시가까지 요하를 격하여 최단거리 20리(중국 리), 최장거리 50리요, 전장태(田庄台)까지의 최단거리 20리(중국 리) 최장거리 45리(6리가 조선의 10리)다. 위도로는 동경 122도 16분, 북위 40도 25분의 부근에 있는 곳이다.

지세는 해안 간석지 특유한 평탄지로 경사가 극히 완만하여 있다. 대체 지구의 동북 양단으로부터 해안선에 향하여 1만분지 1 내외의 구배가 있을 뿐이라 육안으로 보면 소반 같은 일망무애의 평야이다.

지질은 요하의 충적으로 된 제4기 신층에 속하여 대부분은 중점성이 풍부한 대회색 식토로 지미(地味)는 아루가리 염류의 함유량이 많은데 이 토질의 함염량은 최다 100분지 5, 최소 1,000분지 5, 중이 100분지 2 내외이다.

그러나 수전도작상 관개수의 염분 농도는 1,000분지 2 이하가 되지 아니하면 아니 되는 터이라. 이것은 제염작업으로 완벽을 기할 필요가 있는데 용수의 수원인 요하의 수질은 양수장 부근의 함유염량이 1만분지 2 내외기 때문에 도작에는 아모 지장이 없으니 현재 지질에 포함된 염분의 제염 작업만 마친 다면 이 농촌의 실적은 대단할 것이다. 또 기상은 대체 만철연선 태악성(態岳城) 지방과 큰 차이가 없어 일조시간수, 증발량과 우량도 적당하여 도작하기에는 천혜의 적지가 되어 있는 것이다.

이러한 천혜의 지를 버려둔 것을 우리의 손으로 개척하였으니 농촌 개설 이전에는 해주의 침입 및 '아루가리 염류'의 피해가 심한 까닭에 일부의 묘액만한 수전과 전의 경작이 있었을 뿐이오. 전면에는 키가 넘는 풀이 어우러진 초생지로 소위 연료용 채초지에 불과하여 농경지로는 이용가치가 없는 황무지대였다. 그러나 사변 전에도 만인(滿人) 유지의 손으로 수가와(修家窩) 북방에서 도수로를 굴착하여 간만의 낙차를 이용하여 요하의 물을 자연도수하여 개간한 일도 있으며 또 여마식(驢馬式) 양수기 혹은 '오일엔진 전동양수기'로 수위를 높여서 관개 제염을 하여 약간의 수전을 경영하였으나 기술의 졸렬, 자금의 결핍 또 비적의 습격 등으로 실패하였다가 사변 후 비로소 이처럼 척박하고 황폐한 데가 우리의 손을 빌어서 천혜의 복지가 된 것이다.

기름진 처녀지는 비로소 열렸다

1933년 안전농촌 설정사업으로 영구의 실지 답사를 착수한 것은 동년 2월 10일이었다. 일행은 총독부 파견원 4명, 동아권업 측 기술원 측량인부, 통역 등 30명으로 영구 영사경찰, 만주국 경비대 등 50명의 경호를 받아 3리에 나누어 남은 해안선 일대로부터 북은 해성현(海城縣) 가당사(駕掌寺)에 이르는 약 60리(중국 리) 토지의 고저측량과 토질 및 농업 경제상태를 조사하는 동시에 한편 요하공정국, 영구관측소, 영구 수전회사 등으로부터 용수원인 요하의 수량, 간만, 염분의 함유량, 기상, 전력 배급 等 관계를 상세히 조사한 결과 현 농촌 부근이 최적의 땅인 것을 발견하고 즉시 사업계획을 입안하여 3월 중순에 결정을 보게 되었으니, 이것이 영구 농촌 건설의 제1보라 할 것이다.

그와 같이 농촌 건설을 결정한 동아권업에서는 각 관계당국의 응분의 후원을 얻어 토지 매수에 착수하였으나 원래 이 계획지구는 영전공사와 하북농장이라고 칭하는 116명이나 되는 만인(滿人) 지주의 합동조직의 수전 경영계획지대에 속하였으므로 권리관계가 몹시 착잡하였을 뿐 아니라 지주 중에는 구군벌 유력자들이 많이 있어 사변 당시 행방불명된 자가 적지 않아 매수에 곤란함이 역시 심하였다.

하지만 각 방면의 적극적 알선이 주효하여 결국 매 천수답 20원(국폐)으로 낙가 매수하여 8년 9월 말에는 1,756정보의 토지를 매수하고 그 후 역산토지의 불하까지 맡아 현재는 약간의 지주부재의 토지를 제외하고 예정과 같이 그 매수를 완료하였던 것이다.

제1차 수용받은 동포 수 3,000여 명

이 영구의 안전농촌 건설은 당시 날로 증가하던 피난동포를 옆에 두고 시작된 것이라 그 건설진행도 따라서 바빴다. 한편으로 토지매수를 하면서 한편으로 공사시행을 하면서 또 한편으로는 피난민을 수용해야 하는 경우라 1933년 5월 1일부터 피난민 수용을 시작하여 9월 11일까지 전후 10회에 나누어 636호 3,012인의 동포가 갱생의 천지로 안주와 희망을 얻어 수용되었다. 그러나 이 중에는 입촌하자마자 일가의 기둥을 병으로 잃고 고독한 부녀자와 기타 이유로 정착하지 못하고 이촌한 농민이 100여 호에 달하였다.

그리하여 이 보충이민으로는 1934년도 초 조선 각지에서 우량 이민을 선발하여 105호, 591명을 입촌케 하였으므로 결국 625호, 3,019명의 이민이 1934년부터 정착하여 농사짓게 되었다. 그러나 이 농촌은 조선총독부와의 협정이 있어 800호를 수용하여 1,520정보를 개간할 계획이었는데 첫해의 수확을 완전히 하기 위하여 제염 기타 만전을 기하고자 1,500정보만을 개간 파종하고 호수도 625호에 그쳐 이 부족호수는 차차로 수용할 계획을 세우던 중 마침 1933년 9월 조선총독부로부터 남조선 지방 이재민 500호를 영구 농촌에 수용하여 달라는 교섭이 있었다. 이 결과 조선의 이재민도 만주의 혜택을 입게 되었으니 당시 동아권업에서는 새로운 농촌확장안을 세워 첫째, 지구 내 예비보류지의 이용 및 미경지의 신규 개전 등으로 1,500정보의 기 수전을 2,400정보로 확장하여 1호당 수전 배당면적 2정 4반보로 하여 1,000호의 농민을 수용하도록 할 것. 둘째, 2,500정보를 넉넉히 관개 제염할 수 있는 기설 양수기를 유효하게 활용할 것. 셋째, 관리비(설정비 이자를 포함)의 부담 경감을 위하여 농민의 경제생활을 향상케 할 것. 넷째, 당초 계획의 800호 수용을 실현할 것. 이와 같은 계획 방침에 제1차 수용이 끝난 후 10월, 11월에 전후 3회에 걸쳐 남조선 동포 궁민 466호가 이 농촌에 수용되었다.

그리하여 제1, 제2 두 차례 수용에 결국 계획수용의 수보다 91호가 초과되었던 것이다. 이 과잉이민을 총독부 측과 동아권업이 협정하여 영구에서 월동한 후 1935년 봄에 수화안전농촌으로 이주하게 하였으나 제1차 수용이민 중에서 1934년도에 이르러 다시 44호의 퇴촌자가 생기고 또 수화행 이민 중에 12호의 이촌자가 생겨 결국 35호가 과잉이민으로 수화 농촌에 이동하여 갈 수밖에 없었으나 영구 농촌에 애착을 가진 그들은 한사코 재이주를 싫어하였다. 이미 이들의 가슴속에는 만주의 땅을 아끼는 정이 생겼던 것이다.

따라서 권업 측에서는 그 정을 이해하고 수화행을 중지하고 촌내 각 부락에 부수한 채원 기타 여잉지를 이용하여 1935년도는 잠정적으로 영구에 남게 하였다.

동포 입촌 이래로 황무지가 옥토로 변했다.

원래 이 농토는 염분의 함유량이 비교적 많은 곳도 있어 파종 전에는 상당한 제염공작이 필요할뿐더러 벼가 자란 후에도 물을 자조 갈아 주지 아니하면 지하의 염분이 올라와 벼가 말라죽게 된다(영구 농촌의 시험에 의하면 논 물을 9일간이나 갈아주지 아니하면 함염량이 1,000분지 8에 달하여 벼가 말라죽는다). 그러기 때문에 수전용지로 일반 수전에 비하여 수배를 요하게 되는 터이라. 권업 측에서는 요하의 양수시설공사를 급속히 완성하여 예정대로 1933년 10월 30일 양수기 및 부속시설물의 건조를 종료하였다. 이 사이에 수용된 농민은 용수지선, 배수지선, 도로 등 토목공사에 종사하여 9만 7,000명의 연인원의 출역으로 7만 5,000원의 노임을 얻어 1933년을 마쳤던 것이다.

이 이주민이 입촌하자 황막한 초원에 동포의 부락이 여기저기 생기어 현재 250련(1,000호 수용 가옥)의 평방이 남향의 양지를 골라 정연하게 나누어 있으니 한 부락은 15련(60호)이오 현재는 제1구에서 12구까지와 중앙구 남구 등 계14부락으로 되어 있는데 만주식 평방에 불과한 가옥이나마 중앙구를 기점으로 방사형 간선도로를 만들어 각 부락이 이 도로에 쫓아 배치되어 있어 장래 문화농촌의 기틀이 잡혀 있다. 이와 같은 신건설 농촌에 이주한 동포농민은 어제까지의 우울한 생활에서 해방되어 희망에 타는 신생활에 씩씩하게 살아간다.

그리하여 1933년 가을부터 처녀지에 우리의 괭이를 내리어 동년 결빙기까지 1,960정보를 기답(起畓)하였다. 뿐만 아니라 그중 1,490정보는 1회 내지 2회의 제염까지 하였으니 이 동포의 노력이 얼마나 위대하였는지 알 수 있었을 것이다. 그리하여 기답한 땅에는 그해 겨울에 물을 잡아넣어 다음 해 춘경기에 해빙 즉시 배수제염하고 3월 하순부터는 기경에 착수하여 5월 18일까지에는 1,500정보를 기경 파종하여 어제까지의 황무지가 문전옥답으로 변하였다.

따라서 그해에는 1만 5,940여 석의 수확을 내어 예상 이상의 호성적으로 조선 농민이 만장의 기염을 토하였나니 만주개척은 우리의 손에서만 성과를 볼 수 있다는 사실을 확증하였다. 그리하여 1935년도에는 2,400정보의 수전을 경작하여 이 해에는 일약 4만 2,370여 석의 수확을 보았던 것이다.

명랑(明朗)한 농민(農民)의 마음, 부업(副業)과 가축(家畜)에도

이같이 안정되어 가는 농촌에는 반드시 부업이 성황하는 법이니 이 영구 농촌도 부업이 왕성하여 촌에는 계견지성(鷄犬之聲)이 장휴(長閑)하게 들린다.

이 농촌 부근 일대에는 갈(葦)이 많이 나는 관계상 '삿자리' 제조가 성황인데 지난 1933년도 입촌 당년은 농민들에게 이 '삿자리' 제조를 장려하였으나 이것은 상당히 숙련을 요하는 터이라. 하루아침에 부업으로서 성과를 얻기 어려워 '새끼'와 '가마니'를 짜기 시작하여 1934년도에는 가마니 기계를 총독부 보조금으로 구입하여 각 농무계(農務契)에서 장려한 결과 1934년에는 1만 8,000매의 가마니를 산출하였는데 금후 이것은 더욱 번성할 것이며, 양계, 양돈도 차차 성황을 띠고 있다. 그리고 경우(耕牛)는 현재 160여 두가 있다고 한다.

영구 제2 농촌 편

1935년도 설정할 안전농촌지구 선정에 관하여는 전만 각지에 걸쳐 조사하였으나, 시기가 절박한 것과 자금관계로 기설된 영구 농촌 부근에 건설하는 것이 최적하다고 결정하고 부근 농촌을 현지 답사한 결과 그 인접지역 중 최적지 3,000정보를 새로이 매수하고 그중 2,400정보로 개답하여 1호당 2정보, 즉 1,200호 약 6,000명을 수용하기로 결정하고 현재 제반 건설사업을 착착 진행 중인데 이 농촌도 기설농촌과 같이 요하의 자연수를 인수할 터라 한다. 그 규모라든지 시설은 기설농장의 경험에 비추어 한층 더 진보가 있으리라고 한다.

더욱 이번 봄이 제2 농장에 입촌시킬 농민은 조선에서 선발한 우량 이민이라 하니 만주의 안전농촌의 그 혜택이 이같이 급속하게 조선 내지에 미칠 줄이야 누가 알았으리요.

(영구편)

〈자료 30〉 재만동포의 안전농촌 적의개소결정(《매일신보》, 1933.2.7)

종래 만주에 재주하는 조선동포는 각지에 산재하여 그들을 보호함에 적지 않은 불편을 느꼈으며 이들을 일정한 곳으로 집중시켜 안전농촌을 설정케 하였다고 함은 이미 보도한 바이거니와 이 안전농촌은 1,000호를 한도로 토지가 비옥하고 관헌 보호에 적절한 곳을 23개소 선정할 터인 바 그 토지의 선정에 대하여는 만주의 조선총독부 파견원 사무소와 만주국 간에 교섭할 결과 이미 결정되었다고 하니 이 안전농촌이 실현되는 날에는 재만 동포 생활에 막대한 복음이 될 것이다.

〈자료 31〉 만주피난 동포 구제책(《매일신보》, 1933.4.23)

비적에게 쫓기며 송화강 연안의 대홍수로 경작지를 잃어버리고 가두에 방황하는 재만 피난동포 6만 인의 선후 처지에 대하여 만주의 치안유지 회복과 함께 조선총독부가 주체가 되어 만주국 전권부, 관동군, 만철의 후원 아래 대책을 강구하게 되었다. 대책의 요지는 원주지 귀환과 신거주지를 설정하여 액 반수는 춘경기 전에 전부 수용할 수 있고 나머지 반수 3만 명은 각 방면과 협의한 결과 집단 부락을 형성하기로 의견이 일치하였다. 이리하여 작동 이래 당본(堂本) 만주파견원은 후보지 선정 중인데 만주는 영구 북방 전장태 부근과 하얼빈 동북 오길밀 부근에 각 천 호 간도 각지에 1,200호, 합계 3,200호의 안전농촌 창설지를 결정하고 만주에는 동아권업공사와 동척이 사업주체가 되어 춘경기와 함께 사업에 착수할 예정이다. 만주사변 이래 해결을 시급히 요구하던 피난민 구제는 이제 총독부의 노력으로 해결을 보았고 안전농촌 계획의 대요는 다음과 같다.

간도

1933년 예산 국비를 가지고 안전농촌 2백 호를 창설, 1개소에 백호 평균을 가지고서 간도 각지의 12개소의 안전농촌을 만든다. 나머지는 피난 조선 농민에 있어서는 간도 총영사관과 협력하여 먼저 간도 일대의 기존 부락에 수용시키고 안전농촌 이외의 조선농과 일체 자작농 창정 사업을 진행시킬 터이다. 자작농 창정은 동척과 협력하여 200만 원(내 50만 원 국고 보조)의 경비를 더 주어서 토지구입, 영농자금의 융통을 동척으로부터 행하여 연부 상환의 방법에 의하여서 조선 농민의 지위를 확립할 터인데 1933년도의 자작농 창정 자금은 1932년도 분과 합하여 80만 원 정도이다.

표(밖) 만주

안전농촌을 창설하기 위하여 1933년도 예산에 계상한 43만 원과 이외에 재외 조선인 시설비의 경상비를 유용하여 만철에서 원조금으로 받는 100만 원을 합하여 170만 원을 경비로 해가지고 동아권업를 사업주체로 전장대, 오길밀 부근의 양 지역에 각각 1천 호씩 2천 호를 모아서 일대 집단부락을 창설한다.

〈자료 32〉 재만농민의 항구적 대책, 안전농촌, 자작농 창정 등 기초적 조사에 착수(《매일신보》, 1934.1.19)

총독부의 재만 조선 농민 시설은 사변 시에도 응급대책이 완료되었으므로 1934년부터 일보 진보하여 항구적 대책을 착수하게 되는데 1934년도의 사업으로서는 만주에서는 사변의 난을 피하여 귀선한 조선 농민의 원지 귀환을 시키고 동아권업을 통하여 소규모인 안전농촌의 설정, 간도에서는 작년 부처 동척과 협력하에 실시 중인 자작농 창정 사업을 다시 확장 계속하는 외에 관동군 외무성의 협력도 얻어서 집단부락 10수 개소의 설정을 계획하고 있다. 또 조선인의 집단 이민계획도 관동군, 대사관과의 타협도 순조롭게 되었으므로 1935년도의 사업으로서 실현하고 1934년은 기초적 조사를 하기로 되었다.

〈자료 33〉 3천 호 수용목표로 낙토화하는 안전농촌(《매일신보》, 1937.1.1)

총독부에서는 만주사변과 수해로 인한 피난민 처치와 자작농 창정을 목적으로 철령, 하동, 영구, 수화, 삼원포 5개소에 안전농촌을 건설하고 있는데 철령은 1931년에 하동과 영구는 1933년에 수화는 1934년에 삼원포는 1935년에 각각 건설하여 현재 완성을 서둘러 진행하고 있다.

이 농촌의 건설비는 총독부와 동아권업공사에서 보조와 농자융통을 하여 온 것인데 선만척식회사가 설립되어 동아권업의 사업을 선척에서 인계하여 계속 경영하기로 되었다. 그런데 안전농촌에 입식한 농민에게 1호당 경작면적은 답 2정 4반 보와 택지 기타 1반 보를 합하여 2정 5반 보를 이에 배합하여 반당 2석 이상의 수확이 있는데 장래에는 자작농을 창정할 계획이며 5개소의 안전농촌의 총 계획면적은 1만 1,640정보이다. 그중 경작면적이 7,572정 8반 보, 수용호수가 3,241호이다. 이에 대하여 총독부 보조 118만 6,772원, 회사 출자 2배 67만 2,579원, 합계 385만 9,351원의 건설비를 계상하였고, 또 총독부 시설로는 각 농촌마다 금융, 교육, 의료 등의 기관을 설치하고 있다.

이제 각 안전농촌의 개황을 열거하면 다음과 같다.

철령 농촌

계획 총면적 920정보

경작면적 819정보, 수용호수 349호

하동 농촌

계획총면적 2,500정보

경작면적 1,791정 3반보, 수용호수 683호

영구 농촌

계획총면적 6,000정보

경작면적 3,519정 4반보, 수용호수 1,564호

수화 농촌

계획총면적 1,705정보

경지면적 1,074정보, 수용호수 468호

삼원포 농촌

계획총면적 470정보

경지면적 368정 8반보, 수용호수 177호

그런데 이 안전농촌 건설의 유래를 개술하면 전술한 바와 같이 만주사변과 재해이재로 인한 피난민의 경제 또는 자작농 창정을 목적으로 1932년도에 조선총독부에서 동아권업 공사에 대하여 7만여 원을 보조하고 동 공사는 이에 배액의 자기 자금을 더하여 합계 21만 여 원으로 처음 만철연선 선산역 부근에 토지를 매수하여 철령 농촌을 건설하고 여기에 피난민 일부를 수용하였고, 그다음 1933년에 6만 원을 동아권업에 보조하여 전과 같은 조건 으로 북만의 길림성 주하, 연수 양현에 이르는 하동 농촌과 남만의 봉천성 영구현 전장대 부 근에 영구 농촌을 건설하였고 다시 1934년에 총독부 보조금 14만 원에 동아권업 자기 자금

2만여 원을 합하여 북만 수화에 수화 농촌을 건설하고 또 1935년도에는 보조금 3만 2천 원, 동아권업 자기 자금 9만 6천 원을 합하여 유하현 삼원포 농촌을 건설하여 남북만 일원에 이르는 피난 조선 농민과 기타 빈곤한 농민을 수용하고 금융회를 건설하여 농경자금을 융통하며 보통학교와 서당을 설치하여 자제교육을 실시하는 것 외 촉탁의를 배치하여 의료사업, 경찰관을 배치하여 경비 등의 만전을 기하고 있는데 모두 지미가 비옥하고 수리가 편리하여 도작에 최적지여서 참으로 수전 개척자인 조선 농민에게는 무상의 낙토임을 느끼게 한다.

〈자료 34〉 조선인과 만주국(3) – 북지재주 조선인의 현황 (《매일신보》, 1937.6.17)

영구 안전농촌

만주사변 이후 재만 조선인의 보호 무육과 조선으로부터의 계획 이민을 실시하고자 조선총독부에서는 만주 각지에 안전농촌을 건설하였다. 현재 상당한 규모를 가진 안전농촌은 영구, 하동, 철령, 삼원포, 수화의 5개소인데 그중 규모의 광대, 시설의 경비 등 모범적 안전농촌이라 할 만한 것은 바로 영구 농촌이다.

영구 농촌은 영구항의 대안 봉산선 지선의 종단역인 하북역으로부터 전장대에 이르는 중간지점의 서측에서 요동만에 임하였다. 1932년에 만주사변으로 인하여 만철연선에 피난한 조선 농민으로서 원주지에 귀환할 방도가 없는 자에 대하여 항구적 안주지를 주어 생업의 기초를 확립하게 하려고 1933년 4월에 조선총독부에서 거액의 보조를 지급하여 동아권업공사로 하여금 영구에 농촌을 건설케 하여 8년 5월에 기공하여 9년 봄부터 수전경작을 개시하였다. 농촌의 총 면적은 6,556정보인데 1937년도의 경지면적은 4,200정보로 이미 공사비 162만 원을 투하하였는데 남은 면적 600백 정보를 개간하게 되면 총 공사비는 200만 원에 달할 터이다.

1937년 5월 말 현재의 이 농촌의 인구는 1,880호, 9,615인인데 기정 계획이 전부 완성되면 총 경작면적 4,800정보에 호수 2,200, 인구 1만 1천 인에 달할 예정이다. 1호당 경작면적은 2정보 내지 2정보 4간인데 1936년도에 3,600정보의 경작면적에서 6만 2천 석의 정조 수확이 있었으며, 1937년에는 8만 2천 석의 수확을 예상하고 있다. 농장의 관리는 현재는 만선척식회사의 감독하에 완전한 자치제도를 실시하여 농촌 내의 37구 각 농무계를 단위로 농무계 연합회를 조직하여 농촌의 호적, 교육, 위생, 수리, 관개, 수납 부업의 지도장려 농사시험 정미소의 경영 일체를 자치적으로 처리하여 가고 있다. 이 농장에서는 조선 내의 수리조합과 같은 관개용수로, 새수로, 기타 지선 수로 등 정연한 시설이 되어 있는데, 요하 하안에 200마력 2대와 250마력 2대의 동력을 가진 양수장 시설이 있는 것은 실로 만주에서 자랑할 만한 상당한 규모의 시설이라 하겠다.

그리고 이 농촌의 사회적 시설로는 영구영사관경찰서의 파출소가 있어서 14명의 경관이 주재하여 농촌의 보완을 확보하고 있다. 한편 농촌의 18세 내지 40세의 농민으로서 자위단을 조직하여 경관의 지도하에 각 부락의 야경과 촌내의 치안에 대하여 경관을 보조하고 있다.

교육 시설로는 농촌 보통학교가 있는데 본교가 12학급 분교가 4학급에 교육 14명, 아동 1,043명이어서 6년제의 보통학교 설립되었다. 이 농촌 아동은 완전히 중농주의 교육으로 농촌에 있어서 중견적 농민양성에 치중하고 있다. 이외에 중앙부락에는 병원, 우편국이 있고 농무계 연합회에는 금융부가 있어 조선 내의 금융조합과 같은 업무를 보고 있다. 또 특히 농민의 심전개발 시설로는 농촌에 신사를 설립하게 되어 방금 그 건립공사를 하고 있다. 그런데 영구 안전농촌과 같이 우리들이 주목해야 할 것은 영구 부근 요하연안에는 조선인 자유이민 6,500명이 있어 수전 5,300정보를 경작하고 있는데 그들의 작년 수확 정조는 실로 18만 석에 달하여 안전농촌 것과 합하여 24만에서 25만 석의 쌀 생산이 있었다. 이것이 영구항의 시장에서 매매됨에 따라 영구 경제계에 미치는 바 영향이 적지 않다. 안전농촌이 기정 계획대로 완성되면 장래에 이 두 곳의 쌀 생산은 30만 석에 달할 것이다.

만주에서 쌀 생산지로서 중요성이 매우 커질 것이다. 대체로 이 영구 농촌은 창설 이전에는 이 부근일 대의 토지는 전연 사람이 돌보지 않는 일망 황막한 초생 황무지였는데 지금은 총독부의 대규모 시설에 따라 하루아침에 쌀 생산으로 미전화하여 주민 역시 성대의 혜택에 따라 낙토에 안주하게 된 동시에 일면 또 만주산업개발에 적지 않은 공헌을 하는 것도 사실이다.

〈자료 35〉 총독부대동척의 안전농촌협의안(《중앙일보》, 1933.3.31)

총독부 외사과와 동척조선지사 간의 협정이 성립된 간도의 자작농 창정(안전농촌 설치)은 도쿄 본사 양해가 있는 대로 실지 조사한 후에 1933년도부터 5개년 계획으로 제1기 창정에 착수하기로 결정하였다. 이 협정 내용은 첫째, 간도의 자작농 창정을 위하여 동척은 1933년 이후 5개년간에 200만 원의 자금을 융통할 것, 둘째, 융통자금 150만 원, 자기 자금 50만 원은 총독부 알선에 의한 저리 자금으로 충당하고 또 이 자금으로 과부족이 있을 시는 이를 적절하게 증멸한다. 그러나 이 경우에 동척 대 총독부의 자금은 3대 1로 할 것, 셋째, 동척의 대출금리는 연 8분으로 할 것, 넷째, 동척은 민단금융부 알선에 의한 대출에 대해서는 수입금리의 1분 5리를 매개 수수료로 하여 금융부에 교부할 것, 다섯째, 회수 불능 시에는 총독부 알선에 의한 저리이자는 반제할 필요가 없는 것, 여섯째, 1석 평균 경지면적은 답 1천지 연 5천지로 할 것 등이니 5개년 이후는 재협정하기로 하고 총독부에서는 위 안전농촌 보호를 위하여 특별 시설을 하기로 되었다.

2. 집단부락 정책

〈자료 36〉 간도 각지 피난동포 집단부락을 건설(《매일신보》, 1933.3.31)

간도 방면의 재주 조선인 생활 실정을 조사하기 위하여 2주일 동안 출장 중이던 조선총독부 외사과 양 사무관은 지난 29일 밤 귀임하였는데 다음과 같이 말하였다.

"간도의 치안상황은 비적의 대부대는 전부 일소되었으나 공산당의 활동에는 아직도 의연히 가공할 바가 있어서 지금은 침식상태에 있으나 장래에 한 화근이 되리라고 믿는다. 그러나 당국의 토벌에 따라 귀순하는 자가 속출하고 있는 현상인데 이들 공비 중에는 대부분이 먹기 위하여 또는 강박을 당하여 그들의 무리에 투신케 되는 자가 많으므로 동정할 점이 없지 않다. 그들은 대개 예리한 무기를 가지고 있으나 단체적 행동은 별로 없으므로 토벌에 그리 곤란은 없으나 각지에 산재해 있는 만큼 성가시기 짝이 없어서 이에 대하여는 치안당국도 두통 중에 있는 모양이다. 그러나 이 때문에 피난민이 극도의 위협을 받고 있으므로 그들의 토벌은 초미의 급무이다."

현재 간도재주의 피난민은 3만 명을 돌파하고 있어 그 구제에 주력하고 있는바 자작농은 12개소에 1,200호를 창설하여 집단부락 건설에 착수하고자 조선총독부는 총영사관과 협의하여 금융상의 시설에 힘을 쓰고 있다.

〈자료 37〉 만주와 조선 농민 17(《매일신보》, 1936.5.17)

(상략)

1932년, 즉 사변이 발생하던 다음 해 춘경기를 당하여 피난민을 적절한 안전지대로 귀경시키지 않으면 안 되는 상황에 처한 조선총독부로서는 안전농촌 급설의 필요성을 느꼈으나 그것을 실현키에 아무 준비와 시일이 없어 만철계통회사로 만주농업경영에 경험이 많은 동아권업주식회사에 피난민 수용에 필요한 안전농촌 설정의 일체를 위임하여 사무를 운영하게 하는 동시에, 경비에 대해서는 1대 2 비율로 본부로서 일부 보조, 회사로서 배액을 지출키로 약정하였고, 금일까지의 각 안전농촌 건설(삼원포 안전농촌 불합)에 대한 총경비는 약 230만 원에 달하였으므로 본부의 보조 지출이 약 76만 6천 원, 회사 지출이 153만여 원에 달하였을 것이다. 그리고 농민과 회사와의 관계는 지주와 소작인과의 관계로 되어 있으며, 본부의 방침에 의하여 장래 3년부 상환으로 각 농촌 이주 농민에게 경지를 매수케 하여 전부 자작농화할 예정이다.

각지 농촌의 농작은 전부가 수전농작이오, 반당 평균 생산고는 2석 5두를 상회할 것이다. 각지 농촌의 계획 경지면적(7,500 정보)이 전부 수전화한다면 연 총생산고는 18만 석에 달할 것으로 예상된다.

2. 집단부락

간도 각지에 잔재하여 있는 집단부락도 만주사변 후 병비 피해를 받은 피난농민과 공비에게 쫓겨다니는 피난민을 수용키 위하여 건설된 것으로 1933년 9월 제1차 건설로 합막당, 태양촌, 중평, 춘흥촌, 세린하, 장인강, 토산자, 청산리, 나타하자에 각 1개소씩 9개 집단부락의 건설을 비롯하여 다음 해 3월에는 기 건설 부락의 성적이 양호함에 따라 화룡현, 연길현을 중심으로 또 15개 부락을 증설하였고 그 증설된 것과 최근 왕청현에 증설된 것을 합하여 현재 30개소의 집단부락이 생겼다.

1개 부락에 수용된 농민 수는 총 100호 내외로 30개 부락의 호수는 3천여 호 인구는 1만 5천 인에 달하여 남북만주의 각 안전농촌에 수용된 농민 호구수와 근사하다. 경비는 1호 농가에 대하여 주택비, 이주비 기타를 합하여 약 100원의 경비를 요함으로 1개 부락 수용호수 100호에 대하여 약 1만 원, 30개소 부락 건설에 대하여 약 30만 원을 요하였으며, 기타 위생, 경비, 교육에 관한 시설비도 적지 아니하다.

부락 농민이 경작하는 토지는 주로 만인의 소유토지이나, 주주는 3, 소작인 7의 소작 계약으로 소작인에 유리한 소작계약이 되어 있으며, 마침내 토지를 매수하여 자작농부락화하려는 것이 최초의 이상이므로 이를 실현키에는 더욱 주력하고 있는 현상이다.

3. 자작농 창정

이상 안전농촌, 집단부락은 구급을 요하는 피난민을 수용할 목적으로 건설된 것인데 다음에 소개되는 자작농 창정은 일시적 구호 시설에서 더 나아가 영구적, 적극적 시설이 되는 것이다.

세인들이 주지하는 바와 같이 간도 지방에 거주하는 이주 농민들은 대다수가 소작농민이며 다수가 만주인 지주 또는 금융업자를 상대로 하여 불리한 조건하에서 영농하는 상태였다. 그러한 상태에서 벗어나 영구적인 기반을 마련하기 위해 본부에서는 저리자금을 대부하여 구채를 정리하고 자작농화하여 안주의 길을 얻도록 하기로 일찍이 계획하여 왔다. 사변 후 이 계획의 실시는 하루가 급하다 하여 속속 실시에 착수하게 되었다.

이 계획을 실행함에 있어 사변 후 만선간의 정치문제는 해결되었으나, 자작농 창정에 관한 경비문제로 조선총독부는 부득이 동양척식회사를 이 계획 실현의 보조기관으로 삼게 되었다. 동척은 1932년도부터 이후 5개년간 매년 10만 원을 보조하여, 그 보조액의 3배 즉 30만 원을 해마다 출자하여 합계 40만 원으로 토지구입, 농민의 주책건설, 농우매입, 기타 영농자금대출을 담당하여, 먼저 5개년간에 100만 원의 자금으로 2,500호의 자작농을 창정하기로 하였고, 자작농자로부터 연부 또는 정기 상환으로 이를 회수케 하였다. 그러한 본부와 동척 간의 협의하에서 동척에서는 토지를 매입하여 1개년 거치 15개년 이내의 연부상환법으로 매입토지를 조선인 농민에게 양여하기로 하고 자작농 창정을 목적으로 하는 자금대부 범위에서는 농가 1호에 대하여 경지면적으로 논 6반 보, 밭 3 정보로 하여 그 소요 자금 650원, 가옥건축비 1호당 40원, 경우 구입비 50원, 농자금 60원, 계 1호당 800원 예정으로 가옥 및 농우자금은 5개년부, 기타 소요농자금은 1개년 한으로 회수하되 회수자금은 해마다 반복 대부하여 자금 융통에 순차 결핍이 생기지 아니하도록 해야 한다. 금리는 어떤 종류의 융통자금에 대해서나 연 8분 2로 하여 사업 착수 후 15년 후에는 2,500호 전부 자작농자의 실현을 기대하기로 하였다.

우선 앞서 서술한 집단부락지 부근의 토지를 매수하여 부락민으로 하여금 자작농이 되도록 전기 방법을 시행하여 오는데, 이 계획 착수 후 3개년, 즉 1935년도 현재의 그 창정 호수는 1,500여 호, 경지면적은 7천 정보에 달한 호황이다.

이상 안전농촌, 집단부락, 자작농 창정은 금일의 현상으로 아직 장래 성적의 여하를 말하기 어려우나 만주에 이주하는 조선 농민의 안전을 보장하며 기초를 수립하자면 이와 같은 방침이 필요한 이유가 많다. 첫째 다수의 농가가 집단으로 거주함으로써 그 단합의 세력으로 능히 외적에게 대적할 수 있고, 둘째 조선적 식습관, 조선의 습관으로 생활의 행락을 얻을 수 있고, 셋째 향토 인물끼리 서로 말하고 서로 웃으면서 이역의 적막을 깨뜨릴 수 있고, 넷째 보호지도 기관 측으로 보아 교육기관, 금융기관, 의료기관, 경비보호에 관한 제반 필요 기관 기타 온갖 기관을 집단부락이 될수록 그곳에 완전히 설치할 수가 있다. 넓디넓은 남북 만주에 흩어져 사는 소수의 농가를 위해 곳곳에 그러한 시설을 설치하는 것은 현실적으로 불가능하다. 설령 설치한다 해도 완전한 시설이 되지 못하며, 효과 또한 미미할 것이다. 현재에서는 그러한 안전농촌, 집단부락에 대한 시설에 준비와 계획을 세울 겨를도 없이 응급적으로 된 것이므로 다소 개량할 점도 있겠고, 초창기 시험적이므로 결함도 있을 것이나 만주에 이주하는 조선 농민의 거주와 안전과 기초를 세워 장래 발전을 기도하자면 집단 생활이 기본이 되지 않으면 안 될 것으로 믿는다.

〈자료 38〉 집안현 집단부락 계획 빈곤조선인엔 난색(《매일신보》, 1936.9.19)

목하 집안현 각지에 비적들이 산재하여 직접, 간접으로 인민의 고통이 심하다는 것은 종종 보두되고 있다. 만주국 집안현 당국에서는 치안공작에 대한 연구를 거듭한 결과 소촌지도관은 수요지대에 집단부락을 설정하고 인민 집합을 명령했다. 특히 외차구 부근 7개 정자촌은 비적 출몰이 잦은 중요 지역으로 판단되어 즉시 철거 명령을 내렸다. 만일 철저하지 않을 경우 더 강경한 조취를 취하겠다고 하여 지난 9월 10일부터 갑장 양수본의 집을 헐기 시작했다. 그런데 이면에는 재만동포들의 딱한 사정이 있다고 한다. 동포들은 대부분이 생활난으로 겨우 생명을 유지하고 있는데, 이 만치 집단부락으로 모일라니까 우선 주택, 농작물 수확, 양미 등 모두 문제이고, 비적들은 최후 발악으로 어떠한 행동을 취할지 몰라 모두 매우 근심 중이라 한다.

〈자료 39〉 대리수구 집단부락에 부정업자 수용(《매일신보》, 1937.11.25)

지난번 전만 일제히 부정업자의 숙청공작으로 간도성 내 연길, 왕청, 화룡의 3현으로부터 검거된 조선인 부정업자 중 전향하여 귀농 희망을 가진 200여 명에 대하여 간도 지방 숙청위원회에서는 이것을 선만척식회사 경영의 집단부락에 알선하여 갱생의 길을 밟게 하기로 되었는데 이에 대하여 만선척식 측에서는 국책적 견지에서 도가선 춘양으로부터 13킬로미터의 대리수구 집단부락에 입식하기로 되어 15일부터 이식을 개시하여 요즈음 겨우 입식을 완료하였다. 수용자는 55호 340명으로 현지는 경지가 비옥하고 주택도 신축되고 비적 습격에 대한 토담, 펌프 등을 완비한 부락도 있으며 철도 선로도 가까우며 모두가 감격하여 갱생의 굳센 의지를 가지고 있다. 그리고 대이수 집단부락은 1만 2천 평이어서 100호는 수용 가능한 부락으로 농경지는 600일향(약 600일)의 면적이 있으며, 보도소, 사무소, 경찰 분소 등 모든 기관이 있고 중앙에 대이수구 신사를 두고 제사를 지내고 있다.

〈자료 40〉 민중에게 고하는 동북항일련군 제2군, 제5군 사령부, 정치부의 글 - 일본제국주의가 강박적으로 집단부락을 수축하고 만주에 증병하며 무력으로 이민시키는 문제에 대하여(『동북지역조선인항일력사자료집7』, 1936.5.30)

중국동포들! 고려민중들!

금년 2월 26일, 일본 국내 수도 도쿄에서 일본 괴뢰 황제인 쇼와(昭和)의 근위대 소속 두 개 보병 연대와 도쿄 주둔 육군 한 개 보병 연대, 포병 한 개 연대가 갑자기 폭동을 일으켰다. 일본 정부 수상 오카다와 그 아래의 각 부 대신, 쇼와(昭和)의 시내대신과 수십 명의 요인들이 폭동군에게 살육되었다. 도쿄 시내에서는 몇 주 동안이나 혈전이 벌어져 일본의 병사, 헌병, 경찰들이 서로 싸워 죽거나 부상당한 사람이 부지기수이다. 일본의 백성들도 재앙을 받았으며 시가전 때문에 사망한 자가 역시 적지 않다. 일본 정부가 육해공을 동원하여 학살하는 수단으로 이 폭동사건을 탄압하였지만 앞으로 일본강도제국주의 내부에 더욱 크고 위험한 사변들이 계속 끊임없이 일어날 것이다. 이번 사변은 일본강도제국주의의 음흉한 몰골을 드러내놓았다.

일본강도제국주의-군벌, 대자본가, 지주, 귀족들이 중국을 병탄하며 소련국을 진공하며 외몽골공화국을 진공하는 데 대한 주장이 서로 같지 않으며 이권분할도 고르지 않기 때문에 (만주, 화북의 권리) 그들 내부에 충돌이 일어나게 된다. 이번 사변을 통해서 일본의 평민 백성들은 일본강도제국주의의 침략정책을 점차 알게 되었다. 만주사변 이래 일본의 노동자, 농민, 고대중들은 행복을 누리기는커녕 도리어 갈수록 더 고생스럽고 가난해졌다. 게다가 제2차 세계대전이 일어날 위험이 조성되어 일본 평민들의 전도는 암흑하게 되었다. 그러므로 그들은 자기의 일본 정부에 불만을 품고 반대하며 혁명하는 태도를 취하고 있다.

그러나 강도일본제국주의의 내부정형이 어떻게 복잡하고 위험한지를 막론하고 일본강도군벌, 대자본가, 지주, 귀족들은 절대로 '잘못을 뉘우치고' 침략하지 않는 올바른 길에 들어설 수 없는 것이다. 그 놈들은 '범의 등에 올라앉아 이러지도 저러지도 못하며', '장님이 눈먼 말을 타고 아무데나 내달리다가' 나중에 '물고기가 죽고 그물도 해진' 때 이르러서야 손을 뗄 것이다.

그러므로 '2·26'사변 후부터 일본강도제국주의 군벌, 대자본가, 지주, 귀족들은 중국을 재빨리 몽땅 먹어치우지 않아서는 안 되며 내몽골공화국을 진공하지 않아서는 안 되며 소련국의 치타와 해삼위를 빼앗아오지 않으면 안 된다고 수장하고 있다. 중국의 동북4성-만주는 일본강도제국주의의 주요한 새로운 군사근거지이다. 오직 근거지를 공고히 하여야만 순조롭게 침략할 수 있다. 그러나 동북의 중국인민들은 지금에 이르기까지 망국노가 되기를 원하지 않으며 요녕, 길림, 열하, 흑룡강 4개 성에는 10만 명 이상의 강력한 항일군대가 있다.

그러므로 일본강도제국주의는 더욱 악랄한 심보를 품고 일본 국내로부터 더욱 큰 병력을 끌어다 만주에 주둔시키고 항일구국군대를 근본적으로 소멸하려고 시도하고 있다. 그리고 일본강도는 친일군인 만주군인을 신임하지 않고 해산시키거나 재편성하여 충실하게 주구질 하는 건 남기고 그렇지 않은 건 소멸해 버린다. 이것이 그놈들의 첫째 목적이다. 일본강도제국주의는 중국인민이 반란할까 두려워하며 인민들이 항일군을 원조할까 두려워하며 친일병과 항일군이 연락할까 두려워하며 중국인과 고려인이 연합할까 두려워한다. 그러므로 강박적으로 다그쳐 집단부락을 수축하고 인민들을 집단부락 안에 가두어넣는다. 이것이 그 놈들의 둘째 목적이다. 집단부락을 수축하는 데는 또 아래와 같은 심보가 있다.

1. 인민들을 쉽게 감시하며 압박할 수 있다. 무장한 일본군 몇 명이 충실한 주구 몇 명만 거느리고 있으면 수천 수백 명이나 되는 백성들을 단속할 수 있다. 하여 인민들의 행동은 자유를 완전히 상실하게 되고 망국노 생활을 하지 않으면 안 된다.
2. 집단부락 안에 있는 인민들의 토지, 가옥, 양식, 역축, 용구 등이 몽땅 일본인의 군사관리를 받게 되어 평시에는 마음대로 착취, 협잡, 강탈, 침점당하며 대전이 폭발되면 징수, 몰수되어 몽땅 일본 놈의 지배하에 들어 전선 또는 후방의 군용품이 된다.
3. 집단부락 인민들의 생, 사, 혼, 상, 교육 등은 모두 일본 놈들의 지배를 받는다. 조금이라도 일본 놈들의 요구에 맞지 않는다면 산 사람이 살아갈 수 없고 죽은 사람이 묻힐 곳이 없게 되며 진짜 망국노의 틀을 차리지 않으면 혼인이 유린되거나 저애를 받게 된다. 교육은 일어를 배워야 하며 조국과 선조를 망각하고 완전한 순복노예로 되어야 한다.
4. 집단부락의 청장년들은 몽땅 향병으로 편성되어 수시로 동원할 수 있으며 대전이 폭발되면 죄다 징병되어 일본 놈들의 대포밥으로 된다. 그때 가면 우리가 부모요, 안해요, 밭이요, 가산이요 하는 것을 더 운운할 수 있겠는가. 그야말로 일본 놈들의 침략전쟁의 총알받이로 되고 마는 것이다.
5. 집단부락의 젊은 여성들은 일본 놈들에게 빠짐없이 조사되어 있다. 일본 놈과 그의 주구들은 평시에 그녀들을 마음대로 모욕하며 필요시에는 국방부인회니 위로회니 하는 것을 조직한다는 구실을 대고 실제로는 젊은 여성들을 강박하여 전쟁 시의 행군창기로 내보낸다. 일본 놈의 기생으로 된 여성들은 모두 일본이거나 고려의 청백한 가문의 여성들로서 일본 놈들의 핍박에 끌려와 종군창기로 된 것이다.
6. 집단부락이 전쟁에 봉착하게 되면 놈들은 집단부락을 방어 전쟁의 소굴로 이용한다. 하여 집단부락은 진공부대의 폭격, 파괴, 소각을 면할 수 없게 된다. 일본 놈들이 패전하게 되면 그자들은 남 먼저 도망칠 것이고 남은 집단부락은 초토로 변하게 된다.

이상은 집단부락을 강박적으로 수축하는 일본강도의 악랄한 심보이다. 일본 놈들은 이것만으로는 아직 부족하다고 여기고 있다. 최근 일본 정부는 두 개파의 일본강도들의 주장에 따라 다음과 같이 결정하고 실행하고 있다. 수많은 일본농민들을 무장이민으로 삼아 해마다 적어서 10만 명 많아서 100만 명을 만주에 이사시킨다. 첫째, 이러한 일본이민들은 군대처럼 총을 메고 농사를 짓는데 그것을 둔전제라고 한다. 일본이민들의 경작지는 주로 중국인민과 만주 고려농민들의 것을 빼앗아 온 것이다. 교통이 편리하고 토지가 비옥한 땅은 몽땅 일본이민에게 내놓아야 한다. 둘째, 일본강도제국주의는 조만간에 소련국을 진공하며 내몽골공화국을 진공하며 조만간에 중국을 몽땅 먹어치우려 하기에 대전을 피면할 수 없게 되었다. 하여 놈들은 이민으로써 후방을 공고히 하고 중국인민과 고려인민을 대량적으로 전선에 내몰아 죽게 한다. 9·18사변에서 일본 놈들은 고려민족만을 전선의 희생품으로 삼았지만, 금후에는 모든 침략에 중국인, 고려인을 함께 내몰아 희생품으로 이용할 것이다.

대전 때를 논의하지 말고 평상시 때만 놓고 이야기해 보자. 이민 방법은 만주에 있는 고려인들의 고통을 더해 주며 중국인민 동포들을 망국멸종의 지경에 몰아넣는다. 일본 놈들의 장춘신문에 보도된 것을 예로 들어보자. 조사통계에 의하면 장춘이 일본 놈에게 점령되어 불과 5년 사이에 장춘에 있는 일본 놈들이 3만 8, 9천 명으로 증가하고 고려인이 1만 6천 명으로 증가되어 장춘에 있는 중국인민수의 약 절반을 차지하였다. 이제 또 3, 4년이 지나면 장춘거리에서 중국인민 동포들을 찾아보기 힘들 것이다. 장춘이 그러한즉 전 동북, 요녕, 길림, 흑룡강 각지도 어찌 그렇지 않겠는가. 중국동포들! 우리의 전도가 어두우가 아닌가, 위험한가 아닌가를 세밀하게 생각해 보라. 지금 만주에 있는 일부분 고려인들이 비록 때로는 일본 놈들에게 이용되어 표면상에서는 어떤 것이 중국인보다 좀 나은것 같지만 실지상에서는 일본강도 재벌, 군벌, 지주들의 압박과 착취를 받고 있으며 정처 없이 언제나 떠돌아다니는 생활을 하고 있는 바 그 고통은 의연히 혹심한 것이다. 일본강도제국주의의 대전준비는 전적으로 중국인과 고려인의 선혈과 생명재산을 희생시키는 것으로써 수행되는 것이다.

그러므로 지금 동북 4성 중국인민들이 받는 망국노의 고통이 괴롭다는 것을 첫째로 쳐야 하거니와 만주에 천이해온 고려인민들이 받는 이중적 망국노의 고통도 괴로운 것이다. 중국인민 동포들이 그들과 단결하여 죽음의 길에서 살길을 찾겠다는 결심을 내려야만 항일구국에 희망이 있게 된다. 고려인도 중국인민과 긴밀히 연합하여 고통의 원수인 일본강도제국주의를 반대하여야 한다. 중국인민이 민족의 해방과 자유를 얻음과 동시에 고려인민도 자연히 민족의 해방과 자유를 얻게 되는 것이다. 이것은 뚜렷한 도리로서 의심할 바 없는 것이다. 고려민족들이 평화적으로 일본제국주의의 양보를 얻어 고려 조국 내지이거나 병탄된 중국령토 연변(간도)의 자치를 얻어 오려는 것은 절대 될 수 없는 일이며 한낱 공상에 불과한 것이다. 그건 일본제국주의가 고려인민을 이용하여 침략의 선봉으로 삼을 때 쓰던 정치적 기만인 것이다. 제 나라 본국에서 한창 파쑈정치(대재벌, 군벌, 독재정치)를 적극 자행하는 일본강도제국주의가 식민지의 자유와 자치를 용허할 수 있겠는가!

우리 항일연군은 조직적이고 정확한 정치 노선을 가진 중국 동북4성의 항일군대로서 장구한 투쟁력사와 장구하게 투쟁할 수 있는 역량을 갖고 있다. 항일연군은 일본제국주의를 타도하고 중국 동북인민 자신의 정권을 건립하는 것을 목적으로 함과 아울러 모든 중국인민의 행복과 자유를 보호하며 인민들의 생활이익을 옹호한다. 항일연군은 피압박 약소민족이 연합할 것을 주장하며 공동의 원수인 일본강도제국주의를 타도하는 조건하에서 고려인민의 자치와 독립을 성심으로 옹호하며 찬조한다.

중국동포들! 고려민중들!

집단부락이 있는 곳에서는 반일 역량과 비밀리에 단결하여 일본 놈들에게 공개적으로 무장을 요구하여야 한다. 그리하여 우리 편으로 넘어올 준비를 하며 항일군대가 진공할 때 안팎에서 서로 호응할 준비를 하며 대전이 일어났을 때 놈들의 퇴각로를 습격할 준비를 하여야 한다. 그리고 놈들을 위해 총알받이로 되지 말며 놈들을 위해 부역에 나가거나 길 닦기에 나가거나 비행장 닦기에 나가지 않으며 일본 놈과 주구, 간첩들에게 땅을 팔지 않으며 놈들을 위해 짐을 나르지 않으며 놈들에게 토지소유증을 바치지 않으며 소작료, 가렴잡세를 바치지 말아야 한다. 부녀거나 아동들을 골라가는 것을 반대하며 아편으로 병을 치료하는 것을 반대하며 놈들이 아편이나 모르핀을 파는 것을 반대하며 양식, 역축을 놈들의 관리에 넘겨주지 말아야 한다. 일본책을 읽지 않으며 일본말을 하지 않으며 일본 놈에게 시집가지 않으며 일본여자에게 장가들지 말아야 한다. 일본 놈들의 충실한 주구거나 간첩으로 된 이런 망나니들은 모두 없애 버려야 한다.

〈자료 41〉 소작에서 자작으로 갱생하는 재만조선 농민대중: 5백만 원 예산으로 소작농의 경작지 구입자금 대출안 결정(《재만 조선인 통신》 30, 31합호, 1937)

만주국 민정부척정사에서는 국내 기주 조선 농민의 대부분이 빈약 불안정한 소작인으로서 그의 생활이 항상 안정되지 못하여 부동되어 있고, 또한 지금부터 수년래로 격증되어 가는 새로운 이주민에 의한 소작 조건의 변이에 따라 점차 종래의 토지를 버리고 항상 부동을 하는 실정에 있을 뿐만 아니라 왕왕 만인(滿人) 지주와의 사이에 분쟁을 일으키게 되어 민족협화의 근본정신에 어그러지는 경향이 적지 않다. 금번 만선척식공사로 하여금 500만 원의 예산으로 그의 소작지를 매수케 하여 10개년 이내로 연부(年賦)로 양도하여 이미 거주한 조선 농민에게 자작농으로서 활로를 열어주기로 되었는데 그의 자작용 토지 구입자금대출방침과 조건 및 취급 방법의 대강 내용은 다음과 같다.

1. 일반적 방침

(가) 자작용 토지 구입은 조선 농민 일반의 열망하고 있는 터이다. 이 대출계획을 일반이 알 때는 그 적부를 불구하고 일시에 쟁매(爭買)하여 일거에 지가가 급등할 염려가 있으므로 이 대출실행에 있어 특히 이 점에 관하여 주도한 주의로서 실행한다. (나) 이 대출은 만선척식공사의 주지로 한 업무의 하나인 자작농의 창정을 목적으로 하는 것이므로 일반 금융과 같이 신입(申込)을 기다려 융통하는 것이 아니고 별기 조건에 적합한 토지에 대하여서만 적극적으로 금융을 한다고 할 수 있다.

2. 구입할 토지에 대한 조건

(가) 장래성이 있는 이미 조성된 수전 또는 화전(火畑)으로 조선 농민 자신이 수년간 경작하고 있는 토지
(나) 치안상태가 양호한 지역

(다) 한수해 기타의 재해가 적은 토지
(라) 생산량은 회수와 가장 관계가 많으로 과거의 실적을 토대로 장래의 계획을 세워, 10년 이내에 대부금의 상환이 가능할 것

3. 농민 자신에 대한 조건

(가) 자기 스스로 경작에 종사하고 근면한 자
(나) 농민 자신이 구입을 희망하고 더욱 장래 경작 계속의 의지가 영고한 자
(다) 금융회 이외에 부채를 갖지 않고 또 금융회에 책무가 있다 하더라도 이 대출금 상환에 영향을 미치지 않을 정도의 자
(라) 과거에 있어 금융회에 대한 차입금의 상황 성적이 양호한 자

4. 대출상의 조건

(가) 농민 1호당 구입 면적은 현재 경작하고 있는 면적을 표준으로 함. 단 대출지역의 구입자에 대하여는 만선척식공사가 따로 고려한다.
(나) 대출지역에 구입자는 10명 이상 집단을 조건으로 한다.
(다) 대출액의 한도는 구입 실가액에 소유취득에 요하는 비용을 가산한 범위로 한다. 단 근소한 경비를 가지고 개량을 가할 때는 토지의 가치가 상당히 급등할 경우에 한하여 그 개량비도 가할 수 있다고 할 수 있다.
(라) 상환 기한 및 상환의 방법 초년도 거치 이후 10개년 이내의 연부상환으로 한다. 단 원리금의 지불기는 다음 해 2년까지로 한다.
(마) 대부 이율은 연 1할. 단 상환 지연의 경우의 연체 이자는 그 불입액에 대하여 100원에 일보 4보라 한다.
(바) 연부금의 국내 경우는 이자를 선취한 연후 원금 상환에 충당한다.
(사) 보증은 동일지구의 채무자 여러 명의 연대로 한다.
(아) 당초에 있어 공사 명의로 하는 경우의 소유권 유권 취득에 필요한 모든 제 비용과 상

환 완료 후 각자 명의로 양도할 때 생기는 토지 취득세 기타 일체의 비용은 채무자의 부담으로 한다.
(자) 지세 공과기타 토지에 대한 일체의 부과금은 채무자의 부담으로 한다.
(차) 토지의 복구 개량에 필요한 비용은 채무자의 부담으로 한다.
(카) 토지에 대하여서는 채무완제까지는 공사에서 인정한 경우 제3자에 대하여 계약상의 권리의무를 양도하고 또는 소유권을 침해하는 행위를 하고 또는 장래 보유할 소유권을 저당으로 하여 차재(借財)할 수 없다.
(타) 생산물은 예매 또는 담보로 하여 타로부터 차재치 못한다.
(파) 재해 기타 특수한 사유에 의해 공사에서 부득이하다고 인정하는 경우 외에 거치 이자금 또는 연부금의 지불을 일년 이상 체납한 자는 토지의 양도를 하지 아니한다.
(하) 토지지의 양도를 하지 않음에 이른 자에 대해서는 다음의 금액을 미불자에 대하여서는 불루치 아니한다. 거치 기간 중의 이자금 및 제2회까지의 연부금. 단 제1회 연부금 불입 기일 이후에 양도 해약을 한 자에 대해서는 그 불입기일의 다음일부터 해약 당일까지의 대부금 잔고에 대한 이자금, 채무자의 부담금 기타 연이자(延利)는 따로 계산하여 기 불입금과 청산한 후에 추정한다.
(야) 특수 사정이 있는 자에 대해서는 기한 전의 상환을 인정한다. 이러한 경우에 있어 상환 시기의 여하에 불구하고 그 연도의 이자는 이를 감면치 아니한다. 단, 기하 전 상환의 이유로써 수수료 등은 징수하지 않는다.

5. 구입토지의 처리 방법

구입한 토지는 대부금 완제까지는 공사명의로서 취급한다.
이유
구입 토지를 최초로부터 채무자의 명의로 할 때는
   一. 매계세: 매매가격의 100분의 6
   二. 부동산 취득연: 100분의 2
   三. 부동산취득등기비 부동산가액의 1,000분의 5

四. 저당권 설정등기비: 채권액의 1,000분의 5

를 요하는 것으로 곳 이외 부담을 할 농민은 희유할 것으로 인정되어 결국 토지 매수자금에 이들 제 비용을 가산하여 대부할 수밖에 없다. 그리하여 대금 과중은 상환상 영향이 있을 뿐만 아니라 일면 본인 명의로 하여 둘 때는 복(復) 저당을 설정하여 다른 사람으로부터 차재하는 등의 염려도 있다. 본 공사는 매계세 면제의 특전을 가지고 있고 또한 공사명의로 등기를 하는 관계상 권리관계의 확실을 기하는 이익도 상반함으로써 먼저 공사명의로 하여 대부금 완제 즉시 본인 명의로 양도하는 데는 권리의 확신을 기할 뿐만 아니라 당초의 비용 약 3분의 1 정도로 넉넉할 것이고 쌍방 편의할 것으로 인정한 까닭이다.

6. 대부금 취급 방법

자금 대출에 있어서 될 수 있는 대로 경비절약을 도모하고 가급적 저금리로 하여 채무자의 부담의 경감을 위주로 하여 지방농민의 실정에 가장 정통한 금융회를 이용하는 것을 득책으로 인정함으로써 본 대출은 금융회 매개대부의 방법에 의하기로 하고 그 취급 양법에 대해여는 상호 계약을 체결한다고 한다.

〈자료 42〉 간도 집단부락 건설 개황(《조선총독부 조사월보》, 1933.3월호)

제1. 집단부락 창설의 동기

간도와 혼춘 지방은 사상적으로 지극히 복잡한 지방으로서, 만주사변 이전부터 불령단의 소굴, 공비의 근거지로 알려져 있던 곳이다. 이 지역에 사는 선량한 조선인 농부는 끊임없이 그 박해를 받아왔으나, 만주사변 직후, 즉 1932년(昭和 7) 2월 1일 백초구(百草溝)의 한 영장(營長) 왕덕림(王德林)이 구국이라는 이름을 빌려 반기를 들고, 이 땅에서 함부로 날뛰기에 이르러 소요가 극에 달했다. 간도 지방의 치안이 요란해지고 있다며 황군이 출동하고, 적병은 궤멸하여 사방으로 흩어졌지만, 소수 부대의 병비(兵匪)는 아군 군경의 틈을 노려 출몰할 뿐 아니라, 과거 수년 전부터 준동을 이어왔던 공비도 이에 책응하며 도량창궐이 극에 달하여 살해, 방화약탈, 납치 등 하늘과 사람이 모두 용서할 수 없는 만행을 감행하였다. 이러한 흉도의 마수를 피하여, 자신의 피와 땀으로 개간한 토지를 던지고 가재를 버리고 겨우 몸 하나만 일본 군경의 보호를 구하며, 도회지로 도망 온 선량한 조선인 농부는 엄청나게 수가 늘어, 1933년(昭和 8) 초에 약 6천 호 3만 5천여 명에 달하였다.

이들 피난민에 대해서는 응급책을 강구하였는데, 이들을 점차 원주지 또는 새로운 이주지에 귀농 안착시키는 것은 최근 긴박한 일에 속하므로, 본부는 외무성과 협력하여, 극력 그들이 원래의 땅으로 귀환하거나 새로운 이주지로 이전하는 알선에 힘썼는데, 당시의 정세는 그들의 절반의 귀농조차 용이하지 않아서, 본부는 집단부락을 건설하고, 이곳에 그들을 수용하여 그 생활의 안정을 도모하였으며, 그 후 여기에 각종 시설을 집중시킴으로써 모범 농촌답게 만듦과 동시에, 간접적으로 다른 피난민의 귀농이 용이해지도록 하였다.

이것을 실현하기 위해 1932년(昭和 7)도에 제1차로 10군데 건설을 꾀하였는데, 여러 가지 사정으로 인해 9군데의 완성을 보았다. 이 집단부락은 간도와 혼춘 각지에, 마치 위기에 대처하는 정석과 같이 건설되고 있는 관계로, 가령 한 부락당 수용하는 조선인 농가는 겨우 백 호 내외가 되더라도, 이 건설은 그 지방 치안의 확보상, 아울러 산업개발상, 그 효과가 현저한 것이었다. 실제로 부락을 중심으로 상당수의 조선인과 만주인의 귀농을 보았고, 그 경제 부흥은 실로 눈부셨다. (다음 표 참조)

간도와 혼춘의 오지는 황군의 힘이 미치지 않고 또한 관헌의 손도 닿지 않는 방면에 있어서 여전히 공비의 출몰이 보통이 아니고, 공비로 인한 피해가 빈번하게 나오는 상태에 있다. 따라서 이 지방에 있는 농민은, 끊임없이 비적의 위협하에 있었기 때문에, 난을 피해 도회지를 시작으로 각 안전지대로 운집하는 상태를 초래하여, 1934년(昭和 9) 초에 그 수 약 3천 호 만 5천여 명을 헤아렸는데, 그중 약 4할은 피난지에 낙착해서 그럭저럭 생계를 꾸릴 수 있었지만, 나머지 6할은 극도로 궁핍하여 때로는 끼니를 때우지 못하는 상태로 허덕이고 있었다. 이 사태는 전적으로 공수방관할 수 없기 때문에, 본부는 군대 측과 간도 총영사관 측이 협의한 결과, 관계 당국의 협력을 얻어, 재차 집단부락 건설의 뜻을 일으키고, 제2차 집단부락으로서 15군데 및 전년도 미건설분 1군데, 도합 16군데의 건설에 착수하였다.

부락민 외 귀농호수 단위(호)

부락명	조선농	만주농	합계
북합막당	240	100	340
태양촌	26	5	31
중평	200	1	201
춘흥촌	120	17	137
세린하	320	9	329
장인강	380	4	384
토산자	330	40	370
청산리	380	30	410
낙타하자	250	30	280
계	2,246	236	2,482

제2. 부락 창설 개소수 및 지점

토지 선정의 여건

부락 창설 지점은 다음의 요건에 해당하는 지점을 선정한다.

A. 위치

a. 일만(日滿) 군경이 현재 주둔하거나, 곧 주둔할 가능성이 확실한 지점에 가깝고, 경비가 가능한 구역

b. 부근에 소작(또는 매수)할 수 있는 경지 300정보(町步) 내지 400정보를 가지는 지점

c. 땔감과 음료의 채취 및 부락 구축에 필요한 재료 등 생활에 필요한 환경을 가지는 지점

d. 장래적으로 오지 개발의 거점, 또는 부근에 부락 수용 호수 이상의 귀농, 또는 신규 이주자를 초래할 수 있는 지점

e. 자동차가 지나갈 수 있는 도로에 근접하고, 부락 용지 및 경작지가 앞으로 도로부지 등으로 사용될 염려가 없는 지점

B. 지점

a. 부락 용지가 경작지의 대략 중앙에 위치하고, 한편으로 치우치지 않는 지점

b. 토지가 고조(高燥)하여 수해의 우려가 없고, 또한 음료수가 양호한 지점

c. 비적의 습격 시, 방어상 유리한 위치

창설개소수 지방 및 교통상황 (제1차)

연도	부락명	위치	중심시장	거리	개소수	교통상황
1932 (제1차)	북합막당	연길현 춘양향	백초구	12리반	1	백초구 대황구 구자, 소삼차구에서 자동차로 통과한다.
	태양촌	연길현 지인향	의란구	1리반	1	의란구에서 자동차로 통과한다
	중평	연길현 지인향	의란구	1리반	1	국자가, 백초구 간 도로에 접해 있다
	춘흥촌	연길현 지인향	국자가 의란구	5리 3리	1	국자가, 백초구 간 도로에 접해 있다
	세린하	연길현 상의향	두도구	3리	1	두도구 및 장인강에서 자동차로 통한다
	장인강	연길현 수신향	두고구	7리	1	두도구에서 자동차로 통한다
	토산자	화룡현 명신사	이도구 삼도구	1리반 3리	1	두도구, 이도구, 삼도구간 도로에 접해 있고 자동차로 통한다
	청산리	화룡현 명신사	삼도구	3리	1	3도구에서 자동차로 통한다
	나타하자	혼춘현 8지향	혼춘	2리	1	혼춘에서 자동차로 통한다
	탑자구	혼춘현 춘화향	혼춘	9리	1	혼춘에서 자동차로 통한다
계					10	

창설개소수 지방 및 교통상황 (제2차)

연도별	부락명	위치	중심시장	거리	개소수	교통상황
1933 (제2차)	금불사	연길현 상의향	동불사	4리	1	동불사에서 자동차로 통한다
	도목구	연길현 숭례향	명월구	3리	1	명월구에서 자동차로 통한다
	상명월구	연길현 숭례향	명월구	4리	1	명월구에서 자동차로 통한다
	석문내동	연길현 지인향	팔도구 동불사	1리반 5리	1	팔도구에서 자동차로 통하고 다른 우마차만 통한다

연도별	부락명	위치	중심시장	거리	개소수	교통상황
	전각루	왕청현 춘화향	소삼차구	5리	1	소삼차구에서 자동차로 통한다
	와룡호	화룡현 숭신향	이도구	2리반	2	이도구에서 자동차로 통한다
	용흥동	화룡현 명신사	삼도구	3리반	1	삼도구에서 자동차로 부락까지 통한다
	석두하	왕청현 춘방향	양수천자	1리반	1	양수천자에서 자동차로 통한다
	소백초구	왕청현 춘융향	백초구	1리반	1	백초구에서 우마차로 통한다
	목단천	왕청현 춘융향	백초구	3리	1	백초구에서 우마차로 통한다
	오참	왕청현 춘양향	쌍하진	1리	1	쌍하진에서 우마차로 통한다
	우심산	화룡현 명신사	삼도구	2리	1	삼도구에서 자동차로 통한다
	태평구	혼춘현 덕혜향	혼춘	7리	1	혼춘에서 자동차로 통한다
	설대산	혼춘현 용지향	혼춘	8리	1	혼춘에서 자동차로 통한다
	계				15	

제3. 선농(鮮農) 수용 관계

수용 가족의 선정 요건

수용 가족은 현재 피난민으로 다음의 조건을 구비하는 자 중에서 선정한다.

a. 사상이 견실하고 근면한 자

b. 가족 중 노동할 수 있는 자가 2명 이상 있는 자

c. 가옥이 소훼(燒燬)되거나 기타 피해가 극심하고, 구제를 받지 않으면 도저히 원 주거지 복귀, 혹은 이주하여 농업을 할 수 없는 자

한 부락으로서 구비해야 할 요건

a. 100호당 경작용 소 소유자 30호 이상을 포함할 것

b. 100호당 1개월분 이상의 식량(현물)을 갖출 것

c. 해당 연도, 파종용 종자를 갖출 것

수용자 선정의 순서

a. 원 주거지 복귀자

b. 원 주거지가 부락 창설 지점으로부터 별로 멀지 않은 지점에 있는 자

c. 기타

수용 가족의 선정 방법

수용 가족의 선정은, 영사관 경찰 원조하에 각 소재 조선인민회에 당한다. 민회장은 사전에 부락 수용 희망자를 조사해 두고, 다음의 조사표에 의거하여 소정의 조사를 하여, 유자격자를 선정하는 것으로 한다.

본부 파견원 및 조선인민회 기술원은, 이상의 요건을 토대로 수용 선농의 선정을 끝내고, 다음의 표와 같이 각 부락에 각각 수용하며, 각자 그 부락 건설에 착수했다. 그런데 부락 건설의 보고 일반에 전하면, 흉폭한 공비는 집단 부락의 건설이 간도에 있어서 안전권의 확대를 의미하고, 따라서 그들의 세력 신장상 일대의 장애가 될 뿐 아니라, 그 활동 범위는 극도로 축소되어 준동의 여지가 없어지기에 이를 것을 염려하여, 필사적 기세로 집단부락 건설 작업을 방해, 또는 파괴하려고 부락민을 유혹하거나 건설 재료의 수집, 운반 등을 방해하고, 또는 건설 중인 부락 습격을 감행하는 등, 할 수 있는 모든 방해 공작을 시도하였다. 부락 건설의 감독자였던 본부 파견원 및 조선인민회 기술원은 경찰관 및 부락 자위단과 협력하여, 비적의 격퇴를 도모하고, 또 다른 지역 부락민과 함께 때로는 열풍사진(烈風砂塵) 속에서 허덕이며, 때로는 맹우(猛雨)도 아랑곳하지 않으며, 재료의 부족, 식량의 결핍, 밤낮의 노역으로 인한 피로 등, 범유간난(凡有艱難), 범유곤고(凡有困苦) 결핍을 극복해 가며 눈물어린 분투를 계속하고, 부지런히 상하 협력하며 건설 작업을 진척시켜서, 결국 이를 완성하기에 이르렀다. 그래서 부락 건설은

1. 토담 기타 방어물의 구축
2. 공동 건물의 구축
3. 토막(土幕)의 축조

4. 농경

5. 본 건축

의 순서로 실시되었다.

선농수용 호수(1934년 9월 30일 현재)

건설연도	부락명	입촌월일	수용호구수					
			예정		현재			
			호수	인구	호수	인구		
						남	여	계
1932년 (제1차)	북합막당	3.28	100	500	100	239	193	432
	태양촌	4.29	100	500	64	171	156	327
	중평	4.17	100	500	69	134	126	280
	춘흥촌	4.1	100	500	99	282	274	336
	세린하	4.6	100	500	100	275	249	524
	장인강	4.12	100	500	106	308	220	528
	토산자	4.17	150	750	150	446	355	801
	청산리	4.3	100	500	88	256	191	447
	낙타하자	4.7	100	500	92	271	247	518
	탑자구	1933.4.9	100	300	71	206	277	383
	소계		1,050	5,250	939	2,608	2,288	4,796
1933년 (제2차)	금불사	4.3	100	500	100	239	199	438
	목도구	4.7	100	500	93	274	260	534
	상명월구	4.7	100	500	83	235	227	462
	석문내	4.10	100	500	106	306	288	594
	저각루	4.10	100	500	73	182	137	319

1933년 (제2차)	와룡호	4.2	200	1,000	200	584	405	989
	용흥동	4.6	100	500	100	294	246	540
	석두하	4.9	100	500	100	329	294	623
	소백초구	4.6	100	500	100	267	222	489
	목단천	4.6	100	500	100	306	228	534
	오참	4.16	100	500	80	201	176	377
	우심산	4.9	100	500	100	296	240	536
	태평구	4.8	100	500	80	247	210	457
	영대산	4.9	100	500	75	219	183	404
소계			1,500	7,500	1,392	3,979	3,317	7,296
총계			2,550	12,750	2,331	6,587	5,605	12,092

제4. 부락 건설 자금 관계

제1차 집단부락

- 재원 96,000원
  - 내역: 조선총독부 보조금 60,000원, 동양척식주식회사 대출금 36,000원, 계 96,000원
- 건설비 96,000원
  - 내역: 농경비 25,000원, 식계비 24,000원, 가옥건축비 35,000원, 공동시설비 12,000원, 계 96,000원

제2차 집단부락

- 재원 133,045원
  - 내역: 관동군 보조금 50,000원, 조선총독부 보조금 68,000원, 보조금보관중 이자수입 45원, 금융부대출금 15,000원, 계 133,045원

- 건설비
  - 내역: 귀환여비: 6,000원, 농경비 30,825원, 식계비 29,925원, 가옥건축비 34,750원, 공동시설비 12,750원, 장정단비 6,270원, 지도감독비 12,775원, 계 133,045원

제5. 부락의 조직

부락의 조직은 다음에서 보는 것과 같이, 부락 행정 방면을 다루는 자와 경비 방면을 담당하는 자로 나누고, 이를 한 명의 부락장이 통솔하는 것을 원칙으로 하며, 지방에 따라 약간의 예외를 인정하고 있다.

부락장
부부락장-25호장
    - 25호장
    - 25호장
    - 25호장
자위단장-부단장 -조장
    - 조장
    - 조장
    - 창대(낙타하자 집단 부락만 있음)
    - 연락원(부락민 및 부근의 주민 가운데 선정한다)

자위단은 수용 선농 중인 장년과 청년으로 선출, 조직하게 하고, 빠른 시일 내에 일본 경찰의 지도로 1주간 내지 2주간의 무장 훈련을 받은 뒤, 낮에는 다른 농민의 경작을 감시하면서, 스스로도 경작에 종사하고, 저녁이 되면 경계에 임하고 있다. 또 지방에 있어서는, 지방 치안 유지상, 군경의 보조 기관으로서도, 유감없이, 그 기능을 발휘하고 있으며, 간도와 혼춘 지방 치안 유지상 필요불가결의 기관이 되었다. 상세는 다음의 표와 같다.

<집단부락 경비 상황> (1935년 1월 말 현재)

연도	부락명	자위단원수	무기		마적내습 회수	피해 상황				비고
			총기	창		살해	부상	납치	방화	
1933	북합막당	18	18	0	6	8	14	19	26	교전격퇴
	태양촌	20	20	0	2	0	0	0	0	
	중평	13	13	0	7	0	0	0	0	
	춘흥촌	15	15	0	10	0	0	0	0	
	세린하	30	14	0	3	0	0	0	0	
	장인강	31	24	0	10	0	0	0	0	
	토산자	33	20	0	8	0	1	0	0	
	청산리	40	40	0	1	1	2	0	0	
	낙타하자	28	28	29	2	0	0	0	0	
	탑자구	23	20	0	0	0	0	0	0	
1934	금불사	22	18	0	13	6	0	31	0	
	도목구	23	23	0	3	0	1	0	0	
	상명월구	23	23	0	4	0	0	31	0	
	석문내	23	23	0	7	0	0	0	0	
	전가루	20	23	0	7	3	1	6	0	
	와룡호	50	50	0	4	0	1	3	0	
	용흥동	30	32	0	1	0	2	0	0	
	석두하	31	23	0	3	0	2	0	0	
	소백초구	23	16	0	15	0	0	5	0	
	목단천	23	20	0	7	0	0	1	1	
	오참	23	23	0	6	0	0	0	1	
	우심산	20	21	0	5	0	0	0	0	
	태평구	23	23	0	1	0	0	0	0	
	설대산	23	20	0	0	0	0	0	0	
계		608	550	29	128	18	24	96	28	

주: (1) 내습회수는 주된 것만을 계상하였다. (2) 살해자의 주된 것은 명예롭게 전사한 자위단원이었다.

제6 부락의 규모

부락은 사무소 기타의 공동적 시설을 중심으로, 주위에 견고한 토담을 쌓고 그 주변에 부락민을 수용하고 있다.

부락의 외부 토담의 표준은 79간(間) 평방으로, 점유면적은 6,241평으로 하지만, 각 부락의 실정에 따라, 적당하게 변경하고 있고, 포탑은 4대 내지 2대이며, 이는 지형 및 지점에 의거하여 증감시키고 있다.

문은 4개 내지 2개 있는데, 대체로 2개는 크고, 2개는 잠호식(潛戶式)이 많으며, 토담은 벽돌을 이용한 것이 대부분이지만, 그중에는 만주식으로 찰흙과 기왓장으로 쌓고 위를 기와로 인 담과 혹은 자갈을 쌓아올린 것도 있으며, 높이는 대체로 8척 내외, 두께 3~4척이 되고 가옥은 둘로 나눈 칸막이 집으로 하고, 1호당 3간(間)을 표준으로 삼고 있지만, 실정에 따라 각자 적당하게 고안하게 할 것이라고 하고 있다.

본년도 건설에 관련된 각 부락은, 대부분의 건설을 끝내고, 종래의 토막 또는 부근의 공실에 임시로 살고 있던 사람도, 대부분 신축한 집으로 들어갈 수 있게 되었다.

이러한 공작물은 전문적 기술이 필요한 것 외에는 모두 부락민 자신의 노동에 의해 이루어진 것으로, 그래서 부락 그 자체에 대한 애착심을 늘리고, 한 뜻으로 부락의 발전을 기하며 매진하는 경향이 농후했다.

제7. 농사 상황

경작면적은 대체로, 간도와 혼춘 지방 평균 경작면적을 경작하고 있고, 1호당 3~5정보(町步) 아래에 해당하고 있으며, 전체 경작면적은 3,008정보로, 이중 대두가 약 3분의 1인 1,053정보를 차지하고, 다음은 밤 471정보, 보리 356정보 등이고, 이를 부락별로 볼 때는, 1호당 가장 많이 경작하고 있는 것은 세린하(細鱗河)에서 4~7정보, 최소는 청산리(靑山里)에서 2~3정보이다. 청산리가 특히 적은 것은, 지형상 경지가 적은 것과, 위치가 삼림지대에 그접해 있기 때문에 탄소목재 운반 등의 부업이 많았던 연유이다.(다음 표 1. 참조)

가축은 소 396마리, 한 부락당 평균 44마리, 닭 729마리를 헤아리고 있다. 이중 소 112마리는 본부 보조에 의해 농사 장려 시설로서, 민회가 대부했던 것이다. 경작은 이로써 충분하다고는 말할 수 없지만, 대체로 농경에 지장이 없다.

다음으로 농가 경제 상태를 보면, 경지의 지주는 대부분 만주인으로서, 소작료는 평균 지주 3, 소작인 7의 비율로 되어 있다. 절반을 보통으로 하는, 해당 지방의 소작료에 비해 현저하게 낮은 비율이다. 이는 이들 경지가 사변 때문에 황폐해져 지주로서 수익이 없었던 것이, 부락 창설에 의해 부활하게 되었으므로, 이해교량(利害較量)과 일종의 감사의 마음에서, 오히려 지주로부터 나선 계약 체결에 의해서이다. 그런데 최근에는 작년의 작황이 양호하고 (다음 표 2. 참조), 간도와 혼춘 지방의 치안 보호로 인한 지가 등귀 등의 제 요인에 의해 소작료의 증액을 희망하고 있는 자가 많다.

<표 1> 농가호수 및 경지

부락명\종별	농가종별				경지			단위당 면적	
	자작	자소작	소작	계	자작지	소작지	계	1호당	1인당
북합막당	3	0	96	100	11	338	349	3.49	0.73
태양촌	17	0	52	69	65	167	232	3.36	0.69
중평	0	2	56	58	1	174	175	3.02	0.62
춘흥촌	4	10	86	100	29	473	502	5.02	0.98
세린하	0	0	100	100	0	505	505	5.05	0.88
장인강	4	2	85	91	46	247	294	3.23	0.61
토산자	0	0	150	150	0	441	441	2.94	0.52
청산리	0	0	88	88	0	163	163	1.85	0.36
낙타하자	34	0	64	98	162	139	301	3.07	0.56
계	62	14	778	854	314	2,648	2,963	3.47	0.66

<표 2> 농작물 수확고(단위 석, 마령저만 천관)

작물명 부락명	대두	소두	쌀	보리	좁쌀	기장	옥수수	피	메밀	마령저
북합막당	411	22	1,830	741	990	12	1,319	21	175	7
태양촌	641	133	980	73	378	12	511	62	432	67
중평	569	81	327	198	561	0	264	0	327	20
춘흥촌	3,037	37	654	355	1,716	254	495	0	175	50
세린하	2,710	7	163	292	2,739	347	346	0	35	74
장인강	1,174	7	0	731	1,271	127	16	0	12	67
토산자	1,631	103	31	741	726	196	673	127	140	59
청산리	437	34	0	438	74	43	165	160	24	56
낙타하자	1,844	0	464	185	236	0	0	644	0	12
계	12,454	424	4,449	3,754	8,891	991	3,789	1,014	1,320	412

Ⅳ

'만주국' 시기 재만 조선인 관리시설

해제

　제4장에서는 조선총독부에서 간행한「만주국 시기 재만 조선인 관리 사업과 시설」에 관한 자료를 수록하였다. 1940년 조선총독부에서 발간한『조선총독부 30년사』와『재만조선총독부시설기념첩』을 각각 번역한『국역 조선총독부 30년사』(2018, 민속원),『일본제국의 양면 탄압과 회유: 재만조선총독부시설기념첩』(2017, 민속원)을 이용하였다. 먼저 '만주국' 시기 재만 조선인의 인구 현황을 살펴보았고, 이어서 재만 조선인 관리시설들을 우가키 총독 시기와 미나미 총독 시기로 나누어서 정리하였다. 이들 자료를 통해서 '만주국' 시기 재만 조선인을 관리하고 통제하기 위한 시설들을 일목요연하게 파악할 수 있다.

　일제는 재만 조선인에 대한 일련의 통제정책을 강구한 동시에 이른바 '안정' 조치도 취하였다. 1932~1937년까지의 기간에 남만과 북만지구의 조선난민을 영구현 전장대, 철형현 난석산, 유하현 삼원포 부근, 주하현의 하동과 수하현 일대에 집합시켜 이른바 '안전농촌'을 설치했다. 실례로 일본 동아권업회사에서는 토지 9,850여 정보를 구매하여 3,546세대의 재만 조선인 난민에게 주어 수전을 만들게 하였다. 이른바 '안전' 정책은 정치상에서 재만 조선인을 통제하고 경제상에서는 재만 조선인 빈곤농민을 지정된 지점에 집주시켜서 최저한도의 생활조건이나마 마련해 줌으로써 이들의 '반일적화'를 예방하며 나아가서는 일본식민지회사의 소작인으로 전락하게 하여 일본독점자본의 수중에서 벗어나지 못하게 하는 데 그 목적이 있었다.

　1933년부터 재만 조선인에게 실시한 '자작농 창정' 정책도 '통제 및 안정' 정책을 실시한 구체적 조치였다. 이는 조선총독부와 동양척식주식회사에서 1933~1937년의 5년간에 우선 동만주에서 200만 엔을 투자하여 2,500세대의 조선인 소작농을 '자작농'으로 만든다는 것이었다. 이 정책에 근거하여 1935년 12월까지 동만주 지구 내에 '창정'된 '자작농'은 118개 마을에 2,800세대였다. 동양척식주식회사는 '창정'된 농가가 빚을 무는 10~15년 기간에 마음대로 마을을 떠나지 못하게 하였을 뿐만 아니라 토지 증명서도 발급하지 않아서 조선인 농민들을 토지에 단단히 얽어매어 놓았다. '집단부락'이나 '안전농촌'에 수용된 농민들은 정치적으로 엄밀한 감시를 받았을 뿐만 아니라 경제적으로도 일본식민지회사의 참혹한 착취를 당하였으므로 그들의 생활은 아주 비참하였다. '창정'된 '자작농'호들의 생활처지도 여전히 비참하였다. 그들은 해마다 동양척식회사에 빚과 이자를 납부해야 했으며 또 여러 가지 가렴잡세를 물어야 했다. 제때 물지 못하면 연체금과 위약금 등 부가금을 내야 했다.[1]

---

1 김기봉·방영춘·권립 편저, 1987, 『일본제국주의의 동북침략사』, 연변인민출판사, 199~200쪽.

1. '만주국' 시기 재만 조선인의 인구 현황

〈자료 43〉「(우가키 총독 시기 1931.6~1936.8) 일반 재외 조선인 개황」(박찬승·김민석·최은진·양지혜, 2018, 『국역 조선총독부 30년사』 중, 민속원, 909~910쪽)

1. 일반 재외 조선인

1) 개황

(1) 만주 방면

조선인의 만주 및 시베리아 방면으로의 이주 역사는 상당히 오래되어, 이미 그 나라의 국적에 속한 자도 적지 않다. 만주는 강역 외에 체류하는 조선인이 가장 많이 거주하는 지방인데, 치안의 불안과 그 밖에 조사기관의 불비 등으로 인해 손길이 미치지 않는 곳이 있다. 더욱이 조선인들의 이동이 많기 때문에 도저히 그 정확한 수를 알 수가 없다. 혹자는 100만 명이라고 하기도 하고 혹자는 200만 명이라고도 하는데, 1932년(昭和 7) 중국·만주를 조사한 국제연맹 조사위원 리튼 경의 보고서에는 만주의 인구를 가리켜 "전 인구는 약 3,000만 명으로 계산되고, 그중 2,800만 명은 중국인 또는 동화된 조선인이다. 조선인의 수는 80만 명으로, 그 대부분은 조선 국경의 이른바 간도 지방에 집합하여 있고 나머지 사람들은 만주에 널리 분산되어 있다"고 쓰여 있다. 그런데 1933년(昭和 8) 말 현재 외무성 조사에 따르면 총수 67만 1,535명으로, 그 분포는 다음의 표와 같다. 특히 간도 지방에는 지리적·역사적 관계로 인해 그 수가 가장 많아 약 40만 명에 달하는 상태이다.

또한 동아권업공사(東亞勸業公司)의 조사에 의한 1933년(昭和 8)의 전 만주 조선인 논 경작 조사에 따르면, 경작면적 7만 362정보, 수도작(水稻作) 수확고 188만 2,766석, 조선인 호수 13만 2,526호, 인구 73만 2,846명이다. 이들 각지 재류 조선인은 모두 민회(民會)를 조직하고 또 이를 통일하기 위해 '조선인 민회 연합회'를 조직하고 있는데, 1935년(昭和 10) 4월 1일 현재 연합회에 가맹한 조선인 민회 수는 134개에 달한다.

만주국 재류 조선인(1933년 12월 말 현재) - 외무성 조사 (단위: 명)

성별	재주 조선인 수	성별	재주 조선인 수
봉천성(奉天省)	168,805	흥안남분성(興安南分省)	572
길림성(吉林省) [간도(間島)]	478,5739 (415,458)	흥안북분성(興安北分省)	62
흑룡강성(黑龍江省)	6,494	신경특별시(新京特別市)	1,338
열하성(熱河省)	576	하얼빈특별시(哈爾賓特別市)	7,321
흥안동분성(興安東分省)	42	북만특별구(北滿特別區)	7,578
흥안서분성(興安西分省)	174		총계 671,535

(2) 기타 제 외국

기타 구미 여러 나라에 재류하는 자도 상당수에 달한다. 러시아령(露領)에는 블라디보스토크·하바로프스크·니콜라이에프스크·슬레첸스크 등을 중심으로 하여 약 20만 명, 북미 및 하와이·쿠바 등에는 약 1만 명의 재류자가 있다. 이들 중 구미 여러 나라에 재류하는 자의 대부분은 노동 이민으로 도항한 자 및 그 자손이다. 만주와 러시아령에 재류하는 자의 대부분은 농업에 종사하고 있는 관계 상 농촌에 거주하고, 그 밖의 지방에 있는 자는 도시생활을 영위하고 있다.

〈자료 44〉「조선인의 만주 이주 연혁 개요, 호구의 분포 상황, 직업 및 생활 상황」
(박환·박호원, 2017, 『일본제국의 양면; 탄압과 회유 재만조선총독부시설기념첩』, 민속원, 55~61쪽)

1. 조선인의 만주 이주 연혁 개요

압록강과 두만강을 사이로 서로 맞닿아 있는 조선과 만주는 단지 지리적으로 밀접한 관계에 있었을 뿐만 아니라, 역사적으로도 또한 깊은 인연을 갖고 오랜 옛날부터 항상 복잡한 민족적 교섭을 지속해 왔다.

　조선인의 만주 이주에 관해서는 역사상 근거할 만한 자료가 매우 적지만, 1628년 청나라의 태종(太宗)이 압록강 하류 남반(攬盤)에서 봉황성(鳳凰城)을 거쳐 애양변문(璦陽邊門), 성창문(城廠門), 왕청변문(旺淸邊門)에 이르는 선을 방어지대로 한 사실(史實)이 있는데, 이는 분명 17세기 초부터 조선인이 압록강 대안 지방으로 이주를 꾀한 사실을 증명하는 것이다. 그리고 1712년 청나라의 강희제(康熙帝)가 오라총관(烏喇摠管) 목극등(穆克登)에게 명하여 백두산에 정계비를 세워 변방의 방어에 노력하였던 당시 이미 두만강 대안의 간도 지방에서는 농경에 종사하는 조선인 이주자의 모습을 엿볼 수 있다. 또 조선의 고종 6년(1869) 서선지방(西鮮地方)에 흉년이 들었을 때 기근에 지친 조선인이 앞다투어 월경 이주하였는데, 다음 해 이들 이주자를 보호하고자 평안북도 부사는 정부의 명을 기다리지 않고 압록강 대안 지방을 28개 면으로 구획하여 이곳을 강계(江界)·초산(楚山)·자성(慈城)·후창(厚昌)의 네 곳에 분속시켰다. 고종 17년(1880) 조선 정부에서는 경략사(經略使) 어윤중(魚允中)에게 대안 지방에 이주한 조선인의 상황을 시찰케 하였다는 사실이 있다.

　옛날부터 중국과 조선의 국경이 매우 불분명하였던 간도 지방은 중국 동북의 한 모퉁이에 있어 인구가 희박한 데다 토지는 비옥하여 조선과 비교하면 생활도 편안하고 쉬웠으므로 자연 국경지방의 주민으로서 언제나 이주하는 자가 많았다. 특히, 1870년 이른바 경오(庚午)의 대흉년에 조선 북부의 함북 6진 이재민이 당시 도강(渡江)의 엄금(嚴禁)을 깨고 잇달아 이주함으로써 대륙 진출의 뚜렷한 실마리를 열었으며, 이후 점차 그 수가 증가하여 간도의 각 지역, 동녕(東寧) 목릉(穆陵)에서 노령 연해주로까지 진출하였다.

　그 후로도 조선 북부의 주민은 조선말의 학정을 꺼리고, 환경의 불리한 사정으로부터 도피할 만한 대안의 각지로 도강 이주하는 자가 끊이지 않았다. 그리고 1907년 간도에 거주하는 조선인의 보호를 위해 통감부 임시파출소가 설치되자마자 조선 각지에서 이주자가 급속히 증가하였고, 1909년 9월 간도협약(間島協約)에 따라 간도가 완전히 청나라의 영토로 결정된 후에도 조선인의 이주는 여전히 이어졌다. 1937년 6월 말의 조사에 의하면, 조선인은 85,943호에 482,979인이나 되어 간도 총인구의 약 80%를 차지하였으며, 그 경작면적의 2/3인 189,969정보를 조선인이 소유하였다. 또한 만주인 지주가 소유하는 경지일지라도 그 대부분은 조선인이 경작하는 상황이었다. 한편 만주에서의 정황을 보면, 이 지방은 옛날부터 압록강 대안으로 이주하여 농경에 종사하는 조선인이 적지 않았으며, 계속해서 점차 오지로 진출해 가는 중이다. 러일전쟁 후 안봉선(安奉線)이 개통됨에 따라 주로 평안도에서, 그리고 조선 남부에서도 농민이 남만주철도를 통해 그 연선과 동청철도(東淸鐵道)의 연선이나 길림지방을 목표로 이주하는 자가 날로 증가하였다.

이어 한국병합 후 1913~1914년 무렵 만주에서 논농사의 가능성이 더욱 커졌기 때문에 척박한 한반도의 땅을 버리고 광활한 만주의 옥토를 동경하는 자가 현저히 증가하였으며, 한편 조선에서의 정치·경제상 자극과 기타 각종 사정에 따라 이주자가 급격히 증가하였다. 그 세력은 봉천성(奉天省)에서 북진하여 길림성(吉林省)·빈강성(濱江省)에서 다시 송화강(松花江) 유역으로, 또는 서진하여 흥안(興安)의 각 성(省)으로까지 뻗어 갔다.

그러나 당시는 이른바 구(舊) 동북군벌의 정권시대로 오랜 기간 폐정의 결과 항상 치안이 문란하였으며, 특히 조선 이주민에게는 가렴주구와 횡포 압박이 매우 심하였고, 끊임없는 비적들의 파괴 약탈은 이주민에게 항상 불안과 공포를 불러일으켜, 이런 혼란스러운 사회 상태가 만주의 이주민에게 상당한 장애로 나타났다.

마침 1931년의 만주사변을 계기로 민족협화, 왕도의 선포에 따른 만주제국이 성립하자 옛 기구를 개혁하고 순천안민(順天安民)의 서정(庶政)을 확립시켜, 일본제국의 세계 평화라는 대의를 드러낸 절대적인 지원으로 국방·산업·경제·사회·문화에서 놀랄 만한 발달과 치안 확립에 따라 조선 민족의 대륙 이동은 더욱더 급속한 진전을 보여, 새로 도강하는 자가 매년 평균 5만 인을 헤아리게 되었다. 안심하여 각자의 생업에 힘쓰며, 사상분자들 또한 성은에 감읍하여 대부분 전향함으로써 '내선만일여(內鮮滿一如)'라는 정신을 올바르게 인식하게 되었다.

조선인은 원래 논농사에 익숙하여 만주에서의 벼농사는 대부분 조선 농민의 손으로 이루어졌다. 그러나 남만주에서 점차 북만주로까지 진출하면서 만주 전역에 걸쳐 토지를 개간한 것보다는 오히려 경제·산업·문화 등의 발달에 공헌한 공적이 실로 막대하여, 이후 만주 지역의 조선 농민을 더욱더 지도·장려하여 개척민 계획을 확충한다거나 만주의 건국 정신을 현현·관철하는 데 기대되는 점이 크다. 대체로 만주 건국 이전의 소위 구 동북 군벌의 가렴주구와 비적 등의 횡포와 압박으로 수많은 희생을 겪었고, 악전고투하면서도 남북 만주 각 지역의 토지 개간에 종사하였던 조선인의 과거를 돌아볼 때 감개무량할 뿐이다.

조선과 만주는 지리적으로나 역사적으로 그 관계가 매우 긴밀하여 조선인이 만주로 이주하는 관념은 외국으로 이주한다고 하는 것과는 전혀 그 뜻을 달리하며, 대부분 조선 내를 이동하는 것과 같은 느낌을 지니고 있을 뿐만 아니라, 만주는 조선보다 인구밀도가 아주 낮고 토지 또한 매우 풍요로우며, 게다가 논농사에 아주 적합한 평야가 곳곳에 산재함에도 만인(滿人)에게는 논농사를 하려는 자가 적어 토지 대부분이 초생지, 황무지 등으로 방치되어 있었다. 때마침 논농사에 특별한 재능을 지닌 조선인이 만주에 도착하여 광야를 개척하기 위해 밤낮으로 고군분투를 계속하였는데, 지금 그 노고가 보답되어 만주 전역의 약 18만 정보의 농지가 황금파도로 춤을 추는 만주국의 보고(寶庫) 개척으로 나타났다.

즉, 조선인의 만주 이주는 마치 자연의 힘을 어찌할 수 없듯이 자연스러운 현상으로, 특히 조선 경제가 농본시대에서 농공병진 시대로의 전환기에 해당하는 현재, 인구의 80%에 이르는 농민은 자력갱생의 투지와 힘으로 불타오르면서도 농경지는 협소하고 별도의 자산도 없었으므로 그 생명력을 연장하는 방도로서는 만주로 나가는 외에 다른 길은 없었다. 따라서 정부의 국책인 만주개척계획과 더불어 앞으로 더욱더 급속한 이주의 증가가 예상된다.

2. 호구(戶口)의 분포 상황

만주의 조선인 숫자는 실로 100만이라고 한다. 이동이 급격했고 오지의 거주자에 대한 조사가 쉽지 않으므로 확실한 숫자는 자세히 알 수 없지만, 1937년 6월 말 현재 만주 각 영사관의 조사에 의하면 총 호구 수 185,750호에 951,229인[관동주(關東州) 포함]으로 이를 전년도 같은 기간의 165,213호 828,213인에 비교하면 호수에서 20,537호, 인구에서 123,016인이 증가하였다. 또 이를 1920년도의 인구 459,427인에 비해 실로 2.11배가 되며, 재앙·비적 등의 원인으로 때 따라 어느 정도 변동이 있었지만, 매년 평균 25,797인이 증가하고 있다. 즉, 만주사변 이전에는 연평균 14,769인이 증가하였던 데 대해 사변 후는 일약 연평균 44,176인으로 증가세를 보여, 향후 더욱더 약진의 추세에 있다는 것은 이주 연혁의 개요에서 기술한 대로이다.

지금 호구의 분포 상황을 지방별로 보면, 지리적 관계상 근세에 조선 민족의 만주 진출 문호를 이루었던 간도성(間島省)에 가장 많아 만주 지역 조선인 총수의 약 52%를 차지하며, 그

다음으로 봉천성 14%, 목단강성(牧丹江省) 12%, 길림성 10%이다. 이어 통화(通化), 빈강(濱江), 안동(安東), 삼강(三江), 용강(龍江), 흥안남(興安南), 금주(錦州), 흑하성(黑河省)의 순이며, 흥안북성(興安北省)이 가장 적다. 이런 각 지역에 산재하는 조선인 대다수는 농경에 종사하며, 종래는 남만주에 집중하였으나 최근에는 북만주의 치안이 정비됨에 따라 점차 북방으로 이동하는 경향에 있다. 그리고 남녀별 인구는 대략 비슷하여 남자 1에 여자 0.9의 비율이다.

만주는 지역이 광대하여 총면적은 1,303,143km^{2}에 달하며, 총인구는 겨우 3,300만 인 정도로 1km^{2}당 인구 밀도는 25인에 불과한 상태이다. 이 가운데 조선인이 총수의 50% 이상을 차지하는 간도성에서조차 1km^{2}당 약 15인을 헤아리는 데 불과하여 만주로의 이주 전망이 아주 밝다는 것을 알 수 있다.

지금 만주 지역 조선 인구의 증감을 연도별 및 성별(省別)로 보면 다음 표와 같다.

<표 1> 연도별 인구표(1920~1937)

연도	인구			전년 말과의 비교 증감	증가율	연도	인구			전년 말과의 비교 증감	증가율
	남	여	계				남	여	계		
1920	261,870	197,557	459,427	-	-	1930	325,781	281,338	607,119	9,442	0.02
1921	271,150	217,506	488,656	29,229	0.06	1931	338,410	292,572	630,982	23,863	0.04
1922	285,494	231,371	516,865	28,209	0.06	1932	360,174	312,475	672,649	41,667	0.07
1923	289,750	238,277	528,027	11,162	0.02	1933	358,876	314,918	673,794	1,145	-
1924	292,769	239,088	531,857	3,830	0.01	1934	383,435	336,553	719,988	46,194	0.07
1925	289,381	242,592	531,973	116	-	1935	432,880	374,626	807,506	87,518	0.12
1926	298,110	244,075	542,185	10,212	0.02	1936	420,495	407,874	828,369	20,863	0.04
1927	304,582	253,698	558,280	16,095	0.03	1937	513,996	437,135	951,229	122,860	
1928	313,599	263,453	577,052	18,772	0.03	6월 말	514,048	437,181			
1929	322,631	275,046	597,677	20,625	0.04						

<표 2> 성별 호구표

성별	호수	인구			전년		비교 증감(△)	
		남	녀	계	호수	인구	호수	인구
간도	85,943	353,899	229,080	482,979	81,405	458,208	4,538	24,771
봉천	23,168	64,122	54,348	28,470	21,618	112,233	1,550	6,237
목단강	17,689	41,990	31,339	73,329	12,319	16,516	5,370	16,813
길림	16,779	45,658	35,177	80,835	15,010	67,546	1,769	13,289
통화	11,934	37,173	29,213	66,386	4,817	20,532	7,117	45,854
빈강	10,599	22,465	18,297	40,762	7,533	29,678	3,066	11,084
안동	8,125	22,517	20,657	43,174	8,162	47,374	(△) 37	(△) 420
삼강	6,319	13,668	9,219	22,887	5,272	20,338	1,047	2,549
용강	1,927	4,048	3,293	7,341	1,522	6,036	405	1,305
흥안남	1,136	2,581	2,116	4,697	1,104	4,541	32	156
금주	779	1,943	1,432	3,375	687	2,848	92	527
흑하	331	563	443	1,006	232	857	99	146
열하	283	568	352	920	261	878	22	42
흥안동	199	388	198	586	98	262	101	324
흥안서	140	233	172	405	82	163	58	242
흥안북	87	244	107	351	91	359	(△) 4	(△) 8
계	185,438	512,060	435,443	947,503	160,213	828,369	25,307	123,767
관동주	712	1,988	1,738	3,726	-	-	-	-
총계	186,150	514,048	437,181	951,229	160,213	828,369	25,307	123,767

3. 직업 및 생활 상황

만주 지역 조선인의 생업 중 대부분을 차지하는 것은 농업으로, 전 호수의 78%에 해당하는 139,412호가 종사하고 있다. 이를 지방별로 볼 때는 동만(東滿, 간도성), 남만, 북만의 순서이다.

일반 상업에 종사하는 호수는 4,301호로, 간도·하얼빈·신경·봉천·안동 등의 지역에 집중되어 있고, 대부분 소액 자본으로 운영하는 소매상이다.

도시 및 그 인근에서는 농업에 부수하여 정미업을 경영하는 자가 많아 일본인 동업자를 능가한다. 기타 호구 수보다 음식점·요리점·여인숙 등을 운영하는 자도 상당수를 헤아리며 만주의 각 지역에 흩어져 있다.

만주국 성립 후 관리·은행·회사원 등으로 취직하는 자도 매년 증가하여, 1937년 6월 말 현재 학교 교원과 의사를 포함한 이른바 지식계급인 자도 13,133인에 달한다.

만주 지역 조선인의 생활 상태는 일반적으로 궁핍하며, 영농자라도 거의 소작농을 벗어나지 못하였다. 특히, 아무런 자본 없이 생활의 곤궁에 내몰려 막연히 만주로 건너와 각 지역을 전전하는 자가 많다. 춘궁기에 고리의 농경 자금 부채는 추수기에 이를 조금 상환할 수 있는 데 불과하다. 더군다나 만주사변 전후의 구 동북 관헌, 지주 등의 횡포와 압박, 각종 비적 등의 위해 및 천재지변 등이 심하였기 때문에 이들의 생활은 비참하기 이를 데 없었다. 이 때문에 건국 이래 정부에서는 이들을 구제하는 데 항상 유의하는 한편 조선 농민들도 스스로 부업 장려와 생활 개선의 목소리에 촉발되어 자력갱생책을 마련함에 따라 생활 상태도 점차 개선·향상되고 있으나, 여전히 앞으로의 노력에 기대하는 바가 크다. 여기서 직업별 호구를 보면 다음과 같다.

<표 3> 작업별 호구별 일람표 (1937년 6월 말 현재)

직업별	호수	종업원 및 기타 가족			직업별	호수	종업원 및 기타 가족		
		남	여	계			남	여	계
농업	139,412	352,846	292,444	645,290	이발업	414	893	2,816	3,709
상업	4,767	9,472	4,459	13,931	은행회사원	2,020	2,941	834	3,775
정미업	519	1,534	1,093	2,627	관공리	2,764	3,555	1,349	4,904
목축업	30	52	20	72	교원	1,618	2,222	974	3,196
어업	26	45	17	62	의사	294	514	269	783
금융업	194	180	99	279	대서업	289	240	45	285
전당포업	133	271	129	400	일용인	10,871	22,357	2,575	24,932

공사청부업	231	479	210	689	운송업	29	44	44	88
사진업	163	297	118	415	기타 직업	11,373	12,816	8,509	21,325
물품판매업	3,479	6,582	3,570	10,152	무직	3,718	5,580	3,988	9,568
여인숙업	1,228	2,366	1,934	4,300	비종업원	-	85,514	108,067	193,581
매약업	493	731	386	1,117	합계	185,749	514,093	437,181	951,274
음식점업	1,504	2,257	3,000	5,257					

〈자료 45〉「(미나미 총독 시기 1936.8~1942.5) 재외 조선인 상황」(박찬승·김민석·최은진·양지혜, 2018, 『국역 조선총독부 30년사』 하, 민속원, 1360~1364쪽)

1. 상황

1) 연혁 개요

국외로 이주한 조선인 가운데는 때때로 정치적 실의에 빠지거나 또는 불평을 가지는 자도 적지 않지만, 대부분은 오로지 생활상의 필요에 따른 자들이다. 특히 자연적·역사적 관계로 인해 동부 만주 및 소련령 연해주 북방은 조선과 접경관계에 있을 뿐 아니라, 기름지거나 척박한 미간지(未墾地)가 많아서 이들 지방으로의 이주는 그 연혁이 상당히 오래되었다. 그 가운데에서도 특히 동부 간도 지방은 지난날 중국과 조선의 경계가 매우 명료하지 않았고, 또 이 지방의 인구가 희박한 데다 토지가 비옥하여 조선 내와 비교해 생활이 쉽고 편안했다. 그래서 자연스럽게 국경 지대의 조선인 가운데 이 지방으로 이주해서 경작에 종사하는 자가 많았다. 이렇게 해서 1908년(明治 41)에 이르러 간도에 거주하는 조선인을 보호할 목적으로 통감부 임시출장소가 설치되었고, 이후 조선 내 각지에서 이주자가 더욱 증가하였다. 최근 1938년(昭和 13) 10월 1일 현재의 조사에 따르면, 그 수가 52만 1,107명에 이르러 간도 총인구의 75%를 점하고 있는 상황이다.

한편 간도 이외 만주 각지의 상황을 보면 예로부터 국경지대 곳곳의 조선인 중 압록강 대안으로 이주하여 농경에 종사하는 자가 상당히 있었는데, 특히 러일전쟁 후 안봉선(安奉線)

이 개통되자 점차 오지 방면까지 진출하여 옮겨가는 경향을 보였고, 1916(大正 5)·1917년(大正 6) 조선 남부 지방에서 발생한 미증유의 흉작을 계기로 도만(渡滿) 조선인이 급격히 증가하게 되었다. 이어서 이들 도만 농경자에 의해 만주에서 수도작(水稻作)의 유망함이 확인되었고, 이를 주목하여 만주로 건너가는 자가 더욱 많아졌다. 자연스럽게 봉천·길림 두 성(省)보다 더 북진하거나 또는 서쪽으로 나아가 동몽고(東蒙古)·정가둔(鄭家屯)·조남(洮南)·태래(泰來) 방면까지 확장되어 오늘에 이르고 있다. 그리고 이들 이주 조선인의 다수는 가족을 데리고 갔고, 또 이주한 이상은 조선으로 돌아오는 자가 매우 적었기 때문에 도만자(渡滿者) 수는 해마다 증가하는 추세를 보이고 있는 상황이다. 1931년(昭和 6) '만주사변'이 발발하자 병비(兵匪) 및 기타의 난(亂)을 피해 조선으로 돌아오는 자가 다수에 이르렀지만, 그 후 만주 각지의 치안이 복구되자 이주자는 다시 증가하게 되었다.

따라서 장래에 대한 통제 및 복지의 완벽을 기하여, 1937년(昭和 12) 내(內)·선(鮮)·만(滿) 당국 회의하에서 특히 조선과 관계가 깊은 동변도(東邊道)·간도 일대에 걸친 23현(縣)을 조선인 이주 지역으로 지정하고, 이 지역에는 약 1만 호 이내의 조선인을 신규로 이주(入植)시키기로 했다. 또 만주 각지에 산재해 있는 이미 이주한 자들에게도 이러한 통제를 해서 조선인 농민의 생활 안정을 도모할 목적으로 선만(鮮滿) 당국에서 적당한 집결지를 선정하여 그들 자체의 안정을 꾀하였다. 동시에 다른 한편으로 만주국의 질서 있는 발전에 기여하는 방침을 수립했다.

그런데 그 후 만주국에서 일본의 치외법권 철폐, 만주국 자체의 이주 조선인 농민에 대한 적극적 방침 및 이들의 소질 향상 등의 사정으로 인해 이주 조선인 농민의 취급방침에 수정을 가할 필요가 생겼다. 이에 총독부 및 만주국은 협의를 통해 1935년(昭和 10) 7월 앞서 서술한 방침을 수정하고, 이를 1939년(昭和 14) 1월부터 실시하기로 했다.

그 요점은 다음과 같다.

① 만주에서 조선인의 취급은 일본제국의 입장에서는 어디까지나 일본 신민이라는 본질 하에 그 능력에 준해 내지인과 평등하게 취급하고, 만주국의 입장에서는 5민족협화(協和)의 건국정신에 입각해 이들을 취급할 것.
② 조선인 농민의 이주지는 군사·행정상의 필요에 따른 제약은 피하기 어렵다. 또 개개의

이주지 결정은 만주국의 자주적인 사항이라 해도 원칙적으로는 전 만주를 이주지역으로 할 것.

③ 조선인 농민의 이민·이주의 형태를 집단·집합·분산의 3종으로 하고, 매년 1만 호 정도로 할 것. 그리고 집단·집합·분산 이민은 모두 총독부에서 정한 이주증(移住證)을 필요로 할 것.

④ 이미 이주한 조선인 농민 가운데 흩어져 사는 자라고 할지라도, 이미 정착한 자는 굳이 집합을 시키지 말 것.

다음으로 재중국 조선인의 이주와 관련해서는 1910년(明治 43)의 한국병합이 하나의 획기가 된 것으로 볼 수 있다. 즉 한국이 병합되자 이에 불만을 품은 이른바 불평분자들은 서로 제휴하며 현재의 만주국뿐 아니라 중국, 특히 중국 중부의 상해, 중국 북부의 천진·북경으로 건너간 자가 많았다. 그리고 만세소요사건(3·1운동 – 역자)을 맞아 상해는 조선을 탈출한 불령자(不逞者)가 갑자기 운집하는 상황이 되었다. 그렇지만 중국으로 건너간 조선인이 특히 현저하게 증가한 것은 '만주사변' 이후이다. 특히 기동방공자치정부(冀東防共自治政府)[2] 성립 후라고 할 수 있다. 이는 주로 지리적 관계로 인해 만주국 거주 조선인이 이주한 것으로, 이번 '지나사변' 직전인 1937년(昭和 12) 6월 말 현재의 거주자 신고에 의하면 북중국 방면 7,854명, 중국 중부 방면 1,799명, 합계 9,651명의 집계를 보이고 있다. 기타 미신고로 조사에서 빠진 경우를 예상하면 3만 명 이상에 이르는 상황이라고 알려져 있다.

게다가 이번 성전(聖戰)의 진행은 그 급격한 약진을 종용하였다. 또 황군(皇軍)의 오지(奧地) 진출에 따른 후방 안전지대에서는 반도 동포의 신규 이주자가 월평균 1,000명을 넘어, 1939년(昭和 14) 3월 말 현재의 통계에 따르면 북중국에 2만 8,985명, 몽고연합자치정부 관내에 1,734명, 중국 중부에 5,092명(1938년 10월 말 현재), 합계 3만 5,811명을 헤아리고 있다. 여기에 조사에서 누락된 대략의 수를 더하면 바야흐로 5만을 돌파할 것이라 말해진다. 마지막으로 소련 영내(領內)와 구미 여러 나라에 재류하는 자는 30년 내지 20년 전에 이주한 자

---

[2] 1935년부터 1938년 사이에 중국 하북성의 만리장성 남쪽에서부터 북경과 천진의 북쪽 일대에 있던 자치정부. 중국 측은 이 자치정부가 일본 특무기관의 공작에 의한 괴뢰정부였다고 보고 있다.

가 많고, 최근에는 이주라고 할 만한 경우는 거의 없는 상태이다.

2) 분포 상태

재외 조선인의 다수가 이동이 심해 분포 상태를 정확히 파악하는 것은 도저히 곤란하다. 특히 재만 조선인은 치안이 불안정한 변경 거주자가 다수이기 때문에 종래 그 거주자의 대략적인 숫자에 대해서는 120만 내지 200만으로 이야기해 왔는데 정확함은 기대하기 어렵다.

또 1938년(昭和 13) 10월 1일 현재 만주국 치안부의 조사에 의하면 재만 조선인의 전체 수는 104만 8,212명을 나타내고 있다. 참고로 아래에 제국 만주 공관의 조사에 의한 각 성(省) 재류인(在留人) 일람표를 덧붙인다.

만주국 재주(在住) 조선인(1936년 6월 말 현재) (단위: 명)

성별(省別)	재주자 수	성별(省別)	재주자 수	성별(省別)	재주자 수
봉천성	112,233	금주성	2,848	흥안동성	262
길림성	67,546	안동성	107,823	흥안서성	266
용강성	6,036	간도성	458,206	흥안남성	4,541
열하성	878	삼강성	20,338	흥안북성	359
빈강성	89,989	흑하성	857	계	872,182

이어 재중국 조선인의 다수는 중국 북부 방면, 특히 천진·북경·청도·제남(濟南)·태원(太原)·석가장(石家莊)과 중국 중부의 상해·남경·한구(漢口) 등에 재류했다. 하지만 재류자이면서 신고하지 않은 자가 많아서 명확한 숫자를 아는 것은 매우 어렵다. 그리고 이번 사변 전의 재류자는 사변 초기에 그 전화(戰禍) 때문에 만주·대만 등으로 피난한 자가 상당수에 달했다. 그런데 황군(皇軍)의 연승에 따른 오지(奧地) 진출과 후방 지대의 치안 회복으로 인해 점차 새로운 내주자(來住者)가 증가하였다. 이미 1939년(昭和 14) 3월 말에는 그 수가 대략 5만에 이르렀다.

또한 소련령에서는 블라디보스토크·하바롭스크·니콜라옙스크·스레친스크 등을 중심으로 대략 20만의 재류민이 있는 것으로 이야기되지만 그 진실은 명확하지 않다. 북미와 하와이·쿠바에는 약 7,000여 명의 재류자가 있는데, 대부분은 노동 이민으로 도항한 자들의 자손이다. 조금 과거로 되돌아가는 경향이 있지만 외무성 조사에 따른 표를 아래에 제시하여 참고할 수 있도록 한다.

여러 외국의 재류 조선인 수 (단위: 명)

나라별	남자	여자	합계	비고
만주국	466,046	406,136	872,182	1936년 6월 말 현재
관동주	1,988	1,738	3,726	1936년 6월 말 현재
중화민국 [향항(香港)·오문(澳門)을 포함]	6,377	4,976	11,353	1936년 6월 말 현재
소연방	847	475	1,321	1935년 9월 말 현재
북미합중국(하와이 포함)	4,691	2,195	6,796	1935년 9월 말 현재
쿠바	218	152	370	1935년 9월 말 현재
기타 여러 외국	218	43	262	1935년 9월 말 현재
총계	480,395	415,625	896,010	

비고: 이 표 외 만주국에 약 50만, 극동 노령에 20만 내외가 있는 것으로 전망된다.

3) 재외 조선인의 지도 방침

제국의 조선통치방침은 본래 이들 재외 조선인에 대해서도 어떠한 차별을 인정하지 않는 것이었다. 하지만 이 중에는 약진하는 조선의 현실을 잘 알지 못해 혹 모반을 꾸미는 자가 있었기 때문에 총독부는 조선의 현실을 이들에게 충분히 인식시키고, 또 황국신민으로서의 본질에 철저하도록 만주·중국·몽강(蒙疆)은 말할 것도 없고, 기타 여러 외국에 재류하는 조선인에 대해 내선일체의 취지 아래 보호·지도를 해온 사실은 제6기에서 설명한 대로이다. 그리고 특히 외무성과 협의한 결과 1938년(昭和 13) 10월 12일 고노에(近衛) 외무대신의 이름으로 재외 각 공관에 내려진 통첩은 위의 취지에 기초한 것으로, 재외 조선인 보호·지도에 한 획을 그은 것이었다고 말해야 할 것이다. 이후 다시 적극적으로 해외 여러 나라에 잡지 《조선》 및 기타 간행물을 배포하고, 그 목적 달성을 위해 외국인에게도 내선일체를 널리 알리고, 또 조선에 대한 제국통치의 근본 방침 및 실상을 바르게 인식시키기 위한 방법으로, 특별히 유력한 외국인의 조선 방문을 권유하여 적절한 기회에 조선의 각지를 시찰하게 하였다. 그 외에도 영화·문서 등을 통한 설명에 힘쓰고, 또 각종 회합의 기회를 만들어 조선 사정을 소개하고 있다.

2. 우가키 총독 시기(1931.6~1936.8) 재만 조선인 관리시설

〈자료 46〉 「재만 조선인에 대한 사업」(박찬승·김민석·최은진·양지혜, 2018, 『국역 조선총독부 30년사』 중, 민속원, 910~924쪽)

재만 조선인에 대한 사업

재만 조선인에 대한 사업과 관련해서는 이미 제1기 및 제3기에 정리하여 기술했다. 그런데 제6기 초에 '만주사변'이 돌발하여 이 방면은 일시 소요 지역이 되었기 때문에, 여기에서는 '만주사변' 후의 상황부터 설명하기로 한다.

1) '만주사변' 후의 재만 조선인에 대한 사업

(1) 만주 치안의 일반 상황과 하사금

표만주 방면

1931년(昭和 6) 9월 '만주사변'이 발발하자, 도주한 패잔병은 비적으로 변하고 지방 공안(公安) 대원도 여기에 합류했다. 이들은 기세를 타서 각지에서 폭행을 자행하여, 이로 인해 만주에 거주하는 내선인은 비상한 위기에 닥쳤다. 이에 다음 해 1932년(昭和 7) 2월 총독부는 관동장관의 의뢰에 따라 경계·응원할 목적으로 경부(警部) 1명, 경부보(補) 6명, 이하 순사부장 및 순사 200명, 계 207명으로 구성된 무장 경찰관을 안봉선(安奉線) 지방에 급파했다. 때마침 그 무렵 표만주(表滿洲)[3]의 오지에서 농업을 영위하던 조선인들은 이들 병비(兵匪)·토비(土匪)의 화해(禍害)를 피하고자, 다량의 수확물을 내버려 둔 채 철도 연선 및 그 밖의 시가지로 피난하는 자가 속출했다. 봉천(奉天)을 비롯하여 표만주의 각 총영사관 또는 영사관 소재지

---

3 만철(滿鐵) 연선(대련 - 심양 - 장춘 - 하얼빈) 일대를 가리킨다.

등의 시가지로 피난하는 자가 4,000여 호 약 2만 명에 달했다(1932년 3월 현재). 그래서 총독부는 이들 피난민의 구호 처리를 위해 재만동포구제조사위원회를 열고 그 대책을 심의하여, 각 피난지 중 중요 장소에 임시 촉탁 파견원 15명을 배치했다. 또한 신경(新京)에 사무관을 파견하는 외에 총독부 내에도 상당수를 증원하고, 군부·대사관 및 영사관 측과 협력하여 만사에 유감이 없도록 했다.

사변으로 인한 재만 조선인 동포의 참해(慘害)가 황공하게도 천청(天聽)에 달하여 천황폐하께서는 이를 구휼할 뜻으로 1931년(昭和 6) 12월 내탕금 2만 원을 중앙조선협회에 하사하시고, 협회에서 다시 조선총독부에 분배 방편을 의뢰했다. 총독부 당국은 성은이 광대무변(廣大無邊)한 데 감격하여 즉시 재봉천 총영사와 신중히 협의한 결과 각각 분배할 방법을 결정하고, 총독부 직원 및 해당 지방 관민 입회 아래 엄숙한 전달식을 각지 영사관에서 집행했다.

피난민에 대한 사회의 동정과 관헌의 구제사업

피난민의 궁상에 대해서는 사회 각 방면에서 많은 사람의 동정이 모여, 군부를 비롯하여 재만 관민으로부터 기부된 식량·침구·금품이 다수에 달했다. 그 후 속속 만주·조선·내지에서 기증품 송부를 받아, 조선사회사업협회가 모집한 의연금만 해도 27만 원에 달했다. 피난민 구호 경비는 협정 결과 표만주는 외무성에서, 간도는 총독부에서 부담하기로 되었다. 총독부는 우선 응급 구제금으로 1만 원을 지출하고, 외무성 측의 구제금과 일반 동정 의연금을 합하여 구제를 개시했다. 이 구호 사무는 총독부 순견원(巡遣員)과 각 영사관이 주로 담당하고, 조선인 민회에게 직접 그 주요 사무를 담당하게 했다. 당시 일본 정부가 집행한 처치는 봉천 외 22개소에 피난소를 설치하여 적당한 건물을 차입해 피난민을 수용하고 음식물·연료를 지급하는 외에, 부상병자에 대해서는 임시 의사를 고용하여 진료하도록 하며, 학령아동이 많은 곳에는 임시 교육기관도 설치했다. 또한 때마침 춘계 농경 시기가 임박했기 때문에 가능한 한 보호·경계를 더하여 가급적 빨리 원 주거지에 귀환시키거나 새로운 거주지로 이주시키는 방책을 채택하여, 4월 말에는 거의 전부 목적지를 향해 출발하게 했다.

또한 사변을 만났으나 피난할 길이 없어 원 거주지에 남은 사람들에 대해서는, 조선 재래의 계를 본떠 부락마다 농업계를 조직하게 하여 부락 산업단체 및 상호구제기관으로 삼았다. 동아권업공사에는 25만 원을 하부하고, 동아권업공사에게 자기 자금 11만 원을 더한

36만 원으로 각지 조선인 금융회를 통해 1932년(昭和 7) 춘계(春季)분부터 농경 자금의 대출을 개시하게 했다. 그런데 만주국의 치안은 쉽게 회복되지 않았고, 6월부터 7월에 걸쳐 다시 병비·토비가 각지에서 봉기하여 일단 원 거주지에 귀환한 자도 재차 철도 연선으로 피난해 왔다. 사변 이래 원 거주지에 남은 이들도 박해를 견디지 못하고 길림(吉林)·봉천(奉天)·무순(撫順)·산성진(山城鎭)·하얼빈 등 철도 연선의 안전지대로 인양되어, 그 수가 일시에 합계 2만 3,000여 명에 달했다. 더욱이 북만주 지방은 7월 중 연일 호우로 인해 송화강(松花江)이 범람하여 하얼빈 시내를 비롯해 부근의 농장이 모두 침수되는 재앙을 만나, 각국의 사람들이 모두 피해를 받아 미증유의 참상을 드러냈다. 이와 같은 상태가 되어 외무성에서 구호비가 지출되기까지 조선총독부에서 응급 구호비 8,000여 원을 지출했다. 또한 사무원·의사·간호부 등을 파견시키고, 각지에 수용소를 설치하여 전회(前回)에 준하여 그 구호를 했다. 그리고 시기가 때마침 여름이어서 전염병이 유행할 우려가 있으므로 그 예방에 극력 힘썼다. 도묘(稻苗)가 한 자(尺) 남짓 성장한 미전(美田)을 그대로 방기했던 이들 피난민은 그 후 순조로운 기후를 만나 추계(秋季)에 들어 그 수확을 하려는데 또한 위험하므로, 조선총독부는 재만 각 관헌과 협의한 후 경찰관 366명을 증원·파견하고 또 만주국 공안대의 협조를 얻어 경찰관 경비 아래 수확을 하였다. 경찰력이 미치지 못하는 오지에서는 수확의 일부를 비적에게 제공하는 조건으로 점차 약탈을 면하였다. 이상으로 당시의 상황을 살펴볼 수 있다. 조선사회사업협회는 주체가 되어 널리 의연금을 모집했고, 이를 총독부를 거쳐 하얼빈에 송부하여 구호자금에 더하고 수해 이재민 동포들에게도 나누어 주었다.

간도 방면

간도 지방은 사상적으로 매우 복잡한 곳으로, '만주사변' 이전부터 불령단의 소굴, 공비(共匪, 공산당 불령자)의 근거지로 인식되었다. 표만주에서는 1932년(昭和 7) 2월 중국군의 영장(營長) 왕덕림(王德林)이 만주국에 반기를 들었고, 병비·공비가 각지에 봉기하여 폭려(暴戾)가 이르지 않은 곳이 없었다. 이 방면의 조선인 농민 피난민도 6,000여 호, 3만 5,000여 명(1933년 3월 현재)에 달했다. 이들 피난민 중 구제가 필요한 자에 대해서는 총독부 보조금 및 조선사회사업협회에서 모집한 의연금 등으로 널리 이들을 구제했다.

(2) 사변 후의 특수 사업

'만주사변' 후의 피난민 상황은 위와 같은데, 총독부에서는 1932년(昭和 7) 1월 재만동포구제조사위원회를 설치하여 그 대책을 심의했다. 그 후 같은 해 3월 만주국이 건설되어, 각지의 비적은 황군에 의해 토벌되거나 혹은 사방으로 흩어지고 귀순하여 치안은 점차 회복되고 있었다. 따라서 앞서 기술한 피난민의 다수는 원 거주지로 귀환했으나, 귀환할 수 없는 자도 또한 상당히 다수에 달하였다. 이에 총독부는 그에 관한 특별 방법을 강구하는 것이 매우 긴요하다고 판단하여 중요한 사업을 강구하게 되었다. 즉 아래에 기술하는 것들이다.

안전농촌

'만주사변' 후 재만 피난 조선인 중 원 거주지로 복귀할 수 없는 자를 위해 총독부에서는 봉천에 있는 동아권업공사에 보조금을 교부하여, 동아권업공사에게 안전농촌(安全農村)을 설치·경영하게 하는 계획을 수립했다. 공사는 총독부에서 받은 보조금에 다시 2배의 자기 자금을 더하여 적당한 곳에 토지를 빌리고, 여기에 남만주 및 북만주 일원에 걸친 피난 선농(鮮農) 및 기타 빈곤한 선농을 이주·수용하여 경작에 종사하게 해서 점차 자작농이 되도록 하였다.

편의상 다음에 이에 대해 표시하면, 그중 철령(鐵嶺)·하동(河東)·영구(營口)의 세 농촌에 수용된 자가 다수에 달하였다. 또한 1931년(昭和 6) 4월에 조선 보병대[4] 해산으로 인해 실직자가 생김에 따라 그 구제를 겸하여 만주 이민자로서 40가족 180여 명을 영구 농촌에 수용하기로 하여, 그들은 9월 9일 경성에서 이 지역으로 출발했다. 이것이 관의 알선에 따른 조선 최초의 만주로의 이민이다.

이들 농촌에는 경비기관도 구비되고, 교육기관도 있으며[철령 농촌에는 난석산(亂石山)보통학교, 기타 농촌에는 모두 서당], 영구 농촌에는 병원과 그 밖의 농촌에는 촉탁의가 있고, 또 금융

---

4 1907년 7월 대한제국 군대의 해산과 함께, 일부 군인들을 황실 호위를 위해 800여 명의 병사들을 편제하여 조선보병대를 만들었다. 그러나 이는 1931년 공황의 여파로 해산되었으며, 당시 조선보병대 인원은 200여 명이었다.

기관도 구비되어 있다. 그리고 모두 총독부 순견원의 감독·지도하에 이상농촌의 건설에 힘써, 장래 자작농들이 신천지에서 활약할 입지를 굳히고 있다.

① 철령 안전농촌

　　창립: 1931년(昭和 6)

　　보조액: 7만 원(1932년)

　　총면적: 750정보(논 650정보)

　　위치: 봉천성(奉天省) 철령현(鐵嶺縣) 난석산(亂石山, 만철 본선)의 사방 약 1방리(邦里)

　　현재 수용 수: 269호, 1,351명(구 이민자 및 피난민 모두)

② 하동 안전농촌

　　창립: 1933년(昭和 8)

　　보조액: 영구 농촌을 포함해서 56만 원

　　총면적: 2,500정보(논 1,700정보)

　　위치: 강빈성(江賓省) 주하현(珠河縣)·연수현(延壽縣)에 걸쳐 있음(鳥吉密河驛 부근).

　　현재 수용 수: 789호, 3,743명('만주사변'으로 인한 피난민)

③ 영구 안전농촌

　　창립: 1933년(昭和 8)

　　보조: 하동 농촌을 포함해서 56만 원

　　총면적: 3,000정보(논 2,400정보)

　　위치: 봉천성 영구현(營口縣) 전상대(田床臺) 부근

　　현재 수용 수: 1,036호, 5,131명('만주사변'으로 인한 피난민 및 南鮮 수해 이재민과 재향군인)

④ 수화(綏化) 안전농촌

　　창립: 1934년(昭和 9)

　　보조액: 14만 원

총면적: 1,100정보

위치: 용강성(龍江省) 수화현(綏化縣) 내(海呼線 秦家崗驛 동쪽 4리)

현재 수용 수: 332호, 1,623명(하얼빈 총영사관 관내 피난민)

제1차 집단부락

간도 지방의 피난민은 앞서 서술한 것처럼 다수인데, 원 거주지에 돌아가 농사지을 수 없는 자가 다수를 차지한다. 따라서 총독부는 총영사관과 협의하여, 피난민 중 적당한 자를 선정하여 아래에 서술하는 것과 같은 요강에 따라 집단부락을 건설하게 했다. 그리하여 귀농을 용이하게 함과 동시에 생활의 안정을 도모하여, 장래 모범농촌이 되도록 할 방침이다.

① 집단부락 경영의 주체는 조선인 민회로 하며, 민회는 총독부 및 영사관의 지휘·감독 아래 그 실시를 맡을 것.
② 간도의 치안은 갑자기 안정을 도모하기 어려우므로, 집단부락 건설 지점은 일본 군경 또는 만주국 군경의 주둔지 또는 그 부근의 적당한 곳을 선정할 것.
③ 집단부락에 수용하는 자는 피난민과 또 부락을 구성하기에 충분한 소질을 가지고 있는 자 1,000호를 선정하여, 1개 부락 약 100호로 10개 부락을 건설할 것.
④ 집단부락 건설비는 9만 6,000원으로 하며, 그중 6만 원은 총독부 보조금, 나머지 3만 6,000원은 농적으로부터의 차입금으로 지출할 것.

이에 따라 1933년(昭和 8) 9월 9개 집단부락의 건설을 완성했는데, 한 곳은 치안 상황관계로 중지할 수밖에 없었다. 이 건설과정에서 공비(共匪)들이 상당히 방해를 했는데, 다행히 조선인 민회 기술원이 경찰관 및 자위단과 협력하여 집단부락을 완성할 수 있었다.

각 집단부락의 부지는 대체로 80칸[間][5] 평방, 6,400평 내외의 면적을 가진다. 부락의 주위에 높이 8, 9척, 두께 3척의 토벽을 두르고, 그 바깥쪽에 깊이 3척, 폭 3척의 외호(外濠)를 파며, 네 귀퉁이에 포탑(砲塔)을 쌓고, 2개소 내지 4개소에 통용문(通用門)을 설치했다. 중앙

---

5   1칸은 약 1.82m를 가리킴.

에는 부락 내 장정들로 조직된 자위단의 대기소를 설치하여, 주간에는 자위단의 보호 아래 장외(墻外)의 농경에 종사하고 황혼에는 장내(墻內)로 돌아오며 야간에는 문을 닫고 보초를 세워 비적(匪賊)의 습격에 대비하는 일종의 특이한 농민부락이다.

이상의 9개 부락에 수용한 선농 호수는 891호, 1호당 경작면적 3정보 5반보(反步)이다. 지주들은 대부분 중화민국인인데, 이들의 경지 및 택지는 별도로 서술하는 자작농 창정(創定) 계획에 따라 점차 매수할 방침이다.

제2차 집단부락

1933년(昭和 8)에 총독부 보조금으로 간도 각지에 건설한 제1차 집단부락은 앞서 서술한 바와 같이 선농의 생활 안정 및 지방 치안 유지상 매우 효과적이고 그 성적이 현저하였다. 그러나 오지(奧地)에 황군의 힘이 미치지 못하고 또 관헌의 손이 닿지 않는 방면에서는 공비들이 계속 출몰하여 비적들이 빈번하게 해를 끼치는 상태였다. 따라서 이 지방의 농민들은 끊임없이 비적의 위협 아래 놓여 있기 때문에 난을 피하여 도회지를 비롯해 각 안전지대로 모여드는 상태였다. 그 수는 1934년(昭和 9) 1월에 약 3,000호 1만 5,000여 명에 달하였다. 그리고 그중 약 4할은 피난지에 정착하여 어떻게든 생계를 꾸렸으나, 나머지 6할은 극도로 궁핍하여 때때로 굶주리는 상태로 괴로운 겨울을 보내었다. 때마침 간도 지방의 철도공사도 거의 완료되어 감에 따라 여기에 종사하여 생활을 유지해 온 다수의 피난민은 점차 부득이하게 실업자가 되어 사태는 완전히 수수방관할 수 없는 상태가 되었다.

따라서 총독부는 군부 및 간도 총영사관 측과 협의한 결과, 이들 관계 당국의 협력을 얻어 다시 집단부락을 건설하기로 했다. 집단부락 합계 15개소를 선정하고 여기에 제1차 집단부락 예정지 중 중단할 수밖에 없었던 1개소를 더해, 제2차 집단부락을 건설하여 앞서 기술한 피난민을 수용할 것을 결정했다. 그리하여 총독부 보조금 6만 8,000원, 관동군 출연 5만 원, 간혼(間琿) 조선인 민회 금융부 차입금 1만 5,000원, 계 13만 3,000원을 그 건설자금으로 했다. 간도총영사의 지도·감독 및 군부·만주국 관헌의 원조 아래 각지 조선인 민회가 각각 경영 주최가 되고 민회 직원은 각각 그 실시 및 감독의 임무를 담당하여, 끊이지 않는 공비·병비(兵匪)의 급습을 배격하면서 그해 3월부터 건설 공작에 착수했다.

제2차 집단부락의 규모·조직 등은 제1차 집단부락과 같고, 이전의 실적에 비추어 실시

계획을 주도면밀하게 하여 착오가 없도록 했다. 제2차 집단부락 건설 소식이 일반에 알려지자, 흉포한 공비들은 집단부락 증설이 간도에서 안전권의 확대를 의미하고, 따라서 그들의 활동 범위가 극도로 축소될 것을 두려워하여 필사적으로 집단부락 건설 작업을 여러 차례 맹렬히 습격했다. 그러나 군부의 지원, 만주국 측의 경비 등을 배경으로 영사관경찰관 지휘 아래 각 자위단원들은 항상 비장한 각오로 용감히 응전하여, 이를 전부 격퇴하면서 건설 공작을 추진하여 5월 중에 부락의 태반을 건설할 수 있었다.

그리하여 집단부락은 전 간도에서 매우 난폭하고 집요하게 굴던 강인한 비적의 도량(跳梁)에 대응하여, 이들이 횡행하는 요소요소를 점거하여 그 커다란 위협과 도량을 견제함으로써 전 간도의 치안을 위해 가장 효과적인 큰 역할을 했다.

자작농 창정 사업

간도 지방에 거주하는 선농 중 대다수는 소작농으로서, 이들 대부분은 중화민국인 지주 또는 금융업자 등으로부터 매우 부당한 고리(高利)를 참으면서 해마다 영농자금의 융통을 받지 않으면 안 되는 비참한 지경에 있었다. 이에 해를 거듭하며 높아지는 금리의 질곡에 허덕이면서도 그들의 착취로부터 벗어나지 못하고 점차 폐퇴(廢頹)하고 있는 상황이었다. 이를 방치하면 선농은 영구히 대두할 수 없게 되고, 이에 따라 이주 조선인의 발전에도 지대한 영향을 미치는 결과가 될 것이었다. 따라서 총독부는 이들에게 저리자금을 대부하여 우선 구채(舊債)를 정리하도록 힘쓰고 동시에 점차 자작농이 되도록 함으로써, 당장의 궁핍한 지경에서 구제함과 아울러 장래에 안주할 수 있는 길을 강구하도록 '만주사변' 전부터 그 방책을 연구하여 여러 가지 계획을 세우고 있었다. 그런데 그 실시는 우연이었지만 사변 후였기 때문에 도리어 사변으로 인한 피난민을 처리하기 위해서도 매우 필요한 일이었다.

이 계획은 우선 간도에 거주하는 선농들이 자작농이 되도록 할 것을 주안점으로 했다. 총독부는 동양척식주식회사에 1932년(昭和 7)부터 향후 5개년간 매년 10만 원을 보조하고, 회사는 이에 대해 해마다 3배의 자기 자금, 즉 30만 원을 출자하도록 했다. 이를 합하여 매년 40만 원으로 토지 구입, 주택 건축, 경우(耕牛)의 구입, 그 밖의 영농자금의 대부 등을 행하게 했다. 우선 5개년간 200만 원으로 2,500호의 자작농을 창정하는 기초를 만들고, 선농으로 하여금 전 경비를 연부(年賦) 또는 정기 상환 방식으로 갚도록 하였다. 이를 완제(完濟)하면 완전한 자작농이 될 수 있도록 하는 것이 사업의 주요 내용이었다.

그리고 토지는 동척에서 구입하여 1개년 거치(据置) 15개년 이내의 연부 상환 방법에 따라 토지의 상조권(商租權)을 취득하게 하기로 했다. 대부금은 가족의 수에 따라 다소의 차이는 있으나, 대체로 농가 1호당 경지면적은 논 1상지(晌地)[약 6반보(反步)], 밭 5상지, 총 6상지로 하였다. 그 대금은 약 650원, 가옥 건축비 1호당 40원, 경우 구입비 50원, 농경자금 60원, 총 1호당 800원 예정으로, 가옥 및 경우 자금은 5개년 연부, 농경자금은 1개년 연한으로 회수하기로 했다. 회수금의 원금은 순차적으로 자금에 편입시키고, 해마다 갱신하여 반복 대부해서 자작농을 점차 증가시키기로 했다. 금리는 모두 연 8.2%로 총독부와 동척 간에 협정이 성립되었다.

간도의 현 상황으로는 집단부락 이외의 지역에 널리 자유롭게 거주하는 것이 용이하지 않기 때문에, 주로 전에 서술한 집단부락에 수용된 자가 경작하고 있는 토지를 매수하여 그 경작자를 자작농이 되도록 하고 있다. 1934년(昭和 9) 10월 말까지 창정한 호수는 1,370호, 경작면적 6,008정보에 달하였다.

2) 일반 사업

(1) 교육사업

재외 조선인 교육사업은 1908년 용정촌에 간도보통학교(현 중앙학교)를 개설한 것을 효시로 한다. 그 후 해를 거듭하며 각지에 학교를 설립하여, 1933년(昭和 8) 10월 현재에는 간도 및 남·북만주를 통틀어 472개 교, 아동 3만 8,546명에 달하게 되었다. 이 사이 1928년(昭和 3), 1929년(昭和 4), 1930년(昭和 5)에는 이른바 중국의 교육권 회수 기운이 농후하여, 폐교를 명하거나 중화민국 학교에 강제 개편하는 등으로 인해 일시적으로 그 아동 수가 감소했다. 그런데 '만주사변' 후에는 오지 방면의 치안이 유지되고, 각지에 집단농촌이 건설됨에 따라 학교 신설이 더욱 증가하게 되었다.

총독부는 1921년(大正 10) 이후 재외 조선인 교육 보조에 관한 예산을 편성하여, 만주에 있는 보통학교·서당 중 내용이 견실하여 '조선보통학교규정'에 준거해서 조선인 초등교육을 실시하는 것에 각각 보조금을 교부하여 지원해 왔다. 간도와 남·북만주를 통틀어 총독부 보조를 받는 것과 기타 학교를 구분하여 표시하면 다음과 같다.

만주의 조선인 학교 및 기타 교육기관 [단위: 교(校), 인(人)]

종별	학교 수	아동 수	비고
조선 내 보통학교에 준하는 것	13	7,785	총독부 및 만철의 보조를 받는 것
서당·사립학교	99	12,385	총독부의 보조를 받는 것
서당·사립학교	135	9,474	보조가 없는 것
사립 중등학교	3	358	총독부 및 외무성의 보조를 받는 것
조선인 교육을 주로 하는 만주국 측 경영 학교	209	7,052	-
조선인 교육을 주로 하는 만주 이외의 외국인 경영 학교	13	1,492	종교 관계
계	472	38,546	-

(2) 금융사업

제3기에 서술한 것처럼 총독부는 재외 조선인 보호·무육(撫育)사업에 착수한 이래, 이들 조선인 소농에 대한 금융사업에 진력하여 이들 생활의 안정과 향상을 도모했다. 간도 방면에서는 조선인 민회의 금융부가 발달하고, 표만주(表滿州)에서는 금융회·농무조합 등이 발달했다. 총독부는 기설(旣設) 조선인 서민금융기관에 조선으로부터 우수한 직원을 파견하거나 경영방법의 개선책을 지도했다. 이와 함께 중요한 지역에 새로이 이러한 종류의 서민금융기관의 증설을 도모했다. 해마다 필요에 따라 이들 금융기관에 기본금 및 유지비를 보조하는 외에, 동아권업주식회사에 보조를 주어 이들 금융기관에 자금을 융통하게 하는 등 이들 금융기관을 발전시키기 위해 노력했다. 1933년(昭和 8) 말 현재 이들 금융기관은 표만주에 12개소, 간도에 9개소가 있는데, 모두 재만 선농의 복지에 크게 이바지하고 있다. 그리고 이들 금융기관에 교부된 총독부 보조금은 1933년(昭和 8) 말에 표만주 10만 7,000여 원, 간도 10만 5,000여 원이고, 1933년(昭和 8) 중 대출금은 표만주 171만여 원, 간도 33만여 원이다.

또한 1928년(昭和 3) 조선에서 한해·수해 피해가 격심하여 이재민들이 계속해서 간도 방면으로 이주해 왔다. 그런데 이들 이주자의 대부분은 이주 후 의식(衣食)에 궁한 자들이었기 때문에, 전례에 비추어 이들에게 금품을 급여하지 않고 저리 자금을 대부하여 정착에 분발하게 하는 방침을 취했다. 동아권업주식회사에 20만 원을 보조하여 이 회사에서 간도의 금융부에 융통하게 해서 간도 이주 이재민의 구호에 진력했다.

(3) 의료사업

재만 조선인에 대한 의료사업은 1907년 통감부 임시 간도파출소 시대에 간도 헌병분대의 군의(軍醫)에게 촉탁하여, 재주 내지인·조선인·중국인의 시료를 한 것에서 시작되어 매우 좋은 성적을 거두었다. 1925년(大正 14) 이후에는 회령(會寧) 자혜의원출장소를 두고 이 사업을 함경북도에 이관하여 매년 3만 원 내외의 보조금을 교부해 왔다. 1933년(昭和 8)에는 시료환자 연(延)인원 7,746명, 유료환자 연인원 3만 306명(1932년 중 시료환자 연인원 8,873명, 유료환자 연인원 2만 4,351명)에 달하여, 이 지방에 거주하는 조선인의 보건·위생상 기여하는 바가 매우 컸다.

1931년(昭和 6) 9월에는 국자가(局子街) 재주민(在住民)의 열망에 따라 회령 의원분원(醫院分院)을 신설하기로 했다. 매년 약 6,000원의 보조금을 교부하여 점차 내용이 충실해졌는데, 1933년(昭和 8) 이 분원의 치료환자 수는 연인원 1만 4,646명에 달하였다. 이 밖에 1921년(大正 10) 이후 민회 촉탁의를 각지에 배치하게 되어, 안동(安東)·봉천(奉天)·신경(新京) 및 기타 각지에 조선인 민회 촉탁의를 배치하여 재외 조선인의 치료를 담당하게 해 왔다. 해마다 그 수가 증가하여, 1933년(昭和 8)에는 42개소의 다수에 달했다. 이들 촉탁의에게는 수당 및 순회 여비 등의 보조금을 교부하여 그 치료의 만전을 기하고 있다.

또한 촉탁의 소재지에서 멀리 떨어져 있는 지역에 거주하는 자로서 총독부 시설 의료기관의 은택을 입을 수 없는 자에 대해서는, 1931년(昭和 6) 이후 가정상비약(위장약·감기약 등 14종류)을 총독부 경무국 위생시험실에 의촉(依囑)하여 조제·배포하고 있다. 1933년(昭和 8)에는 7만 5,000명분을 무상 배부했는데, 그 효과가 매우 커서 앞으로 더욱 이 사업을 확대할 전망이다.

(4) 수역 예방사업

간도 및 훈춘 지방에서는 예로부터 수역(獸疫)의 발생·전파가 매우 빈번하고, 그중 우역

(牛疫)이 가장 격렬하게 유행하는 일이 많았다. 이에 따라 재주 선농들이 입는 손해는 막심했을 뿐만 아니라 병독이 강역 내에 전파되었다. 따라서 1907년 통감부 임시파출소가 설치되자 그 조사 및 예방사업의 필요를 주장하게 되어, 1909년 7월 처음으로 수의(獸醫) 2명을 초빙하였다. 그런데 얼마 지나지 않아 파출소가 폐쇄되었기 때문에 이 사업은 일시 중지될 수밖에 없었다.

그 후 여러 차례 맹렬한 우역이 유행함에 따라, 조선인 민회에 보조하여 수의 및 수의 임시 면허원(免許員)을 여러 곳에 배치했다. 1926년(大正 15)에는 압록강·두만강 대안(對岸)에 면역지대를 설치하여 예방액 주사를 놓은 것은 제3기에서 서술했다. 한편 압록강 대안지방은 종래 공비·비적의 소굴이어서 볼 만한 사업이 아무것도 없었는데, 근래 치안 상태가 호전됨에 따라 이주자도 점차 증가하여 이들이 소유하는 축우(畜牛)에 대한 예방주사의 필요성을 통감하게 되었다. 이에 따라 총독부는 1932년(昭和 7) 이래 우역 발생 시기에 임시로 수의에게 혈청주사를 놓게 했다. 또한 예상치 못한 경우에 대비하기 위해 조선 내 초산(楚山) 자혜의원 내에 혈청 저장고를 건설하여 적당한 양의 혈청을 저장하고 있다.

1933년(昭和 8)에는 영구(營口)·철령(鐵嶺)·하동(河東)의 각 안전농촌도 그 내용이 충실해짐에 따라, 경우(耕牛) 500여 마리를 구입하게 되었다. 따라서 각각 우역 혈청을 배포하여 주사하고, 또 주사 잔량은 그해에 신설된 영구 및 하동의 안전농촌 저장고에 수납하여 불시에 대비하기로 했다.

여기에 필요한 경비는 1933년(昭和 8)에 수역 예방비 2만 5,800원, 우역 혈청 및 예방액 구입비 3만 8,000원, 계 6만 3,800원이었다. 이는 각지의 재만 조선인 민회에 대한 전액 보조의 형태로 이루어져 우역 예방을 위해 만전을 기하고 있다.

(5) 산업 지도 및 장려사업

재만 조선인의 9할 이상은 농민이기 때문에, 이들의 보호·무육의 완비는 전적으로 농사에 관한 지도 및 장려사업을 확충하여 수입의 증가를 도모하고 피폐한 선농들이 생활의 안정을 얻도록 하는 데 있다. 그런데 '만주사변' 전까지는 동북 구(舊)정권의 선농에 대한 압박이 심하여 사업이 충분히 이루어질 수 없었다. 하지만 만주국이 건국되면서 이들의 폭압이 배제되어, 선농은 편안히 농경을 할 수 있는 상황이 되었다.

따라서 총독부는 농사 지도 및 장려를 적극적으로 해야 할 필요성을 인정하여, 표만주에서 안전농촌, 간도 지방에서 집단부락 및 자작농부락 등의 설치를 비롯하여 농사 제반에 걸친 사업의 확충에 힘썼다. 게다가 각지의 조선인 민회가 적극적으로 농사 지도 및 장려를 담당하기 위해, 1932년(昭和 7) 6만 8,000여 원, 1933년(昭和 8) 6만 7,000여 원을 보조하여 필요한 각종 사업을 하도록 해서 순조롭게 사업을 추진하고 있다.

지방별로 그 개황을 서술하면 다음과 같다.

표만주 지방

표만주 지방에는 1932년(昭和 7)부터 국비로 기수(技手) 1명을 신경(新京)에 파견하여, 농경 지도를 총괄하고 농경 적지를 조사하게 했다. 한편 전만조선인민회연합회에 6명의 농업기술원을 두어 총독부 각지 파견원과 협동하여 농경 지도, 부업 장려, 수리공사의 설계 지도, 그 밖에 농사에 관련한 여러 조사를 맡게 하고 있다.

또한 일반 민회에는 1932년부터 전만조선인민회연합회를 통해 보조금을 교부했다. 기타 각종 산업단체에도 가능한 범위에서 필요한 보조를 함으로써 각종 산업의 발달·조장(助長)에 힘쓰고 있다.

부업에 대해서는 재만 선농의 대부분이 논 경작에 종사하고 있는 실정임을 감안하여, 가장 보편적이면서도 효과가 현저한 새끼줄(繩)·가마니(叺)·자리(筵) 등의 제조를 주로 장려했다. 양계·양돈·양봉 등에 대해서도 힘을 기울여 그 구입에 대해 적당히 보조하고 있는데 그 성적이 근래 상당히 좋아졌다.

간도 지방

간도 지방에는 1932년(昭和 7) 제반 상태를 고려하여 국비로 기수 1명을 파견함과 동시에 간도 혼춘 조선인 민회에 농업기술원 9명을 배치했다. 또한 수의(獸醫) 6명으로 하여금 축산기술원을 겸하게 하는 등 진용을 정비해 각각 농경 지도 및 축산 장려를 담당하게 하고 있다.

이 사업을 위해 총독부가 간도·혼춘 조선인 민회에 보조한 금액은 1932년(昭和 7) 5만 4,000여 원, 1933년(昭和 8) 4만 1,000여 원이다. 그 주요 사업을 들면, 경우(耕牛) 및 종우(種牛)의 구입, 축산 장려, 채종밭(採種田)의 설치, 자급 비료의 증산 장려 등이 있다.

(6) 기타 주요 사업

순회강연

만주 지방에 거주하는 조선인 중에는 주위 환경 등으로 인해 황폐한 생활을 하는 자가 상당히 많다. 그런데 이들은 일상에서 정신적으로 유익한 지도·계발을 받을 기회도 없는 실정에 있다. 이를 고려하여 총독부는 이들에게 위안을 주고 아울러 모국의 현황을 알게 하며 또 조선 통치의 실제 상황도 이해시킬 목적으로, 1921년(大正 10) 이후 매년 최근의 조선 사정을 촬영한 영상과 그 밖에 흥미 있는 영상을 구입하여 조선인이 많이 모여 있는 지방에 이 영상들을 가지고 가서 보여주고 있다. 그 기회에 유익한 강연도 하여 이들의 선도에 힘쓰고 있다.

신문 및 잡지의 무상 배포

만주 각지에 거주하는 조선인 중 지식계급에 속하거나 지방에서 지도적 지위에 있는 주요 인물에 대해서는, 1918년(大正 7) 이후 경성에서 발행되는 《매일신보》(조선문)의 무료 배포를 실시했다. 게다가 1922년(大正 11) 이후부터는 총독부에서 발행하는 월간 잡지《조선》(조선문)도 무료 배포하고, 1927년(昭和 2) 이후에는 이를 민간 발행 잡지《신민(新民)》으로 변경하여 매년 배포를 계속했다. 이로써 이들이 조선의 제반 사정을 숙지하는 데 힘쓰고, 부근에 거주하는 일반 조선인에게 조선 내의 현황을 주지시키기 위한 자료로 쓰게 하고 있다.

시찰단

재만 조선인들이 내지·조선의 각종 사업 및 민도(民度)·경제의 진보·발달상황, 동포 조선인의 생활 실상 등을 시찰하게 하는 것은, 그들을 지도·계발하는 데 매우 유의미하다. 이를 감안하여 총독부는 1917년(大正 6) 이후 재만 조선인 중 만주로 건너간 후 상당한 해가 지났으며 비교적 유식계급에 속하는 자 가운데, 지방의 중심인물(조선인 민회 임원·직원, 교원·실업가 및 기타 유력자 등)로서 매년 약 40~50명 내지 200~300명으로 구성된 시찰단을 편성했다. 그리고 이들에게 보조금도 교부하여 직접 조선 내 각지의 실상을 시찰하게 했다. 만주로 돌아온 이후에는 부근에 거주하는 조선인의 지도·지원을 맡게 함으로써 그 향상·발전을 도모하고 있다.

3) 농경 적지 조사

조사반 파견

장래 조선인의 이주에 대비하기 위해 만주국에서는 농경 적지 조사의 필요성을 통감하고, 총독부 농무·수리·임정(林政)·회계의 4개 과 및 경성제국대학 의학부 부속병원에서 9명, 기타 만주국 실업부 2명, 동아권업공사 1명, 관동청 2명, 관동군 특무부 1명, 영사관경찰서 12명, 합계 27명으로 구성된 조사반을 조직했다. 이로써 1933년(昭和 8) 5월 19일부터 8월 5일까지 89일간 동변도(東邊道) 및 삼각지대에서 조사를 수행했다.

조사 결과

이 조사반은 장래 농업지로서 필요한 여러 가지 조건을 갖춘 지방을 두루 실지 조사하였다. 그 결과 농경 적지라고 인정된 지구 13개를 선정하여 제1위부터 제4위까지 순위를 붙여 장래 사업에 참고하도록 했다.

3. 1937년경 '만주국'의 조선총독부 시설

〈자료 47〉「만주의 조선 동포에 대한 조선총독부 시설 대요」(박환·박호원, 2017, 『일본제국의 양면; 탄압과 회유 재만조선총독부시설기념첩』, 민속원, 63~109쪽)

조선총독부 시설의 대요

만주 지역 조선인에 대한 조선총독부 보호시설의 연혁은 멀리 통감부 시대에 미친다. 즉, 통감부는 1907년 8월 간도에 임시파출소를 설치하여 해당 지역에 거주하는 조선인의 보호와 단속에 관한 각종 시설에 착수하였으나, 1909년 11월 제국영사관이 개설되면서 이후 제국영사관에서 시설을 담당하였다. 1910년 한국을 병합한 해, 즉 조선총독부의 시정 초기부터 1913년경까지는 신정(新政)이 펼쳐지는 때이기도 하고 또 제반의 내정개혁 시대이기도 하여 만주 쪽의 시정은 적극적으로 펼치지 못하였다. 다만, 통감부로부터 인계하였던 간도지방에서의 교육, 위생시설의 유지와 긴급히 필요한 임시 시설의 처리와 간도·안동영사관에 조선총독부의 사무관 등을 겸임하는 데 그쳐, 오히려 금일의 비약을 대비한 시대였다. 해를 넘겨 1914년 무렵부터 점차 내정의 정비가 이루어졌기 때문에 점차 옛 시설의 확충과 새로운 시설의 계획·실행이 착수되기에 이르렀다.

종래 재외 조선인에 대한 시설의 구역은 대체로 통감부로부터 인계된 사정에서 간도 방면에 한정되었으나, 1914년에는 압록강 대안에도 주의를 기울이게 되어 같은 해 2월 안동에 조선총독부 직원과 교원을 파견함으로써 이 지역 조선인의 교육, 기타의 시설 사무에도 종사케 하였다. 이는 압록강 대안에서 조선총독부 시설의 효시가 되었으며, 이로부터 점차 오지에도 보호시설이 설치됨에 따라 마침내 오늘날과 같은 모습을 보게 되었다.

또 간도에서는 조선인의 교육설비 확장을 위해 1915년 보통학교 부속 간이농학교(簡易農學校)를, 또 같은 해와 그다음 해에는 보통학교 분교를 신설하였다. 서당에는 보조금을 교부하였고, 의료기관의 충실을 꾀하기 위해 1916년에는 용정촌진료소(龍井村診療所)를 증축하는 등 양강(兩江) 대안에서의 보호·무육 시설은 해마다 확충되는 추세였다.

이처럼 1917년 이후 1920년까지는 적극적인 점진시대라고도 할 만한 시기였으며, 이 기간 초기부터 만주의 일본제국영사관은 관내의 조선인을 통제할 필요성에서 종용과 원조를 통해 각지에 조선인 민회(民會)를 설립하도록 하였다. 조선총독부에서도 이런 취지에 찬동하여 매년 유지비를 보조하고, 나아가 1918, 1919년경부터 교육시설로 간도에 보통학교의 신설 및 압록강 대안의 서당 개설에 대한 보조금을 지출하였으며, 위생시설로는 간도 촉탁의(囑託醫)의 배치, 종두(種痘) 면허원(免許員)의 설치 및 두묘(痘苗)의 배포, 국경자혜병원(國境慈惠病院, 지금의 도립병원)의 순회 진료 등에 원조하였고, 기타 흉년의 보조 및 조선 시찰에 대한 보조, 신문의 무료 배부 등 각종 시설의 확장에 노력하였다.

요컨대 1917년 이후 만주 지역의 조선인 시설 사무를 점차 확장하여 마침내 보호·무육·단속 등 전반에 걸치게 되었는데, 이후 만주로 이주하는 조선인이 증가함에 따라 보호·무육의 필요성이 더욱더 증가하였으므로 1921년에는 일본의 재외 조선인에 대한 보호·무육시설 사무는 일대 혁신을 초래하게 되었다.

즉, 조선총독부는 급속히 뻗어 가는 만주 지역 조선인의 정세에 비춰 1921년에 '대재외선인시설비(對在外鮮人施設費)'란 예산을 새로 마련하여 이를 조장하도록 하였다. 우선 보호기관의 확충을 꾀하여 오랜 현안이었던 계몽시설, 기타 교육·의료기관의 증설과 함께 만주에 거주하는 조선 동포는 '외국에 거주하는 일본인'이므로 본래라면 외무성에서 이들을 보호하고 감독하는 것이 당연하겠으나, 일본인과는 풍속·습관 등을 달리할 뿐만 아니라 이런 시설의 가부(可否)는 곧 조선 내에 반영되고 나아가 한반도 통치에도 중대한 영향을 초래하므로 오히려 조선 통치에 전념하고 있는 조선총독부에서 이 임무를 직접 담당하는 것이 적절하였다. 그래서 조선총독부는 같은 해 7월 외무성과 협정을 맺어 만주 지역 조선인의 보호·무육 사무 중 주로 보호·조장에 관한 교육, 위생, 우역 예방, 금융, 산업 및 구제 사무를 담당하기로 하고, 외무성에서는 주로 보호·단속에 관한 경찰 업무, 조선인민회의 지도·감독 및 조사와 호적에 관한 사무 등을 관장하기로 각자 사무 분담을 정하였다.

다음으로 1922년에는 사무 연락을 더욱 긴밀히 하고자 조선총독부에서의 만주 파견원은 외무성 겸임으로 하였다. 그리고 의료시설로는 간도병원의 증축과 촉탁의의 증설이 있었으며, 새로운 사업으로 간도에 우역 예방시설과 금융 부문에 대한 보조 및 혼춘(琿春) 통신시설에 대한 보조 등이 시작되었다.

마침 봉천에 동아권업주식회사(東亞勸業株式會社)가 설립되었는데, 이 회사의 사업이 만주 지역 조선인의 이주에 매우 공헌할 수 있고, 또 각종 보호·무육사업의 대행기관으로서 상당한 활약을 기대할 수 있다는 점을 인정한 조선총독부에서는 이 회사에 보조금을 교부하여 조선총독부의 지도·감독하에 조선인의 보호·무육 취지에 근거하는 사업 수행을 담당하도록 하였다.

이후는 해에 따라 예산 증감이 수반되어 시설의 변동은 있었으나, 대체로 발전의 경로를 밟았다. 1927년에는 남만주철도주식회사와의 협정에 따라 종래에는 전적으로 조선총독부에서 보조하였던 만철 연선의 조선인 교육기관을 이 회사에서 보조하거나 시설을 맡기로 하여 교육의 확충을 꾀하였고, 동아권업주식회사에는 특수 조건에 따른 보조금을 교부하여 만주의 조선 농민이 별 어려움 없이 농경 자금을 융통할 수 있게 하였다.

이처럼 조선총독부는 1921년 이래 만주 지역 조선인의 보호·무육을 위해 매년 '대재외선인시설비(對在外鮮人施設費)' 80~90만 원의 예산을 들여 여러 시설을 실행해 왔다. 그런데 1931년 9월의 만주사변 발발 이전에는 이들 조선 농민은 오랜 기간에 걸친 동북 군벌 및 관헌의 끊임없는 압박과 부당한 통치, 그리고 그 틈을 타고 일어난 비적의 노략질과 이른바 불령선인(不逞鮮人)의 발호 등으로 만주로의 진출에 방해를 받았고, 온갖 노력이 허사가 되어 이때는 실로 동정하지 않을 수 없는 상태였다. 그러나 만주사변을 거쳐 만주국의 성립을 보게 되자 곧 만주의 정세는 종래와는 그 취지를 전혀 달리하게 되었다. 오랫동안 구 군벌의 가렴주구에 내몰렸던 조선 동포도 만주국의 국시인 민족협화와 일본의 원조하에 새로운 생활로의 갱생을 꾀하고 있는 한편 조선 내의 일반 민중도 또한 이 획기적인 현상을 계기로 신천지로 비약하고자 뜻하였다. 이 때문에 만주 이주의 기운은 더욱 고조되어 양강을 넘어 북진하는 자는 날로 증가하는 실상이었다.

이에 조선총독부는 전력을 기울여 먼저 이미 와 있던 이주자의 생활 안전 방도를 마련하고, 이어 사변에 따른 피난민의 직접 구호 및 귀농계획을 수립함과 동시에 새로운 이주자에 대해서는 별도로 이주 정책을 수립하는 등 만주 지역의 조선 동포를 안정시키기 위해 주도면밀한 사업계획을 수립하여 실행하였다.

1) 주요 시설

(1) 교육시설

예전부터 조선인은 문자를 숭상하는 민족으로, 비록 생활에 쫓겨 만몽지역으로 이주한 자들일지라도 10여 호의 집단을 이루면 먼저 서당부터 설치하여 자제를 교육하였다. 이런 농민의 대부분은 각 지역에서 만주인의 토지를 소작하며 집단부락을 형성하였으므로, 자연 자제의 교육은 쉽지 않았다. 따라서 조선총독부나 만철의 보조를 받고 있었던 곳 외에는 어디에서도 교육시설의 유지가 곤란하여 존폐 또한 흔한 상태였다.

조선총독부는 만주 지역 동포의 자제 교육 요망에 대해 적당한 한도에서 이를 조성할 필요를 인식하여 교육의 보급을 도모하고자 학교 경비를 보조하고 또 교과서의 무상 배포 등에 노력하였다. 이후 간도 지방에는 교육기관으로 1907년 통감부 임시파출소의 설치와 함께 용정촌에 간도보통학교가 설치되었으며, 이어 한국병합을 즈음하여 조선총독부가 이를 승계하여 국비를 함경북도 지방비로 경비를 보조하여 도지사 관리하에 경영하게 하였다. 이것이 조선총독부의 대재외(對在外) 조선인 교육시설의 효시이다.

이후 각지에 보통학교와 서당의 개설을 보게 됨에 따라 현재 간도에서 조선총독부의 보조를 받는 보통학교는 6개교이고, 서당은 63개이다. 이런 경비는 조선총독부가 함경북도 도비로 경비를 보조하며, 함경북도는 회령(會寧) 및 경원(慶源) 보통학교에서 교사를 파견하여 교편을 맡겼다. 또 각 서당에 대해서는 위 지역의 보통학교 교장이 지도·감독을 담당케 하였다. 그런데 만주로 건너간 자의 격증과 향학열로 아동 수의 비상한 증가를 초래하여 1936년 6월 말 현재 아동 총수는 31,169명에 달하는 상황이다. 이런 보통학교는 모두 조선에 있는 보통학교 규정을 준용하고 있으며, 설비 및 교육 정도는 조선 내의 그것과 비교하더라도 전혀 손색이 없다.

다음으로 만주에서는 만철의 부속지와 접속(接續) 시가(市街) 및 하얼빈의 조선인 아동교육에 관해서는 조선총독부와 만철의 약정에 따라 1927년 이후는 만철에서 조선총독부의 교육방침 및 규정을 준거하여 적극적으로 운용하고 있으며, 조선총독부에서는 1927년 이후 당분간 배정된 경비의 일부를 안동·봉천·무순·철령·하얼빈 등의 보통학교에 보조하였다. 그리고 만철이 관리하는 보통학교 수는 14개교(안동 외 13개교)로, 1937년 6월 말 현재 아동

수는 9,028명이다.

압록강 대안(안동 하류 부근)에는 5개소에 서당이 있고, 아동 수는 1936년 6월 말 현재 422명으로, 경영은 조선총독부에서 평안북도를 통해 경영비를 보조하고 있다. 또한 만주 지역의 일본영사관 관내(압록강 상류 12개의 서당을 포함) 오지의 조선인민회가 경영하는 보통학교 및 서당에 대해서도 상당한 보조금을 교부하여, 담당 영사관의 감독하에 조선의 보통학교 규정에 준거한 교육을 시행하고 있으며, 1937년 6월 말 현재 학교 수는 638개교이다.

(2) 의료시설

만주의 조선 동포에 대한 의료시설은 1907년 통감부임시간도파출소가 설치되었던 당시 용정촌에 간도자혜병원을 두고, 간도 헌병대 소속 군의(軍醫)에게 맡겨 일본인·조선인·중국인의 치료에 종사시켰던 데에서 시작한다.

시기를 내려와 1909년 11월 동 파출소를 폐쇄하게 되면서 이 시설을 간도일본 총영사관으로 인계하고, 이와 함께 헌병분대(憲兵分隊) 소속 군의는 그대로 잔류시켜 일본 총영사관 부속자혜병원에 존속시켰다. 그러나 다음 해인 1910년에 이 조직을 개정하여 의사에게 맡기고, 일정한 월 수당을 지급하였다. 다만, 병원 경영에 필요한 일체의 비용은 촉탁의가 부담하도록 하고, 동시에 이 지역의 조선인에 대한 치료비용은 한국 정부에서 부담하여 치료하도록 하였다.

한국병합이 성립되자 조선총독부는 이 시설을 계승하여 의사의 월액 수당 지급 건을 개정하고, 그 감독을 간도의 일본총영사에 위촉하여 조선인에 대해서도 치료하도록 하였으나, 이후 여러 해를 거치면서 주변 상황이 지금까지의 설비로는 도저히 수요를 충당할 수 없게 되었다. 이 때문에 1916년에는 의원(醫院)의 대확장을 단행하고, 경비 6,500여 원을 투자하여 새로 진료소 등을 증축하고, 명칭도 '자혜의원진료소'로 바꾸었으며, 경영도 촉탁의에게 위임하여 위탁치료 환자비로 연 5,600여 원을 지급하였다.

1918년 4월에는 다시 촉탁의의 설비 및 신병(身柄) 일체를 조선총독부에 인도하고, 의원은 조선총독부 직할로 하여 명칭도 함경북도 회령자혜의원출장소로 고쳤다. 소장은 촉탁의로 충당하고, 이외 의원(醫員) 등 직원을 증치하여 내용의 충실을 도모함과 동시에 매년 정기적으로 지방의 주요 부락을 공동 치료케 하였다. 점차 진료를 도회지에서 오지까지 보급하였으므로 다시 의원 확장의 논의가 제기됨에 따라 1922년에는 경비 11여만 원을 투자하여 본관과 기타 부속물의 증축을 시행하여 설비를 충실화하였다. 이로써 대략 조선 내의 병원과 비견할 수 있게 되었지만, 마침 1925년 조선자혜의원의 제도가 개정됨에 따라 이들 의원의 경영은 함경북도비로 이관되었다. 오늘에 이르기까지 조선총독부는 그 경영을 함경북도비를 통해 매년 3만 원 내외의 보조금을 교부하여 끊임없이 지도·감독에 임하면서 그 실효의 성과를 기하고 있다.

간도 지방에서 조선인의 수는 매년 증가하는 경향에 있으며, 도시는 부단한 발달을 이뤄 지방 역시 이에 추종하여 여러 문화시설에 대한 확장의 목소리도 점차 고조되었다. 특히, 의료시설에 대한 조선인 동포의 요망이 빈번하였다. 이에 조선총독부는 1931년 6월 국자가(局子街)에 회령의원(會寧醫院)의 분원을 개설하여 우선 4천여 원을 이곳의 조선인민회로 보조하였다. 이어 1932~1933년에는 해마다 경상비 부족액 5,800여 원을 보조하여 내용의 개선을 도모하였는데, 동(同) 의원의 성적은 놀랄 정도로 해마다 환자 수가 격증하였으며, 용정의원(龍井醫院)도 마찬가지로 협소한 느낌이 들어 의원의 청사를 신축·확장해야 할 상태였다.

이외 간도 지방 및 만주에서는 자격을 갖춘 의사 및 현지 개업의(開業醫)를 각 조선인민회에 촉탁의로 배치하고, 소요 경비는 민회에 보조하여 처리케 하여 빈곤한 자에게도 적절한 치료를 하게 하였는데, 그 숫자는 68개소나 되었고 1년간의 치료 환자 수는 약 6만 명(연원인 16만 명)을 헤아렸다.

마침 만주사변이 발발하자 만주 지역 조선인의 유동이 두드러져, 한때 철도 연선과 기타 안전지대로 피난해 오다가 그 후에는 다시 곳곳으로 분산하여 취농하는 자도 있었지만, 대부분은 조선총독부 시설의 집단부락에 수용되어 밀집한 부락생활을 하게 되었다. 이런 부락의 각 민회에서는 촉탁의의 설치 요망이 빈발하였으므로, 1935년에는 다시 몇몇 개소에 촉탁의를 증원·배치하여 의료시설의 보급에 노력하였다. 그러나 수만 리나 되는 만주 전역에 분산·거주하는 동포 모두에게 이런 의료의 혜택을 받게 하는 것은 재정 관계상 도저히 불가능한 일이었다. 그래서 벽지에 거주하는 자에게는 촉탁의 및 별도로 위촉한 경성제국대학 의학부 치료반으로 하여금 순회·진료케 하는 외에 조선총독부 위생시험실에서 조제한 가정약품을 매년 7만 인분을 무료로 배포하였다. 이외 두묘(痘苗) 기타 전염병 예방액(豫防液) 25~26만 인분을 사들여 각 민회로 보내주었는데, 이런 의료비의 보조 총액은 매년

11만 원이나 되었다.

  이상에서 서술한 시설의 효과는 해를 거듭할수록 두드러져 만주 지역 조선인의 환희는 대단하였으므로, 이에 조선총독부에서는 이를 고려하여 앞으로 더욱더 이런 각종 시설을 확장·정비하여 동포의 갈망에 부응하고자 하였다.

(3) 금융시설

  만주 지역 조선인의 80%가 농업에 종사하고 있으며, 대부분 만인 지주의 소작인으로서 고리의 농경 자금을 지주로부터 미리 빌려 사용하고 있으므로 농사에 따른 온갖 노력의 결과도 대부분 지주에게 돌아가는 상태였기 때문에 농민의 의욕이 떨어져 발전의 여지가 거의 없이 영구적으로 만인 지주의 착취에 어쩔 수 없이 내몰리는 상태에 처해 있었다.

  이에 조선총독부에서는 이런 빈농에 대한 금융시설의 필요를 인식함으로써 금융기관을 설치하여 이들에 대한 경제생활의 안정과 향상을 도모하고자 노력하였다. 금융시설은, 1911년 5월 간도 용정촌의 대화재 때 다수의 조선인이 재화를 당하였고, 또 그 복구 자금에 궁핍했기 때문에 조선총독부에서 구제비로 2만 5,000원을 교부하여, 간도 일본총영사의 관리하에 '용정촌구제회'(후에 '간도구제회'로 칭함)를 설립한 데에서 비롯되며, 이 금융기관은 저리로 이재민에게 자금을 빌려줌으로써 기능을 크게 발휘하였다.

  1920년 우연히 간도사건(間島事件)이 발생하여 그 토벌 때 이 지역의 조선인 동포 중에서 희생자가 상당히 발생하였으므로, 이런 피해자를 구제하기 위해 육군성(陸軍省)에서는 10만 원을 교부하였다. 이에 조선총독부는 육군성 및 외무성과 협의하여 영구적이고 유효적절한 용도에 이를 충당하기로 하였는데, 일반 서민 특히 하층민의 금융기관으로 창설하기로 의논을 모아 용정촌·국자가(局子街)·두도구(頭道溝) 및 혼춘의 각 조선인민회에 금융부를 부설케 하고 우선 이 10만 원을 형편이 어려운 농민의 농사 자금으로 융통케 하였다. 조선총독부에서도 별도로 운전자금으로 1만 2,500원을 보조하여 이런 업무의 처리를 위해 일본인 3명과 조선인 1명의 이사를 두고 오로지 이 업무만 전담케 하여 금융부의 원활한 운영을 도모하였다. 이후 금융부의 업무가 점차 늘어나고, 그에 따라 자금 요망의 목소리도 더욱 고조되었으므로 1927년 백초구(百草溝)에 국자가 금융부의 출장소를 설치하였다가 1929년에는 이를 독립시켜 금융부로 하였다. 동시에 용정촌 및 국자가의 금융부 출장소를 천보산(天寶山)[후에 노두구(老頭溝)로 이전]과 알아하(嘎呀河)에 설치하였다. 그 후 만주국이 건국됨에 따라 치안이 회복되면서 금융부 증설의 필요가 다시 긴급해졌으므로, 1932년에는 전술한 두 출장소를 독립시켜 다시 흑정자(黑頂子)·명월구(明月溝)에 금융부를 신설하였다. 그리고 각각에 상당하는 기금 및 경비 등을 보조하고 유능한 이사를 파견함으로써 착실히 금융기관의 확충·운용을 기도하였다.

그 결과 간도 일대의 금융부 숫자는 10개소가 되었고 이에 대한 조선총독부의 보조금은 10만 6,000여 원에 달하였으며, 모두 좋은 성과를 드러냈다. 농민에 대한 1934년도의 대부금 총액은 약 95여만 원이었다. 조선총독부는 이런 성과와 지방의 실정에 비춰, 1934년에는 소삼차구(小三岔口)에 백초구 금융부의 지소를 신설하고 동시에 흑정자 금융부를 혼춘 금융부의 지소로 활용케 하여 더욱 이런 시설의 충실을 꾀하였다.

만주에서 1923년에 동지철도연선(東支鐵島沿線), 해림권농회(海林勸農會)를 창설하려고 하자 1,700원을 보조하여 그 성립을 원조하였는데, 이것이 만주에 조선총독부가 실시한 재외 조선인에 대한 최초의 금융시설이다. 이후 기존의 금융기관인 홍경농무조합(興京農務組合)·무순조선인금융회·안동금융회와 1923년 이후 신설된 통화농상조합(通化農商組合), 해류농상조합(海柳農商組合) 및 철령금융조합(鐵嶺金融組合) 등이 중국의 화폐 가치 변동, 불령배(不逞輩)의 발호, 천재(天災) 등의 이유로 농자 대부금이 고정되어 사업이 극히 부진에 처하게 되었는데, 이에 대해 각각의 사정에 근거하여 구제하고자 해마다 경비 및 자금을 보조하였다. 또 1930년에는 신경(新京)에, 1932년에는 하얼빈·길림·영구에 각각 금융회를 설립시켜 간도와 똑같은 기금과 기타 필요한 경비를 보조하고 유능한 이사를 엄선 파견하여 업무 처리를 담당케 하거나 동아권업주식회사로부터 운전자금을 융통시키는 등 적극적으로 그 발전을 조성함으로써 조선 농민이 다수 거주하는 지방에 점차 이런 금융회의 설치에 노력하였다.

이렇듯 조선총독부가 만주에 직접 관계하였던 이런 금융기관의 수는 1937년 6월 말 현재 지소를 포함하여 29개소이며, 이에 대한 보조금은 1934년에 10만 7,000여 원이었다가 1936년에는 3만 8,000여 원으로 감소하였다. 그러나 전술한 해림권농회 및 홍경(興京)의 두 조합과 같이 구 동북정권 시대에 비적의 압박으로 소멸된 것을 제외한 각 금융기관은 대체로 성적이 양호하여 예상한 것 이상의 발전을 이뤄 만주 지역 조선인의 경제생활 안정 및 향상에 공헌한 바가 지대하였다. 1936년에 이런 기관의 대출 총액은 무려 325여만 원에 이르렀다.

또한, 조선총독부는 위에 서술한 조선인 금융기관 외 만주 지역 조선 농민의 이주 보호를 담당할 목적으로 1922년 이후 봉천의 동아권업주식회사에 보조한 금액이 1935년까지 총 100여만 원이나 되었다. 이에 동 회사는 매년 이 보조금과 같은 액수 또는 그 이상의 자기 자금을 더한 금융 자금을 구성함으로써 만주에서의 조선인 금융기관에 대한 운전자금의 원활을 도모하였다. 그리고 동 회사의 이런 대출금은 만주사변까지 매년 40만 원 내외였으나, 사변 후 구 동북 군벌의 몰락에 따른 부당한 압박이 사라지고 또 비적들이 오지로 도주하여 만주국의 치안도 점차 확보되면서 조선 농민도 어느 정도 안정되어 취농할 수 있는 상태가 되었다. 종래 조선 농민에게 자금을 빌려주었던 지주가 사변으로 부재하게 되었거나 경제적 타격으로 대출을 정지하는 상태가 되었기 때문에 조선 농민의 차입 요구액이 갑자기 증가하여 1933년에 60만 5,000여 원, 1934년에 100여만 원, 1935년에는 150여만 원이 대출되었다.

그리고 간도 지방의 일반 조선 농민은 만주에서와 같이 대부분이 소작농인 데다가 빈농으로 겨우 하루하루를 보내고 있는 자도 적지 않은 상태였다. 이렇게 된 가장 큰 원인이 전술한 대로 고리의 부채에 있는 점을 참작하여 조선총독부에서는 이들에게도 저리로 자금을 빌려주어 점차 자작농화할 계획을 수립하였다. 이에 여러 세목에 걸쳐 검토한 결과, 동양척식주식회사와 협정을 맺어 1932년 이후 5개년간 해마다 10만 원을 교부하고, 이 회사에서는 3배의 자기 자금을 지출하여 합계 40만 원으로 매년 자작농 창정 사업을 벌이게 하였다.

(4) 수역(獸疫)예방시설

간도 지방은 옛날부터 수역, 특히 우역(牛疫)의 근원지로 유명하다. 1898년에는 우역이 이 지방에서 크게 발생하여 기르던 소가 거의 전멸하였다고 전해져, 당국에서도 일찍이 이에 대한 관심을 두고 항상 그 대책에 힘써 왔다. 1907년 용정촌에 통감부간도임시파출소가 설치되고, 이어 1909년 말 한국 정부는 농상공부(農商工部)에서 한국과 일본의 수의(獸醫) 각 1명씩을 파견하여 우역의 계통을 자세히 조사하고, 또 예방치료 등의 방법을 연구하여 우역을 실행하였다. 그러나 결과적으로 충분한 성과를 거두지는 못하였다. 그런데 1912년 말 갑자기 국자가 부근에서 우역이 발생하여 맹렬한 기세로 퍼지더니 1913년 3월에는 두도구(頭道溝) 부근에까지 전파되자, 이에 중국에서도 점차 그 심각성을 감지하여 방역 방법의 마련에 노력하였다. 그리고 1914년 당시 연길 도윤(道尹)의 진정이 절박하였기 때문에 조선총독부는 수의 1명을 이 지역으로 파견하고, 또 각 현에서 선발한 순경 30명에게 수역예방강습회를 열어 우역 예방의 지식을 교수하여 이 지역의 대책에 도움이 되도록 함과 동시에 조선으로 우역이 전파되지 않도록 도모하였다.

그 후 1921년에 갑자기 우역이 크게 유행하여 간도 전역에 퍼지면서 산업과 무역에 일대 타격을 미쳤다. 이에 조선총독부는 함경북도와 간도일본 총영사관과 협력하여 중국과 협동방역을 하고 교통 차단, 병든 소의 격리, 폐쇄, 소독약의 배포 및 소독법의 실행 등 적극적으로 그 예방에 노력하였으나, 당시 폐사된 소가 자못 많았으므로 농가의 경제도 상당한 타격을 받게 되었다.

조선총독부는 이런 고난을 거쳐 간도에서의 수역예방시설이 이 지역 조선인의 보호·무육에 가장 긴급을 요하는 사항임을 통감하게 되었다. 이에 1922년 재외선인시설비 예산으로 1만 5,000원을 계상하여 이를 해당 지역의 조선인민회에 보조하였다. 한편, 소관영사관에서는 그 지도·감독을 담당하고 함경북도와 연계를 유지하면서 간도 및 국경지방에 우역의 예방제어시설을 설치하기로 하고, 이를 위해 같은 해 5월 조선총독부 기사(技師)를 배치하고 수의를 간도에 파견하여 실지조사 계획을 수립하게 하였다. 그 대요는 수의가면허원(獸醫假免許員)의 양성 및 배치, 약품 및 기계 기구의 준비와 배부, 우역 발생 신고의 장려, 방역 사상의 선전, 방역단의 조직 등인데, 이는 해가 갈수록 만전을 이루면서 그 효과도 상당하여 소의 숫자는 그 후 점차 늘어나게 되었다. 간도와 압록강 대안 지방에서 조선 농민이 소유하는 소의 수는 조선 측의 접양지(接壤地)만으로도 약 5만 마리나 되며, 오지의 몫을 포함할 때 그 숫자는 자세히는 모르더라도 상당할 것임을 상상할 수 있다.

전술한 대로 간도와 압록강 대안 지방은 우역의 근원지이자 상주지이다. 따라서 각 방면에서 경계해야 하므로, 조선총독부에서는 이런 소들을 보호하고 또 조선으로의 전파를 방지하기 위해 두만강 대안에는 너비 1리에서 2리를 이른바 면역 구성지대로 설정하고, 1922년 이래 이 지역의 소에게는 우역예방 주사를 시행케 하였으며, 또 간도 내의 주요 지역에 수의 6명(용정 2명, 국자가 1명, 혼춘 1명, 백초구 1명, 두도구 1명), 수의가면허원 20명을 배치하여 우역의 초기 발견 및 예방에서의 응급 대책을 마련하였다. 한편 수의가면허원에게는 수시로 강습회를 개최하여 방역지식의 보급을 도모하였으며, 일반 민중에게는 수역 및 그 예방에 관련된 활동사진 등을 각지에서 관람케 하여 방역지식을 가르쳤고, 우역을 조기에 발견하여 신고하도록 하려고 신고자에게는 장려금을 주는 등의 방역 사상의 보급을 도모해 왔다.

그리고 압록강 대안 지방은 종래 비적들의 소굴이자 어떤 볼 만한 시설도 없었으나, 치안 상태의 호전과 함께 이주자도 점차 증가함으로써 이들이 소유하던 소에 대한 예방주사의 필요가 절실해졌다. 이에 조선총독부는 1932년 이래 우역 발생 시기에 미리 수의에게 그 혈청주사를 놓도록 하고 또 불우의 사태를 대비하기 위해 조선의 초산자혜의원(楚山慈惠醫院)에 혈청 저장고를 설치하여 적절한 양의 혈청을 저장하였다.

또 1933년에는 영구, 철령 및 하동의 안전농촌도 그 내용의 충실에 따라 소 500여 마리를 사들여 우역 혈청을 배포·주사하였으며, 주사하고 남은 양은 영구 및 안동의 두 안전농촌의 저장고에 보관하여 불시에 대비하였다.

요컨대, 경비는 1935년에 수역 예방비 약 2만 6,500여 원, 우역 혈청 및 예방액의 구매비 약 4만 3,000원, 계 6만 9,000여 원이 소요되었다. 그리고 이런 경비는 우역 예방에 최선을 다하기 위해 만주 각지의 조선인민회에 전액 보조금 형태로 지출되었다.

(5) 산업 지도 및 장려시설

만주 지역 조선인의 90% 이상이 농민이므로 이들에 대한 보호·무육의 완비는 오로지 농사에 관한 지도 및 장려의 시설을 확충함으로써 그 수입의 증가를 도모하여 피폐한 조선 농민에게 생활의 안전을 획득하게 하는 데 있다.

만주사변 전까지는 동북 구정권의 조선 농민에 대한 압박이 심하였으므로 충분한 시설을 이룰 수 없었으나, 만주 건국과 함께 이런 폭정이 배제되어 조선 농민은 안심하고 농사를 지을 수 있게 되었으므로 조선총독부에서는 농사의 지도 및 장려를 적극적으로 행할 필요성을 인식하여 만주에는 안전농촌을, 간도 지방에는 집단부락 및 자작농부락 등의 설치를 비롯하여 농사 전반에 걸친 시설의 확충에 노력하였다. 그리고 각지의 조선인민회에서 적극적으로 농사 지도 및 장려를 담당케 하고자 1932년에 6만 8,000여 원, 1933년에 6만 7,000여 원, 1934년에는 7만 9,000여 원을 보조하여 필요한 각종 시설을 정비케 하는 등 착착 사업을 진행해 왔다.

지금 지방별로 그 개황을 서술하면,

만주에서는 1932년부터 국비로 기수(技手) 1명을 신경에 파견하여 농경지도의 총괄 및 농경에 적절한 토지를 조사케 하는 한편 '전만조선인민회연합회'에 6명의 농업기술원을 두고 각지의 조선총독부 파견원과 협동하여 농경지도, 부업장려, 수리공사의 설계 지도 및 기타 농업에 관한 제반 조사를 맡게 하였다.

그리고 일반 조선인민회에는 1935년부터 '전만조선인민회연합회'를 통해 보조금을 교부하고, 기타 각종 산업단체에도 될 수 있는 한 필요한 보조를 함으로써 각 산업의 발달·조장에 노력하였다.

부업에 관해서는, 만주의 조선 농민 대부분이 논농사에 종사하고 있는 실정에 비춰 가장 보편적이고 효과적인 새끼 꼬기, 돗자리 엮기 등을 주로 장려하여 1935년에는 그 장려비로 '전만조선인민회연합회'에 5,000여 원을 보조하였다. 양계·양돈·양봉 등에도 힘을 기울여 닭·돼지 등의 구매에도 적절히 보조하여 그 성과가 자못 양호하였다.

간도 지방에는 조선총독부가 1924년에 이 지역 조선인의 양잠 장려를 위해 약간의 보조금을 주었으며, 1925년에 다시 이를 증액하여 양잠의 발달을 조장하였다. 1932년 제반의 상황에 비춰 국비로 기수 1명을 파견함과 동시에 간도·혼춘의 조선인민회에 농업기술원 9명을 배치하고, 수의사 6명에게 축생(畜生) 기술원을 겸무케 하는 진용을 갖춰 각기 농경지도 및 축산장려를 담당케 하였다.

이런 시설을 위해 조선총독부가 간도·혼춘 조선인민회에 1932년 이후 교부한 보조금의 누계는 4만여 원으로, 여기서 주요한 사업 내용을 들어보면 대략 다음과 같다.

경우(耕牛) 및 종우(種牛)의 구매

간도 지방은 만주 지방과는 달리 밭농사를 주로 하는 사정에서 당연히 광대한 경지면적이 있어야 하므로, 경우(耕牛)가 필요한 정도가 매우 크다. 구 동북 군벌 시대 관헌의 강압적 또는 국란(國亂)에 편승해 일어난 비적 등의 횡포로 궁핍에 괴로워했던 조선 농민 등은 모두 자력(資力)이 부족하여 어쩔 수 없이 만인 지주 등에게 상당한 경우 임대료를 지출하고 있었으므로, 이를 구제하기 위해 경우 수십 마리를 구매하여 이를 예탁 또는 연부(年賦) 상환 방법 등으로 일반 조선 농민에게 양도하였다. 경우 소유 농민의 증가를 도모함과 동시에 우량한 종우를 구매하여 적당한 곳에 각각 배치하고, 그 품질의 향상도 도모하였다.

축산장려

이 시설은 전술한 경우 및 종우의 구매와 관련하여 시행된 것으로, 일반 민간에서 재래 농우의 소질 향상, 병우(病牛)의 치료와 기타 축우(畜牛)의 일반 보건, 사료의 개량·충실, 관리 사육방법의 개선 등에 역점을 두었다. 이를 위해 상술한 수의 6명과 수의가면허원 22명에게 이를 담당케 하였다.

채종전(採種田)의 설치

간도·혼춘지방에서 농작물의 으뜸은 콩으로서 총 산출액은 실로 100만 석을 헤아리며, 이 중 수출이 60만 석을 웃돌았다. 이처럼 콩 경작의 성패는 곧 간도 지방 조선 농민의 경제를 좌우하는 실상이므로, 조선총독부에서는 일찍이 이 점을 고려하여 개량증산의 도모에 전력하였다. 먼저 이 지방에서의 최우량 품종인 4립황종(四粒黃種)을 보급하기 위해 채종전을 설치하고, 제1차 계획으로 콩 경작면적 8만 정보의 약 60%에 해당하는 5만 정보를 목표로 1932년부터 7개년 계속 사업으로 착수해 오고 있다.

자급비료의 증산장려

원래 간도 지방의 지질은 매우 비옥하였으나, 개간한 이래 비료를 사용하지 않고 오랜 기간이 지났기 때문에 지력의 소모가 심하여 지금 그 대책을 마련하지 않는다면 앞으로 토지의 황폐와 그 복구에 상당한 비용이 소요되는 상태가 된다. 이 때문에 그 대책으로 조선 농민의 자급비료 사용 관습을 조성하게 하려고 조선총독부는 축우 소유자에게 우사에 부속하여 축우 한 마리당 약 5평의 퇴비장을 짓게 하고, 그 경비로 각 호에 각기 보조금을 교부하여 그 보급에 힘썼다. 1934년 설치된 퇴비장 수는 300여 개소에 이르렀으며, 또 그 장려의 철저함을 꾀하기 위해 주요 농경지 모범퇴비장을 설치하고, 퇴비 제조 및 사용의 현지지도를 하는 외 각종 녹비(綠肥)의 시험 경작도 시행하였다.

(6) 기타 주요 여러 시설

순회강화(巡廻講話)

만주 지방에 거주하는 조선인 중에는 주변 환경 등으로 힘든 생활을 하는 자가 상당수였으며, 이런 자들이 일상에서 정신적으로 유익한 지도·계발을 받을 기회는 부족한 실정이었다. 이에 조선총독부에서는 이들에게 위안을 주고 아울러 모국의 현상을 알게 하며, 또 조선 통치의 현황도 이해시킬 목적에서 1921년 이후 매년 최근의 조선 사정을 촬영한 '필름' 및 기타 재미있는 '필름'을 구매하여 조선인이 다수 거주하고 있는 지방으로 가지고 가 상영하고, 이 기회에 유익한 강화(講話)도 시행하여 그 선도에 노력하였다.

신문 및 잡지의 무상 배포

만주 각지에 거주하는 조선인 중 지식계급에 속하거나 그 지역의 지도적 위치에 있는 주요 인물에게는 1918년도 이후 경성에서 발행하는 《매일신보(每日申報)》[조선문, 현 《매일신보(每日新報)》의 전신]를 무상 배포하고, 1922년 이후부터는 새로 조선총독부에서 발행하는 월간 잡지 《조선(朝鮮)》(조선문)을 배부하다가 1927년 이후 민간발행 잡지 《신민(新民)》으로 교체하여 매년 배부해 오고 있다. 이를 통해 이들에게 조선에서의 제반 사정을 숙지하는 데 노력하게 하고 부근에 거주하는 일반 조선인에게도 조선의 현상을 주지시키는 하나의 자료로 삼게 하였다.

시찰단(視察團)

만주의 조선인에게 조선 내의 각종 시설 및 민간경제의 진보발달 상황, 동포 조선인의 생활 실상 등을 시찰케 하는 것은 조선인을 지도·계발하는 데 매우 의미 있는 사항임을 고려하여, 조선총독부는 1917년 이후 만주 지역의 조선인 중 만주로 건너간 지 오래된 자로서 비교적 유식 계급에 속하며 그 지역의 중심적 인물(조선인민회 간부, 교원, 실업가, 기타 유력자)들로 매년 40~50명에서 200~300명으로 구성된 시찰단을 편성하고, 경비의 일부 또는 전액을 보조하여 직접 조선 각지의 실상을 시찰케 하였다. 그리고 만주로 돌아온 이후 이들에게 만주 지역 조선인의 지도를 담당케 함으로써 조선인들의 향상·발전을 도모하였다.

2) 사변 후의 특수 시설

(1) 보호기관 확충

만주사변을 계기로 갑자기 만주에서 횡행하는 비적들 때문에 오지에 거주하는 동포 중에서는 어려움을 면하고자 철도 연선이나 기타 시가지로 피난하는 자가 속출하여 한때 간도와 만주로 각각 3만여 명의 피난자가 나오는 상황이었다. 이 때문에 조선총독부는 이런 피난민의 구호 처리를 위해 피난지 중 중요한 곳에 임시 촉탁파견원 15명을 배치하고, 또 신경에 사무관을 파견하는 외 조선총독부 내에서도 상당수를 증원하여 군부·대사관 및 영사관 측과 협력하여 만전을 기하였다. 그러나 이런 것은 모두 당시의 사정에 따른 일시적인 구제에 불과하였기 때문에 이후의 영구적인 대책이 마련될 필요성에서 제반 시설을 실행하였다.

(2) 특수 시설

사변 후의 특수시설인 안전농촌, 집단부락 및 자작농 창정 사업 중 일부는 사변 전부터 계획된 것도 있었지만, 이하 기술하는 내용은 주로 사변에 따른 피난민과 조선에서 이주해 온 약간의 조선인을 수용하기 위해 행해진 시설이다.

① 안전농촌

만주에서는 영구, 하동, 철령, 삼원포(三源浦) 및 수화(綏化)의 5개소에 안전농촌을 건설하였는데, 철령은 1931년, 영구와 하동은 1933년, 수화는 1934년, 삼원포 농촌은 1935년에 각각 건설되었으며, 이런 안전농촌은 모두 조선 농민을 자작농으로 만들 계획에 따라 건설되었다. 1932년에는 조선총독부가 동아권업회사에 7만여 원을 보조하고, 동사(同社)에서는 그 배가 되는 자기 자금을 더하여 계 21여만 원으로 만철 연선의 난석산(亂石山) 역 부근에 토지를 매수하여 철령 농촌을 건설하고 이곳에 피난민 일부를 수용하였다. 이어 조선총독부는 1933년에 56만 원, 1934년에 6만 원을 동아권업회사에 보조하여 이전과 같은 조건으로 북만주에서는 빈강성의 주하(珠河)·연수(延壽) 두 현에 걸치는 하동 농촌을, 남만주에는 봉천성 영구현 전장대(田庄臺) 부근에 영구 농촌을, 그리고 1934년에 조선총독부의 보조금 14여만 원과 동아권업회사의 자기 자금 20여만 원을 합쳐 북만주 빈강성 수화에 수화 농촌을, 1935년에는 조선총독부 보조금 3만 2,000원과 동아권업회사의 자기 자금 9만 6,000원을 합쳐 통화성(通化省) 유하현(柳河縣) 삼원포 농촌을 건설하여 남만주 및 북만주 일대로 피난한 조선인과 기타 빈곤한 조선 농민을 수용하였다. 여기서 각 농촌의 사정을 개관하면, 철령 농촌은 봉천성 철령현 난석산의 서쪽 약 1리 되는 지점에 있으며, 지질이 비옥하여 논농사에 적합한 지대이다. 총면적 750정보 중 논이 650정보나 되며, 이를 개척하여 조선 농민 242호 약 1,168인을 수용하였다. 이 농촌에서 이전부터의 거주자를 제하고 새로 수용한 피난 조선 농민을 위한 가옥의 건축자금은 농경자금과 함께 철령금융회에서 융통하였다. 교육으로는 조선 농민이 서로 학교조합을 조직하여 조선총독부의 보조금으로 1933년 5월 난석산보통학교를 건설하였으며, 위생은 조선총독부 보조금을 받는 농촌 전속의 촉탁의가 담당하고, 치안 유지는 외무성에서 영사관경찰관을 파견하여 비적들을 대비케 함으로써 안전한 농촌을 완비케 하였다. 하동 농촌은 하얼빈에서 빈수선(濱綏線)을 타고 동쪽으로 6시간 걸리는 조길밀하역(鳥吉密河驛)의 동북에 있다. 면적 2,500정보 중 1,700정보를 자연 관개의 수전으로 농사지으며, 간척지에 조선 농민 789호 3,372명을 수용하였는데, 총건설비 85만 원이 투자되었다. 이런 농촌으로의 입주자는 대부분 피난 농민으로서 자산은 거의 없었다. 이 때문에 특히 금융 쪽에 뜻을 둔 이 지역에 하얼빈금융회 지소를 마련하여 농자금과 기타의 대부를 맡게 하였고, 교육에 대해서는 학령 아동 수가 약 580명에 이르는 실정을 고려하여 우선 9개소에 서당을 건설하였는데, 1935년에는 이런 서당들을 보통학교로 승격시켰다. 위생에 대해서는 조선총독부에서 보조하는 촉탁의 1명을 배치하여 주민 진료를 담당케 하고, 경비(警備)로는 1933년 봄, 하얼빈 총영사관경찰서의 하동분서가 이 농촌지구의 중앙부 고지에 신설되어 약 46명의 경찰관이 상주하여 농촌을 경호하였다. 영구 농촌은 요하의 하구, 영구와 전장대(田庄臺) 사이의 요하 오른쪽으로 전개되는 광활한 1만 5,000정보의 초생지 중 적절한 3,000정보를 개간하여 논·밭·택지 등으로 배분하고, 수용 수 1,036호 5,102인을 정주시켰으며, 총건설비는 90만 원이 들었다. 1933년 중에는 주로 피난민으로 토지개량공사를 시행하고, 1934년에 요하에서 기계식 양수(揚水)로 논농사를 시작하였는데, 그 수확이 대단한 성과를 드러내 첫해임에도 반당(反當) 2석 이상의 풍년을 보였다. 농민 1호당의 배치 면적은 논이 2정 4반보, 택지 기타 1반보 계 2정 5반보였다. 농촌 시설로는 중앙 부락에 병원을 두어 촉탁의를 주재시켜 진료를 담당케 하였으며, 그리고 서당을 설치하여 교육의 보급을 꾀하였는데, 1934년에는 새로 교사를 신축하였다. 금융은 영구금융회의 지소를 농촌에 마련하여 오로지 농경 자금과 기타 대부를 담당케 하였고, 경비는 영구영사관경찰관 10여 명이 농촌 중앙에 상주하여 치안에 차질 없게 하였으며, 영구 농촌 역시 기후가 온화하고 토지가 풍요로워 1935년에는 다시 2,500정보를 개간하여 1,200호를 수용하였다. 수화현 농촌은 북만주 수화현 내에 있으며, 빈북선(濱北線) 봉가역(奉家驛)에서 동북방으로 약 4리 되는 곳에 있던 약 1,300정보의 기경지 및 미간지를 개간하여 자연관개로 수전화(水田化)하고, 하얼빈 총영사관 관내의 피난민 등 336호 1,317인을 수용하였다가 다시 1935년에는 400정보를 더 확장하여 2만여 호를 수용하였다. 교육·의료·금융 등의 시설은 다른 농촌에서와 같은 시설을 두었고, 입주자를 전부 자작농화할 계획이었다는 것은 또한 마찬가지였다. 삼원포 농촌은 통화성 유하현에 있으며, 1935년에 건설되어 오지에서 피난 온 조선 농민 200호를 수용하였으며, 다른 농촌과 같은 시설을 시행하였다.

② 집단부락

제1차 집단부락

간도는 사상적으로 매우 복잡한 지역으로 만주사변 이전부터 불령단(不逞團)의 소굴, 공비의 근거지로 알려졌다. 따라서 이 지역에 거주하는 선량한 조선 농민은 끊임없이 이들의 박해를 받아왔다. 그러나 만주사변 직후, 즉 1932년 2월에 간도 백초구에서 중국군의 왕덕림(王德林)이 구국을 빙자하여 만주국에 반기를 들고 이 지역에서 도발하매 소란이 극에 달하였고 공비도 각지에서 발호하여 살해·방화·약탈·납치 등을 자행하였으므로 오지에 거주하는 조선 농민은 계속해서 안전지대로 피난하는 상황이었다. 이에 조선총독부에서는 이들 피난민에 대한 여러 응급책을 꾀한바, 국고 보조금과 '조선사회사업협회'에서 모집한 의연금 등으로 이들을 구제하기로 하고, 간도 총영사관 등과 협력하여 우선 의식주를 지원하였으며, 부상자나 감염자에게는 각지의 조선인민회 촉탁의가 치료케 하였다. 피난민 중 노동할 수 있는 자에게는 마침 당시 돈도선(敦圖線), 도령선(圖寧線) 및 조양개출둔(朝陽開出屯) 사이의 철도가 건설 중에 있었기 때문에 이를 알선하여 공사에 종사케 하는 등 오로지 당면한 생활 안정을 도모하였다. 한편 새 수확물에 대해서는 박해를 방비하기 위해 영사관 경찰관의 보호를 받아 조선 농민의 공동수확을 이루게 하고, 또 피난민 중 귀농하고자 하는 자에게는 농경지를 알선하고 농경 자금을 융통하여 그 복귀를 수월하게 하는 등 온갖 보호를 더해 왔다. 1933년 3월, 간도 각지의 피난민 현황은 피난 호수 6,000여 호 3만 5,000여 명을 헤아렸는데, 이들은 오지에서의 불안한 상황으로 원주지로 도저히 귀농할 수 없는 곤궁에 처한 자가 대다수였다. 그러나 이들을 모두 구제하는 것은 그리 쉬운 일은 아니었고, 또 일시적·고식적인 구제 방법을 마련하는 것은 오히려 앞으로 폐해를 낳을 것을 인식하여 조선총독부에서는 대략 아래에 서술하는 요강에 따라 피난민 중 적당한 자를 선정하여 집단부락을 건설하고, 이들의 귀농을 쉽게 함과 동시에 생활의 안정을 꾀하고, 장차 각종 시설을 집단부락에 집중하여 모범농촌답게 만들고자 하였다.

(1) 집단부락의 경영 주체는 조선인민회이며, 민회는 조선총독부와 영사관의 지도·감독 하에 이를 실행할 것
(2) 간도의 치안은 갑자기 안정을 기하기 어려운 상황이므로, 당분간 공비 또는 비적의 준동을 면하기 어려움을 인식하여 집단부락의 건설지는 일본 군경 또는 만주국 군경의 주둔지이거나 그 위력이 미치는 지역, 그리고 그 부근에 집단으로 경작하는 상당수의 경지면적을 지닌 곳으로 선정할 것
(3) 집단부락에 수용하는 자는 피난민으로, 또 부락을 구성하는데 충분한 소질 및 노동력이 있는 가족을 필요로 하며, 이에 해당하는 1,000호를 선정하여 1개 부락에 약 100호의 10개 부락을 건설할 것
(4) 집단부락 건설비는 9만 6,000원으로 하고, 이 가운데 6만 원은 조선총독부 보조금으로, 나머지 3만 6,000원은 '동척'의 차입금으로 마련할 것

이상 서술한 요강에 따라 조선총독부에서 파견한 조선인민회의 기술원은 영사관과 협력하여 부락 건설지의 조사·결정, 토지의 차입, 부락민의 선정·입촌, 자위단의 조직, 부락 둘레의 흙벽 등 방어물의 구축, 공동건물의 건축, 토막의 축조(가옥을 낙성하기까지 일시적인 임시주거), 농경가옥 건축이라는 대략적인 순서를 거쳐 1933년 9월 북합막당(北哈嘆塘)·대양촌 중평(大陽村 仲坪)·춘흥촌(春興村)·세린하(細鱗河)·장인강(長仁江)·토산자(土山子)·청산리(靑山里)·낙타하자(駱駝河子)에 9개 집단부락을 완성하였는데, 후에 1개소는 치안 상황

으로 어쩔 수 없이 중단하였다. 부락 건설 도중 공비들은 자신들의 세력을 확장하는 데 방해가 되는 이런 집단부락의 건설을 적극적으로 저지한다거나 파괴하려고 부락민을 유혹하였으며, 또는 건설 재료의 모집·운반 등을 방해한다거나 건설 중인 부락을 습격하는 등 온갖 방해를 시도하였는데, 어떤 부락에서는 수십 회나 습격받은 곳도 있었다. 그러나 부락 건설의 감독자인 조선인민회 기술원은 영사관경찰관 및 자경단과 협력하여 비적의 퇴치를 도모하는 한편 여러 위험을 감수하면서 건설 작업을 진행함으로써 마침내 이를 완성한 용기는 참으로 경복할 만하였다.

집단부락의 부지는 대체로 80km2에 6,400평 내외의 면적을 지니며, 부락 둘레에 높이 8~9척, 두께 3척의 흙담을 구축하고 모서리 네 곳에 포탑을 두었으며, 2~4군데에 통행문을 두었다. 중앙에 부락의 장정으로 조직한 자위단의 초소를 두고, 자위단의 보호 속에 주간에는 담 밖으로 나가 농경 등의 작업에 종사하고, 저녁 무렵에는 흙담 내에 있는 자기 집으로 돌아가되, 저녁에는 문을 닫지 않고 보초를 세워 비적의 습격에 대비케 함으로써 스스로 보호하고 농사짓는 일종의 특수한 농민부락을 구성하였다.

이 9개 부락에 수용된 조선 농민의 호수는 891호로, 1호당 경작면적은 3정 5반보이고, 주요 작물은 콩·밤·감자·쌀 등이다. 지주는 대부분 만주국 사람이며, 소작료는 지주 3 소작인 7이었는데, 조세 공과는 지주가 부담함으로써 소작인에게는 매우 유리한 조건이었다.

요컨대, 이런 부지 및 경지는 따로 서술한 자작농 창정계획에 따라 가능한 한 토지를 매수하여 부락민을 자작농화하고자 한 것이었다.

제2차 집단부락

1933년 조선총독부 보조금으로 간도 각 지역에 건설한 제1차 집단부락은 전술한 대로 조선 농민의 생활 안정 및 지방 치안유지에 상당한 효과를 거뒀지만, 오지에서 일본군의 위력이 아직 미치지 못하고 또 관헌의 보호가 곳곳에까지 미치지 못한 지역에서는 여전히 공비의 출몰이 횡행하여 그 피해가 속출하는 상태였다. 따라서 이런 지역의 농민은 끊임없이 비적의 위협하에 놓였으므로 난을 피하여 도회지를 비롯한 각 지역의 안전지대로 모여들게 하는 상태를 초래하였는데, 그 수는 1934년 1월에 약 3,000호 1만 5,000여 명을 헤아렸다. 그리고 그중 약 40%는 피난지에 정착하여 그럭저럭 생계를 꾸렸으나, 나머지 60%는 극도의 빈곤과 추위, 기근에서 요행 살아남은 자들이었다. 마침 간도 지방의 철도 공사도 종료가 임박함에 따라 이에 종사하여 생활을 꾸려온 다수의 피난민은 점차 어쩔 수 없이 실업자가 되어 사태는 전혀 수수방관할 수 없는 상태가 되었다. 이에 조선총독부에서는 군부와 간도 총영사관과 협의하였다. 그 결과 이들의 협력을 얻어 재차 집단부락 건설의 논의를 일으켜 화룡현(和龍縣) 와룡호(臥龍湖, 2개 부락) 용호동(龍湖洞)·우심산(牛心山), 연길현(延吉縣) 금불사(金佛寺)·도목구(倒木溝)·상월명구(上明月溝)·석문내(石門內)·석두하(石頭河)·대평구(大平溝)·설대산(雪帶山), 왕청현(汪淸縣) 전가루(轉角樓)·오참(五站)·소백초구(小百草溝)·목단천(牡丹川) 등에 15개소를 선정하고, 여기에다가 제1차 집단부락의 예정을 부득이 중지하였던 1개소를 더하여 이곳에 제2차 집단부락을 건설하여 피난민을 수용하기로 하였다. 그래서 조선총독부 보조금 6만 8,000원, 관동군 출연 5만 원, 간도·혼춘 조선인민회 금융부 차입금 15,000원, 계 13만 3,000원을 건설 자금으로 마련하여 간도 총영사관의 지도·감독 및 군부와 만주국 관헌의 원조하에 각지의 조선인민회가 각기 경영 주체가 되고, 민회 직원은 각자 그 실시 및 감독 책임을 지고, 쉼 없이 밀어닥치는 비적들의 급습을 막아내면서 1934년 3월부터 건설 공사에 착수하였다.

제2차 집단부락의 규모, 부락민의 선정·입촌, 토지의 차입, 자위단의 조직, 건설 공사의 순서 등은 대체로 제1차 집단부락에서와 같았다. 종래의 실적에 비춰 시행계획은 자세히 마련하여 전혀 어긋남이 없도록 하였으나, 제2차 집단부락의 건설 보도가 일반에 알려지자마자 흉포한 공비는 집단부락 증설이 간도에서의 안전권 확대를 의미함에 따라 자신들의 활동범위가 극도로 축소되어 준동의 여지가 없어질 것을 두려워하여 필사적으로 집단부락 건설 작업의 방해를 시도하였다. 즉, 왕청현 소백초구, 연길현 금불사, 화룡현 와룡호 등과 같은 곳에서는 무장공비가 수십 회에 걸쳐 맹렬히 급습해 왔고 나머지 부락에도 밤낮없이 습격이 이어졌으나, 군부의 원조와 만주국의 경비 등을 배경으로 하고 영사관경찰관의 지휘 하에 각 자위단원은 항상 비장한 각오로써 용감히 응전하여 비적을 모두 격퇴하였다. 건설 공사를 진행하면서 집단부락의 피해를 최소화하고, 비적에게는 그만큼 적지 않은 손해를 끼쳐 이들을 격퇴하였다.

이처럼 비적의 발호와 때로는 뜨거운 바람과 사나운 모래 먼지를 견디고 폭우를 무릅쓰며 자재의 부족, 식량의 결핍, 밤낮의 노역에 지친 피로 등 온갖 어려움을 극복하면서 민회 직원의 격려하에 각 부락민은 눈물을 삼키고 분투를 이어가며, 상·하의 협력과 일치를 이뤄 오로지 건설에 매진함으로써 일찍이 5월 중에는 부락의 건설을 대부분 준공하는 데 이르렀다.

이렇게 집단부락은 간도 전역에서 폭동을 일으키며 집요하게 도발을 강행한 비적에 대해 그 요소요소를 점거하여 여기에 일대 위협을 이룸으로써 이들의 도발을 제압하여 간도 전역의 치안에 가장 효과적인 역할을 연출하였다.

제3차 집단부락

상술한 제1차, 제2차 집단부락 외에 만주국에서도 일본의 집단부락 건설에 따른 상당한 효과를 인식하여 1934~1935년에 조선총독부에서 관계한 집단부락과 같은 부락 60여 개소를 건설하고자 하였다. 이에 간도에서의 피난민은 대체로 정착하였으나, 사변 때문에 조선으로 피난한 자도 또한 상당수였다. 이 때문에 이런 사람들 중 생활에 곤란한 자를 귀농시키는 한편 간도에 남아 있던 피난민의 일부도 이곳에 편입하여 1935년에 다시 5개소의 집단부락을 건설하였다.

이상의 집단부락에는 1935년에 부락마다 서당을 설치하여 5개 부락에 촉탁의와 농사지도원 각 1인을 배치하여 부락의 내용을 충실케 하였는데, 그 경비와 부락 시설의 일람은 다음 표와 같다.

<표 1> 집단부락 건설 경비 일람

연도별·비목별	조선총독부 보조금(円)	군부 교부금(円)	자작농 창정자금	금융부 자금(円)	계
1933년 제1차 집단부락	60,000.00	-	'동척'차입 36,000.00	-	99,000.00
1934년 제2차 집단부락	68,000.00	50,000.00	-	15,000.00	133,000.00
1935년 제3차 집단부락	33,658.00	-	'동척'차입 62,098.00	-	95,756.00
계	161,658.00		98,098.00	15,000.00	324,000.00

<표 2> 호구조사표(1937년 6월 말 현재)

부락명	건설당시		증가								감소								현재			
	호수	인구	호수	입촌		출산		계			호수	퇴촌		사망		계			호수	인구		
				남	여	남	여	호수	남	여		남	여	남	여	호수	남	여		남	여	계
북합마당(北蛤蟆塘)	100	513	10	34	45	6	6	10	40	51	-	-	-	4	-	-	4	-	73	236	197	433
태양촌(太陽村)	68	358	7	20	15	14	15	7	34	30	-	-	-	5	3	-	5	3	68	188	182	370
중평(仲坪)	27	162	8	26	25	14	5	8	40	30	-	-	-	4	5	-	4	5	107	298	240	538
춘흥촌(春興村)	75	473	-	-	-	6	6	-	6	8	-	-	-	10	2	-	2	2	120	352	351	703
세린하(細鱗河)	100	673	2	30	20	8	6	2	38	26	-	-	-	1	2	-	1	2	90	305	256	561
장인강(長仁江)	100	520	-	-	-	8	6	-	8	6	-	-	-	2	1	-	2	1	105	346	282	628
토산자(土山子)	150	851	3	15	15	6	6	3	21	21	-	-	-	2	2	-	2	2	141	431	371	802
청산리(靑山里)	88	445	7	21	18	5	7	7	26	25	-	-	-	1	6	-	1	6	114	350	326	676
낙타하자(駱駝河子)	95	518	-	-	-	15	4	-	15	4	14	12	25	-	17	14	12	42	75	268	201	456
전각루(轉角樓)	73	403	-	9	11	10	12	-	19	23	-	-	-	2	3	-	2	3	82	291	230	521
오참(五站)	83	455	17	32	17	13	3	17	45	20	-	-	15	3	12	-	3	27	106	310	279	589
목단천(牡丹川)	100	649	-	-	-	3	1	-	3	1	-	-	15	3	14	-	3	29	135	468	392	860
소백초구(小百草溝)	100	596	16	48	45	15	12	16	63	57	-	-	-	2	1	-	2	1	141	412	383	795
석문내(石門內)	86	417	-	-	-	4	10	-	4	10	-	-	-	3	2	-	3	2	108	316	321	647
금불사(金佛寺)	97	511	-	-	17	4	16	-	4	33	-	-	-	2	1	-	-	1	110	349	324	673

부락명	건설당시		증가								감소								현재			
	호수	인구	호수	입촌		출산		계			호수	퇴촌		사망		계			호수	인구		
				남	여	남	여	호수	남	여		남	여	남	여	호수	남	여		남	여	계
상명월구(上明月溝)	87	411	15	24	22	3	1	15	27	23	-	-	-	3	1	-	3	1	90	262	243	505
도목구(倒木溝)	79	299	-	23	60	20	15	-	43	75	10	-	10	-	-	10	-	-	90	335	324	659
와룡호(臥龍湖)	195	958	21	30	30	8	5	2	38	35	-	-	-	6	2	-	6	2	162	514	453	977
용호동(龍湖洞)	100	565	9	35	61	12	20	9	47	81	-	-	-	2	-	9	2	-	115	352	384	700
우심산(牛心山)	100	536	5	16	15	12	10	5	28	25	-	-	-	2	1	-	2	1	91	275	240	525
석두하(石頭河)	100	600	5	15	15	2	10	5	17	25	-	-	-	2	-	-	2	-	108	384	349	733
대평구(大平溝)	79	454	7	28	15	7	4	7	35	19	-	-	-	2	1	-	2	1	87	303	274	577
설대산(雪帶山)	75	403	-	-	-	4	6	-	4	6	8	30	11	4	-	8	34	11	83	270	249	519
탑자구(塔子溝)	69	364	-	-	-	5	7	-	5	7	5	8	30	1	6	5	9	36	74	248	193	441
장흥동(長興洞)	97	465	14	15	65	1	20	14	16	85	-	-	-	7	-	-	7	-	119	384	304	688
봉암동(鳳岩洞)	116	619	-	-	-	2	3	-	2	3	-	25	18	3	10	-	28	28	119	357	302	659
용암평(龍岩坪)	100	556	-	5	10	15	12	-	20	17	-	-	-	2	1	-	2	1	100	344	374	718
남합마당(南蛤蟆塘)	195	1,083	20	3	1	3	2	20	6	3	-	80	-	8	1	-	88	1	170	442	422	864
계	2,744	14,857	156	429	522	225	230	156	654	752	37	165	124	86	103	37	251	227	2,983	9,400	8,420	17,820

비고: 이 표에서 호구의 증감은 1937년 1월부터 6월까지 6개월간의 이동수에 의함

<표 3> 자소작별 경지 상황표(1937년 6월 말 현재)

부락명	호	자소작별 호수(戶)				경지(反)			소작료		
		자작농	자작 겸 소작농	소작농	계	자작지	소작지	계	최고	최저	평균
북합마당	73	34	6	33	73	875	794	1,669	5.5	3.7	4.6
태양촌	68	50	24	14	68	1,630	1,236	2,866	5.5	3.7	4.6
중평	107	74	10	23	107	2,012	476	2,488	5.5	3.7	4.6
춘흥촌	120	85	12	23	120	2,811	1,671	4,482	5.5	4.6	5.5
세린하	90	40	8	42	90	960	1,540	2,500	5.5	4.6	5.5
장인강	105	65	10	30	105	2,740	390	3,130	5.5	3.7	4.6
토산자	141	72	12	57	141	2,860	817	3,677	5.5	3.7	4.6
청산리	114	50	7	57	114	2,000	1,364	3,364	5.5	2.8	3.5, 6.5
낙타하자	75	5	15	50	75	150	2,172	2,322	5.5	3.7	4.6
전각루	82	8	12	62	82	518	1,280	1,798	4.6	2.8	3.7
오참	106	32	19	55	106	976	2,363	3,339	5.5	3.7	4.6
모단천	135	76	24	35	135	2,798	2,525	5,323	5.5	5.5	5.5
소백초구	141	38	26	77	141	1,556	2,573	4,129	5.5	3.7	4.6
석문내	108	60	18	30	108	3,300	2,678	5,978	4.6	2.8	3.7
금불사	110	75	9	26	110	2,385	516	2,901	5.5	3.7	4.6
상명월구	90	35	6	49	90	1,100	1,930	3,030	5.5	2.8	3.5, 6.5
도목구	90	8	3	79	90	150	2,780	2,920	5.5	3.7	4.6
와룡호	162	127	5	30	162	4,060	807	4,867	4.6	3.7	3.5, 6.5
용호동	115	43	6	66	115	2,587	845	3,432	5.5	3.7	4.6
우심산	91	15	7	69	91	500	2,291	2,791	5.5	3.7	4.6
석두하	108	22	10	76	108	813	3,180	3,990	4.6	2.8	3.7
대평구	87	40	17	30	87	1,526	2,032	3,558	4.6	3.7	4.6
설대산	83	12	7	64	83	380	1,732	2,112	4.6	3.7	4.6
탑자구	74	6	5	63	74	216	1,580	1,796	4.6	3.7	3.5, 6.5
장흥동	119	60	9	50	119	1,100	2,400	3,500	5.5	3.7	4.6
봉암동	119	62	10	47	119	2,500	1,700	4,200	5.5	3.7	4.6
용암평	100	49	9	42	100	2,184	1,575	3,759	5.5	3.7	4.6
남합마당	170	47	16	107	170	1,672	3,810	5,482	5.5	3.7	4.6
계	2,983	1,275	322	1,386	2,983	46,359	49,080	95,439	50%	20%	40%

비고: 이 표에서 소작료 5.5 또는 3.7로 기재한 5.5는 지주가 50% 소작인이 50%, 즉 반반으로 나눈 것이고, 3.7은 지주가 30% 소작인이 70%로 한 것임.

<표 4> 농작물(보통 작물) 작부 면적표[6월 말 현재, 단위 반(反)]

부락명	대두	소두	녹두	백두	기타두류	고량	속(粟)	옥촉서(玉蜀黍)	대맥	소맥	연맥	서	직	예맥(蕎麥)	수도	육도	감자	기타	계
북합마당	508	5	2	-	5	-	25	163	89	-	-	-	43	-	700	-	105	-	1,645
태양촌	813	100	5	103	21	-	450	118	257	-	-	20	79	82	602	-	157	14	2,821
중평	930	13	10	185	15	24	152	153	290	-	-	24	-	8	470	-	170	20	2,464
춘흥촌	1,252	48	15	50	79	25	732	409	658	-	10	143	-	30	824	-	184	7	4,466
세린하	670	67	-	-	-	33	720	240	170	-	-	-	-	-	350	-	170	-	2,420
장인강	700	40	-	50	-	-	900	600	500	-	-	60	130	-	-	-	120	-	3,100
토산자	850	50	30	20	15	50	500	400	400	-	-	15	10	-	870	-	350	50	3,610
청산리	1,000	50	5	10	10	-	700	350	700	-	-	20	120	-	4	-	360	-	3,329
낙타하자	736	56	-	5	10	10	100	208	135	-	-	10	355	20	450	-	83	100	2,278
전각루	515	61	8	-	-	15	92	339	209	-	-	61	10	70	223	-	131	24	1,758
오참	1,400	35	-	-	-	42	140	441	259	-	-	35	70	-	700	-	140	-	3,262
목단천	2,446	21	-	56	-	21	1,185	481	315	-	-	98	7	14	438	-	203	-	5,285
소백초구	1,001	77	14	21	14	21	518	350	52	7	-	35	-	14	1,394	-	553	-	4,071
석문내	2,447	100	1	152	28	15	882	591	1,173	-	3	14	15	20	70	-	354	35	5,900
금불사	1,070	23	-	230	5	17	237	220	282	-	-	110	-	70	450	-	140	-	2,864
상명월구	680	50	20	40	20	200	380	230	400	-	-	40	-	20	780	-	110	-	2,970
도목구	900	30	10	30	-	10	500	200	450	-	-	20	-	50	550	-	100	-	2,850
와룡호	860	85	-	130	15	50	780	348	589	-	-	125	40	-	1,350	-	280	-	4,652
용호동	1,500	30	5	20	5	6	723	473	363	-	15	30	-	-	100	-	100	-	3,370
우심산	820	35	15	12	22	-	600	310	650	-	-	8	-	-	-	-	280	-	2,752
석두하	1,400	80	80	15	-	150	700	400	655	-	40	80	120	-	-	-	110	-	3,830
대평구	1,120	120	5	260	10	40	430	250	300	-	-	80	560	70	60	-	85	40	3,430
설대산	577	14	2	-	5	-	45	178	79	-	6	15	231	14	780	-	108	20	2,064
탑자구	726	18	2	-	5	3	62	279	23	16	15	25	370	13	95	-	79	15	1,746
장흥동	1,070	50	20	40	10	10	550	180	540	-	-	10	-	10	840	-	120	-	3,450
봉암동	1,250	50	30	40	20	50	700	230	640	-	-	20	-	50	850	-	190	-	4,120
용암평	1,260	70	14	70	21	35	490	560	420	-	-	105	35	-	497	-	105	-	3,682
남합마당	2,127	180	-	7	-	21	307	623	487	7	-	63	-	560	707	-	161	-	5,250
계	20,628	1,568	293	1,546	335	847	13,600	9,334	2,085	30	89	1,276	2,185	611	14,136	-	1,048	325	934,219

<표 5> 농작물(특용 작물) 작부 면적표[6월 말 현재, 단위 반(反)]

부락명	연초	대마	들깨	갈마(葛麻)	호마(胡麻)	瓜子	과수	채소	기타	계	금년도 작부 총반별	전년도 작부 반별	전년 작부 반별과의 증감	1호당 평균 작부 반별
북합마당	6	-	-	-	-	-	-	18	-	24	1,669	2,232	△562	228
태양촌	5	-	-	-	-	-	-	40	-	45	2,866	2,731	135	421
중평	7	-	-	-	-	2	-	15	-	24	2,488	1,737	751	232
춘흥촌	5	-	2	-	-	-	-	12	-	19	4,481	4,236	245	373
세린하	6	5	8	-	5	36	-	20	-	80	2,500	2,475	25	277
장인강	10	-	-	-	-	-	-	20	-	30	3,130	2,245	885	298
토산자	10	2	3	-	2	-	-	50	-	67	3,677	4,622	△944	260
청산리	8	-	-	-	-	2	-	25	-	35	3,364	2,825	549	295
낙타하자	6	-	-	-	5	-	-	35	-	46	2,322	2,742	△420	310
전각루	7	-	-	-	-	-	-	33	-	40	1,798	1,673	125	219
오참	7	-	-	-	-	-	-	70	-	77	3,339	2,679	660	315
목단천	14	-	-	-	-	-	-	24	-	38	5,323	5,090	233	394
소백초구	23	-	-	-	-	-	-	35	-	58	4,129	5,103	△974	293
석문내	10	-	-	-	-	-	3	65	-	78	5,978	5,808	170	553
금불사	5	2	-	-	-	-	10	20	-	37	2,901	2,304	597	263
상명월구	5	10	5	-	5	10	-	25	-	60	3,030	2,101	929	336
도목구	10	10	10	-	5	15	-	30	-	80	2,930	2,880	50	315
와룡호	15	20	75	-	75	-	-	30	-	215	4,867	5,643	△776	300
용호동	8	-	4	-	20	10	-	20	-	62	3,432	3,273	569	298
우심산	7	-	2	-	-	5	-	25	-	39	2,791	2,670	121	306
석두하	40	50	30	-	-	-	-	40	-	160	3,990	2,400	-	-
대평구	25	25	20	-	25	5	-	55	-	155	3,585	3,160	425	412
설대산	5	-	-	-	-	-	-	44	-	49	2,112	1,679	433	254
탑자구	3	-	-	-	22	-	-	25	-	50	1,796	1,410	386	242
장흥동	10	5	10	-	-	5	-	20	-	50	3,500	3,906	△406	294
봉암동	4	20	5	-	3	20	-	28	-	80	4,200	3,491	709	353
용암평	13	-	7	-	-	-	-	56	-	77	3,759	4,316	△557	376
남합마당	14	7	58	10	50	9	-	85	-	232	5,482	4,163	1,319	343
계	278	156	239	10	212	88	49	965	-	1,967	95,439	89,594	5,845	319

<표6> 농축 및 가금수(家禽數)(1937년 6월 말 현재)

부락명	경우(耕牛)(두)				말(두)	노새(두)	당나귀(두)	돼지(두)	양(두)	닭(마리)	1호당 경우 수
	자유우	차입우	종우	계							
북합마당	32	-	-	80	4	1	2	53	-	297	1.09
태양촌	26	36	1	79	1	1	1	46	-	70	1.15
중평	65	29	1	111	2	2	-	89	-	70	1.03
춘흥촌	55	47	1	128	4	-	-	90	-	-	1.06
세린하	5	15	-	52	1	-	4	54	-	217	0.57
장인강	40	18	1	92	1	2	2	55	-	105	0.87
토산자	31	-	1	97	4	-	2	250	-	300	0.68
청산리	55	-	1	81	5	2	1	55	-	220	0.71
낙타하자	58	38	1	128	3	-	7	82	-	137	1.70
전각루	31	12	1	56	10	1	6	77	-	60	0.68
오참	70	-	1	73	5	-	2	130	-	242	0.68
목단천	42	17	1	89	6	4	5	118	-	157	0.65
소백초구	52	29	1	114	11	1	-	98	-	846	0.80
석문내	80	29	1	130	5	-	3	18	24	93	1.20
금불사	41	24	1	130	8	5	1	30	-	400	1.18
상명월구	55	-	1	64	5	2	-	105	-	90	0.71
도목구	17	-	1	51	4	-	-	50	-	250	0.56
와룡호	90	-	1	209	6	-	-	75	-	188	1.29
용호동	22	-	1	87	5	4	-	221	-	250	0.75
우심산	2	-	-	89	2	2	2	53	-	80	0.97
석두하	64	-	1	148	11	10	-	181	34	458	1.37
대평구	79	12	1	111	25	-	2	224	-	833	1.27
설대산	44	44	1	120	5	-	3	74	-	105	1.44
탑자구	31	20	1	86	2	-	3	87	-	246	1.16
장흥동	26	-	1	122	10	2	-	29	-	53	1.02
봉암동	51	-	1	68	12	-	-	230	-	210	0.57
용암평	55	4	1	101	4	-	1	205	-	621	1.01
남합마당	105	12	1	153	7	-	4	132	-	351	0.90
계	1,350	386	25	2,849	168	39	54	2,911	58	6,949	0.95

비고: 경우(耕牛) 중 대부우(貸付牛)란 민회에서 연부 상환 방식으로 부락민에게 대부해 준 소를 말함.

<표 7> 부업[1937년 6월 말 현재. 단위 인원 인(人), 수입금액 원(圓)]

부락명	목재 벌채 운반		제탄(製炭)		땔감 채취판매		채금(採金)		운반		고용		계	
	인원	수입금액	인원	수입금액	인원	수입금액	인원	수입금액	인원	수입금액	인원	수입금액	인원	수입금액
북합마당	100	600	10	100	-	-	-	-	40	150	60	120	210	970
태양촌	-	-	-	-	7	100	2	300	-	-	-	-	9	400
중평	-	-	-	-	30	170	-	-	-	-	-	-	30	170
춘흥촌	-	-	-	-	40	300	-	-	10	150	-	-	50	450
세린하	-	-	-	-	40	400	-	-	47	470	-	-	87	870
장인강	-	-	-	-	15	105	-	-	-	-	25	120	40	225
토산자	15	450	-	-	-	-	50	550	30	450	-	-	110	1,450
청산리	18	540	1	30	40	600	-	-	20	200	-	-	79	1,370
낙타하자	-	-	1	100	61	3,500	4	600	2	120	5	200	73	1,520
전각루	20	500	25	1,000	-	-	-	-	-	-	-	-	45	1,500
오참	30	1,500	-	-	-	-	-	-	-	-	-	-	30	1,500
목단천	-	-	-	-	-	-	-	-	40	1,003	-	-	40	1,003
소백초구	-	-	5	250	160	1,000	2	275	50	358	-	-	217	1,883
석문내	-	-	-	-	-	-	-	-	-	-	-	-	-	-
금불사	-	-	16	300	100	500	-	-	-	-	-	-	116	800
상명월구	46	1,500	-	-	-	-	-	-	-	-	-	-	46	1,500
도목구	-	-	3	150	30	500	-	-	10	300	-	-	43	950
와룡호	18	400	2	150	35	400	-	-	15	200	3	150	73	1,150
용호동	17	680	-	-	10	100	40	400	15	150	3	90	85	1,420
우심산	12	600	-	-	40	600	-	-	5	150	4	100	61	1,450
석두하	-	-	5	360	50	1,500	-	-	40	1,000	-	-	95	2,860
대평구	60	4,150	-	-	-	-	-	-	-	-	1	40	61	4,190
설대산	-	-	16	450	-	-	5	300	-	-	7	320	23	1,070
탑자구	-	-	-	-	-	-	145	7,770	-	-	6	215	151	7,985
장흥동	80	2,000	-	-	10	100	-	-	-	-	-	-	90	2,100
봉암동	-	-	-	-	30	150	-	-	50	300	-	-	80	450
용암평	-	-	-	-	150	1,200	20	200	60	500	-	-	230	1,900
남합마당	10	800	-	-	-	-	-	-	20	240	2	490	32	1,530
계	426	13,720	84	2,890	848	11,225	268	10,395	454	5,741	116	1,845	2,190	45,816

비고: 이 표는 1937년 1월부터 6월까지 6개월간의 몫을 기입한 것임.

<표 8> 식량 충실 상황(1937년 6월 말 현재)

부락명	식량 충실		식량 부족												
			1개월		2개월		3개월		4개월		5개월		6개월		계	
	호수	인구	호수	인구	호수	인구	호수	인구	호수	인구	호수	인구	호수	인구	호수	인구
북합마당	20	106	-	-	5	27	3	10	10	54	20	120	5	29	43	240
태양촌	12	67	25	123	9	46	5	22	2	10	3	16	5	30	49	247
중평	46	228	20	95	14	62	5	22	3	13	5	26	6	31	53	249
춘흥촌	120	713	-	-	-	-	-	-	-	-	-	-	-	-	-	-
세린하	88	500	-	-	-	-	-	-	-	-	-	-	-	-	-	-
장인강	105	517	-	-	-	-	-	-	-	-	-	-	-	-	-	-
토산자	19	95	119	669	-	-	-	-	-	-	-	-	-	-	119	669
청산리	20	120	87	512	-	-	-	-	-	-	-	-	-	-	87	512
낙타하자	79	461	7	22	3	11	-	-	-	-	-	-	-	-	10	33
전각루	29	147	-	-	10	67	6	28	10	63	10	58	17	121	53	337
오참	36	250	-	-	4	24	16	91	10	57	20	114	3	18	53	304
목단천	87	618	15	84	10	57	4	22	5	27	9	51	2	29	48	270
소백초구	60	324	-	-	-	-	20	108	5	29	20	105	20	112	65	354
석문내	102	605	3	15	1	6	2	12	-	-	-	-	-	-	6	23
금불사	50	310	10	63	23	130	25	124	2	12	-	-	-	-	60	329
상명월구	30	180	-	-	-	-	-	-	20	120	10	62	15	97	45	279
도목구	20	95	-	-	-	-	50	299	20	160	-	-	-	-	80	459
와룡호	15	86	95	565	41	261	-	-	-	-	-	-	-	-	136	826
용호동	5	30	80	480	21	100	-	-	-	-	-	-	-	-	101	580
우심산	4	18	60	332	22	125	-	-	-	-	-	-	-	-	82	457
석두하	61	415	10	65	21	140	11	73	-	-	-	-	-	-	42	278
대평구	76	512	3	11	1	3	-	-	-	-	-	-	-	-	4	14
설대산	74	453	10	46	7	27	4	28	-	-	-	-	-	-	21	101
탑자구	61	396	11	47	7	31	-	-	-	-	-	-	-	-	18	78
장흥동	25	125	-	-	-	-	-	-	70	410	10	59	-	-	80	469
봉암동	60	416	-	-	-	-	16	78	28	138	15	78	-	-	59	294
용암평	60	348	5	29	4	24	5	21	8	54	10	59	8	44	40	231
남합마당	33	219	5	39	12	89	16	96	17	102	38	228	29	175	117	729
계	1,397	8,454	565	3,197	215	1,230	188	1,034	220	1,249	170	976	113	685	1,471	8,372

비고: 이 표에서 식량 부족 상황은 1월부터 6월까지의 부족 상황을 말함.

<표 9-1> 교육(1937년 6월 말 현재)

부락명	교육정도											
	무학			한글 해독			한문 해독			일어 해독		
	남	여	계	남	여	계	남	여	계	남	여	계
북합마당	91	177	268	130	20	150	15	-	15	10	2	12
태양촌	83	152	245	50	20	70	15	-	15	30	2	32
중평	83	198	281	77	32	109	48	-	48	80	10	90
춘흥촌	94	268	362	105	62	167	70	-	70	97	15	112
세린하	114	229	343	75	25	100	40	-	40	43	-	43
장인강	190	250	440	79	20	99	18	-	18	57	10	67
토산자	148	330	478	185	33	216	207	-	207	80	5	85
청산리	145	285	430	110	23	133	78	-	78	31	-	31
낙타하자	167	199	366	75	2	77	14	-	14	2	-	2
전각루	191	209	400	50	15	65	80	-	80	6	-	6
오참	80	229	309	200	50	250	30	-	30	3	-	3
목단천	83	333	416	242	31	273	25	1	26	50	6	56
소백초구	38	18	56	200	50	250	47	3	50	15	5	20
석문내	82	290	372	151	21	172	21	-	21	70	16	86
금불사	180	110	290	180	100	280	20	-	20	40	5	45
상명월구	51	194	245	68	30	98	35	3	38	91	14	105
도목구	113	190	303	90	70	160	65	1	66	85	30	115
와룡호	241	395	636	183	29	212	30	1	31	20	1	21
용호동	165	305	470	158	23	181	80	-	80	27	1	28
우심산	130	185	315	108	31	139	83	-	83	12	-	12
석두하	264	329	593	360	30	390	20	-	20	5	-	5
대평구	227	242	469	56	2	58	17	-	17	3	-	3
설대산	176	245	421	75	4	79	11	-	11	3	-	3
탑자구	107	191	298	125	2	127	11	-	11	2	-	2
장흥동	105	176	281	100	50	150	25	-	25	77	24	101
봉암동	64	192	256	140	90	230	56	2	58	88	16	104
용암평	105	215	320	77	13	90	65	-	65	4	2	6
남합마당	230	369	599	181	50	231	31	3	34	60	11	71
계	3,703	6,505	10,208	3,810	928	4,738	1,287	14	1,301	1,091	184	1,275

<표 9-2> 교육[1937년 6월 말 현재. 단위 교사수 평(坪), 수업료 전(錢)]

부락명	학교			6월 말 현재 아동 수													
	교사수	학급수	수업료	1학년			2학년			3학년			4학년			계		
				남	여	계	남	여	계	남	여	계	남	여	계	남	여	계
북합마당	58	2	30	31	4	35	18	3	21	26	6	32	18	-	18	93	13	106
태양촌	20	1	30	15	8	33	14	6	20	16	-	16	-	-	-	45	14	59
중평	21	1	30	20	15	35	18	8	26	17	7	24	-	-	-	55	30	85
춘흥촌	113	4	50	42	16	58	42	12	54	17	3	20	18	5	23	119	36	155
세린하	127	4	40	56	6	62	51	6	57	41	13	54	78	1	51	226	26	252
장인강	68	3	50	18	9	27	24	10	344	18	7	25	46	8	54	106	34	140
토산자	90	4	30	43	6	49	33	7	40	27	5	32	74	4	78	177	22	199
청산리	62	2	30	18	13	31	22	-	22	18	-	18	14	-	14	72	13	85
낙타하자	38	2	50	11	1	12	9	1	10	11	1	12	9	5	14	40	8	48
전각루	60	2	20	25	4	29	21	2	23	9	-	9	6	-	6	55	6	51
오참	28	2	20	23	12	35	16	6	22	17	1	18	-	-	-	56	19	75
목단천	62	2	30	18	6	24	26	9	35	29	6	35	11	-	11	84	21	105
소백초구	33	20	40	23	5	28	22	5	27	21	3	24	23	4	27	89	17	106
석문내	50	2	30	23	7	30	47	13	60	43	4	47	31	-	31	144	24	168
금불사	91	3	50	26	6	32	19	4	23	25	2	27	18	-	18	88	12	100
상명월구	45	2	30	23	3	26	11	2	13	26	5	31	24	2	26	74	12	86
도목구	45	3	30	35	14	49	17	?	19	14	6	20	12	1	13	78	23	101
와몽호	70	3	40	39	8	47	19	10	29	28	3	31	24	-	24	110	21	131
용호동	62	2	40	27	10	37	25	6	31	23	1	24	13	-	13	88	17	105
우심산	62	2	30	28	11	39	26	1	17	16	1	17	14	1	15	84	19	103
석두하	38	2	40	23	7	30	14	4	18	19	6	25	11	-	11	67	17	84
대평구	42	2	40	14	2	19	23	1	24	14	8	22	11	1	12	62	15	77
설대산	20	1	40	12	5	17	15	2	17	23	4	27	7	-	7	57	11	68
탑자구	35	2	50	20	6	26	12	3	15	17	2	19	6	-	6	55	11	66
장흥동	45	2	30	21	9	30	20	3	23	19	8	27	-	-	-	60	20	80
봉암동	45	3	40	28	6	34	21	5	26	23	2	25	9	1	10	81	14	95
용암평	40	2	40	17	5	22	19	11	30	21	5	26	15	2	17	72	23	95
남합마당	55	3	30	31	25	56	42	8	50	36	8	44	13	-	13	122	42	163
계	1,480	63	-	710	232	942	646	150	796	618	117	735	505	31	536	2,479	530	3,009

<표 10> 위생(1937년 6월 말 현재)

부락명	환자 시료(施療)			환자 유료(有料)			환자 계			치료 전쾌(全快)			치료 사망			치료 중		
	남	여	계	남	여	계	남	여	계	남	여	계	남	여	계	남	여	계
북합마당	175	150	325	12	10	22	187	160	347	175	156	341	4	1	5	8	3	11
태양촌	5	7	12	2	3	5	7	10	17	5	7	12	1	1	2	1	2	3
중평	11	18	29	7	2	9	18	20	38	12	11	23	4	6	10	2	3	5
춘흥촌	33	17	50	10	7	17	43	24	67	28	14	42	12	8	20	3	2	5
세린하	30	20	50	-	-	-	30	20	50	29	19	4	1	1	2	-	-	-
장인강	50	40	90	-	-	-	50	40	90	47	39	86	3	1	4	-	-	-
토산자	85	75	160	30	20	50	115	95	210	97	77	174	3	6	9	15	12	27
청산리	55	40	95	15	10	25	70	60	130	62	52	114	-	3	3	8	5	13
낙타하자	35	29	64	-	-	-	35	29	64	31	23	54	2	2	4	2	4	6
전각루	98	108	206	-	-	-	98	108	206	78	84	162	-	1	1	20	23	43
오참	212	213	425	9	6	15	221	219	440	219	217	436	2	2	4	-	-	-
목단천	141	168	339	-	-	-	141	168	339	91	128	219	10	7	17	40	33	73
소백초구	97	119	216	-	-	-	97	119	216	70	86	156	9	11	20	18	22	40
석문내	10	7	17	5	5	10	15	12	27	11	8	19	2	3	5	2	1	3
금불사	40	50	90	-	-	-	40	50	90	38	43	81	1	3	7	1	4	5
상명월구	115	56	171	-	-	-	115	56	171	98	46	144	2	4	6	15	6	21
도목구	126	72	198	-	-	-	126	72	198	100	58	158	5	4	9	21	10	31
와룡호	168	144	312	24	19	43	192	163	355	173	148	321	7	6	13	12	9	21
용호동	75	55	130	30	15	45	105	70	175	93	61	154	4	4	8	8	5	13
우심산	70	50	120	20	12	32	90	62	152	83	55	138	2	3	5	5	4	9
석두하	300	200	500	3	1	4	303	201	504	300	199	499	3	2	5	-	-	-
대평구	21	39	70	9	3	12	40	42	82	32	37	69	7	3	10	1	2	3
설대산	97	76	173	1	-	1	98	76	174	84	62	146	5	8	13	7	6	13
탑자구	41	31	72	-	-	-	41	31	72	24	20	44	3	2	5	14	9	23
장흥동	245	255	600	26	15	41	371	270	641	350	261	611	3	1	4	18	8	26
봉암동	123	61	184	-	-	-	123	61	184	95	45	140	3	2	5	25	14	39
용암평	97	103	200	-	-	-	97	103	200	81	53	134	6	-	1	10	50	60
남합마당	405	523	928	120	135	255	525	658	1,183	522	654	1,176	3	4	7	-	-	-
계	3,070	2,726	5,796	323	263	586	3,393	2,989	6,382	3,028	2,663	5,691	107	117	224	258	209	467

<표 11> 자위단 상황표(1937년 6월 말 현재)

부락명	단원(인)					총기(자루)			탄환(알)		
	단장	부단장	반장	단원	계	장총	권총	계	장총	권총	계
북합마당	1	1	1	37	40	17	-	17	1,150	-	1,150
태양촌	1	1	2	6	10	6	-	6	222	-	222
중평	1	1	-	5	7	5	-	5	350	-	350
춘흥촌	1	1	-	5	7	5	-	5	185	-	185
세린하	1	1	-	5	7	11	-	11	400	-	400
장인강	1	1	1	6	9	10	-	10	404	-	404
토산자	-	-	-	-	-	-	-	-	-	-	-
청산리	-	-	-	-	-	-	-	-	-	-	-
낙타하자	1	-	-	10	11	17	-	17	769	-	769
전각루	1	1	-	21	23	21	-	21	1,569	-	1,569
오참	1	1	-	10	12	10	-	10	693	-	693
목단천	1	1	-	20	22	18	-	18	747	-	747
소백초구	1	1	2	28	32	22	-	22	554	-	554
석문내	1	1	4	20	26	10	-	10	300	-	300
금불사	1	1	2	125	129	11	-	11	309	-	309
상명월구	1	-	1	80	82	16	-	16	1,000	-	1,000
도목구	1	-	1	20	22	7	-	7	950	-	950
와룡호	1	1	2	16	20	10	-	10	400	-	400
용호동	1	1	2	30	34	30	-	30	1,970	-	1,970
우심산	1	-	2	20	23	20	-	20	1,600	-	1,600
석두하	1	1	4	20	26	20	-	20	1,156	-	1,156
대평구	1	1	-	12	14	19	-	19	640	-	640
설대산	1	1	1	75	78	21	-	21	1,500	-	1,500
탑자구	1	1	-	62	64	15	-	15	698	-	698
장흥동	1	-	1	20	22	12	-	12	1,000	-	1,000
봉암동	1	-	1	20	22	12	-	12	1,100	-	1,100
용암평	1	1	2	40	44	20	-	20	809	-	809
남합마당	1	1	1	18	21	38	-	38	1,496	-	1,496
계	26	20	30	731	807	403	-	403	21,970	-	21,970

<표 12> 부채 상황표[1937년 6월 말 현재. 단위 원(圓)]

부락명	부락건설비				자작농 창정자금				영농자금				총계	1호당 부담액
	동척	금융회	민회	계	동척	금융회	민회	계	동척	금융회	민회	계		
북합마당	-	-	3,700	3,700	14,600	-	-	14,600	-	1,640	1,500	3,140	21,440	293.69
태양촌	-	-	3,375	3,375	-	7,500	-	7,500	-	200	700	900	11,775	173.16
중평	-	-	4,100	4,100	6,100	5,200	-	11,300	1,929	810	2,077	4,816	20,216	188.93
춘흥촌	-	-	3,520	3,520	18,682	-	-	18,682	8,024	-	1,270	9,294	31,496	262.46
세린하	-	2,400	2,875	5,275	26,246	-	-	26,246	1,995	-	860	2,855	34,376	370.84
장인강	-	1,200	2,875	4,075	-	-	-	-	-	-	610	610	4,685	44.61
토산자	-	-	6,000	6,000	23,000	-	-	23,000	1,000	1,000	800	2,800	31,800	225.53
청산리	-	-	3,580	3,580	-	-	-	-	-	500	800	1,300	4,880	42.43
낙타하자	-	155	3,000	3,155	-	-	-	-	-	3,361	6,705	10,066	13,221	150.96
전각루	-	-	9,914	9,914	-	-	-	-	-	2,400	-	2,400	12,314	150.17
오참	-	-	5,180	5,180	9,800	-	-	9,800	266	3,060	-	3,326	18,306	172.70
목단천	-	-	5,750	5,750	20,770	-	-	20,770	5,790	1,870	-	7,660	34,180	253.18
소백초구	-	-	5,750	5,750	19,113	-	-	19,113	4,590	3,465	690	8,745	33,608	238.25
석문내	-	-	3,780	3,780	8,000	-	-	8,000	-	-	1,011	1,011	12,791	118.43
금불사	-	-	5,750	5,750	12,000	-	-	12,000	-	3,000	1,200	4,200	21,950	199.54
상명월구	1,660	574	1,550	3,236	-	-	-	-	-	-	1,213	1,213	4,449	49.43
도목구	2,300	763	1,550	4,613	-	-	-	-	-	-	755	755	5,368	59.64
와룡호	-	-	11,189	11,189	20,677	-	-	20,677	-	3,991	2,480	6,471	38,337	236.64
용호동	-	-	5,700	5,700	11,000	-	-	11,000	-	500	600	1,100	17,800	134.78
우심산	-	-	5,000	5,000	-	-	-	-	-	500	1,800	2,300	7,300	90.21
석두하	-	-	2,300	2,300	-	9,000	-	9,000	-	-	3,450	3,450	14,750	136.57
대평구	-	360	1,900	2,260	-	-	-	-	-	2,381	4,357	6,738	8,998	103.42
설대산	-	1,100	1,265	2,365	-	-	-	-	-	4,562	7,387	11,949	14,314	172.45
탑자구	-	1,384	812	2,196	-	-	-	-	-	2,041	8,131	10,172	12,368	167.13
장흥동	2,500	7,931	2,619	13,050	-	4,400	-	4,400	-	-	1,250	1,250	18,700	157.14
봉암동	-	2,450	2,663	5,113	-	7,100	-	7,100	-	4,821	957	5,778	17,991	151.18
용암평	5,775	-	2,618	8,393	-	-	-	-	-	4,145	-	4,145	12538	125.38
남합마당	21,300	-	5,005	26,305	9,730	-	-	9,730	-	4,865	5,882	10,747	46,782	275.18
계	33,535	18,317	112,772	164,624	199,718	33,200	-	232,918	23,594	49,112	56,485	129,191	526,733	176.57

<표 13> 공유재산 상황표(1937년 6월 말 현재)

부락명	건물	토지(평)				곡류 [두(斗)]	축산물[두(頭)]			현금[원(圓)]
		논	밭	미경지	계		소	돼지	면양	
배합마당	32	-	36,000	-	36,000	16	-	-	-	979
태양촌	20	6,000	29,000	5,000	40,000	-	-	-	-	-
중평	20	2,000	22,000	10,000	34,000	-	-	-	-	-
춘흥촌	40	4,000	36,000	5,000	45,000	-	-	-	-	-
세린하	20	-	34,160	-	34,160	80	8	4	-	80
장인강	48	10,000	40,000	-	50,000	-	-	-	-	60
토산자	20	-	28,000	26,000	54,000	-	-	-	-	1,500
청산리	20	-	75,000	-	75,000	-	3	-	-	650
낙타하자	24	-	-	200,000	200,000	-	-	-	-	-
전각루	30	-	36,000	-	36,000	-	-	-	-	800
오참	10	-	51,000	40,000	91,000	67	-	- -	-	979
목단천	29	-	27,000	9,000	36,000	-	-	-	-	979
소백초구	16	-	69,000	-	69,000	-	-	-	-	679
석문내	50	2,500	14,000	-	16,500	648	-	-	24	-
금불사	70	-	30,000	60,000	90,000	130	-	-	-	411
상명월구	75	25,000	7,500	17,600	50,000	-	-	-	-	300
도목구	20	-	40,000	-	40,000	-	-	-	-	-
와룡호	30	-	20,000	-	20,000	124	-	-	-	3,865
용호동	40	-	34,500	-	34,500	206	30	-	-	-
우심산	20	-	12,000	-	12,000	-	17	-	-	800
석두하	20	-	30,000	-	30,000	-	9	-	26	-
대평구	26	-	2,000	-	2,000	-	-	-	-	-
설대산	20	-	90,000	-	90,000	-	-	-	-	-
탑자구	12	-	46,000	-	46,000	-	-	-	-	-
장흥동	25	-	11,300	-	11,300	189	-	-	-	100
봉암동	25	11,487	-	-	11,487	-	-	-	-	-
용암평	21	6,000	6,000	-	12,000	-	9	-	-	500
남합마당	25	-	34,000	120,000	154,000	131	12	-	-	126
계	808	66,987	861,460	492,600	1,421,047	1,591	88	4	50	12,808

비고: 1. 건물은 자위단 초소 및 집회장이고, 토지는 부락의 공동 경작지임. 2. 곡류는 비황저장물로 부락에서 공동으로 저장한 것이고, 현금은 공동 판매 자금과 기타로 함.

③ 자작농 창정 사업

간도 지방에 거주하는 조선 농민 대다수는 소작농으로, 이들 대부분은 만주국 지주 또는 금융업자 등으로부터 매우 부당한 고리를 견디면서 매년 영농자금을 융통하지 않을 수 없는 비참한 상태에 있다. 이 때문에 해마다 불어나는 금리의 질곡에 시달리면서도 이런 착취에서 벗어날 길이 없어 점차 피폐해져 가는 실상이었다. 따라서 이를 그대로 내버려 두게 되면 조선 농민은 영원히 이런 상태로 남게 되어 이주 조선인의 발전상에도 지대한 영향을 미치는 결과가 된다. 이에 조선총독부에서는 조선 농민에게 저리의 자금을 빌려주어 우선 채무를 정리할 수 있도록 하고, 동시에 조선 농민이 점차 자작농이 되어 목전의 궁핍에서 벗어나고 아울러 앞으로 안주의 방도를 마련할 수 있도록 사변 이전부터 그 방책을 연구하여 여러 계획을 마련하였다. 그런데 이 시행은 우연히 사변 후에 추진되었기 때문에 오히려 사변으로 인한 피난민을 처리하는 데에도 크게 도움을 받았다. 이 계획은 우선 간도에 거주하는 조선 농민의 자작농화를 목표로 하여, 조선총독부에서는 동양척식주식회사에 1932년부터 향후 5개년에 걸쳐 매년 10만 원을 보조하고, '동척'에서는 해마다 그 3배의 자기 자금, 즉 30만 원을 출자하여 매년 이를 합친 40만 원으로 토지 구매, 주택 건축, 농우 구매, 기타 영농자금의 대부 등을 시행하였다. 우선 5개년 동안 200만 원으로 2,500호의 자작농 창정의 기초를 마련하고, 조선 농민은 모든 경비를 연부(年賦) 또는 정기 상환의 방법 등으로 갚게 한 후, 이로써 자작농화의 완성을 그 내용으로 하였다.

그리고 이런 경지는 '동척'에서 구매하여 1년 거치 15년 이내의 연부 상환방법으로 토지의 개간권을 취득하게 하고, 대부금은 가족 수에 따라 다소 차이는 있었으나 대체로 농가 1호당 경지면적은 논 1천 지분(天地分) 150원, 밭 5천 지분 500원 소계 650원, 가옥 건축비 40원, 경우(耕牛) 구매비 50원, 영농비 60원 등 1호당 800원을 예정하여, 이 중 가옥 및 경우 자금은 5년 연부로, 농경 자금은 1년 기한으로 회수하기로 하였다. 회수금의 원본은 순차 자금으로 이월하여, 해마다 새로 다시 빌려줌으로써 자작농을 증가시키고, 금리는 어느 경우든 연 8.2리로 조선총독부에서 '동척'과 협정을 맺었다. 당시 간도는 집단부락 이외의 지역에서 마음대로 분산·거주하기가 쉽지 않았으므로, 전술한 집단부락에 수용된 자가 경작하고 있는 토지를 주로 매수하여 그 경작지를 자작농화하도록 하였다. 1936년 8월 말까지 입주한 호수는 2,933호, 자작 농지면적은 1만 1,600여 정보에 이르렀다.

4. 미나미 총독 시기(1936.8~1942.5) 재만 조선인 관리시설

〈자료 48〉「재만 조선인 사업, 만주 및 북중국에서의 특별사업」(박찬승·김민석·최은진·양지혜, 2018, 『국역 조선총독부 30년사』 하, 민속원, 1364~1379쪽)

1. 재만 조선인 사업

제국의 재외 조선인 보호·육성(撫育)에 관한 사업은 멀리 1907년(明治 40) 통감부 시대에 시작되었다. 한국병합 후 총독부는 이를 계승하여 간도 방면에서 재류 조선인에 대한 교육·위생 사업을 시행하는 동시에 이들의 구제를 담당하였다. 그 후 이 사업을 거듭 압록강 대안 지방까지 미치게 해서 1918년(大正 7) 전후부터는 더욱 적극적으로 보통학교 신설, 서당 보조, 흉작 구제, 의료 충실 및 기타 문화 사업 등 일반에 걸쳐 그 사업을 확장하는 동시에 멀리 노령 블라디보스토크에도 손길을 뻗었다. 1921년(大正 10)에는 특별히 재외 조선인 보호·육성사무를 위해 예비 과목을 신설하였으며, 그 밖에 칙령으로 블라디보스토크·안동·봉천 등에 사무관·속(屬), 기타를 임명하여, 오로지 그 철저한 보호·육성에 만전을 기하도록 했다. 1922년(大正 11) 이후에는 러시아 정부의 변동에 따라 노령에 대한 사업은 부득이하게 일시 중지할 수밖에 없었지만, 만주에서의 사업은 더욱 충실·확장을 도모하여 새로 우역예방시설, 금융부(金融部) 및 통신시설 보조 등을 개시하였다. 특히 간도 방면의 교통 및 산업의 개발에 각별한 노력을 기울였다.

마침 1931년(昭和 6) '만주사변'이 발발하자, 피난 조선인에 대한 선후조치와 관련하여 제반 대책을 강구하고, 아울러 이 지역 재류인의 생활 확보를 위해 1932년(昭和 7)에는 신경(新京)·용정촌(龍井村) 등에 사무관·기수(技手) 등을 배치하였다. 또 전만조선인민회연합회(全滿朝鮮人民會聯合會)에 기수 6명을 채용하여 총독부 파견원과 협동하여 오로지 농경 방면의 지도·지원을 담당하게 하였다. 그리고 이들 여러 사업에 필요한 경비는 1936년(昭和 11) 207만 9,920원에 이르렀다. 1937년(昭和 12) 12월 만주국에서 치외법권 철폐와 남만주철도 부속지에서 행정 조정 및 이양에 따라 만주국 내 각지 시설의 파견원 중 몇 명을 일본 대사관 내에 머무르게 하고 나머지는 모두 만주국으로 이동시켰다. 또 물적 시설에 대해서도 다음 항목인 교육시설의 일부를 제외하고는 모두 만주국으로 이양했다. 각 시설에 대해서는 다음과 같다.

1) 교육시설

재외 조선인 교육 시설은 1907년(明治 40) 간도에 통감부 출장소를 개청하고, 다음 해 용정촌에 간도보통학교를 개설한 것을 효시로 한다. 이후 점차 각지에 학교가 설립되었다. 총독부가 특히 1921년(大正 10) 이후에는 재외 조선인 교육 보조에 관한 예산을 계상하고, 보조금을 각각 교부해서 교육 시설의 조성에 완벽을 기한 것은 제6기의 해당 항목에서 설명하였다. 그리고 1937년(昭和 12) 간도 및 남북 만주에 걸친 총독부의 보조 상황은 다음과 같다.

간도 및 남북만주의 교육시설과 총독부의 보조 현황 (단위: 개, 명)

종별		학교 수	생도 수	비고
	간도 지방	78	18,293	총독부 보조교
표만주 지방	1. 만철연선 지방	16	9,337	총독부와 만철의 협정교
	2. 압록강 및 오지 지방	193	20,370	총독부 보조교
기타	조선인 경영 사립학교	334	24,416	
	조선인 교육을 주로 하는 만주국 측 경영학교	43	3,280	
	조선인 교육을 주로 하는 만주국 외 외국인 경영학교	14	3,011	종교관계
	내지인 교육기관	54	794	교육기관의 내역은 중학교, 여학교, 공업학교, 상업학교, 소학교 등이다.
합계		732	79,501	

이상과 같이 총독부는 해마다 경비 보조, 교과서 무상 배부 등을 실시했고, 전적으로 재만 조선인 자제의 교육에 노력해 왔다. 그런데 1937년(昭和 12) 12월 1일 만주국에서 제국의 치외법권 철폐와 남만주철도 부속지에서 행정권 조정·이양에 따라 안동(安東), 봉황성

(鳳凰城), 안산(鞍山), 영구(營口), 무순(撫順), 본계호(本溪湖), 봉천(奉天), 북시장(北市場), 사평가(四平街), 공주령(公主嶺), 신경(新京), 철령(鐵嶺), 개원(開原)의 14개 보통학교를 제외한 439개교(아동 수 6만 3,868명)를 만주국으로 이양하였고, 총독부는 이들 이양 학교에 대한 총독부 부담금으로 1938년(昭和 13) 및 1939년(昭和 14)에 44만 7,076원을 계상했다. 또 앞서 서술한 안동 외 13개교는 일본 측에 보류(保留)하여, 소재지 학교조합이 그 경영을 맡고, 재만 일본 내지인 교육기관과 함께 재신경(在新京) 일본대사관 교무부(敎務部)에서 이들의 지도를 맡기로 했다. 1939년(昭和 14)에 학교조합별 경비 상황 및 그 아동 수를 아래에 게재해 참고할 수 있도록 한다.

1939년 보류(保留) 14개 보통학교 예산 및 학교 아동 수

(단위: 개, 명, 원)

학교조합명	학교명	학급수	아동 수	세입세출예산			
				총독부 보조금	만주국 부담금	수업료 기타수입	계
안동학교조합	대정보통학교	19	1,101	41,398	39,452	18,231	99,082
	昭和보통학교	26	1,482				
봉황성학교조합	봉황성보통학교	8	358	10,744	6,228	4,168	21,140
신경학교조합	신경보통학교	20	1,029	24,290	18,882	8,594	51,766
공주령학교조합	공주령보통학교	5	170	7,608	3,411	1,919	12,938
사평가학교조합	사평가보통학교	5	221	8,245	6,534	1,626	16,405
개원학교조합	개원보통학교	12	620	12,423	10,380	7,024	29,727
안산학교조합	안산보통학교	6	240	12,091	5,553	1,903	14,547
철령학교조합	철령보통학교	9	417	13,099	11,000	4,053	28,152
영구학교조합	영구보통학교	6	287	9,626	6,273	2,714	18,616
봉천학교조합	봉천보통학교	20	1,160	22,079	28,047	22,530	71,612
	북시장보통학교	12	658				71,612
무순학교조합	무순보통학교	20	1,168	22,042	14,502	9,277	45,821
본계호학교조합	본계호보통학교	3	117	6,359	3,213	1,448	11,020
계	14개교	171	9,028	190,007	153,476	83,487	426,970

이 밖에 선만척식주식회사(鮮滿拓殖株式會社)를 통해 이주시켜야 할 간도·동변도 지방의 집단 이주지에 대해서는 그 이주지 자제(子弟) 교육비를 가능한 한 보조한다는 방침을 세워 교육 보급에 만전을 기하고 있다.

2) 의료시설

재만 조선인에 대한 의료시설은 통감부 시대 간도헌병분대에서 군의(軍醫)에 의지해 현지 내지인·조선인·중국인을 시료한 것에서 시작되었다는 것은 제6기의 개설에서 설명한 대로이다. 이후 용정촌에 간도 자혜원(慈惠院) 출장소를 신설하고, 이어서 이를 함경북도로 이관해 연 3만 원 내외의 보조금을 교부하고 있는데, 1937년(昭和 12)에 그 성적을 보면 시료환자 연인원 5,018명, 유료 환자 연인원 2만 5,315명에 이르고 있다. 또 1931년(昭和 6) 9월에 신설된 국자가(局子街) 회령의원(會寧醫院) 분원에는 이후 연 약 6,000원의 보조금을 교부하고 있는데, 1937년(昭和 12)의 성적은 시료 1,466명, 유료 1만 4,380명에 이르고 있다.

이 외 각지에 배치된 민회(民會) 촉탁의(囑託醫)는 점차 안동·봉천·신경 및 기타 도읍까지 미쳐, 1937년에는 85개소에 달했다. 또 1931년 이후 시행된 가정상비약과 같은 것도 1936년(昭和 11)에는 38만 8,000명분을 돌파하였고, 그 후에도 이러한 시설의 확대에 더욱 노력하고 있다. 이어서 두창(痘瘡), 콜레라, 장티푸스 등의 전염병 예방과 관련해 특별히 유의하여 각지 민회에 별도의 시설을 강구하고 있었는데, 1937년 이들 의료시설에 대한 총독부 보조금은 6,875원에 이르고 있다. 그리고 1937년 만주국의 제국(帝國) 치외법권 철폐와 남만주철도 부속지의 행정권 조정·이양을 계기로 이들 시설은 모두 만주국으로 이관되었다.

3) 수역 예방시설

원래 간도와 혼춘(琿春) 지방의 수역(獸疫)은 예로부터 누차 발생한 숙역(宿疫)으로, 특히 1921년(大正 10)에 발생한 우역(牛疫)의 경우 거의 전 간도에 만연했고, 이로 인해 간도에 거주하던 조선 농민이 입은 손해는 실로 거액에 달했다. 따라서 총독부는 그 방지에 대해 종래 별도의 시설을 강구 해 온 것은 앞 시기에서 설명하였는데, 아래에는 제6기에서 설명한 이후의 시설에 대한 개요를 서술한다.

간도 지방

간도 및 혼춘 지방에서 1934년(昭和 9) 12월 말 현재 조선인 소유 가축 수는 소 3만 9,000여 두, 말 1만 1,000여 두, 양 700여 두, 돼지 6만 7,000여 두에 이르는데, 농가의 축우는 영농에 필요불가결하다. 특히 만주는 경지면적이 광대한 관계로 이들이 특별히 중요하다. 따라서 총독부는 그 보호·증식과 관련해 여러모로 연구하여, 수년 내 소재 조선인 민회에 보조금을 교부하여 그 증식·개량에 힘쓰게 하였다. 그럼에도 이 지방에서는 여러 차례 수역이 대유행하여 피해가 상당히 컸을 뿐 아니라, 국경 접경의 조선은 물론이고 멀리 내지에 그 피해가 미칠 우려가 있었다. 이에 총독부는 ① '방역보조령'을 조선인 민회에 교부하고, ② 민회에 촉탁 수의를 배치하였으며, ③ 영화회(映畵會)를 통해 방역사상을 환기하고, ④ 폐우(斃牛) 신고자에게는 장려금을 교부하였으며, ⑤ 우역 예방 혈청을 구입하여 주사를 놓게 하는 등 모든 방법을 강구하여 간도 각 영사관의 응원 아래 방역을 담당하게 하였다.

압록강 대안 지방

이 지방, 그 가운데에서도 봉황(鳳凰), 관전(寬甸), 집안(輯安), 임강(臨江), 장백(長白)의 각 현(縣)도 간도 지방과 마찬가지로 우역이 항상 존재하는 곳으로 간주하고 있었지만, 기존에는 공산당 비적(共匪賊)의 소굴이었기 때문에 예방·방지책을 강구할 길이 없었다. 그러나 1932년(昭和 7) 10월 황군(皇軍)의 대토벌 결과 치안이 다소 확보되기에 이르러서 우역 발생의 대부분을 접하는 위의 각 지방에 응급책을 강구하기로 하고, 1932년 평안북도 초산(楚山)에 혈청저장고를 설치하였다. 동시에 조선 농민 소유의 소에 혈청 주사를 놓고 이후 계속 주사를 놓았는데, 1935년(昭和 10)에는 관내 축우 2,300여 마리에 주사를 놓았다.

표만주 지방

1932년 이후 총독부는 철령에 이어서 순차적으로 하동(河東)·영구(營口)·수화(綏化)·삼원포(三源浦)에 각각 안전농촌을 설정하여, 수용된 조선 농민의 안정을 도모하는 동시에 그 축우 수도 증가해 왔다. 그런데 마침 1934년(昭和 9) 관동주에 우역이 대유행하여 출현했기 때문에 총독부는 바로 응급대책을 강구하여 다음 해인 1935년(昭和 10)부터는 신경(新京)에 전만조선인민회연합회(全滿朝鮮人民會聯合會) 촉탁 수의(獸醫) 1명을 두었다. 그리고 1936년(昭和 11)에는 혈청 및 예방액 구입비 2,780원을 보조해서 그 방지에 만전을 기했다. 이같이 해마다 상당액의 보조금을 교부하여 방역에 최선을 다해왔는데, 1937년(昭和 12) 12월 만주국에서 제국(帝國)의 치외법권이 전면적으로 철폐된 결과 이들 시설을 모두 만주국으로 이관하였다.

4) 금융시설

총독부는 재외 조선인 보호·육성 사업에 착수한 이래 특히 재류 조선인 소농(小農)에 대한 금융시설에 힘을 기울여, 곳곳에 서민 금융기관의 설치를 도모하고 해마다 필요에 따라 이들 기관의 기본금 및 유지비를 보조하였다. 이 밖에 동아권업주식회사(東亞勸業株式會社)에 보조하여 해당 금융기관에 자금을 융통하게 하는 등 그 성적 획득에 노력해 온 것은 제6기에 서술하였다. 그리고 1936년 6월 현재 위와 같은 금융기관은 60개에 이르고, 회원 수는 6만 3,049명에 이른다. 또 이에 대한 총독부 보조금은 1936년 7만 3,000여 원으로, 그해 현재 대출금은 600만 8,000여 원에 이르고 있다.

이렇게 해서 1937년에 치외법권 철폐와 동시에 이들 금융기관은 만주국에 이양되었다. 동아권업주식회사는 1935년(昭和 10) 9월, 재만 조선인과 관계없는 사업을 제외한 기타 자산 부채를 새로 설립된 만선척식주식회사에 인계하고 해산했다.

또 총독부는 간도에서 조선인 소작농을 점차 자작농이 되도록 하여 조선 농민의 생활 기초를 확립하게 하고, 동양척식주식회사에 1932년(昭和 7) 이후 향후 5년간 매년 10만 원을 교부하는 동시에 이 회사에서 자기 자금 30만 원을 출자하게 해서 후술하는 것처럼 자작농 창정 사업을 수행하고 있다.

5) 산업 지도 및 장려 시설

총독부는 만주국 건국을 계기로, 재만 조선인에 대한 농사 사업을 마침내 적극적으로 개시하여, 그 비용으로 1934년(昭和 9) 6만 9,029원, 1935년 7만 9,400원, 1936년 9만 1,450원, 1937년 7만 8,923원의 보조금을 교부해서 각종 사업을 전개해 순조로운 성적을 거둔 것은 제6기에서 기술한 대로이다. 그런데 1937년 치외법권의 전면적 철폐로 인해 이들 사업을 모두 만주국으로 이양했다.

2. 대(對) 재중국 조선인 사업

종래 재중국 조선인의 보호·지도는 만주 이외의 여러 외국 재류 조선인과 마찬가지로, 전적으로 외무성에서 담당하였고, 외무성은 현지 제국공관과의 밀접한 연락하에 각지 조선인민회(朝鮮人民會)를 독려하여 그 중임을 맡겨 왔다. 마침 1937년(昭和 12) 7월 '지나사변'이 발발하자, 오지에 있는 조선인 중 북경·천진 등의 안전지대로 피난해 온 자가 수백에 이르렀고, 여기에 북경과 천진 지방의 조선인 피난민을 더하면 족히 1만을 돌파하였다. 이에 4월 16일 천진에 직원을 급파하여 우선 급식·구료(救療) 등의 응급조치를 강구하였는데, 이후 황군의 진격이 멀리 산서(山西)·산동(山東)·몽강(蒙疆)을 석권하고, 북중국의 치안이 점차 회복되면서 반도 동포 가운데 새로 이 방면으로 진출하는 자가 상당히 많았다. 그래서 이들의 보호·육성을 위해 긴급히 처리해야 할 여러 일들이 속출하여 거듭 직원을 이 지역의 각지에 파견해 제반 사태의 선후책을 강구했다.

이리하여 총독부는 재중국 조선인 사무처리 분야를 근본적으로 확립할 필요가 있었다. 이에 1937년(昭和 12) 10월 외무성과 협정을 맺었다. 그 결과 총독부에서는 재류 조선인의 사상 선도, 교육, 위생, 산업, 금융 등의 사업을 개시·확충하고, 동시에 취직 알선, 신규 이주자의 지도와 지원 등 여러 항구적인 보호·육성 사무를 담당하게 되었다. 1938년(昭和 13)에는 북중국·몽강 방면에 직원을 증가시키고, 이어서 1939년(昭和 14) 이후에는 다시 이를 중국 중부 지방에 적용하기로 했다.

1) 파견 직원의 배치

총독부는 외무성과의 협정에 따라 북중국에 거주하는 조선인의 보호·육성을 맡았기 때문에 1938년 6월, 북경 및 장가구(張家口)에 두 출장소를 개설하고, 북경 출장소의 감독 아래 천진 및 청도에 파견원을 배치했다. 또 1939년 중에는 다시 제남(濟南)에도 파견원을 배치하고 청도에는 직원을 증치할 예정이며, 나아가 중국 중부 지방에 거주하는 조선인의 보호를 담당하기 위해 상해에도 직원을 증파할 계획이다.

2) 교육 시설

재중국 조선인 교육시설은 종래 외무성에서 관장하여, 일본 내지인 소학교에서 공학(共學)하게 해왔기에 그 취학률은 거의 100%에 가까웠고 그 경비는 일체를 내지인이 부담하였다. 총독부는 여러 실정을 고려하여 1937년 10월에 외무성과의 협정에 기초하여 아래 북경의 일본 소학교 외 6개교에 1938년 이후 경비 일부를 보조하게 되었다.

북중국 거주 교육시설 보조 개황 (단위: 명, 원)

교육기관명	아동 수	보조금	비고
북경일본소학교 분교	300	27,000	이 중 20,000원은 신축비 보조, 7,000원은 경비 보조
천진초등예비학교	56	2,000	경비 보조
진황도(秦皇島)일본소학교	38	2,500	경비 보조
창려(昌黎)일본소학교	35	500	경비 보조
산해관 일본소학교	36	1,000	경비 보조
당산(唐山) 일본심상소학교	67	2,000	경비 보조
천진제일일본심상고등소학교 당고분교장(塘沽分敎場)	15	1,000	경비 보조
합계	547	36,000	

또한 1939년(昭和 14)에는 6만 5,000원을 보조할 예정인데, 앞으로 재류 조선인의 생활이 향상되고 새로 중국으로 건너오는 자가 격증하여 재학 아동 수는 급격히 증대할 것이다. 그리고 내선공학(內鮮共學)의 최대 장해는 조선인 아동의 국어(일본어를 말함) 미숙에 있기 때문에 준비 교육의 필요를 인정하여, 유치원의 확충 계획에 대해 고려 중이다.

3) 위생 사업

종래 저명한 도읍에는 조선인 개업의가 있었지만, 빈궁한 다수의 거주 조선인은 치료받을 방도가 없어 병고에 신음하는 실정이었다. 이에 1938년에는 천진·북경 및 장가구(張家口)의 각 민회에 촉탁의(囑託醫)를 배치하여 거주 조선인의 구료에 종사하게 하고, 소요 경비는 총독부가 전액 보조하게 되었다. 또 별도로 총독부 경무국 위생시험장이 조제한 일상 필수 약제, 즉 위장약·감기약 및 그 밖의 것을 포함해 14종의 약품을 배포하고 있다. 1939년에는 새로 청도·제남에도 위와 마찬가지로 촉탁의를 배치할 계획인데, 이후 각지에도 점차 확장할 예정이다.

4) 금융 사업

북경 및 천진은 북중국에서 조선인의 주요 집합지역으로, 1938년 말 현재 북경에 9,000여 명, 천진에 6,000여 명이 거주하고 있는데, 이들 조선인이 의존할 금융기관이 전혀 없는 상황이었다. 따라서 제국영사관에서는 두 지역에 도시금융조합을 설치하도록 해 거주 조선인을 조합원으로 하여 물심양면에서 경제의 안정과 생활 확보를 도모하기로 했다. 즉 천진·북경의 두 흥업금융조합 모두 1939년 초부터 사업을 개시할 예정인데, 이에 대해 총독부는 1938년에 각각 기본금 5,000원 및 경비 2,020원을 보조하여 그 유지·조성을 기대하고 있다.

5) 북중국 안전농촌의 설치

이 사업은 '지나사변'에 따른 피난 조선인의 구제 및 이른바 '부정업자(不正業者) 숙정공작(肅正工作)'의 일부로, 총독부는 외무성·군(軍) 및 기동방공자치정부(冀東防共自治政府)와 협의하여, 하북성(河北省) 영하현(寧河縣) 노대(蘆臺) 부근에 안전농촌을 건설하고 그 항구적인 안정을 도모할 계획을 수립하여, 총독부와 외무성의 원조하에 동양척식주식회사로 하여금 그 경영을 맡게 하였다. 1938년 12월 공사에 착수하여 지금 순조롭게 신흥(新興) 도상에 있는 것은 별도의 항목에서 서술한 대로이다.

6) 보도(輔導) 사업

천진(天津) 중국인 거리 삼불관(三不管)에 거주 중인 조선인 궁민(窮民)은 최근의 조사에 의하면 109호 388명에 이르고 있다. 이들 대부분은 일정한 직업도 없이 아편·모르핀 등의 밀매에 종사하고, 또 이들의 일상은 동포 간의 분쟁을 일삼아 누차 제국신민으로서의 면목을 실추시키는 사건을 초래하였다. 따라서 총독부는 그 생활 안정을 도모하는 동시에 이들을 정업(正業)으로 전향시키는 것이 중요하다고 판단하여, 1938년 12월 천진의 조선인민회에 보조금을 교부해 제승기(製繩機) 20대, 군수편기계(軍手編機械) 22대 및 그 부속품을 구입하게 하였다. 그리고 그 제작공장에 고용할 직공은 반드시 천진 조선인민회가 선정한 위의 궁민들을 사용하도록 조건을 붙여 이 업종에 경험이 있고 신용이 확실한 업자에게 위탁경영을 맡기고 있다. 제승·군수편 모두 그 지역에 적합한 사업이었기 때문에 소기의 목적을 거두어 그 영업 성적 또한 매우 양호하다. 또 1939년에는 북경·천진의 두 곳에 직업보도소(職業輔導所)를 설치하고 여기에 3만 600원을 보조하여, 양말제조법·세탁법 등을 가르쳐 이러한 업종을 경영하기에 적당한 기술을 전수하는 동시에 제도공(製圖工)의 양성도 계획 중이다.

7) 기관지 발행

중국의 북부와 중부 및 남부에 걸쳐 거주하는 조선인 중에는 불온사상을 품은 자가 거의 없지만, 조선을 떠난 지 상당히 장기간을 경과한 자가 많았다. 따라서 약진하는 조선의 현실에 대한 인식이 매우 천박할 뿐 아니라 생활수준이 일반적으로 빈약한 자가 많았다. 이로 인해 그 사상 상태 또한 반드시 건전함을 유지하기는 어려운 상황이었다. 따라서 총독부는 고향인 조선에 대한 인식을 심화시키고, 황국신민으로서의 본질을 철저하게 하기 위해 곧 기관지를 발행하여 무료 배포할 계획이다.

3. 만주 및 북중국에서의 특별 사업

1) 서설

1931년(昭和 6)에 '만주사변'이 재만 조선인에게 끼친 타격은 실로 상상 이상이었다. 게다가 다음 해인 1932년(昭和 7)에 들어서도 비적(匪賊)의 준동이 여전히 그치지 않았고, 또 같은 해 7월 북만주 일대에는 전례 없는 수해가 덮쳐, 당시 일본 관권(官權)에 의해 구제받은 자가 실로 4만 명을 넘었다. 이상의 상황을 목격한 총독부는 바로 이에 대한 응급책을 강구하고, 또 이들 재류 조선인의 장래 생활안정과 관련한 여러 사업을 실시한 것은 이미 제6기에 상세히 서술하였다. 따라서 주제와 관련해 가능한 한 설명의 중복을 피하여, 주로 제7기의 사업 개요를 아래에 기술하기로 한다.

2) 대(對) 재만 조선인 관계

(1) 재만 조선인 농촌의 설치

총독부는 위에서 서술한 피난 조선 농민이 안주(安住)하도록 1931년(昭和 6)부터 1934년(昭和 9)에 걸쳐 해마다 많은 금액의 보조금을 동아권업공사(東亞勸業公司)에 교부하여 철령(鐵嶺)·하동(河東)·영구(營口)·수화(綏化) 4곳에 안전농촌을 설립·경영하게 했다. 다시 1935년(昭和 10)에 '만주사변' 때문에 조선으로 돌아온 피난민의 재이주 희망자와 1934년에 남선(南鮮) 일대의 대수해 이재민 중 만주 이주를 희망하는 자를 수용하기 위해 삼원포(三源浦) 농촌[봉천성(奉天省) 유강현(柳江縣)]을 설립하였다. 그리고 1936년(昭和 11) 9월 동아권업공사는 위 안전농촌 일체의 재산을 신설 만주척식고빈유한공사(滿洲拓殖股份有限公司)[현재의 만주척식주식회사(滿洲拓殖株式會社)]에 양도하였다. 총독부는 이 공사와 협정에서, 각 안전농촌 건설 후 이미 수년이 지나 경지가 거의 개량되어 수지(收支)가 예상되었기 때문에 1937년(昭和 12)부터 각 안전농촌 건설비에 대해 20년 이내의 연부(年賦) 상환을 개시하였다[앞서 기술한 전장대(田庄臺) 부근의 영구(營口) 농촌은 제외함]. 그리하여 안전농촌 건설의 종국의 목적인 자작농 창정(創定)의 첫 걸음을 내딛게 되었다. 1937년 12월 1일부터는 만주에서 일본의 치외법권 철폐가 실시되었기 때문에 총독부의 안전농촌에 관한 사업은 모두 만주국으로 이양했다. 1938년 말 각 안전농촌의 개황은 다음의 표와 같다.

만주의 안전농촌 개황표(1938년 11월 말 현재) (단위: 戶, 町, 石)

안전농촌명	호수	논 면적	1호 당	총 나락(籾) 수확고
영흥(榮興, 전 영구)	1,700	3,955	2.32	84,192
하동	684	1,642	2.40	35,684
수화	446	1,060	2.37	35,372
철령	383	913	2.38	23,942
삼원포	172	355	2.07	10,480
합계	3,385	7,925	2.31	179,670

(2) 간도 거주 조선인 자작농 창정

간도 거주 조선인 자작농 창정 사업이 동양척식주식회사에 의해서 시작된 것은 제6기에서 상세히 설명한 대로이다. 즉 총독부는 동양척식주식회사에 1932년(昭和 7)부터 향후 5년간 매년 10만 원을 보조하고, 회사는 이에 대해 해마다 3배의 자기 자금 30만 원을 출자하여, 매년 총 40만 원으로 이 사업을 수행했다. 먼저 5년간 2,500호의 자작농 창정의 기초를 구축하고, 이들 경영자금의 상환이 완료되기를 기다려 자작농으로 만들려는 것이었다. 즉 정해진 기간 이후 회수금의 원금은 순차로 자금에 편입시켜 다시 해마다 갱신해서 반복 대부를 해서 자작농을 점차 늘리려는 것이었다. 이상의 계획에 기초하여 1937년(昭和 12) 말 현재의 성적은 자작농 창정 호수 2,906호, 자작농 창정 면적 1만 3,065만 정보, 대부금 총액 149만 4,479원에 이르고 있다.

(3) 만주 이민 실행기관

조선과 만주는 지리·역사적으로 밀접한 관계가 있어, 예로부터 조선인 중 만주로 이주하는 자가 상당히 많아, 최근 재만 조선인의 수는 100만을 넘어서는 상황일 뿐 아니라 계속 증가하는 추세이다. 게다가 이들 이주자의 대부분은 농민이기 때문에 그 통제 및 안정에 필요한 척식사업을 계획적으로 경영해서 만주국의 통치·산업 방면 개발에 공헌하는 동시에 조선의 인구 조정에 이바지하는 한편, 내지에서 조선과 내지 양자의 노무 관계를 원활하게 하는 것이 현재의 중요한 사항임을 감안하여 그 실행기관을 설치하게 되었다. 총독부는 만주국과 협의해 1936년(昭和 11) 제령을 발포하여 경성에 만선척식고빈유한공사를 설립해서 조선인의 척식사업을 경영하도록 했다.

(4) 집단 이민

집단 이민도 제6기 이후 실행해 오고 있는데, 선만척식주식회사 설립 후 제1년인 1937년에 총독부의 알선 아래 경기 외 6개 도에서 조선인 농민 2,500여 호를 선정하여 만선척식고빈유한공사가 취득한 간도성(間島省) 관내와 봉천성(奉天省) 영구(營口) 관내의 미간지 또는 황무지로 이주(入植)시켰다. 이 집단 이민은 주로 인구가 조밀한 남선(南鮮) 지방의 각 도에 할당해 도에서 선정한 것이었다. 이러한 집단 이민은 한 부락에 대개 100호를 수용하여, 주위에 토벽(土壁)을 구축하고 자경단(自警團)을 두어 비적의 습격에 대비하는 것이 일반적이다. 그리고 1호당 밭(畑地) 4정보 또는 논(水田) 2정보를 할당해 영농하게 하고 있다. 하지만 이들 이민자는 모두 빈농으로 재력이 부족하기 때문에 이민 여비는 말할 것도 없고 토지대, 가옥비, 경우(耕牛), 농구, 종자대 및 식사경비 등을 일체 공사(公司)에서 대부하였다. 토지, 가옥, 경우비는 이주 후 수년이 지나 상당한 수확이 예상될 때를 기다려 15년 정도의 기간으로 연부 상환하게 하고, 완납과 동시에 자작농이 되도록 하는 계획인데, 연부 상환이율은 연 10%, 기타 대부 이자는 연 15%로 하고 있다.

집단 이민에 대한 교육·의료·금융·경비 등의 사업은 만주국 측과 그 공사에서 실시하고 있는데, 총독부는 특히 선만일여(鮮滿一如)의 경지에서 선만척식주식회사를 통해 원조하여 그 생활안정에 만전을 기하고 있다.

1937년 조선에서 이주한 집단 이민 실적은 2,528호, 1만 3,220명에 달하는데, 1938년 실시 성적은 다음과 같다.

1938년 집단 이민 이주 실적표 (단위: 호, 명)

이주지		이민 출신 도(道)	호수	인구
성(省)	현(縣)			
간도	안국(安國)	경기	127	608
간도	왕청(汪淸)	충북	80	386
길림	화전(樺甸)	충남	227	1,115
길림	화전	전북	79	375
간도	안도(安圖)	전북	512	2,369
통화	금천(金川)	전남	129	657
통화	유하(柳河)	전남	255	1,270
통화	휘남(輝南)	전남	220	1,093
간도	왕청	경북	298	2,449
간도	연길(延吉)	경남	357	1,831
간도	안도	강원	170	861
길림	화전	강원	95	437
합계			2,779	14,198

(5) 이민 훈련소

총독부는 만주국행(行) 이민의 건실한 발전을 도모하고, 아울러 만주국의 산업 개발에 공헌하기 위해서는 이민자 중 중견인물에 크게 의지해야 한다고 판단하여, 이들 중견인물을 양성할 목적으로 선만척식주식회사에 보조금을 교부하여, 강원도 평강군 세포(洗浦)에 아래 서술하는 요령에 따라 1938년(昭和 13) 1월 척식훈련소(拓殖訓練所)를 개설하게 했다. 이 훈련소 개설과 동시에 그해 봄에 이주해야 할 집단 이민 중 중견청년 104명을 선정·훈련하여 같은 해 봄에 만주로 이주시켰는데, 이후 계속 훈련을 실시 중이다.

이 훈련소는 수용 정원 150명에 훈련 기간은 5개월로 하고, 훈련생은 소학교 졸업 정도 이상의 학력을 가진 자 중에서 도지사가 추천하고, 입소·퇴소에 필요한 여비와 입소 중 의식(衣食) 및 수당을 지급해 전부 함께 기숙소에 수용했다. 이를 통해 하나의 촌락과 유사하게 해서, 일본 농민정신, 만주국 건국정신 및 일만일체불가분(日滿一體不可分), 선만일여(鮮滿一如)의 신념을 함양하게 하였다.

3) 대(對) 북중국 거주 조선인 관계 및 기타

(1) 북중국 모범농촌

1937년(昭和 12) '지나사변' 발생 전 북중국 거주 조선인은 그 총수가 약 3만 명에 달했다. 그 가운데 80% 내외는 대개 일정한 직업이 없이 유랑하거나 밀수 또는 금제품(禁制品) 취급으로 생활하며 제국신민으로서의 체면을 더럽히는 자가 적지 않았다. 뿐만 아니라 이들의 생활 불안의 약점을 틈타 중국공산당의 마수가 시시각각 뻗쳐왔다. 그 사상은 날로 황폐해지는 상황이어서 이들에 대한 선도·보호를 참으로 소홀히 할 수 없었다. 게다가 사변으로 인해 북중국 오지에서 피난 온 조선인이 매우 많아, 이들의 보호·구제가 매우 시급했다. 따라서 총독부는 그 대책으로 북중국에 안전농촌을 설치하고, 북중국 거류 조선인 가운데 1,000호를 수용·귀농시켜서 생활의 안정을 도모하였다. 동시에 장래 조선인의 북중국 발전에 대한 전진기지로 만들고, 아울러 북중국의 식량 및 원료 자원의 충실에 이바지하기 위해 군부·외무성 및 기동정부(冀東政府)의 양해를 얻어, 동양척식주식회사를 원조해 안전농촌을 건설하게 했다. 건설지는 하북성(河北省) 영하현(寧河縣) 노대(蘆臺) 부근으로, 면적 3,530정보를 기동정부로부터 임대(租地)하여(토지임대 기간은 30년으로, 다시 갱신할 수 있음) 토지대는 동양척식주식회사에서 기동정부에 납부하기로 했다. 이 농촌 건설계획은 다음과 같다.

북중국 모범농촌 건설계획 대요(大要)
① 면적: 3,530정보
② 공사시행 후의 지목(地目) 면적
　논(水田): 2,511정보
　밭(畑): 400정보
　택지 및 궤지(潰地): 567정보
　예비지: 52정보
　계: 3,530정보
③ 이주 예정 호수·인구
　조선인: 1,000호, 5,000명
④ 1호당 배당 면적
　논: 2정보
　밭: 4단보(反步), 면작(棉作) 및 채소 재배
⑤ 관개방법
　농촌 부근 계운하(薊運河)의 하수(河水)를 양수 펌프로 관개함

(2) 기타 사업

시찰단

총독부는 시베리아 및 만주에 이주한 조선인 유지들에게 조선 및 내지의 진보·발전 상황 및 동포의 생활 상황 등을 시찰하게 하는 것은 이 지역 이주 조선인의 지도·계발에 매우 유익하다고 판단하고 이들에게 보조금을 교부해 조선을 시찰하도록 해 왔다. 1937년(昭和 12)까지 시찰시킨 인원은 1,093명에 이르렀으며, 이후에는 조선인 스스로 시찰단을 조직해 조선 각지를 시찰·견학하고 있는데 총독부는 그때마다 특별한 편의를 제공하고 있다.

순회강연

만주와 시베리아의 오지에 거주하는 조선인은 대개 황폐한 생활을 영위해 정신적으로 유익한 지도·계발을 받을 기회가 적었다. 그래서 이들을 위로하는 한편 조선의 상황을 알게 하고 동시에 조선통치의 실정을 이해시키기 위해 최근 사정을 촬영한 것과 기타 흥미 있는 필름을 구입해 조선인이 모여 사는 지방으로 가지고 다니며 상영하고, 그 기회에 유익한 강화(講話)를 하는 등 이들의 선도에 힘썼다. 1935년(昭和 10)까지 시행지 72개소, 208회에 이르렀는데, 1937년(昭和 12)년 치외법권 철폐와 동시에 이를 폐지했다.

신문·잡지의 무상 배부

재외 조선인 가운데 지식계급에 속하는 자와 지방의 주요 인물에게 1918년(大正 7) 이후 경성에서 발행하는 《매일신보》를 무상 배부하고, 또 1922년(大正 12)부터 다시 총독부가 발행하는 잡지 《조선》을, 1927년(昭和 2)부터는 또 민간 발행 잡지 《신민(新民)》 등을 배부해 온 것은 이미 서술한 대로이다. 이 역시 1937년 치외법권 철폐와 함께 폐지되었다.

V

중일전쟁 이후 조선인의 만주 개척

해제

만주국 성립으로 일본인 이민이 급증하리라는 예상과 달리, 교착상태에 빠지게 되자 일제는 1934년 제1차 이민회의를 개최하여 농어이민을 포함한 여러 형태의 이민 정책에 대한 전반적인 재검토에 들어갔다. 1935년 7월 만주척식주식회사와 만주이민협회를 통해 10개년, 100만 호, 500만 명 일본인 이주 계획을 세우기에 이른다. 일본인 이민은 '이주비'의 과다 계상으로 재정적 부담이 가중할 것이라는 반대여론을 뒤로하고 추진되었다.

만주국에서 대화(大和)민족이 식민통치의 핵심으로 자리 잡고 피압박 민족의 항일역량을 제어하기 위해서 일본인의 대량 이민은 절대적이라는 인식이 투영된 계획이었지만, 1937년부터 1941년까지 추진된 5개년 계획 동안 실질적인 일본인 이주 호수는 4만 2,000여 호에 불과했다.

1938년 조선총부와 만주국이 협의한 결과 이주 한인들을 자작농으로 창정한다는 계획을 지속적으로 발표만 하고 있었다. 정책성공의 담보성이 불확실하기 때문에 이러한 결과가 도출된 것이라 할 수 있다. 하얼빈금융회 이사인 박종희는 「자작농 창정으로 민심안정」이란 글에서 다음과 같이 언급하였다.[1] 그는 이주 한인의 당면 문제인 자작농 창정이 중요하다고 만주국 입장에서는 선전하였지만 실제로 그 성과는 미미하다고 역설하였다.

만일 적극적으로 하자면 기주농민을 우선 자작농으로 하면서 신규 이민을 입식케 하여 만주의 농업에 경험이 있는 자로 하여금 지도하도록 하는 것이 현재 급무라고 하겠다. 사변전에는 지주의 착취와 군벌의 박해로 안정을 갖지 못하는 조선 농민도 건국 후 치안안정으로 민심이 정착되어 농업에 대한 관심을 가지고 토지의 매수라든가 자작농의 창정 같은 것을 희망하게 되었다. 이것은 일찍이 유동하는 조선 농민에게는 민심의 안정을 가져오게 하였으

---

[1] 《재만 조선인 통신》 61호, 1939년, 12쪽~13쪽.

며, 왕도를 앙모하게 되는 일표현이라고 볼 수 있다. 요컨대 이러한 욕망을 달성하기 위해 필요한 것이 있는데 현재 그러하지 못하다.[2]

위의 인용문은 자작농 창정의 허구성을 여실히 보여주는 현직 금융회 인사의 인식이라고 할 수 있다. 다음으로 길림금융회 이사의 자작농 창정과 이민 문제에 대한 인식의 단면을 볼 수 있는 기사는 다음과 같다.

현재 재만선농은 선척이 중심이 되어 각 금융회와 농무계가 활동하여 지도에 당하게 되었는데 여러 가지의 사정으로 보면 농무계는 이 이상 활동을 하려야 할 수 없는 막다른 골목에 있다. 이 농무계는 농민으로 조직된 단체인데 그 농민들이 모두 만인주주에게서 토지를 조차하여 소작하고 있는 소작인들이니 남의 땅을 가지고 어떻게 연고이민을 부른다든가 집단이민을 데려올 수가 없다. 물론 지도방침이야 토지를 선척에서 매수한다고 하나 이것은 임의 매수이니 만인지주가 팔지 않으면 불가능하다.[3]

여기에서 주목되는 것은 과연 기존 거주 한인 농민들이 정책의 결정으로 '자작농화'되었는가라는 점이다. 당시 이러한 문제를 해결하기 위해서는 토지매수가 관건인데, 당시 농무계에서는 그럴 능력이 없어 쉽게 성과를 달성할 수 없었다.[4] 이를 해결하기 위해서는 기존 거주 농민들에게 그들이 소작하고 있는 토지를 만척에서 매수하여 주면서 농무계를 이용하

---

2 《재만 조선인 통신》 61호, 1939년, 12쪽.
3 《재만 조선인 통신》 62호, 1939년, 47쪽.
4 농무계는 새로운 마을이 형성되면서 각각의 마을을 계라고 칭하고 이에 대한 모임을 가리켰다. 안전농촌의 경우도 마찬가지로 농무계를 통하여 관리되었다(상지시조선민족사 편집부, 『하동농장건립과정』, 34쪽).

여 각 마을의 자작농 창정을 이루려고 한다면 쉽게 달성할 수 있다는 진단이었다. 하지만 현재는 "자기의 뒤도 치르지 못하니 어떻게 남의 뒤를 보아줄 수 있겠는가?"라고 반문하고 있었다. 길림금융회 이사의 글을 다시 정리하였다.

생각건대 조선에서 농민을 연 1만 호 만주국으로 보내고 만주국에서는 또한 이 1만 호를 받겠다고 한 협약은 소질이 양호한 자를 선정한다거나 혹은 집단 이민, 집합 이민으로 한다고 하나, 그 이면의 내용은 조선 농민을 만주국 내에서 안정시키는 것이다. 이것은 자작농의 창정으로 가능할 것이며, 또한 기주농민의 안정으로 자연히 신규이민의 입식 성적이라든지 영농성적은 좋은 결과를 가져올 것이라 생각된다. 그러므로 여기서 필요한 토지매수의 방법에서 좀 더 적극적 구체적 방침이 실현되기를 바라는 바이올시다.[5]

먼저 이민 정책을 수립할 때 기존 농민의 현상을 정확하게 파악해야 했음에도 불구하고 만주국 및 조선총독부는 황무지 개간 등에 초점을 맞추거나 인구 증가 정책 및 치안유지 방안에만 더욱 치중했다.[6] 즉 농민을 농업정책의 주체로 파악했음에도 불구하고 그들이 자급자족할 수 있는 토지 마련에는 소홀하였다. 한인 농민의 토지소유의 현실화를 위해서는 만주국 정부의 강력한 행정력의 행사가 중요하다. 하지만 그것은 또 다른 통제의 이름으로 작용됨을 뜻하기도 한다.

만선척식주식회사는 1936년 9월 제령으로 경성의 선만척식회사와 함께 세워졌다. 재만

---

[5] 위에서 제기한 토지매수에 대해서는 자금이 절대적으로 필요한데 자금 수급문제가 대두된다. 만척에서 가용할 수 있는 자본력과 또 강제력을 동원해서 토지를 매수한다면 이것 또한 새로운 사회적 문제로 대두될 것이다. 이에 대해서 만주국이 내세운 협화와도 상당한 괴리가 나타나 쉽게 취할 수 있는 정책은 아닐 것이다.

[6] 孫春日, 2003, 『滿洲國 時期 朝鮮開拓民硏究』, 延邊大學出版社, 104~105쪽.

조선인 농민을 통제할 목적으로 1922년 1월 봉천(奉天)에 설립된 동아권업주식회사(東亞勸業株式會社)를 인수해 그 업무를 흡수하였다. 그리고 만주에서의 조선인 이주 용도의 토지 취득, 수전의 개발, 조선인 이주민의 모집과 부식(扶植) 역할을 담당하였다. 이 회사는 자작농 창정 사업의 일환으로 만주의 여러 곳에 소위 '안전농촌'을 설치했고, 토지개량사업의 명목으로 논의 조성과 밭의 개발을 추진했다. 또한 조선인 이주민의 정착을 원활히 하기 위해 소위 '개척민훈련소'를 설치했고 목장과 정미사업을 벌이기도 하였다.

1936년 이후 만주 이주 정책을 담당한 기관은 만선척식회사였다. 만선척식회사는 1936년 6월 27일 만주국의 법령 공포로 설립되었으며, 자본금 1,500만 원으로 시작하였다. 만선척식회사의 주요 사업은 중일전쟁 발발 이후 대규모 '만주 개척민' 정책과 연결되어 실행에 옮겨졌다. 그것은 일본인 대신 조선인들의 이주로 방향을 전환하는 것이었다.

이 자료집에는 개척민의 탄생과 조선인 개척민 관련 자료를 선별해서 수록하였다. 신영우가 작성한 「만주 조선인 농촌 진흥책」(《재만 조선인 통신》, 1937) 자료, 『만주개척년감』 자료 가운데 조선인 관련 자료를 선별하여 수록하였다.

1. 개척민 정책과 '개척민'의 탄생

〈자료 49〉 만주 조선인 농촌 진흥책 - 조선인 이민의 특이성을 구명하고 객관적 조건의 순화를 요망- 신경 신영우(《재만 조선인 통신》, 1937)

다음 논고는 3월 중순 2차에 나누어 신경방송국으로부터 방송한 신영우의 강연 내용인데 그 진흥책의 내용은 신영우 씨의 농촌에 관한 심각하고도 열정적인 관심과 체험을 통해서 얻은 의견이다. 현재 만주조선농촌의 실체를 정확하게 파악하고 이 현실을 토대로 하여 진흥책을 논한 것은 참으로 유쾌한 바이다. 방송 당시의 시간 관계로 다소 심적 방면에 관한 의견이 충분히 발표되지 못한 점은 신씨와 더불어 유감스럽게 생각하는 바이나 금후 어떠한 기회에 이 점에도 상당한 의견이 발표가 있을 줄 안다.

미곡 생산의 중심이 되는 만주조선농촌의 진흥에 대하여 말씀을 듣고자 합니다.
진흥이라는 글자는 여러분이 다 아시다시피 퍽 피폐된 상태에 있는 것, 말하자면 변변치 못하고 시원치 못한 것을 잡아 일으키고 그것을 왕성히 시키자는 의의를 가진 글자라고 생각합니다. 만주 농촌의 진흥 문제를 논한다는 것은, 그 농촌이 매우 부진하고 피폐한 상태에서 벗어나 활성화하자는 논의로 이어질 것입니다. 실제로 만주 각지의 조선인 농촌은 농촌 그 자체의 성립된 경로와 또는 현재의 상태로 보아 조선 내지 농촌의 진보 발달된 사실이라던지 또는 현재의 정세와는 퍽 판이한 바가 있으므로 먼저 만주 농촌 자체의 특이성이 특별히 다른 점을 명백히 하게 하여 가지고 진흥 문제를 말씀하는 것이 가장 적절하다고 생각합니다.

만주 조선인 농촌의 특이성(사변 전)

그러면 만주 조선인 농촌의 특수성, 즉 조선 내지 농촌과 특이한 점은 무엇이냐 할 것 같으면 먼저 만주 조선인 농촌은 농민 자신의 개척할 곳이라 하는 것입니다. 다시 말씀하면 조선 내지 농촌으로 말하면 수천 년 혹은 수백 년 혹은 수십 년의 역사를 가지고 조상 대대로 소유이기 때문에 고유한 농촌의 독특한 환경을 가지고 있어서 그 농촌의 농민은 일정한 지역에서 출생하고 대부분이 그 바닥에서 자라나고 그 아버지가 하던 토지 습관, 그 할아버지가 하던 전통을 가지고 그 지역에서 일정한 규모를 지키면서 늘어 버리는 것이 대개 농민 생활의 대부분이올시다.

그런데 만주농촌으로 말하면 비록 만주에 조선인이 이주한 지 60여 년의 역사를 가지고 있지만 그 전부가 이주하여 온 농민 자신이 개척한 곳입니다. 자기 손으로 자기의 심으로 자기의 땀으로 개척한, 지금까지 다른 민족이 오랜 역사와 오래된 생활 근거를 가지고 있는 곳을 자기 스스로 와서 자기 자신이 타민족 틈바구니에 끼어서 모든 생활 투쟁을 하면서 개척한 곳입니다.

즉 말씀하면 비참한 희생과 용감한 투쟁을 통해서 스스로 개척하고 스스로 생활 근거를 얻어 가지고 있는 것입니다. 그러므로 만주에 산재한 어느 곳이든지 조선인이 발자취를 비추고 뿌리 박은 곳은 반드시 그 이면에 눈물겨운 희생과 과감한 투쟁이 있었다고 생각합니다. 이것이 제1 조선 내의 농촌과 다른 점이올시다.

그러면 이같이 희생과 투쟁을 통한 각 농촌이면 다른 농가와 민족의 해외 이주와 발전사와 마찬가지로 혁혁한 공적이 있고 활발한 진보가 있고 유효한 성공이 있어서 결코 이제 새삼스럽게 진흥을 운위할 만큼 침잠되어 있고, 생활 안정을 이루지 못하였을 이유가 없는데 사실에서는 현재 만주 각지 농촌을 살펴보면 극도로 생활이 불안정하고 통제력이 없고 극히 부진한 상태에 있습니다. 둘째로 다시 만주 농촌의 특수성을 발견할 수 있습니다. 그것은 약소 민족으로서 독자적 이주의 역사를 가진 까닭입니다. 조선인이 만주에 이주할 때 자기 국가의 어떠한 계획과 후원 밑에서 이주한 것이 아니라 모두 각각 산개적으로 각기 자기 의견에 의하여 바람 부는 대로 물결치는 대로 각자의 행동을 기인으로 한 이주인 동시에 하등의 정치적 후원이든지 경제적 배경을 가진 이주와 개척이 아니고 각기 발길 닿은 대로 떠나고 마음 내키는 대로 자리 잡고 그 토지의 기성된 세력과 항쟁하면서 살아왔기 때문에 어느 해 한가하게 계획적으로 세력을 박고 발전할 여지가 없습니다.

그러므로 사변 전 각 농촌 상황을 보면 비록 어느 정도의 집결과 세력이 있었다고 하나 그것은 경제적으로 보아 대부분이 중국 지주의 소작 내지 농노에 불과하였고, 정치적으로 보아 임시적 형태를 이루어서 항일 목표로 하고 항일을 일삼은 것으로 하여 중국 재래의 정치적 세력에 아부함으로써 겨우 집결적 근본을 계속한 데 불과하였습니다. 그러므로 중국 군벌이 하자는 대로 순종하고 지방 토호와 지주의 하고 싶은 대로 착취와 희생을 당해서 민족적으로 독자성을 가진 사람다운 생활을 하지 못하였고 또 생활 근거를 잡고 뿌리박을 여가와 힘이 없었습니다. 부평초와 같이 그날그날 생존만 계속했다고 해도 과언이 아닙니다. 그러므로 지금까지 농촌다운 농촌을 형성하였다든지 또는 생활다운 생활을 해오지 못하고 늘 침체된 생활, 분한 생활, 참담한 생활만 계속하여 와서 다소 기분적으로 보았던 정치적 생기는 없었습니다. 그리하여 생활자체만은 퍽 비참하였습니다.

만주 조선인 농촌의 특이성(사변 후)

그러면 사변 후는 어떠한가. 1931년 9월 18일 기하여 일어난 만주사변은 재만 조선인에 대하여 여러 가지로 보아서 혁명적 사실을 남기었습니다. 사변이 일어나자 이제 새삼스럽게 말씀할 필요도 없습니다만 그 참담한 희생을 당하여 농촌이란 농촌은 뿌리도 없이 파멸되어서 전부 도시로 피난 온 것으로 농촌생활은 거의 해소되고 말았다고 하여도 과언이 아닙니다. 그 후 1932년, 1933년의 동란 시대의 피난생활을 겪고 1934년도 봄부터 차차 원지로 돌아가기 시작하여 다시 농촌의 새 생활이 움트기 시작한 것이 1935년, 1936년을 지나서 금 년에 이르는 것이올시다. 이 3년 동안 관동군을 비롯하여 조선총독부, 만주국 등 당국으로서는 첨예하게 그 생활안전에 노력하여 금융기관의 설치 및 확대 교육기관의 신설, 그 내용을 충실하게 하고 민회기관의 확대 강화로 통제 등으로서 농민 생활의 충실을 도모하여 왔습니다. 농민 자신으로 하여금 지금까지의 방랑적 기력과 시국에 대한 불안한 감정을 일소하고 명랑하고 끈기 있는 생활을 시작하게 되었습니다. 그러므로 사변 전 수십 년의 만주 조선인의 농촌 생활은 사변으로 말미암아 전부 총결산, 총청산되고 새 방법으로 새 국면으로 다시 출발한 지 겨우 3년인데 현재 각지 농촌 생활의 수명은 겨우 3년밖에 되지 않았다고 해도 과언이 아니올시다.

이같이 과거 특이한 경력을 밟아온 만주 농촌은 피폐할 때로 피폐되고 생활의 불안을 느낄 대로 느끼어서 지금에는 재만 조선인 문제를 논의할 때 반드시 전 인구 80% 이상을 점유한 농촌 문제를 말하게 되고 농촌 문제를 말하게 될 때 반드시 그 진흥 문제를 말하게 되어서 만주 각 농촌이 진흥하느냐 못하느냐, 즉 농민생활이 안정되느냐 아니냐 하는 문제로서 재만 조선인의 문제가 되어 여러 각도로 보아 해결되느냐 아니 되느냐 하는 데 귀착될 만큼 중대한 문제라 생각합니다.

농촌 진흥책에 대한 구체적 의견(경제적 방면)

그 구체적 소견을 이와 같은 방법으로 말하고자 합니다.

먼저 어떻게 하였으면 경제적으로 좀 더 생활안정을 얻고 좀 더 생활 내용을 풍부하게 하겠느냐는 것과 다음에는 문화적 방면 즉 어떻게 하였으며 문화를 보급하고 그 정도를 높이어서 현대인으로서의 생활 내용을 가질 수 있도록 진흥을 시키려면 어떠한 방법으로 할 것이냐 하는 것을 말씀하고자 합니다.

그러면 먼저 경제적 방면과 방법을 말씀하겠습니다.

농촌 진흥을 위해 경제적으로 가장 먼저 고려해야 할 점은 토지 소유권과 경작권의 확립입니다. 이것은 비단 만주뿐만 아니라 조선 내에서도 필요하고 또 일본국 내에서도 필요한 것입니다. 다만 만주에서는 더 적절히 느끼는 문제올시다. 사변 전에는 일부 간도를 제외하고는 전부가 중국 지주의 소작인이었습니다. 따라서 토지 소유에 대한 문제는 논의 대상이 되지 않았습니다. 그러나 사변 후 만주국의 성장과 아울러 토지 제도의 확립과 그 정비는 누구든지 토지를 소유하게 되어서 농촌 농민이 자기가 경작하는 토지를 소유하느냐 아니냐는 문제에서 적절한 관계를 갖게 됩니다.

사변 전에는 간도 일부의 특수한 예를 제하고는 토지 매매는 절대 불가능한 동시에 그 소유에 대한 것은 원래부터 문제 되지 아니하여 조선 농민 그 전부가 중국 지주의 소작이었습니다. 그러나 사변 후 만주국의 탄생 그 건전한 발전과 아울러 토지에 대한 지적제도의 확립과 그 정비는 누구든지 토지를 매득 소유하게 되었습니다. 그러나 불행히 만주 농촌의 농민 자신은 이러한 절호한 기회를 당하였음에도 불구하고 극도로 궁핍한 그네들은 도저히 토지를 소유할 만한 여유가 없습니다. 그러므로 결국 새로운 지대에 이익을 목표로 하고 진출한 조선 내 혹은 일본 내의 재벌이나 지주 경영자의 소작인으로 되던가 만주인의 소작인으로서 구태를 벗지 못하고 의연히 농노 생활을 계속하게 될 것이니 만일 농민이 소유토지의 한 조각을 갖지 못한다면 농촌진흥에 대한 문제는 애당초에 문제가 되지 않습니다.

그러므로 우리는 농촌진흥의 제1조건으로는 무엇보다도 농민 자신이 자기의 토지를 경작 생산하여 생활기초와 그 안정을 도모할 수 있는 자작농 창설이 가장 중요하다고 생각합니다. 이 자작농 창설 문제는 근래 식자 간 논의되고 관심을 가지는 문제이며, 더욱 조선총독부에서나 만주국 정부에서도 안전농촌을 창설하여 시설의 완비를 갖추기에 노력도 하고 또 이민계획을 구체적으로 세워서 거의 자작농 창설을 목표로 하고 시설을 게으르게 하지 않고 착착 그 효과를 얻고 있어서 우리가 많은 기대를 하고 있습니다. 다만 이에 경계하고 관심할 것은 금후 집결방침을 세운 이민 정책이 선만 척식주식회사의 손을 거쳐서 진행되고 있습니다만 흔히 우리가 많은 예를 보는 것과 같이 농장 지대의 개척과 시설에 대하여 혹은 조사비라던지 혹은 인건비라던지를 많이 들여서 그 계획만은 퍽 아름답지만 왕왕 농민 자신이 부담이 가중되어 자작농으로서 자립하기 전에 기진맥진하여 자빠지는 폐해가 있습니다. 특히 경계하여야 될 것이라고 생각합니다.

만일 이와 같은 폐해를 없애고 만주 농촌의 실정과 농민 또는 새로 오는 이민의 심리를 잘 이해 충족하여 시설을 이상과 같이 실현한다면 이보다 더 다행한 일이 없고 또 앞으로 재만 조선인의 복리가 반드시 증진하리라고 믿습니다. 다만 태산명동서일필격(泰山 鳴動 鼠一 匹 格)으로 나중에 회사의 질곡을 벗어나지 못하고 농민이 신음하는 바가 없으면 다행이라고 생각합니다. 그리고 다시 자작농 창설에서는 만주 토지에 대한 투자 또는 토지경영을 하고자 하는 기업가의 진출 관계로 보아 말씀드리겠습니다. 이 광대한 만주토지에서 지금까지의 실정과 또 현재의 사정으로 보아 기업가가 얻고자 하는 이익타산이 너무 빠르고 가혹하다고 생각합니다. 흔히 기업자들이 토지 투자에 대한 계획을 세울 때는 대개는 3년을 1기로 하여 원리금을 다 회수할 계획을 세운다든지 또는 5년에 다 떼어낼 계획을 세우는 이가 많습니다. 그러므로 이것은 현재에서 만주 토지 경영이 퍽 유리하다는 것을 반증하는 한편 투자한 기업가들이 너무 이윤을 속히 보기 위하여 왕왕 소작인 내지 이민에 대한 태도가 가혹한 바가 있습니다. 그리고 다시 만일 만주에서 토지에 투자한 기업가 가운데 토지가 집중경병될 때는 도저히 농민으로서는 자기 토지를 수득할 가능성이 없어지고 말기 때문에 현하 만주토지에 투자하려는 열기가 바야흐로 고조되는 이때 이같이 무의견한 기업가라든지 또는 너무 이윤을 속히 보고자 하는 성급한 기업가들을 경계하여야 할 것입니다. 그렇다고 해서 결코 기업가의 만주 진출과 투자를 반대해서는 안 됩니다. 다만 기업가들은 토지경영을 하여서 이윤을 보는 동시에 그 토지를 어느 시기에는 소작인으로 하여금 연부 상환 또는 일불로 분배하여 자작농을 창설할만한 이상적 계획을 세운다면 이보다 더 다행한 일이 없으리라고 봅니다. 지금 내가 숫자적으로 그 이해를 이 자리에서 따지지 않으렵니다. 다만 기업가로서 공존공영할 추산이 있고 만주 실정에 정통하며 영농방법의 주도한 용의가 있다면 넉넉히 자기 투자한 자본에 대한 이율을 풍부하게 보면서도 재만 조선 농민으로 하여금 자립할 방도가 있으리라고 생각합니다.

한편 현재 만주에 있는 농민의 심리를 보면 대개는 대재벌이나 자본가의 진출을 기피하고 기어코 자기들이 영농하는 토지를 수년 농사지어서 그곳에서 나는 이윤으로 자기가 그 토지를 직접 만주인 지주로부터 사고자 하는 경향이 농후하고 또 이에 대한 신념과 열의가 높은 것을 봅니다. 예를 들면 신경서 8여 리 떨어진 고유수라는 농촌에서 재작년에 조선 내 모 자벌이 800여 상 개간된 중에서 일부를 매수한 것을 그 주민과 토지 경작자들이 궐연히 들고 일어나서 토지겸병의 폐해를 방지하고 내가 부치는 땅을 내손아귀에 넣자는 주장하에 기어코 도로 물러서 사고 말았고 또 만보산 농장에서도 농민의 각성과 아울러 당국자의 선처로 인하여 400여 상 되는 토지를 전부 모 금융기관에서 차입하여 매수한 후 연부 상환으로서 영구히 자작농을 창설할 계획이 농숙(濃熟)하게 진행된다는 유쾌한 소식도 있습니다. 이것은 원래 만주농사의 농리(農利)가 워낙 후하여 농민 자신이 능히 근검절약하고 또 경작방법의 개량과 그네들의 각성 여하에 따라서는 능히 농민 자신이 2, 3년 후 혹은 4, 5년에는 능히 자작농이 될 가능성이 있다는 것을 가르쳐 주는 동시에 전만 농민 가운데 이와 같은 경향이 있는 것은 우리로 하여금 그들의 갱생과 농촌 진흥에 관하여서는 결코 간과하지 못할 문제인 동시에 이 경향과 열의를 잘 선도하여 이와 같은 의기를 북돋아 다시 자립하도록 하여야 될 것입니다. 결국 요약하여 말씀하자면 만주에 있어서 금후 농촌진흥의 제1중대한 조건으로는 회사의 쓸데없이 큰 계획으로 그 질곡에 신음치 아니할 것과 또 너무 근시안적 토지 기업자의 이익만을 농단하려고 하는 것을 배제하고 전 만주농민의 가슴 속에 팽창해 있는 자작농이 되고자 하는 자립적 정신과 열의를 더욱 배양하고 지도하여 자작농 창설을 기어코 실현해야 한다는 것입니다.

다음에는 금융 문제올시다. 현대 경제조직에서 금융 문제는 모든 문제의 기간이 되는 것으로 마치 인체의 혈액과 마찬가지올시다. 하나의 혈액순환이 활발하고 원활할 때 그 인체는 퍽 건강한 상태에 있을 것입니다. 그러나 만일 혈액이 적고 그 순환이 둔할 때는 그 인체는 반드시 불건전하고 병쇠한 인체올시다. 이와 마찬가지로 그 사회에 금융기관이 충비되어 있고 순환이 원활할 때 그 사회는 활발하고 건전하며 만일 금융기관이 불충분하고 순환이 고갈될 때 그 사회는 생활 불안이 생기고 파탄이 생기는 것이올시다. 그런데 우리 만주 조선인사회를 살피면 전연 금융기관이 고갈되었다고 하여도 과언이 아니올시다. 조선총독부에서도 과거 이 점에 특히 유의하여 사변 전부터 전만주 중요한 도시에 금융회를 설치하여서 근소하나마 농민에 대한 농자금을 융통하는 것이 유일한 금융기관이라고 할 있었는데, 사변 후 비록 그 시설이 장족의 진보를 보이고 확충을 보았다 할지라도 1936년 현재 통계로 보면 금융회에 가입한 회원수가 58,733명에 그 대부 금액이 5,663,600원이어서 전만 인구에 비하면 불과 1/10에 불과합니다. 이것으로 어떻게 건전한 발전을 할 수 있습니까. 그 이윤이 또 4전 5리로 퍽 고리인 데다가 그 대부액에서도 1호당 50원 이상 120~130원까지 되어서 겨우 춘경기에 식량준비가 되지 않습니다. 이것도 전부가 농경자금뿐이오 토지매수를 한다든지 또는 개척하는 데 쓰는 장기 혹은 저리의 흥업적 금융은 아니어서 농민은 자기 손에 한 푼 돈이 없어 한 촌의 땅을 살 수 없으니 이같이 고정된 금융기관으로서는 도저히 농촌의 발전과 진흥은 바랄 수 없습니다.

그러므로 나는 이 자리에서 무엇보다도 사람의 피와 같은 금융기관을 좀 더 확충하고 풍부하게 하여 건전한 농민이 토지에 대한 투자를 하고자 할 때 안심하고 투자할만한 기관이 있어서야 되겠고, 그 필요를 절실히 부르짖는 바입니다. 이것은 비단 농촌뿐만 아니라 도시에서 상업자금도 일반이올시다.

그러므로 다시 요약하면 현존한 금융회의 기능의 확대와 자금의 융통 액을 더 증대하여 전만농민이 다 이 금융기관을 이용하고 더욱 저리 자금을 융통하여 기업적 방보에 쓰게 하지 않는다면 도저히 농촌 진흥은 100년 하 세월이라고 할 수 있습니다. 토지 소유권의 확립과 금융기관 충비 외에 농촌 진흥에 대한 물적 관계 즉 경제적 관계로 본 문제로 영농 경작 방법의 개선이라던 지 부업 장려라든지 이러한 문제가 많습니다. 다만 이것은 위에 언급한 것 같이 두 가지 문제만 해결된다면 다음 말씀하는 심적 관계 문화의 발전과 아울러 모든 문제는 해결되리라 생각합니다.

진흥책(심적 방면)

다음에는 심적 방법, 즉 문화관계로 진흥책을 말씀드리고자 합니다. 먼저 심적 개발운동을 일으켜야 되겠습니다. "사람은 빵으로만 살지 못한다"라는 기독교의 말씀도 있는데 토지소유권이 확립될 가망이 있고 금융기관이 충비된다 할지라도 농민 자신의 심적 결함이 있다면 문제는 뜬구름과 같습니다. 그러므로 먼저 농민의 심전 개발로서 종래에 많은 경향을 띠고 있는 편벽된 근성, 즉「가미」근성 또 위상적 심리 또 의뢰와 나태한 심적 경향을 버리고 용감히 새로 건설되는 역사의 건설자가 되겠다는 용기와 의지와 열의가 있어야 할 것입니다.

심적 개발에서 먼저 생각나는 문제는 심적 의거 문제올시다. 재래 조선은 선조숭배를 중심 신념으로 하여 모든 의식-관혼상제-이 발달되어 있습니다. 그러므로 선조 숭배의 관념과 그 의식을 현대화시키는 데서 조선 민족의 심적 결합 내지 심적 갱생이 있을 것이라 믿습니다. 그런데 만주에 와 있는 조선인은 선조를 모시는 사당 혹은 선단에서 멀리 떨어져 있으므로 조선 재래의 고유한 심적 신앙을 잊어버리기가 쉽습니다. 그러므로 나는 방법과 표현이던지 이 문제를 좀 더 고찰할 문제라고 생각합니다.

조선 이민 통제 방침 발표: 집결지역을 확정, 자유이민도 집단화

조선인 농민 이주 통제에 대한 당국의 방침이 구체화되어 이에 대한 실시 요령이 발표되었는데 이로 인하여 집결지역을 확정하는 동시에 자유이민의 안정을 기하게 되었다. 더욱이 요령의 실시와 동시에 자유이민은 규율 있게 집결통제 이래 입식이 가능하게 되었고, 이로 인하여 종래의 자유이민을 중심으로 한 폐단에 소명되게 되었는바 전기 요령의 실시 강목은 아래와 같다.

    1. 조선 농민 집결지역은 제1차적으로 다음의 각 현으로 정함

       봉천성 = 개원현, 철령현, 서안현, 푸현

길림성 = 영길현, 액목현, 돈화현, 쌍양현, 회덕현, 서란현, 화전현

빈강성 = 영안현, 수화현

용강성 = 태래현, 조남현

흥안남성 = 통료현

2. 위 지역에서는 이주 증명서를 소지하는 조선 농민의 신규입식을 인정하고 '잠행자유이민취급규칙'을 적용하는 것 이외에 자작농 창정 기타 조선 농민 안정에 관한 제 시설 행위를 인정함

3. 위의 제1항 지역은 일본 내지인 이민 용지 정비요령에 기초하여 지정하는 일본 이민 용지 이외의 지역으로 하고 이 지역은 만주 척식주식회사도 또한 필요에 응하여 이민 용지를 취득할 수 있음

4. 선농의 입식을 지도원조할 지역 및 집결지정 지역 이외에서의 조선 농민은 다음과 같이 취급함을 득함. 단 국경지대 내를 제외함

   가. 신규입식은 인정하지 않음

   나. 기존 이주 조선 농민으로서 집단 통제되어 있는 농촌은 현상 그대로 안정시 함

   다. 기존 이주 조선 농민의 자작농 창정에 대해서는 민정부 대신의 인가를 받아야 만선 척식공사에서 이를 실시할 것으로 함. 단 자력으로 자작농을 하려는 자는 무방함

   라. 산재 또는 부동되어 있는 조선 농민으로서 다른 곳에 이전함을 필요로 하는 자는 민정부 대신의 인가를 받아야 이를 실시할 것으로 함.

〈자료 50〉 조선인 개척민(滿史會, 1965, 『滿洲開發四十年史』, 東京: 滿洲開發四十年史)

만주국 성립 직후

만주사변 직후까지 만주 내 조선인은 약 100만 명으로 불렸다. 민족협화를 표방하는 만주국이 성립하자 조선 북부 빈농의 왕래는 급격히 증가해 연평균 만주 이주 조선인은 사변 전에 비해 4배 이상 늘어나 1935년에는 10만 명을 넘는 신규 이주자가 생겼다. 그러나 당시는 치안 확립도 불충분해 이들 신규 입식자에 대한 안내를 할 수도 없었고, 특수한 기관이 창설

된 것도 아니었다. 따라서 희망에 불탄 이들 조선의 농민을 안내해 정착시킬 수도 없었고 이들의 무계획적인 입식을 저지할 수도 없었다.

[제1기]

만주국은 조선총독부와 협의를 거듭해 1936년 8월 '재만 조선인 지도 요령'을 확립해 9월에는 그 실천적 지도기관으로서 조선 측에 선만(鮮滿)척식회사를, 만주 측에는 '만선척식회사'를 설립했다.

[제2기]

1938년 7월 이민사무처리위원회의 논의를 거쳐 '선농(鮮農) 단속 요령' 12항이 결정되었는데 그 개요는 다음과 같다.

1) 신규 입식(入植) 가구 수는 매년 1만 호로 한다.
2) 신규 이주 희망자에 대해 조선총독부는 이주지별로 입식자를 결정해 이들에게 이주증명서를 발급한다.
3) 만주국 정부는 만주에 들어오는 조선 농민의 통제 및 안내를 위해 조선 국경의 필요한 개소에 척정변사처(拓政辯事處)를 설치한다.
4) 신규 입식자의 토지 선정 및 이들의 입식에 관해서는 지방행정기관, 선척금융회(鮮拓金融會), 기타 관계기관이 협력해 필요에 따라 그 지도 원조를 한다.
5) 신규 입식지역은 국경지대, 기타 특정지역 이외로 한다(종래 23현 내라는 제한을 철폐).
6) 개척민의 질에 중점을 두어 조선 만주 양측에서 훈련을 한다.
7) 입식 형태를 집단, 집합, 분산으로 구분해 집단은 만선척식이 취급하고, 집합은 금융 알선을 해 토지를 취득하게 하며, 분산은 연고 개척민을 칭한다.

[제3기]

이어서 1939년에 들어서 만주개척사업이 궤도에 올랐기 때문에 1939년 1월 신경(新京)에서는 대규모 일만공동척식간담회가 열렸다.

이 간담회는 약 1년간 신중한 심의를 거듭해 12월 22일 그 결과를 '만주개척정책 기본 요령'이란 이름으로 정리했으며 일본과 만주 양국 정부가 동시에 발표했다. 이 요령은 만주 개척에 관해 26개 항으로 나누어 기술하고 있다. 만주에 있어서 조선인 개척민은 인원수 측면에서나 대우 측면에서, 또 조성 측면에서도 원칙적으로 일본 내지 개척민에 준하는 것이 이 요령에 확실하게 언급되고 있다.

- 입식 호수: 1937년 만선척식회사 설립 후의 신규 개척민의 연도별 입식형태별 호수를 표시하면 다음과 같다.

구분 \ 연도	1939	1940	1941	1942
집단		3,290	615	1,152
집합	5,015	1,318	141	13,30
분산	2,393	1,842	1,969	16,298
계	7,408	6,450	2,725	34,657

- 만주 내 기존 조선 농민: 1945년 당시 약 120만으로 불리는 재만 조선인의 대부분은 간도성 및 동요도(東邊道) 지구를 중심으로 농경하고 있었다. 이들 가운데는 독자적인 생계를 확보하고 있는 사람뿐만 아니라, 만주인 지주의 소작농으로서 고리의 소작료에 고통받고 있는 사람, 재해 때문에 경작지를 떠나 각지를 떠도는 사람도 많았다. 이들을 만주국의 건전한 구성분자로 하기 위한 국가적 지원책이 펼쳐져, 만선척식주식회사의 설립과 함께 신규 입식자의 안내, 이들에 대한 조성도 중요한 사업으로서 실행에 옮겨지게 되었다.
- 만척의 통합: 위에서 기술한 기본 요령에 따라 선농개척민의 차별 대우는 원칙적으로 철회되었다. 그러나 담당 기관이 만척공사(滿拓公司), 만선척(滿鮮拓)으로 나뉘어서는 실제적인 일체화가 곤란하기 때문에 기본 요령에는 이 두 회사의 통합을 명시하고 있었다. 1940년 6월 만선척 이사장이 만척공사 총재에 임명되고, 이날 다시 만선척 이사장에 취임해 두 회사를 장악했다. 6월 29일 각각 두 회사에서 위원을 임명해 만척선척

통합준비위원회를 설치했다. 11월 9일 최종적인 현지안의 심의를 마치고 12월 6일 만주국 안으로서 일본 정부에 보내졌다. 이어서 1941년 4월 1일에 통합 가(假)조인식을 갖고 만척공사로 통합되게 되었다.

- 통합 후의 안내: 1941년 '조선인 개척흥농회(興農會) 설립 및 조선지도요령에 관한 건'이 공표됐다. 개척흥농회는 이 법규의 공포 후 착착 결성 준비가 진전돼 집단 개척지에서는 단체법 내지는 조합법의 준용과 함께, 조선인 개척민도 일본 본토 개척민과 거의 똑같은 기구와 내용을 정비하게 되었다. 더욱이 이에 근거를 두고 조선계 개척민에 대한 일본과 만주국 정부의 보조금도 증액됐으며 이해에 연도별 조성 방법도 확립, 1942년부터 실시하기로 했다. 만척공사의 일반 융자금에 관한 최고한도 및 융자방법도 확고하게 계획성을 갖추게 되었다.

〈자료 51〉 조선인(朝鮮人) 만주 개척민(滿洲 開拓民)의 보호와 지도에 대하야(『반도의 光』 44, 1941.6)

조선총독부 외사부 사무관 윤상희(尹相曦)

1.

현재 조선인의 만주 이주자(移住者)는 120만을 훨씬 넘었다. 이 숫자를 보는 사람은 조선인의 만주 이주가 아주 쉽게 된 것 같이 볼는지 모르겠다. 그러나 조선인의 만주 이주사를 상세히 살펴보면, 그것은 문자 그대로 악전고투의 참담한 역사였다. 조선인이 만주에 이주하기 시작한 것은 멀리 부여(扶餘), 고구려(高句麗), 발해(渤海)의 옛적에 올라가지만, 그것을 여기서 상술할 지면이 없으므로 근세의 청조(淸朝) 발흥 이후의 연혁에 대하여 극히 간단히 살펴보겠다. 즉 청조 이후 만주사변(滿洲事變)에 이르기까지의 연혁을 연대로 관찰하면 이것을 금지시대(禁止時代), 묵인시대(默認時代), 방임시대(放任時代), 압박시대(壓迫時代)의 4기로 나누어 볼 수가 있다.

제1, 서기 16세기 초엽 청조는 만주를 봉금의 나라로 삼고, 당시의 한국과 강도회맹(江都會盟)을 맺고 조선인의 내주를 엄금하였는데, 이 정책은 19세기 중엽까지 지속되었다. 그동안 몰래 봉금을 얕보는 자도 적지 않았으나 대체로 조선인의 만주 진출은 대부분 불가능하였다.

제2, 청조 말에 이르자 만주 봉금의 위령(威令)은 겨우 힘이 없게 되는 한편 노령(露領) 연해주(沿海州)에서 조선인의 내주를 환영하였기 때문에 이 기회를 이용하여 조선인은 대안지방(對岸地方)에 이주하는 자가 많아졌으나, 월강금지는 해소되지 않았다.

제3, 1890년 소위 경오년의 대흉년을 맞이하여 북선지방(北鮮地方)의 이재민이 늘어나서 월경 이주하게 되었고, 1893년 만주 봉금 정책이 해소되니 여기서 조선인은 공연한 만주 진출의 단서를 열게 되어 이주자는 점점 증가하였다.

제4, 그러나 1921년경부터 조선인 이주자의 입장은 다시 불리하게 전개되었다. 만주의 소위 동북 군벌은 조선 농민에 대하여 제한적으로 압박을 가하여 이주자는 점점 적게 되었으나, 특히 첨예화 된 것은 1925년 말 이후였다. 더욱이 1930년(昭和 5), 배일사상을 가진 현 지사 관하에 조선 농민 압박을 목적으로 한 불법 사건, 혹은 1931년 만보산사건 등 조선 농민은 인고묵종(忍苦默從)의 생활을 계속하여 마침내 만주사변이 발발되고 말았다.

2.

이상과 같이 조선인의 만주 이주는 눈물의 역사다. 그러나 한일합병(韓日合倂) 후 조선인의 만주 이주는 조선의 통치상 중대한 영향이 있으므로 통감시대(統監時代)에 이미 간도에 임시파출소(臨時派出所)를 두고 재만 조선인의 보호 지도, 취체에 당케 하였다. 이래 1937년(昭和 12) 치외법권 철폐에 이르기까지 재만 각 영사관에 파견원을 주재하게 하여 보호 지도에 당(當)케 하는 동시에 필요한 교육, 금융, 수역(獸疫), 기타 문화, 산업시설을 베풀어 왔다. 더욱이 만주사변이 일어나자 각지에 봉기도량(烽起跳梁)한 공비(兵匪), 토비(土匪) 때문에 오지에 살고 있던 조선인은 몸만 가지고 철도연선의 안전지대로 그 봉변을 피하였다. 이 피난자의 수는 간도 지방 3만여 인, 남만주 역시 3만여 인에 달하였으므로, 조선총독부는 이들의 긴급한 조치를 강구하는 동시에 치안이 회복되는 대로 점차 살고 있던 곳으로 돌려보내며, 부득이한 사정으로 돌아갈 수 없는 자에게는 이를 집단적으로 수용하여 장래 자작농이 되도록 하는 방침하에 남만주에서는 요소요소에 안전농촌(安全農村, 영구, 철령, 삼원포, 하동, 수화)을 설치하고 간도에서도 집단부락 설치와 자작농 창설 사업에 착수하고, 이들 수용자의 항구적 안정을 꾀함으로써 탐욕한 만주 지주의 억압을 벗어나 자주독립의 길을 열게 하였다.

3.

만주사변을 거쳐, 만주국이 민족협화(民族協和)를 표방하고 건국이 되니 신천지를 목표로 하여 건너가는 조선인은 날로 불어가는 형편이었고, 그 가운데는 아무런 준비도 확실한 목적지도 없이 소위 만연히 도만(渡滿)하여 여기저기를 유랑하는 자가 많고, 만주 원주민과의 사이에 걸핏하면 말썽거리를 만들어 분쟁하므로 이대로 두었다가는 쌍방이 불행에 빠지게 되겠으므로 조선총독부에서는 급속히 만주 이주자의 안정을 꾀할 강력한 포괄적 기관의 설치를 절실히 느끼고 1936년(昭和 11) 제령(制令)에 의하여 경성(京城)에 선만척식주식회사(鮮滿拓殖株式會社)를 설립하는 동시에 이 회사의 사업 회사로서 만주국 칙령(勅令)에 의하여 만선척식주식회사(滿鮮拓殖株式會社)를 설립하고 두 회사는 완전히 표리일체(表裏一體)의 관계를 가지고 이민사업에 당(當)케 하였다.

그리하여 이래 조선총독부는 조선이민의 만주입식에 관한 구체적 방책에 대해서는 필요에 응하여 때 따라 만주국과 상의한 후 실시해 왔으나, 지나사변(支那事變, 중일전쟁)을 계기로 하여 이민 문제는 종래의 관점에서, 다시 비약적으로 열도(熱度)로써 강구하고 실천하게 되었다. 이리하여 1939년(昭和 14) 12월 상주되어 그 기본요강이 각의 결정을 보게 되니 조선인은 일본 내지인에 준한 취급을 받게 되고 그 사명도 단지 경제적 관계에 그치지 않고 제국(帝國)의 동아신질서건설(東亞新秩序建設)의 초석됨에 있어 명칭도 종래 이민이라고 칭하여 왔던 것을 개척민(開拓民)이라고 개칭하게 되었으며, 장래 소질의 향상과 아울러 수적 확장을 계획하는 동시에 1940년(昭和 15)부터 이들 개척민에 대하여 조선과 만주 쌍방에서 개척민의 보호지도, 훈련 및 기타에 대하여 적극적 조치를 강구하여 만전을 기하게 된 것이다.

여기서 부언해 둘 것은 내선개척민(內鮮開拓民)을 총괄 취급해 오던 선만척식회사(滿鮮拓

殖會社, 만선척식회사 포함)를 발전 해소하여 내지인 개척민 취급회사인 만주척식회사로 금년 5, 6월경 통합할 예정으로 목하 착착 준비 중에 있다.

4.

만주개척정책(滿洲開拓政策) 기본요강(基本要綱)에 관한 근본정신은 국(國)의 팔굉일우(八紘一宇)의 대이상(大理想)에 기초하여 만주국에 문화적, 역사적 전통과 국민훈련을 받아 온 내선인(內鮮人)을 다량 입식함으로써 제민족의 중핵적 존재로 하고 동아신질서건설의 거점됨을 목표로 하여 아울러 일만불가분(日滿不可分) 관계의 공고화, 민족협화의 달성, 국민력의 증가 및 산업의 진흥을 기대함에 있는 것이다. 그리하여 이것을 촉진 실현케 할 구체적 방책으로서 개척 관계의 행정 기구의 정비 강화, 지도와 조성방법, 훈련 강화 등에 대하여 그 목적 달성에 유감이 없도록 일본, 조선, 만주국 각 당국은 조치하고 있다.

5.

개척민에 대한 지도와 조성은 어떠한 방식으로 하느냐 하면

제1. 개척민이 그 이주 형태에 따라 그 지도 방법이 다르다. 즉 이주 형태에 의하여 집단, 집합 및 분산의 3종으로 나누어 집단 형태는 대개 300호 가량 동일한 개척지에 집단 이주하는 것인데, 그 행정, 경제 기구에 대해서는 부락의 건설 기간 중 특수지방 자치단체인 개척단을 결성케 하여 영농, 경제 모두 협동의 방식에 의거하여 점차 협동 경영에서 자작농을 목표로 하는 개인 경영의 확립을 도모케 하며 아울러 행정기구를, 일반 행정기구는 협동조합을 결성케 하여 원주민과의 혼성촌을 이루게 유도한다. 집합형태는 대략 50호 정도, 동일한 개척지에 집합적으로 이주시키는 것인데 원칙으로 특수행정기구를 구성하지는 않으나 당해 지방 관계 행정기구에 흡수케 한다. 분산 형태는 자기나 혹은 재만 연고자가 있어서 입식지를 물색하고, 개개로 이주하는 것인데, 당초부터 자립하여 원주민과 융합하도록 지도한다.

제2. 선만 양 당국은 개척민에 대하여 다음과 같은 보조금을 교부하여 그들의 건강, 교육,

경비 등 시설에 조금도 유감이 없도록 하며 그 원활한 발전을 기하고 있다.

만주 개척민 1호당에 대한 본부 및 만주국의 보조액

형태	부담별	보조종별			
		이주여비	공동시설비	개인시설비	계
집단개척민	본부	40.00원	79.00원	100.00원	219.00원
	만주국	-	185.41	-	185.41
	계	40.00	264.41	100.00	404.41
집합개척민	본부	40.00	75.45	100.00	215.45
	만주국	-	175.35	-	175.35
	계	40.00	250.80	100.00	390.80

1. 이주여비 가운데 기차비는 따로 조선 내 6할, 만주 5할인의 할인증을 교부함
2. 이주여비, 개인시설비 보조는 예산의 평균액을 나타냄
3. 본 표에 표시한 것 외에 개척지에 배치를 요하는 단장, 농사지도원, 축산지도원 및 의사에 요하는 비용, 개척민 1인당 집단 135원 32전, 집합 163원 80전은 본부 만주국이 각 절반액을 부담하기로 함

집단, 집합개척민의 공동시설 지도에 대해서는 좀 더 구체적으로 상기하고자 하나 지면 관계로 제한되어 다음 기회로 미루기로 하였다.

단 분산개척민에 대해서는 아직 보조액은 없다. 이상과 같이 만주 개척민에 부하된 대사명을 수행하기 위하여 가급적 필요한 만큼 지도를 하고 있는 중이나 그 소기의 목적 달성 여부는 오로지 개척민 자신의 책임여하에 달려 있음에 비추어 본부는 개척민 전체에 대하여 될 수 있는 대로 단기간의 훈련을 실시하는 외에 1940년(昭和 15) 강원도(江原道) 평강군(平康郡) 고삽면(高揷面) 세포리(洗浦里)에 본부 만주 개척민 지원자 훈련소(本府滿洲開拓民志願者訓練所)를 설치하고 특히 만주 개척민의 (一) 지도자 될(단장, 지도원) 자, (二) 중견자 될 자, (三) 청년의용대(靑年義勇隊)에 대하여 엄격한 훈련을 실시하고 있으며, 조선인 개척민 전체의 수준향상에 노력 중이다. 개척민 훈련 중의 경비 보조액을 게시하면 별표와 같다.

〈자료 52〉 남총독(南總督)과 협력하여 쌀 생산 증대에 만전(萬全)을 기하다 - 개척민(開拓民)은 동방(國防)의 사명(使命)을 띠고 대륙(大陸)에 진출(進出)하라 - 기자단(記者團), 개척상(拓相)과의 일문일답(一問一答)《매일신보》, 1939.10.7)

중남부 조선의 한해 상황과 구제사업 실시상황을 시찰하며 일반 정세에 관하여 본부와 협의하고자 입상한 김광(金光) 척상은 총독부로 남(南) 총독을 방문한 다음 오후 3시 10분부터 총독 응접실에서 본부 출입기자단과 회견을 하고 산미증식 만주개척농민 문제 등에 대하여 다음과 같은 문답을 하였는데 온용과언(溫容寡言)의 척상은 침착한 태도로 내용 있는 답변을 하여 척상으로서 좋은 인상을 주었다.

문: 금번 한해지 시찰을 겸하여 전화위복의 산미증시계획을 실현할 방책이 있나?
답: 이 문제에 관해서는 차중에서도 다른 신문기자 제군에게 질문을 당하였는데 이 문제는 나로서 동감을 가지고 있는 만큼 관계성인 농림, 대장 양성으로 더불어 증산 계획에 대한 인식을 깊게 하고 있으니까 어렵지 않게 해결이 되리라고 믿는다.
문: 금년도의 증산 계획을 보더라도 여러 가지 장애가 많았는데 중앙에서는 그렇게 적은 안목으로 이것을 평정하지 말고 적어도 10년 내지 20년의 심대한 계획을 수립하여 제국의 식량 정책 또는 일보 나아가 일본 만주 중국 블록의 식량 문제 해결에 매진해 나갈 의사는 없을까?
답: 전연 동감이다. 이번 한해를 계기하여 조선뿐만 아니라 대만까지도 금년 농사가 불량하니까 전체적인 근본 계획을 수립하는 동시에 종래의 계획은 경정하여야 할 줄 알며 조선의 산미증식 문제는 총독 각하와 협력하여 만전을 기하도록 할 터이다.
문: 도대체 산미 문제뿐만 아니라 제철 문제, 혹은 무산 개발 같은 국책적인 계획에 대하여 중앙에서는 정당한 인식을 가지지 않아 반대하게 되는데 그 인식을 시정하는 의미에서 조선과 내지와의 인사 교류를 하면 어떨까?
답: 내외지간의 이해는 점차로 심각해져 앞으로는 그러한 오해가 없을 것이며 더욱이 조선에서는 내지에 대한 인식이 깊은 대신 중앙 측에서는 현지를 보는 기회가 적은 관계

로 그러한 점이 없지 않으니까 앞으로는 시찰할 기회를 많이 만들겠다.

더욱이 시국 하의 척무행정은 중요성을 다분히 가지고 있으므로 이번 조선에 오게 된 것을 기회로 하여 여러 가지 각도에서 제반 사정을 충분히 알아 가지고 갈 터이며 특히 식량문제에 대해서는 내외지가 일관한 정책을 수행하고자 생각한다.

문: 지금 말씀은 지당하다고 생각되는데 그러한 점을 상공성과 농림성에도 전하여 빈번히 조선사정을 시찰하도록 해주기 바란다.

답: 동감인 만큼 그리하겠다.

문: 일만이민심의회는 계속해서 개최되며 조선으로부터의 개척민을 보낼 계획은 종래대로 할 것이며, 또 만척, 선척 합동 문제는 어떠한가?

답: 근본 방침은 국책적인 것으로 결정하고 있으며, 두 개의 척식회사 합동문제는 서서히 결정 지을 터이다.

문: 기후, 풍토, 습관으로 보아 모처럼 개척민으로 갔어도 귀환하는 자가 내지에는 많은 모양인데 조선은 만주와 인접한 관계도 있고 하니 조선 개척민에게 우선권을 줄 수는 없는가?

답: 그러한 사정이 없지는 않으나 그것은 과대한 물질적 선전이 많아 그러하니까 앞으로는 국방과 국책적 사명을 띠고 개척민으로서 대륙으로 진출한다는 정신방면에 치중하지 않은 면 안 될 줄 안다.

〈자료 53〉 만주 개척민 심의회 답신안요강 가결(《매일신보》, 1939.10.31)

임시 만주 개척민 심의 제2회 총회는 30일 오후 수상 관저에서 개최하고 특별 위원회에서의 만주 농업 경영의 목적과 방침에 관한 하시모토(橋本) 위원 제출의 부대결의를 협의하고 특별위원회의 원안대로 개척민 정책 기본요강의 답신안을 가결하였다. 답신안 요강은 다음과 같다.

⊙ 답신안 요지

1. 총괄적 방침

지나사변(중일전쟁)하의 아국 현하의 정세에 있어서는 각 방면에도 노무원 충실의 급을 고하고 있으나 정부는 기정 방침대로 만주에 대한 대량 개척민 계획을 실시하는 동시에 동아 신질서 건설의 신대륙 정책과의 관련에 있어서 일본 내지인 개척 농민을 중핵으로 하여 일만 일체적 발전 민족협화의 달성을 계(計)할 것

2. 명칭

종래의 이민인 명칭은 만주 개척민의 의의로 보아 적당하지 않으므로 금후 개척농민 또는 개척민이라 칭함

3. 개척민의 종별과 조성 방침

(1) 일본 내지인의 개척민에 관해서는 1. 개척농민 2. 반농적 개척민 3. 상공광개척민 4. 청소년 의용군의 4종에 구분함

(2) 조선인에 관해서는 내지인에 준하여 취급하는 방도를 새로 열 것

(3) 개척민과 청소년 의용군은 새로 일만 양국의 ○○구분을 확립함

4. 이주의 형체와 개척 후의 행정, 경제 기구

(1) 종래의 집단 입식과 자유입식의 형체를 ○○ 집단, 집합, 분산의 삼형체로 함

  (가) 입식지역에 대해서는 북만을 중심으로 하나 기타 널리 전반에 걸쳐서 입식할 것.

  (나) 이주 후 일정 기간은 만주국에서 개척단법을 제정하고 이에 기초하여 개척단을 조직하고 행정 경제상 특수한 취급을 할 수 있는 길을 열 것

(2) 개척용 토지의 정비에 관해서는 금후 만주국이 국영으로서 실시하고 소유권 부여키 위하여 특별의 농지제도를 세울 것

5. 조성기관의 조성

만주척식회사를 조선척식회사와 합병하고 양사를 일체화할 것. 기타 방법으로서 만척으로 하여금 선만척을 합병시킬 것. 이에 필요한 매수비는 만척에 대한 정부 출자의 증가에 의하기로 하고 오는 회에 제출함

6. 청년의용대 훈련부의 설치

개척민의 중핵을 청소년 의용군에 두고 이를 위하여 신경에 만주개척청년의용대 훈련본부를 설립하여 훈련기간은 2개년으로 하고 제1년도를 기본 훈련 제2년도를 실지훈련에 충당할 것

7. 개척민 정책의 수행에 관한 행정기구의 충실

가. 척무성 척무국 동아제1과제2과 종합기구의 확충을 도모할 것
나. 각도 부현에 있어 개척민 모집의 원활을 기하기 위하여 장래 도, 부, 현청에 척식과를 설치할 이상하에 준비를 진행함
다. 만주국에 개척민에 관한 종합적 과학연구기관을 설립할 것

〈자료 54〉 과잉인구보다도 실제기술자들 파견(《매일신보》, 1940.11.14)

만주국의 왕도낙토를 건설하는 일꾼으로 또는 만주개척에 거룩한 작업을 하러 가는 조선 개척민은 해마다 1만 호 5만 명씩 대량으로 진출시켰는데 앞으로 이 개척민을 보내는 데 새로운 방침을 세우고 개척민에 대해 새로운 검토를 하기로 하였다.

그래서 어제 12일 이에 대한 구체적 방침을 세우고자 개척민 위원회의 간사회를 총독부 외사부에서 소집하였는데 종래에는 남조선 지방을 중심으로 과잉인구를 살대해서 보내는 것을 앞으로는 실제로 농공광(農工鑛)의 세 가지 방법을 통하여 실제 기술자를 파견하여 만주 개척에 실제적 활동을 시키기로 방침을 변경하였다.

특히 착착 노무 동원 계획이 실시되고 있어서 노무자를 내지와 조선 내 각지로 많이 알선

해야하는 처지이므로 이 점을 생각해서라도 특히 만주 개척민으로만 무리한 진출을 시켜서는 안 된다는 것이다. 그리고 지금까지도 희망자만을 뽑아서 개척민으로 보내는 것을 앞으로 실제 잉여노력을 생각해서 남는 노력이 있기만 하면 희망자가 아니라도 적당한 사람이면 뽑아서 개척민으로 보내고 또한 조선과 내지 각지로 알선하도록 할 터이므로 머지않아 전 조선적으로 이러한 잉여노력 조사를 전면적으로 하리라고 한다.

〈자료 55〉 선만일여로 확립될 개척민의 백년대계(《매일신문》, 1942.8.7)

매년 1만 호씩 5만 호를 입식시키자는 제2차 만주 개척민 5개년 계획은 조선과 만주 측의 협력으로 이미 금 년부터 시작되었거니와 만주대륙을 개척할 조선 개척민에 대한 지도 방침을 근본적으로 결정하려는 선만역락 개척민회의는 6일 오전 9시부터 총독부 제3회의실에서 3일간 예정으로 개막되었다. 만주국 측으로 개척총국의 미야바시(宮林) 초간처장(招墾處長) 이하 관계관 10명 조선 측으로 아오야마(靑山) 총독부 척무과장 이하 관계관등 20여명이 출석한 중 제2회 선만연락협정에 의한 만주개척 제2차 5개년 계획 요강에 따라 양편의 초안을 기초로 해가지고 그 실시 요강을 구체적으로 결정하고자 여러 가지로 협의하였다.

반도 출신 만주 개척민 문제는 장내 입식 시킬 사람뿐 아니요, 이미 입식된 수많은 사람까지 합쳐서 대단히 중요한 역할을 할 것이 사실이다. 흥아전사로서 만주의 기름진 땅을 개척하여 증산 운동에 힘쓰는 것은 말할 것도 없고 북방을 굳게 지킬 국방 전사로서도 엄연한 존재가 되는 것이다. 그런 만큼 수요로만 다수 개척민을 보내는 것보다도 질적으로 우수한 사람을 선발하여 입식시킨 다음 이들을 철저히 지도 훈련하고 여러 가지 시설을 확충 정비할 필요가 있는 것이다. 그래서 선만 양 당국에서는 이에 대하여 이미 오래전부터 정성껏 연구해 온 것인데 이번 쌍방의 구체안이 결정되었으므로 경성에서 그 연락 회의를 연 것이다. 그런 만큼 쌍방 관계자들은 신중한 태도로써 첫째 제2차 5개년 계획에 따라 입식시킬 호수를 계절별로 배정하고, 둘째, 입식할 지구와 개척집단을 만주로 보낼 기간을 구체적으로 결정하고, 셋째, 개척자의 가옥과 토지를 철저히 정리 준비하고, 넷째, 일반 개척민 특히 그 지도원의 훈련을 적극적으로 강화 확충하며, 다섯째, 개척지의 농사짓는 방법을 철저히 지도하고 여섯째 보조금과 금융시설의 확충 등 여러 가지 항목을 중심으로 열심히 협의한 후 오후 4시경 산회하였다. 7일과 8일 양일에도 계속하여 충분히 의견을 교환하면서 논의해 나갈 터인데 이로써 만주 개척민 지도에 관한 백년대대가 확립될 것으로 기대되는 바 크다.

〈자료 56〉 대동아건설하는 데 한 목을 보는 개척민(《매일신보》, 1942.8.14)

가네모토(金本): 상좌에 앉아 말씀을 올리게 되어 죄송스럽습니다만 주최자 매신을 대표해서 한마디 인사말씀을 드리겠습니다.

여러분께서는 염천하 사십일간이나 여러 가지로 불편한 만주 개척부락 또는 소년의 용군을 방문 순회하시고 돌아가시는 도중 잠시 경성에 들르신 이 기회를 틈타서 피곤하실 줄 알면서도 이 좌담회를 열기 위하여 오시라고 하였으니, 만사를 제치시고 여러분이 다 같이 나와 주셔서 대단히 감사합니다.

출석자
- ▲ 대판여자 근로봉사대원 =목촌시태랑(인솔자), 고견하쓰에 궁기팔랑자, 곡구하나고, 삼하 미에꼬, 암전삼대자, 대관청자, 추산태자, 남천대자, 생길양자, 임화기(대화숙), 평산경인(대화숙)
- ▼ 조선단 +포중좌, 마전촉탁
- ▼ 본사 측 = 금본궁무, 서 주필, 궁촌 편집국 차장, 백학 부장, 금택 기자, 안동 기자

◇8월 9일 오후 5사 경성 호텔에서

만주 개척민은 단순히 농토를 개척한다는 의미보다도 국방의 견지라든지, 동아공영권 건설의 의미에서 만주국을 길러낸다는 뜻을 가지고 다시 말하면 국책적 견지에서 출발한 개척민인 줄로 생각합니다. 물론 내지에서 많은 개척민이 건너갔겠지만, 우리 조선에서도 이 수년 이래 매년 5천 호 내지 1만 호라는 개척민이 만주로 건너가고 있습니다.

너무들 분망하셔서 조선인 개척민 부락까지 방문치 못하셨을는지 모르지만 지금 조선은 내선일체라는 대 목표 아래에서 내지인에게 지지 않겠다는 기분으로 만주 진출하고 있는 상태입니다. 풍문에 들으면 개척민으로서는 일정한 자격이 필요하다는 데 여기에는 선량한 인격, 확고한 신념 등 개척정신의 모든 것이 필요할 줄, 알지만 무엇보다도 만주국을 배양한다는 의미에서 영주의 각오를 갖지 않으면 안 되리라고 생각하는데 그 영주의 각오를 갖기에는 젊은 개척민에게 배우자를 갖도록 해주어야 하겠습니다. 이 점에서 조선인 개척민도 같으리라고 생각하는데 그 점에서 여러 가지로 곤란한 점이 있는데 이것을 내지나 조선이나 한가지로 해결에 노력하지 않으면 안 될 줄로 믿습니다. 또 보선부인들로 이 석상에 3, 4명이 오셨지만 먼저 여러분께서 과거 40일간 보시고 들으시고 느끼신 여러 가지를 들려주셔서 우리 개척민 진출에 참고가 되도록 해주셨으면 좋겠습니다. 간단하나마 이것을 인사말씀으로 바꾸겠습니다.

기무라(木村): 일동을 대표해서 답례의 말씀을 드리겠습니다. 우리 일행은 6월 27일에 오사카를 출발했습니다. 오사카부에서 평성하고 있는 북진흥아여자추진대(北進興亞女子推進隊)는 오로지 만주 개척민의 새 아씨를 간선하는 데 종사하고 있습니다. 아시는 바와 같이 1937년부터 의용군이 편성되어 이들의 훈련 기한은 만 3년이므로 올해부터는 자연스럽게 단(團)에 들어가게 되었습니다. 오사카부에서도 종래의 계획으로는 안 되겠다는 판단으로 더욱이 이 추진대를 강화하고 그중에서 열 분을 선발하여 현지에 파견하였습니다. 이들은 개척단이나 의용군대를 지원하도록 근로봉사를 하며 그동안 만주의 사정을 잘 인식하고 장래 여자 북진에 많은 참고를 제공하겠다는 목적으로 갔던 것입니다. 오사카부에서는 자란툰(札蘭屯)에 2개 집단을 편성하여 지금 창설 중입니다. 거기에 일주일간 오사카부 향토부대가 묵안성에 있는 ○○에 있는데 그곳에서 이주일간 근로봉사를 하고 그동안 모든 사정을 탐문하고 한편 위문을 하였습니다. 그 외에도 각 부 현의 의용대 또는 개척단도 여러 가지로 위문하고 오늘 아침 경성에 도착했습니다.

여기에 또 주최자 여러분의 대단한 성의로 여러 가지 편의를 주신 것을 우선 감사하며 그 위에 또한 이러한 성대한 좌담회를 열어주신 것은 우리가 내선일체되어 더욱이 여성의 진출에 큰 도움이 될 줄 압니다. 그리고 이것은 장래 남의 아내가 될 여성으로서 제일 급한 일이라고 생각합니다. 이번 이 자리에서 우리는 한층 더 깊이 언약하고 국가를 위하여 일할 각오를 해야 하겠습니다. 여러분께서 이렇게 성대하게 저이들을 맞아주신 것을 일동을 대표하여 감사합니다.

백(白): 지금부터 좌담회를 시작하겠습니다. 제가 부인란을 맡고 있어 이 석상에서 사회를 맡아 보겠습니다. 그러나 사회라고 하여도 일정한 부담이 있어 이것을 진행시킨다는 것이 아니고 이번 여러분께서 만주에 가시어서 귀한 경험을 얻으신 것을 기회로 조선 측의 여러분도 같이 모시고 내선간의 여러 가지 사정을 서로 이야기하여 친목을 더할 기회를 드리고 싶다는 것이 좌담회의 뜻입니다. 그러니만큼 자유로 여러 가지 말씀을 들려주시기 바랍니다. 처음에는 역시 만주개척지 이야기에 화제를 두렵니다. 그쪽에 가서 근로 봉사를 하였는데 주로 어떤 일을 하셨는지요.

〈자료 57〉 개척민 복리시설비로 100만 원 재단을 계획(《매일신보》, 1943.2.24)

쌀의 증산전사 만주의 조선 개척민에게 영화나 만담, 또는 독농가의 선내 파견 등의 다채한 행사로서 복리증진에 힘쓰고 있는 개척민 문화간담회에서는 이미 3개년간 많은 효과를 거두고 제2기 5개년 계획의 제2년도를 맞이하는 지금 새롭게 활발한 보조를 내딛게 되었다.

그런데 이를 위해서는 상당히 많은 금액이 필요하여 작년, 재작년은 만주국 정부에서는 2천 원, 만척에서는 6천 원, 본부에서 1천 원을 각각 매년 보조받는 외에 독지가의 기부를 받아 이에 충당하고 있었는데, 금년부터는 확고한 재단을 만들어 개척민 복리 증진에 일보 전진을 꾀하여 동회 이사장 이하라(伊原相弼) 기타 위원들이 전만에 걸쳐 기부금을 모집하러 다녀, 대략 신경 1만 5천 원, 봉천 3만 5천 원, 목단강 2만 원, 하얼빈 3만 원, 안동 1만 원, 통화 5천 원 간도성 5만 원의 금액을 각각 담당하여 기부하기로 되었다는데 최근 봉천, 안동 방면에 출장하고 돌아온 이하라 이사장은 다음과 같이 말하였다.

"각지 조선인의 개척민의 복리 증진에 대한 열의에는 크게 감격하였다. 봉천서는 다카히(高日啓就) 씨가 매년 1천 원씩을 자진 기부하겠다고 하고 이외에도 서로 앞을 다투어 기부하여 주었다. 금년에는 약 15만 원의 재단을 확립할 생각이고 앞으로 100만 원 재단 확립에 매진하겠다. 금년에는 만담, 연극 등 위문계획을 세우고 있다. 귀사에서도 개척민 위문연극을 파견하여 주어 감사하다. 조선에서도 개척민의 복리증진에 힘써 주기 바란다."

〈자료 58〉『희망의 개척사(希望의 拓士)』 만주 개척민 부락에 함께 이주(移住), 아내가 될 처녀 개척사(處女拓士)도 양성훈련(養成訓練) - 하토리 외무과장(服部外務課長)과 일문일답(《매일신보》, 1943.10.27)

참말로 결전 단계에 들어갔다. 지는 것이 곧 망하는 것인 이 전쟁에 반드시 이기는 근본 문제가 되는 식량문제를 완전히 해결하고자 우리들은 한 알의 의미도 먹지 말고 내지, 조선, 만주국 사이에 절대적인 자급자족을 해야 한다. 이 때문에 만주국의 식량 증산은 더욱 중요성을 띠게 되고 농사를 잘 짓는 조선 농민의 만주이민은 더욱 그 임무가 큰 것이 있다. 이때 총독부에서는 1942년(昭和 17)도부터 1946년(昭和 21)에 끝나는 조선인 만주 개척 제2기 5개년 계획실행 목표 개요에 관하여 만주국 측과 완전히 의견이 일치되어 발표를 보게 된 것은 조선 농민의 만주 진출을 일층 촉진하는 것으로 기대가 크다. 제2기 계획의 내용과 입식하는 조선 농민의 빛나는 장래에 대하여 핫도리(服部) 총독부 외무과장과 다음과 같은 문답을 하였다.

문: 제2기 5개년 계획의 내용은 어떤 것인가
답: 이 계획은 작년도부터 시작되었는데 1946년(昭和 21)까지 5개년 동안에 집단(集團)과 집합(集合) 개척민 2만 2,500호, 분산(分散) 개척민 2만 7,500호 합계 5만 호를 만주국으로 보내라는 것이다. 내지 농가와 반도 농가를 만주국으로 보내어 농사를 짓게 하는 것은 일만일덕일심(日滿一德一心)이라는 만주 건국의 국시를 실현하는 동시에 우리나라의 북방진호(北方鎭護)라는 국방상 중대한 뜻이 있는 큰 사업으로서 조선 농민은

만주사변이 끝나고 만주 건국이 된 후 1934년경부터 대량으로 자유입식을 하게 된 것을 1938년부터 통제하여 집단, 집합, 분산의 세 가지로 나누게 된 것이 개척 사업의 시작이다. 그러나 이 동안은 해마다 집단은 몇 호, 집합은 얼마라는 일정한 목표를 세우지 않고 가난한 농가가 많은 경기와 강원도 남쪽 6개 도 합계 8개 도에서 희망자를 추려 입식시켰다. 지나사변(중일전쟁) 후 만주 개척사업이 대단히 중요하게 됨에 따라 일본과 만주 사이에 협의한 결과 1942년 봄 만주개척정책 기본요강이 결정되었으므로 조선에서도 이 요강에 따라 만주국과 협의하여 작년 10월 26일 조선인 만주개척 제2기 5개년 계획 요강을 결성 발표하여 1942년부터 5개년 동안 합계 5만 호의 조선 농가를 입식하는 계획을 결정한 것인데 이번에 발표된 것은 이 계획 요강의 목표인 것이다. 이로써 조선의 만주 개척은 제도에 올라 금년 봄까지 입식한 개척민은 집단이 1만 7,292호, 집합이 3,687호, 분산이 1만 1,244호 합계 3만 2,203호, 인구는 15만 7,130명에 달하는 상황이다.

문: 이번 계획이 전과 다른 점은 어떤 것인가.

답: 전에는 남선 8개 도의 각 부락에서 희망 농가를 한호 또는 두호를 모아서 보내어 한 군데 씩 300호 이상이면 집단, 그 이하 50호 이상이면 집합, 그 이하를 분산개척민이라고 하여 왔다. 그러나 제2기 계획에 있어서는 분촌계획(分村計劃)을 원칙으로 한다. 즉 조선 안 부락의 농가 호수와 경지면적을 따져서 경작지가 모자라는 농가를 추리는 농촌재편성(農村再編成)에 의하여 추려지는 농가를 한 부락에서 10여 호 또는 수십 호씩을 한 목에 만주의 같은 곳으로 보내어 조선촌을 만주 땅에 만드는 소위 분촌계획에 의하고 조선 안에 남은 부락, 즉 모촌(母村)과의 연락을 긴밀히 하여 항상 고향을 생각하며 고향사람끼리 부지런히 농사를 짓게 하려는 것이다. 이 분촌이민(分村移民)은 금년 봄부터 시작하여 벌써 경기도에서는 3, 충북 3, 충남, 1, 전남북 각 3, 경북 2, 경남 5, 강원 1, 합계 21개 조선 분촌이 만주국에 생겼다. 또 하나는 개척민의 생활이 안정되어 오래 살도록 하고자 개척지의 적정규모와 단지계획(團地計劃)을 세우고 5개년 거치(据置) 10개년 연부상환(年賦償還)의 저리 자금을 주어 적극적으로 자작농을 만들고 또 개척단법이 적용되지 않는 조선 개척민을 근본적으로 보호하고 육성하고자 개척단법과 같은 법률을 만드는 등 보도육성에 대하여 총독부와 만주국이 가진

노력을 하기로 된 것이다.

문: 당국의 이와 같은 적극적 방책에 의하여 개척민의 장래는 한층 명랑하여 질 것이 틀림없고 이에 따라 희망하는 농가도 많아질 것이 아닌가.

답: 그렇다. 개척 농민의 장래는 참으로 양양하다. 그렇다고 해서 함부로 막 가는 것은 당국으로서는 엄중히 단속한다. 왜 그러냐 하면 농사를 잘하는 소질이 좋은 농가 많이 가서 "흙의 용사"로서 식량 증산과 북방진호라는 두 가지 큰 책임을 다하기를 열망하기 때문이다. 이 때문에 중견 개척민은 물론 일반 개척민까지도 예비 훈련을 일층 철저히 하기로 된 것이다.

문: 개척청년들의 결혼 문제가 대단히 중대하다고 하는데.

답: 개척민의 중견인 청년들의 결혼 문제는 개척 사업의 성부를 좌우할만한 중대한 문제이다. 그래서 총독부에서는 지난 9월 처음으로 전남에서 19명, 경북에서 8명, 충남에서 2명의 처녀를 개척촌으로 보냈는데 그들은 모두 벌써 결혼하여 희망에 넘치는 가정을 이루고 있다. 앞으로는 각도에 여자 척식훈련소(女子拓殖訓練所)를 만들어 개척 청년의 아내가 되려는 처녀들을 양성할 계획인데 이들 흙의 용사들의 아내가 될 지원자가 많이 나오기를 희망하고 있다.

2. 개척민의 종류와 형태

〈자료 59〉 조선인 만주개척청년의용대에 대하여 조선총독부사무관[윤상희(尹相曦),1941.7,『반도의 光』45]

1.

조선인 만주개척청년(滿洲開拓靑年) 의용대(義勇隊)의 사명은 만주의 벌판을 심신연마의 대도량(大道場)으로 삼고 일만(日滿)을 일관하는 웅대한 황도정신(皇道精神)을 단련하여 민족협화(民族協和)의 중핵으로서 만주국의 생성발전에 기여할 각종 개척민 특히 개척농민의 기저가 될 자질을 육성 훈련함으로써 일만불가분(日滿不可分) 관계의 공화(鞏化)를 도모하고 동아신질서 건설을 위하여 도의적 대륙정책의 거점을 배양 확립함에 있다.

의용대의 훈련형태에 대해서는 후술하겠으나 의용대는 훈련소에서 대개 3개년간 씩씩하게 훈련하면 혹은 훈련을 받는 바로 그 자리에서 혹은 다른 지방으로 옮기어 물질적으로나 정신적으로나 생활내용이 풍부한 이상적, 문화적, 지도적 농촌을 건설하는 것이다.

2.

의용대의 연혁을 살피면 만주건국 직후 내지에서는 대륙개척의 성불양론(成否兩論)이 상치하여 조야의 논적이 되어 있을 1933년, 1934년경에 이미 만주개척사업의 선각자 사이에는 재향군인을 주체로 한 농촌 소년을 현지 입식시켜 만주농민의 기저적 분자를 육성하려는 운동이 활발하게 진행되고 있었다.

1934년 가을부터 다음 해 봄에 걸쳐 고(故) 동궁(東宮) 대좌 현 내원(內原) 훈련소장 가등완치(加藤完治) 씨 등의 지도하에 17, 8세의 내지인 소년 14명이 만주국 동부 국경 오소리하(烏蘇里河) 연안 요하현(饒河縣) 요하에 입식하고 신명을 걸고 사명관철(使命貫徹)에 매진하게 되었다. 이것이 즉 금일의 만주 개척 청소년의용대의 남상(濫觴)이 되었다.

이래 일본인의 만주개척은 단지 성년자 개척민에 그치지 않고 소위 청소년 개척훈련의 방식에 중대한 의의가 있고 또는 절대로 필요한 것이 일만 각 방면으로부터 창도 강조되자 1937년 7월 신경(新京, 현 창춘)에서 관동군척무성(關東軍拓務省) 기타 관계방면의 관계자 외 회합 협의한 결과 '가칭 청년농민훈련창설에 관한 방침 및 요령(假稱靑年農民訓廣創設에 관한 方針及要領)에 결정되고 구체적으로 청소년의 개척훈련을 실행에 옮기게 되었다.

이래 청년의용대는 만주개척회사(滿洲拓植會社)와 만철(滿鐵)의 손으로 예의 그 규모의 확대를 도모하여 만몽(滿蒙)의 땅에 불발(不拔)의 기초를 세우게 되매 그 창설기였음에도 불구하고 고금 독보(古今獨步)의 원활한 발전을 보고 왔다.

지나사변(支那事變, 중일전쟁)을 계기로 동아의 시국은 더욱더 중대하여 짐에 따라 의용대의 사명도 점차 중요성을 띠게 되었으므로 일만 양국은 그 신속한 발전을 점차 바라고 국방국가 완성의 신체제 강화의 긴밀한 일임을 인정하여 1939년 12월 '만주개척정책 기본요강(滿洲開拓政策基本要綱)'의 결정의 호기에 의용대에 대한 지도와 경영에 관한 방책을 세우고 그 관리운영의 주체와 훈련양태를 결정하였다.

3.

여기에서 우리들의 주목을 끄는 사실은 청년의용대의 일부에 조선인의 참가를 용인하고 내지인 청년의용대와 공동훈련에 의의를 두게 된 것이다. 이는 홀로 조선인 만주 개척민의 향상 발전만을 의미할 뿐만 아니라 내선일체(內鮮一體)라는 커다란 이상의 구현화에 일층 박차를 가한 것이라고 볼 수 있는 것이다.

4.

말할 것도 없이 의용대의 훈련방침은 황도정신(皇道精神)의 본의를 본받아 모두에 게시한 '의용대강령'을 실천함으로써 만주국의 개척 협화의 성업을 달성할 중견 개척 농민을 육성함에 있으나 훈련은 어디까지나 종합적 훈련이며 정신도야, 지식함양의 교학훈련, 심신단련의 무도교련, 체육 및 농사, 특기의 실지훈련과 규율 있는 일상생활 훈련 등 광범 다기에 걸쳤었으나 이것은 물심일여(物心一如)를 도모하고 집단영농을 하는 데 있어서 직접 혹은 항구적으로 유효적절한 훈련을 실시함을 제1 의(義)로 삼는 것이다. 그러면 의용대 제도 전체에 대한 훈련형태를 간략히 소개하면 첫째 만주국 법령에 기초한 청년의용대훈련소 본부를 신경(新京, 오늘날 창춘)에 두고, 둘째 훈련본부는 일만 양국 개척관계기관의 협력 합작으로 하고 의용대의 지도훈련의 일체적 통할에 담당케 하며, 셋째 훈련방법은 종래와 같이 내지에서 2개월, 현지에서 약 3개월 실시키로 되었다. 훈련소는 그 기능에 의하여 기본훈련소와 실무훈련소(實務訓練所)로 나누어 (1) 기본훈련소에서는 훈련기간을 개년으로 하고 기본적 국민훈련을 실시함으로써 만주의 기후, 풍토, 의식주에 친숙하게 하는 동시에 만주국 일반 사정에 통달하게 함을 목적으로 하며 훈련 본부에서 직접 경영한다. (2) 실무훈련소는 훈련기간을 2개년으로 하고 기본훈련 수료생에 대하여 기본훈련과 일관하여 농사경영, 농촌 건설의 실제 훈련을 철저하게 함을 목적으로 한다. 그리고 실무훈련소는 이주지의 실정을 충분히 고려하고 갑종, 을종, 병종으로 나누어 (가) 갑종실무훈련소는 훈련종료 후 집단 개척민으로서 당해 훈련지에 그대로 정착케 하는 것을 목표로 하며 (나) 을종실무훈련소는 훈련수료 후 개척민으로 하여금 다른 지방에 이주케 하여 새로이 농촌 건설을 목표로 하며 (다) 병종실무훈련소는 훈련생의 적성, 특질에 따라 개척농민 이외의 자를 훈련하여 개척단 지도원, 의사, 교원 등을 양성하는 것과 전문적 기술훈련을 베풀어 중요도 공업부문의 기간기술원을 양성하는 것으로 나누어 있다.

5.

그러면 조선인청년의용대는 어떠한 훈련형태에 의하는가 하면 이 역시 기본훈련과 실무훈련으로 나누어 실시하나 조선인 청년의용대에 있어서는 그 민도와 특수성 등을 고려하여 조선 내에서 별도로 예비적 훈련을 받고 내지에서 내지인 청년의용대와 합류하여 동일한 훈련을 밟은 후 다시 만주로 가서 기본훈련을 거쳐서 실무훈련을 들어가는 것이나 전술한 실무훈련 갑종, 을종, 병종의 세 양태 중 조선인은 갑종만으로 국한하여 훈련을 베풀게 되었다. 환언하면 내지인 의용대는 장래 개척농민으로서 정착할 자에 대한 훈련(갑종, 을종)과 개척농민 외의 소위 특수기능자 양성을 인정하고 있는 데 반하여 조선인의용대는 원칙으로 개척농민(갑종)에 국한하여 실시하는 것이다. 지금 다시 조선인청년의용대의 훈련과정을 보면 첫째, 조선 내 강원도 평강군 고삽면 세포리 훈련소에서 약 1개월간 예비 훈련, 둘째, 내지 자성현(茨城縣) 내원(內原) 훈련소에서 내지인과 합류하여 약 3개월간 훈련, 셋째, 만주국 기본훈련소에서 내지인과 같이 1개년간 훈련, 넷째, 이상의 훈련과정을 마치면 조선인의용대만으로 된 실무훈련소에 옮기어 농업경영, 농촌 건설의 실제를 2개년간 받은 후 훈련소 소재지에 그대로 정착하여 개척농촌에 이행케 하는 것이다. 그러나 본부에서는 이 의용대 중에서도 성적이 특히 우수한 자에 대해서는 장래 개척농촌의 지도원으로서 발탁 또는 특수기술로서 양성할 것을 고려 중이다.

  작년 본부에서 모집한 약 100명의 의용대는 전기 세포, 내원 양 훈련소를 마치고 현재 하얼빈 대훈련소에 훈련 중이니 그 성적은 예상 이상으로 양호하여 관계 방면의 절찬을 넓히고 있는 중이며 조선인 개척민의 진가를 발휘하고 있는 것은 우리들의 기쁨을 금치 못하는 바이다. 말한 바와 같이 개척민의 사명은 일서로 말하면 개척을 통하여 민족협화를 실현하는데 있다. 그러함에는 성격적으로나 생활적으로나 이미 자리가 잡힌 성년 개척민보다는 감경성과 도야성(陶冶性)이 풍부한 청소년을 다량 입식하여 각 씨족 간의 정신적 융합을 도모하는 것이 절대적으로 필요하다. 이 의미에서 본부는 앞으로 의용대의 발전 조성책에 주력할뿐더러 그 수적 확장을 꾀할 방침이다.

6.

  그러나 현 시국하에 있어서는 산업의 은진(殷賑)에 따라 인적 자원을 다량으로 수요하고 있는 현상임에도 불구하고 특히 만주 개척민은 물론 의용대의 계획적 입식을 다소 무리가 있는 한이 있더라도 기어코 실행하겠다는 것은 모두에서 말한 개척민의 사명에 미치어 당연한 일이며, 또한 개척민 입식이 국가의 백년대계에 큰 도움이 되는 것을 웅변하는 것이다.

  그리고 금후의 조선인 개척민은 주로 북만(北滿)에 입식하는 관계상 그 영농방식은 조선 내와 당연히 다르게 되는 것이다. 즉 북만은 옥야(沃野) 천리에 이르는 대평야를 경작하는 관계로 현재 북해도(北海道)에서 실시하고 있는 축력 및 기계력에 의거하는 대농장 경영방식을 채용케 되었다. 이 의미에서 보더라도 약 3년간 만주국 현지에서 현지 제 조건에 즉응하는 영농방식, 농촌 건설 등 맹훈련을 하고 있는 의용대를 입식하는 것이 얼마나 장래성이 있고 유리하다는 것을 가히 짐작할 수 있는 것이다.

그러므로 우리들은 원기발랄하고 진취적 기상에 불타는 농촌청년 특히 농가 차남 이하로 장차 분가할 청소년이 웅약, 대륙에 진출하여 만주건국의 성업에 힘을 합하는 동시에 옥야천리에 이르는 대륙에 신농촌, 신생활을 건설하여 감격과 광휘에 넘치는 생애를 보내기를 희망하는 바이다.

부(附) 의용대의 자격, 수속과 훈련 중의 대우

(1) 응모자격

1. 사상: 장래 만주 개척민이 되고자 희망에 불타는 사상 건전한 자.
2. 건강상태: 호흡기, 신경계통의 질병, 악질 전염성 질환이 없는 건강자
3. 연령: 만15세 이상 20세 이하의 남자
4. 학력: 소학교 혹은 간역학교를 졸업한 자 또는 와 동등한 이상의 학력을 가진 자로서 농업에 취미를 가진 자

(2) 응모수속

매년 2월 내지 3월 희망자는 소할 부, 군 또는 도(島)에 문의하여 원서에 이력서, 건강진단서, 호적초본을 첨부하여 도(道)에 제출하면 도지사는 적격자를 선정하여 세포훈련소장(洗浦訓練所長)에게 추천함

(3) 전형(詮衡)

도에서 지시한 일시에 소정 장소에서 인물고사와 엄중한 신체검사를 행함

(4) 훈련 중의 대우

훈련 중 식대, 의복비, 약간의 수당을 지급함

3. 개척민의 생활 실태와 위상

〈자료 60〉 이광평, 연변조선족 자치주 안도현 개척민 구술자료(미간행)

남도툰 집단이민부락터에서

지금의 남도툰 집단이민부락터는 지난 세기 3, 40년대엔 안도현 송강촌에 귀속되였고 광복후엔 안도현 삼도향 남도촌으로, 지금은 안도현 송강진 남도촌으로 불리고 있다.

죽지 못해 살았지!

"안도현 삼도향 남도촌(安图县三道乡南道村) 조선족집단이민부락을 찾아가겠다."
나의 말에 귀가 뻘쭉해진 차광범은 함께 가자고 성화를 부렸다.
그럼 가면 되잖아?
2001년 10월 22일 아침 7시 8분에 나와 차광범은 룡정의 룡문다리를 건너 연길~이도백하 뻐스를 타고 안도현 삼도향 남도촌으로 출발하였다. 계절이 9월 말쯤이라도 오토바이를 타겠건만 어쩔수 없었다. 오토바이보다 편하고 힘들지 않아 좋기는 하나 자유스럽지는 못했으니까.

출발하기 전에 나는 연변인민출판사에서 출판한《길림조선족》이란 책에서 차상훈선생님이 쓰신《안도현 조선족 이주실록》이란 글을 읽고서 남도촌이 바로 1939년에 세워진 집단이민부락임을 알게 되였기에 이렇게 함께 취재를 떠난 것이다.

오전 9시 50분에 남도촌에 도착한 우리는 먼저 촌장부터 찾았다. 촌장께서 논으로 나갔다기에 그 집에 짐을 둔 우리는 허리를 넘는 새밭을 지나 약 1km 남짓이 걸어서 벼단묶이를 하는 김 촌장을 만났다. 우리가 집단이민력사조사를 왔다고 하자 김 촌장께서 쾌히 응낙하시면서 우리들더러 이 촌의 노인회장인 최홍재(崔弘栽)를 찾아가 숙박도 잡고 그분의 도움을 받으라는 것이었다. 우리를 이해해 주고 믿어주고 적극 도와주시는 김 촌장의 소행이 정말 고마웠다.

촌장의 시킴대로 우리는 촌노인회 회장 최홍재(崔弘栽)를 찾아 그 집에 숙박을 잡았다. 우리가 일제에 의해 생긴 조선족집단이민부락을 답사하면서 선배님들한테서 조선족 삶의 이야기와 곡절 많던 역사이야기들을 들으면서 역사공부도 하고 그걸 정리하여 후세에 전하려고 한다고 하자 최 회장은 우리들이 정말로 조선족을 위해 장한 일을 한다면서 있는 힘껏 잘 도와 드리겠다고 하셨다.

그러면서 참고 되겠는지 모르겠다면서 최 회장께서 원고지 묶음 하나를 내놓았다. 펼쳐 보니 정해련 등 구술, 남주일 초고, 최홍재 정리로 된 조선문 1939~1999년《남도촌촌사(南道村村史)》였다. 이 글은 지난해 남도촌 창립 60돌 기념축제를 맞으면서 정리한 것이란다. 이렇게 훌륭한 축제를 벌인 남도촌 지도부와 촌민들 소행에 나는 몹시 탄복하면서 '그때 그 축제에 참가했더라면 얼마나 좋은 학습과 촬영기회를 가질 수 있었겠는가'라고 생각도 구슬려 보았다. 촌사를 보면서 남도촌에 대한 이해가 많아졌다. 나는 최 회장한테 그 촌사를 내가 가져다 다시 정리하여 드리겠다고 했다. 그랬더니 최 회장께서는 믿고 드리겠으니 꼭 잘 정리하여 달라는 것이었다.

우리는 부푼 가슴을 억제하면서 최홍재 회장님의 안내로 남도촌 이 부락에 집단이민을 오셨다는 이옥룡(李玉龙) 노인님을 찾았다. 얼굴이 검은 털보이고 훤칠한 키의 소유자인 노인님은 걸음이 불편해서인지 꼬부랑막대기를 짚고 다녔다.

우리가 집단이민이야기를 늘으러 왔다고 하자 노인님은 이 부락에 집단이민으로 온 사람들 가운데 자기는 제일 어린 사람일 거라고 하셨다. 1936년 한국 전라북도 전주군 삼감리 출생한 이옥룡은 부모님을 따라 1939년 음력 3월에 전라북도와 전라남도의 각각 50세대, 다시 말하면 모두 100세대 파산된 농민들과 함께 이 부락에 집단이민을 오셨단다. 그러나 그때 나이가 너무 어렸기에 잘 모른다고 하셨다.

저녁 해가 서산에서 너울너울한다. 석양빛을 빌어 촬영해야 함을 판단한 우리는 노인님과 그의 부인 김야순(金也順), 그의 손자 이화량(李华良)을 모시고 부락 남쪽 물도랑다리를 건너 부락이 보이는 위치에서 이 부락을 배경으로 이 부락 집단이민 역사증인인 이옥룡 노인님과 부인 손자가 함께 서 있는 장면을 촬영하였다.

내가 "지금 집단이민부락흔적이 있는가?"라고 묻자 이젠 70년이 가까워 오는데 죄다

사라졌다면서 남대문자리와 토성자리는 알 수 있다는 것이었다. 그러면서 우리를 데리고 부락 서쪽켠의 남북방향 길로 다녀간 이옥룡 노인님은 길 동쪽 켠의 울바자들을 가리키면서 울바자를 세운 그곳이 바로 집단이민부락 시기의 서쪽켠 토성자리라고 알려주었다. 그리고 부락 한가운데 자리 잡은 남북방향 길로 다녀와서는 그 길 남쪽 끝과 동서로 향한 신작로가 교차되는 곳이 바로 남대문자리였다고 하였다. 저녁 해가 저물고 땅거미가 내리는지라 우리는 저녁에 이옥룡 노인님을 찾아가겠다고 약속하고는 숙박을 잡은 최 회장댁으로 돌아왔다.

저녁식사를 마치고 우리는 최홍재 회장님의 안내로 이옥룡 노인님 댁을 찾아가 이야기를 들었다.

이광평: 노인님네는 언제 이곳으로 집단이민을 오셨습니까?

이옥룡: 그거야 1939년 음력 3월이었소.

이광평: 그때 어째서 이민을 오게 되었습니까?

이옥룡: 내가 그때 세살이니까 잘 모르오. 그때 우리는 전라북도 전주군 삼감리에서 살았는데 생활이 너무도 형편없었다오. 그런데 간도가 살기가 좋다고 하더군. 그래서 부모님들이 간도로 가면 잘 살 수 있다고 왔다누만.

이광평: 그때 그럼 어떻게 오셨습니까?

이옥룡: 그때 조선서 기차를 타고 도문철길로 두만강을 건너 직접 명월구역까지 왔댔소. 그리고는 명월구에서 트럭에 앉아 송강까지 오구. 송강서 마차를 타고 먼저 그 전해에 집단이민을 온 북도툰집단이민부락에 짐을 부리고 그곳에서 끼살이를 해야 했소. 우리가 살아야 할 남도툰은 개발되지 않은 묵은 터였는데 강기슭에 평평한 벌이 있어 논개척에 편리하였다오. 하여 우리는 북도툰과 4리 남짓이 떨어진 남도툰에 부락을 앉히려고 5도하를 건너다니면서 일해야 했소.

이광평: 그때 이곳에 오셔서 환경이 바뀌어 모질 어려웠겠습니다.

이옥룡: 처음엔 적응이 되지 않아 고생이 막심했다오. 마시는 물이 바뀐 데다가 배급주는 식량도 다 썩은 좁쌀뿐이었으니 모두 다 병이 안 나겠소? 그때 이 부락에는 의사도 없었고 아무런 의료보장이 없었지. 병이 나면 송강으로 가야 하는데 돈이 있어

야 가지? 그래서 어린아이들과 노인님들이 많이 죽었다니깐. 1940년도에는 어린 아이들이 몰살하다시피 되었소. 새로 낳은 아이들은 모두 죽으나 다름없었다오. 조선서 낳아 가지고 온 아이들도 많이 죽었소.

그때 사람이 죽으면 돈 있는 집에서는 행두에 메고 내갔고 돈 없는 사람들은 관도 만들기 힘들어 시체를 돗자리에 들들 감아서 내다가 파묻었소. 그때 삼도에서 관널을 팔기는 했지만 돈이 있어야 사지?

이광평: 그때 입는 것은 어떠했습니까?

이옥룡: 에구, 말도 마오. 그때 너무 가난하여 입는 것이란 조선서 가지고 온 베천으로 옷을 지어 입었소. 내복이란 것도 없고, 온 집식구가 옷 한 벌을 서로 갈아입고 나다녔소. 여자들은 옷이 없어 바깥출입도 못했소. 어떤 남자들은 옷이 없어 마대를 두르고 다니고 신도 없어 맨발로 다녔지. 혹시나 초신을 삼아 신었지.

그땐 웬일인지 모기나 벌레들이 그렇게 많던지. 개인 날이면 등에와 모기가 살판치고 흐린 날에는 갈때기, 잠태미, 모기가 심했소. 어떤 때는 입을 열기만 하면 입안에 벌레들이 가득 들어온단 말이요. 후에 농약이 나오면서부터 벌레들이 적어졌소.

이광평: 그때 만척에서 우리 집단이민들에 대한 통제가 심했습니까?

이옥룡: 아이구, 심하기만 했겠소? 사람을 죽일 지경이었지. 만척에서는 아침이면 농민들을 일하려 나가라고 토성 밖으로 내몰지요. 그러고는 대문을 꼭 닫아걸고 그 누구도 부락으로 들어오지 못하게 했소. 점심도 집에 들어와 못 먹게 했거든. 저녁이 되어야 잠깐 동안 부락의 대문을 열고 부락사람들을 들어오게 했소. 대문을 나들 때는 '량민증'을 가지고 다녀야 했으니까.

이광평: 그 고생이야 정말로 심했겠습니다.

이옥룡: 그 고생이야 몇 날 며칠을 두고 말해도 다 못 말할거요. 그땐 정말로 죽지 못해 살았지! 광복이 나서야 사람답게 살기 시작했소. 그때 우리 부락의 최동필(崔東弼)이란 사람이 처음으로 호조조를 꾸렸소. 최동필은 우리 호조조 조장이였소. 1949년도에 품앗이조를 꾸리고 호조조도 꾸렸소. 부락에서는 물방아를 놓아 쌀을 찧어 먹게 했소. 그 후에 합작화, 인민공사화를 거쳐 우리 남도툰은 잘살게 되었고 전 연변에 소문이 자자했소.…

우리는 저녁 8시 반까지 이야기를 나누었다. 온 하루 일에 지친 노인님의 휴식을 위하여 우리는 아쉬운 대로 일어날 수밖에 없었다. 우리는 앞으로 다시 찾아올 걸 약속하면서 작별인사를 나누었다.

이튿날(2001년 10월 23일) 아침 6시에 나는 바깥으로 나와 부락을 돌아보았다. 마침 학교로 가는 아이들이 부락어구 큰길가에서 소형 버스가 오기를 기다리고 있었다. 아이들과 어느 학교로 가는가 하고 묻자 삼도향소재지(지금은 송강진에 귀속됨)에 있는 한족학교로 간다는것이다. "왜서 조선족인데 조선족학교로 다니지 않는가?"라고 하니 이곳엔 조선족 학생이 너무 적어서 조선족반을 꾸릴 수 없어 모두 한족반에 편입된단다. 정말 가슴 아픈 일이다. 그럼 조선글은 어떻게 배우는가고 묻자 부모님들한테서 조금씩 배운단다. 한 어린애는 소학교 2학년을 다니는데 조선글을 못 배웠단다. 나는 이런 학생들의 앞으로 조선글과 조선말 사용 전도에 대해 걱정이 되었다.

다행으로 소형버스가 매일 아침저녁으로 학생들을 학교까지, 또 집까지 실어다 주는데 하루 버스비는 왕복에 1원 50전이란다. 그것도 매일 이어대자면 시내와 멀리 떨어진 이 촌에선 부담이 아닐 수는 없다. 그렇다 하여 어린아이가 10여 리 길을 걸어 다니게 할 수도 없다. 한참 지나니 소형버스가 왔다. 아이들이 질서정연하게 버스에 탑승해 5도하다리를 건너 삼도촌으로 가는 포장길에 들어섰다. 소형버스가 멀리 사라질 때까지 나는 아이들이 보든 말든 손을 저었다.

우리는 촌장, 노인회장과 상의하고 오늘 오전 이 부락 전체 노인들 기념사진을 무료로 찍어드리도록 하였다. 최 회장께서 자기 집에 안장한 고음스피카확대기를 열더니 부락 전선대에 높이 건 확성기로부터 알림소리가 쩡쩡 울렸다. 노인들더러 빨리 마당에 나와 사진을 찍으라고. 노인님들이 하나 둘, 삼삼오오 모였다.

나와 차광범은 노인들이 사진을 찍을 앉는 자리를 다 마련해 놓고는 오시는 노인님마다 찾아 명함과 출생지 및 집단이민인가 아닌가를 확인하였다.

우리는 전라북도 남원군 백악면에서 1933년에 출생하시고 1939년에 송강부근 한흥툰에 집단이민을 온 류영동(柳瑛东) 노인님을 만났다. 그는 한흥툰에 한족들이 많이 살고 있으니 다시 이 부락으로 옮겨왔단다.

그리고 1921년 전라북도 진안군 북구면에서 탄생하고 1939년 음력 3월에 이 부락에 집단

이민을 왔던 최기홍(崔基弘) 노인님을 만났다. 나는 그와 이야기를 나누었는데 그 내용을 종합하면 다음과 같다.

일본침략자들은 "비적(공산당이 령도하는 항일련군)"을 방비한다는 구실로 남도툰 집단이민부락 두리에는 떼짱으로 3~4메터 높이의 토성을 쌓고 토성 네 귀에는 경비용 포태를 만들었다. 토성밖에는 해자를 파고 해자밖에 4~5메터 높이의 목성을 세웠다. 그리고 부락의 동남과 서북에 대문을 만들어 달고 아침에 일하러 나가면 점심에도 대문을 열지 않아 저녁에야 들어왔단다. 정말 인간 지옥이였다.

1942년도 가을에 "비적"들이 남도툰 집단이민부락을 습격하였다. 그때 자위단성원이던 그도 총을 들고 "비적"을 향해 총을 쐈단다. 항일련군들이 큰 토성을 뛰어넘어 부락에 들어와 경찰분주소를 포위하고는 서로 불질하였단다. 만주경찰 책임자인 동경위보가 인솔하는 경찰들과 자위단들이 경찰분주소를 에워싼 작은 토성에 의지해 한사코 반격했단다. 그런데 새벽녘이 되니 항일련군들의 총소리가 아주 멈춰버렸단다. 그러자 조급증이 난 동경위보가 낮은 토성우로 머리를 내밀고 항일련군들의 동정을 살피려고 했단다. 바로 이 순간 어지러운 총소리가 울리더니 항일련군이 쏜 총알이 동경위보의 턱을 뚫고 나가는 바람에 죄악 많던 그가 저세상의 귀신이 되고 말았다. 날이 밝아오자 항일련군들이 부락에서 철거했다. 최기홍 노인님과의 이야기를 마치고 다음 기회에 전문 취재하기로 약속했다.

노인님들이 모이는 사이에 나와 차광범은 촌장의 집에 찾아가 그의 아버지 김광순과 어머니 최정희가 꿀벌을 기르는 장면을 촬영했고 모임장에서 김기환(金基煥, 74세, 전라남도 곡성군 탄생, 14세에 량강구에 개척민으로 옴. 그후 1942년에 이 부락에 옴), 리봉희(李鳳熙, 1937년 함경북도 청진에서 출생, 1942년 송강에 자유이주해 옴), 박복순(朴福順, 전라도 출생, 9세에 자유이민 옴), 김금단(金今丹, 조선 량강도 갑산 출생, 14세에 자유이민으로 이곳에 옴), 김희수(金姬洙, 69세, 조선 량강도 갑산읍 진동면 출생, 9세 때 자유이민으로 이곳에 옴), 김금녀(金今女, 조선 갑산읍 출생, 1946년 자유이민) 등을 촬영하였다.

노인님들이 다 모이자 먼저 전체 노인님들 집단사진을 촬영했고 다음은 조선반도에서 출생한 분들만 따로 촬영했다. 바로 조선반도에서 출생하시고 지금도 이곳에서 사시는 분들이야말로 우리 중국조선족이 이주민족이란 특수성을 말해 주는 증인인 것이다.

우리들이 노인님들에게 무료로 사진을 찍어드리자, 촌에서는 노인님들이 모였으니 점심

식사를 함께하고 즐겁게 놀아보자는 것이었다. 우리는 또 우리로서의 인사를 차려야 하기에 돼지고기 10근과 술들을 사서 최 회장네 집에 가져갔다. 노인님들은 명절 기분으로 식사를 한 다음 노래하고 춤추면서 우리를 환영했고 우리더러 노래를 부르라고 청하기도 하였다. 나와 차광범은 나름대로 농민들이 즐기는 '벌판에 붉은 해 솟았네'와 '아리랑' 등 조선족 민요를 불렀다. 우리들의 노래에 맞추어 전체 노인님들께서 떨쳐나서 덩싱덩실 춤을 추는 것이었다. 노인님들의 활기차고 행복에 겨운 모습을 바라보면서 우리는 노인님들이 우리가 하는 일을 이해하고 도와주고 그로 인하여 행복을 짜릿하게 느끼게 되었다!

노인님들이 계속 오락하는 틈을 타서 나와 차광범은 슬그머니 빠져나와 부락을 돌았다. 우리가 최기홍 노인님의 댁을 찾아가니 할아버지는 안 계시고 할머님 박복순만 집마당에서 땔나무를 정리하고 있었다. 할아버지께서 어디 계신가고 물었더니 땔나무를 하러 부락 서쪽언덕으로 갔다는 것이다. 우리는 일하는 할아버지의 모습을 촬영할 수 있는 좋은 기회라 생각하고 할머님을 앞세우고 뒤를 따랐다. 과연 할아버지께서 커다란 나무 낫을 휘두르면서 지팡이만큼 실한 버드나무가지들을 툭툭 찍어서는 길옆까지 끌어내 오는 것이었다. 젊은이들도 힘든 일을 하는 모습을 보면서 나는 이 노인님이 연세가 이미 80세가 넘었다는 걸 도저히 믿을 수가 없었다. 사회나 남한테 의거하지 않고 자기 노력으로 억세게 살아가시는 건강한 모습에서 우리 선배님들의 강한 의력과 강한 생명력을 음미할 수 있었다. 우리는 노인님들의 일하는 모습을 연출 없이 그대로 속사했고 또 해놓은 땔나무 옆에 서 계시는 부부도 촬영하였다.

그리고 김봉련의 딸 등 10여 명 젊은이들이 논판에서 벼탈곡을 하는 장면도 멀리서, 가까이에서, 부동한 각도로 촬영하였다. 논판에서 직접 탈곡하여 벼마대를 척척 실어가는 모습은 용정과 화룡현 부근에서는 보기 드문 장면이었다. 물론 그들의 집단사진을 무료로 찍어준 것은 더 말하지 않아도 남음이 있을 것이다.

저녁에 우리는 다시 김봉련 할머님을 찾아 이야기를 더 들었다. 나는 뒤늦게야 돌아와 일기를 썼다.

24일 아침 5시 반 나는 어제와 마찬가지로 일찍 마을을 돌면서 피사체를 찾았다. 이 부락의 소학생들이 학교로 가려고 부락입구길목에 모였다가 소형버스가 오지 않아 손잡이 트랙터에 앉거나 자전거를 타고 부랴부랴 떠나는 것이었다.

아침 식사를 마친 나와 차광범은 최 회장의 안내로 어제 노인님들 집단활동에 나오시지 못한 정주문(鄭注文) 노인님 댁을 찾아갔다.

이광평: 노인님의 출생지는 어디입니까?

정주문: 나는 1934년 10월 11일에 전라북도 무주군 무주읍에서 태어났습니다.

이광평: 그러면 언제 중국으로 오셨습니까?

정주문: 내가 다섯살 때니가 1938년 봄에 100세대와 함께 대사하의 무주툰에 집단이민을 오게 되었습니다.

이광평: 그러면 무주툰 집단이민입니까?

정주문: 그렇소.

이광평: 그러면 그때 집에서 누구랑 함께 이민을 오셨습니까?

정주문: 그때 우리 부모님들하고 나, 남동생 하나 모두 넷이 함께 왔소.

이광평: 그럼 어떻게 오셨습니까?

정주문: 고향서 기차를 타구 곧게 안도(명월구)까지 왔소. 그다음엔 명월구에서 트럭에 앉아 대사하의 동남차툰까지 왔댔소. 그때 동남차는 한족들과 지난해에 온 조선집단이민들이 혼잡해 살고 있더군. 그래 우리는 먼저 동남차툰에서 남의 곁방살이를 하면서 무주툰으로 오르내리면서 집단이민부락을 만들었댔소.

이광평: 그때 이민을 오실 때 무슨 물건들을 가지고 오셨습니까?

정주문: 뭐 별거 있소? 집에서 쓰던 매돌, 함지, 방치돌, 질독, 지게 등 모든 가장집물들을 가져왔지. 이곳에 나무가 흔해 빠져 얼마든지 만들 수 있는 것 들도 모르니까 그대로 고생스레 가져왔단 말이요.

이광평: 그때 무주툰에 사람들이 살고 있습데까?

정주문: 아니요. 거긴 사람들이 살지 않는 나무밭이더군, 그런 곳에 부락을 앉히었다오.

이광평: 정말 고생이 막심했겠습니다.

정주문: 아이고, 그 고생을 말로 어떻게 하겠소? 정말 짐승처럼 살았소. 그러다 광복이 나자 모두 고향으로 돌아간다고 하시더군. 그래서 우리는 남도툰 집단이민부락에서 사는 큰집 사촌형님들과 함께 고향으로 가자고 1946년도에 남도툰으로 이사

를 왔소. 그런데 우리 큰사촌 형님이 병이 심하여 그 치료가 끝나 나으면 함께 고향으로 가자고 그 부락에 있었소. 그런데 사촌형님의 병이 낫기는커녕 점점 더 심해졌고 나중엔 한 해만에 덜컥 사망하시는 것이지. 그래 큰사촌 형님을 안장하고 고향으로 떠나자니 길이 막히었더군. 할 수 없이 이 부락에서 살게 되었소.

이광평: 그때 고생스럽던 이야기들을 들려주십시오.

정주문: 고생이야 막심했지. 그런데 우리 집 지난날 이야기나 남도툰의 이야기를 이 부락에 오래 살던 나의 사촌형님인 정해련 노인님이 잘 알거든. 우리 형님은 기억력도 좋고 이야기도 잘하여 남도촌 촌사를 쓸 때도 우리 형님이 많이 제공했거든.

이광평: 그럼 정해련 노인님을 어떻게 만날 수 있습니까?

정주문: 지금 우리 형님이 아들을 따라 안도현 만보진 공영촌에 가 있소.

이광평: 그럼 그 노인님집 전화번호를 아십니까?

정주문: 아, 알고 있지.

그리하여 나는 그 즉시로 나의 휴대폰으로 정노인 댁에 전화를 걸었다. 마침 정주문 노인님께서 정해련 노인님과 인사말을 나누다가 나한테 전화를 넘겨주었다. 내가 인사를 올리고 집단이민력사 답사를 하기 위해 찾아가겠다고 하니 아무 때든 찾아오라고 쾌히 승낙하시는 것이었다. 하여 나는 앞으로 먼저 전화 연락을 드린 다음 꼭 찾아가겠다고 약속하였다. 나는 상상외로 집단이민사를 잘 아시는 정해련 노인님을 앞으로 만날 수 있게 되어 콧노래가 나오고 몸이 둥둥 뜨는 것 같았다.

정주문 노인님의 부인 이정자(李貞子, 64세)는 조선 함경남도 홍원군 홍원읍에서 출생했는데 부모님을 따라 일찍 중국에 왔단다. 1961년에 그는 어머님을 따라 이도(二道)에 왔다가 24세에 결혼하였단다. 60년대 초에 조선으로 갔다가 왔는데 조교로 등록되었단다. 그후로는 다시는 조선의 친정집에 가보지 못했단다.

우리는 또 남도촌부락 남쪽 산기슭에 올라 부락을 촬영하려 했는데 마땅치 않았다. 우리는 다시 부락북쪽 강 건너 언덕에 올라 부락의 뒷모습이나마 촬영하였다.

우리는 다음 번에 다시 오기로 약속하고 용정으로 돌아왔다.

집짓기와 토지개척

2001년 11월 13일 발재촌에서의 취재를 마친 나와 손룡문은 만보진에 계시는 정해련 노인 댁에 전화를 걸어 저들이 오늘 찾아간다고 청원했다. 그러자 정 노인님은 우리들더러 만보 버스역에 와서 다시 전화 연락을 하라는 것이었다. 나와 손룡문은 복만림장에서 버스를 타고 만보역에 이르러 정 노인한테 다시 전화 연락을 하였다. 그러자 정노인께서 바삐 역전에 나오셨다.

저들을 반갑게 대해 주는 정해련 노인은 작달막한 키에 백발을 날리는 빠르고 패기 있고 활달하며 유모어적인 분이었다. 70세를 훨씬 넘는 노인이건만 먼지를 일구면서 앞서 걷는 모양은 나이와는 너무나도 어울리지 않았다!

저들이 인사를 올리고 찾아온 용건을 말하자 정노인은 반기면서 자기가 아는 대로 도와주겠으니 자기 집을 제집처럼 여기고 시름 놓고 숙박하라고 하셨다. 모델스타일인 정노인의 아내 정정자(鄭正子)는 너무나도 전형적인 조선 여성의 소질을 가진 분이었다. 우리는 정말로 부모네 집에 온 듯 화기애애한 분위기에 잡혔다. 우리는 13일 온 오후와 저녁, 14일 저녁부터 밤 10시까지 정노인의 이야기를 들으면서 물어도 보고 녹음하며 필기도 하였다.

이광평: 노인님의 명함은요? 출생지는 어디입니까?

정해련: 나의 이름은 정해련이요. 나라이름 정 '鄭', 바다 해 '海'에 잇닿을 련 '運'이란 말이요. 나는 1927년 음력 7월 3일에 한국 전라북도 무주군 부남면 장안리 한 농민의 집에서 출생했소.

이광평: 그러면 언제 중국에 집단이민으로 오셨습니까?

정해련: 그것은 1939년 봄, 안도현 안도촌 남도툰에 99세대와 함께 집단이민을 오게 되였소.

이광평: 그럼 왜서 오시게 되었습니까?

정해련: 그거야 배가 고프고 등이 시리고 하니 좀 잘 살아보자구 이민을 온 거지. 그때 우리 아버지 정유종(鄭裕钟)께서는 늘 병환에 계시니 농사는 못하고 그냥 외지로 품팔이나 하려 다녔소. 그래서 나는 숙부(작은 아버지) 밑에서 자랐어. 그런데 1938년

에 작은 아버지께서 먼저 안도현 소사하 무주툰에 집단이민을 왔댔소. 그러니 작은 아버지께서 우리 집에 편지를 보내기를 간도엔 땅이 많아 부칠 수 있고 만척에서 식량도 집도 주니 오라는 것이었소. 그래서 아버지께서 집단이민모집에 응했다오.

이광평: 그럼 어떻게 오셨습니까?

정해련: 그때는 1939년도이요. 그때 전라북도의 전주, 무주, 안성 등 군에서 100호가 모집되어 왔다오. 이민을 모두 9개반으로 편성했는데 우리집은 제8반에 들고 아버지 정유종께서 8반 반장을 맡았소. 그래서 우리는 먼저 북도툰에 도착했지. 북도툰 이민들은 우리보다 일년 앞당겨 집단이민을 왔거든. 그래서 북도툰에 곁방살이를 하게 되였소.

우리가 자리를 잡을 남도툰은 그때까지 무인지경이었는데 태평구라고 부르더군. 그래 거기로 가자면 2도강 강물을 건너야 하겠는데 다리도 없지, 하니 큰 피나무를 따개고 속을 파서 배를 만들어 그걸 타고 다녀야 했소. 그래 우리는 매일 북도에서 도보로 2도강에 와선 나무배를 타고 건너가 쑥대와 잡목들을 베여내고 부락을 앉히기 시작했다오.

그때 이곳엔 일본침략자들이 말하는 '공산비적'들이 늘 내려와 이민들더러 식량과 옷들을 내라고 하였소. 우리 남도부락에도 두 번이나 들어왔댔지. 그때 그들은 항일련군 김일성부대라고 하면서 부락에 들어와선 바깥 노인들을 보면은 '아바이'라고 부르고 안 노인들을 보면은 '어머니'라고 살뜰하게 부르더군.

그들이 부락에 들어와서 뭐라고 선전하는지 아오? 일본침략자들은 오라지 않아 망하고 우리 가난한 사람들이 나라의 주인이 된다, 우리는 가난한 사람들을 위하고 공산주의를 위해 이렇게 산에서 살면서 싸운다. 그러니 식량도 섬기고 의복도 좀 달라. 그래서 순순히 내놓으면 좋게 받아가나 안 내놓으면 욕지거릴 하거나 심지어 위협까지 했다오. 그때 우리들은 무슨 판인지 모르지. 목숨을 살리기 위해선 내라는 대로 내놓을 수밖에 없었소. 그러다가 자위단이나 경찰들에게 걸리면 비적과 내통했다고 곤혹을 받기도 했다오. 그들이 바로 항일련군이었거든. 그들은 부락에 와서 만척에서 내준 소를 끌고 갔고 또 끌끌한 청년들께 짐을 지워서 산속까지 날라 가게 하였다오.

이광평: 그때 먼저 토성을 쌓았습니까?

정해련: 그래, 토성부터 쌓았어. 만척의 사람이 우리 부락에 주둔하고 있으면서 먼저 남녀 노소를 동원하여 토성쌓기부터 하였소. 만척에서는 우리를 일을 시키기 위해 양식도 좀 주고 소도 내주고 소 수레도 내주었소. 그런데 이런 모든 것들을 빚으로 매기고 앞으로 갚으라 하지 않겠소?

토성쌓기를 하기 위해 만척에서는 모든 세대주들더러 부락을 세울 남도툰에 가리고야를 치고 그곳에서 자고 먹게 하면서 밤낮으로 일하게 하였고 여자와 아이들은 북도툰에서 걸어다니면서 일하게 하였소. 만척에서는 1, 2, 3…9반까지 토성쌓기 임무를 떼여주었고 어느 반이 먼저 쌓으면 장려를 준다고 하였소.

이광평: 그럼 반장인 아버지께서 앞장서 일하셨습니까?

정해련: 그거야 그랬지. 11세대로 이뤄진 우리 8반의 반장을 맡은 나의 아버지 정유종은 무엇이나 남보다 더 잘하려는 성미의 소유자였지. 그는 큰아들 정해철과 12살인 나를 데리고 토성 쌓기에 나섰소. 아버지는 앞장서 일을 하느라고 여러 가지 잔심부름은 늘 나한테 시켰단 말이요. 그런데 나의 또래들은 대부분이 학교로 다니는 것이 아니겠소? 나도 학교로 가고 싶어 아버지한테 청을 들었지. 그러자 아버지는 토성을 다 쌓은 다음 보내겠으니 일을 잘 하라고 하였댔소. 그러니 별수가 있겠소?

이광평: 그럼 어머니도 토성쌓기에 나섰습니까?

정해련: 나서구 말구. 나의 어머니 윤성녀(尹性女)도 세 살 난 아들을 업고 일손을 도와 나섰다오. 어머니가 떼짱을 이여 나를 때면 아버지께서 나의 동생을 업고서 떼짱을 척척 쌓았지요. 나의 아버지께서 앞장서자 다른 집들에서도 집 식솔들을 동원하여 이악스레 일에 달라붙었다오. 토성은 굉장하게 컸소. 토성의 동서와 남북의 길이가 약 100m씩 되고 높이는 약 4m 되였지. 그리고 토성 동쪽과 북쪽 가운데 큰 대문을 내고 토성 네 귀에 보초막을 만들었소. 우리 8반에서는 남보다 먼저 자기 임무를 끝내고 다른 반을 도와주었다오. 하여 전 부락의 토성쌓기는 1940년 4월 중순에 완료되었소.

그해 4월 16일 만척에서는 우리 부락에서 토성쌓기 총화회를 열고 나의 아버지가 이끈 8반이 공로가 제일 크다면서 우리 반 가족들에게 광목을 조금씩 장려로 주었소. 그런데 그날이 바로 아버지의 장례 날이 될 줄이야 누가 알았겠소? 너무 흥분한 아버지께서 술을 너무 과하게 마셨기 때문인지 그만 까무러치더니 다시 일어나지 못하고 저세상으로 가시는 것이 아니겠소? 야, 정말로 한심했지! 그때 우리는 얼마나 놀랐던지. (노인님이 눈물을 흘리신다)

아버지께서는 잘 살아보겠다고 저들 집식구들을 데리고 낯선 이 땅에 와서 그만 자기 집도 짓기 전에 어린 자식들을 남긴 채 영영 가버렸거든. 그땐 정말 막막했었지. 하늘땅이 다 무너지는 것 같았소! (노인님이 눈물을 흘리신다). 그래서 나의 형님 정해철과 12살인 내가 모를 메고 집짓기를 해야 했소!

나의 어머니 윤성녀는 얌전하면서도 굳센 분이였소, 이곳에 와서 수토가 바뀌고 환경이 너무나도 악렬해도, 아버지가 사망했어도 어머니는 이를 악물고 우리를 보살폈댔소. 그때 많은 사람들이 죽었소.

이광평: 아버지께서 사망하셨으니 형님이 세대주로 되었겠습니다.

정해련: 그랬소. 아버지가 사망하자 부락장은 21세인 나의 형님 정해철이를 똑똑(총명)하다면서 8반 반장으로 임명하였다오. 그렇게 되자 그때 12살인 나는 형님의 심부름꾼으로 되어 부반장이나 다름없었다오. 집을 짓는 일을 위해 만척에서는 썩은 수수쌀이나 좁쌀을 죽지 않을 정도로 배급해 주었다오. 배급을 탈 때면 툰장이 책임지고 송강에 가 식량을 실어 와서는 반장들더러 반별로 나누어 줬댔소. 그럴 때면 형님이 나더러 집집이 다니며 알리라고 하여 나는 형님이 시키는 대로 집집을 돌아다니며 알렸다오.

이광평: 그럼 이민들의 집은 어떻게 지었습니까?

정해련: 집은 이듬해인 1940년에 돌격적으로 지었다오. 만척에서는 이민들의 집을 똑같은 설계로 짓게 했는데 목재는 가까이에서 베어다 썼다오. 집들은 동서방향으로 한 줄에 18~19집씩 모두 7줄을 지었다오. 그러면서 부락 한 가운데 부락장의 집을 짓게 하고 그 옆에 경찰분주소와 자위단실을, 그 둘레에 반장들의 집을 짓게 했다오. 그리고 백성들의 집은 반별로 집중시키되 제비를 뽑아 집터를 정하게 했

다오. 집짓기속도를 다그치기 위해 만척에서는 송강에서 목수들 수십 명을 모집해 왔소. 목수들은 토성밖에 막을 치고 그곳에서 먹고 자면서 일을 했다오. 목수들이 설계에 따라 집재목을 말라서는 돌격하여 집틀을 세우면 집주인들이 지붕에 진흙을 바르고 지붕을 예고 벽을 바르며 온돌을 놓았다오. 그러면 목수들이 집집마다에 앞 벽엔 창문 하나, 출입문 2개, 뒤벽엔 출입문 2개씩 달아주었소. 집안은 세 칸으로 꾸몄다오. 모두가 열심히 일한 덕에 대부분 집에서 한 해 사이에 집을 다 지었다오. 이리하여 북도툰에서 끼살이를 하던 남도툰 이민들은 새 보금자리로 옮기게 되었지.

이광평: 그럼 밭은 어떻게 일구었습니까?

정해련: 우리는 집을 짓는 한편 밭을 일구고 농사를 짓는 걸 게을리하지 않았소. 만척에선 개간속도를 빨리 해 저들의 투자를 줄이기 위해 당지의 한족사람들을 삯내어 밭을 일구어 주었소. 한족들이 커다란 보습날을 단 한가대기에 말 5~6필씩 메워가지고 "쨔! 쨔!" 하고 외치면서 말들한테 채찍을 안기는데 밭갈이 속도가 대단히 빠르더군. 보습날이 커서인지 흙들이 척척 잘 번져지고 또 어지간한 나무뿌리마저도 썩썩 베어지더란 말이요. 우린 처음으로 이렇게 밭갈이하는 걸 보고 놀랍기도 하고 신기하기도 했어.

그때 밭은 인구에 따라 나누기는 했어도 누가 먼저 좋은 땅에 세대 주이름을 쓴 패쪽을 꽂으면 그가 곧 그 밭을 차지할 수 있었다오. 처음으로 그렇게 넓고도 살찐 밭을 바라보는 이민들의 맘속에선 삶의 희망이 부풀어 올랐다오. 만척에서는 이민들게 적은 량의 식량이나마 대주는 한편 종자도 내주고 소와 소수레도 주었다오. 하여 집집마다 콩도 심고 강냉이도 심었지. 만척에서는 우리가 농사를 짓게 되자 내주던 식량배급을 최소화해 버리고 저절로 지은 식량을 먹으라는 것이 아니겠소?

이광평: 논도 풀었습니까?

정해련: 그랬소. 토성을 다 쌓고 집도 짓고 또 밭농사도 하게 되자 만척에선 세 번 째 해엔 논풀기를 하게 했소. 그러자면 보뚝을 만들어 몇 1,000m 밖으로부터 강물을 끌어들여야 했다오. 만척에서는 수리전문일군을 데려다 보뚝자리를 측량했고 남도촌

농민들을 봇도랑 파기에 출동시켰소. 봇도랑 파는 일도 반마다에 떼여주고 반장이 책임지고 일을 하게 했다오. 만약 그 어느 집에서든지 연고 없이 안 나오기만 하면 경찰들이 찾아가 욕설을 퍼붓거나 호되게 때려 주기도 했단 말이요. 촌민들이 땀 흘린 보람으로 큰 봇도랑이 다 만들어지자 만척에서는 촌민들을 내몰아 논풀기 작업을 벌였다오. 경무 일군들이 몽둥이를 쥐고서 일하는 농민들을 감독하였는데 그 누가 일하려 나오지 않거나 꾀를 부리다간 쌍욕을 먹거나 호되게 얻어맞았단 말이요. 논판이름은 물을 먹이는 순서에 따라 1호논, 2호논, …5호 논이라 불렀소. 논은 반별로 나누어 주고 반장의 지도하에 여럿이 제비를 뽑아 각 집마다에 나누어 주었소. 만척에서는 일본서 수입한 벼종자를 대주었다오. 논농사 경험이 있는 남도툰 농민들은 정성을 다해 논농사를 하였다오. 이 부락사람들은 21세기에 들어선 오늘날에도 그 논판 이름을 1호 논, 2호 논 등 그대로 부르고 있소. 만척에서는 첫 2년은 식량을 좀씩 대주고 토지세 등 세금은 안 받았지만 1941년도부터 자급자족하라면서 식량을 배급 주지 않았고 토지세 등 세금으로 논농사 총소출량의 70%를 무작정 받아 갔다오. 그때 농사가 아무리 잘 되어도 많은 집들에서 배를 곯았는데 흉년만 들면 배고픈 고생을 얼마나 하였던지 말이 아니었다오.

4. 만주개척의 연혁 및 조선인 개척

<자료 61> 『만주 개척 중요 연사(年史) 만주개척년감』 1940년판(황기 2,600년 기념 창간)

1905년(明治 38)~1933년(昭和 8)

1905년(明治 38)
- 고무라 주타로(小村壽太郎) 백작이 20개년 백만의 이민을 만주와 몽고로 보내야 한다는 계획

1906년(明治 39)
- 남만주 철도 주식회사 허가되다.

1907년(明治 43)
- 일본 정부는 조선 인민 규칙을 제정, 동양척식회사를 통하여 제1회 이민 모집

1914년(大正 3)
- 만철이 독립 수비대의 제대 병사 중에서 희망자를 모아 1인당 12정보(町步) 내지 20정보 자금 300원을 대여하여 이민 사업을 타기 시작하다.
- 관동 제독 후쿠시마(福島) 대장은 관동주의 금주(金州) 애천촌(愛川村)에 나가노현(長野縣)으로부터 이민을 모았지만 좋지 않은 성적으로 끝나다.

1921년(大正 10)
- 만철이 회사 조직에 의한 농업 이민의 입식을 기도하여 봉천에 자본금 2,000만 원의 동아권업 주식회사를 창립

1927년(昭和 2)
- 해외 이주 조합법 제정되다.

1929년(昭和 4)
- 만철이 자작농 제정 목적으로 자본금 1,000만 원의 방계 회사로서 대련농사회사(大連農事會社)를 창립

1930년(昭和 5)
- 대련농사회사가 제1회 일본 이민 60호를 초치(招致)

1931년(昭和 6)
- 이바라키현(茨城縣) 국민고등학교 교장 가토 간지(加藤完治), 길림군 고문 육군 대위 토미야 가네오(東宮鐵男), 관동군 참모 이시와라 간지(石原莞爾)가 대 만주 일본 이민의 긴요론(緊要論)을 고창(高唱)하다.

1932년(昭和 7)
- 제국 의회에서 만주 이민비가 예산 가결되어 척무성에서는 바로 제1회 모집에 착수
- 도쿄시 국토관(國土館) 고등척식학교 이사 야마다 데이이치(山田悌一) 씨 등이 만주국 문교부의 인가를 얻어 경박(鏡泊)학원을 계획
- 삼강성(三江省) 화천현(樺川縣) 영풍진(永豐鎭)으로 입식하는 자위 이민단 492명은 단장 이치가와(市川) 소좌에게 인솔되어 가목사(佳木斯) 상륙

1933년(昭和 8)
- 관동군 특무부 내에 일본인과 조선인 이민의 중심적 통제 지도 기관으로서 이민부 신설
- 일본 자유 이민에 앞장선 아마테라엔(天照園) 이민이 통료현(通遼縣) 제니야(錢家) 점포 남방의 동아권업 주식회사 소유지로 입식
- 문부성에서는 해외 이민 훈련소를 개설

- 척무성의 제2차 무장 이민단 490명이 삼강성 칠호력(七虎力)으로 입식

1934년(昭和 9)~1937년(동 12)

1934년(昭和 9)

[2월]

- 경박(鏡泊)학원 제1기 학생 190명 입학
- 영풍진의 이민단 본부 홍창비(紅槍匪)에게 습격 받아 중상 3명을 내다.
- 제2차 이민단 반일분자에게 습격받아 전사자 6명을 내다.

[4월]

- 2600명의 비적 영풍진의 제1차 이민단을 공격

[5월]

- 호남영(湖南營)의 제2차 이민단을 비적이 습격
- 도미야 대좌, 가토 국민고등학교 교장이 연령 17~18세의 소년 30명을 삼강성 요하현(饒河縣)에 입식시키고 야마토촌(大和村)이라 명명

[9월]

- 빈강성(濱江省) 수능현(綏棱縣) 옥영묘(玉榮廟) 지구로 제2차 이민으로서 문부성 제1, 제2 척식훈련소 일본 국민고등학교 수료생으로 구성된 수능개척조합의 선견대 50명 입식

[10월]

- 제3차 이민단 298호 빈강성 수능현 옥영묘 지구로 입식

[11월]

- 천리교단 청년회가 하얼빈 교외 아십하(阿什河)로 천리교의 취지에 의한 이민 농촌 건설에 에 착수하여 제1회 이주자 43호 155인 입식
- 제1차 이민단이 이야사카(彌榮) 소학교를 개설
- 25일부터 12월 5일까지 관동군 특무부 주최의 제1회 이민회의가 개최되어 '만주 농업 이민은 그 방법만 좋다면 불가능하지 않다'라는 결론에 도달

1935년(昭和 10)

[1월]

- 제2차 이민단이 신부 모집, 신청자 130명
- 천리교 이민촌으로 제2차 이민단 26호가 입식
- 경박학원의 경영, 비적에게 습격받아 불능으로 떨어지다.

[2월]

- 제3차 이민단의 입식지 빈강성 수능현 북대구(北大溝) 지구로 상조 위원회가 조직되다.

[3월]

- 영풍진의 제1차 이민단 이야사카무라(彌榮村)를 창립

[6월]

- 제2차 이민촌 천진(千振)으로 130명의 신부 오다.

[7월]

- 제5차 이민단 1,000명의 모집을 마감하다.
- 만철, 철도총국이 철도 자경촌을 실시하다.

[9월]

- 제3차 이민단, 수능 개척 조합이 나뉘어 주둔하다.
- 목단강성(牧丹江省) 밀산현(密山縣) 성자하(城子河) 및 합달하(哈達河)로 제4차 이민단 입식

[12월]

- 이야사카무라 이민단이 영풍진 동쪽으로 미영본원사(彌榮本願寺)를 건립

1936년(昭和 11)

1월

- 길림성(吉林省) 액목현(額穆縣)

[19일]

- 농림성에서는 내년 4월부터 전국에 35개소의 농촌신부학교를 개설하고, 다수의 신부 송출 계획을 수립하다.

[30일]

- 제6차 청년의용대 2,086명 입만(入滿) 각 훈련소에 입소

12월

[3일]

- 제3차 청년의용대 314명 하얼빈 훈련소로 입소

[10일]

- 하얼빈의 청년의용대 요양소 개소식 거행

[12일]

- 제6차 청년의용대 나팔기대 62명 하얼빈 훈련소로 입소
- 만주국 정부는 산업부의 외국개척총국을 신설하여 용강(龍江), 빈강(濱江), 삼강(三江), 길림, 목단강 각 성에 개척청을, 기타 관계 각 성에는 개척과를 두고 주요 각 현에는 '개척과' 또는 '고(股)'를 신설한다고 발표하다.
- 내년도의 조선 농민 이민은 집단 이민 3,000호, 집합 이민 4,000호로 결정

[17일]

- 제6차 청년의용대 220명 하얼빈 훈련소에 도착 입소

[18일]

- 척무성에서는 명년 1월 신경(新京)에서 이민 회의를 개최하여 이민 계획을 근본적으로 재검토하기로 결정

[24일]

- 개척총국 관제를 공포하다.
- 핫타(八田) 척상(拓相), 동아시아 신체제 확립에 수반하여 일·만·중 일체의 이민 계획을 수립, 적극적으로 나아갈 것을 성명
- 신설의 개척총국 장관으로는 유키(結城) 빈강성 차장
- 총무, 초간(招墾) 양 처장으로는 이라고(五十子) 농무사장이 임명되다.

[25일]

- 해외부인협회는 청년의용대에게 신년 축하 선물로 위문품을 발송

[27일]

- 만척에서는 훈련과를 훈련국으로 승격

[30일]
- 내년도 신경에서 개최하는 이민회의를 위해 현지 측 준비타합회를 개최
- 오기와라(荻原) 척무차관 이민지 시찰을 위해 만주로 왔다.

1939년(康德 6~昭和 14)

1월

[6일]
- 일선만 이민간담회의 제출 의안 대강 결정
- 민정부(民政部) 보건사(保健司)에서는 이민지의 위생 향상을 위해 성현(省縣) 위생관을 증원 배치하다.

[7일]
- 일선만 합동이민간담회 신경에서 시작되다.

[8일]
- 신부 100만 인을 대륙으로 송출해야 하는 바, 척무, 문부, 농림 각 성에서 계획
- 일본과 만주 양국에서 이민 사업의 지도 감독 기관으로서 양국 조약에 의한 척식 위원회 신설 내정
- 일선만 이민회의에서 제1차 미영촌 야마자키(山崎), 제2차 천진종(千振宗) 양 단장이 '이민 사업'을 '개척단'으로 '이민'을 '척사(拓士)'로 개칭을 제안
- 일선만 이민간담회에서 만척(滿拓), 선척(鮮拓)의 통합 불가피 되다.

[10일]
- 안동, 집안(輯安), 장백, 개산둔(開山屯), 도문(圖們)의 5군데로 척정변사소(拓政辨事所) 개설 사무를 개시, 조선총독부에서도 상치원(常置員) 설치

[11일]
- 척무성에서는 일선만 이민간담회에서 일본과 만주 양국의 일원적 기능 발휘의 근본 방침에 기초하여 개척 사업의 조성 방침 확립

[12일]

- 야스이(安井) 척무국장 이민간담회의 경과를 척상에게 보고

[14일]

- 만주 이민회의 수상 관저에서 개최, 만주 측에서 신경 회의에서 결정한 이민 정책의 중요 사항을 설명
- 「대륙문예간화회(大陸文藝懇話會)」 결성되다.

[15일]

- 오기와라 척무차관, 개척 사업에 관하여 만주국 측과 협의하기 위해 내경

[18일]

- 제8차 척사의 입식 지구 결정

[20일]

- 개척지의 청년의용대 협화청년단(協和靑年團)을 결성

[22일]

- 정부는 개척지로 신가촌제(新街村制)와 협동조합 제도를 채용하기로 결정

[24일]

- 목단강 방송국에서는 '대륙신부좌담회'를 일본과 만주에 방송
- 정부는 개척위원회를 설치하고, 삼분과회를 두다.
- 개척총국 척간도문번사소 개설되다.

[25일]

- 제8차 개척단 간부와 청년의용대 간부, 하얼빈 훈련소로 입소
- 조선계 척사 훈련소를 선척 만척 재사 협력하여 개설

[27일]

- 만척에서는 허약 청소년 의용대원의 보건 방면의 재훈련을 위하여 특별 훈련소를 여순(旅順) 해상 경찰대 훈련소 전체에 개설

[26일]

- 척무성에서는 이민을 '척사'라는 말로 통일

2월

[2일]
- 만주국 정부는 이민의 명칭을 '척사'라고 변경

[3일]
- 민정부, 개척총국에서는 각 특별 훈련생에 대한 학술 지도를 위해 강사 파견
- 청년의용대의 훈련 대강 결정
- 노동과학연구소에서 개척민의 생활 양식 재검토에 착수

[6일]
- 일본 정부는 개척 정책 심의회를 설치

[12일]
- 조선총독부에서는 개척민 위원회를 설치하기로 결정

[23일]
- 만철이 데루오카 기토우(暉峻義等) 박사에게 위촉하여 개척과학 연구소 설립
- 중의원 건설 위원회 일분과회에서 이토고로(伊藤五郎) 대의사의 '대륙의 신부 양성장을 전국 각지에 설립하라'라는 건의안 가결되다.

[25일]
- 제7차 청년의용대 최후미 부대 1,702명 북조선 경유 입만

3월

[2일]
- 5월 효고현(兵庫縣) 니시미야시(西宮市)에서 개최하는 대동아건설박람회로 만척에서 개척 관계 자료를 출진

[4일]
- 개척민을 위해 미이용지(未利用地) 개발의 토지회사를 정부 총액 출자로 창립하기로 결정

[7일]
- 개척총국 초간처장으로 다카쿠라(高倉) 총무과장 임명되다.

[14일]
- 개척 위원회 국무원에서 첫 회의 개최

- 만척에서는 개척민의 필요품 배급의 원활을 기도하기 위해 각지로 농업 창고를 설치
- 만주개척정책의 전반적 연구를 위해 개척 연구의 설립 고려되다.

[22일]

- 만척 개척 연구소를 수화(綏化), 이랍합(伊拉哈), 삼하(三河), 길림의 4군데에 설치하기로 결정

[27일]

- 청년의용대의 훈련 제도에 획기적 개혁 단행되다.

[28일]

- 만주와 조선 척식 본년도 사업 계획 결정
- 만척에서는 자작농 조성을 위해 대출 이율의 대폭 인하를 발표

4월

[3일]

- 청년의용대 기숙사 도우미 49명 입만(入滿)

[7일]

- 척무대신으로 다나카 사다오(田中定雄) 씨 취임
- 만주국 정부는 개척 위원회를 개최하고 노동 봉사대 초치 대책을 협의

[15일]

- 청년의용대의 교육 기관으로서 청년학교를 설립

[16일]

- 제8차 청년의용대 784명 창도(昌圖) 입식

[18일]

- 협화회(協和會) 중앙 본부의 개척지 공작 요망 결정

[19일]

- 개척 농촌에 가촌제 실시에 관하여 정부 당국의 견해 발표

[24일]

- 제8차 청년의용대의 최후미 부대 650명 창도 훈련소로 입식

[27일]
- 노동봉사대의 도만(渡滿)에 앞서 사전 분별을 위해 시바누마(柴沼) 문부성 교육과장 대 일본 청년단 대표 10명 일본 출발

[29일]
- 선농 집단개척민 1,378명 입만

5월

[5일]
- 일만개척간담회 도쿄에서 개최

[6일]
- 개척총국이 중심이 되고 일본 측 대표를 더하여 노동 보사대 편성 계획 협의

[8일]
- 반도의 청년의용대 6월부터 실시하기로 결정

[12일]
- 만철에서는 송화강 연안의 개척 조사에 착수

[16일]
- 길림성 관내로 자경촌 청년 훈련생 800명 입소를 개시

[18일]
- 고이소(小磯) 척상, 전국 학무부장 회의에서 만주 개척 문제에 관하여 훈시

[24일]
- 농림성의 임업 개척민의 본년도 입식 예정 수는 263명으로 결정

[25일]
- 치치부노미야(秩父宮) 전하, 우치하라(內原) 훈련소 시찰

[26일]
- 일본 정부는 각의에서 청년 근무 봉사대 파견비 38만 4천 원 지출하기로 결정

6월

[1일]
- 문부성은 고등척식학교를 신설하기로 결정

[5월]

- 개척 사업의 공로자 우치하라 훈련소장, 가토 간지 씨 등에게 서훈

[7일]

- 청년의용대 장행회(壯行會), 아사카노미야(朝香宮) 전하의 대림(臺臨)을 받들고 진구가이엔(神宮外苑) 경기장에서 거행
- 근로봉사대의 골자가 일본 정부에서 발표되다.

[8월]

- 전만(全滿) 학교 교원들, 학생의 근로 봉사 민정부에서 실시의 훈령을 발하다.

[10일]

- 만주 파견 근로 봉사 대장, 후지가케 스에마쓰(藤懸末松) 대장으로 결정

[13일]

- 근로봉사대 선견대의 두 대표 소감을 신경 중앙 방송국에서 방송
- 근로봉사대 만주 측 참가 청년대의 작업지 일정 정하다.

[15일]

- 도쿄시 다마가와(多摩川) 여자척무훈련소 개소식 거행되다.

[18일]

- 도쿠다이지(德大寺) 시종 개척지 시찰을 위해 일본 출발

[19일]

- 근로봉사대의 배속지 일정 정하다.
- 척무성에서는 최초의 담수어업 개척민 선견대 50명을 경박호로 보낸다.

[23일]

- 에쓰리(江條) 척무 참여관 개척지 시찰지 시찰을 마치고 내경(來京), 각 관계기관과 간담

[27일]

- 경박학원 의용대 훈련소로서 경생(更生)·만영(滿映)에서는 영화반을 근로봉사대 작업지로 파견

[30일]

- 만주 개척정책 골자 일만개척연락회의 준비위원회에서 결정

7월

[1일]

- 개척총국에서는 개척지 영농형태 간담회를 개최

[4일]

- 일만개척간담회 수상 관저에서 열리다.

[10일]

- 한국 경제부대신 미영촌을 시찰

[14일]

- 도쿠다이지 시종 하야마(葉山) 별저에 사후(伺候), 개척민의 활약

만주개척정책 기본요강

제1 기본 방침

만주개척정책은 일만 양국의 일체적 중요 국책으로서 동아시아 신질서 건설을 위한 도의적 신대륙 정책의 거점을 배양 확립할 것을 목표로 하고 특히 일본 내지인 개척 농민을 중핵으로서 각종 개척민 및 원주민 등의 조화를 꾀하며 일만 불가분 관계의 강화, 민족협화의 달성, 국방력의 증강 및 산업의 진흥을 기하고 겸하여 농촌의 갱생 발전에 이바지할 것을 목적으로 한다.

제2 기본 요령

1. 기본 방침에 따라 일만 양국 각 분담 부문 및 협력 부문의 각 책임 범위를 명확히 함과 동시에 그간 일관된 맥락을 지킴으로써 일만 양국을 관철하는 만주개척정책의 통제가 있는 발전 및 원활한 실시를 기하는 것으로 한다.
2. 개척민의 종별 대체의 취지는 다음과 같다.
   (1) 일본 내지인(조선인은 여기에 준한다)
       (가) 개척 농민
       (나) 반농적(半農的) 개척민(임업, 목축, 어업 등)

(다) 상, 공, 광업 기타의 개척민

(라) 개척청년의용대

(2) 원주민

(가) 국내 개척 이동 원주민

(나) 개척민 이주를 동반하는 보도(輔導) 원주민

3. 각종 개척민의 수적 확충을 기하고 그 조화를 꾀하여 이 실행을 촉진한다.
4. 개척민의 지도에 관하여 만주에서는 개척 정책 대길의 일원화를 꾀하고 개척용지의 정비, 이용 개발 및 배분, 영농 방식, 개척민 이주, 원주민 보도 등에 관하여 쇄신적 방도를 강구하며 특히 개척자 기구를 조정하여 개척민 취급에 관한 책임 분야를 명확하게 함과 동시에 그 종합적 기능의 발휘에 힘쓰는 것으로 한다.
5. 개척민의 이주에 대해서는 각종 개척민의 안배를 적절히 하여 일본 내지인 개척민은 우선 원칙으로써 북만주 방면을 주로 하는 외에, 만주 전체에 교통, 산업 개발상의 중요 지점으로 정착시키는데, 이상으로는 널리 분포하고 각지에 민족협화의 중핵적 분자가 되도록 할 것을 기한다.

또 조선인 개척민의 이주, 재만 조선인의 안정, 원주민의 국내 개척 이동에 대해 더욱이 적극적인 조성보도(助成輔導)의 방도를 강구한다.

6. 개척용지의 정비, 이용 개발, 배분 등에 관해서는 대체로 다음의 요령에 의한다.
   (1) 개척용지의 정비에 관해서는 원칙으로시 니이용지 개발주의에 의해 이를 국영으로 한다. 위의 개척용지는 국가에서 관리하고 그 방법에 관해서는 적의 유용 적절한 조치를 강구하는 것으로 한다.
   (2) 개척용지의 이용 개발에 관해서는 습지 천척(干拓), 알카리 성 땅의 이용, 삼림원야(森林原野)의 개척 등을 적극적으로 수행하는 것으로 한다. 특히 치수(治水) 이용, 천척 사업 등의 기능 및 그 운영, 취득 토지의 잠정적 이용 방책 및 개척지 구내의 자원 개발과 개척 사업과의 조정에 착의한다.
   (3) 개척용지의 배분에 관해서는 그 이용 구분을 적정히 함과 동시에 단체 또는 개척 농가에 배분된 토지에 대해서는 자유로운 사유권 제도에 의거하는 것이 적당하지 않음을 감안하여 적절한 규제를 마련하고 영농의 근거를 확고히 하여 개척 목적에 즉

시 대응하는 이상적 농촌의 건설을 간절히 바란다.

이를 위해 개척 농지 제도를 확립하고 그 적용의 범위는 원칙으로 개척용지로 한다.

7. 개척민의 농업 경영에 관해서는 개척지의 자연적 경제적 조건을 고려하여 즉응하는 영농형태에 의거하게 하고 대륙 신농법의 적극적 창성을 목표로 한다.

8. 일본 내지인 개척 농민의 지도에 관해서는 만주개척정책의 핵심으로써 특히 포육(哺育) 발달을 기하기 위해 토지, 담세, 이주 형태와 민족 혼주, 행정 경제 기구, 농업 경영 등 여러 가지 사항에 관하여 개척 목적으로 즉시 대응하는 것과 같이 기초 제도를 확립하는 것으로 한다.

(1) 개척용지의 관리배분에 관해서는 국가, 단체 및 개척 농가 간의 이행 관계 등을 적절하게 규제하고 농민의 특성을 감안하여 토지의 영대 세습적 확보를 꾀함과 동시에 그 소유 형태를 정한다.

(2) 담세에 관해서는 개척 농민 및 이에 동반하는 전주(轉住) 원주민에 대한 감면의 조치를 강구함과 동시에 물납주의의 겸용에 관하여 고구(考究)한다.

(3) 개척 농민의 이주 형태에 관해서는 집단, 집합 및 분산의 형태로 구분하고 집단 형태에 대해서는 집단 이주, 협동 경영의 기성(旣成)으로부터 나아가 자급자족 경영의 확립을 꾀함과 동시에 원주민 부락과의 혼성촌의 완성을 간절히 바라고 집합 형태에 관해서는 집단 형태에 준하여 집합 부락의 기성을, 분산 형태에 관해서는 개척 농가의 자립을 목표로 하여 각 형태 모두 원주민을 포용 융합시키는 등을 한다.

(4) 개척지의 행정 경제 기구에 관해서는 개척단이 단장을 중심으로 하는 농촌 협동체 됨에 뜻을 밝히고 개척 사업의 원활한 수행에 즉응하는 등 조치함과 동시에 원주민과의 공존공영적 관련을 고려하며 합리적이고 유기적으로 만주국 제도하에 융합 귀일시키는 것으로 한다. 이를 위해 집단 개척지에 대해서는 행정 기구는 가촌제에 의거케 하고 경제 기구는 협동조합을 결성시켜 이것이 일원적 운용의 방도를 강구하는데 이주 후 대체로 5년은 가촌제 기타 모든 제도의 적용 및 운영에 대해 특별한 고려를 기울임과 함께 개척지 건설의 원활한 수행을 기하기 위해 특수법인(가칭 개척단)을 결성시켜 가급적 빨리 일반 행정 경제 기구에 흡수 이행시키는 것으로 한다. 기타의 개척지에 관해서는 원칙으로써 특수 행정 경제 기구를 구성시키는 일 없이

해당 지방 관계 기구에 흡수시킨다.

(5) 개척 정책 수행상의 필요에 기초하여 개척단에 지도원을 마련하는 것으로 하고 일만 양국 협의를 한 다음에 이를 정하도록 적절하게 조치하는 것으로 한다. 만주국에서 모든 기구상의 공적 신분은 위의 지도원 및 기타의 개척단 간부 중심으로 필요한 자에 관해 이를 보유시키는 것으로 한다.

(6) 집단 및 집합 개척 농민의 농업 경영에 관해서는 가족적 근로주의 및 부락적 협동 근로주의를 목표로 하고 그 형태에 대해서는 자작농을 주안으로 하며 협동 경영을 가미하고 특히 집단 개척 농민에 대해서는 기계 영농 겸용의 협동 경영 또는 필요한 선만인과의 합작 등에 관해서 자세히 살펴 연구한다.

또 집단, 집합 개척지에 있어서 경영에 관해서는 전체적 협동 경영에서 개인 경영으로의 분화 이행 요령 및 유기적 상관 관계 및 경영 지도의 요령을 확립한다.

분산 개척 농민의 농업 경영에 관해서는 적지적응주의(適地適應主義)에 의해 자립 자활의 방도를 강구하여 자작농을 설정하는 일에 힘쓴다.

위의 각 항에 관련하여 각종 협동 기구, 비황(備荒) 제도 및 농업 금융 기구에 관하여 적절한 기능을 정비함과 동시에 농법, 농기구, 농산 가공, 부업 등에 대해 고구(考究)한다.

(7) 개척 농민의 의식주, 보건 및 생활 양식에 관해서는 대륙적 신환경에 즉응하도록 적질한 방노를 강구하는 것으로 하고, 적지적응주의에 준하여 그 종합적 개선을 기하는 것으로 한다.

(8) 의료에 관해서는 각지 의료 기관을 정비하고 그 경영을 합리화하여 개척민 의료의 만전과 의료비 부담의 경감을 기하는 것으로 한다.

(9) 개척 농민 이주 후 그 경제적 기초 확립에 이르는 사이 사망 등의 경우 유족 등을 구제하기 위해 공제제도를 마련하는 것으로 한다.

(10) 이주 준비에 관해서는 개척지의 조사 선정 등으로 그 설정 계획을 확립함과 아울러 선견대 제도의 이용에 관해 고구하는 것으로 한다.

(11) 앞의 각 호(號)에 관련하여 보도(輔導) 조성에 대해 더욱이 적절한 조치를 하는 것으로 한다.

9. 조선인 개척 농민의 지도에 대해서는 개척 정책의 방침에 따르고 전체적 계획하에 집단 및 분산을 주의로 하고 보도 안정시켜 집단 개척 농민은 우수한 자에 대해 이를 행하여 당장 조선 내로부터의 이주를 적절하게 통제함과 동시에 재만 조선인의 안정에 대해 고려하는 것으로 한다.

위에 동반하는 지도 일반의 요령은 각 구분에 응하여 일본 내지인 개척 농민의 예에 준하는데, 그 실정을 감안하고 적의 안배를 더하여 그 목적 달성에 유감이 없도록 한다.

10. 원주민의 국내 개척 이동에 관해서는 집약적 농업 경영의 지도와 더불어 전체적 계획 하에 이를 보도 통제한다.

개척민의 이주에 동반하는 원주민의 보도에 관해서는 개척민의 이주에 의해 상당수 이를 이전시킬 수 없음을 원칙으로 하고 어쩔 수 없이 이전시킬 경우는 물심 양 방면으로 그 생환 안정의 길을 강구한다.

11. 만주국 산업 개발 계획, 군사적 건설 등과 조응해 개척 농민 이외 일본 내지인의 반농적(半農的) 개척민 및 상·공·광업 기타의 개척민 계획을 수립하고 그 실행을 촉진한다.

위의 개척민에 관해서는 개척 농민과의 관계 조정에 유의한다.

12. 개척청년의용대는 주로 일본 내지인 청소년으로 결성하고 민족협화의 중핵으로써 만주국의 생성 발전에 기여할 만한 각종 개척민 특히 개척 농민의 기저(基底)된 자질을 육성 훈련함으로써 일만 불가분 관계의 공고함에 이바지하도록 하며 특히 그중요성을 감안하여 지도 및 경영에 관한 방책을 확립해야 할 요령은 대개 다음과 같다.

(1) 관리 운영의 주체를 확정한다.

(가) 만주개척청년의용대 훈련 본부를 신경에 설치한다.

(나) 훈련 본부는 이를 일만 양국 개척 관계기관의 협력 합작이 되는 지도 통제 기관답게 하여 의용대 훈련의 일관적 지도 통할에 당하는 것으로 한다.

(다) 훈련 본부장은 일만 양국 정부의 협의 결정하는 자로 하여금 이에 충족하도록 한다.

(라) 기본 훈련소는 훈련 본부를 경영하는데 그 지도 훈련, 시설, 관리 등에 관해서는 전기합작 각 기관의 기능을 유효하게 발휘시키도록 조치하는 것으로 한다.

(마) 기타 훈련소의 시설, 관리 및 운영은 각각 적당한 기관으로 하여금 이를 담당

하도록 한다.

(2) 훈련소의 종별, 양태를 확정한다.

기본 훈련소와 실무훈련소로 나누어 후자를 다음과 같이 구분한다.

(가) 훈련 수료 후 집단 개척 농민으로서 해당 훈련지에 정착시키는 것을 목표로 할 것

(나) 훈련 완료 후 개척 농민으로서 타지방으로 이주시키는 것을 목표로 할 것

(다) 기술 기타의 특수훈련을 행할 것

(3) 일본에서의 모집 훈련부터 현지 훈련 및 정착에 이르기까지 맥락이 일관된 지도 정신을 지키고 내지 훈련, 현지 각종 훈련을 실시한다.

(4) 청년의용대 중에 각 민족을 포함하여 협동 훈련시키도록 고안한다.

(5) 청년의용대와 소년공 요원의 모집 훈련에 관해서는 통제 연계의 방도를 강구하는 것으로 한다.

13. 일반 개척민의 훈련은 그 심신을 단련 육성하고, 특히 팔굉일우(八紘一宇)의 이상, 만주 건국의 정신을 진작 함양하며, 만주개척정책의 본의를 체득시킴과 아울러 개척지의 건설 및 경영에 필요한 기술을 받는 것을 주안으로 한다.

그 훈련소는 일본 및 만주에 건설하는데 개척민의 구분에 응하여 그 경영 양식, 훈련 기타에 관하여 적절하게 고려하여 목적 달성에 유감이 없도록 한다.

14. 지도원은 널리 적격지를 간닥하는데 특히 요원 확보를 위해 개척에 관한 교육 시설의 확충을 도모함과 동시에 일본 및 만주에 훈련 양성 시설을 설치하여 그 자질의 향상을 기하도록 한다.

15. 개척민 이주 및 원주민 전주(轉住) 보도에 관해서는 민족협화 구현상 특히 만주제국 협화회의 활동을 촉진하고 그 기구 및 운영은 각종 개척민의 특성 및 개척 사업의 진전 등의 실정에 즉응시킨다.

또한 개척민과 원주민과의 사회생활에서 민족협화의 현실에 관해 특별한 고안을 강구하도록 한다.

16. 일본에서는 만주 개척민의 모집, 전형, 훈련, 송출, 조성 및 보호에 관해 합리적 방도를 강구하고 특히 관민 일도의 총력으로 참여하고 기획하는 기여를 꾀하고 힘써 자질이

우량한 자의 대량 이주의 원활한 수행을 기하도록 한다.

이를 위해 특히 조치해야 할 사항의 개강은 다음과 같다.

(1) 만주 개척에 관한 교육은 황도 정신의 함양을 목표로 하고 만주 건국의 본의를 명백히 함과 동시에 만주 개척에 관한 제반 지식 기능을 받아서 왕성한 개척 정신을 배양하고 사회 교육에 있어서는 시시로 실천적 방면에 유의하도록 한다.

(2) 개척민 대량 송출을 용이하게 하고 또한 개척단 조직의 건전한 발달을 촉진하기 위해 내지 농촌의 선구적 갱생 및 개척 정책의 취지에 조응하여 향촌 단위의 계획적 조직적 단체 이주에 관하여 유효 적절한 조치를 강구하는 것으로 한다.

(3) 부채 때문에 이주가 곤란한 개척 희망자에 대해서는 그 부채 정리 계획의 수립을 지도함과 동시에 극력 부채의 조건 완화 및 재산의 유리한 처분의 알선 등에 힘씀으로써 이주를 용이하게 한다.

(4) 개척민의 미초치(未招致) 가족에 대해서는 할 수 있는 한 인보(隣保) 상조의 정신에 따라 이들의 생활 유지에 힘쓰는데 또한 생활을 유지할 수 없는 자에 대해서는 부양의 방도를 강구하여 개척민의 불안을 제거하고 만주 개척 등의 순조로운 수행에 이바지하도록 한다.

17. 왕성한 개척 사상을 배양함과 동시에 개척지의 인구 구성의 계조적(階調的) 진전을 기하기 위해 널리 여성 일반에 대해 적극적 진출을 고취해야 할 유효 적절한 시설을 행하도록 한다.

일본 각지에 걸쳐 개척민 배우자 양성 시설을 정비함과 함께 여자 지도자의 양성 훈련 시설을 마련하도록 한다.

18. 개척 관계기관에 관해서는 일만 양국 각각 해당 행정 기구의 정비 확충을 행하고 관계 기구와의 연락에 대해 적절하게 처치함과 아울러 개척 정책에 관한 중요 사항의 처리에 관해서는 일만 양국 정부가 긴밀하게 협의 연락하도록 한다.

19. 개척 정책의 정비와 동반하여 만주 척식 위원회의 운영에 관해서는 적의하게 규제함과 동시에 해당 사무국의 사무량의 증가와 함께 필요에 응하여 소요 인원을 증가시키도록 한다.

위와 동반하여 위원 임시 위원의 구성에 관해서는 조정한다.

20. 만주척식공사를 개선하고 만선척식회사를 통합하여 그 기능을 조정함과 동시에 개척 사업에 관한 금융, 물자 배급 등에 관해서는 전일적 통제하에 각종 개척민의 특성에 응하여 적절한 방도를 강구하도록 한다.

21. 만주개척정책이 일만 불가분 관계를 기조로 함에 비추어 일만 양국은 문화적 지적 협조, 인사의 교류, 자금의 조달, 말 기타의 가축 자원, 사료 원료 기타의 물자 공급 등 형이 상하에 걸쳐 협조 제휴하도록 한다.

22. 일만 양국 간 부담에 관해서는 일만 불가분의 관계 및 개척 정책의 양국 일체적 국책이 됨을 감안하고 또한 만주국의 각 민족 간 부담에 관해서는 개척 정책의 취지 및 민족협화의 본의에 따라 각 형이 상하의 합리적 균형을 얻을 수 있도록 조정하는 것으로 한다. 일만 양국 정부의 경비 부담 구분에 관해서는 대강 다음의 요령에 의한다.

   (1) 일본인 개척민에 관해서는 원칙으로 일본 국내에서 요하는 경비 및 개별 보조는 일본국 정부, 공동보조는 일만 양국 정부 같은 액수를 부담하고 만주 국내에 있어서의 시설 및 조성은 만주국 정부가 이를 부담한다.

   청년의용대에 관해서는 일본 국내에서 요하는 경비 및 도항비는 일본국 정부가 부담하고 만주 국내에서의 시설 및 조성은 일만 양국 정부가 동액을 부담한다.

   (2) 일만 양국 정부의 보조에 관해서는 종래의 실적이 적어 그 정도, 내용 및 방법에 관하여 합리적으로 조정하는 것으로 하고 개척지에 대해 만주국 정부가 행해야 할 시실은 가급석으로 이주 전에 정비해 두도록 한다.

23. 개척민에 대한 금융에 관해서는 조직성 있는 통제 아래 민족 및 각종 개척민의 특성에 응하여 그 기구를 조정함과 동시에 융자의 풍부 저렴 또한 민속(敏速)을 꾀하도록 한다.

24. 개척지에서 자제의 교육에 관해서는 만주에서 일만 양국의 교육 일반 방침에 따라 또한 개척 정책의 취지에 조응하여 교육 내용, 시설, 경영, 교사의 양성 보충 등에 관해 따로 고려를 기울이도록 한다.

25. 개척지에서 신사, 종교 및 문화 시설에 대해 제반이 방책을 강구하고, 또 후생 시설에 대해서는 적지적응주의에 따라 그 정비를 기하도록 한다.

26. 개척민의 경방적(警防的) 의의를 감안하여 병역 기타 병사 제도에 대해 고구함과 동시에 개척단 방위에 관한 제 시설을 충실히 하는 등에 힘쓰도록 한다.

제3 처치

1. 이상 각종 사항에 관련하여 만주개척공사 설립에 관한 협정서의 양해 사항, 공사 정관 등에 관하여 적당한 조정을 가하고 또한 필요한 사항은 일만 양국 간의 적절한 계약 등으로 조치하도록 한다.
2. 1940년(昭和 15, 康德 7)부터 신례제를 이행하는 것을 목표로 하여 소요의 준비를 하도록 한다.

만주개척정책 기본요강 부속서

1. 일본 내지인 집합 개척 농민 이주에 관한 건

집합개척민은 대략 30호 내지 100호로 구성하고 그 이주에 대해서는 대강 집단개척민에 준하는데 특히 다음의 부분에 유의하도록 한다.

(1) 개척지는 집합개척민의 정착을 용이하도록 하기 위해 지역의 선정 시설의 정비 등에 대해 고려하는 것으로 한다.
(2) 집합개척민에 대해서는 원칙으로서 단기간 훈련을 실시한 뒤 송출하는 것으로 하고 필요에 따라 지도원을 붙이는 것으로 한다. 세 집합개척민의 이주에 당해서는 만주국 정부 기타 적당한 기관에서 이주에 필요한 준비를 해 두는 외에 건설상의 필요에 기초하여 집합개척민의 협동 기구에 대해 고려함과 동시에 이주에 필요한 사항에 대해 만주척식공사로 하여금 지도 조성을 하도록 한다.

2. 개척 농지 제도에 관한 건

(1) 개척 농지 제도 적용의 범위는 원칙으로서 개척용지로 한다.

현재 만척 및 만선척의 소유에 속하는 토지를 개척단 또는 개척민에 배분하는 경우는 필요에 응하여 국가에 수용하고 저치하는 것으로 한다.
(2) 국가가 관리하는 개척 용지는 개척단 이주 후는 일단 개척단으로 하여금 대행 관리시키고 가급적 신속하게 개척단에게 양도한다.

(3) 개척단에 양도된 용지 중, 임지, 방목지, 개척단 협동용지(개척단 수익지를 포함한다) 등 기타 공공 또는 공익적 성질을 가지는 토지는 개척단의 협동 사용지로서 각 호에 이를 분양하지 않고 영속적으로 그 처분, 차압 등을 제한한다.

(4) 전호(前號) 이외의 토지는 이를 각 호에 분양하는데 개별적 소유지는 택지 및 자가 경작지로 한정하도록 한다.

자가 경작력이 보통 이상으로 큰 자에 대해서는 적당 면적의 토지를 부가 소유시킬 수 있도록 한다.

(5) 각 호에 분양하는 토지라 하더라도 개척단의 지구 밖에 전주하거나 전업 또는 노력의 부족 등으로 말미암아 자가 경작을 하지 못하게 되었을 때의 사유가 일시적이 되는 경우는 개척단이 그 토지를 관리하고, 항구적이 되는 경우는 개척단에서는 적당한 가격으로 이를 수용하는 것으로 한다.

(6) 각 호에 분양한 토지 및 영농에 필요한 가옥 기타의 시설에 관해서는 전호에 따라, 개척단에서 수용하는 경우 외에 영속적으로 그 처분, 차압 등을 제한하고 또한 상속으로 말미암은 토지의 세분을 방지하는 방도를 강구하도록 한다.

(7) 협동조합 결성 후에는 개척단의 협동 사용지 등은 그 성질에 응하여 협동조합 또는 가촌으로 이행하는 것과 같이 조치하도록 한다.

(8) 집합개척민에 대해서는 지역에 따라 집단개척민에 대한 토지 제도를 준용하도록 한다.

3. 개척지 행정 경제 기구에 관한 건

개척지에서는 일본 내지인 개척민을 핵심으로 하여 각종 민족을 포용하여 공존 공용의 연대적 관련을 가지는 신농촌 행정 경제 기구의 확립을 기한다.

개척민 이외의 원주민 부락의 행정 경제 기구는 개척지의 행정 경제 기구와 대응 관련시키고 이를 모범으로 하여 경영 운용시킨다. 또 협화회의 활동과 더불어 양자의 유기적 협조 보유를 꾀하도록 한다.

그 요령은 대략 다음과 같다.

1. 개척지 가촌(街村)
    (1) 일본 내지인 집단개척민 이주 후 대략 5년은 가촌제 기타 관계 지방 제도의 적용 및 운영에 대해 특히 다음의 부분에 고려를 기울이도록 한다.
        (가) 가촌의 이사 기관, 경비 부담, 공동 처리의 사무 등에 관해서는 개척지의 실정에 즉응시키도록 한다.
        (나) 개척지 건설이 원활한 수행을 꾀하기 위해 중앙, 성, 현은 특별히 지도 감독을 행한다.
    (2) 개척지에서 경찰 기구를 정비하고 그 인적 구성 및 교양 훈련과 함께 개척단과의 연락 협조 등에 대해 특히 유의하도록 한다.

2. 개척단
    (1) 개척단은 개척지 건설을 지표로 하고 단장의 중핵적 지도하에 개척단 전원의 공고한 정신적 단결로 건설 사업을 수행하여 개척지 경영의 기초를 확립한다.
    (2) 개척단의 단장 및 일정 범위의 직원은 개척단 지도원 및 기타의 간부에 관하여 만주국 정부가 이를 임명하도록 한다.
    (3) 개척단은 중앙, 성, 현의 지도 감독을 받음과 동시에 물자 구입, 가옥 건축 기타 개척지 건설에 필요한 사항에 대해 직접 만주개척공사와 연락하여 처리하도록 한다.

3. 협동조합
    (1) 일본 내지인 개척지 협동조합의 요령은 대략 다음과 같다.
        (가) 개척단은 그 자질에 기초하여 점차 협동조합다운 형태를 정비하면서 이주 후 대략 5년을 경과할 때 제도를 확립한다.
        (나) 협동조합은 신용 구매 판매 이용의 각종 사업, 생산 지도 등을 종합적으로 행함과 동시에 가촌 협동 사용지의 관리 이용이 수탁 경영 개척민의 부채 상환, 조세 공과의 대납 등도 고려하도록 한다.
        (다) 협동조합장은 가촌장으로 하고 기타는 조합의 구성에 응하여 적절하게 정한다.
        (라) 협동조합장은 중앙, 성, 현의 지도 감독을 받음과 동시에 개척민의 시설 및 경영상 필요한 사항에 대해 만주척식공사와의 관계를 지속하도록 한다.
    (2) 개척지 주변의 원주민 촌락의 경제 협동 기구는 개척지 협동조합과 대응 관련하여

이를 모범으로 하고 결성시키도록 유도한다.
    (3) 협동조합 현련(縣聯)합회
        개척지 협동조합의 조성적 각종 사업을 행하게 하기 위해 협동조합을 연합하고 원주민 해당 기구도 종합 통일하여 협동조합 현련 합회를 결성시키도록 고려한다.
    (4) 성 및 중앙 연합회적 기구
        성 및 중앙 연합회적 기구는 장래 필요에 응하여 통제 단체로서 결성시키도록 고려한다.
4. 개척민의 성현 행정 기구
    개척민에 있어서 행정 경제의 지도 감독의 강화 및 간첩화(簡捷化)를 도모하기 위해 해당 성과 현의 기구를 확충 강화하고 그 권한과 책임을 명확하게 함으로써 개척 행정의 확실 적정 또한 빠른 침투 발전을 기한다.

4. 개척지 의료 위생의 정비에 관한 건

1) 개척지 및 의용대 훈련소의 각 의료 위생시설의 준비를 기대함과 동시에 종합적 운영을 도모하도록 한다.
2) 만주국은 개척 지구 및 그 부근 일반의 상황을 고려하여 적당한 땅에 종합병원 및 결핵 요양소를 설치하여 전호의 시설에서 의료의 보족 및 요양 후의 확실을 기대함과 동시에 집합 및 분산개척민의 의료에 관해 적당한 조치를 강구하도록 한다.
3) 이상의 의료 위생 시설은 필요에 따라 만주적십사 그 외로 설립 경영시키도록 한다.
4) 의사 기타 요속의 요원 확보 및 양성에 관해 적극적 방법을 강구하는 것으로 한다.
    (1) 일만 양국 정부는 개척지에 적응할 의사를 양성 훈련하기 위하여 필요한 시설을 준비 확충하도록 한다.
    (2) 일만 양국 정부는 당분간의 조치로서 별도로 현지 의사 단기 양성의 방법을 강구하도록 한다.
    (3) 전기 외에 일만 양국 정부는 급비생(給費生) 또는 대비생(貸費生) 제도에 관하여 고구하도록 한다.
    (4) 의사의 일시적 고장의 보충 또는 방역을 위한 응원에 유감이 없도록 하기 위해 적

당한 조치를 강구하도록 한다.

5) 의약의 정량 저렴을 기하기 위해 조치를 강구하도록 한다.

5. 개척민 공제 제도에 관한 건

1) 공제 기간은 개척 농민 이주 후 경제적 기초 확립에 이르기까지의 기간(대략 5년)으로 하고, 점차 일반 생명 보험을 이용시키도록 한다. 단, 기간 개척민에 대해서는 현지 훈련 기간을 더하도록 한다.
2) 세대주는 위의 기간 중에 사망 등의 경우에는 일정액의 공제금을 지급하도록 한다.
3) 공제 자금은 적당한 비율에 의해 지출되는 양국의 보조금 및 개척민의 갹출금으로 충당한다.
4) 본 사업은 만주척식공사의 특별 회계로 경영시키고 상기에 요하는 사무비는 만주척식공사의 부담으로 하도록 고구하도록 한다.

6. 만주개척청년의용대(만몽개척 청소년의용군)에 관한 건

1) 강령
   (1) 우리는 천조(天祖)의 광대한 계획을 받들어, 한 마음으로 추진하고, 육신을 만주 건국의 성업으로 받들어 신명에 맹서하며 천황폐하의 마음에 따라 모시는 것을 기한다.
   (2) 우리는 육신으로 일덕일심 민족협화의 이상을 실천하고 도의(道義) 세계 건설의 초석되기를 기한다.
2) 만몽개척 청소년의용군은 위의 강령 아래 참가하는 16세 내지 19세의 일본 내지인 청소년으로 결성한다.
   (1) 훈련은 심신을 단련 육성하고 의용군다운 자질을 연마함과 동시에 도만(渡滿)의 준비 훈련을 실시하는 것을 목적으로 하여 중대로 하여금 훈련의 기본 단위로서 실천에 의한 집단적 생활 훈련을 실시하도록 한다.
   (2) 훈련의 통일을 기하기 위해 훈련소는 대훈련소 주의에 따르는 것으로 한다.
3) 의용군은 도만과 함께 만주개척청소년의용대 훈련소로 나뉘어 의용대를 편성한다.
   의용대 훈련생은 개척 농민 됨을 제일의 의의로 하는데 그 성능과 특기를 고려하고 육성에 힘써 각종 개척민 기타 제반의 요원의 양성에 대해 유의하도록 한다.
(1) 기본 훈련소는 그 훈련 기간을 대략 1년으로 하여 기초 훈련을 실시하는 것과 동시에 만주의 기후, 풍토, 의식주 등에 친숙하게 하여 만주국 일반 사정에 휜해지는 것을 목적으로 하고 이를 소수 또는 집약적으로 하여 제 시설의 종합적 운영이 편해지도록 조직하는 것으로, 중대를 훈련의 기본 단위로 한다.

기본 훈련소에서는 훈련생의 지도 도야에 힘씀과 동시에 훈련생의 적성과 특질을 사핵(査覈)하여 각종 개척민, 간부 요원 기타에의 배분에 관해 고려하도록 한다.
(2) 실무훈련소는 그 훈련 기간을 대략 2년으로 하고 기본 훈련 수료생에 대하여 기본 훈련과 관련해서 더욱이 실제 훈련을 철저히 시키는 것을 목적으로 한다.

(가) 훈련 수료 후 집단 개척 농민으로서 정착시키는 것을 목표로 하는 자는 이를 갑종(甲種) 실무훈련소(가칭)라 하고 대략 일개 중대로 하여금 하나의 훈련소를 조직하고 농사 실제 훈련을 실시한다. 이 경우 지도원은 대략 해당 개척단의 지도원을 구성시키도록 한다.

(나) 훈련 수료 후 개척 농민으로서 타지방으로 이주시키는 것을 목적으로 하는 자는 을종(乙種) 실무훈련소(가칭)라 하고 일개 또는 수 개의 중대로 하여금 하나의 훈련소를 조직하고 농사 실제 훈련을 실시한다. 이 경우 앞으로 집단 개척 농민이 될 자와 기타로 구별하고 각각 적당하게 편성시키는 것으로 하고 지도지는 이행할 때 가급적으로 개척단 또는 개척민 지도원을 구성시키는 것으로 한다.

(다) 훈련생의 적성, 특질에 응하여 고 개척 농민 이외의 자로서 특수 훈련을 실시하는 것을 목표로 하는 자는 이를 병종(丙種) 실무훈련소(가칭)라 하고 이를 다시 장래 의용대 또는 개척단 지도원, 의사, 교원 기타로 양성할 자에 대해 기초 교육을 실시하여 상급의 전문적 교육을 받는 것, 기초를 배양하는 것 및 전문적 기술 훈련을 실시하여 중요 광공 부문에서 기간 기술원을 양성하는 것으로 나누며, 후자에 입소할 훈련생의 수는 전 훈련생의 대략 1할 정도를 예상한다.
(3) 심신의 상태 기타의 사정으로 인해 일시적 수용 훈련 또는 특별한 훈련을 필요로 하는 자에 대하여 특별 훈련소를 마련하는 것으로 하고 그 조직 및 대(隊)의 편성은

각각의 목적에 즉응하도록 궁리한다.
(4) 실무훈련소의 경영은 청년의용대 훈련 본부의 지도 감독하에 성, 현, 만주척식공사 및 철도총국 등으로 하여금 이를 담당시키고 특별 훈련소는 훈련 본부가 경영하는 것을 본칙으로 한다.
4) 만주개척청년의용대에는 만주 현주의 청소년도 적절하게 참가시킬 수 있도록 조치하고 또한 훈련소에서는 훈련의 위탁을 받은 자에 대해 이를 수용 훈련할 수 있게 한다.

7. 개척민의 훈련에 관한 건

1) 개척민에 대해서는 필요에 응하여 이주 전 미리 내지 및 현지에서 훈련을 하는 것으로 한다.
2) 개척 농민의 훈련은 이를 나누어 일반 개척 농민의 훈련 및 기간 개척 농민의 훈련으로 한다.

일반 개척 농민의 훈련은 정신 훈련을 주로 하고 특히 협동 정신, 근로정신의 함양에 힘쓰며 아울러 만주 사정 기타 이주에 필요한 예비 지식을 받는 것으로 한다.

기간 개척 농민의 훈련은 상기 외에 특히 개척지의 건설, 경영에 필요한 지식, 기능을 실시함에 따라 받는 것으로 한다.

3) 이를 위해 훈련소를 내지 및 현지에 설치한다.

내지 훈련소는 일본국 정부가 설립 경영을 담당하고 일반 개척 농민 및 기간 개척 농민에 대하여 단기 훈련을 실시하도록 한다.

현지 훈련소는 만주국 정부가 설립 경영을 담당하고 기간 개척 농민에 대하여 장기 훈련을 행하도록 한다.

훈련의 중요 사항에 대해서는 일만 양국 정부가 협의하는 것으로 한다.

4) 내지 훈련소는 가급적 농업학교, 농민 도장 등의 기설 시설을 이용하도록 한다.

현지 훈련소는 특별한 시설을 설치하는 외에 기설 개척지에서 시설을 이용할 수 있도록 한다.

현지 훈련소를 개척지 내에 설치하는 경우에 있어서는 해당 개척단장을 훈련소장으로 하고 또한 필요에 응하여 직원을 두는 것으로 한다.

5) 훈련 기간은 일반 개척 농민에 있어서는 대략 1개월, 기간 개척 농민에 있어서는 대략 1년 이내로 한다.
6) 일반 개척 농민에 대해서는 훈련소 왕복 여비 및 훈련 기간 중의 생활비 실비를 지급하는 것으로 한다.
  기간 개척 농민에 대해서는 도항비 훈련 기간 중의 생활비 실비 기타 필요한 경비를 지급하는 것으로 한다.

8. 지도원 선정 및 양성에 관한 건

1) 지도원은 집단개척민의 경우 단장을 중심으로 농사, 축산, 경비, 경리, 보건(의사) 등의 업무를 담당하도록 하고, 청년의용대는 중대장을 중심으로 교학, 농사, 교련, 서무, 경리, 특과 등의 업무를 담당하도록 한다.
2) 전호의 요원은 각종 관계기관의 협력에 의해 넓게 학생, 농촌 지도자, 청년의용대 훈련생 및 개척 관계자 중에서 적격자를 간발하는데, 요원 확보를 위해 척식에 관련한 학교의 설치, 척식학교의 증설 및 척식 훈련소의 확충을 꾀하도록 한다.
3) 내지 양성소의 입소 자격은 중등학교 이상의 졸업자 또는 동등 이상의 실력을 가진 자로 하고 현지 양성소의 입소 자격은 내지 양성소를 수료한 자 또는 중등학교 졸업 정도 이상의 실력을 가진 청년의용대 기본 훈련소 수료생, 청년의용대 실무훈련수의 수료생 등으로 하며 양성 기간은 내지와 현지를 통틀어 대략 1년으로 한다.
4) 현지 양성소에 필요에 따라 지도원 강습소를 부설하여 현재 개척단 및 청년의용대의 지도원 된 자들 중에서 입소시키고 청년의용대 지도원으로서 개척지 건설 경영에 필요한 기능을 수득시키는 외에 지도원 일반의 재교육으로 채운 자로 한다.
5) 양성소 입소 중의 자에 대해서는 일정한 급여를 주는 것으로 한다.
6) 양성소에 관한 중요 사항에 관해서는 일만 양국이 협의하는 것으로 한다.

9. 조선인 개척민에 관한 건

1) 조선인 개척민은 개척 농민에 중점을 두어 당분간은 현재의 실시 계획에 따라 이주시키며 장래 수적 확충을 기하도록 한다.

2) 집합개척민의 수는 집단개척민의 수와 더불어 고려하는 것으로 하고 우선 신규 이주 호수의 과반이 되도록 힘쓰는 것으로 한다.

3) 이주 요령은 집단개척민에 있어서는 대략 일본 내지인 집단개척민의 예에, 집단개척민에 있어서는 종래 만선척이 실시한 집단 부락 건설의 예에 준하고 각각 현지의 실정에 응하여 정조(精粗)함 적절하게 속히 자립자영할 수 있도록 지도하는 것으로 한다. 또한 필요에 따라 선견대 제도를 실시한다.

4) 집단 및 집합 개척지의 행정 경제 기구는 원칙으로써 만주국 제도로 융합귀일 시키는데 이주 후 당분간은 개척민의 형태 및 개척지의 실정 등에 응하여 가촌제 및 경제 협동 기구의 운용에 대해 적절한 고려를 더해서 보도 안정에 유감이 없도록 한다.

5) 조선인 개척민의 훈련은 개척민 간부, 기본 개척민, 일반 척민, 중견 청년 개척민 등에 대해 각각의 목적에 따라 조선에 있어서는 조선총독부 기타 기관, 만주에 있어서는 만주의 해당 개척 관계기관이 담당하는 것으로 하며 그 훈련에 관하여 밀접한 연계를 보유하는 조치를 강구하도록 한다.

10. 개척 관계 행정 기구의 확충에 관한 건

1) 일본국에 있어서는 만주 개척 관계 행정의 일원적 운영을 행하기 위해 행정 기구의 정비 확충을 행하는 것과 함께 관계기관과의 연락에 관해 적의 조치하도록 한다.
   (1) 만주 개척 행정의 종합적 운영을 행하는 것과 동시에 그 수행에 유감없도록 하기 위해 척무성 및 조선총독부에서 만주 개척 행정 기구를 정비 확충하도록 한다.
   (2) 지방청에서 만주 개척 사무의 원활한 수행을 기하기 위해 특설부과의 실현을 도모하도록 한다.
   (3) 주요 승선항 기타 필요한 지역에 척무성, 조선총독부 출장소를 설치하여 수송 기타에 관하여 유감없음을 기하도록 한다.
   (4) 만주개척정책에 대한 여론을 환기하여 개척 사업의 원만한 발전을 꾀하기 위해 중앙 지방을 통해 일관된 조직 아래 민간 관계 단체를 정비 확충하고 후원 사업 기타에 관하여 유감없음을 기하도록 한다.

2) 만주국에 있어서는 현행 개척 관계 기구에 관해 더욱이 정비 확충을 꾀함과 동시에 개

척 관계 행정의 유기적 운영에 유감없음을 기하도록 한다.

  (1) 개척에 관한 과학적 연구를 촉진하고 이것이 실용을 도모하기 위해 종합 과학 연구 기관을 설치하는 것으로 하고 구성에 관해서는 일만 중지(衆智)의 규합에 힘쓰고 특히 실천적 효과를 올리도록 한다.

  (2) 민족협화 구현상 개척 관계 제 행정에 관해서는 특히 협화회와의 밀접한 연계 보유에 유의하도록 한다.

3) 개척 정책에 관한 중요 사항의 처리에 관해서는 일만 양국 정부는 밀접한 연락하에 협의를 하도록 한다.

4) 개척민 이주 전에 만주국 정부는 미리 지구를 조사 결정하고 건설 계획을 수립하여 도로 기타 필요한 준비를 해 두도록 한다.

5) 개척 향정의 인적 충실을 꾀함과 동시에 운영을 원활하고 적실히 하기 위해 널리 일만 양국 관계기관 상호간에 적절한 해당 직원 교류의 방도를 강구함과 아울러 이들 각 기관에서 개척단 간부, 청년의용대 훈련 종료자들 중 적임자를 채용하도록 조치하는 것으로 한다.

11. 만주개척공사의 개편 및 만선척식회사의 통합에 관한 건

1) 만주척식공사의 운영 및 기능은 적절하게 개편 조정하는 것과 동시에 만선척식회사를 통합함으로써 개척 사업의 일원화를 꾀하고 개척지의 건설 및 경영 등에 관련하는 원주민의 처리에 관해 각 민족에 대한 공평 타당한 조성을 맡게 하여 개척 정책의 통제적 수행과 민족협화의 적극적 달성에 기여시키도록 한다.

2) 통합의 방법은 만주척식공사의 증자에 의해 매수하는 형식에 따른다.
  위의 증자는 일만 양국 정부가 절반 출자한다.

3) 만선척식회사의 통합에 동반하여 만주척식공사의 지사 또는 출장소를 경성에 두도록 한다.

12. 척식 사업의 경비 부담에 관한 건

1) 개척 농민에 대한 조성은 원칙으로서 하기에 따른다.

(1) 일본 내지인 집단개척민에 대한 조성은 대략 다음과 같다.

　가. 개별 보조(일본국 정부 부담)

　　(가) 도항비 보조　　　　　　　전액

　　(나) 개인 시설비 보조　　　　초년도 건설비의 약 삼분의 일

　나. 공동 보조(일만 양국 정부 동액 부담)

　　(가) 단 본부 보조　　　　　　초년도 건설비의 전액

　　(나) 공동 산업 시설비 보조　　초년도 건설비의 반액

　　(다) 의료 시설비 보조　　　　초년도 건설비 및 유지비(5년간)의 전액

　　(라) 지구 내 도로 및 전화비 보조　초년도 건설비의 반액

　다. 만주국 내에 있어서의 시설 및 조성(만주국 정부 부담)

　　(가) 지구 외 도로비　　　　　초년도 건설비의 전액 및 유지비의 일부

　　(나) 지구 외 경비 전화 가설비 전액

　　(다) 상기 이외의 만주국 내 시설 및 조성

(2) 일본 내지인 집합개척민에 대한 조성은 대략 다음과 같다.

　가. 개별 보조(일본국 정부 부담)

　　(가) 도항비 보조　　　　　　　전액

　　(나) 개인 시설비 보조　　　　초년도 건설비의 약 삼분의 일

　나. 공동 보조(일반 양국 정부 동액 부담)

　　(가) 부락 사무소 보조　　　　초년도 건설비의 전액

　　(나) 공동 시설비 보조　　　　초년도 건설비의 반액

　　(다) 지구 내 도로비 보조　　　초년도 건설비의 반액

　다. 만주 국내 시설 및 조성(만주국 정부 부담)

(3) 일본 내지인 분산개척민에 대한 조성은 대략 다음과 같다.

　가. 개별 보조(일본국 정부 부담)

　　(가) 도항비 보조　　　　　　　전액

　　(나) 개인 시설비 보조　　　　초년도 건설비의 약 삼분의 일

　　(다) 만주 국내의 시설 및 조성(만주국 정부 부담)

2) 상·공·광업 기타의 개척민에 대해서는 특히 필요하다고 인정되는 경우에 한하여 일본국 정부에서 도항비의 전부 또는 일부를 보조하고 만주국 내의 시설 및 조성에 관해서는 만주국에서 고려하도록 한다.
3) 청년의용대에 관해서는 일본 국내에서 요하는 경비 및 도항비는 일본국 정부에서 부담하고 만주 국내에서 시설 및 조성은 일만 양국 정부가 동액 부담한다.
4) 조선인 개척민에 대해서는 조성에 관해서는 원칙으로서 이상의 예에 준하는데 그 특수성을 감안하여 적당하게 고려하도록 한다.
5) 상기 이외의 정부 부담에 관해서는 대략 다음과 같다.
  (1) 교육 시설에 관해서는 별도로 정한 바에 따라 조성한다.
  (2) 총기 및 탄약에 관해서는 별도로 고려한다.
  (3) 지도원에 관한 급여 등에 관해서는 일만 양국 정부에서 동액 부담을 하도록 조치한다.
  (4) 개척민 훈련 및 지도원 양성에 요하는 경비는 원칙으로서 일본 국내에서 필요로 하는 것에 관해서는 훈련소 또는 양성소의 건설비 및 경상비는 만주국 정부, 훈련 중의 개척민 및 양성 중인 지도원의 급여 등은 일본국 정부에서 이를 부담하는 것으로 한다.
  (5) 개척민 공제 제도에 대한 보조금에 관해서는 일만 양국 정부가 적당한 비율에 따라 부담을 하는 것으로 한다.
  (6) 청년의용대 훈련생에 관한 조위금에 대해서는 일만 양국 정부 기타 관계기관에서 적당한 비율로 지출하는 것으로 한다.
6. 정부 보조금 교부의 방법 등에 관해서는 대략 다음과 같다.
  (1) 현지에서 일본국 정부이 보조금은 각각 피보조자에 대하여 만주척식공사를 통해 교부하도록 조치하는 것으로 한다.
  (2) 청년의용대에 관한 보조금의 운영에 관해서는 청년의용대 훈련 본부에서 통괄 지시할 수 있도록 조치하는 것으로 한다.
  (3) 건설 및 농경용 기기 자재 등 청년의용대 및 건설 기간 중에 있어서의 개척민의 일반 소요 물자의 입수 방법에 관하여 만주국 정부는 특별한 고려를 기울이도록 한다.

(4) 이주용 제 물자 및 생산물의 수송에 관하여 만주국 정부는 원활하고 확실한 실행에 관해 특별한 고려를 기울임과 동시에 개척지 사이에서 심하게 가격의 고저를 발생시키지 않도록 적당한 조정의 방도를 강구하는 것으로 한다.

13. 개척민 금융 체계 조정에 관한 건

1) 개척민 금융 기관에 관해서는 다음과 같이 조정하도록 고려하는 것으로 한다.

　(1) 집단 및 집합개척민에 대해서는 장기 및 단기 자금 모두 만주척식공사로부터 융자하는 것으로 한다.

　위의 융자 방식은 협동조합 현연합회(縣聯合會)를 설치하는 구역에 관해서는 이를 통하고, 협동조합(또는 협동 기구)에 융자한 뒤 협동 조합(또는 협동 기구)으로부터 각 개척민에게 대부시키는 것을 원칙으로, 협동조합 현연합회를 설치하지 않은 구역에 관해서는 만주척식공사와 해당 개척지의 금융 합작사 또는 금융회 및 협동 조합(또는 협동 기구)와의 유기적 연계의 조치를 강구하여 각 개척민에 대부하는 것을 원칙으로 한다.

　건설 기간 중에는 만주척식공사부터 개척단(집합개척민에 관해서는 협동 기구 또는 직접 개척민)에게 융자하는 것으로 한다.

　(2) 분산개척민에 관해서는 장기 및 단기 자금 모두 금융 합작사 또는 금융회에서 각 개척민에게 대부한다. 단 필요할 때는 만주척식공사로부터 융자할 수 있도록 고려하는 것으로 한다.

2) 만주척식공사의 대부 이율은 자금 코스트, 위험률, 각종 개척민의 실정 등을 감안하여 평균을 목표로 하고 공정하게 정하는 것으로 한다.

　협동조합 현연합회에 관해서는 이자의 차액을 취하는 일 없고 융자 수속의 간이화에 관하여 특히 고려하는 것으로 한다.

14. 개척지에서의 교육에 관한 건

1) 일본 내지인 개척민 자제의 교육에 관하여 특히 조치해야 할 사항은 대략 다음과 같다.

　(1) 교육 내용에 관해서는 민족의 특성, 일본 내지와의 연계 개척민의 특수성 등을 고

려하여 현지에 즉응하도록 배의(配意)하는 것으로 한다.

(2) 학교 경영은 일반 재만 일본 내지인 학교와 동일하게 하는데 초등학교(청년학교를 포함한다)에 관해서는 개척민 이주 후 약간의 기간은 개척단에 위탁 경영할 수 있도록 한다.

(3) 학교 설비는 토지의 실정 및 학교의 종류에 응하여 간소를 으뜸으로 하고 각 개척지의 특질에 가깝게 실습 시설에 중점을 두는 것으로 한다.

(4) 소학교 교원에 대해서는 개척지 교육자로서 특별한 교육을 받는 데 힘쓰도록 한다. 또 개척단원 및 의용대 훈련생으로서 적당한 자는 교원으로 채용의 길을 강구하도록 한다.

2) 조선인 개척민 자제의 교육에 관해서는 특별히 조치해야 할 사아 대략 다음과 같다.

(1) 학교 경영에 관해서는 집단 개척지 및 집합 개척지에 있어서는 학교 조합을 마련하지 않고 신학제가 정한 바에 따라 지방 단체로 하여금 경영시키며 교육비는 만주국 및 조선총독부에서 별도로 협의하는 바에 의해 부담하는 것으로 한다.

(2) 분산 개척지에서는 일반 조선인 교육의 예에 따른다. 또 만선 공학을 필요로 할 때는 경영, 직원 조직 등에 관하여 적절히 조치한다.

3) 개척지에서 사회 교육은 순호(醇乎)한 사회 도덕의 확립, 실용 후생의 지식 기능의 계발 및 민족협화 달성을 꾀하는 것을 목표로 하고, 이의 실현은 만주제국협화회 등의 조직과 활동에 기대하는 것으로 한다.

만주개척정책 기본요강 참고 자료

1. 미이용지의 개발 이용에 관한 건

1) 미이용지의 개발 이용은 개척 정책의 취지에 즉응하고 농림축산업의 종합적 개발을 기하기 위해 대규모 계획적으로 실시하도록 한다.

2) 미이용지의 개발 이용에 관해서는 간척 사업과 치수 이수 사업과의 기능 및 운영의 조정을 꾀하여 적극적으로 수행한다.

3) 미이용지의 지구 종별의 배분 계획을 적절히 하는 것으로 하고 그 요령은 대략 다음에

의한다.
- (1) 미이용지의 구분은 농경 지구를 중심으로 하여 농촌 비림 지구, 공용, 공공 지구, 치수 지구, 삼림 지구, 목야 지구, 잡용 지구 등으로 구분한다.
- (2) 전호 각 지구의 구분은 다음의 방침에 의해 정한다.
  - 가. 농지, 농촌 비림, 방목 채초, 공용 공공, 잡용의 각 지구는 개척민 이주 계획 및 원주 농민의 경작 상태에 기초하여 농경 지구를 기본으로써 구분한다.
  - 나. 삼림 지구는 전호의 구분 계획과 정부의 삼림 정책을 적의 조화시켜 구분한다.
  - 다. 목야 지구는 개척민의 농경지로 이용하기에 적당하지 않은 지구를 구분한다.
  - 라. 치수 지구는 전 각 호의 구분 계획과 정부의 치수 계획을 적의 조화시켜 구분한다.

4) 취득 미이용지의 잠정적 이용 방책에 관해서는 생산력 확충 및 개척민 이주의 촉진에 이바지함과 동시에 사적 개간의 방지를 목표로 하여 적당한 잠정적 처치를 강구한다.
- (1) 현재의 주요 자원 개발 사업 지역에는 원칙으로 개척민을 이주시키지 않는다.
- (2) 보류 광구로서 긴급 개발을 요하는 중요 자원 광구 지역에는 원칙으로서 일단 개척민의 이주는 이를 살펴본다.
- (3) 광업개발회사의 자원 조사는 개척민 이주 계획과의 조정을 고려하여 실시하는 것으로 한다.
- (4) 개척민이 이미 이주한 지역 내에서 중요 자원의 긴급 개발을 요하는 경우 개척민을 이전시킬 필요가 생길 때는 사업 주체에서 보상하도록 고려하는 것으로 한다.

2. 개척민의 담세(擔稅)에 관한 건

1) 개척민의 담세에 관해서는 국세 등 대략 다음과 같이 감세의 조치를 고려한다.
- (1) 토지에 대한 과세(지세)에 관해서는 개간지에 한하여 일정 연한이 면세를 하도록 조치한다.
- (2) 주세에 관해서는 개척민 자가용을 고려하여 일정의 감세를 하도록 조치한다.
- (3) 가옥에 대한 과세(가옥)에 관해서는 당분간 세법 시행 지역으로 지정하지 않도록 조치한다.
- (4) 계세(契稅)에 관해서는 개척단이 개척용지의 배분을 받는 경우 및 개척민이 개척

단으로부터 토지의 양도를 받는 경우는 이를 면제하도록 조치한다.
2) 전호의 외에 개척지의 자급 경영의 확립을 촉진하기 위해 개척민 생산품의 자가 소비분에 대한 조세 감면에 관하여 연구한다.
3) 협동조합의 설정과 병행하여 조세 물납 제도의 병용을 목표로 하고 우선 가촌세에 관하여 이의 실시를 고구한다.

3. 개척 농업 경영에 관한 건
1) 경영 면적은 토지 생산력, 경영 능력, 개척지의 위치 등의 제 조건을 고려하고 이를 정하는 것을 한다.
2) 영농 형태는 각각 개척지의 자연적, 경제적 조건을 고려하고 이에 조응하여 정하는 것으로 한다.
3) 개척지에서 농법은 대륙 신농법의 적극적 창성을 목표로 하여 그 기술적 수준의 향상을 꾀하도록 한다.
4) 협동 운영에 관해서는 협동 경제, 협동 작업, 협동 이용을 적의 안배하는 것으로 한다. 일본인 개척민과 원주민과의 합작에 따르는 경우도 위의 취지에 준하여 적의한 운용을 꾀하도록 한다.
5) 북변 특수 미개 지역의 영농에 관해서는 지역적 종합 계획하에 개척 이주의 완벽을 기하도록 한다.
6) 개척지 영농상 양축(養畜) 부문을 중시하고 보급 방책 및 방역 대책에 관하여 적극적 조치를 강구하도록 한다.

4. 기주(旣住) 조선인 농민의 안정 보도(補導)에 관한 건
1) 기주 조선인 농민 중 안정되지 않은 자에 대해서는 물심양면으로 극력 안정 정착시키도록 보도함으로써 건전한 만주국 구성 분자답도록 한다.
2) 협화회 운동의 강화에 의해 극력 정신적 안정 방책을 강구함과 동시에 자력갱생 계획을 수립하고 영농의 합리화를 꾀하여 농가 경영을 충실히 하며 이를 위해 지도자의 양성 및 훈련을 하도록 한다.

3) 경작지를 확보하기 위해 자작농 창정 또는 소작권의 이동 방지 등 유효적절한 방도를 강구함과 동시에 방청(榜靑) 제도를 엄하게 금지하는 것으로 한다.
4) 기주 조선인 농민 안정을 위해 필요한 금융은 적당한 방도를 강구하도록 한다.

5. 원주민의 이주 및 전주(轉住)에 관한 건
1) 남만주에서 집약적 농업 경영의 연구에 힘써 일정 면적의 인구 수용력 증대를 꾀하도록 한다.
2) 과잉 인구는 일본 내지인 개척민, 조선인 개척민의 이주와 조정을 유지하면서 적의 통제적으로 북만주로 이주시킨다. 이를 위해 자유 이동을 제한하고 정부에서 수립하는 이동 연차 계획에 기초하여 이동시키도록 고려하는 것으로 한다. 이 경우에는 개척청 국을 중심으로 하여 협화회 기타 관계 각 기관 협력하에 적지의 조사 선정 이주의 준비 등으로 보도(補導)를 하도록 한다.
3) 개척 이주민에 수반하는 전주 원주민의 생활 안정을 기하기 위해, 정부는 개척민 이주 연차 계획의 수립 등으로 이주 지구의 결정을 가급적 빠르게 함과 동시에, 이와 병행하여 원주민 전주 연차 계획서 등으로 전주 행선지를 명시하는 것으로 하며, 특히 재전주를 시키는 일 없도록 엄하게 유의하도록 한다.
4) 정부는 전호의 전주에 필요한 비용 등에 타당한 보상비 및 전주처에 있어서의 협동 시설비 등에 대해 적절한 조치를 강구하도록 한다.
5) 전주지에서 협화회 운동의 강화에 의해 극력 그 정신적 안정을 취할 수 있도록 보도하는 것으로 한다.

6. 선견대 제도에 관한 건
1) 집단개척민의 이주의 경우에는 우선 선견대를 이주시키고 익년 본대를 이주시키는 것으로 한다.
2) 선견대는 본대의 대략 1년 전에 이주하고 개척단의 설영 및 본대 이주의 준비를 하여 개척단 건설의 기초를 확립하는 것으로 한다.
3) 선견대는 이를 기간 선견대(기간 개척 농민)와 보충 선견대로 나누는데, 기간 선견대는

하나의 개척단에 대해 대략 20명 내외로 하고, 이주 전 현지 훈련소에서 훈련을 받으며 보충 선견대는 하나의 개척단에 대해 대략 30명 내외로 하고 현지 훈련을 받는 일 없이 기간 선견대와 함께 바로 개척지로 이주하도록 한다.

4) 기간 선견대 중에는 소요의 특기자를 포함시키는 것으로 하고, 또 분촌 분향 계획에 의한 개척단의 선견대는 의용대 훈련 수료자 중 해당 향촌 출신자로써 충당할 수 있도록 한다.

5) 기간 선견대의 현지 훈련에 당해서는 개척단 간부와의 융합을 꾀하기 위해, 적당한 기간 훈련생이 앞으로 배속될 개척단의 단장 후보자, 또는 이에 준하는 자가 훈련 주임이 되고, 훈련 수료 후 이를 통솔하여 개척지로 이주하도록 고려하는 것으로 한다.

6) 선견대에 대해서는 도항비 외 훈련 기간 중 및 본대 이주의 준비 기간 중 생활비 기타 필요한 경비를 지급하는 것으로 한다.

7. 일본에 있어서 만주 개척 교육에 관한 건

1) 황도 정신에 기초하여 국민 교육의 본의에 다가가고 동아시아 신질서 건설의 중핵다움에 상응하며 국민 정신의 함양을 기조로 하여 만주 건국의 본의 등으로 만주 개척에 관한 제반의 지식 기능을 받아서, 왕성한 개척 정신을 배양하며 특히 사회 교육에 있어서는 실천적 방면에 유의한다.

2) 초등 교육에 있어서는 소학교에서 학과목의 교수 요지로 대륙 진출 기상의 함양을 가하여, 교과용 도서에 만주 개척 사상 양성에 적절한 사항을 채록한다.

3) 중등 교육에 있어서는 중등학교에서 생도 교양의 요지 및 학과 내용 등으로 개척 학교의 설립에 대해 고려한다.

   (1) 중등학교에 있어서 생도 교육의 요지 및 학과목, 교수 요지로 대륙 진출 기상의 함양을 더하여, 학과, 학과목 및 학과목 정도로 만주 개척 사상의 함양에 이바지할 만한 것을 보탠다.

   (2) 만주개척사업에 종사하는 자에게 마땅히 필요한 지식 기능을 받는 것을 목적으로 하는 실업학교령에 따른 척식학교(여자를 포함한다)를 설치한다.

4) 고등 교육에 있어서는 만주 개척에 관한 학과(학부) 및 학과목(강좌) 등으로 척식전문

학교의 설치에 관해 고려한다.
- (1) 실업 전문학교에 만주 개척에 관한 학과 또는 학과목을, 고등학교 고등과 및 고등 사범학교에 만주 개척 연구에 관한 학과목을 둔다.
- (2) 만주개척사업에 종사하는 자에게, 마땅히 필요한 고등의 지식 기능을 받는 것을 목적으로 하는 전문 학교 령에 따른 척식전문학교를 설치한다.
- (3) 대학으로 척식 학부 또는 척식 연구에 관한 강좌를 둔다.

5) 청년 학교에 있어서는 만주 척식에 관한 실천적 지식을 받아 개척 진취의 기풍을 고무시키는 일에 유의하여, 그 교수 및 훈련 과목 요지에 만주 개척 사상의 함양에 이바지할 만한 것을 더한다.

6) 남녀 청소년단의 훈련에 관해서는 지방적 사정에 즉응하여 만주 개척민 양성의 의도를 엮어 넣도록 한다.

[부기(附記)]

본건은 널리 해외 발전에 관한 교육 문제와 조응시키는 것으로 한다.

8. 분촌 분향 계획에 관한 건

1) 만주 개척 농민의 대량 송출을 용이하게 한다는 목적하에 계획적 단체 이주의 촉진을 꾀하고, 병행하여 농촌의 항구적 갱생 계획의 실시를 촉진하기 위해 가급적으로 분촌 계획을 수립시킨다.

2) 분촌 계획은 경제 갱생 계획에 관련시키고, 이주 계획 및 개척민 송출 후의 농촌 계획을 수립하는 것으로 하며, 그 실시에 당면하여서는 농업 생산에 있어서 전면적 개량 쇄신의 방책을 강구하여 생산을 확보함과 동시에 농가의 생활 안정 등에 향상을 기하도록 한다.

3) 분촌 호수는 적정 경영 농가를 표준으로 하고 마을의 특수 사정을 고려하여 정해야 하는데, 하나의 마을에서 적어도 30호 이상을 송출시키도록 지도하는 것으로 한다.

4) 분촌 계획에 따라 이주하는 자는 가성촌(可成村) 내 각 계급의 적격자를 망라하도록 고려하는 것으로 하고, 분촌 계획에 의한 개척단의 지도자는 그 지방의 출신자 중에서 선

정하는 것으로 한다.

5) 개척민의 토지, 건물, 가축 및 기타의 재산은 가성 자유 처분을 피하고, 정촌(町村) 갱생 계획에 기초하여 정촌(町村), 산업 조합, 농회, 농사 실행 조합 등에 있어서 매수, 관리 또는 처분을 하는 것으로 한다.

6) 개척민 발송 후의 정촌은 농가 호수를 증가시키지 않도록 힘쓰는 것으로 하고 토지의 배분 및 이용의 적정, 토지 세분의 방지, 노력 축력 기구 기계의 합리적 이용, 기술의 개선, 협동 조직의 강화 등에 의해 농업 경영의 합리화를 꾀하도록 한다.

7) 분촌 계획에 관련하여 정촌 병합 정리에 관하여 고구하도록 한다.

8) 분촌 계획의 수립에 당면하여서는 청년의용대 훈련 수료자 중 해당 마을 출신자를 그 선견대원으로 취급할 수 있는 길을 강구하도록 한다.

9) 분촌 계획의 실행을 촉진하기 위해 정부는 상당 조성 및 자금 공급의 방도를 강구하도록 한다.

10) 분촌 계획을 수립하는 여러 개 마을을 집합하여 하나의 개척단을 형성시킬 경우는 분향 계획을 수립하는 것으로 하고, 그 지도의 요령은 대략 전 각호에 따른다.

9. 개척민 부채 정리에 관한 건

1) 개척민의 부채 정리에 관해서는 그 이주 계획을 촉진하기 위해 시정촌(市町村), 부채 정리 위원회(가칭) 등의 활동을 촉진하고, 부채 정리 계획의 수립을 지도함과 함께 부채의 조건 완화 및 유리한 재산 처분의 알선을 담당시키도록 한다.

2) 조건 완화 및 재산 처분에 따르는데 또한 부채를 완제하지 못할 때는 적당 기관으로 하여금 일정 한도의 오래된 부채 정리 자금을 융통시키고 기타 적당한 방도에 관하여 고구하도록 한다.

10. 개척민의 미초치 가족 부양에 관한 건

1) 개척민의 미초치 가족에 대해서는 시정촌 및 개척민 후원 단체로 하여금 인보 상조의 정신에 기초하여 생활의 유지에 힘쓰게 한다.

2) 시정촌 및 개척민 후원 단체는 개척민의 미초치 가족의 생계를 유지시키기 위해 필요

에 응하여 부업 기타 적당한 수산(授産) 사업, 근로 봉사 등의 시설에 관하여 유효적절한 조치를 강구한다.
3) 이상의 조치를 강구하는데 또한 생활을 유지하는 것이 곤란해지는 것에 대해서는 개척민 후원 단체는 부양비를 대부 또는 급여하도록 고려하는 것으로 한다.
4) 개척민 후원 단체는 생활이 곤란한 가족을 구호하기 위해 사회사업 단체, 방면 위원 및 기타의 사회 시설의 활동을 촉진한다.
5) 전 각 호의 조치를 강구하는데 또한 생활이 곤란한 경우에는 개척지에서 개척단은 단원에 대하여 부양비를 대부할 수 있도록 한다.
6) 시정촌 및 개척민 후원 단체의 활동을 촉진하기 위해 정부는 상당 조성의 방도를 강구하도록 한다.

11. 여자 지도 훈련 시설에 관한 건

1) 만주 개척민의 대량 송출과 동반하여 일반 부녀자의 적극적 진출의 기운을 환기하고 개척민의 반려자로서 확고한 신념을 소유한 여자의 육성에 힘쓰도록 한다.
2) 위의 목적 달성을 위해 지방에서 여자 지도자의 양성을 꾀함과 함께 여자 훈련 시설의 설치 확충을 기하고, 또한 각종 관계단체의 지도 조성을 행하도록 한다.
3) 일본국 정부는 여자 지도자 양성소를 설치하고, 지방에서 여자 훈련, 강습회 등의 지도에 담당하는 여자, 및 만주에서 활동시킬 여자의 양성을 행한다.
4) 도부현(道府縣)에서는 학교 또는 농민 도장의 시설을 확충하고 여자 훈련소를 설치하며, 상당 기간 농사 훈련을 통하여 개척 정신의 함양을 도모함과 동시에 개척민의 배우자 됨에 필요한 생활 지도를 행하도록 한다. 또 위의 기관에서는 가족 초치에 따라 이주시키도록 하는 배우자에 관하여 도만 직전 단기 훈련을 실시할 수 있도록 한다.
5) 도부현에 있어서는 학교, 농민 도장, 신사, 사원 기타 적당한 시설을 이용하여 단기 강습회를 개최하고 일반 부녀자의 개척 진출의 풍조를 환기하며 나아가 개척민의 배우자답게 하는 기운을 양성하도록 한다.
6) 일본국 정부는 개척민의 배우자 알선 양성 등을 담당해야 할 각종 단체에 대하여 지도를 행함과 동시에 조성을 부여하고 그 사업을 펼치도록 한다.

7) 만주국 정부는 필요에 응하여 현지에 여자 훈련소를 설치하고 현지에서 생활 체험을 할 수 있도록 일본 내지인 여자 또는 청년의용대 훈련소에 근무시킬 여자의 훈련에 이바지하도록 한다.

12. 개척민 후원 운동에 관한 건

1) 일본에 있어서는 시정촌 및 도부현 마다 개척민 후원 단체를 설립하도록 유도하고, 그 동안 통제 연락 및 만주이주협회와의 연계에 관하여 고려한다.
2) 후원 사업은 이주 알선, 개척민의 미초치 가족에 대한 부조, 노력 봉사 기타의 후원 장행회의 개최, 기념품, 위문품의 증정, 위문대의 파견, 개척지에서 위안 시설, 순난자의 위령 및 귀족의 위자(慰藉) 등을 하도록 한다.
3) 만주국 내에서 후원 사업은 협화회가 담당한다.

만주개척정책의 근본의(根本義)

1. 총설

우리 만주 개척은 참으로 유구한 광휘가 있는 과거와, 참으로 웅대한 광명이 있는 미래를 가진다. 과거란 무엇인가, 유구한 2,600년의 옛 동맹국 일본의 건국괴 2,600년간의 일본의 발전이고, 미래란 무엇인가, 동아시아 신질서의 건설에 더해 도의세계의 건설이다.

우리 만주 개척은 실로 맹방 일본의 건설 및 그 발전에 연원하고, 이를 토대로 하여, 다시 만주 개척에 의한 우리 만주국의 이상적 발전을 거점으로 한 후 동아시아 신질서의 건설, 또 나아가서는 이리하여 건설된 새로운 동아시아를 거점으로 하고 토대로 하여 도의세계를 건설하는 것을 근본 목표로 하고 있는 것이다.

생각하면 정말로 우리 만주 개척의 대과거와 대미래를 연결하는 부분이, 즉 우리 만주 개척인 것이다.

2. 만주 개척의 연원인 팔굉일우(八紘一宇)의 대이상

만주 개척의 연원은 멀리 2,600년 전의 옛날로 거슬러 간다.

맹방 일본에 있어서는 지금부터 대략 2600년 전 진무(神武)천황이 휴가국(日向國) 다카치호노미야(高千穗宮)에서 동정진발(東征進發)의 길을 떠나, 도중에 "마쓰로하누모노도모(マツロハヌモノドモ) 복종하지 않는 자들"을 "마쓰로하시(マツロハシ) 따르게 하여", 천손민족(天孫民族)을 중핵으로 하는 "민족협화"의 대도(大道)를 보이고, 산림 개척에 힘써서 "국토개척"의 대본(大本)을 수립하니, 이리하여 동정으로부터 6년, 마침내 야마토국(大和國)에 이르러 "팔굉일우"의 건국의 대초를 환발케 하고, 단원(檀原)의 땅을 황동(皇都)로 우러러, 궁전의 조영을 이룩하고, 이듬해 봄 정월 초하루(기원 원년 1월 1일, 태양력 2월 1일) 즉위하여 건국의 대업을 성숙시킨 것이다. 이것이 실로 2,600년 전의 사실이다.

◇

　그 후 역대의 천황 모두 팔굉일우의 건국 이상을 체득하여, '아이누(アイヌ)' 민족 기타 각지의 '마쓰로하누모노도모(マツロハヌモノドモ)' 복종하지 않는 자들을 '마쓰로하시(マツロハシ)' 복종시키고, 거기에 귀화 조선인, 중국인 등의 제 민족을 전무 수용하여 능숙하게 그 장점을 취하고 특징을 살리며 야마토 민족을 중핵으로 하는 '민족협화'를 더욱더 강화시키고, 혹은 왕성하게 개간 조전 등을 장려시켜, '국토개척'의 실천을 이루며, 그리하여 군신이 천황의 마음을 잘 받들고, 보익의 성의를 다하며, 일군만민이 오로지 '팔굉일우'의 건국의 이상을 '개척협화'의 실천을 통하여 현현하게 한 것이다. 다시 말해서 야마토 민족은 말하자면 '개척협화의 선사(選士)'이다.

　이렇게 생각하면 일본 제국 2600년의 발달은 실로 '팔굉일우'의 일본 제국 건국의 이상을 현현한 '개척협화의 역사'이다. 일본 제국도 단지 천손민족만으로 있었다면 그렇게 급속 완전한 발전 개척은 기대할 수 없었을지도 모른다. 천손민족을 중핵으로 해서 각종 민족과 협화하고 대화(大和)하여, 야마토(大和) 민족이 된 것이므로, 대발전이 이루어진 것이다. 또 천손민족이라고 하는 중핵이 없었다면 민족협화도 불가능하고 야마토 민족의 결성도 할 수 없었을 것이다. 즉 중핵이 없으면 민족협화는 어려운 것이다. 참으로 '협화가 없으면 개척도 없고, 중핵이 없으면 협화도 없는' 것이다. 이렇게 일본 2600년은 실로 개척 협화의 역사이다.

　이렇게 일본의 발전은 '팔굉일우'의 일본 건국이 이상 현현의 역사, 개척 협화의 역사인데, 단 그 현현의 범위는 2600년간은 대체로 일본 국토 내에 한정되어 있던 것이다.

◇

다음으로 우리 만주국의 건국은 '팔굉일우'의 일본국 건국의 이상이 바다를 건너 대륙에서의 현현의 제 1단계이고, 만주에서 명백하게 나타난다. 그래서 우리 만주 제국 건국의 이상은 일본 건국의 이상에 연원하고 팔굉일우의 큰 이상 아래에서 일만일체 불가분을 굳게 하고 민족협화하며 도의세계를 건설하는 것을 목표로 하고 있다.

따라서 이 건국의 이상을 실현하는 것은, 실로 '개척협화의 선사'다운 일본 내지인 개척 농민을 중핵으로 하여 협화하는 제 민족 즉 만주국 인민이다. 우리 만주국이 그 건국의 이상 실현을 위한 중요 국책으로써 개척 정책을 취한 소이는 실로 여기에 존재한다.

즉 만주의 건국은 실로 팔굉일우의 일본 제국 건국 이상의 대륙의 일각 만주에서의 현현이고, 따라서 그 현현의 중심력은 실로 일본 내지인 개척 농민에게 최중점을 두는 점이 만주 정책이다.

◇

다음으로 동아시아 신질서의 건설은 팔굉일우의 일본 제국 건설의 이상인 동아시아 전체에서의 현현이고, 대륙에서의 현현의 바로 제 2단계이다. 즉 구미 의존, 백인 제패, 민족 정복, 민족 독선의 동아시아 구질서를 타파하고 '팔굉일우'의 대이상 아래, 선린우호, 경제 제휴, 공동방공의 대패(大斾)를 걸어, 이상의 일원, 국방의 공동, 경세의 공동, 정치의 독립, 민족의 협화를 목표로 하는 동아대동의 신질서를 확립하는 것이 도의적 신대륙 정책을 이룩하는 차제이다.

따라서 동아시아 신질서가 '팔굉일우'라는 큰 이상의 대륙에서 현현하는 제 2단계가 되는 이상, 당연히 그 대륙에 있어서 현현의 제 1단계가 되는 만주 건국이 이상대로의 발전을 수행하지 않는 한 동아시아 신질서의 건설도 역시 불가능한다는 것은 명백한 이치이고, 따라서 이것을 실행하는 것 또한 '개척 협화의 선사'다운 야마토 민족 개척민의 책무인 것도 역시 자명한 이치이다.

◇

생각해 보면 팔굉일우라는 일본 제국 건국 이상의 현현은 그저 동아시아의 범위 내에만 머무르지 않는다. 결국 전 세계로 확충되어야 할 운명에 있다. 다시 말해서 이것이 동아시아에서 현현되는 동아시아 신질서를 거점으로 하여 팔굉일우의 완전한 현현 발전이 되는 것이다. 따라서 이 일본 제국 건국 이상의 최종 단계의 현현인 되는 도의세계(道義世界)의 건설도 또한 '세계의 개척 선사의 협화'다운 야마토 민족 개척민의 양 어깨에 걸린 민족적 대사명인 것 역시 한 점 의심의 여지가 없다. 즉 야마토 민족을 중핵으로 하는 세계 제 민족협화의 꿈은 머지않아 실현될 운명이 될 것이다. 생각해 보면 우리 만주 개척의 미래야말로 참으로 웅대하게 광명할 것이라고 말하지 않으면 안 된다.

참으로 일본의 건국 및 그 발전, 만주의 건국 및 그 개척, 동아시아 신질서의 건설 및 그 개척 그리고 도의세계의 건설, 이 네 가지를 일관하는 것은 말하자면 '팔굉일우'의 일본 제국 건국의 이상인데, 단 이 이상 현현의 범위에 넓고 좁음이 있고, 때 앞뒤가 있으니, 당면한 만주 개척을 현대라고 본다면 일본의 건국 및 현재까지의 발전은 그야말로 그 과거, 그리고 동아시아 신질서 건설, 도의세계의 건설은 그야말로 그 미래이다.

3. 만주 제국 건국의 이상 현현과 개척 정책의 근본 방침

위에 서술한 것과 같이 유구한 광휘가 있었던 과거의 위에, 웅대한 광명이 있는 미래를 가슴에 품으며 출현한 만주개척정책의 근본 목표로 하는 부분은 자연히 명백할 것이다.

즉 만주개척정책이 목표로 하는 바는 '개척 협화의 실천'을 통하여 우리 만주 건국의 이상이 되는 일만일체 불가분 관계를 공고히 하고, 민족협화를 철저히 하여, 도의국가를 건설하는 것에 있는 것이다. 따라서 개척 협화 실천의 선달로써 민족협화의 중핵으로써 우리 만주 개척정책이 최중점을 일본 내지인 개척 농민에 둔 까닭도 대략 이미 서술한 것처럼 야마토 민족이 실로 '개척 협화의 선사'이고, 세계에서 보기 드문 도의적 민족이며, 그럼에도 불구하고 용엄한 상무(常武)의 기품이 풍부하여 국방이라고 하는 견지에서도 참으로 난득의 민족인데, 게다가 또한 농업이라는 생업이 그 본질상 협화적이 된다는 이유 등의 모든 부분에 존재한다.

◇

생각건대 야마토 민족은 옛날부터, 혹은 용맹한 '아이누' 민족과 전투하며 그 본래의 성질인 우미온아(優美溫雅)에 더해져 상무의 기풍을 받아들이고, 혹은 유교를 배워서는 그 도덕적 생활을 향상하고, 혹은 불교의 전래에 미쳐서는 그 신앙적 생활을 순화하며, 게다가 본래의 일본 정신은 이에 따라 조금도 다치지 않고 더욱더 이를 심화 강화해 왔고, 그 위에 또한 조선인, 중국인 등 대륙 제 민족이 귀화함에 미치자 그 특성, 특기에 응하여 공예 기술의 교사로 삼아 배워서 스스로의 기능을 조장하고, 혹은 그들을 조정 출납의 관이 되게 하며 해외 사절이 되도록 하는 등 각 민족의 장점을 조장하고, 특성을 살려서, 각 분야에서 이득을 보며, 스스로 그 중핵이 되어 참으로 민족협화를 실천해 왔던 것이다. 이렇게 야마토 민족은 2600년 동안 '개척 협화의 훈련'에 의해 정말로 '개척 협화의 선사'가 되고, 그 성질 중에는 다분히 각종 민족 특히 대륙 제 민족의 장점, 특질을 일찍이 받아들임으로써 이들의 장점을 점점 조장하고 있었던 것이다. 또한 이렇게 차례로 그들의 장점을 한층 장점으로써 야마토 민족을 더욱더 야마토 민족답게 만들었기 때문에 이들의 총력에 의해 위대한 국사(國土) 개척, 국운 발전이 수행된 것이다.

◇

다시 말해서 야마토 민족의 피와 마음속에는 지극히 오랫동안, 지극히 다분한 대륙 제 민족의 피가 섞이고, 마음이 통하며, 민족협화의 실행, 국사 개척의 실천을 하고 있었기 때문에, 대륙의 어디에 내어 놓아도 반드시 그 원주민족의 중핵이 되고, 완전히 이를 협화하며, 개척의 선달이 될 수 있는 소질을 선천적으로 가진 민족이 되었던 것이다. 평화적이고 게다가 상무, 도의적이며 심지어 지적 기능적으로 우수, 또한 개척 협화의 선사 야마토 민족, 일본 내지인 개척 농민이야말로 진정하게 스스로 그 중핵이 되어 "각종 개척민 등에게 원주민의 조화를 꾀하고, 일만 불가분 관계의 공고화, 민족협화의 달성, 국방력의 증강 및 산업의 진흥을 기한다."

이로써 만주 개척 목적을 달성하는 데 가장 적당한 소질을 구비한 것이다. 즉 만주개척정책의 목적은 "개척 협화의 실천을 통하여 만주 건국의 이상을 실현한다"는 것에 있고, 그 실현의 선달을 일본 내지인 개척 농민이 하는 소이는 생각건대 여기에 존재하는 것이다.

◇

그런데 앞에서 서술한 것처럼 '팔굉일우'의 일본 건국의 대이상 아래, 동아시아 신질서의 건설이 도의적 신대륙 정책이 되는 오늘날에 있어서는 우리 만주개척정책 등도 그야말로 1단계 비약을 수행하고 개척 협화의 실천을 통하여 우리 만주 제국 건국의 이상을 실현하는 것만으로 그치지 않고, 다시 나아가 이러한 건국의 이상대로 발전을 수행한 우리 만주국-팔굉일우의 대이상의 대륙에서 현현의 제1단계를 거점으로 하는 동아시아 신질서-팔굉일우의 대이상의 대륙에서 현현의 제2단계-를 건설하는 것, 또 일대 약진을 수행하여, 이렇게 건설된 질서의 신동아시아를 거점으로 하는 도의 세계-팔굉일우의 대이상 현현의 최종 단계-를 건설하는 것이 실로 만주개척정책의 근본 목적이 된 것이다.

◇

이상을 요약하면 "만주개척정책은 일만 양국의 일체적 중요 국책으로 하여 동아시아 신질서 건설을 위한 도의적 신대륙 정책의 거점을 배야 확립함을 목적으로 하고 특히 일본 내지인 개척 농민을 중핵으로 하여 각종 개척민 및 원주민 등의 조화를 꾀하여 일만 불가분 관계의 공고화, 민족협화의 달성, 국방력의 증강 및 산업의 진흥을 기하고 겸하여 농촌의 갱생 발전에 이바지함을 목적으로 한다"라고 하는 것이 되고, 이것은 즉 작년 12월 22일, 일만 양국에서 동시에 정식 결정한 만주개척정책 기본요강에서 기본 방침으로써 규정한 점이다.

만주개척정책의 기본 방침으로 하는 부분은 참으로 웅운(雄運), 종래의 구미류의 영토적 야심에 불타서, 식민지 착취를 목적으로 한 자본주의적 식민정책과 참으로 천지 차이가 있다. 위의 근본 방침은 정말로 만주개척정책의 특질을 진력을 다해 설명하여 남길 부분이 없다.

4. 만주 3대 국책과 개척 정책

우리 만주국에서는 국방, 정치, 경제, 문화, 협화회 활동, 모든 시책의 궁극 목적은 전부 "건국의 이상 실현"에 있다. 단지 다른 부분은 이쪽으로 이르는 도중의 차이이다. 어떤 이는 "국방의 강화"라고 하는 길을 지나고, 어떤 이는 '산업의 개발'이라고 하는 길을 지나고, 어떤 이는 "북변의 진흥"이라는 길을 지나며, 또 어떤 이는 '개척 협화의 실적'이라고 하는 길을 지나고, 다시 어떤 이는 '민생의 진흥'이라고 하는 길을 지나고, 그 밖에 어떤 이는 '의덕

달정(宜德達情)'이라고 하는 길을 지난다. 지나는 길은 다종다양한데 안정이 된 다음 향하는 곳은 모조리 '건국의 이상 실현'이라고 하는 것이다.

◇

우리 만주국은 건국 후 5개년간은 제1기 건설 계획으로써, 그중점을 오로지 치안 공작에 두고 급격한 치안의 회복을 보기에 이르러, 1937년(康德 4)부터 제2기 건설 공작의 시대로 들고, 그 제일 중점 공작으로써 1936년 1월 '산업 개발 5년 계획'을 수립하여 "유사시 필요한 자원의 현지 개발에 중점을 두고 병행하여 될 수 있는 한 국내의 자급자족과 일본 부족 자원의 공급을 꾀하여 장래에 만주국 산업 개발의 극기를 확립하기 위해(중략) 각종 산업(당초는 광공업 부문, 농축산 부문, 교통 부문, 개척 부문이었는데 후에 자금 부문을 첨가한다-필기주)을 개발함으로써 국력의 진전, 국민 생활의 안정을 촉진하려고 한다"라는 방침 아래 국방 경제의 확립을 기하고, 1937년부터 실행에 착수하는데, 그 후 중국 사변의 발발 등을 계기로 해서 비약적 확대 강화를 위해 큰 수정을 행하여, 각 부문 모두 상당한 성적을 거두고 있는 것이다.

◇

개척 부문에서는 따로 1936년 8월, 일만 양국에서 소위 '20년 100만 호 이민 계획'을 결정하고, 1937년도부터 실행을 개시하여 대체로 소기의 목적을 달성하고 있었는데, 다시 1939년 12월 전술과 같이 '만주개척정책 기본요강'을 결정하고 금후 개척 정책의 근본 방침 등으로 구체적 시설의 준거할만한 점을 명확히 하여 개척 정책의 일대 약진을 수행한 것이다. 동 요강에 보이는 논시책은 대체로 7년도부터 실시하게 된 것이다.

◇

따라서 이들 3대 국책을 실시하기 위해 정부는 수회에 걸쳐 '정치·행정 기구의 개혁'을 단행했다. 즉 먼저 1937년 7월 내외의 정세에 즉응하기 위해 종래의 기구에 일대 개혁을 가하고, 국내 치안의 숙정 확립을 촉진하며, 산업 경제의 계획적 개발 그중에서도 특히 산업 개발 5년 계획의 운영을 꾀하고, 민생을 신장하고, 국력을 충실히 함으로써 국방의 안고를 기하고 건국의 성업에 일로매진해야 할 최적의 기구를 수립하면서 종래의 9부 조직을 개정하여, 외무, 내무, 흥안(興安)의 삼국(三局) 및 치안, 민생, 사법, 산업, 교통, 경제의 6부로 하였다. 다시 1939년 1월 종래의 산업부 민정사(民政司)를 폐지하고 새로 개척총국을 세워서 획기적 개척 정책의 수행에 만전을 기하며, 또 1939년 '북변 진흥 계획'이 이루어지자 이를 완수하기 위해. 북변 관계 각 성의 행정 기구를 확충 조정하고 행정의 침투를 기하게 되고 동년 6월 새로이 동안(東安), 북안(北安)의 두 성을 독립 신설함과 함께 현의 신설 등도 행하여 동시에 성장(省長)의 권한을 확충하고, 게다가 각 성의 특수성에 응하여 방위 산업, 개척, 경찰 및 민생의 각 부면에 관해서 성 행정의 중점을 형성하며, 또 이에 수반하여 북만 중점주의 아래 인사의 대이동을 행하였다.

◇

이상 만주국 건설 제2기에 있어서는 혹은 산업 개발 5년 계획, 개척 정책, 북변 진흥 계획 등의 소위 3대 중요 국책을 수립 실행하고, 이에 관련하여 여러 차례의 정치·행정 기구의 개혁 등이 행해졌는데, 그 어느 시책에 있어서도 우리 개척 정책은 중대한 역할을 가지고 있는 것이다.

즉 우선 산업 개발에 있어서도 단순하게 개척 농민으로서 스스로 농축산 부문의 개발을 실행할 뿐 아니라, 그 우수한 정신과 기술과 경험으로, 농축산 부문에서 원주 농민의 실천적 지도자가 되어 모범적 제시의 역할을 완수하며, 농축산 개발에 기여하고 있다. 더욱이 철공, 교통 방면의 개발에 관해서도 막대한 자본, 자재, 기술, 노력 등을 요하는 차제이데, 이들의 상당 부분은 맹방 일본에 의존하지 않을 수 없고, 기술 노력 등에 관해서는 상당 다수의 소위 철공 개척민을 요하며 또 철공, 교통 제 시설의 보호, 혹은 제 시설 요원에게 식료의 제공 등을 위해서도 다수의 개척민의 이주 정책을 필요로 할 것이다.

◇

이 점 북변 진흥 계획의 수행에 관해서도 또한 마찬가지고, 북변 지대에 있어서 교통, 통신 제 시설의 정비 및 경방(警防), 북변 도시 특히 군도(軍都)로의 식료 기타 제 물자의 공급, 군의 후방 경비 연락, 군사 제 시설의 원조 경방, 군으로의 제 물자 공급, 방공(防空) 기타 일반 경방 및 치안, 협화회 공작의 거점, 보건 방역 시설의 거점 등으로, 개척 농민을 주로 하여 각종 개척민의 다수 이주 정착이 요청되고, 이렇게 개척 정책이 산업 개발 계획, 북변 진흥 계획에 공헌하는 부분은 생각건대 막대하고, 개척 정책의 철저한 수행이 없이는 이들의 중요 국책의 수행은 불가능했을 것이다. '만주개척정책 기본요강'에서는 이들 모든 점을 고려하고, "만주국 산업 개발 계획, 군사적 건설 등과 조응하고 개척 농민 외에 일본 내국인의 반도적 개척민 및 상, 공광업 기타개척민의 계획을 수립하여 그 실행을 촉진한다"라고 규정하고 있다.

이상과 같이 만주 개척이 소위 3대 중요 국책에 기여 공헌하는 바는 그 기본 방침에서 "만주개척정책은 (중략) 국방력의 증강 및 산업의 진흥을 기함(중략)을 목적으로 한다"라고 규정하고 있는 것은 전술대로이다.

5. 민생 진흥 공작 특히 교육 제도와 개척 정책

이상 3대 국책 외에 다시 1937년(康德 4) 5월 신학제를 제정하고, 건국 정신의 명징, 국가 관념의 선양, 일만일덕일심과 민족협화정신의 체인(體認), 동양 도덕 함양을 근간으로 하여 국민 생활의 안심에 필요한 실학을 기조로 하고, 획일주의의 폐단을 피하고, 정신 교육을 중점으로 하는 전인격적 완성 교육의 완벽을 기하는 것으로 하며, 이듬해 1938년 1월부터 실시함으로써, 건국 교육의 기초를 확립하기에 이르고, 또 다른 방면으로 국민 보건에 관하여 혹은 의료 기관의 확충 강화, 의육 기관의 신설, 아편 단금 정책의 철저, 방역 시설의 보급 등 각반의 시책을 강구하는 등 교육, 보건이 두 방면에 중점을 두는 민생 진흥 공작도 크게 약진하기에 이르렀다.

◇

이 민생 진흥 공작 방면, 특히 교육 문제에 있어서 개척 정책의 사명에 관해서 보면, 아국 교육의 중점이 소위 건국 교육이고, 건국 정신의 명징, 국가 관념의 선양, 일만일덕일심과 민족협화정신의 체인, 동양 도덕의 함양 등의 정신 교육에 놓이고, 따라서 개척 정책의 근본 목표로 하는 점이 "개척 협화의 실천을 통하여 건국의 이상을 실현한다"는 점에 있으며, 게다가 그 최중점을 '개척 협화의 선사'이고 일본 정신이자 만주 건국 정신의 체득자이고, 세계 제 민족 중 국가 관념의 가장 치열한 체인자이며, 가장 도의적 민족인 일본 내지인 개척 농민에 두고 있는 이상, 개척 정책의 수행 그 자체에 의하여 할 수 있는 한 급속하게 또한 다량으로 일본 내지인 개척민을 이주 정착시켜 곳곳에서 원주 민족과 협화하고 건국 정신을 체득시키며, 국가 관념을 주입하여 일만일덕일심 민족협화의 전신을 불어 넣고, 도의를 실천해 보이는 것이야말로 우리 건국 교육의 진짜 실천자가 되는 것이다. 개척 정책의 우리 교육의 발전에 공헌해야 할 점은 참으로 중요하고, 교육상에 있어서 개척민의 책무는 참으로 중대하다.

◇

다시 교육과 개척 정책에 관하여 언급하고 싶은 것은 개척청소년의용대 제도이다. 이것은 물론 지금까지의 교육이라고 하는 개념으로부터만은 설명 할 수 없을지도 모른다. 개척청년의용대는 만주개척정책 기본요강이 보여주는 대로 "민족협화의 중핵으로서 만주국의 생성 발전에 기여해야 할 각종 개척민 특히 개척 농민의 기저가 되는 자질을 육성 훈련함으로써 일만 불가분 관계의 공고화에 이바지하도록 한다"는 것이고, 그 요령으로 하는 부분은 "첫째, 우리들은 천조의 굉모를 받들고 마음을 하나로 하여 박진하며 마음을 만주 건국의 성업으로 드높여 신명에게 맹세컨대 천황 폐하의 큰 마음을 보좌하고 받들 것을 기한다. 둘째, 우리들은 신체로써 일덕일심 민적 협화의 이상을 실천하고 도의세계 건설의 초석이 될 것을 기한다"라고 하는 것이다. 따라서 주로 농사 훈련과 군사 훈련을 실시하여 그들 일본 국내 청소년의 마음 속에 잠재하는 선조 전래의 야마토 혼, 다시 말하면 그 무사적 정신과 농민의 혼을 단련 도야함으로써 세계의 어느 곳에 내놓아도 억누르거나 억눌리지 않는 훌륭한 일본인으로서, 각종 개척민 특히 개척 농민의 기저로서 만주국 건국의 성업에 정진하고자 하는 것이 개척청년의용대이다.

◇

우리들은 이 청년의용대원의 내면에야말로 진정한 일본 정신, 즉 만주 건국 정신이 생기고, 또한 이 정신을 가장 치열하게 가지는 그들 사이에서야말로 진정한 개척 농민, 흙으로부터 생겨난 듯한 개척 농민이 할 수 있는 것은 물론이고, 그 위에 국방, 정치, 문화, 협화회 기타 각 방면의 진정한 지도자가, 아니 '동아시아의 지도자'가 태어나는 것이라고 확신하는 것이다. 우리들만이 확신하는 것이 아니어서, 이미 각 방면에서 그 진가는 인정받아 왔고, 금년도부터 신설한 가목사(佳木斯) 의과대학에서는 가능한 한 청년의용대원 및 개척민의 자제로부터 신입생을 모집하는 방침을 확정했을 정도이다. 단순하게 의술의 방면뿐 아니라 금후 각 방면에서 필요로 하는 인재는 반드시 우리 청년의용대원 중에서 대원 전부의 추대와 지도 교관의 간발(簡拔)에 의해 계획적으로 선출되는 것이라고 믿는다. 이렇게 우리 개척 청년의용대 제도야말로 교육 제도라고 보는데 그야말로 우리 만주의 교육 제도의 향하고자 하는 완성 교육, 계획 교육을 신체로써 실천하기에 이를 것이다. 그야말로 일본 교육 제도에 일대 혁명을 일으키게 될 것이다. 관련된 부분에 있어서도 개척 정책은 교육이라고 말하는 문제에 대단히 위대한 공헌을 하고 있는 것이라고 생각한다.

◇

다시 국민 보건에 관한 개척 정책의 공헌인데, 보건 위생 시설의 보급이 철저한 점에서 우리 만주국으로서 가장 곤란함을 느끼는 점은 의사의 부족이다. 우리 만주국에 있어서 종래 의사가 적었던 것은 물론이지만, 일본에서 온 의사도 적다. 또한 일본으로부터 의사를 초치해도 종래의 잘못된 의육(醫育) 및 환자로 벌어먹고 있던 습관이 든 의사, 농촌을 싫어해서 도회 생활만 동경하는 의사는 길게 우리 만주에 머무르지 않고 일본으로 돌아가고 마는 것이다. 따라서 금후는 단순하게 개척지의 의사뿐 아니라 넓게 원주민의 의사도 국내에서 양성 훈련하지 않으면 안 되는데, 그 의사다운 최대의 자격은 일본인에 관해서는 우리 만주국에서 뼈를 묻기로 하고 「의도(醫道)를 통하여 건국의 이상 실현」에 매진하는 강고한 결심을 가진 자가 아니면 안 되고, 청소년 의용대 훈련생 또는 개척민의 자제 중에서 간발하여 우리 만주국이 특별한 의도 교육 소위 건국 교육을 실시하는 것밖에 없다는 것이다. 이렇게 개정척책(開政拓策)이 보건 위생이라고 하는 분야를 통하여 민생 진흥 공작에 공헌하는 바도 역시 막대하다.

6. 개척에 관한 협화회 활동

만주제국협화회의 본질은 대동(大同) 원년 7월 25일의 '협화회 창립 선언'이 "본회의 목적은 건국 정신을 준수하고 왕도주의로 민족의 협화를 유념함으로써 우리 국가의 기초를 공공히 하고 왕도 정치의 선화를 꾀하려 하는 데 있다"라고 말한 것에 따라, 또 1932년(大同 원년) 7월 25일의 '집정훈사(執政訓詞)'에서 "건국의 정신은 왕도를 행하고자 하는 것을 기하고, 무엇보다도 정당 정치라는 오늘날의 시대에 적절하게 감안하고, 이 회를 설치하고, 민족의 협화를 헤아려 백업의 진흥을 도모하고자 하는 것은 내가 극심히 가상하게 여긴다"라고 계시하는 바에 의해, 다시 1936년(昭和 11) 9월 18일 우에다(植田) 관동군 사령관이 '만주제국협화회의 근본 정신'에서 "협화회는 만주 건국과 함께 생겨나 국가 기구로써 정한 단체로 하여금 건국 정신을 무궁하게 호지하고 국민을 훈련하여 그 이상을 실현해야 할 유일한 사상적, 교화적, 정치적 실천 조직체가 된다"고 설명한 바에 따라, 다시 '만주제국협화회 강령'에서 "만주제국협화회는 유일 영구, 거국 일치의 실천 조직체로 정부와 표리일체가 되어, 첫째, 건국 정신을 선양하고, 둘째, 민족협화를 실현하고, 셋째, 국민 생활을 향상하고, 넷째, 선덕달정(宣德達情)을 철저히 하고, 다섯째, 국민 동원을 완성함으로써 건국 이상의 실현, 도의 세계의 창건을 기한다"라고 알린 바에 따라 지극히 명확하게 알 수 있다.

◇

따라서 개척 정책에서 최중점을 두는데 일본 내지인 개척 농민을 시작해서 내지인 개척민은 모두 선조 대대로 '개척 협화의 실천'을 하고, '개척 협화의 훈련'을 받아 온, 참으로 '개척 협화의 선사(選士)'이다. 그렇다면 가장 협화회 정신이 열렬한 자가 아니면 안 된다. 그러나 이들 개척민 중에는 이주한 지 얼마 되지 않아서 오로지 개척지 건설의 작업, 개간 작업 등에 망쇄(忙殺)되어, 원주민족들 간의 협화 등까지 충분히 생각하는 것이 불가능한 자가 있었는데, 빨리 이주 정착한 개척단에서는 농업 기술을 통하거나, 종자 파묘(播苗)의 교환을 통하거나, 개척의(開拓醫) 산파 등의 진료를 통하거나, 필수품의 공동 구입 등을 통하거나, 운동회, 영화회 등을 통하거나, 치안 유지 경비 등에 대한 원주민의 감사 등 모든 방법에 의해 도처에서 민족협화를 실천하고 있다. 일본 내지인 특히 일본 내지인 개척 농민을 민족협화의 중핵으로서 존재하는 것은 어쩌면 당연한 것이다.

◇

물론 다수의 개척민 중에는 때로 민족협화에 반하는 듯한 행위를 하는 자도 있지만, 이것은 개인적인 성벽(性癖)에 따르는 경우가 많고 개척민 전체로 보면 그야말로 민족협화의 중핵다운 사명은 충분히 이룰 수 있는 것이라고 믿는다. 그렇지만 또 협화 회칙에서의 개척민에 대한 활동을 충분히 함으로써 개척민 전부를 정말로 협화회의 정예 분자가 되게 하고, 더욱이 장래에 협화회의 가장 우수한 지도 분자도 개척민 중에서 육성 훈련해 가지 않으면 안 된다고 생각하는, 개척민에 있어서 협화회의 활동에 관하여 만주개척정책 기본요강은 "개척민 이주 및 원주민 전주 전도에 관해서는 민족협화 구현상, 특히 만주제국협화회의 활동을 촉진하고 그 기구 및 운영은 각종 개척민의 특성 및 개척 사업 등의 실상에 즉응케 하며, 또한 개척민과 원주민과의 사회 생활에서의 민족협화의 실현에 관하여 특별한 노력을 쏟도록 한다"라고 규정하고 있다.

◇

게다가 또 일만 불가분 관계의 공고화라고 하는 것도 궁극적으로 일본 내지인 개척 농민이 만주국에 영주하고, 자손 말대까지 같은 농지 위에서 같은 태양 아래에서 원주민과 괭이와 혼에 의해, 영구히 협화하는 것에 의해서만 정말로 가능한 것이다. 이상 기술한 모든 점에 관하여 만주개척정책 기본요강은 그 기본 방침에서 "만주개척정책은 (중략) 특히 일본 내지인 개척 농민을 중핵으로 하여 각종 개척민 및 원주민 등의 조화를 꾀하고 일만 불가분 개계(開係)의 공고화, 민족협화의 달성 (중략)을 기하는 것을 목적으로 한다"라고 규정하고 있는 것은 전술과 같다.

7. 일만공동방위와 개척 정책

일만공동방위에 관해서는 1932년(昭和 7) 9월 15일 일만 의정서에서 "일본 및 만주국은 체약국의 일방의 영토 및 치안에 관한 일체의 위협은, 동시에 체약국의 타방의 안녕 및 존립에 대한 위협이 된다는 사실을 확인하고 양국 공동으로 국가의 방위에 임해야 할 것을 약속하며, 이를 위해 소요되는 일본 국군은 만주 국내에 주둔하는 것으로 한다"라고 명확히 정하고 있다. 이 일만공동방위에 관하여 개척 정책의 기여 공헌할 만한 점은 이미 만주 3대 국가 책과 개척 정책의 항목에서 서술한 대로 개척민, 특히 일본 내지인 개척 농민이 충군애국의 충정으로 불타오르고, 또한 무(武)의 바람이 세차고, 희생적 정신에 강하며, 군의 후방 경비 등에 도움이 되는 점, 병마(兵馬)의 급원이 되는 점, 개척민 훈련, 비부의 총기 등에 의해 개척단 자신이 유력한 방위력이 되는 점 등에 있는데, 일반 개척민에게도 증가시켜서 일만공동방위에 공헌하는 것은 개척청년의용대이다.

◇

청년의용대는 반드시 3개년 현지에서의 군사 교련 등 농사 훈련에 따라 현지에 충분히 적응했지만 병농 모두 신무(神武) 군대의 재현이라고도 칭할만한 것이 된다고 생각한다. 특히 최근은 부근 주둔부대 등에서 현역 장교가 파견되어 군사 교련은 한층 철저해지고, 그 국방적 역할은 점점 강화되어 간다. 게다가 청년의용대 제도와 병역 제도와의 관련에 의해 참으로 놀랍도록 우수한 군대가 생겨날 것이다. 이렇게 일만공동방위상에서 본 개척청년의용대의 사명 임무는 지대한 것이 있다.

◇

들은 바에 의하면 소련 외몽고 방면에서는 우리 개척 정책, 특히 개척청소년의용대의 제도에 대해서 국방상의 견지에서 비상한 위협을 감지하고, 진전에 이상한 주목을 기울이고 있다고 말하는 것이다. 이것으로 보아도 개척 정책, 특히 개척청년의용대 제도가 일만 공동 국방상의 견지에서도 얼마나 중요성을 가지는가를 이해할 수 있다. 여기에 관하여 만주개척정책 기본요강은 그 기본 방침에 있어서 "만주개척정책은 (중략) 국방력의 증강(중략)을 기하는 것을 목적으로 한다"라고 규정하고 있다는 것이다.

8. 일본 국내 제 문제와 만주개척정책

만주개척정책은 상술한 것처럼 일만 불가분 관계의 공고화, 민족협화의 달성, 국방력의 증강, 산업의 진흥 등에 의해 만주 건국의 이상을 실현한다고 하는, 만주 건국 측의 요청을 실현할 뿐만 아니라, 일본 국내 문제, 특히 일본 농촌 갱생 진흥의 문제에서 보아도 지극히 중요한 국책이다.

◇

일본은 평상시에는 해마다 약 백만의 인구 자연 증가가 있음에도 불구하고, 국토는 협소하고, 천연 자원이 부족해 이 때문에 많은 문제가 족생하고 있다. 이것을 해결하고 국민 생활의 안정을 꾀하고자 하는 근본 방책은 인구와 자원과의 불균형을 조장하는 것 이외에 없다.

다시 또 일본 농촌 궁핍의 근본 원인은 경지의 부족이다. 농가 1호당 평균 경작 반별(反別) 1정보, 그것도 경찰에서 7반보 이하의 농민이 전 농민의 약 7할을 차지하기에 이르러서는, 농민이 아무리 노력해도 그 수입으로 지출을 조달하고, 또한 농민다운 생활을 하는 것은 도저히 불가능하다. 어떤 농정(農政) 방면의 사람은 농가 1호당 경작 반별은 적어도 2정보, 또 다소의 욕심을 말하자면, 만주에서 그 위에 1정보의 농경을 얻을 수 없다면 진정한 농민이 되어, 농민다운 생활은 불가능하다고 말하고 있다.

그런데 일본 내지에서는 경지 확장의 여지는 거의 절무한 터, 게다가 농촌 인구는 굉장한 기세로 증가하는 이상, 농가 1호당 경작 반별은 점점 감소하고 농촌은 일도몰락의 과정을 더듬을 뿐이고, 농민은 차례로 농업을 싫어하기에 이를 것이다. 나라의 근본, 국가의 상징으로는 맹방 일본의 운명에 구애된다.

◇

이 농촌의 궁상을 타개하고 근본적 갱생 진흥을 기하기 위해서는 과잉된 야마토 민족을, 그 건국의 이상 실현을 위해 또 민족협회의 중핵으로서 가장 환영대망(歡迎待望)하는 만주국으로 다수 이주시키는 것이다. 이렇게 만주 개척은 단순하게 만주국을 위해서 뿐만 아니라 또한 일본을 위해서이고, 특히 일만 양국 동창동영(同昌同榮)의 이상을 실현하는 최선의 방법이다. 만주개척정책 기본요강은 이 점에 관해서 그 기본 방침 속에 "만주개척정책은 일만 양국의 일체적 중요 국책으로서 (중략) 겸하여 농촌의 갱생 발전에 이바지하는 것을 목적으로 한다"라고 규정하고 있다. 여기서 농촌이라는 것은 물론 일본의 농촌뿐 아니라, 만주의 농촌도 가리킨다.

◇

이러한 만주개척정책이 일본 국내 제 문제, 특히 농촌 갱생 발전상 중요함에도 불구하고,

최근 일본 국내에 있어서는 의회 기타의 논의에서, 혹은 주로 지주, 공업 자본가, 혹은 농촌 청년의 친구 등의 입으로부터 자칫하면 농촌 노동 부족을 이유로, 혹은 공장견습 직공의 고임금 등에 눈이 뒤집혀서, 만주 개척민의 송출, 개척청년의용대의 모집 등에 반대적 태도를 취하고, 심하게는 이를 중지하면 어떻겠냐는 등 말하는 자가 나오기에 이른 것은 몹시 유감스러운 일이고, 이러한 우리는 오로지 자기의 이익과 욕심에 눈이 멀거나 혹은 지극히 좁은 소견의 흐름으로 일만 양국의 중요 국책인 만주 개척의 진의를 이해하지 못하고, 일본 제국이 막대한 희생을 치르며 장의(仗義) 원조로 건국한 만주 제국의 건국 이상 실현에 개척 정책이 얼마나 중요성을 가지는가, 또 일본국이 국운을 걸고 있는 동아시아 신질서의 건설에 개척 정책이 얼마나 중요한 역할을 맡고 있는가를 한결같이 이해하지 못하는 비국민이라 칭할만한 노배(奴輩)이다. 팔굉일우의 대이상을 만주에, 동아시아에, 더욱이 전 세계에 현현시키고자 하는 참된 일본 국민은 결코 이러한 짧은 소견과 폭론에 귀를 기울여서는 안 된다. 하물며 그들이 말하는 소위 농촌의 노력 부족은 단순한 관념상의 문제이고, 다른 목적을 위해 일부러 만든 유언비어이며, 사실에 있어서 농촌에 참된 의미의 노력 부족은 없고, 오히려 종래의 과잉 노력이 응소(應召), 공장 방면으로의 이동 등에 의해 적당하게 조절되어서 노력의 생산적, 능률적 이용의 형태가 새로이 농촌에서 형성됨에 있어서랴.

◇

일본 내지인 농민-2600년의 장시간에 걸쳐 개척 협화의 실천을 쌓고 훈련을 거쳐, 만주 제국 건국 이상 실현, 게다가 동아시아 질서 건설, 그리고 최후에 도의 세계 건설을 위한 유일한 자격자다운 '개척 협화의 선사' 일본 내지인 개척 농민은, 관련된 지주, 공업 자본가의 이기주의적 우론(愚論)은 마땅히 일축하고 대륙으로 건너가, 진무(神武)천황 이래의 개척 협화의 대업에 매진하지 않으면 안 된다.

◇

농촌 갱생 발전의 문제와 만주개척정책에 관하여 한마디 부언하고 싶은 것은 이미 강덕 6년도부터 실시한 '만주건설 근로봉사대' 제도이다. 이 제도의 골자는 "일만을 통한 식료 및 사료의 증산 등에 있어서 개척 정책의 촉진을 꾀하고 겸하여 산업 개발 및 북변 진흥 공작 및 일본 농촌의 갱생 진흥에 기여하기 위해 일만 양국의 근로 청년을 동원해서, 만주건설 근로 봉사대를 편성하고 농경, 토목 기타의 생산 및 건설 사업에 근로 봉사하게 하여 이들 실적을 통해 만주 건국의 이상을 파악하고 흥아(興亞)의 대정신을 체득시킨다"라고 하는 1939년(康德 6) 9월 12일 결정한 '만주건설 근로봉사대 요강'이 명시한 바와 같다. 일본 농촌 갱생 발전이라고 하는 입장에서 본 제도를 보면, 그야말로 일만 특히 일본에서 극심한 궁핍을 고하고 있는 가축 사료 및 일만 양국에서 부족한 쌀 기타의 식료의 증산을, 주로 일본 청년의 힘에 의해 농경지의 지극히 광범한 우리 만주국에서 행해짐으로써, 양국의 수요를 채우고, 특히 일본 농촌 궁핍 타개, 그 갱생 진흥을 꾀하고자 하는 것이고, 더욱이 본년도부터는 한층 그 요망에 응하기 위해, 특히 사료 생산을 주로 하는 특설 농장을 설치하고 이곳에서 주로 사료 생산에 종사하게 하는 것으로 한다. 금년도부터 시설하는 특설 농장은 작년 제1년도의 훌륭한 성적과 더불어 일본 농촌 갱생 진흥에 기여하는 바 심대하다는 것을 예상케 한다.

물론 기타 전면적으로 보고, 본 제도의 금후의 발전은 혹은 개척민의 선구적 사명을 가지는 점에서, 혹은 개척 산업 재발, 북변 진흥, 국경 건설 등을 촉진하는 점에서 실로 괄목해 볼 만한 것이 있다.

9. 만주 개척과 동아시아 신질서 건설

이상, 주로 만주국의 이상 실현이라고 하는 점에서 만주개척정책에 관하여 상술하였다. 그래서 만주개척정책 특히 가장 중점을 두는 일본 내지인 개척 농민의 사명 또한 동아시아 신질서 건설, 또 나아가서는 도의 세계 건설에 있는 것은 앞에서 이미 설명했는데, 이하 동아시아 신질서 건설에 대한 만주개척정책의 사명에 관해서 상술하겠다.

◇

앞에서 전술한 것과 같이 일본 제국의 발전이 '팔굉일우'의 일본 제국의 건국 이상의 일본 국토 내지에서의 현현이고, 그것도 '개척 협화의 실천'에 의한 '개척 협화의 역사'이며, 다음으로 만주 건국이 '팔굉일우'이라는 대이상의 동아시아의 일각 만주국 내에서의 발현, 즉 대륙에서의 발현의 제1단계이고, 그 만주국의 건국의 이상 현현을 '개척 협화의 실천'을 통하여 행하는 것이 만주개척정책, 특히 그 최중점을 두는 일본 내지인 개척 농민의 대사명이며,

따라서 더욱이 동아시아 신질서의 건설이 '팔굉일우'의 대이상의 동아시아 전체에서의 현현, 즉 대륙에서의 현현의 제2단계인 이상, 동아시아 질서의 건설은 당연히 그 현현의 제1단계가 되는 만주국 건국의 이상 실현이 그 이상대로 발전하는 것 없이는 절대 불가능하다. 만주국이 그 건국의 이상대로 발전하고, 일만공동방위는 반석과 같이 강화되고, 경제 일체의 결실은 더더욱 올라가며, 일만 불가분 관계는 점점 확고부동의 것이 되고, 민족협화가 한층 철저해져서, 도의 국가의 건설이 한층 촉진되기에 이르면, 동아시아 전체에 대해서는 별로 어떠한 양언을 하지 않고, 그저 만주국의 이상적 발전의 사실만을 보여주면, 이것을 살아있는 모범으로 하여 탄탄하고 큰 토대로, 그 위에 동아시아 신질서가 자연적으로 생길 것이다. 실리적 동아시아 제 민족에게 입으로 아무리 선전해도 결코 신용은 하지 않는다. 그러나 입으로 아무것도 말하지 않아도 현실로써 보여주고 스스로 모범을 보이면, 실리주의인 그들은 스스로 기쁘게 나아가 동아시아 신질서 건설의 큰 깃발 아래 모여서, 동아시아 제 민족은 전부 협화하고 동아시아 모든 나라는 전부 대동하고, 국방을 공동으로 하고 경제를 공통으로 하며, 따라서 이상은 일동 전부 '팔굉일우'의 일본 건국의 대이상 아래 신질서 건설에 매진할 것이다. 그즈음에는 중국 사변 처리 등은 우리 만주국의 이상대로 발전의 사실에 따라 가장 용이하게 생기고 끝날 것이다. 그리고 이 큰 임무를 이루는 자는 무엇인가, 만주개척정책이고 그래서 가장 중점을 두는 일본 내지인 개척 농민인 것은 말할 것도 없다. 즉 만주개척정책의 수행이 3대 국책다운 산업 개발 계획의 수행에, 혹은 북변 진흥 계획의 수행에, 혹은 민생의 진흥에, 혹은 협화회 활동 민족협화의 달성에, 혹은 일만공동방위에, 혹은 농촌 갱생 진흥에 기여 공헌하는 것은 실로 막대하고, 이렇게 '개척 협화의 실천'을 통해 만주 건국의 이상 실현에 일로 매진하는 것이다. 게다가 그 중심은 실로 '개척 협화의 선사' 일본 내지인 개척 농민인 것이다.

◇

실로 일본 내지인 개척 농민을 중핵으로 하는 만주개척정책을 강화하고, 이를 급속하게 또한 대량으로 수행하는 것에 의해서만이 우리 만주 제국 건국의 이상은 실현되고, 만주 제국은 건국의 이상대로 발전을 수행하며, 관련된 건전 공고하게 또한 이상적으로 발전한 만주국을 거점으로 하고 토대로 하고 모범으로 하여, 동아시아 신질서는 훌륭하게 건설할 수 있는 것이다. 즉 이 관계를 요약하면 "만주개척정책은 일만 양국의 일체적 중요 국책으로써 동아시아 신질서 건설을 위한 도의적 신대륙 정책의 거점을 배양 확립하는 것을 목표로 하고, 특히 일본 내지인 개척 농민을 중핵으로 하여 각종 개척민 및 원주민 등의 조화를 꾀함(중략)을 목적으로 한다"이다.

◇

만주개척정책, 특히 그 중핵이 되는 일본 내지인 개척 농민의 대사명은 이같이 거대한 것이 된 것이다. 즉 단순히 만주 제국의 건국의 이상을 실현하는 데 그치지 않고, 이렇게 건국의 이상대로 건설된 만주 제국을 거점으로 하여 동아시아 신질서를 건설하는 데 있다. 따라서 이러한 대사명을 수행하기 위해서는 일본 내지인 개척 농민은 될 수 있는 대로 다수를 필요로 한다. 최근에 와서는 일본 내지인 농민 인구 1억 확보설 등을 주장하는 자가 있다. 그 이러한 설을 주장하는 이유는 하나, 일본 내지인 농민이 세계적 개척 협화의 선사가 되는 것, 따라서 동아시아 신질서 건설의 완수를 위해서는 그 거점 되는 만주국뿐만 아니라, 시베리아, 몽고, 중앙아시아, 남양에 이르는 곳에 개척 협화의 선사가 되는 일본 내지인 개척 농민을 배포하고, 가는 곳마다 타 지역의 민족협화의 중핵이 되어 더불어 그 지방을 개척하고, 인적 물적 자원을 풍부하게 확보하며, 더욱이 이들이 대동하여 동아시아 신질서를 건설해야 할 것, 그러기 위해서는 일만을 시작으로 동아시아 전체에서 적어도 일본 내지인 농민이 1억 필요하다고 말하는 것이다. 가령 30년 후에 있어서 동아시아의 인구를 10억으로 하고, 적어도 그 1할인 1억은 개척 협화의 선사 일본 내지인 농민으로 점하지 않으면 동아시아 민족의 협화는 불가능하고 동아시아 대동은 기대할 수 없다고 말하는 것이다. 일본 내지인 농민의 사명은 실로 지대하다고 말할 수 있다.

10. 동아시아 개척과 도의 세계의 건설

'개척 협화의 선사' 일본 내지인 농민 1억이 혹은 기본 일본에 남아서, 동아의 맹주 일본에 있어서 점점 '팔굉일우'의 일본 제국 건국의 이상을 실현하고 영구한 발전을 수행하며, 혹은 만주 개척 농민이 되어 '개척 협화 실천'을 통하여 '팔굉일우'의 대이상을 염원하는 만주국 건국의 이상을 실현하고, 혹은 동아시아 개척민이 되어 '팔굉일우'의 대이상에 기초하는 동아시아 신질서를 실현한다. 즉 동아시아 전체에 팔굉일우의 일본 건국의 이상을 현현하고 도의 동아시아를 건설한다. 그리고 또 동아시아 신질서 건설 즉 도의 동아시아 건설의 최고의 목적은 무엇인가 하면, 곧 동아시아 전체의 이상을 일원화하고, 국방을 공동으로 하고, 경제를 공통으로 하고, 민족협화하고 동아시아 대동하여 동아시아 협동체를 확고부동하게 결성하며, 이 동아시아 협동체로써 다음으로 올 수 있는 세계대결전, 인류 최종의 전쟁에 당면하여 '팔굉일우'의 일본 제국 건국의 이상 '복종하지 않는 자들'을 '복종시키고' 전 세계의 인류를 협화하며, 만민협화의 도의 세계를 건설하고자 하는 바에 존재한다.

◇

예언자가 설하는 바에 의하면, 만주사변, 중국사변 및 현재의 제2차 유럽전쟁 때를 경계로 그로부터 세계는 그야말로 세계 준 결전의 시기에 도입하고 있다는 것이다. 그리고 이 준 결전 시대에서의 세계 세력 분포를 보면 소련의 국가군, 유럽의 국가군, 남북 아메리카의 국가군, 또 동아시아의 국가군의 4대 세력으로 나누어진다는 것이다. 이것이 결국은 세계 준 결전에서는 둘은 없어지고, 따라서 세계 결전은 나머지 둘 사이에서 행하여질 것이라고 하는 견해이다. 즉 소련이라고 하는 것은 흡사 실험실과 같아서 지금까지 세계에서 행해지지 않았을 듯 한 일을 굉장히 강한 힘으로 무리하게 행하며, 사회 건설의 실험을 하고 있는 것 같은데, 결국 그 실험은 실패로 끝날 것이다. 그래서 실험실이라는 것은 그 결과가 성공과 실패 어느 쪽으로 정해지면 그 사명은 끝나고 기능은 그 순간에 없어지고 마는 것이다.

◇

다음으로 유럽은 제1회 유럽전쟁의 결말을 낸 베르사유 조약에 의해 패전국에 대해 엄청난 무리를 해서 국경과 해외의 영토를 일그러뜨려 개정하고 말았다. 거기서 그 국경, 영토를 둘러싸고 국경선을 다시 반대로 개정시키고자 하는 현상 타파의 모든 국가와 어디까지나 비뚤어지게 정한 국가 영토를 유지하려고 하는 현상 유지의 제 국가와의 사이에서의 분쟁이 이번의 제2회 유럽전쟁이 되어 나타난 것이다. 가령 제2차 유럽전쟁이 어떻게든 결말을 짓고, 국경선, 영토의 분배가 다시 변경된다고 가정하고 또 개정 국경선과 영토 배분을 계속하며, 제3차, 제4차로 유럽전쟁을 끊임없이 행하고, 결국에는 쌓아 올린 우리 유럽 문명을 우리 스스로 붕괴로 이끌어 갈 것이다. 유럽 분투의 근본 원인은 개인 및 각국의 지치지 않는 이기심에 의해 만사를 조처하기 때문이다. 그래서 유럽의 끊임없는 분투를 근절하는 유일한 근본 방책은 그 외에 없고, 개인적인 욕심에 의해 만사를 율(律)한 종래의 방법을 일절 지양하며, 도의에 의해 일절을 율하는 바의, 도의 세계의 건설을 목표로 하는 「팔굉일우」의 동방 도의의 나라 일본 제국의 건국의 대이상 아래, 일본을 맹주로서 민족 협동하고, 유럽과 아시아 대동 상공으로 도의 세계의 건설로 향하지 않으면 안 되는 것을 통감하며, 이를 바로 유럽 전체의 대 실천 운동으로 옮긴다. 그 어느 쪽도 유럽은 세계 4대 세력에서 퇴거 몰락하는가, 우리 '팔굉일우' 도의 세계 건설권 내에 들어오는가의 두 가지 길밖에 없을 것이다.

◇

예언자는 이렇게 말하고 있다. 동아시아의 형세는 심히 미완성이다. 그렇지만 말하자면 아시아의 서쪽, 유럽의 동쪽에서 일어난 인류 문명이 동쪽으로 간 것은 동아시아에서 태평양에 마주치고, 서쪽으로 간 문명은 대서양을 건너 미국으로 가서 태평양을 끼고 이 둘의 문명이 얼굴을 마주보고 점점 최후의 세계 결전을 한다고 하는 태세를 취하고 있다.

이 세계의 결전은 결국, 동아시아의 국가군과 남북 아메리카의 국가군과의 전쟁이고, 어느 쪽인가가 승리를 차지할 때, 이것으로 세계에는 큰 전쟁이 끝나고, 그보다 인류 영원의 평화가 찾아올 것이라고 말하고 있다. 왜 전쟁이 끝나는가 하면 전쟁 기술의 철저한 발달은 필연적으로 전쟁을 불가능하게 한다.

◇

이렇게 생각하면 금후 ○○년 사이는 대단히 큰, 정말로 인류 최대 최후의 비상시에 들어오고 있는 것이라고 생각한다. 지금이야말로 준결승의 시대이고, 그야말로 결전 태세를 시급하게 확립하지 않으면 안 되는 것이다. 동아시아 신질서 건설의 근본 목표로 하는 바, 동아시아 신질서 아래에서 우리는 어떠한 것을 목표로 결전 태세를 정비하고, 각반의 준비를 하지 않으면 안 되는가, 게다가 그것을 시급하게 하지 않으면 안 되는가, 내가 이제 와서 여기에 말할 필요가 없을 정도로 이 예언자의 말에 따라 명료하게 된 것이라고 생각한다.

감히 한마디 한다면 도래할 수 있는 세계 결승에서 아메리카 국가군, 기타 도의 세계의 건설, 인류 영원한 평화를 목표로 하는 '팔굉일우'의 일본 제국 건국의 대이상에 '복종하지 않는 자'를 반드시 '복종하게' 한 이상에는 민족협화하고, 만국협화하고, 일본을 맹주로 하여 '팔굉일우'의 대이상의 현현, '도의 세계의 건설'에 전 세계, 전 인류가 대동협화하며 매진하는 것, 이것이 도의적 신대륙 정책다운 동아시아 신질서의 근본 목표이다. 우리 만주 제국을 거점으로 해서 동아시아 제 민족이 협화하고, 동아시아 모든 나라의 국방을 공동으로 하고, 경제를 공통으로 하고, 그리고 이상은 '팔굉일우'의 대이상으로 일원 귀일함으로써, 동아시아가 대동하고 동아시아 신질서의 건설을 완성하며, 더욱이 '팔굉일우'의 대이상으로 '복종하지 않는 자들'을 완전하게 '복종하게' 할 만큼의 실력, 즉 사람 및 물자를 매우 시급하게 준비하기 위해서 동아시아 총력을 올려 신동아를 개척하는 건설 및 개척, 그리고 도의 세계의 건설, 즉 '팔굉일우'의 일본 제국 건국의 이상을 완전을 현현하는 중심력은 무엇인가.

기원전 2600년의 긴 '개척 협화의 실천과 훈련'을 거쳐 세계의 '개척 협화의 선사'가 된 일본 내지인 개척 농민 및 개척청소년의용대이다. 만주개척정책의 근본 목표로 하는 바는 여기에 있고 만주 개척의 근본의는 이것이다.

기원 2600년 기원절
만주국 개척 총국 총무처장 五十子卷三

만주 개척의 연혁

1. 개설

우리 만주국은 그 국토 1억 1,000만 맥(陌)이고, 그중 가경지면적 4,000천만 맥으로 하며, 그중 기경작지 약 2,000만 맥, 가경 미이용지 약 2000만 맥이라고 칭하여지는데, 인구 3,000만 민중의 약 9할은 농민으로 참으로 물중지대(物衆地大), 양종능끽(良種能喫), 세계유수의 농업 국가라고 말하지 않으면 안 된다.

이 농업 국토도 오랫동안 만주 토저족(土著族)의 유렵(遊獵) 방목의 본거지로 헛되이 잠들어 있음에 지나지 않았다. 그리고 또 이 옥토는 만주 토저족 자신의 농업적 발전을 기다리지 않고, 주로 한인에 의해 오늘날의 농업 지대로 발전된 것이다. 게다가 그것은 실로 청조홍륭 이래 겨우 이백수십 년을 넘기지 않은 단기간이다. 즉 구(舊) 봉천성 지역의 인구 추이를 살펴보면, 명나라 말기에는 40만 명을 넘지 않았으며, 인구 증가는 오로지 한인 이민에 의해 이루어졌다. 청나라 말기, 광서(光緒) 34년에는 인구가 30배 증가하여 약 1,150만 명에 달했다. 이후 만주사변 직전인 1931년(昭和 6년), 만주 지역 전체 인구가 3,500만 명에 이르렀으며, 그중 한인은 약 2,800만 명을 차지했다. 이 가운데 약 절반인 1,000만 명은 1907년(明治 40년) 이후 20년간 증가한 것이라고 한다. 이들 한인의 만주 진출은 후술과 같이 그 지리적, 사회적, 경제적, 정치적인 각종 요인에 기초한 것이었다. 이 한족 농민에 의한 농업 개발의 신속한 현상은, 마자르로 하여금 "만주의 농지 경제의 수량의 발전은 해를 따라 계산하는 것이 아니라, 월로써 계산된다"라고 평하게 된 것이다.

그것은 그렇다 치고 나스(那須) 박사의 말처럼 여기에서 주목해야 하는 것은, 한인이 만주인 및 몽고인과의 경제적 경쟁에서 우위의 지위를 점하고, 이 지역의 농업적 개발을 능히 수행할 수 있었던 것은, 가지고 있던 것보다 높은 문화와 기술력에 의한 것인데 이주자 수가 격증하면서 근래에는 오히려 이 점보다도, 한인에 의한 개발 식민이 척박지 산동 지방의 궁핍이 극에 달한 무자(無資), 무력의 유민 대중에 의해 구멍을 메워주는 식민이라고 하는 것을 특질이라고 하는 점이다. 또 이에 더해 봉건, 군벌 정권에 의한 농정의 무위무책은 수많은 비정(秕政)과 더불어 농법의 정돈, 약탈적 조방 경영, 토지의 편재, 고율(高率) 소작료, 문화의 혼화 등등 농민으로 하여금 그저 죽음을 기다리는 마음을 갖게 하기에 이르렀다. 촌리일공(村里一空), 아사(餓死)의 길에 오른다. 이것이 곧 건국 전에 있어서의 만주 농촌의 모습이었다.

만주사변을 계기로, 황조조국(皇祖肇國)의 이상 뇌는 팔굉일우의 대정신에 기초하여 우리 만주국이 창건되자, 그 건국의 이상을 일만 일덕일심, 민족협화의 달성, 왕도 국가의 완성에 놓인 것이다. 왕도 국가 완성은 민복(民福)을 증진하고 백성으로 하여금 이 땅에 고복격양국은(鼓腹擊壤國恩)은 무궁하게 감격시켜, 이 국토로써 참으로 왕도낙토 되는 것이라고 구가됨에 있다. 민복 증진의 방책은 하나로 치안의 확립에 의한 국민 생활의 보장과 산업의 개발에 의한 국민 경제의 충실에 있다. 그래서 일본 개척민이야말로 민족의 중핵으로써 일만 불가분 관계의 공고화, 국방력의 증강, 산업 개발의 중견적 요소로써, 무엇보다도 일본 내지인 개척 농민이야말로 만주국의 기저가 되어야 할 농촌 건설의 지도적 요소로써 또 민족협화의 실천자로써 만주 건국의 이상을 실현하고, 도의 세계의 창건적 사명을 가지는 것이다. 이러한 일본 개척민의 정저(定著)를 주표로 하는 만주개척정책이 일만 일체의 국책으로써 동아시아 신질서 건설을 위한 도의적 신대륙 정책의 거점을 배양 확립하는 것을 목표로 하는 까닭 역시 여기에 있는 것이다.

일찍이 해마다 백만을 전후로 하는 중국 한인의 만주 유입은 세기의 경이(驚異)였다. 그래서 지금)를 우리들의 일본 개척민 백만 호 계획에 의한 도의 국가의 건설, 동아시아 신질서의 건설이야말로 새로워지는 세기의, 그리고 새로운 세계의 실로 경이이다. 다음으로 만몽의 개척사상에 간과할 수 없는 것으로 조선인 농민이 있다. 한인은 원래 건조지 생산이기 때문에, 전작(佃作)만을 알고 수도작(水稻作)은 돌보는 바가 없었다. 따라서 쌀농사의 적지(適地)로써의 만주는 선농이 그 특유의 기능을 발휘함에 충분하고, 사변 전에 있어서의 만주 미작지의 확대는 곧 선농 발전 지역이 된다고 볼 수 있다. 그리고 또 러시아 제국의 극동 침략, 특히 동지(東支)철도를 촉수로 하는 만주 침략과 만주 개발의 관계를 결코 간과할 수는 없다.

이하 만주 개척의 연혁을 한족 농민의 내주(來住)의 추세, 조선 농민 개척민 및 일본 내지인 개척 농민 발전의 연혁에 의해 자취를 더듬는 것으로 한다.

2. 한농 내주의 추세

1) 청조 이전

한농 내주의 기원은 주(周) 후기 이미 농지 겸병이 행하여져, 황하 근처에 토지를 상실한 한족 빈농군의 일부는 만주의 옥야로 이류하여 요하(遼河) 하구의 일각을 개간하기에 이르렀다고 한다. 그 후 중국에서의 경제적 압박은 하기의 정도로 심대하지는 않았기 때문에, 그 간식(墾殖)은 비교적 지지부진하고, 명 말기 가정(嘉靖) 연간에 그 소위 요동 척식도 겨우 대양하(大洋河), 압록강에 미쳤을 뿐으로 더구나 이 요동 이주의 한인도 명의 말기, 청조 남하의 대란을 만나자 거주민이 사방으로 흩어져 전부 남으로 돌아간 것으로 한농 내주의 추세는 청조의 융기 이후에 속하는 것이다.

2) 청조 시대

청조 초기에 들자 병졸에 의해 황폐한 토지를 재차 비옥한 경지로 바꿈으로써 군량 보급 및 조세의 이득을 구해야 할 터, 농무를 진흥하고, 권농 개간의 법을 강구하였다. 이를 위해 순차(順次) 10년의 요동 초민례(招民例)를 시작으로 수많은 농민 초래책(招來策)을 도모한 것인데 초민례 공포 이래 순차 말년에 이르는 동안, 중원은 여전히 무를 무너뜨리고 전화(戰禍)의 여폐는 백성이 안정하여 만주에 이주해 오는 것을 멈추고, 만주의 개척은 예기치도 않았던 것이다.

그런데 강희제의 치적이 크게 올라 만주의 치안이 전적으로 정돈되기에 이르자, 만주에 오는 자가 차차 많아져서, 만주에서의 한(漢)민족의 세력이 차차 증대하고 한인이 오지에 숨어들어 만주의 최대 천산인 인삼을 훔치거나, 혹은 사금을 도굴하는 자도 나오며, 특히 아직도 농업 경영에 능숙하지 않아서 만주 원주민의 생활을 위태로움에 빠트리기에 이르고, 또한 청조의 북경 천도는 만주인의 남하를 촉구하여 만주족의 박직상무(樸直尙武)의 파괴되어야 할 터 필연적인 기세가 되었다. 이렇게 청조는 하나는 그 자신의 고굉 번병(股肱藩屛)되는 기인(旗人)의 생계를 보호하고, 하나는 구래의 책원지를 한족의 손으로부터 멀어져 공고한 위치에 두기 때문에, 소위 봉금제(封禁制)를 취하고 요지에 변문을 설치하여 경계를 넘는 자를 엄중하게 단속하고 강희 7년에는 요동 지역의 초민령을 철폐하기에 이르렀다. 그러나 한족(漢族)의 내주는 자못 왕성함이 극에 달하여 그 후 6,7년을 지나 옹정 연간에는 일찍이 철령, 개원지방에까지 미치며, 건륭 11년에는 이민 금지령을 발하여 유민의 산해관을 거쳐 요동으로 넘어가는 것을 금지하였다.

그러나 단순한 한편의 제령만으로서는 이미 풍요로운 남만주를 지각한 한인(漢人)의 유입을 바리지 않을 수 없있나. 중국에서 빈농의 생활은 다음으로 그 압박의 도를 가하는 금지를 범하여 유출하는 자가 속출하여 또 한편으로 만주 기인은 한농(漢農)에게 자기 소유의 토지를 경작시키고 소작료를 징수하는 일을 자각하여 한인을 환영하는 경향이 있었다. 몇 번의 금령을 발하였지만 효과는 거의 없었으며, 마침내 봉금의 일부를 개방하지 않을 수 없는 추세가 되었다. 가경 8년 빈민에게 한하여 출관을 허락하였으며, 특례를 두었고, 함풍년간 길림 서남을, 광서 초년 압록강 유역 지방의 일부를 개방하기에 이르렀다. 그렇지만 아직 일반에게는 유민금지의 영을 해지하지 않았던 것인데, 시세의 진운와 내정의 문란, 관헌의 태만은 점차 증가하는 유민을 방지하기 어려웠으며, 게다가 청말 광서대에 러시아가 북변을 위협하기에 이르러서 변경 경비의 위급함을 느껴 재정의 궁핍함도 병행되어 봉금제를 버리고 한인의 초래 개간을 장려하는 데 힘썼다. 마침내 광서 30년 봉금제를 완전히 폐지하기에 이르렀다.

3) 몽지 개간의 연혁

몽지 개간의 연혁을 간략하게 말하면, 청조는 몽고에 대하여 원칙으로서 원주민의 보호 정책을 채택하여 혹은 한농의 입경을 금지하거나 혹은 허가제를 사용하여 유민의 이민 개간에 제한을 가하는 등 항상 몽고인을 목지의 침탈 및 생계의 위협에서 보호하는 노력을 하였던 것이다. 그러나 한민족(漢民族) 농업기술의 우월은 결국 몽지(蒙地)의 개발을 촉진하는 중요한 계기가 되었으며, 몽고 왕공 역시 공사 재정의 향상을 보기에 이르렀으며, 몰래 초간 개척을 행한 결과 어찌되었건 보호금제도 파괴하기에 이르렀던 것이다.

몽지의 개간이 행했던 것은 강희연대부터였던 것이며 소위 빌린 땅의 양민 이름 아래 한민을 초모하여 토지 관리국에서 토지 행정에 관한 권한을 행하였다. 이 제도는 청나라 말년까지 지속되었으며, 광서(光緒) 28년경에 이르러 비로소 공식적으로 개방되었다. 즉, 종래의 개인 개간 및 묵인 시대에서 공개적인 개척이 장려되는 시대로 전환된 것이다.

4) 민국혁명 이후

이러한 만몽은 이미 한민족(漢民族)에 의해 경제적으로 정복된 상태였으며, 이후 국민혁명에 의해 만주는 다시 정치적으로도 정복되었다. 청나라 말기, 광서(光緒) 연간 전후부터 황무지를 한민족에게 개척하도록 한 정책은 결국 국내 식민 정책적 의의를 가지게 되었다. 혹은 관민에게서 사람을 중국 본토로 파견시켜 유민을 모집하여 그 운임을 할인 대여하거나, 혹은 대규모 식민개간회사를 공개적으로 허가하는 등 여러 차례 제도를 정리하였다. 또 청조 말기의 내정 문란에 연이어 민국 개원 후 북중국을 중심으로 반복적으로 일어난 동란과 한해, 수해, 병충해 등의 천재가 지속적으로 일어나서 동 지방 주민으로 안정적으로 거주할 수 없었으며, 이것이 고향을 강제적으로 떠나게 하였으며, 다른 한편 만주기 이들 이민의 자연적 포용조건을 구비하고 있었던 것이며, 이는 필연적 결과로서 한인(漢人) 이민을 해를 거듭하여 격증하였던 것이다.

이때 자원 개발에 노력하였던 일본과 러시아 양국의 투자도 또 절대적 세력의 수요를 환기하는 것이며, 이주민의 유동을 현저하게 촉진하는 것이었다.

예를 들면 동지철도 부설이 중국의 북만 식민에 주었던 영향은 첫째, 이주에 필요한 비용, 시간 및 정력의 절약, 둘째, 시장의 소화력, 셋째, 중국 노동자의 공사 수료 후 정착, 넷째, 러시아 제국의 세력 진전에 대한 중국 정부의 대항책으로 북만 식민의 적극화, 다섯째, 러일전쟁 촉진, 게다가 러일전쟁은 남만 주민의 북만 이동을 촉진하는 등의 결과로 나타났던 것이다.

일본의 대만정책은 러일전쟁 후 만철을 중심으로 하는 교통기관 정비의 노력이 되었으며, 관동주, 만철부속지를 근간으로서 농작물의 개량, 증수에 관한 과학적 시설 및 실지응용, 게다가 근대적 공업의 창시, 무역, 상업의 개조 향상, 농, 축, 임산물의 시장 판로의 확대 등을 계획하였다. 만철 부속지를 만주에서 모범적 낙토건설의 소지로서, 치안의 유지와 함께 만주의 문화적, 경제적 개발의 원동력이 되었고 한인 내주의 일대 중요 요소가 되었던 것이다.

이상과 같이 민국 개원 이래 내주자는 한층 증가하여 산동 및 직예로부터 만주로 들어가서 한인(漢人)의 수는 연 평균 50만 내외로 이르게 되었다. 그러나 이들 과반은 향리로 귀환하였고, 그 20%가 정착하였던 것인데, 민국 15년 이래 확연하게 증가하는 경향을 보였고 매년 백만을 돌파하는 것으로 추정할 수 있다. 그 대다수는 종래와 달리 일가족 친족을 데리고 이주한 자였다. 이 격증의 원인은 북중국에서 병란과 기근이었던 것이다.

살펴보면 유입의 최성기인 1927년(昭和 2) 통계를 보면 입만 1,043,772명, 만주를 떠난 자 281,295명, 실제로 762,477명의 잔류 정착자가 있었던 것이다. 이 추세는 만주사변 전까지 약간 점감하는 경향을 보이며 지속적으로 이주자가 있었다.

5) 입만경로

이주자의 입만 경로는 크게 보면 해로와 육로이다. 해로는 청도, 지부(현재 연태), 천지의 여러 항에서 대련, 영구, 안동으로 상륙하여 기차 또는 도보로 북상하였다. 육로는 산해관, 희봉구, 고북구이며, 최근에는 산해관을 주로 하여 처포선 및 안동선에 의해 입만하는 결로이다.

이들 대다수의 이민 정착지는 치안이 유지되었던 철도 연선 및 진입이 용이한 남만 일체가 선주자로부터 정유되었고, 새롭게 이주한 자의 대부분은 남는 땅이 없는 곳까지 개척하였다. 이러한 신 이주민은 비밀리에 북만의 미간지를 목적지로 이동하였던 것이다.

6) 만주농촌의 발달 경로

만주의 농촌은 이러한 내주 한농의 취락이며, 그 발달의 경로는 오카가와 에이조(岡川榮藏) 씨에 의하면 대체로 다음과 같은 세 가지로 나누어 볼 수 있을 것이다.

첫째, 만주 수비에 주둔하였던 중국 관병이 그 군량미를 얻기 위해 주둔지 부근에 유민을
모집하여 마을을 운영하였던 것, 또한 관병 스스로 둔전하여 농촌을 형성하였던 것
둘째, 만주 재래의 토민 즉 만주인 및 유민인 한인이 그 일족들이 각자 임의 땅에 정착하
였고, 후래의 유민이 이에 더하여 부락을 형성하여 농촌을 운영하였던 것
셋째, 각종의 초민의 예에 따라 중국 본토에서 단체로서 이민이 당국이 예정하였던 지구
에 정주하여 농촌을 형성하였던 것

이상의 제3에 속하는 것 가운데 다시 전전하여 고향을 지나 제2 경로로 농촌을 형성하였던 것도 많았던 것이다.

7) 만주국 건국 이후

만주 건국 후 왕도정치의 실시, 치안의 확립, 산업개발 계획의 진전과 함께 더욱더 입만 한인(漢人)은 증가하기에 이르렀던 것인데 이들 한인은 대부분 농업 노동자 또는 토건 관계 노동자로서 입만하는 자였다. 그들은 거의 농민 출신자이며 농업노동자는 원래부터 토건관계 노동자라고 할지라도 농민으로서 낙토만주에 정착하기에 이르렀던 것이다. 그렇지만 종전과 같이 무질서, 무통제인 방임주의는 정치적, 사회적, 경제적으로 종종 폐해를 초래하기 때문에 노동자의 편재에 따라 산업개발의 정체, 노동임금의 경쟁에 의한 노동자의 구인 등의 어려움 때문에 그 일원적 통제를 계획할 필요성이 생기고, 외국인 입국취체 통제규칙의 책정, 노공협회의 설립을 보게 되었던 것이다.

그리고 현재도 북변진흥과 기타 산업개발상 해마다 수십만의 입국을 인정하고 있으며, 이것들은 북만개척에 관한 한인은 산동, 하북에서 내입하는 자 외 남만 봉천성 등에서 소위 국내 개척민이 감소하지 않은 것은 주목할 만한 것이었다. 정부는 이러한 현상에 비추어 농지 조성 기타 방도로서 이것이 정착을 꾀하였던 것이다.

3. 선농 이주의 연혁

만주와 조선인과의 관계는 멀리 부여, 고구려, 발해의 옛날로 거슬러 올라가지만 근세의 청조 발흥 이후에 조선인의 만주 내주의 연혁에 비추면 만주사변에 이르기까지 대개 4기로

나누어 볼 수 있다.

1) 제1기 금지시대

청조는 만주를 봉금의 땅으로서 1626년 청한 양국 간 강도회맹을 체결하여 장책의 밖의 다에 조선인의 거주를 금지하였고, 1년 3회 책문을 열어 교역을 허락하였고 또 압록강 대안에 특히 서간도 지방에서 강을 둘러싸고 양국인 사이에 누차 분쟁이 야기되기에 이르렀다. 건륭제는 조선 정조와 약속하여(1785) 강안에 병사를 배치하여 상호 월경자를 단속하기로 하였던 것이다.

또 두만강 강안 북간도 방면에서도 청 태종은 조선 인조와 약속한(1628) 이래 양국 간의 완충지대로서 공간지(空間地)를 설정하여 상호 범하지 못하게 하였고, 인민의 월강 사간을 금지하였다. 게다가 강희제는 오라(길림) 총독 목극등에게 명하여 백두산정계비를 건립(1712)하여 양국 국경을 획정하였던 것이다.

이 조선인의 이민금지정책은 무릇 19세기 중엽까지 지속되었다. 이때 몰래 봉금을 어기고 침입하는 자가 적지 않았다. 특히 공간지대에서 양국 사이에 누차 문제가 발생하였던 것인데 조선인의 만주 진출은 거의 불가능하게 되었던 것이다.

2) 제2기 묵허시대

청조 말에 이르러 만주 봉금의 위령이 점치 해이해지는 한편 러시아 연해주로 조선인들이 이주하기 시작하고 러시아가 환영하고 보호하였기 때문에 국경지방 재주 조선인은 계속해서 압록, 두만강을 넘어 영주적 생활을 구하여 이주하였다. 또 1869년(明治 2) 압록강안 서쪽 조선 지방에 흉년이 들었고, 또 두만강안 북쪽 조선 지방민도 관리의 주구와 자연재해로 대안 지방으로 이주하는 자가 증가하였지만 아직 월경금지가 해제된 것은 아니었다.

3) 제3기 자유시대

1890년 소위 경우의 대흉년에 따라 북조선 지방의 재민이 서로 월경 이주하였고, 구한국 정부도 1893년에 이르러 금지를 해지한 결과 이에 공연한 대륙 진출의 서막이 열리게 되었던 것이다.

청일전쟁 직후 즉 1907년경에는 4만 명이 월경하기에 이르렀다. 당시 이주지는 주로 압록강안을 필두로 하여 동지철도 연선, 간도 지방, 두만강안 방면이었던 것이며 이 시대의 이주자는 함경도 사람이 가장 많았다.

특히 안봉선의 개통에 따라 이주자는 자못 증가하였고, 신민현, 무순현에서 다음 오지로 이주하였다. 게다가 남만 방면에서 길림지방 및 동지철도 연선에 이주자의 증가를 보게 되었으며, 한편으로 간도에서 돈화, 액목, 화전, 반석 제현의 옥토로 이주하였던 것이다.

만주 이주가 현저하게 증가한 것은 1907년 이후이다. 즉 1907년에 통감부파출소를 설치하기에 이르러 급격한 발전을 보았고, 1909년 간도협약에 의해 간도는 청국영토임을 확인하기에 이르렀다. 이와 함께 조선인의 거주 및 토지 소유권이 인정되었던 것이며, 타 지방에 비하여 증가가 현저하였던 것이다. 1911년의 흉작, 게다가 한일병합 후의 문화정책으로 인한 인구과잉, 생계곤란의 결과 그 급증을 보게 된 것이다. 이 시기에 이주자는 주로 농업을 목적으로 경제적 이주였으며, 특히 메이지 말기부터 다이쇼 초년에 걸쳐 수도작이 유망한 것이 확실하게 되었고, 다시 이에 박차를 가하게 된 것이었다.

1919년 이후 세계1차대전 후의 민족자결운동에 기초하여 정치적 또는 사상적 동기에 의해 이주자도 증가하게 되었던 것이다.

4) 제4기 압박시대

1921년경부터 수차례 조선 농민에 대하여 제한 압박을 가하여 이주자 수도 점차 감소하기에 이르렀다. 특히 첨예화하였던 1926년(大正15) 이후인데 배척시대라고 칭하였다. 즉 구 동북 군벌에 의해 강력한 탄압이 가해졌던 압박시대였다. 주된 것으로는 1927년(昭和 2) 9월부터 다음 해 1월까지 약 반년간 전 만주 대압박 사건을 필두로 1926년 이후 최근 만주국 성립 전까지 삼시협정으로 불리는 박해사건, 혹은 1930년(昭和 5) 이후 흥경, 유하, 청원, 철령, 돈화, 봉황성 각 현과 같이 가장 배일사상이 강한 현 지사 관하에서 조선 농민 압박을 목적으로 한 불법사건, 혹은 1931년에 만보산사건 등 조선 농민은 인고 묵종의 생활을 계속하였고, 마침내 만주사변이 발발하였던 것이다.

그리고 사변 전에 이들 조선 농민의 분포 구역은 봉천성, 길림성에서 다시 동몽고, 정가둔, 조남 봉천 방면에 걸쳐 있을 뿐만 아니라, 중국 관헌의 압박도 가해져 점차 미간지가 많은 지방으로 유출하는 자도 증가함과 동시에 수도작 재배 기술의 진보 결과 높의 위도 지방에까지 수도재배가 가능하게 되었다. 전만에 걸쳐서 수도재배가 개시되었으며, 드디어 남북만주 각지 및 동 몽고지방에 이르기까지 그 분포를 보게 되었다. 그러나 중국인 지주에게 지불해야 할 높은 소작료와 20할 내외의 고리대를 부담하면서 다음 해 수확기까지 생활비를 가불받는 악순환에 빠져 점차 나락으로 떨어지고 있는 상태였다.

5) 만주사변 이후에 조선인 농민 이주 정책

만주사변이 일어나자 국내에서 봉기한 병비, 토비 등은 반일 기운을 조선 농민에게 전달하기에 이르렀던 것이며 오지에 거주하는 조선 농민은 그 어려움을 피하기 위해 철도연선의 안전지대로 갔으며, 한때는 간도 및 남만주 모두 그 수가 약 3만여 명에 달하였다. 당국은 피난 조선 농민의 수용에 노력하는 한편, 치안이 회복된 지방부터 점차 원지에서 귀환시키는 방법을 강구하였다. 그밖에 남만에서는 즉시 농사가 불가능한자를 집단적으로 수용하여 장래 자작농 창정하는 방책을 수립한 안전농촌을, 간도에서는 집단부락 및 자작농 창정 사업에 착수하였던 것이다.

한편 만주사변을 계기로 만주국이 성립하였으며, 만주국의 기초는 점차 공고히 되었으며, 신천지를 목표로 지향하며 도만하였던 자가 점차 증가하게 되었던 것이었으며, 만주국 및 조선총독부는 이들 이주자에 대한 보호 시설의 확충에 노력하였다.

만주국 정부는 조선인 이주자를 통제하고 또한 이를 안정시키기 위해 1936년(康德 4) 6월 만선척식유한공사(1938년 7월 선만척식주식회사로 개칭하다)를 신경(장춘)에 설립하였다. 게다가 조선 내의 기관으로서 조선총독부는 1936년 9월 선만척식주식회사를 경성에 설립하였다. 이 두 기관은 긴밀히 연결된 일체불가분의 관계에서 사업을 수행하였다. 그리고 당시 만주국의 정세에 비추어 이주 정책은 첫째, 만주 이주자는 이를 적극적으로 장려할 것, 둘째, 자연적인 이주는 이를 저지하지 못할 것이라는 원칙하에 실시하는 것으로 하였다.

그 후 만주국 국내에서 치안숙정, 서민정치 확장에 따라 조선 농민의 이주는 많이 증가했지만 그 가운데에는 이주 준비를 완전하게 하지 않고, 또 확실한 일상도 없이 소위 만연하게 도만하여 각지를 전전하는 자가 많았다. 원주민과의 사이에 쉴 새 없는 마찰이 생기고 종종 분의를 야기하는 등의 사정에 비추어, 만주국은 조선총독부 기타 관계기관과 종종 협의를 거듭한 결과 1938년 1월 1일부터 영농을 목적으로 하는 이주자는 모두 이를 통제하고 매년 1만 호 이내에서 선량한 조선 농민을 특별하게 선정하는 지역에서 입식하였던 일이었다.

게다가 그 후 각종 정세의 변화에 따라 1939년부터 다음과 같은 원칙에 따라 조선인 농업 개척민의 정착이 추진되었다. 첫째, 조선인 농업 개척민의 신규 정착 가구 수는 변동이 있을 수 있으나, 매년 대략 1만 호 정도로 한다. 둘째, 조선인 농민의 정착지는 국경지대 및 기타 별도로 지정된 지역을 제외한 곳으로 한정한다. 셋째, 신규 정착자는 토지의 상황 및 기타 여건이 허락하는 한 별도로 지정된 지역에 집단적으로 정착시키며, 필요에 따라 적절한 방식으로 집합 또는 분산 정착이 가능하도록 한다. 넷째, 정착민의 안정적인 정착을 위해 반드시 자작농으로 유도하며, 소작농 형태로의 정착을 통한 안정책도 고려한다. 특히 치외법권 철폐 이후 만주국 측은 입식 후 필요한 도로, 경비 전화, 총기, 방호시설 기타 보조 조성을 실시하고, 더욱이 만선척식회사에서 소요된 융자를 실시하고 있다.

1938년 5월 말 재만 조선인의 성별 인구는 다음과 같다. 현재는 조선인의 이동성이 격화하고 있으며, 오지 조사의 곤란과 그 후 자연증가로 점차 증가하고 있다고 생각된다. 그리고 이들 100만 인의 80~90%는 농업에 종사하고 있으며, 그 이주 조선 농민의 과반은 간도성 및 구 동변도 지역에서 영농하면서 거주하고 있는데 거의 대부분은 소작농이었다.

재만 조선인 성별 인구표

성별	인구
간도성	483,042
봉천성	99,896
통화성	78,730
길림성	77,791
목단강성	66,214
안동성	44,228
빈강성	36,194
삼강성	22,525
금주성	16,822
신경특별시	7,032

성별	인구
용강성	6,121
흥안남성	3,881
열하성	870
흑하성	858
흥안서성	805
흥안동성	328
흥안북성	320
관동주	3,917
합계	949,574

더욱이 신규 계획에 기초한 조선인농업개척민은 다음과 같이 1937년부터 1939년 4월까지 합계 약 2만 4백 호, 약 8만 8천 명이 입식하였음을 알 수 있다.

조선인농업개척입식 상황(1939년 4월 현재)

입식연도	종별	호수	인구	입식지	비고
1937	집단	3,329	12,159	안도, 왕청, 연길, 영구	집합이민통계는 아님
1938	집단	2,799	14,198	안도, 왕청, 연길, 화진, 조남, 김천, 유하	
	집합	3,156	9,958	길림, 간도, 봉천, 목단강, 통화, 빈강	
	계	5,955	24,156		
1939	집단	3,920	20,085	안도, 왕청, 화전, 회덕, 목릉, 유하, 영안, 홍경, 반산	내 500호는 압록강 수전수몰지 주민
	집합	915	4,852	회덕, 홍경, 통요, 목단강, 목릉, 신안진, 영안, 혼춘, 삼차구 등	
	분산	7,231	27,056	안동, 도문, 개산둔	내 호기가족 5,337호, 19,941인
	계	12,067	51,994		
합계		20,360	88,309		

4. 일본 내지인 개척 농민

1) 러일전쟁과 소위 만한 이민집중론(滿韓移民集中論)

일반 일본인의 만주 진출은 러일전쟁 이후 본격화되었다. 1902년 1월 당시 만주 지역의 일본인 수는 1,902명이었지만 전후 1905년 9월에는 5,215명에 달하였다. 이미 고마쓰 에이요시(小松英吉)은 보궐점 서쪽 지구에서 미작을 실시하였다고 말했다.

19076년 남만주철도주식회사가 창립되었고 같은 해 말 일본인은 16,613명에 달하였는데 대부분은 회사원 또는 상인 등으로 농업자는 아주 적었던 것이다.

이때 전후 일본의 만몽정책은 소위 만한이민 집중론이었는데 만몽경영의 중요한 일이 강조되었다. 즉 고토(後藤) 백작은 그 만철 총재 취직 정유서 가운데 만주에서 5천만의 일본인 이민을 갖게 하는 것을 견지하여 이민으로서 만한 경영 요무의 제1로 하였다는 것을 필두로 고무라(小村) 외상은 1908년 2월 제25회 제국의회에서 "러일전쟁 결과 제국의 지위가 크게 변하였고 그 경영을 행할 수 있는 지역의 확대를 보게 되었다. 이로써 우리 민족이 넘치게 멀리 외국 영역에 산재하는 것을 피할 수 있고 이 방면(만몽을 목적으로 한다)에 집중하여 그 결합 일치의 힘에 의해 경영을 행하는 것이 필요로 하게 되었다"라고 분명하게 말하여 만한 경영에 주의하였다. 그러나 당시는 일본인으로 농업에 종사하는 자가 드물었으며, 겨우 부속지의 농경지를 빌려 농업 경영에 종사하는 자가 있었는데 일확천금을 꿈꾸며 도만하는 자도 많고, 처음부터 농업경영에 관심 있는 자는 없었다. 게다가 농업 이외의 다른 목적으로 온 자가 있었다. 그 경영은 움직이지 않으면 할 수 없는 것들이었으며, 혹은 토지를 완전히 한인(漢人)에게 전대(轉貸)하여 부정업으로 빈한하게 살아가는 자들도 적지 않았다.

그런데 메이지 말년부터 다이쇼 초기까지 일본의 인구는 식량문제가 점차 중대하게 되었고 만주의 농업 경영은 일본의 장래에 대한 아주 심대한 영향을 가지고 있다는 결과로서 동시에 만몽에서 일본인 농업경영 문제도 아주 중요한 연구문제가 되기에 이르렀다. 한편 다이쇼 초년은 러일전쟁 직후 전첩 경기의 반동이 일어난 정리 긴축시대였다. 이권 획득열이 자못 각성되고 일부 재주 일본인의 눈은 지미(地味) 있는 농업으로 향하였고 주된 것은 수전열이 일어나 농어 경영에 수전경영을 구하였다. 즉 1909년 무순 부근 고성자에서 오오에(大江) 씨, 1910년 봉천 부근에서 후지히로(藤弘) 씨, 웅악성 부근에서 입강 씨 등 수전경작을 하여 그 저명한 이름을 획득하였다. 그러나 아직 계획적, 단체적 일본 농업인의 이주 계획은 행하지 못하였다.

이러한 만몽 경영이 다음에 그 발걸음을 나아가게 하자마자, 만주 일본인을 정착시키는 기본적 수단은 대만 농업 개척민에 있는 것으로 집단적 일본인 농업계획이 관동주에서 애천촌, 만철연선에서 제대병 이민 계획 등이 만들어지게 되었던 것이다.

2) 애천촌

1912~1913년경, 당시 관동도독부 후쿠시마(福島) 대장은 만주에서 일본인을 정착시키기 위한 여러 가지 연구 조사를 한 결과 관동주 내 이주 적지를 구하였고 이에 관동주 내 농업 이민 계획을 수립하였다. 이 계획은 관동도독 퇴임 후 1914년에 실현되기에 이르렀는데, 금주의 동북 3리 해안 간석지 대외가둔에 수리공사를 실시하면 수전농작이 가능하며, 1915년 동척척의 조선 이민에 성공하였던 야마구치현(山口縣) 사람들을 중심으로 하여 19호를 시험적으로 입식시켰던 것이다. 이는 야마구치현 애석촌 및 애천촌 출신자가 대부분이었는데 애천촌으로 칭하였던 것이지만 이것이 현재 애천촌의 근원이며, 만주 이민에 대한 국가 기관의 힘을 들였던 효시였다.

이들 이민에 대하여 관동청 당국은 토지, 가옥 및 농구류를 지급하는 등 여러 가지 보호를 가하였던 것이지만 지하수의 부족, 당초의 수확 불량 등에 고통을 겪었고 이에 더하여 이민의 소질 불량으로 소위 아메리카 출가와 같은 모양으로 그러한 기분이 농후하였기 때문에 실패로 돌아갔다. 그 가운데 16호의 퇴촌자가 나왔으며, 나머지는 겨우 3호만이 남아 있었다. 1916년 후쿠시마 대장의 알선으로 동 대장의 향리인 나가노현(長野)에서 13호를 보충 입식하였지만 대정 중기 세계대전의 호경기에 자극되어 농업을 버리는 자가 속출하여 잔류자는 겨우 7호였다. 그러나 1925년 관동청 당국의 노력 결과, 지하수의 굴착에 성공하여 관개용수원을 확보할 수 있었으며, 수전경영은 면목을 일신하여 이에 애천촌은 갱생의 제1보를 디디게 되었다. 그렇지만 과거에 부채가 쌓이고 싸여 3만 수천 원에 달하여 촌민의 생활은 신고의 산물로서 대부분이 이자 변제에 소비하는 모양이라 전도가 비관적이었으며, 촌민 생활 안정을 기약하기 어려운 상태였던 것이다. 관동청은 영단을 내려 촌민 경작지 약 100정보 및 임야지를 무상으로 불하하고 촌민은 그 일부를 대련농사회사 기타 채권자에게 제공하여 3만 3천 원의 부채를 완전히 변제하였다. 이에 애천촌민은 점차 어깨의 무게를 내려놓고, 한층 희망의 전도를 향하여 매진하고 있었던 것이다.

3) 제대병 이민

만철에서는 부속지를 하나의 대규모 시험장으로 간도하여 가능한 다수의 일본인 농업자로서 이를 경영시키고자 하였다. 그 실제로서 성적이 미미하여 만몽식민문제의 한 자료가 될 수 있고, 이어서 1914년 이후 우리 철도수비 만기병으로 하여금 이에 농업경영에 담당케 하였다. 1914~1917년까지 4년간 합계 34명을 만철 연선 부속지 각지에 입식시켰고 이들에 대한 1호당 기간 연지 12정보 내지 20정보를 지대 소작료 및 반당 연 평균 60전으로 대여하여 영농자금으로 금 300원 이내로 연 8푼으로 융자하였고 그 수송비의 할인, 경영의 지도 등 제반 편익을 도모하였지만 농업자의 소질 불량으로서 경영은 생각만큼 좋은 성적을 올리지 못하였다. 부업의 선정에 오류가 있고 토지 차수의 불안정한 일 등이 원인이었으며, 한편 대전 중 호경기에 유혹도 가심하여 다소의 자금을 지니고 다른 업무로 전환하는 자 등 퇴경자의 반수가 이러하였다. 현재 17명만 남게 되었다. 그러나 이들 현존자는 대개 창업 이래 여러 가지 어려운 고난을 돌파하고 온건, 착실하게 경영하여 철령 관내 스가하라 쇼우지로(管原正次郎) 씨의 신대자 농업원 같은 모범 농원으로 불리게 되었던 것이다.

4) 대련농사회사 이민

그 후 1928년 당시 만철 부총재 마쓰오카 요우미키(松岡養右) 씨의 '금일 악화된 일본과 중국 간의 관계를 타개하는 근본적 방책은 토지에 정착하는 일본 농민의 이식에 의한 것'이라고 만주개척 일본 농민 의존의 지론에 기초하여 만철은 1929년 4월 '내지인 농가를 관동주 내로 이주 정착시키기 위해 필요한 토지의 수득 분배, 개척민의 모집 부식, 기타 농업 개척민의 안정 장려 지도에 필요한 사업을 경영하는'일을 주요 사업 목적으로 하는 대련농사주식회사(공칭 자본금 1천만 원 불립 500만 원)를 설립, 사업계획으로서 5천 정보의 토지로서(내 관유지 2,500정보 매수) 500호의 일본 개척민을 입식시키려는 것으로 개척민에 대한 분양토지는 1호당 8정보, 1정보당 평균 가격 1천 원으로 보고 합계 1호당 8천 원의 토지대를 견적으로 하여 이 토지의 2천분의 1을 첫년도에 전납, 잔액은 5개년 거치 20개년 상환으로 한다. 또 영농자금을 약 3,900원으로 보고 1,200원은 정부 보조, 1,000원을 회사에서 대출, 잔액 1,700원을 이민자 스스로 부담하여 개척 입식사업을 개시하였다. 그렇지만 이것 역시 첫째, 토지 분양가격의 고가, 둘째, 이주 후 과대한 차입금으로 인한 경영압박, 셋째, 집단경영으로의 정신적 융합 결핍, 넷째, 휴대자금 조달의 어려움 등이 원인이 되어 지금까지 정착된 것은 겨우 74호에 불과하다. 만주사변 이후에는 모집을 중지한 상태이다.

5) 소위 자유이민의 시작

이처럼 각 기관에서 행했던 집단적 만주 개척민이 된 경우도 있으며, 자력에 의해 내주하여 온 경우도 있고 이에 대하여 다이쇼 중기에 만철과 관동청이 협력하여 봉황성 부근에는 조선인 약 20호의 연초재배자들이 황연초 조합을 결성하였고, 득리사 부근에서도 역시 개척민에게 조합을 결성시켰던 것이 있다. 또 연선 각지에 임금, 배, 포도, 토마토 등의 재배에 성공한 자도 적지 않고 무엇보다도 전술한 집단개척민의 시작에 대해서 이것은 자유 개척민의 선구라고 말할 수 있으며, 만주사변 전부터 만주에 분산된 일본 농업인수는 만주농업단체 중앙회 조사에 의하면 확실한 것만 보면 1937년 호수 약 2,100호, 인구 6,100명이었다.

6) 토지 취득의 곤란과 동아권업주식회사

전술한 바와 같이 사변 전의 일본 이민은 대륙의 옥토를 목전에서 당기고, 관동주 내 혹은 만철 연선 내에 황송하게 자리 집은 것인데 반드시 일본행정권이 미치는 범위 내에서 정주를 국한하였던 것은 아니었다. 1915년 소위 21개조약인 「남만주급 동부내몽고에 관한 조약」에서 일본인은 남만주에서 각종 상공업상의 건물을 건설하기 위해 또는 농업을 경영하기 위해 필요한 토지를 상조할 수 있다. 또 동부내몽고에서 중국 국민과 합작하여 농업 및 부수 공업의 경영을 할 수 있는 자유가 있다고 인정되었던 것이지만, 구 동북 군벌의 건책에 따라 일본인에게 토지 상고를 허락하는 자를 국토도매죄로 물었기 때문에 일본인으로 토지를 입수하기 위해서는 중국인 명의를 빌려야 한다. 따라서 이러한 취득은 권리가 박약하며 토지 취득을 선결조건으로 하는 개척민의 입식지 혹은 연선지역 내에 국한되기에 이르렀다. 이 때문에 1921년 말에 설립한 동아권업주식회사(자본금 2천만 원)의 약 10만상에 달하는 상조토지도 유명무실하게 되었으며, 이미 획득한 토지의 이용도 겨우 8%에 불과하였다. 사업 수행상 여러 가지 고난을 강요받았지만 만주사변 이후부터는 이러한 장애의 타개책이 나오는 동시에 일면 대만개척민의 인식이 점차 높아지고 관동군, 척무성, 만주국의 요청에 따라 동아권업회사는 일본인 개척민 조성을 위한 기관으로 역할을 수행하였다. 결국 1934년경 동아권업회사는 목단강성(牡丹江省), 삼강성(三江省) 등 동북 지역에서 약 100만 정보에 달하는 상조를 추진하였다. 이후 만주척식주식회사가 설립되면서 일본 개척 관련 업무는 이에 이관되었다. 1936년 9월 회사는 반도계 개척민 기관인 선만척식회사와 합병하기에 이르렀다.

7) 만주사변 전야에서 일본인 농업 문제

사변 전에 이들 일본인 농업자의 성적 불량에 비추어 보아 그 원인을 탐구했다. 부질없이 만주에서 일본인 농업 이주에 비관론을 주창하는 자가 많이 있지만 만철의 일부 기타 농업 실제가 가운데에는 이를 결코 가능과 불가능을 재단해서는 안 된다고 하는 자도 있다.

즉 특수한 기술과 진보된 지식 및 상당한 자금을 소지한 일본인 농업자가 그 생명재산을 보증하여 안전한 토지를 획득할 수 있다면 게다가 종래의 단순한 경영 방법을 개선하고 새롭게 과학적 지식을 응용하여 역축 노역에 기계력을 활용하여 오히려 유리한 축산 조직을 농업에 접목시켜 다각적인 경영방법하에 스스로 견실한 노력을 끊이지 않고 거듭한 것은 그 지역이 어디냐를 묻는 것을 떠나 이 광대한 만주에서 일본인의 농업 발전 내지 이민의 가능성의 희망의 불꽃을 보는 명백한 것이라고 역설하였던 것이다.

그리고 이를 위해 만몽농업의 혁신사업으로서 진실로 모범농업 청년의 양성기관으로서 공주령, 웅악성 두 농사실습소를 비롯하여 재만 일본인 농업자의 호조연구단서기관인 만주농사협회(1935년 만주농업중앙회로 됨) 등 각종 기초 기관이 속속 설립되고 전도에 획기적 희망을 갖는 기운이 생기게 되었다.

실제로 만주사변 직전, 만주·몽골 지역에서의 일본인 농업 문제는 이미 가능 여부의 문제가 아니라, 중국 측의 정치적 장애를 어떻게 극복하고 제거할 것인가의 문제로 전환되었다. 재만(在滿) 일본인들은 구 동북 정권의 반일(排日)·모일(侮日) 정책에 대한 깊은 분노를 품고 있었으며, 토지 취득의 곤란함에 대해 우리 개척의 선각자는 절치부심하였던 것이다.

8) 만주사변 발발과 만주 개척민

만주사변 발발을 계기로 하여 만주에 대한 일본 국민의 관심은 이상한 긴장을 나타내었다. 이때 일본 제국의 생명선을 영원하게 확보하기 위해 근본적 국책을 수립해야 하는 여론은 자연스럽게 전국으로 확장하기에 이르렀다.

실제로 사변 직후에서 일본 국민의 만주 이주열은 밝은 불꽃과 같이 와성하게 논의되었으며, 사변 직후 만주 개척민 계획이 수립된 것도 수십 차례였던 것이다. 이때 일본 정부는 경솔한 이주열을 억제하여 가볍게 도만하는 것을 경계하였다. 척무성은 1932년 초두 만주 이식민계획의 대강 초안을 만들었고, 장래 만주농업개척민에 대한 방침을 명확하게 하려고 했던 것이다.

이식민계획의 대강은 첫째, 만주농업 개척민의 특수성에 비추어 상당한 다수의 이주자가 필요하며, 이를 위해 1호당 할당면적은 자가력을 본위로 하여 경작할 수 있어야 했다. 또 경제적으로 성립할 수 있는 정도를 목표로 하여 자작농을 설정할 것, 둘째로는 만주농업 개척민에게는 입식전 내지 또는 현지에서 특수한 훈련을 실시할 것, 셋째로는 일본 농촌의 궁상에서 보아 상당 정도의 보조금을 정부에서 지출할 것, 넷째로는 농촌의 청년, 장년 가운데 신체 강건하고 의지가 투철한 자를 선발할 것, 다섯째로는 제1기 계획으로서 10년간 10만 호를 보낼 것 등이었다.

현지에서는 1932년 1월 봉천 관동군사령부 내에서 일본 및 현지의 관계자를 소집하여 이민 실시 방침 결장에 관한 회의를 개척하였고 근본방침을 설정하였던 것이다.

9) 제1차 개척민의 실시

이러한 일본 정부는 1932년 6월 제62임시의회에서 이주적정 조사비 등이 가결되어 바로 실행에 착수하였고 동시에 계속해서 같은 해 8월 개회한 63회임시의회에서 만주이민비로서 제1회 500명의 추가 예산의 결정을 보았다. 현지에서는 동년 8월 가목사(佳木斯) 둔간(屯墾) 이민 실시에 관한 협의회를 개최하여, 이 계획이 원활하게 추진되기를 기대하였다.

이때 현지 측에서는 판원(板垣)과 석원(石原) 두 참모 및 고(故) 동궁 대좌(當時 大尉)가, 일본 측에서는 가토 간지(加藤完治) 씨를 비롯하여 나스(那須), 하시모토(橋本) 두 박사, 이쿠(生久), 나카무라(中村), 그리고 만주척식회사의 양 이사(當時 拓務省 管理) 등이 활약하였다.

이들의 공헌은 만주 개척사(滿洲開拓史)에서 영원히 잊어서는 안 될 것이다.

이렇게 1932년 7월 22일 척식상 관저에서 이민 모집에 관한 회의를 개최하여, 육군성, 재향군인회 등의 지원 아래 동북 6현 및 신석(新潟), 나가노(長野), 자성(茨城), 역목(櫪木), 군마(群馬) 5현 합하여 11현을 제1차 이민 모집 지역으로 하고, 자격을 재향군인으로서 엄선한 자성현 우부, 움수현 6원, 산형현 대고근 3개소에서 맹훈련을 행하여 1932년 10월 3일 메이지 신궁 외원에서 모여서 492명을 가목사 둔간 제1대대로 하여 4중대로 편성하였다. 같은 달 메이지신궁 참배, 궁성 요배 후 척무성 광장에서 나가이(永井) 척상 훈사, 오후 5시 55분 도쿄역 출발, 4일 이세신궁 참배, 5일은 환승선으로 고베 출범, 8일 대련 상륙, 같은 날 봉천에서 1박, 다음 날 9일 무등(武藤) 관동군 사령관의 훈사가 있고, 12일 하얼빈 도착, 송화강에 하항, 10월 14일 저녁 가목사에 같은 날 비적의 습격 때문에 배가 중간에 정박, 15일 상륙 이래 동지에서 대기하면서 월동하였다. 다음 해 1933년 2월 11일 선견대는 가목사를 출발, 13일 목적지 영풍진에 도착 입식하였던 것이다. 실로 출발 이래 3개월 반의 장기간이 소요되어 목적지에 입식하기에 이르렀다. 게다가 입식 후 생황은 완전히 고투 그 자체였으며, 비적과 전투, 토지와 전투, 그 건설의 곤란은 완전히 말로 설명하기 어렵고 적지 않은 퇴단자도 나오고 있었지만 각고분투의 결과 마침내 오늘날에 이르렀던 것이다.

10) 제2차

1933년 7월 가목사 둔간 제2대대 500명 삼강성 의란현 칠호력에 입식하였다.

11) 제3차

1934년 10월 제3차 개척민 300명은 빈강성(현 북안성) 수릉현에 입식한다.

이 3차 개척단은 소위 무장 이민의 시대를 열었고 그 자격은 반드시 기 교육 재향군인에 한하였고, 그 모집 범위도 서일본을 더하여 훈련소도 야마카타(山形), 우부 외에 효고(兵庫), 사가(佐賀), 구마모토(熊本)를 더하여 5개소에서 행하였고, 쓰루가(敦賀)항을 출발하여 한반도 북쪽 항로에서 청진으로 상륙하여 도문, 교하를 거쳐 납빈선으로 빈북선 극음하역에 하차 입식하였다. 이것이 표일본을 경유 입식하는 개척단의 효시이다.

12) 제4차

1935년 5월 제4차 선견대는 밀산현 성자하, 합달하에 입식, 다음 해 3월 본대 400명이 입식하였다.

13) 제5차

같은 달 제5차 선견대는 밀산현 영안둔 밖 3단에 입식, 다음 2월 본대 1천 명의 입식이 완료되었던 것이다.

그런데 이상 제1차 내지 제4차 개척민은 소위 시험 이민으로 불렸으며, 그 정착, 확실성이 실증되기에 이르러 그 실험적 결과에 비추어 소위 20개년 100만 호 개척민 계획을 수립하게 되었던 것이다. 그들은 확실히 국책의 선구 전위였던 것이다.

14) 제 6, 7, 8차

1937년 제1기 5년 10만 호 계획의 제1차인 제6차 개척단 18집단 5,000명의 선견대가 입식되기에 이르렀다. 이후 제6차 본대, 제7차 22집단 5,000명, 제8차 40집단 1만 명의 선견대 입식을 완료하여, 본년 봄 제8차 본대 및 제9차 62집단 1만 6,000명의 선견대 입식을 보기에 이르렀다.

15) 집합개척단

다음으로 집합개척민 소위 종래의 자유이민은 1933년 3월 흥안남성 통요에서 1과수개척조합(구칭 천조원 개척단)이 입식되었으며, 다음 해 경박호학원, 천리촌의 입식이 있었다. 현재 이들 보통 집합개척단 50단 외 임업개척단 5단, 연초개척단 6단, 철도가경촌 23단 총계 84단 약 7,000명에 달하고 있다.

16) 청년의용대

게다가 또 1937년부터 개시된 청년의용대는 본년 2월 말 현재 기본훈련소 4, 특별훈련소 3, 갑종실무훈련소 13, 을종실무훈련소 8, 만철 자경촌훈련소 20, 계 48개 훈련소에 훈련생 합계 약 2만 5,000명에 달하였다.

17) 개척정책의 진전 확립, 지도알선 기관의 정비

이때 개척정책의 진전 및 확립, 개척민의 지도알선기관의 정비 확충은 실로 두드러질 만했다. 즉 1932년 1월 봉천에서 제1회 이민회의가 개최되었으며, 제1차 내지 제3차의 소위 시험개척민의 입식을 보았던 것이었는데, 그 실적을 검토하여 만주농업 이민 기본방책을 수립하기 위하여 1934년 11월 관동군 특무부에서 일만 관계 군관민을 망라한 대이민 회의가 개최되었다. 본 회의는 같은 해 11월 25일부터 12월 6일까지 실로 전후 12일간 근본방책의 심의, 자문 사항의 답신, 질의 응답 등이 행해지고 개척민의 훈련, 전형, 조성기관, 영농형태, 입식형태, 지도원 양성 훈련 기타 만주농업개척민에 관한 기본 문제가 검토되었다. 그 결과 1936년 1월 만주국 특수법인 만주척식주식회사, 같은 해 9월 만선투자유한공사, 동년 11월 만주 이주협회가 설립되었던 것이다.

18) 20개년 100만 호 계획 수립과 만척의 설립

또 이 해 소위 20개년 100만 호 계획이 확립되었고, 대량 개척민 계획이 수립되었다. 이 사실은 실로 우리 개척사상 대서특필할 만하고 이에 부동한 개척국시가 발족되었던 것이다.

대개 일본과 만주의 불가분한 관계를 실질적으로 공고히 하여 민족협화의 열매를 마땅히 높이고 만주 건국의 이상인 팔굉일우의 천황의 계책을 현창하는 방도는 사상 견실하고 신체강건한 일본 내지인 농민이 다수 입식하여 근로봉공의 생활로서 사린의 절도를 보이고 원주민과 협화하여 만주국민의 중행이 되어 자손만대에 이르러 비로소 이것이 실현을 보게 되었던 것이다. 이를 위해서는 양질의 일본 내지 농민을 대량으로, 신속하게 정착시키는 것이 우리 만주개척 정책의 요강이 되어야 할 것이다.

이어서 1936년 5월 이후 장춘에서 수차례 회의를 개최한 일본 정부에서는 같은 해 8월 25일, 당시 히로다(廣田) 내각에서 소위 10대 국책의 하나로서 각의결정을 보았으며, 만주국 정부에서도 같은 모양의 국책으로 결정, 다시 용지 취득에 관한 근본방침, 자유이민 취급규칙의 제정 등 100만 호 계획을 실시할 수 있는 필요한 체제를 정비하기에 이르렀다.

본 계획의 기초는 첫째, 금후 20년간 만주국 인구는 5,000만 명으로 증가할 것으로 추정하고 그 인구의 10%인 500만 명 100만 호 개척민을 1937년 이후에 실시한다. 둘째, 현재 일본의 농가 총수는 약 560만 호, 그중 약 35%를 차지하는 5반보 미만의 소규모 농가 중 상당수를 이주시키는 것을 목표로 한다. 그 계획 개요는 개척민을 집단개척민 50만 호와 기타개척민 50만 호로 구분하며, 이를 20년 동안 4단계(기)로 나누어 추진하는 것이다. 제1기 5년 동안 10만 호를 이주, 제2기에 10만 호 추가 이주, 제3기 이후 만주국의 발전, 집단개척민의 특수성, 연고개척민의 증가를 고려하여 기타개척민이 집단개척민보다 많아지도록 계획되었다.

본 계획을 통해 우리 만주 개척민 정책은 대규모로 추진됨과 동시에, 계획적인 성격이 더해져 합리적인 기초가 확립되었다. 대규모 이주에 대응하기 위해 만주 측에서는 토지 정비 및 각종 기반 시설을 확충하고, 일본 측에서는 분촌·분향 계획을 수립·발전시켜 나갔다. 그 결과 대만 개척민 정책 역시 점차 조직화되고 제도화되기에 이르렀다.

본 100만 호 계획의 실행기관으로서 1937년 6월 만주척식공사의 설립에 관한 일만 양국 간 협정에 기초하여 만주척식공사 및 이 감독기관으로서 만주척식위원회가 설립되었던 것이다. 그리고 만주척식공사 설립에 관한 협정은 단순히 개척 조성 기관의 설립 협정에 그친 것이 아니라 실제로 양국의 중추적 국책인 개척 국책에 관한 기본적 협정으로 칭하는 것으로 일만 불가분 관계의 구현이라고 할 수 있다.

만주척식공사는 설립 취지서에서 명확히 밝힌 바와 같이, 구 만주척식주식회사가 이민국책 결정에 이르기까지 상세히 다루었던 이주용 기장 조지(既墾租地) 100만 정보의 관리를 주된 목적으로 설립된 기관으로서, 초기에는 잠행적(暫行的) 성격을 띠고 있었다. 그러나 점차 일본 정부가 대규모 이민 국책을 결정함에 따라, 현재 동일 회사의 조직과 자력이 확대·강화되었다. 위 국책의 수행에 유감이 없기 때문에 동 회사를 개조 확충하는 정신하에 새롭고 항구적 성질을 갖는 일만 양국적 특수 법인으로 설립되었던 것이며, 동 회사는 자본금 5천만 원이며 게다가 자본금의 10배인 회사채를 발행할 능력, 기타 특전을 가지고 있다.

또 이 만척공사의 감독기관으로서 만주척식위원회를 설치하여 그 감독을 담당하게 하였으며, 그 외 개척 국책에 관하여 일만 양국 정부에 건의하고 또 의견을 제기하는 권한을 부여하여 양국 일체적 국책을 여실하게 표명하는 것으로 되었다.

19) 청년의용대의 실시

이렇게 집단, 집합개척민이 뛰어난 궤도로 진입함과 동시에 새롭게 청년의용대가 등장하기에 이르렀다. 즉 만주 개척민의 양질화, 대량 이주, 그리고 신속한 정착의 필요성에 대응하기 위해 청소년 개척민의 육성이 필수적이라는 점을 일찍이 인식하게 되어 이미 일부 지역에서는 이미 삼강성 요하에서 그 실행이 이루어지고 있었다. 그런데 기회가 무르익어 중일전쟁을 계기로 하여 1937년 7월 현지에서는 청년농민훈련소 창설요강안이 제정되었으며, 게다가 일본 내지에서는 이와 상호 대응하여 만몽개척 청소년의용군 편성에 관한 건의서가 제출되어 1938년부터 청년훈련생이 송출되는 것으로 결정되었다. 1937년 11월 북안성 이랍합훈련소에 선견대 300명이 파견되었고 다음 해 같은 훈련소 외 4개소의 훈련소에서 약 1만 5,000명이 입소되기에 이르렀다.

20) 만주건설 근로봉사대

1939년도에 일만공동방위의 관점에 기초하여 홍아정신을 확장하여 국방, 개척 제 건설을 촉진하고 식량, 사료의 증산에 투자하기 위해 일만청년을 동원하여 만주건설 근로봉사대를 실시하였으며, 지대한 효과를 거두게 되었던 것이다.

21) 기타

게다가 같은 해 집합개척민의 적극적 초치 실험농가의 초치, 개척 정책의 과학적 기초에 대한 중요성이 인식되었다는 사실은 주목하여야 할 점이다.

22) 만주개척정책 기본요강 결정의 경위

100만 호 계획의 실시, 청년의용대의 착수에 따라 개척국책은 점점 궤도에 올라서게 되었다. 중일전쟁 처리에 따라 동아 신질서의 건설, 만주국에서 산업개발의 진전에 호응하여 치안유지법 폐지의 성과 및 개척사업의 실적에 비추어 보면 이에 현행 여러 시책에 근본 성찰을 가하여 동아신질서의 거점 배양의 기초인 개척국책에 관한 제도, 기구, 시설을 정비 조정하여 바로잡는 필요성이 생겼다. 1940년 예산 편성까지 개척국책에 근본적 재검토를 하여 특히 일본 측에서 제 조정, 만주국 측에서 조정, 일만 양국 협력 사항 등 각 책임 분야를 확연하게 구분하여 구체적인 안을 확립하여 1940년도부터 새로운 체제로 이행할 수 있는 것을 목적으로 하는 개척농지제도, 개척지행정경제기구, 청년의용대의 지도통제 요령, 관계기관의 정비확충 등을 그 주요 내용으로 하는 소위 개척근본 국책의 수립을 도모하게 되었던 것이다.

이를 위해 현지에서는 1938년 12월 이후 수차례 회동하여 현지안의 확립을 보고, 이후 내지에서 협의회를 개최하여 1939년 12월 22일 양국 정부의 각의에서 결정하기에 이르렀다. 황기 2600년을 계기로 하여 이 실행에 착수하게 되었던 것이다.

23) 만주국 개척관계 기구의 정비

이러한 새로운 사태에 대응하여 1939년 초 만주국에서는 종래의 산업부척정사를 개조 확대하여 산업부의 외국으로서 개척총국을 설치하였다. 게다가 지방청에 개척관계기구를 정비하여 그 진용을 강화하고 특히 종래 만척공사 등에서 실시하고 있는 토지정비사업을 국가 직영으로 삼았고, 또 토지조성을 위해 특수 법인인 만주토지개발주식회사를 설립하였던 것인데 더욱이 1940년도부터 토지정비, 적지조사, 근로봉사, 홍보 선전 등의 각 관계기관을 정비 확충하여 앞서 언급한 개척정책 기본요강의 결정에 기초한 새로운 개척정책 수행 체제가 정비되었던 것이다.

개척 입식 계획

1. 개요

1) 일본 내지인 농업개척민

만주국은 팔굉일우의 건국정신에 기초하여 민족협화, 일만불가분 관계의 실현을 이상으로 한다. 이 이상은 사상견실, 신체 강건한 일본인 농민이 다수 입식하여 근로봉공의 생활로서 주변에 모범을 보이고 능히 원주민과 융합하여 만주국의 중행이 되고 자손만대에 이르기까지 이것이 실현될 수 있을 것이다.

또 이번 중일전쟁을 계기로 하여 도의적 신대륙 정책의 진전에 따라 동아협동체 건설의 이상 확립 및 이것의 구체적 공작의 진전에 따라 동아안정의 거점을 배양하는 지금이야말로 중대 사명을 수행하는 과정이다. 이같이 만주 농업개척민은 중대한 사명을 가지고 있으며 다른 한편 일반이민과는 완전히 그 성질을 달리 하고 있다. 1932년부터 1935년까지 입식된 약 1,800호의 시험 개척민의 성적에 비추어 1936년 8월 일만 양국 정부는 20개년 100만

호의 대량 개척민 입식 계획을 수립하여 1937년부터 그 실시에 착수하여 대체 계획에 가까운 실적을 거두고 있다.

2) 개척청년의용대

순전 소박한 일본 청소년을 현재 만주 각 훈련소에 수용하여 이에 대하여 민족협화, 일만 불가분의 이상을 고취시키고, 심신의 연마, 농업기술의 습득에 노력하고 있으며, 장래 농업 개척민으로 정착시키려는 것은 만주 개척민의 본의를 달성하는 것 이상으로 유효적절한 방법이며, 1938년부터 매년 3만 명까지 송출에 착수하였다. 매년 숫자적으로는 계획과는 차이가 있지만 상당한 실적을 거두고 있다.

1934년부터 1935년 봄에 걸쳐서 17, 18세의 일본 청소년 30명이 고 동궁대자 및 가토 간지(加藤完治) 등의 계획에 따라 만주국 동북 국경 오소리강 연안의 요하에 입식하여 요하 대화촌을 건설하였는데, 이 입식이 만주개척청년의용대의 시작이다.

3) 만주건설 근로봉사대

현재의 시국을 고려하여 일본과 만주를 통한 식료 및 사료 증산과 만주의 개척 정책 촉진 도모 겸 산업 개발과 북변 진흥 공작 및 일본 농촌의 갱생·진흥에 기여하고자 일본과 만주 양국의 근로 청년을 동원하여 '만주건설 근로봉사대'를 편성하였다. 이들은 농경, 토목, 기타 생산 및 건설 사업에 종사케 하였으며, 이를 통해 실천 경험을 쌓고 만주국 건국 이상을 이해하며, 흥아의 대정신을 체득하도록 하는 것이 목표였다. 이러한 방침 아래, 1939년부터 일본과 만주 양국에서 약 1만 명의 청년이 동원되어 '만주건설 근로봉사대'가 조직되었다. 만주건설 근로봉사대는 장래 10만 명을 목표로 하고 있다. 금년도(1940년)에는 1만 5,000명을 목표로 하는 계획을 진전시키고 있는데, 작년도 실적은 적지 않다고 할 수 있다.

4) 조선인 개척민

조선인 개척민에 대해서는 1937년부터 매년 약 1만 호를 한도로 신규 이주를 허용하되, 이를 적절히 통제하였다. 또한, 이주를 관리하면서 지원을 병행하여, 재만 조선인의 안정도 고려하였다.

5) 원주민 개척민

원주민의 국내 개척 이동에 대해서는 집약적 농업 경영 지도를 병행하며, 전체적인 계획 아래 이를 관리·통제하였다. 또한, 개척민의 이주로 인해 원주민이 불필요하게 이동하는 일이 없도록 하는 것을 원칙으로 삼았다. 이미 어쩔 수 없이 이동할 경우는 물심양면으로 그 생활안정의 길을 강구할 것이다. 그리고 이 이동에 관한 보도는 1939년부터 이를 행하고 그 수는 대개 23,546호였다.

2. 일본 내지인 개척민 20개년 100호 계획

1) 일본내지 100만 호 개척민 입식 계획표(1936년 8월 계획 수립)

기별	기간	호수	내역	
			집단개척민	집합개척민
1기	1937~1941년	100,000	70,000	30,000
2기	1942~1946년	200,000	120,000	80,000
3기	1947~1951년	300,000	140,000	160,000
4기	1952~1956년	400,000	170,000	230,000
계		1,000,000	500,000	500,000

2) 제1기 5개년 입식 계획표(1936년 8월 계획 수립)

연차	연도	집단개척민	집합개척민	합계
1	1937	5,000	1,000	6,000
2	1938	10,000	5,000	15,000
3	1939	15,000	6,000	21,000
4	1940	20,000	8,000	28,000
5	1941	20,000	10,000	30,000
계		70,000	30,000	100,000

3) 수정 제1기 5개년 입식 계획표(1938년 12월 수정)

연차	연도	개척단호수	집단척민	집합개척민
1	1937	6,000	5,000	1,000
2	1938	6,000	5,000	1,000
3	1939	11,000	10,000	1,000
4	1940	30,000	20,000	10,000
5	1941	47,000	30,000	17,000
계		100,000	70,000	30,000

4) 1939년도 입식 계획표

省別	일본인 개척민			조선인 개척민				의용대				합계
	집단	집합	계	집단	집합	분산	계	대훈	소훈	특별훈	계	
봉천	-	2,330	2,330	360	85	327	772	-	-	4,400	4,000	7,502
길림	500	850	1,350	844	87	1,931	2,862	-	2,600	-	2,600	6,812
용강	1,400	-	1,400	53	-	78	131	-	900	-	900	2,431
북안	1,600	1,150	2,750	-	-	129	129	24,000	2,600	-	26,600	29,479
열하	-	-	-	-	-	38	38	-	-	-	-	38
빈강	1,200	740	1,940	370	-	181	551	-	1,500	10,380	11,880	14,371[7]
금주	-	1,500	1,500	130	-	41	171	-	200	-	200	1,871
안동	-	302	302	-	-	28	28	-	-	-	-	330
간도	-	-	-	1,100	567	208	1,875	-	300	-	300	2,175
삼강	4,100	3,400	7,500	-	-	48	48	6,000	1,500	-	7,500	15,044
동안	-	1,160	1,160	-	-	-	-	-	900	-	900	2,060
통화	-	200	200	220	30	153	403	-	-	-	-	603
목단강	1,000	930	2,130	920	476	120	1,516	-	6,300	-	6,300	9,946
흑하	-	-	-	-	-	-	-	-	2,800	-	2,800	2,800

---

7 원본에는 11,371로 되어 있음.

省別	일본인 개척민			조선인 개척민				의용대				합계
	집단	집합	계	집단	집합	분산	계	대훈	소훈	특별훈	계	
흥안동	-	120	120	-	-	-	-	-	600	-	600	720
흥안서	-	-	-	-	-	-	-	-	-	-	-	-
흥안남	-	-	-	-	200	5	205	-	-	-	-	205
흥안북	-	-	-	-	-	-	-	-	300	-	300	300
신경특별시	-	-	-	-	-	-	-	-	-	-	-	-
계	10,000	12,682	22,628	3,997	1,445	3,287	8,729	30,000	20,500	14,780	65,280	96,691

주: 1. 일본 내지인 개척민, 조선인 개척민의 입시계획은 강덕 6년 5월 수립되었던 북변진흥계획에 의거하여 일부 수정 결정된 것.
    2. 청년의용대 입소 계획은 1939년 4월 일부 정정 수립된 것임.

5) 1940년 입식 계획

일본에서는 현재 예산 심의 중에 확정적인 계획은 아직 결정되지 않았으며 예산안으로서 계획하고 있는 것은 다음과 같다.

구분	호수	비고
집단개척민	16,000	300호 집단 32 200호 집단 32
집합개척민	3,000	50호 집합 60
분산개척민	500	
상공광개척민	700	
계	20,200	

3. 개척청년의용대 계획

1932년도는 3만 명으로 하여 장래 순차적 증가를 볼 수 있다.

4. 만주건설 근로봉사대 계획

1932년 계획은 대개 다음과 같다.

구분	원수
A. 일반청년	명(名)
특설농장 작업반	3,200
일반건설작업반	3,000
간부	561
계	6,761
B. 학생(특기학생)	1,000
C. 개척응원 작업반 (비고) 만주 현지반으로 취급한다.	3,000
D. 만주 현지반	3,000
합계	13,761
그 밖에 일반학생반	500
총계	14,260

5. 조선인 개척민 계획

당분간 매년 1만 명으로 제한하고 1932년도 입식 계획은 다음과 같다.

구분	호수
집단개척민	2,000
집합개척민	4,000
분산개척민	4,000
계	10,000

6. 원주민 개척민 계획

1932년도 보도를 필요로 하는 호수는 총계 17,940호이며 대체로 다음과 같다.

종별	호수
농지조성호수	8,140
밀산 호림 매회호수	4,800
삼강성감령호수	5,000
계	17,940

7. 개척 계획의 실적

1) 일본 내지인 농업개척민

(1) 개요

집단개척민은 1932년 제1차~1939년 제8차 선견대에 이르기까지 합계 89집단, 13,285호, 24,510명, 집합개척민(만척 취급 일반개척민, 연초개척민, 임업개척민 및 철도자경촌 개척민을 포함한다)은 1933년부터 1939년까지 노무개척민을 제외하고 합계 93집단 2,540호, 7,083명, 그밖에 연고개척민 6집단 237호, 257명, 총계 188집단 16,062호, 31,850명이 입식하였다.

(2) 일본 내지인 개척민 입식 양태별 총괄표(1939년 12월 말 현재)

종별		단수	호수	인원
집단개척민		89	13,285	24,510
집합	일반개척민	57	1,486	3,606
집합	연초개척민	6	148	487
	임업개척민	5	332	1,555
	철자(鐵自)개척민	23	424	1,285
	기타개척민	2	150	150
	소계	93	2,540	7,083
연고개척민		6	237	257
합계		188	18,602[8]	31,850

---

[8] 원본에는 16,062로 표기되어 있음.

(3) 일본 내지인 탄업개척민 성별 입식 총괄표

성별(省別)	집단객척민			집합개척민			합계		
	단수	호수	인구	단수	호수	인구	단수	호수	인구
봉천	-	-	-	5	128	278	5	128	278
길림	6	870	1,421	26	656	1,834	32	1,526	2,255
용강	7	449	402	2	41	136	9	490	338
북안	15	2,136	3,987	8	209	469	23	3,345	4,456
열하	-	-	-	-	-	-	-	-	-
빈강	16	2,187	2,729	13	335	933	29	2,522	3,662
금주	-	-	-	3	47	175	3	47	175
안동	-	-	-	3	92	422	3	92	422
간도	-	-	-	2	98	422	2	98	422
삼강	26	3,383	7,903	4	190	268	30	3,573	8,171
동안	14	3,574	8,471	4	159	529	18	3,723	9,000
통화	-	-	-	-	-	-	-	-	-
목단강	5	234	193	6	194	693	11	428	886
흑하	-	-	-	-	-	-	-	-	-
흥안동	-	-	-	-	-	-	-	-	-
흥안서	-	-	-	-	-	-	-	-	-
흥안남	-	-	-	1	51	107	1	51	107
흥안북	-	-	-	3	60	77	3	60	77
신경특별시	-	-	-	1	29	135	1	29	135
계	89	12,833	25,106	81	2,289	6,478	170	15,122	31,584

2) 개척청년의용대

(1) 청년의용대 훈련소 종류별 입소 현황(1939년 12월 현재)

종별	설치수	인원수
대훈종소	4	8,515
갑종훈련소	13	3,463
을종훈련소	9	5,840
특종훈현소	3	4,248
계	-	-
철도자경촌훈련소	20	6,120
일반의용대훈련소	29	22,066
합계	49	28,186

(2) 훈련소 성별 배치표(1939년 5월 현재)

성별(省別)	훈련소 개별표					계
	대훈(大訓)	갑훈(甲訓)	을훈(乙訓)	특훈(特訓)	자훈(自訓)	
봉천	-	-	-	1	-	1
길림	-	-	1	-	4	5
용강	-	1	-	-	2	3
북안	3	5	-	-	3	11
열하	-	-	-	-	-	0
빈강	-	2	1	2	-	5
금주	-	-	-	-	1	1
안동	-	-	-	-	-	0
간도	-	-	1	-	-	1
삼강	1	1	-	-	1	3
동안	-	2	1	-	3	6
통화	-	-	-	-	-	0

성별(省別)	훈련소 개별표					계
	대훈(大訓)	갑훈(甲訓)	을훈(乙訓)	특훈(特訓)	자훈(自訓)	
목단강	-	2	2	-	3	7
흑하	-	-	2	-	1	3
흥안동	-	-	-	-	2	2
흥안서	-	-	-	-	-	0
흥안남	-	-	-	-	-	0
흥안북	-	-	1	-	-	1
신경특별시	-	-	-	-	-	0
계	4	13	9	3	20	49

3) 만주건설 근로봉사대

(1) 개요

본년도 만주건설 봉사대원 수는 갑종(일반청년) 52중대, 7,272명, 을종(일본 측 학생) 11중대, 1,632명, 을종(만주 측 학생, 교사) 982명, 수의특무반 210명, 측량 특무반 10인, 채광특무반 10인 및 선견대 270명 합계 10,396명으로 주로 개척지의 경작, 토목 및 국경지대의 토목에 종사하였다. 각지 공중위상 상태는 양호하여 대원의 정신 역시 긴장상태로 성적이 자못 좋다고 할 수 있다.

(2) 만주건설 근로봉사대 배속 실적표

종별	성별	중대수	인원	비고
갑종(일반청년)	길림	2	270	
	빈강	7	904	
	북안	10(欠 1소대)	1,268	
	삼강	11(흠 2소대)	1,485	
	동안	15	1,980	
	목단강	3(흠 1소대)	315	

종별	성별	중대수	인원	비고
	용강	2(홈 2소대)	270	
	안동	1	135	
	간도	2	225	1중대는 조선대로서 80명을 편성한 별도대
	홍안북	3	420	
계		54	7,272	

4) 조선인 개척민

조선인 개척민 입식 상황(1939년 12월 말)

종별	단수	호수	인원수
집단개척민	127	9,262	49,559
집합개척민	38	879	4,681
분산개척민	-	5,549	9,770
계	165	15,690	64,010

5) 원주민 개척민

1939년도 내 국민개척 조성 사업(농지조성 실시호수, 1939년 12월 말 현재)

성별	호수	1호당 농지면적(晌)	비고
빈강	6,224	10	안동 수몰지 1,800호를 포함
삼강	5,064	10	
목단강	850	7	
길림	420	22	교하현 7상, 장령, 건안 양현 15상 안동수몰지 300호를 포함
동안	595	5	
북안	393	10	
계	13,546		

만주개척사업 예산

1939년도에 예산은 개척총국일반 회계 10,749,160엔, 개척총국 특별회계 46,905,486엔, 부외 예산 3,989,000엔 계 61,643,646엔으로 되어 있는데 1940년에는 개척국책 기본강령 실시 제1년이라는 관계로 금액이 약 배로 증액되었다. 1940년 예산 편성에 대해서는 첫째, 개척민의 수적 확충에 대처한다. 둘째, 개척용지의 취득, 보전, 관리, 이용, 개발, 도로통신, 적지 조사에 관한 기본적 문제의 계획적 정비원을 편성하여 이후의 정책 실시의 원활화를 기대한다. 셋째, 개척민의 보도연구기관을 설립한다. 넷째, 만주국 내 개척민의 보도에 유감없게 한다. 다섯째, 행정기구를 확충 강화한다. 여섯째, 의용대 계획을 적극화한다. 일곱째, 근로봉사대와 개척사업과의 불가분의 관계를 한층 강화한다. 이러한 방침 아래 개척 총국 관계에는 일반 회계 19,258,000엔, 특별회계 93,349,000엔, 계 123,607,000엔을 편성하였던 것이다. 이 개척총국 관계를 제외하고 개척사업에 대한 경비로 제출되었던 예산은 교통부 관계 5,764,000엔, 치안부 관계 1,120,000엔, 민생부 관계 240,000엔, 계 7,124,000엔이 있다. 이를 앞서 언급한 총국분과 합산하면 119,740,000엔이 된다. 만주국 예산의 5% 정도이지만 이외 추가 예산으로 편성된 것은 약 400만 원, 1932년도부터 지방비로 편성되었던 개척에 관한 지방 경비는 전만을 통틀어 약 50만 원이기 때문에 국고 부담 지방비를 합치면 124,240,000엔 정도이다.

일본 측에서는 척무성 소관에서는 만주개척 관계 예산 약 3,600만 원이 편성되었고 이와 다른 근로봉사대에 관한 각성(문부, 척무, 농림)의 약 150만 원을 더할 때는 일본 측 합계 약 37,500,000엔이지만 이 가운데는 농림성 소관의 분촌 분향에 관한 조성비 등의 간접 경비, 지방비 부담 경비, 혹은 이주협회 등의 민간 측 경비는 포함되어 있지 않았다. 따라서 일만을 통하여 정부 측만의 예산은 일만 합계 약 167,400,000엔이며, 작년에 비하여 만주 측은 5,700만 엔, 일본 측은 1,300만 엔, 합계 7,000만 엔으로 상당한 증가를 보이고 있었다.

만약 이에 일반 민간 측 기관이 투하할 개척사업에 자금을 투자할 때는 아마 3억 5,000만 원을 돌파할 것으로 보여진다. 게다가 만척, 이주협회비 등 가운데에는 정부자금이 유입한 것도 있다. 따라서 이주협회, 만척, 선척, 만선척, 토지개발 등의 사업 계획에 기초한 자금 계획도 포함되었으며, 이는 기회를 놓치지 않기 위한 조치였다. 다소 공제하는 경우가 있더라도, 1932년도의 개척사업 진행 과정에서 정부가 추가 예산을 지원하는 경우도 발생할 수 있다. 민간기관에서도 이미 정한 계획 외 지출, 혹은 단가의 앙등 등으로 자금 계획의 팽창도 예상할 수 있는 것이며, 3억 5,000만 원 상당의 개척자금의 산출은 과대하게 실망할 것은 아닐 것이다. 1940년도 개척기관 예산 항목별 개요는 다음과 같으며 이를 전년도와 비교하여 보면 일반 회계에서는 8,509,040엔, 특별회계에서는 46,443,369엔, 부외 예산으로는 약 230만 원 정도 일반적 증가를 보이며, 개척사업의 왕성한 진전이 보이고 있다고 할 수 있다.

구분	1940년도 예산	1940년도 중 추가계상 견입액	합계
총국일반회계 동류별	19,285,174	3,944,448	23,202,622
기본시설관계	656,159	-	656,759
조성관계	1,159,546	256,570	1,427,116
훈련관계	32,179	2,414,132	2,446,311
의용대관계	10,088,720	-	10,088,720
보도관계	1,983,150	1,262,746	3,245,896
척식위원회 관계	55,000	-	55,000
근로봉사대 관계	2,050,000	-	2,050,000
동안성매매관계	974,699	-	974,699
특별보조관계	121,200	-	121,200
내각개척민조성사업 보급관계	697,615	-	679,615
총수관계	341,198	-	341,198
농업수리지도훈련	64,769	-	64,769
개척행정기구 경비관계	967,665	-	967,665
각관항 지출	65,674	-	65,674
총국 특별회계	93,348,855	-	93,348,855
내역			
개척사업	79,960,241	-	79,960,241
내각척민조성사업	13,388,614	-	13,388,614
부내예산계	113,607,029	3,944,448	116,551,477

구분	1940년도 예산	1940년도 중 추가계상 견입액	합계
부외예산	7,123,250	-	7,123,250
내역			
철로관계(교통부)	5,763,500	-	5,763,500
경보관계(치안부)	1,119,750	-	1,119,750
보건관계(민생부)	240,000	-	240,000
총계	119,730,279	3,944,448	123,674,727

개척사업 완수까지 필요한 자금 문제

개척 국책에 필요한 자금이 얼마나 되겠는가 하는 문제는 자못 복잡다기하다. 또 20개년에 걸쳐 장기간에 시행되기 때문에 추정만 해도 곤란한 것은 말할 수 없다. 그러나 개척단원 1호에 대한 직접 조성비의 산정은 대체 4천 엔 정도이기 때문에 직접 조성비, 즉 영농비, 피복비, 의약비 등 외 휴대자금 등은 20개년 100만 호로서 40억 엔이 투자된다는 것은 확실하다. 이를 중심으로 개척사업에 대한 도로의 정비, 지도원 봉급, 경비비 등의 간즙 조성비 및 의용대 관계비, 근로봉사대비에 대해서 이를 개척단 1호당 전자의 약 반액으로 볼 때는 같은 20개년 100만 호에 20억 엔 정도로, 40억 엔을 합하여 대략 60억 엔 상당의 자금이 살포될 것이라고 할 수 있다. 또한 다른 관점에서 보면 정부 보조금 약 11,017,000엔과 토지 정비 비용 약 79,960,000엔, 총합 약 99,177,000엔은 만척 토지 개발 관련 예산과 중복되므로, 이를 만주 측 정부 관계 예산 124,000,000엔에서 공제하면 약 34,000,000엔이 된다. 이에 일본 정부 예산 약 36,000,000엔이 실제 개척민 육성에 충당되었으며, 이는 간접비 조성으로 간주되었다. 이를 본년도 이후 20개년 평균 연차로 환산하면, 해당 항목에 대한 20개년 총액은 약 14억 엔에 달한다. 또한, 앞서 언급한 개척민 1호당 직접비 조성비(1개년 4천 엔)를 기준으로 20개년 총액(40억 엔)과 합산하면, 총 54억 엔이 된다. 일본 내지인 개척민 관계 이외의 조선계 개척민 관계 경비의 20개년분을 가산할 때는 역시 60억 엔 상당한 자금이 필요하다.

이 60억 엔의 자금은 수정된 만주 산업 개척 5개년 계획의 자금 규모와 대략 비슷하다. 5개년 계획에서는 모든 분야가 개발 대상으로 포함될 수 있지만, 개척 부문의 20개년에 걸쳐 필요한 자금과 비교하면, 개척 관련 예산 60억 엔이 지나치게 방대한 것은 아니다.

게다가 20개년 동안 개척지에서의 지상 생산물에 대해 살펴보면, 1호당 영농 면적 10맥(陌) 중 전작 9맥, 수전 1맥의 비율로 설정할 수 있다. 이를 기준으로 전작 9맥에서 대두 10석, 수전 1맥에서 벼 20석을 생산한다고 가정하면, 대두 1석당 8엔, 벼 1석당 10엔으로 계산했을 때 총 수확액은 1호당 약 920엔, 즉 대략 1,000엔으로 추정된다. 이를 20년간 합산하면 총 200만 엔이 되며, 개척민의 정착 계획과 더불어 생산량은 20개년 최종기에 피라미드형으로 점진적으로 증가할 것이다. 이를 평균적으로 50만 호 기준으로 환산하면, 전체 예상 생산액은 약 100억 엔에 달할 것으로 추정된다. 이외 조선계 개척단의 경우도 합산하면 대략 120, 130억을 수확할 수 있다. 따라서 개척 국책 20개년간에 방출될 60억 엔은 이러한 의미로 보아 결코 과대한 것은 아니다. 특히 개척단 정착 후에는 토지대, 시설보조비, 가축비 기타 영농자금 등 약 1개월간 3,800만 원은 누차 상환되며 자금의 회전율은 해마다 윤택하게 될 것이 확실하기 때문에 실제로는 60억 엔의 조달까지는 이르지 않을 것이다. 이렇게 되면 당초의 자금 계획이야말로 방대하여 또 조달이 곤란하다고 볼 수도 있지만, 중기 이후 혹은 종국에는 거의 곤란함은 없게 되며 또 투자 자본의 팽창을 초래할 필요도 없으며, 오히려 일만을 통하여 생산 부분에서 보인 부의 증대화를 기대할 수 있을 것이다.

VI

'만주국'의 치외법권 철폐와 재만 조선인의 상황

해제

제6장에서는 1937년 이후 만주국에서의 치외법권 철폐 과정과 재만 조선인의 생활상에 관한 자료를 수록하였다. 만주에서 일본제국주의의 치외법권에는 영사재판권 외에 경찰권과 세금부과권까지 있었다. 그리고 만철 부속지대에서는 비법적인 행정권까지도 행사하여 왔다. 그러나 '만주국'이 설립된 이후 치외법권은 아무런 의미가 없게 되었을 뿐만 아니라 오히려 일본과 '만주국'의 정치적 통치를 통일하고 강화하는 데 불리하였다. 이런 배경하에서 '만주국'에서의 치외법권 철폐가 추진되기 시작하였다. 이에 관하여 먼저《매일신보》, 《동아일보》,《조선중앙일보》등에서 '만주국'의 치외법원 철폐 과정에 대해 보도한 기사를 수록하였다. 이어서 잡지《조광》,《삼천리》,《신시대》등에서 치외법권 철폐 이후의 재만 조선인의 생활상을 보여주는 자료들을 수록하였다. 이러한 자료들은 '만주국' 치외법권 철폐 이후에도 재만 조선인의 생활상이 얼마나 고난하고 빈궁했는지를 잘 보여주고 있다.

1936년 6월 10일에 일본과 '만주국'은 치외법권 취소에 관한 조약, 즉「만주에서의 일본 신민의 거주 및 만주국의 세금부과 등에 관한 일본국과 만주국 간의 조약」을 체결하였다. 이 조약에 따라 점차적으로 만주에서의 일본제국주의의 치외법권을 점차적으로 철수하고 남만주철도 부속지에서의 일제의 행정권을 조절하고 양도하기로 하였다. 조약의 구체적인 내용은 다음과 같다. 첫째, 일본인은 만주국경 내에서 거주하고 자유로이 왕래할 수 있으며 농업, 공업, 상업 및 기타 부분에서 일체 공적이거나 사적인 직무를 담당할 수 있고 사업에 종사할 수 있으며 토지에 대한 일체 권리를 누릴 수 있다. 둘째, 일본인은 만주국경 내에서 세금 및 산업 등에 관한 행정법령에 복종해야 한다. 셋째 일본인 혹은 일본 법인이 상술한 각 방면에서 '만주국' 사람보다 못한 대우를 받아서는 안 된다.

이는 1년 반 동안의 과도기를 거쳐 1937년 11월 5일에「만주국에서의 일본의 치외법권의 취소 및 남만철도소속지에서의 행정권의 양도에 관한 일본국과 만주국 간의 조약」으로 정식 체결되었다. 이 조약에 따라 동북에서의 일본제국주의의 치외법권은 전부 폐제되고 만철부속지에서의 일제의 행정권도 전부 양도되었다. 이른바 "치외법권의 철폐"는 실제로는 일제가 탈취한 특권을 합법화하고 확대화한 데 불과하였으며 일본과 괴뢰만주국의 정치적 통치권을 통일시키기 위한 것이었다. 그러므로 이 조치는 일제와 '만주국'에서 통치기구를 개혁하고 정치적 통치를 강화하는 데 조건을 마련해 주었다.[1]

재만 조선인에 대한 치외법권 적용은 1909년 「간도협약」에 의해 용정에 일본 총영사관을 세우고 국자가(局子街, 지금의 연길), 두도구(頭道溝), 백초구(百草溝), 혼춘(琿春)에 영사분관을 세우면서 영사재판권이 시작된 데서 비롯된다. 이러한 특수권리를 갖고 있는 지역은 종래 만주에서 일제가 그들의 권익을 발전시키는 하나의 중대한 기점이 되었다. 1910년 합병 이후 만주 지역의 일본영사관은 "일본 신민"이란 구실로 재만 조선인에게 사실상 치외법권을 적용했다. '만주국' 성립을 전후하여 재만 조선인 보호세력 기관은 일본영사관, 영사관경찰서, 조선인민회 등이었다. 재만 조선인이 치외법권의 이점을 얼마나 향유하였는지는 의문이지만, 정치·경제 등 여러 면에서 연약한 위치에 있던 그들에게 치외법권이 보호막 역할을 한 것은 부인할 수 없는 사실이있다.

그렇기 때문에 '만주국'에서 치외법권이 철폐되는 것은 재만 조선인에게 큰 불안을 가져다주었다. 치외법권 철폐로 인한 조선인민회의 약화와 조세부담의 변화가 불안의 주요 원인이었다. '만주사변' 전 재만 조선인은 중국인들이 지불하지 않은 조선인세, 조선인 고용세, 수리세, 조선인 거주세, 조선인 차지증명비 등 온갖 가렴잡세를 다 부담해야 했다. '만주국'이 성립된 후에도 재만 조선인의 이런 상황은 별로 나아지지 않았다. 게다가 만주인들 사이에서 재만 조선인들이 일본 제국주의 침략의 '전위(前衛)'나 '주구(走狗)'라는 오해가 더욱 깊어졌다. 그로 인해 만주인 하급 경찰관들 사이에서는 "조선인들이여, 치외법권이 전면 철폐

---

[1] 김기봉·방영춘·권립 편저, 1987, 『일본제국주의의 동북침략사』, 연변인민출판사, 239~240쪽.

된 후 두고 보자"라는 말이 입버릇처럼 퍼지게 되었다. 치외법권 철폐로 인해 재만 조선인들의 생명과 재산은 어떠한 보장도 받지 못할 가능성이 커졌다. 특히, 치외법권 철폐에 따른 토지 상조권(相助權) 정리는 재만 조선인들에게 더욱 큰 우려를 불러일으켰다. 토지소유권을 취득하는 것은 환영할 만한 일이지만 이에 따른 각종 과세가 만만치 않았기 때문이다.[2]

---

2 손춘일, 1999, 『"만주국"의 재만한인에 대한 토지정책 연구』, 백산자료원, 133~140쪽.

1. 일본의 만주국에 대한 치외법권 철폐 과정

〈자료 62〉 만주국 치외법권 철폐 준비(《매일신보》, 1933.2.14)

만주국 정부는 치외법권 철폐준비를 위하여 각부를 망라한 인재로써 이의 위원회를 조직하기로 결정하였다. 대체 2월 중순에 성립할 예정으로 그 결과 아비유(阿比留) 사법부 총무국장은 타합을 위하여 근근 도일(渡日)하여 일본의 검사■ 초빙을 결정할 터이다. 그리고 제1회 초안의 완성을 본 심판원법, 검찰청법 등은 4월 상순 공포 실시할 의향이다.

〈자료 63〉 치외법권 철폐로 일만 양국 성명(신경)(《동아일보》, 1933.8.6)

만주국 치외법권 철폐 준비위원회는 5일 오전 9시부터 일만(日滿)위원이 회합하여 본무대적 회의가 개최된 결과 기보와 같이 철폐대강을 결정하였으므로 위 대강에 기초하여 다시 각 관계기관에서 그 구체안을 작성하기로 되었다. 그리고 만주국 치외법권 철폐에 관하여 불원 발포할 일본 정부의 중외(中外)에 대한 성명과 서로 전후하여 만주국 정부에서도 관계 제 열국에 대하여 깊은 성명을 발하게 될 모양인데 그 영향은 극히 주시된다.

〈자료 64〉 9월로부터 2년 후에 치외법권을 철폐, 만철부속지에는 특수변법 시행, 구체적 대강을 결정, 일방적 선언으로 철폐설 유력, 2년간에 제 기관을 충실(《동아일보》, 1933.8.6)

일만(日滿) 공존공영의 원칙에 기초할 일만 치외법권 철폐 준비위원회는 수차 회의한 결과 4일의 회의에서 아래와 같이 구체적 대강을 결정하게 되었다.

1. 만철 부속지 행정권사재판(行政權事裁判)의 반환 기타 조세 영업 등에 관한 권익 반환
1. 만철부속지 관하여는 2년 후의 정세에 응하여 특수편법의 시행을 볼 수 있을 것이다.
1. 철폐 후 수개월의 인계기간의 부(附)함

위에 관하여 일본 정부는 근근 적당한 시기에 국내 및 제 외국에 성명서를 발표할 모양이다.

〈자료 65〉 일방적 선언으로 치외법권 철폐? 2년간에 제 기관 충실(《조선중앙일보》, 1933.8.9)

만주국 정부의 일본에 대한 치외법권 철폐 요구는 양국 준비위원회에서 5일에 대체 그 승인을 받게 되었으므로 마침내 2년의 준비기간 내에 기본 법률의 제정, 재판소와 형무소의 정비, 사법관의 충실, 국내 준비기관의 개선 등을 완료하기로 되었는데 만주국의 치외법권도 일방적 선언으로 철폐하려는 의견이 유력화한다.

〈자료 66〉 치외법권 철폐 만주국 준비착수(《동아일보》, 1934.8.17)

치외법권 철폐를 행하는 제반 준비를 하기 위하여 16일 오전 8시부터 사법부 회의실에 사법부 전체 회의를 열고 빙(馮) 사법부 대신 이하 100여 명 출석, 정(鄭) 국무총리, 원등(遠藤) 총무부장이 각기 훈시를 하였는데, 드디어 명 17일부터 치외법권 철폐에 관한 법령개정 기타 제 준비에 관한 중의회의가 있기도 되었다고 한다. 그런데 이 준비로 금년도 예산에서 700만 원을 지출하기로 되었다고 한다.

〈자료 67〉 재봉(在奉) 조선인의 치법문제협의회, 철폐되면 영향 지대(《매일신보》, 1934.8.25)

치외법권문제가 훤요(喧擾)되는 이즈음에 봉천의 조선인 유력자는 치외법권의 철폐는 만주 벽지(僻地) 거주 조선인의 생활을 위협하는 것이라 하여 내내 협의 중이던바 드디어 26일 오후 7시 반부터 대화(大和) 호텔에서 유지간담회를 열고 치외법권 철폐 문제에 대하여 의론키로 되었다.

〈자료 68〉 재영(在營) 조선인 치법철폐 반대(《매일신보》, 1934.9.2)

치외법권 철폐문제에 관하여 영구(營口) 재주 5천의 조선인은 반대의사를 표명하려고 8월 27일 정오부터 영구좌(營口座)에서 재영(在營) 조선인 시민대회를 개최, 철폐 반대, 권익보호의 결의를 하고 오후 5시 반 산회하였다.

〈자료 69〉 개원(開原) 거류 조선인 치외법권 철폐 반대, 관계 요로 당국에 타전하기로 시민대회에서 결의(《농아일보》, 1934.9.12)

개원(開原) 재주 4천의 조선인은 만일에 치외법권 철폐가 실시되는 날에는 재만 백만동포의 사활문제라 하여 어디까지든지 반대의사를 표명하고자 지난 4일 오후 3시부터 당지 보통학교 안에서 재개원 조선인 시민대회를 열고 치외법권 철폐를 극력 반대하며 만철부속지 반환 문제와 따라서 만철부속지 안에 대한 만주국 과세(課稅) 문제 등을 절대 반대하는 동시에 내각총리대신을 비롯하여 각 관계 요로 당국에 결의문을 타전키로 만장일치로써 결의하고 오후 5시에 산회하였다 한다.

〈자료 70〉 법권(法權) 철폐의 방침, 만주 측에 제시 (신경)(《동아일보》, 1935.6.13)

치외법권의 철폐에 관하여는 목하 일만(日滿) 양 당국에서 신중협의하고 있다. 그 철폐 양식은 법권의 2 작용을 분리하고 먼저 행정적 방면의 조정을 촉진하고 다음에 영사재판권에 미치는 근본의(根本義)는 결정하게 되었는데 일본 측 기관에서 만주국 측에 보인 법권 철폐에 관한 근본방침은 대요가 다음과 같다.

1. 먼저 어느 정도의 만주국 과세권(課稅權)의 행사를 승인할 것. 세율의 결정에 대하여는 일본인에게 급격한 부담의 증가를 초래치 않도록 고려할 일
1. 부속지 행정권의 문제에는 당분간 불촉(不觸)하더라도 과세권 행사의 결과는 자연 어느 정도까지의 부속지제도(附屬地制度)의 해소로 할 것이며,
1. 세제(稅制) 경찰 및 사법시설을 상당 연한에 완비할 것
1. 영사재판권의 완전한 철폐는 대체 강덕(康德) 8년으로 할 것
1. 과세(課稅)는 종래보다도 묵인(默認)의 형식에 의하여 과세권을 용인하고 있는데 금후는 모두 조약의 개폐에 의하여 행한다.

〈자료 71〉 만주의 치외법권. 일본, 철폐를 정식 결정. 만철부속지 행정권도 위양 (委讓)(동경)(《동아일보》, 1935.8.10)

만주국에서 일본의 치외법권 철폐 및 남만주철도 부속지 행정권 위양에 대하여는 기보(既報)와 같이 금일의 각의에서 부의(附議) 상정한 결과 정식 결정하게 되었으므로 동일 내각에서 아래와 같이 발표하였다.

만주국에서 일본의 치외법권 및 남만주철도 부속지 행정권에 대하여 다음의 방침에 의하여 관계 관청으로 하여금 구체적 방책을 고구(考究)시키어 축차(逐次) 이 실행을 기하기로 함.

1. 만주국에서 일본의 치외법권에 관하여는 종래 조약 등의 정신에 칙(則)하여 만주국의 제도 및 시설 정비에 대응하여 취중(就中) 재류일본 신민의 생활에 급격한 변동을 주지 않을 일, 만주국의 전 영역에서 일본 신민의 안전발전을 일층 확보할 일, 그리고 만주국에서 일본의 국책수행을 원활케 하는 것에 대해 특히 고려하고 점진적으로 철폐하기로 함.
2. 남만주철도 부속지, 그것은 의연 일본의 보유할 것은 물론이나 해당 지역에 행사하는 일본의 행정권에 관하여는 점차 치외법권 철폐와의 관련으로 보아서 만주국의 제도 및 시설에 대하여 전항과 같은 고려하에 치외법권의 점진적 철폐와 보조를 합하여 각 사항의 성질을 응하여 조정 내지 위양하는 것으로 함.

〈자료 72〉 만주국 치외법권 3단계로 철폐 방침 3년 내에 전부 철폐?(《조선중앙일보》, 1935.9.29)

만주국 성립 이후 항상 문제되어 오던 치외법권설폐 문제는 차츰 구체화하게 되어 다만 그 실시를 일시에 전반적으로 하느냐 그렇지 않으면 계단적으로 하느냐 하는 문제만이 남아 있던바 이것을 계단적으로 서서히 실행하겠다는 것이 확정되었으므로 이것을 3계단으로 나누어 실시할 터이라는바, 그는 즉

1. 1936년(昭和 11) 4, 5월경에는 세제(稅制), 산업권(産業權)을 철폐하고
2. 1937년(昭和 12) 4, 5월경에는 경찰권을 철폐할 터이라 하며
3. 1938년(昭和 13)에는 재판권을 철폐한다고 한다.

〈자료 73〉 치외법권 철폐, 현지결정 대강(《매일신보》, 1935.11.6)]

2일 관동군사령부에서 개최된 치외법권 철폐 현지 간사회에서 토의결정한 대강은 아래와 같다.

1. 만철부속지 내 교육행정권은 만주국 측에 반환치 않음
2. 토목, 위생 행정권은 만주국에 위양함
3. 산업시설인 농사시험장, 사회시설인 도서관 구락부는 위양치 않고 만철 관리로 함

그리고 교육, 산업, 위생, 토목 제 시설에 대하여 만철은 연액 1억 8천만 원으로 지출하였으므로 동 시설비를 만주국에 부담시킬지 안 시킬지에 관하여 토의하였는바 위 경비를 만주국 측에 부담으로 하면 만철자산 내용에 심대한 영향이 미치게 되고 치외법권 철폐는 만철의 측면적 개조(改組)가 된다고 보는 편도 있다.

〈자료 74〉 치외법권 철폐 재이(在爾)로 조선인 민회서 진정, 보호시설을 고려하여 달라고 총독부에 요망 제출(《매일신보》, 1935.12.28)

만주국 내의 치외법권은 마침내 명년도부터 점진적으로 철폐하게 되었는데 이에 따라 재만 조선인 민회에서는 재만 조선인 보호시설에 대하여 조선총독부에 진정을 하여 왔다 한다. 그 요지는 대체로 치외법권이 철폐되는 때의 조선인의 보호사항 중에 토지상조권(土地商租權)을 내지인과 차별하지 말아줄 것과 취적(就籍)을 될 수 있는 대로 급속히 하여 줄 것과 과세(課稅)의 보류, 교육 문제 등인데, 이것은 모두 재만 조선인에게 중대한 문제이므로 총독부에서도 군부와 또 중앙과 협의하여 선처하기에 노력 중이라 한다.

〈자료 75〉 치외법권 철폐와 조선동포의 지도(《매일신보》, 1936.3.26)

봉천 총영사관에서는 근간 실시할 치외법권 철폐에 관하여 조선인에 예비지식을 주기 위하여 각 관계기관과 협력하여 순회 지도공작반을 조직하고 3월 25일부터 4일간에 걸쳐 개원(開原), 봉천(奉天), 무순(撫順), 철령(鐵嶺)의 순서에 의하여 지도강연을 개최하여 만주국의 실정과 건국정신보급에 노력하기로 되었다.

〈자료 76〉 치외법권 철폐, 이양안(移讓案) 결정(신경)(《동아일보》, 1936.4.16)

신경 15일발 전통(電通)

치외법권 철폐위원회 간사회는 14일 관동군사령부에서 개최되어 이양 구체안을 아래와 같이 결정하였다.

1. 만철부속지 시적의 이양 문제
   이익이 있는 시설은 유상(有償) 기타는 무상으로 이양한다 결정
2. 일본인 교육 문제
   일본 정부에서 행한다는 기정방침(既定方針)에 기초하여 만철경영의 각 학교를 무상으로 내년도부터 대사관에서 계속 대사관내에 교육감독 기관을 설치하여 전만 일본인 교육을 통일할 것
3. 경찰권 이양 문제
   경찰권 이양에 따라 관동국(關東局)의 각 시설은 대체 무상으로 만주국에 인수한다.

신경 14일발 동맹(同盟)

14일 치외법권 철폐 간사회에서 심의 중심이 되었던 만철지방시설의 만주국 위양 문제는 결국

1. 이익이 있는 제 시설은 이것을 유상으로 만주국에 위양하고
1. 기타 공공용 시설은 무상으로 위양한다.

고 결정, 동 문데를 싸고 지금까지 만주국 만철 양자 간에 걸려있던 대립은 이에 아주 해소되게 되었다. 14일의 간사회에서 결정한 대강은 위원회에서 재심의한 다음 최후적 결정을 볼 것이라 한다.

〈자료 77〉 "치외법권 철폐" 실현되면 벽지 조선 이민에 영향 중대 중, 독립적 자치안도 수포에, 우려되는 금후의 사태(《동아일보》, 1936.4.26)

오는 7월부터 일부에 시행되리라는 만주 치외법권 철폐는 직접 100만에 가까운 재만 조선인에게 중대한 악영향을 미치게 되리라고 한다.

그것은 치외법권이 철폐된다고 할지라도 일본의 세력이 이미 부식된 만철부속지와 철도연선, 도시 등에는 큰 영향이 없을 만큼 일본 내지인에게는 하등 급격한 변화가 없을 것이나 전혀 만주국 관헌의 행정하에서 생명재산의 보호를 그들에게 의지하지 아니하면 아니 될 오지 농촌에 그 대부분이 거주하는 조선 농민들은 횡폭한 지주, 무지한 만주국 관헌들의 학대와 박해가 자심하리라는 것이다.

그리하여 재만 조선인들은 벌써부터 전전긍긍하고 불안공포 중에 싸여있는 중이라는데, 그들의 이익을 옹호한다는 소위 민회연합회(民會聯合會)에서도 그의 구급책으로 민회를 강화 재조직하는 시안(試案)을 총독부에 제출하였다 한다.

동 시안은 치외법권의 철폐와 동시에 만주국과는 독립된 산업, 금융, 학무(學務)를 종합통제할 중앙국과 그에 예속된 각 지방의 지부를 설치하여 믿음성 없는 만주국 관헌의 보호에서 분리하여 중앙국의 자치로서 그들의 생명재산을 보호 관리하려는 것이다.

그러나 그 역시 만주국에서 승인치 않을 것은 물론 총독부 당국도 치외법권 철폐 후의 오지 농촌의 조선 농민들의 불안을 인정하면서도 만주국과의 관계상 그 같은 독립성의 자치제를 승인키는 곤란한 태도를 가지고 있는 중이므로 조선 농민의 자위적 생명재산 보장도 곤란하게 되었다고 한다.

〈자료 78〉 치외법권 철폐로 재만동포 대책 강구, 자주연합기관 필요설 대두(《조선중앙일보》, 1936.4.26)

오는 7월부터 만주의 치외법권의 일부가 철폐됨에 따라서 재만 백만 동포는 그 대책을 강구해야할 형편에 처하였는바, 이 문제는 재만 동포의 산업, 교육, 금융 등 각 부문을 통하여 직접 간접으로 중대관계를 기자고 있는 것이다. 즉 만철부속지나 철도연변은 비교적 일계 관헌의 손이 미치기 쉽고 또 일반의 주목이 심한 까닭에 만주 관헌이나 지주의 무리한 횡포가 적을 것이나 재만동포의 절대다수를 점령하고 있는 농민들이 거주하는 심산오지에서는 만주인 지주 대 조선인 농부의 쟁의에 대하여 무지한 만주관헌이 불공정한 처치를 할 것은 명백한 일이라. 이러한 폐해를 방지하기 위하여 조선인 독자의 조직체가 결성되는 것이 좋겠다는 여론이 일어나는 것을 계기로 재만 조선인 민회에서는 종래의 반관반민(半官半民)적 조직을 변경하여 순수한 민간조직으로 강화하려는 기운을 촉진하고 있다 한다. 물론 이 민회의 확대강화가 재만동포의 절대다수가 요망하는바가 아님은 두말할 것도 없으나 여하튼 치외법권 철폐를 기회로 당연히 고려하여야 할 재만동포들의 간절한 요구의 일 반영으로 관측되는바 이 문제에 대하여 총독부에서는 그 취지는 찬성이나 만약 순수한 민간조직으로 그 기구의 개혁상화를 도모한다는 것은 결국 구실에 불과하는 것이고 실질적으로는 도리어 무력한 존재로 되고 말 것이라 하여 도무지 일고의 여지가 없는 듯이 일축하여 버리는 터이라. 여하간 치외법권 철폐 후에 재만동포에게 미치는바 만주관헌과 지주의 횡포를 제지할만한 새로운 방책이 확립되지 않고는 재만동포의 불안이 더욱 심해질 것이다.

〈자료 79〉 치외법권 철폐의 일만(日滿) 협정안 조인(《조선중앙일보》, 1936.6.11)

치외법권 철폐에 관한 일만(日滿) 협정안은 지난 3일에 추부(樞府) 본회의에서 정식 가결되고 공일에 만주국 참의부도 승인하였으므로 10일 오후 3시(도쿄 시간 오후 4시)에 신경에서 일본 식전(植田)대사와 장(張) 외교부 대신과의 사이에 정식 조인이 있기로 결정하였다. 일본 외무당국은 조인 종료 동시에 위 협정문의 전 내용을 공표하는 동시에 특히 당국 담(談)을 발표하여 만주국에 대한 치외법권의 일부 철폐의 중대의의에 관하여 일본 정부의 신위를 중외에 선명하기로 되었다.

〈자료 80〉 재만주 치외법권 철폐 백만동포에 영향지대(《조선중앙일보》, 1936.6.11)

만주국의 치외법권 일부 철폐는 오는 7월 1일부터 실시하기로 되어 지난 10일 오후 3시 신경(新京)에서 일만 당국자가 조인(調印)을 하게 되었다 한다. 그리하여 앞으로 징세(徵稅)와 산업에 대한 법권(法權)이 완전히 만주국으로 이양(移讓)이 됨에 따라 징세와 산업관계는 일체 만주국의 법규를 따르게 되었는데 이번 이 치외법권문제로 말미암아 만주에 거주하고 있는 백만 동포들의 금후 동정을 저윽이 주목케 된다. 즉 앞으로 7월 1일부터 이 치외법권으로 말미암아 징세를 동일한 법규에 의하여 하게 될 만큼 물론 등급(等級)과 비율(比律)이 있다 할지라도 자력(資力)이 부족한 동포들의 생활이라 부담이 얼마나 과중(過重)하게 될지가 의문이라 한다. 그리하여 이번 새로운 법규로 말미암아 여러 가지가 생소하게 된 만큼 다소의 충돌도 없지 않으리라 관측되며 상조권(商租權)에 대하여도 하등의 영향이 없다고 하나 실제는 어떠한지 의문이라 한다.

〈자료 81〉 치외법권 일부 철폐로 만주이민 대곤경, 신세금의 중압, 농자융통도 경색, 개간사업에도 영향 막대(《동아일보》, 1936.6.13)

오는 7월 1일부터 만주국에서의 치외법권의 일부가 철폐됨에 따라 재만 조선인 120만 동포들의 생명재산은 큰 위협을 받고 있다.

그 치외법권 철폐로 인하여 받을 타격은 첫째, 세제(稅制) 문제, 둘째, 금융 문제, 셋째, 수리개간사업 문제 등이다.

첫째의 세제 문제는 치외법권 철폐에는 부과되지 않던 세금이 새로 영업연[營業捐. 연(捐)은 세(稅)를 의미함], 호별연(戶別捐), 양곡연(糧穀捐), 도살연(屠殺捐), 가옥연(家屋捐) 등 다섯 가지 세금이 부과되었다.

이 밖에도 조선에서는 지방면비(面費)로 볼 수 있는 촌공소비(村公所費)까지도 부과되는데, 이것은 1천지(天地, 1천지=약 1,800평)에 대하여 11원씩의 세금을 물게 되어 빈약한 조선 이주민들로서는 과중한 부담에 견딜 수가 없을 것이라 한다.

둘째 금융 문제는 현재에 있어서는 재만 조선동포들의 금융기관으로 하등의 담보가 없이도 조선농가의 농자금을 융통하여 오던 금융회(金融會)가 금번 치외법권 철폐로 인하여 만주국 중앙은행의 통제적 감독을 받고 있는 금융합작사(金融合作社)에 병합이 되는 동시 금융합작사에서는 중산계급 이상을 상대로 하는 만큼 빈약한 재만 조선농가의 금융은 일층 곤란케 되었다.

그는 농채를 얻는 데는 상당한 담보물이 있던지 그렇지 않으면 30명 이상의 농무계(農務禊)를 조직하여 연대책임을 지게 하여 대부케 됨으로 차금의 번잡과 아울러 농채(農債)융통은 더욱 곤란하게 되었다는 것이다.

셋째, 수리개간 문제는 치외법권이 철폐되기 전의 지금까지는 하천공사나 기타 수리사업을 하등의 허가도 없이 자유로 개간하여 왔으나 치외법권이 철폐되는 7월 1일 이후로는 반드시 만주국의 허가를 얻지 않고는 개간공사나 그에 따르는 하천공사를 임의로 할 수 없게 되었다.

그의 허가는 재만 조선농가에 성의가 없는 만주국 관헌으로는 모든 제도의 불비도 그의 허가수속 완료까지는 1년 이상이 걸릴 것이므로 금후 재만 조선 농민들의 개간사업에 막대한 영향이 있으리라는 것이다.

〈자료 82〉 치외법권 철폐와 재만동포에 영향(《매일신보》, 1936.6.13)

하천사용의 제한과 농자(農資) 융통의 두색(杜塞), 본래 본부 직접의 제반 시설도
금후는 착수 불가능의 우려

만주국에서의 치외법권을 일부 철폐하여 과세와 산업의 법권을 이양한 결과 120만(종래 100만이라 하였으나 근년 격증의 결과 실수는 120만이나 된다 한다)의 재만동포에 미치는 영향은 표면상 그리 없을 것이나 과세만은 금후 3년간 4분의 1을 징수하기로 하여 당분간 부담의 가중이 없다 하여도 농경과 금융의 불리를 면하기 어려우리라 한다. 즉 과세에 있어서는 영업연(營業捐, 영업세), 호별연(戶別捐), 가옥연(家屋捐), 양곡연(糧穀捐, 출곡세), 도살연(屠殺捐) 등 주요 납세의 의무를 지는 외에 지방비, 즉 면비(面費)와 흡사한 촌공소비(村公所費)를 지

방에 따라서는 1천지(天地, 1일경 약 1,800평)에 11원가량이나 부담하게 되어 아무래도 종래에 비하여 가중될 것은 사실이나, 우선은 전기와 같이 3년간은 4분의 1을 징과(徵課)하는 고로 아직 문제가 아니 되나, 제일 중요하고 대타격을 받을 것은 농경에 있어 하천사용과 농자융통이 경색(硬塞)될 것이라 한다. 종래 만주국 측은 조선이민의 수전개간을 환영치는 않더라도 오히려 치외법권이 있었으므로 하천을 비교적 자유로 사용하여왔는데, 금후로 만주국 관헌의 허가를 요하게 되므로 불편이 다대할 뿐 아니라 허가가 되는 경우라도 사무적 조직과 처리가 주밀치 못한 관계로 신청 후 1, 2년을 지나야 귀정(歸正)이라는 일도 있을 것인즉 생도(生途)의 여유가 없는 궁농(窮農)으로서는 그 허가를 얻는 동안에 유리아사(流離餓死)할 지경일 것이요, 금융에 있어서는 현재 농자의 유일한 융통기관인 금융회를 만주국의 금융합작사에 합병하려는 경향이 농후하게 되어, 재만동포는 그 반대운동에 열중하고 있다는데, 원래 금융합작사라는 것은 만인(滿人)의 중류계급인의 금융기관으로 만주중앙은행의 통제하에 조직된 것인바 대부(貸付)에는 반드시 담보를 요한다. 그런데 한편 금융회는 무자력(無資力)한 재만 조선 농민을 대상으로 하는 고로 농무계(農務契)를 조직케 하여 계원 30명의 연대로 무담보 대부를 하여 오는 것이다. 그러면 이제 중류 이상의 유여계급(有餘階級)의 조직일 뿐 아니라 담보대부를 하는 금융합작사에 빈약한 금융회가 합병되는 날이면 실제에 있어 조선 농민의 농자융통은 완전 두색될 말이니 이는 하천사용의 허가제와 아울러 실로 120만 재만동포의 생명선을 제액(制扼)하는 사활 문제라 하여 합병반대운동이 치열해진 소이라 한다. 그리하여 본부 외사과에도 이들 대책을 목하 예의연구 중인데 이외에도 본부로서 크게 두통거리로 하는 바는 종래 연 300만 원의 예산으로 재만동포에 대한 제반 시설을 하여 산업, 교육, 위생 기타 제반 행정을 일원적으로 행하여 왔었는데 치외법권 철폐 후는 총독부와 외무성에서 간섭하기 어려우므로 본부의 300만 원 예산이 있더라도 하등 시설을 행할 수 없는 처지이다. 그래서 외사과에서는 예산편성 시기를 앞두고 근본적으로 여하한 방도로 타개할지 그 대책 수립에 부심 중이라는바, 시급히 하등의 묘안을 얻는 대로 만주국 관동군 외무성 등 각 방면과 절충하게 되리라 한다.

〈자료 83〉 관동군 간부 입경, 총독부와 중요회의, 만주국의 치외법권 철폐 후 재주 조선인 문제로(《동아일보》, 1936.6.17)

만주의 치외법권 철폐와 이에 따르는 재만 130만 인의 조선사람 문제, 특히 교육 문제와 위생시설 영농 등에 관한 문제는 현하의 관심처가 되어 있거니와 종래부터 문제되어 내려오던 수전개척(水田開拓) 등은 조선사람의 손에서 자본과 노력을 던져 만들어 놓고도 결국 분규를 일으키어 오랫동안 영농치 못하게 되는 예가 적지 아니 하였는데, 이러한 문제가 장차 어떠한 방법으로서 귀결될가는 재만동포들의 관심처가 되어 있다 한다.

이 문제 저 문제가 치외법권 철폐로 말미암아 파생될 것은 불문가지의 사실이므로 관동군에서도 이러한 문제가 조선인 만주이민 문제 등에 관한 것을 총독부측과 협의키 위하여 오는 19일에 죽하(竹下) 제3과장과 염택(鹽澤) 참모가 입경키로 되었다.

동 일행이 총독부와 협의한 결과의 여하는 재만 조선사람에게 중대한 영향이 미치게 되므로 주목되고 있다.

〈자료 84〉 치법철폐 후의 제대책협의회(동경)(《동아일보》, 1936.6.26)

대만(對滿)사무국에서는 25일 오후 1시부터 동국 회의식에서 중앙과 현지 관계당국의 만주국에서의 치외법권 철폐 후의 준비협의회를 개최. 현지 측에서 관동군(關東軍) 추영(秋永), 조택(潮澤) 양 참모, 관동국(關東局) 무부(武部) 총장, 조선총독부 상천(相川) 외사과장, 만철에서 궁택(宮澤) 지방부장, 김삼(金森) 서무과장, 만주국 측에서 대달(大達) 총무청장, 고전(古田) 사법부차장, 대평(大坪) 법제처장, 중앙 측에서 청목(靑木) 대만(對滿)사무국차장, 내무, 외무, 대장(大藏), 육군, 농림, 척무, 상공, 문부(文部)의 각성(各省) 관계관 참집(參集).

치외법권은 오는 7월 1일부터 산업행정권과 과세권이 만주국에 위양(委讓)되고 계속하여 축차 경찰권, 만철부속지행정권이 위관(委管)되며, 영사재판권도 철폐되며, 경찰권의 위관(委管)에 수반하여 토목, 위생, 교육 시설의 이양(移讓)에 관하여 현지 측의 구체적 방침을 청취하고 종종 중요협의를 하였다.

또 동 회의는 계속하여 27일까지 속행할 예정이다.

〈자료 85〉 치외법 철폐 후 만주국 대외방침, 외교부대신이 성명(《조선중앙일보》, 1936.7.3)

6월 10일 체결된 일만치외법권 철폐조약은 금일부터 실시되어 재만 일본인은 만주국인과 마찬가지로 거주왕래의 자유와 농공 기타 연업(聯業) 토지소유권을 향유하는 한편, 만주국 과세, 산업법규의 적용을 받기로 되었는데, 만주국 외교부대신은 일본인 이외의 제3국인에 대한 치외법권 철폐 후 방침에 관해 1일 오전 10시 아래와 같이 중대한 성명을 발표하였다.

금차 일본국과의 사이에 일본국 인민의 아국(我國) 내에 있어서의 거주 및 아국의 일본국 인민에 대한 과세 등에 관한 조약을 체결할 시에 있어서 일본 인민 이외의 외국인의 아국 내에 있어서의 지위에 관하여 우리 정부의 견해와 의도를 명백히 하려 한다. 아국 건국에 즈음하여 성명 및 통고를 발하여 열국의 중화민국과의 조약상 향유한 제 권리는 국제법 국제관례에 비추어 차(此) ■…■다. 그런데 어떤 외국은 중화민국과의 조약으로 인하여 중화민국 내에 있어서의 치외법권을 향유할 수 있다할지라도 중화민국에서 분리독립된 아국으로서 중화민국이 부담한 외교의무 중 치외법권과 같은 것은 이를 계승치 못할 것은 국제법 및 국제관례에 비추어 명백하다. 즉 이들 중화민국에서 치외법권을 향유하는 국민이나 그렇지 않은 국민도 아국 내에 있어서의 지위는 어떠한 차별이 없도록 하겠다. 하물며 아국 건국에 즈음하여 성명과 통고를 발한 이래 4개년 이상이나 경과한데도 불구하고 근소한 국가를 제외하고 아직 성명 및 통고에 향응한 국가가 없고, 따라서 전기의 성명 및 통고는 단순히 아국의 대외방침의 목표를 일방적으로 명시한데 그치고, 이를 묵과한 국가에서는 이를 근거로 하여 하등의 이(利)도 주장할 이유가 없음에랴. 그러므로 현재 아국에 있어서의 외국 국민의 지위를 규정할 기준은 오로지 아국의 법령이어서 즉 이들 외국국민은 입국, 거주, 여행, 영업 기타의 사항에 관하여는 아국의 법령에 복종할 것은 당연하다. 그러나 종래 아국은 중화민국에서 치외법권을 가지지 않은 외국인민에 대하여서는 그 업(業)에 급격한 변화를 주는 것을 극력 회피하고, 사실상 어느 범위에서 계속하여 치외법권을 가진 것과 같은 취급을 은혜적으로 베풀어 왔다. 그런데 만(滿)■…■간(間)을 경과하게 되어 ■가를 마침내 강고하게 되고 이미 정치상 정리가 갈수록 더욱 현저한바 있으며, 또 일본국은 1932년(大同 원년) 9월 15일 조인한 일만의정서(日滿議定書)에 의하여 아국에 조약상 치외법권을 가지고 또 아국의 재류 일본국민도 극히 다수에 달하였다. 그 뿐만 아니라 아국에 있어서의 일본의 투자는 이미 거액에 달함에도 불구하고 아국의 건전한 발전을 원조하는 견지에서 그 조약상 향유하는 치외법권을 자발적 점차적으로 철회하게 되었다. (하략)

〈자료 86〉 재만 조선인 관계로 양 당국 중요협의, 치외권 철폐와 제시(諸施) 이양협정 차 만국(滿國) 관계자 금일 착경(着京)(《동아일보》, 1937.10.5)

만주국의 치외법권 철폐 준비는 착착 진행되어 이제 최후 단락에의 시기에 도달했으므로 조선총독부 소관인 재만 조선인의 모든 시설도 만주국에 이양하기로 된다. 그 대강에 대하여는 조선 만주 양 당국 간에 이미 양해가 되어 있는 터로 일반 행정, 교육, 산업 기타 남은 세목협정(細目協定)에 대하여는 만주국과 총독부 간에 최후적 협의를 행하고자 만주국 측 신길(神吉) 총무청차장 이하 각 관계관 13명은 금 4일 오후 2시 31분 경성역착 "노소미"에 입경하여 총독부당국과 중요 타합을 하기로 되있나. 농 협의회는 명 5일부터 2, 3일 간에 걸쳐서 총독부 안에서 속행할 예정인데 그 대강에 대하여는 일만일체(日滿一體), 선만일여(鮮滿一如)의 대방침에 응하여 원만 진행될 것으로서 재만 100만의 조선인에 대하여 만주국 정부가 스스로 보호 지도하는 협정 성립을 보게 될 것이다.

〈자료 87〉 치외법권 철폐에 반(伴)한 재만 조선인 문제, 양 당국협의회 개최(《매일신보》, 1937.10.6)

5일 오후 1시부터 본부 제2회의실에서 만주국 치외법권 철폐에 반한 재만 조선인관계 제

문제 처리에 대하여 선만 양 당국의 타합회를 개최하였다. 본부로부터는 송택(松澤) 외무부장, 고(高)■송(宋), 길만(吉滿) 각 사무관 및 재만 각 파견원이 출석하고 만주 측으로부터는 신길(神吉) 총무청차장, 개천(皆川) 민생부교육사장(民生部敎育司長) 이하 12명이 출석하여 교육, 경찰, 토지, 인사, 이민, 기타 각 문제에 대하여 최후적으로 구제적 협정을 협의하였는데, 6일도 계속하여 회의를 할 터이라 한다.

〈자료 88〉 치외법권 철폐에 반(伴)한 조선인 문제 토의, 조선 만주 당국 회의서
 (《동아일보》, 1937.10.7)

만주국의 치외법권 철폐에 따르는 재만 조선인 보호지도시설의 이양에 관한 만주국과 조선총독부의 협의회 제2일은 6일 오후 1시부터 총독부 제2회의실에서 개최되었는데 새로이 동 회의에서 열석하는 관동군 참모 편창(片倉) 소좌는 오전 10시 55분 경성비행장 도착 여객기로 내성하여 회의에 참여하였는데 회의는 전일의 만주국 측 원안 설명에 계속하여 총독부 측의 의견개진 기타 각 세목에 대하여 선만 양 당국 간에 몇이서 신중한 토의가 속행되었다.

〈자료 89〉 재만 조선인 시설 만주국에 이양, 금일 세목협정 조인 (《동아일보》, 1937.10.9)

만주국에 있어서의 치외법권 철폐에 반한 재만 조선인시설의 만주국 이양에 관한 조만 양 당국 간의 세목협정(細目協定)협의회는 지난 5일부터 총독부에서 신충히 속행되어 이미 대강의 결정을 보아 이에 기한 선만일여(鮮滿一如) 방침과 만주국 건국정신에 의하여 다소의 논의는 교환되었으나 원만한 협정이 되어 작 7일로써 일단 협의를 마치고 금 8일 오후 1시부터 선만 양 당국 출석자대표 간에 3일 동안에 걸친 협정의안문 정리를 행하고 즉시 세목협정이 성립되어 조인을 마쳤다. 이리하여 재만 100만 조선인의 보호지도기관은 근근 완전히 만주국 측에 이양을 보게 되었다. 성립된 세목협정은 직원의 인계, 동 대우, 교육시설,

이민처리, 금융회 기타 산업 일반 행정, 교육 등 각반의 재만 조선인관계 시설의 이양과 장래희망조항 등 17항목에 걸친 것이다. 이에 대하여 송택 외무부장은 다음과 같이 말하였다.

금번의 회의는 치외법권 철폐에 따르는 결정된 대강에 기하여 이 대강에 위반되지 않는 구체적 세목협정을 다하려는 것으로 심히 원만히 세부에 걸쳐 결정한 것이다. 이로부터 만주국 당국도 재만 조선인의 보호지도에 대하여 오족협화의 입장에서 주력하고 총독부로서도 편달토록 금번 협정에도 이편 희망을 말하였다. 금번 회의는 십수인의 만주국 대표자가 와서 회의여가를 보아서 실지로 조선 내 각반의 시설을 보고 조선에 관하여 비상히 인식을 새롭게 한 사람도 있어 금후 재만 조선인의 지도상에 참고 될 줄 안다.

〈자료 90〉 조선인 교육 제 기관 만주국 측에 이양, 단 17교만은 당분간 보류, 치외법권 철폐 조인(《동아일보》, 1937.11.6)

일만친선(日滿親善)에 일시기를 획할 만한 역사적 치외법권 철폐 조인식은 금 5일 무사 종료되었는데, 이 조약에 동반하여 재만 조선인 보호지도시설의 대부분이 만주국에 이양되게 되어 총독부에서 자금 수년 동안을 두고 노력하여 오던 중요현안은 선만일여(鮮滿一如)의 대방침하에 결실을 보게 된 셈이 되었다. 그런데 진기와 같은 결과로 종래 총독부 소관에 속하였던 사무와 인사는 대략 다음과 같은 방침하에 만주국 정부의 소관에 속하게 되었다.

1. 교육 문제

원칙으로 전부의 학교는 만주국에 이양되나 만철 연선의 7교(600명)만은 당분간 보류하였다가 추후 이양한다. 이양 후의 학교는 국민학교(4년제), 국민우급학교(國民優級學校, 2년제)로 하고 교육내용은 지금까지와 변화가 없이 일본인이라는 본질에서 만주국의 구성분자로 교육을 한다. 따라서 교원은 현상 그대로 인계하고 교과서는 총독부 편찬의 교과서의 내용으로 하고, 명의만 만주국 교과서에 대하여 사용한다. 상급 학교에의 입학 혹은 전학 진학은 조선에도 똑같이 행한다.

1. 금융회

전부 만주국 금융조합연합회에 인계시키고 현상의 보조와 같은 보조를 만주국에서도 행한다.

1. 농촌 및 단체부락

이것은 현상 그대로 만주국에 인계시키고 종래 조선 측에서 실행한 방침과 같은 보호무육을 행하여 영농의 안정을 도모한다.

1. 민회

조선인 민회는 해산하여 그 구성원은 만주국 행정의 일부분으로 성 또는 현의 역인이 된다.

1. 위생시설

총독부 관계 병원과 종사원 일체는 원칙으로 현상 그대로 인계되어 의사는 지방행정단체의 촉탁의로서 인계되고 시설은 종전의 정도를 낮추지 않도록 조선인에 대하여 순회 진료를 한다.

1. 인사

교육, 산업, 위생, 금융 기타 외무부관계 일반 행정 사무에 따른 총독부 관계자 1,500명은 만주국 관리로 인계된다.

〈자료 91〉 치외법권 등 철폐조약, 일만(日滿) 간 정식 조인, 내월 1일부터 효력 발생(《동아일보》, 1937.11.6 석간 1면)

【동경전화동맹】

만주국의 치외법권과 만철부속지행정권의 전면적 최종적 철폐 내지 위양(委讓)에 관한 조약안은 지난 1일 일본 측 추부본회의(樞府本會議)에서 만주국 측에서는 임시참의부회의(臨時參議府會議)에서 각기 원안의 가결을 보고 5일 오전 11시 신경(新京) 국무원(國務院)에서 주만(駐滿) 제국전권대사 식전겸길(植田謙吉) 대장, 만주국 국무총리 장경혜(張景惠) 씨 간에 서명 조인을 완료, 동경 신경에서 동일 조약 본문 7조, 부속협정(갑) 6장 23건, 양해사항 9항(을) 6조 양해사항 3항을 공포. 위 조약은 오는 12월 1일부터 효력을 발생키로 되었다.

위에 관하여 외무성에서는 광전(廣田) 외상담(外相談), 외무당국담을 발표하는 동시에 만주국 국무원에서는 국무총리 사법대신 성명, 외무국장관 담을 발표.

치외법권 철폐 경위

【신경 5일발 동맹】

이에 있어서 일만(日滿) 공동현지위원회는 치외법권 철폐 그리고 만철부속지행정권의 조정 내지 위양 준비를 진행하는 한편, 일만 각 기관은 전면적으로 이의 실시에 필요한 제 법령의 정비에 착수하였다. 즉 만주국 실정에 비치어 법권철폐실시에 대하여 아직 타에 유례없는 점진적 철폐를 목적으로 하고, 이를 행정적 부분과 사법적 부분으로 구분, 다시 행정적 부분 중 과세관계 및 산업관계를 이탈시키어 소과(所課) 사항별 점진주의를 취하여 제1차로 조세법규 및 주요 산업법규에 의하고, 제2차로 경제 및 사법법규가 적용되게 되어 만철부속지 행정권의 위양에 요하는 인계와 순서를 좇아 처리할 방침으로 되었다. 그런데 1936년(康德 3. 昭和 11) 6월 제1차 처리로 법권의 일부 철폐가 실시되어 만주국은 일본 신민에 대하여 과세와 주요 산업법규를 적용하는 동시에 계속하여 금회의 전면적 철폐 준비에 착수, 대부분 완성 실시, 기타 행정권 기구도 급속히 정비, 전국 내 치안유지도 철폐기를 목표로 대활동을 한 결과 법권철폐에의 제 조건은 그 대부분이 정비되어 완전 독립국가로서의 신출발을 하게 된 것이다.

만주국 정부 성명 발표

【신경 5일발 동맹】

치외법권 철폐 등에 관한 조약 체결에 즈음하여 만주제국정부 성명은 아래와 같다.

이번 일만(日滿) 두 제국 간에 조인된 조약은 지난 번 아국 내에 있는 일본제국신민의 과제 및 산업에 관한 아국 법령에 복(服)할 것을 승인한 조약과 상합(相合)하여 아국에 있는 일본제국의 치외법권을 전면적으로 철폐, 남만주철도 부속지 행정권을 완전히 위양하려는 것으로 위는 널리 아국의 건전한 발달을 촉진시키려는 일본제국의 호의적 조치에 기하는 것으로 제국정부의 실로 감패불이(感佩不已)하는 바이다.

그러나 아국은 일본제국과의 일체불가분 관계를 조국(肇國)의 이상으로 하고 오족협화로 왕도낙토의 실현을 조국(肇國)의 국시(國是)로 하였다. 이에 있어서 상제실(上帝室)은 일본제국의 황실과 정신일체라는 성지(聖旨)를 봉대(奉戴)하고 제국정부 만단(萬端) 시정은 지나정부와 제휴치 않은 것이 없이 '하만민역우호국민(下萬民亦友好國民)'과 '일국일심(一國一心)'을 서원(誓願)치 않는 것이 없다.

그런데 이번 조약 체결로 아국 내에 있는 일본제국의 신민은 아국민과 우락상분(憂樂相分), 심지상균(心志相均), 아국 구성분자인 실(實)을 비(備)하여 오족상호협력, 낙토달성에 매진하게 되었다. 일만(日滿) 양국의 일체불가분 관계는 점점 더 공고를 가하게 된 것은 정부의 흔쾌로 아는 바이다. 번(翻)하여 보건대 남린(南隣) 민국정부는 세계적화정책 마수에 분롱(奔弄)되어 호랑(虎狼)을 유인하여 혼란을 야기하는 폭거를 감히 하여 일본제국으로 하여금 아세아 숙정(肅正)의 의전(義戰)을 일으키지 않을 수 없게 하였다. 이때 당하여 일만 양 제국의 일심일덕(一心一德)이 현양(顯揚)되어 일체불가분의 관계가 찬연히 광휘 있음은 그 의의 실로 심장차중(深長且重)■■할 것이다.

만약 이번 원만에 ■■■는 아국 통치권의 운영에 당하여 사법권의 독립을 존중할 것은 물론 경찰권 기타 행정권에 대하여서도 조약 체결 주지에 비추어 아국 통치의 근본정책에 즉하여 유루(遺漏)없기를 기함으로써 지나의 대승적 조치에 응수함이 있을 것이다.

그런데 아국 국내에 있는 일본제국 이외의 외국인 지위에 관하여서는 1936년(康德 3) 7월 1일 외교부대신의 성명으로써 제국정부의 견해 및 의도를 명확히 하여 둔 바인데 제국정부는 이 기회에 전기 외국인에 대(對) 제국하여서도 치외법권적 취급은 이를 폐지하려 한다. 제국정부는 이들 외국인에 대한 법령의 족용 기타 처우에 대하여서는 공종한 태도로 정당한 권리이행에 용의(用意)할 것은 많은 말이 필요 없다.

1937년(康德 4) 11월 5일
만주제국 국무총리대신
장경혜(張景惠)

남(南) 총독 담(談)

만주국의 치외법권 철폐 및 남만철도부속지 행정권 이양에 관한 일만조약 조인에 관하여 남 총독은 재만(在滿) 당시의 감회도 깊어 5일 흔연 아래와 같이 말하였다.

만주의 치외법권 철폐가 양국의 조약으로 실현하게 된 것은 실로 감개무량하다.

내가 일찍이 만주국 주재 전권대사 겸 관동군 사령관으로 부임하였을 때 만주국과 일본과는 만주국 건국의 정신과 그 유래 및 일만의정서 주지에 기하여 만주국의 치외법권은 당연 철폐되는 것으로 또 남만철도부속지 행정권은 만주국에 이양될 것이라는 대정신으로써 만주국에 임한다는 결심하에 당시 강전(岡田) 수장 및 광전(廣田) 외상에게 그 뜻을 전하였던 것이다. 당시부터 본 문제는 즉시 착수되어 가급적 빠른 시기에 그 실현을 기약하기를 성명한 것이다. 이래 일의전심(一意專心) 일만 양국의 불가분관계를 강화 혹은 병제(兵制)문제로 혹은 경비문제로 혹은 일만 공동경제위원회의 설치, 일만 우편협정, 선만 관세협정 등 착착 이의 실현을 보고 치외법권 철폐에 대한 양국 관계는 관동군 및 만주국 정부 간에는 항상 긴밀관계하에 비상한 노력으로써 진행되고 있었다. 그것이 만주국 독립이래 만 5개년 8월로 이에 양국 정부 간의 완전한 조약이 성립, 치외법권 철폐 그리고 만철부속지행정권이 환부되게 된 것은 세계역사상 미증유의 광휘있는 기록이다.

아일본도 명치 초년 개국 진취의 국시를 정한 이래 이십 수년간 쓴 역사를 경과한데 불구하고 만주국과 일본 간에는 극히 근소한 시국에서 양국 정부의 완전한 이해하게 이 대사업이 완성된 것은 첫째로 도양평화의 기초를 확립하려 하는 정의(正義) 관념에 기한 것과 만주국의 국내 서정(庶政) 정비, 그 실력의 비약적 진보를 한 결과에 불외(不外)하다. 그것은 ■보다도 금일의 만주국 실체를 ■■■이 즉시 수긍할 수 있는 바로 그 인접한 중화민국이 종시 국내 소요 때문에 아직 그 어느 외국과의 치외법권도 철폐되지 못한 것으로 보아 우리들 만주에 특수한 관심을 가진 자, 특히 목하 조선에서 선만일여(鮮滿一如) 방침으로 치정(治政)의 국(局)에 있는 자기로서 감개무량의 것일 뿐 아니라 충심(衷心)으로 흔쾌불감(欣快不堪)하는 바이다.

아국을 위하여서도 획기적인 경하(慶賀)할 터인데 특히 만주국으로 보아서는 크게 축배를 들 일이다. 이에 이르기까지의 양국 정부 당사자 및 각종 기관의 협력동작은 실로 광휘 있는 성과를 수득하였다고 할 것이다.

조인식 거행

【신경 5일발 동맹】

일본 정부는 일만 양국 불가분관계로 일층강화하려 1935년(昭和 10) 8월 만주국에서 향유하는 일본의 특권 즉 치외법권 철폐 그리고 만철부속지행정권 위양 조정을 단행하여 만주국에 완전독립의 체제를 주기로 결정 작년 이미 이 일부 철폐 위양을 다시 전부의 철폐를 단행키로 되어 5일 오전 10시부터 신경에서 이에 반하는 조약의 역사적 조인식이 엄숙히 거행되었다. 조인식 날 국도(國都) 신경은 이 성의(盛儀)를 맞아서 일층 명랑, 정각 30분 전 일본 측 관헌, 만철관계자 만주국 측 각 대신, 각 참의, 각부 차장 기타 재경 정부 관계관은 속속 조인식장인 국무원 대강당에 참집, 만주국 측의 장 국무총리대신은 성야(星野) 총무장관, 신길(神吉), 곡양(谷兩) 차장, 송목(松木) 법제처장 등 수원(隨員)과 함께 식장에 들어온 다음으로 일본측 조인자 식전(植田) 특명전권대사는 택전(澤田) 참사관, 영목(鈴木) 해군무관, 무부(武部) 관동국 총장 이하가 식장에 도착. 이같이 9시 55분 일만조인자는 식장 중앙의 대탁자를 격하여 착석, 조약문 4통에 서명조인을 하고 다음으로 전권은 일만문 각 1부의 조약문을 교환 무사조인의 대임을 끝내었다. 다음으로 장 총리대신은 일어나서 별항의 인사진술, 이에 대하여 식전(植田) 대사는 축사를 진술. 이에 역사적 조인의 성의(盛儀)를 종료. 일동 3편배(鞭杯)를 들고 기념촬영 후 획기적 조인식은 이에 삽체(澁滯) 없이 종료.

〈자료 92〉 조약문 내용(《매일신보》, 1937.11.6, 석간 1면)

만주국의 치외법권 철폐와 만철부속지행정권 위양(委讓)에 관한 일만(日滿) 양국 간 조약 전문은 5일 오전 11시반 아래와 같이 발표되었다.

대일본제국정부는 1936년(昭和 11) 6월 10일, 즉 강덕(康德) 3년 6월 10일 조인한 만주국에서의 일본국신민의 거주와 만주국의 과세 등에 관한 일본국 만주국 간 조약 전문(前文)의 취지에 의하여 또 해당 조약 실시의 성적과 만주국의 법령과 제 제도정비의 상황에 비추어 보아 일본국이 현재 만주국에서 가지고 있는 치외법권을 완전히 철폐하고 또 만철부속지행정권을 전반적으로 위양하기로 결정한 것에 의하여 만주국정부는 위 일본국정부의 결정에 대응하여 그 건국의 본지(本旨)에 따라서 만주국에서의 일본국신민의 안주발전(安住發展)을 일층 확보 증진하기 위하여 필요한 일체의 보장을 부여하게 되었음에 의하여 양국 정부는 일본이 현재 만주국에서 가지고 있는 치외법권 철폐와 남만주철도 부속지 행정권 위양에 관하여 양국 간의 관계를 규율하기 위하여 아래와 같이 협정하였다.

제1조 일본국 정부는 현재 일본국이 만주국에서 향유하는 치외법권을 본 조약 부속협정의 소정한 바에 따라서 철폐함.

제2조 일본국 정부는 남만주철도 부속지 행정권을 본 조약 부속협정의 소정한 바에 따라서 만주국 정부에 이양함.

제3조 일본국 신민은 만주국의 영역 내에서 본 조약 부속협정의 소정한 바에 따라서 동국의 법령에 복(服)함.

전항의 규정 적용에 관하여 일본국 신민은 여전(如前)한 경우에 있어서라도 만주국 인민에 비하여 불이익한 내우를 받을 수 없음.

전 2항의 규정은 이를 법인(法人)에 적용할 수 있는 한 일본국 법인에 적용할 수 있음.

제4조 일본국 법령에 의하여 성립된 회사 기타 법인으로 본 조약 실시 당시 만주국의 영역 내에 본점 또는 주요 사무소를 가지고 있는 자는 본 조약의 실시와 동시에 만주국 법령에 의하여 성립하는 동종(同種)의 회사 기타의 법인 또는 가장 이에 유사한 법으로 인정함. 만주국 정부는 일본국 법령에 의하여 성립된 회사 기타의 법인으로 본 조약 실시 당시 만주국의 영역 내에서 지점 또는 종사사무소를 가지고 있는 자의 성립을 승인함.

제5조 본 조약의 규정은 일만(日滿) 양국 간의 특별약정에 기(基)한 특정의 일본국 신민 또는 법인의 권리, 특권, 특전과 면제에 영향을 미치지 않음.

제6조 본 보약은 1937년(昭和 12) 12월 1일 즉 강덕 4년 12월 1일부터 실시함.

제7조 본 조약의 정문(正文)은 일본문과 한문으로 하고, 일본문 본문과 한문 본문 간에 해석을 달리하는 때는 일본문 본문에 의하여 이를 결정함.

위 증거로 하명(下名)은 각 본국 정부로부터 정당한 위임을 받고 본 조약에 서명 날인함. 1937년(昭和 12) 11월 5일 즉 강덕 4년 11월 5일 신경(新京)에서 본서 2통을 작성함.

대일본제국특명전권대사
식전 겸길(植田 謙吉)
만주제국국무총리 장경혜(張景惠)
(부속지 협정 및 양해 사항은 생략함)

〈자료 93〉 만주국 치법철폐 9일 관보로 공포(《동아일보》, 1937.11.11, 1면)

지난 5일 신경(新京)에서 서명 조인을 종료한 만주국에서의 치외법권 철폐 그리고 남만주철도 부속지 행정권 이양에 관한 조약, 동 부속서는 어재가를 거쳐 9일 관보에 공포되었다.

〈자료 94〉 만국(滿國) 치법(治法) 철폐(《매일신보》, 1937.12.2)

제국의 만주국의 치외법권 철폐와 만철부속지 행정권 이양(移讓)은 지난 11월 5일 신경에서 조인된 만주국의 치외법권 철폐와 남만주철도 부속지 행정권 이양에 관한 조약에 따라서 드디어 1일부터 전면적으로 실시되었다. 일만 양 국민이 함께 관심을 품고 있던 난사업(難事業)도 건국 이래 수년이 못되어 이를 처리한 것으로 되어서 일만일체(日滿一體)의 의의 있는 ■는 이에 더욱 공고하게 되었고, 때마침 이태리의 만주국 승인과 함께 동아의 신흥국으로서의 동국의 존재는 더욱 명랑하여 우내(宇內)에 빛나게 되었다. 이는 만주국 건국 이래 자자(孜孜)히 제반 제도를 정비충실하고 서정쇄신에 최선의 노력을 쏟은 것에 의한 것임은 물론이나 일만 양국 관민의 최선의 협력이 이것을 재래(齎來)한 것이어서 이에 의하여 금후 더욱더 일만 양국의 불가분관계는 강화되고 국제 방공(防共) 진영의 강화에 의하여 일반 양국의 세계적 평화, 동양안정의 기여에 큰 것이 있으리라고 기대된다.

〈자료 95〉 치외법권의 철폐, 전면적 실시를 단행(《동아일보》, 1937.12.2, 석간 1면)

제국의 만주국에의 치외법권 철폐와 만철부속지 행정권 이양은 지난 11월 5일 신경(新京)에서 조인되었다.

「만주국에의 치외법권 철폐 및 남만주철도 부속지 행정권 이양에 관한 조약」에 쫓아 드디어 1일부터 전면적으로 실시하게 되었는데, 일만(日滿) 양 국민이 다같이 관심을 품고 있던 어려운 사업도 건국 이래 수년을 불출(不出)하여 이를 처리케 되어 일만일체(日滿一體)로 의의 있는 계기는 이에 공고케 된 중, 때마침 이태리의 만주국 승인과 함께 동아신흥국으로서의 동국(同國)의 존재는 환연(煥然)히 우내(宇內)에 빛나게 되었다. 이것은 만주국 건국 이래 자자(孜孜)히 제반 제도를 정비 충실하게 하여 서정쇄신(庶政刷新)에 최선의 노력을 한 데 의한 것은 물론 일만 양국 관민의 협력이 이를 가져온 바로 이로 하여 금후 더욱더 일만 양국 불가분관계(不可分關係)는 강화되어 국제 방공(防共) 진영의 강화로 일만 양국의 세계적 평화, 동양안정 기여에 큰 것이 있는 것으로 기대되어 있다.

〈자료 96〉 금일부터 치외법권 철폐, 경찰권도 완전히 이장(移掌), 아직 벽지 농민에겐 익지 않아 우려, 금후 문제는 신기구 운용 여하(《동아일보》, 1937.12.2)

금일을 기하여 전만(全滿) 행정기구는 완전히 변혁되어 각 기관의 배합, 인사이동 등 대변동을 보이게 되었는데 그중에 치외법권 철폐의 도미(掉尾)를 장식하는 경찰권 이장(移掌)은 재류 반도동포의 생활제도에 일대 변동을 가져올 것으로 크게 주목된다. 특히 사실상 종래부터 만경관리(滿警官吏)와의 접촉이 "델리케이트"하였던 반도동포는 신기구(新機構) 운용상 우려되는 점이 적지 아니하여 벽지 재주동포의 느끼는 우려는 자못 심각한 바가 있어 이의 만전을 기하도록 당국에 절실히 바라는 바가 있다.

그리고 치외법권에 오랫동안 익어 살아온 이주 조선 농민의 금후에 있어서의 대관청(對官廳) 관념을 고침도 중요성을 가지는 것으로서 당국의 이에 대한 이해(理解) 있는 지도를 바람은 물론 이민의 상호계발에 의한 마찰면 회피도 또한 긴요한 것이다.

금 1일을 복하여 전만에 거행되는 치외법권 철폐 축하대회는 비상시국에 일층의 긴장을 더하는 경사라 할지나 만일 그 이면에 순박한 농민에의 몰이해의 편견적 취급이 있을 지경이면 의의 있는 이 출발에 누(累)를 먼 장래에까지 미치게 하는바 없지도 않을 것이다.

황무지에 괭이를 들고 나서 개척에 힘쓰기 80년 참으로 만주개척에 큰 공로 있는 한 분자인 반도동포의 생활향상을 위하여 지도적 지위에 있는 일본 애지인 상층부의 큰 관심을 요할 것이라고 한다.

치외법권 철폐의 부르짖음이 외쳐진 지 이미 2개년 지방 여러 곳에서 일어난 불상사에 비추어 보아 본도 이주농민의 우려가 아직 일소(一掃)되지 않아 그 실적은 금후의 신기구 운용 실제에 있다 하여 재만동포가 크게 주목하는 바이다.

〈자료 97〉 근위(近衛) 수상의 방송요지, 만주국 치외법권 철폐에 대해(東京)(《동아일보》, 1937.12.3, 석간 1면)

근위(近衛) 수상은 1일 만주국에 대한 치외법권 철폐 및 만철부속지 행정권 이양에 관한 일만(日滿)조약의 실시를 축하하고 동일 오후 7시 45분 수상관저 총리대신실에서 마이크를 통하여 전국중계로써 아래와 같은 대요의 라디오방송을 행하였다.

만주국에 대한 치외법권의 철폐 및 만철부속지 행정권 이양에 관한 일만(日滿) 양국 간의 조약은 드디어 본일로써 실시 불가분의 관계를 일층 강화시킨 것은 양국을 위하여 참으로 경하에 불감(不堪)하는 바이다.

회고컨대 만주국이 성립되자 아제국은 일만선린불가분(日滿善隣不可分)의 관계에 입(立)하여 만주국이 독립국으로서 건실한 발전을 함에 협력하는 것을 국책으로 하고 한편 만주국은 오족협화(五族協和), 일만 양국의 우호관계로써 건국의 이상으로 하였다.

이래 양국은 더욱더 친선제휴의 실(實)을 양(揚)하여 만주국은 착착 소기의 성과를 납득한 결과 아국으로서는 이미 만주국에 대하여 치외법권을 향유, 만철부속지행정권을 소유한 필요를 인정하지 않게 되었다. 즉 아국은 나아가 철폐 이양을 하는 것으로 만주국은 독립국가의 존엄을 중외(中外)에 선양하는 동시에 일만 양국의 친선은 더욱 현저한 약진을 보게 되었다.

이같이 왕년 동양 불안의 진원지로 지목되는 만주는 현재는 일변하여 동양평화의 확호(確乎)한 초석으로 된 것은 멀리는 일청·일러의 양 전역, 가까이는 만주사변의 원인을 회고하는 때 실로 감개무량한 것이 있다.

이번 지나사변에 즈음해서도 거국적으로 아제국의 공정타당한 진의를 이해하고 또 일만 공동방위의 견지상 변경방비에 일본군의 작전에 협력한 것은 동아평화를 확립, 세계평화에 공헌함을 기원하는 우리들에게는 실로 든든히 생각하는 바이다.

원래 치외법권의 철폐는 지나가 국민혁명의 일대목표로 부단히 주장해 온 것인데 그 그릇된 배외운동(排外運動)이야말로 적화마수(赤化魔手)에 조종되어 배일 항일 정책이 재래(齎來)한바 이번 사변의 발생을 보게 된 것이다. 이 결과 지나의 치외법권 철폐 실현과 같은 것은 무망(無望)인 상태로 되어 있다. 이에 비교하여 만주국은 건국 이래 겨우 6년 만에 이 어려운 사업의 완성을 보게 되었다. 이 양자의 대조야말로 지나가 바로 보고 반성할 엄연한 사실로 지나가 우리 쪽 진의를 양해하고 일만지(日滿支) 삼국 친선제휴를 초래한다고 하면 동양평화 확립은 이에 바랄 수 있게 될 것이다.

〈자료 98〉 치외법권 철폐[작금의 화제](《동아일보》, 1937.12.3, 조간 3면)

만주국에 대한 치외법권 철폐는 1일에 전면적으로 실시하게 되었다고 보도되었는데 치외법권이란 것은 어떤 것인가.

치외법권이란 것은 어떤 일국의 국민이 타국에 체재 중 그 나라의 통치권 전부 또는 대부분에 복종치 않는다는 권리를 지칭하는 것인데 원칙으로 원수(元首)·외교관 및 그 종자(從者), 군함 등은 이 권리를 가지고 있다. 즉 국가로 대등으로서 보호 종속(從屬) 등 특별한 관계가 없는 이상, 타국 주권에 복종하지 않고 따라서 일국을 대표하여 외국에 체재(滯在)하는 때는 당연 대등지위에 있는 것이 원칙이다. 그러나 예외로서 치외법권의 하나로 드는 영사재판권(領事裁判權)이란 것이 있는 것, 현재 열국이 지나(支那)에 가지고 있는 것이 그것인바 그 결과로서 조행(條行)에 의하여 어떤 정도의 치외법권을 보통의 외국인에게도 인정하는 수가 있다.

일본이 만주국에 기지고 있는 치외법권도 실은 조약상 결정에 의하여 승인된 것으로 그는 일러전쟁 후 러시아에서 계승한 만철부속지의 행정권을 비롯하여 만주국내의 과세권, 산업법규 적용권, 경찰권 및 우정권(郵政權) 등이 있다.

여하간 과거 30여 연간 향유하여 왔던 특권을 철폐하여 만주국의 생장(生長)에 적극원조하려는 것이 제일 주안(主眼)이다. 지난 1936년 1월의 과세권 이양을 비롯하여 명년 초두에는 영사재판권 철폐를 최후로 만주국에 대한 치외법권을 완전히 철폐하게 되리라고 관측된다.

그런데 이번 치외법권에 의하여 영, 미, 불(佛) 기타 각국이 금후에 어떠한 대우를 받게 되느냐는 문제에 있어서는 1, 2의 예외를 제하고는 대개가 무조약국(無條約國)이므로 일본인 이상의 특권은 도저히 가질 수 없다는 취지하에서 금후의 취급을 하리라고 전한다.

〈자료 99〉 만주국에서의 치외법권의 철폐 및 남만주철도 부속지 행정권의 이양에 관한 일본·만주국 간 조약 및 부속협정(박환·박호원, 『일본제국의 양면; 탄압과 회유 재만조선총독부시설기념첩』, 민속원, 2017, 45~54쪽)

조약

짐은 참의부(參議府)의 자문을 거쳐 재가한 1937년(康德 4) 11월 5일 신경(新京)에서 본국 국무총리대신이 대일본제국 특명전권대사와 함께 서명 조인한 만주국에서의 치외법권의 철폐 및 남만주철도 부속지 행정권의 이양에 관한 일본과 만주국 간의 조약을 이에 공포하노라.

1937년(康德 4) 11월 5일
국무총리대신　장경혜(張景惠)
치안부대신　　우지산(于芷山)
민정부대신　　손기창(孫其昌)
사법부대신　　장환상(張煥相)
산업부대신　　여영환(呂榮寰)
경제부대신　　한운계(韓運階)
교통부대신　　이소경(李紹庚)

조약 제2호

「만주국에서의 치외법권 철폐 및 남만주철도 부속지 행정권의 이양에 관한 일본 만주국 간 조약」

　대일본제국 정부는 1936년 6월 10일, 즉 강덕(康德) 3년 6월 10일 조인한 만주국에서의 일본 신민의 거주 및 만주국의 과세(課稅) 등에 관한 일본과 만주국 간의 조약 전문의 취지에 따라, 또 이 조약 시행의 성과와 만주국의 법령 및 여러 제도의 성비 상황을 고려하여 일본이 현재 만주국에서 지닌 치외법권을 완전히 철폐하며 또 남만주철도 부속지 행정권을 전반적으로 이양할 것을 결의함에 따라

　만주제국 정부는 이런 일본 정부의 결정에 대응하여 그 건국의 본지(本旨)에 따라 만주국에서 일본 신민의 안주와 발전을 일층 확보 증진하는 데 필요한 일체의 보장을 부여할 수 있도록 함에 따라

　양국 정부는 일본이 현재 만주국에서 지닌 치외법권의 철폐 및 남만주철도 부속지 행정권의 이양에 관한 양국 간의 관계를 규율하고자 다음과 같이 협정한다.

　제1조 일본 정부는 현재 일본이 만주국에서 지닌 치외법권을 본 조약의 부속협정이 완비

되는 데 따라 철폐한다.

제2조 일본 정부는 남만주철도 부속지 행정권을 본 조약의 부속협정이 완비되는 데 따라 만주국 정부로 이양한다.

제3조 일본 신민은 만주국의 영역 내에서 본 조약의 부속협정이 완비되는 데 따라 만주국의 법령에 따른다.

전항의 규정 적용에 관해 일본 신민은 어떤 경우에서도 만주국 인민보다 불이익한 대우를 받아서는 안 된다. 전 2항의 규정은 이를 법인(法人)에 적용할 수 있는 한 일본 법인에도 적용하도록 한다.

제4조 일본 법령으로 성립한 회사 기타 법인으로서 본 조약 실시 당시 만주국의 영역 내에 본점 또는 주요한 사무소를 지닌 것은 본 조약의 실시와 동시에 만주국 법령으로 성립한 동종의 회사, 기타 법인 또는 가장 유사한 법인으로 인정한다.

만주국 정부는 일본 법령으로 성립한 회사, 기타 법인으로서 본 조약 실시 당시 만주국의 영역 내에 지점 또는 종속된 사무소를 지닌 곳의 성립을 승인한다.

제5조 본 조약의 규정은 일본과 만주 양국 간의 특별 약정에 기초하여 특정 일본의 신민 또는 법인의 권리, 특권, 특전 및 면제에 영향을 미치지 않도록 한다.

제6조 본 조약은 1937년 12월 1일, 즉 강덕 4년 12월 1일로부터 시행된다.

제7조 본 조약의 정문(正文)은 일문 및 한문으로 하되 일문 본문과 한문 본문 사이에 해석을 달리할 때는 일본문 본문에 따르도록 한다.

이의 증거로서 아래의 서명은 본국 정부로부터 정당한 위임을 받아 본 조약에 서명 조인한다.

1937년 11월 5일, 즉 강덕 4년 11월 5일 신경에서 이 글대로 작성함

만주제국 주차 대일본제국 특명전권대사 우에다 겐키치(植田謙吉)
만주제국국무총리대신 장경혜(張景惠)

부속협정(갑)

이번 만주국에서 치외법권의 철폐 및 남만주철도 부속지 행정권의 이양에 관한 일본과 만주국 간의 조약에 서명함에 임하여 양국의 전권위원은 다음과 같이 협정한다.

제1장 재판 관할

제1조 만주국에서의 일본 신민을 위해 둔 영사재판제도는 조약 실시와 동시에 끝나며 이후 일본 신민은 만주국의 재판관할권에 복속한다.

제2조 만주국 정부는 일본 신민의 신체 및 재산에 대해 국제법 및 법의 일반 원칙에 적합한 재판상의 보호를 보장할 것임을 약정한다.

제3조 조약 실시 당시 일본 영사재판소에서 미결된 민사 및 형사소송 사건 및 비송(非訟) 사건에 관해서는 인계를 종전의 관례에 따라 처리해야 하며 일본의 재판 관할권은 이 목적에 대해 충분한 효력을 지속한다.

전항의 규정에 따라 처리해야 할 사건에 관해서는, 만주국 해당 관헌은 일본 해당 관헌의 청구에 응해 해당 사건에 관한 일체의 사항에 대해 원조해야 한다.

제4조 조약 실시 전의 일본 신민의 행위에 대해서는 이 행위가 행위 당시 일본 형벌법규에 저촉하면서 동시에 만주국 형벌법규에 의해서도 범죄가 성립된다든지 또는 일본이 일본 신민에 적용될 것을 승인한 만주국 형벌법규에 저촉하는 때만 만주국재판소는 이에 관한 사건을 심리 재판할 수 있다.

만주국 정부는 전항의 일본 신민의 범죄 행위에 대해서는 일본 법령에 의할 경우로부터 다시 처단하지 않을 것을 약정한다.

제5조 일본 신민이 만주국 영역 내에서 조약 실시 전 범한 일본 형법 제73조 또는 제79조, 제81조 또는 제89조와 제197조의 죄 및 치안유지법 위반죄에 대해 만주국 정부는 범인을 증거물과 함께 일본 정부로 인도한다.

제6조 조약 실시 당시 일본영사관에서 수사 중인 형사사건으로 만주국 법령에 따라 처벌해야 할 사항은 이를 서류 및 증거물과 함께 만주국 해당 관헌에게 인계한다.

전항의 규정에 따라 인계된 사건에 관해 만주국 정부는 그 인계 전 일본 법령에 따라 작성한 고소, 고발, 자수 및 수사 절차에 대해 만주국 법령에 따라 작성한 것과 같은 효력을 인정한다.

제7조 만주국 정부는 조약 실시 전 일본 법령에 따라 작성된 채무 명의(名義)의 효력을 승인하며 본 협정 제3조 제1항의 규정에 따라 처리할 사건에 관해 작성된 것에 대해서도 또한 같다.

제8조 만주국 정부는 조약 실시 전 일본영사관이 일본 법령에 따라 작성한 등기에 대해 만주국 해당 관헌이 만주국 법령에 따라 작성한 것과 같은 효력을 인정한다.

제2장 남만주 철도 부속지의 행정

제9조 일본 정부는 조약 실시와 동시에 남만주철도 부속지의 과세, 경찰, 통신, 기타 행정을 만주국 정부에 이양한다.

제10조 만주국 정부는 전조의 규정에 따라 행정의 이양이 있었던 후에는 남만주철도 부속지의 행정을 행함에 있어 일반문화의 향상 및 산업의 진전 등을 저해하지 않도록 적당한 조치를 마련할 것임을 약정한다.

제11조 남만주철도 부속지의 행정 이양 시 일본 정부의 과세권에 속하는 조세는 만주제국 주차 대일본제국 특명전권대사와 만주제국 국무총리대신 간에 협의 결정한 바에 따라 만주국 정부에서 이를 부과 또는 징수한다.

전항의 규정에 관련하여 만주국 정부는 만주제국 주차 대일본제국 특명전권대사와 만주국 국무총리대신 간에 협의 결정된 바의 금액을 일본 정부에 교부한다.

제3장 경찰 기타의 행정

제12조 일본 정부는 조약 실시와 동시에 만주국 영역 내의 일본 신민에 대한 경찰 기타의 행정을 행하여야 하며, 이후 일본 신민은 만주국의 경찰 기타 행정에 복종해야 한다. 만주국 정부는 일본 신민에 대해 경찰 기타의 행정을 행하는 데 있어 일본 신민의 신체 및 재산의 보호에 관한 일체의 보장을 부여할 것임을 약정한다.

제13조 조약 실시 당시 일본 해당 관헌이 처리 중인 경찰 기타의 사건은 서류와 함께 원칙으로서 만주국 해당 관헌에 인계한다.

제4장 신사(神社), 교육 및 군사에 관한 행정

제14조 만주국 정부의 조약 실시 후 만주국 영역 내에서 일본 또는 그 신민이 일본 법령에 따라 신사를 설치한 것 및 일본 정부가 그 신사에 관한 행정을 시행하는 것을 승인한다.

제15조 만주국 정부는 일본 신민에 대해 시행하는 교육행정에 관해 중요한 사항에 대해서는 당분간 미리 만주국 주차 대일본제국 특명전권대사와 만주제국 국무총리대신 간에 협의 결정한 바에 따를 것을 약정한다.

만주국 정부는 만주제국 주차 대일본제국 특명전권대사와 만주제국 국무총리대신 간에 협의 결정한 바에 따라 조약 실시 후 당분간 만주제국 영역 내에서 일본 또는 그 신민이 일본 법령에 따라 학교 기타의 교육시설을 개설, 경영 또는 관리하는 것 및 일본 정부가 일본 신민의 교육에 관한 행정을 시행하는 것을 승인한다.

일본 정부는 전항의 학교 기타의 교육 시설의 개설, 경영 또는 관리를 위해 만주국 영역 내에서 일본 법령에 따라 공법인(公法人)인 학교조합 및 학교조합연합회를 설치할 수 있으며, 만주국 정부는 이런 학교조합 또는 학교조합연합회의 성립을 승인한다.

제16조 만주국 정부는 조약 실시 후 일본 정부가 만주국 영역 내에서 일본 신민에 대한 징병, 복역, 소집 등 군사에 관한 행정을 시행하는 것을 승인한다.

제17조 본 장의 규정에 따르는 일본 법령의 적용으로서 사법 절차에 따라야 하는 것은 일본 사법 관헌에서 이를 시행한다.

제18조 만주국 정부는 본 장의 규정에 따르는 일본 법령의 적용을 원조해야 하며, 또 이를 위해 일본과 만주 양국의 해당 관헌 간에 협의 결정한 바에 따라 필요한 조치를 마련할 것임을 약정한다.

제5장 시설 및 직원의 인계

제19조 만주국 정부는 치외법권의 철폐 및 남만주철도 부속지의 행정 이양에 수반하여 만주제국 주차 대일본제국 특명전권대사와 만주제국 국무총리대신 간에 협의 결정한 바에 따라 관계된 일본 측의 시설(토지, 건물 및 부속된 여러 설비를 포함) 및 직원

을 원칙으로 조약 실시 당시의 상태로 인계한다.

제20조 만주제국 정부는 조약 실시 전 일본 해당 관헌이 일본 법령에 따라 처리한 인가, 허가, 면허 등의 행정 처분에 대해 만주국 해당 관헌이 만주국 법령에 따라 처리한 것과 같은 효력을 인정한다.

만주국 정부는 전항의 행정 처분에 대해 만주국 법령과 일본 법령 간에 그 조건을 달리하는 경우에는 일정한 유예기간을 마련하여 해당 행정 처분을 받은 자로서 만주국 법령이 정한 조건에 따르도록 할 수 있다.

제21조 일본 정부는 본 협정의 시행에 필요한 사법, 경찰, 과세, 통신, 기타에 관한 기록, 등기부, 도면, 증서, 기타의 물건을 만주국 정부에 인도한다.

제22조 본 협정의 시행에 관한 세목은 필요에 따라 만주제국 주차 대일본제국 특명전권대사와 만주제국 국무총리대신 간에 협의 결정한다.

제23조 본 협정은 조약과 동시에 시행된다.

위 증거로서 양국 전권위원은 본 협정에 서명 조인한다.
1937년 11월 5일, 즉 강덕 4년 11월 5일 신경(新京)에서 이를 작성함

만주제국 주차 대일본제국 특명전권대사 우에다 겐키치(植田謙吉)

만주제국 국무총리대신 장경혜(張景惠)

만주국에서 치외법권의 철폐 및 남만주철도 부속지 행정권의 이양에 관한 일본과 만주국 조약 및 부속협정(갑)에 관한 일만 양국 전권위원 간 요해 사항

제1 조약 제3조 및 부속협정 제1조에 붙여

1. 일본 신민의 신분에 관한 사항에 대해 만주국재판소는 일본 법령에 준거한다.
2. 만주국 정부는 조약 실시 당시 일본 신민이 일본 법령 또는 관행에 따라 현재 누리는 권리 또는 이익의 보호에 대해 필요한 조치를 마련한다.

제2 조약 제4조에 붙여

1. 만주국 정부는 본조의 규정에 따라 법인의 성립을 인정함에 하등의 수수료를 징수하지 아니한다.
2. 만주국 정부는 본조의 규정에 따라 법인의 성립을 인정한 것에 대해 현재 누리는 경감세율(輕減稅律)의 이익을 보호한다.

제3 부속협정 제3조에 붙여

1. 본조 제1항의 규정에 따라 처리해야 하는 사건은 조약 실시 전 일본영사관에서 취급한 사건 및 본조 제1항의 규정에 따라 일본영사관이 취급하는 사건에 관련하여 발생하는 이후의 절차를 포함하는 것으로 한다.
2. 본조 제1항의 규정에 따라 일본영사관이 행하는 사법 절차에 관련하여 발생하는 형사사건은 본조 제1항의 사건과 똑같이 처리하도록 한다.

제4 부속협정 제8조에 붙여

만주국 정부는 일본 법령에 따라 작성된 등기에 대한 부동산의 권리는 만주국 법령에서 동종의 권리 또는 가장 이와 유사한 권리와 또 상호(商號) 및 지배인(支配人)은 각각 만주국 법령에서의 상호 및 경리인(經理人)으로 간주한다.

제5 부속협정 제9조에 붙여

1. 만주국 정부는 남만주철도 부속지 거주민의 복지 및 이익에 직접 영향을 미칠만한 지방행정에 대해서는 만주국 지방관헌이 해당 거주민의 의견을 확인할 수 있도록 종전에 지방위원회가 존재한 곳에서는 원칙으로 자문기관을 설치하도록 한다.
2. 남만주철도주식회사가 남만주철도 부속지에서 현재 징수한 공비(公費)는 동 부속지의 행정 이양과 동시에 폐지한다.

제6 부속협정 제15조에 붙여

1. 본조 제1항의 교육행정은 원칙으로 초등교육에 관한 행정으로 한다.

2. 만주국 정부는 일본 신민에 대한 초등교육을 가능한 한 정비 충실해야 하고, 또 그 경영단체에 대해서는 필요에 따라 만주국 정부로부터 상당한 보조금을 교부하고 또 일본 정부에서 이에 재정적 원조를 한다.
3. 만주국 정부는 만주제국 주차 대일본제국 특명전권대사와 만주제국 국무총리대신 간에 협의 결정한 바에 따라 만주국 영역 내에서 일본이 시행하는 일본 신민에 대한 교육 사업에 필요한 비용을 매년 분담한다.

제7 부속협정 제17조에 붙여
본조의 일본 사법 관헌은 당분간 일본영사관으로 한다.

제8 부속협정 제19조에 붙여
만주국 정부는 본조의 규정에 따라 인계받은 관계 시설의 조직, 직원의 배치 등에 대해 사무 처치를 원활하게 하도록 적절한 조치를 마련한다.

제9 부속협정 제20조에 붙여
만주국 정부는 일본 신민이 조약 실시 전 일본 해당 관헌으로부터 발급받은 인가증, 허가증, 면허증 등의 문서 교체를 받도록 할 수 있으며, 단 이 경우 수수료를 징수하지 아니한다.

1937년 11월 5일, 즉 강덕 4년 11월 5일 신경(新京)에서 이를 작성함

만주제국 주차 대일본제국 특명전권대사 우에다 겐키치(植田謙吉)
만주제국 국무총리대신 장경혜(張景惠)

부속협정(을)

금일 만주제국에서의 치외법권 철폐 및 남만주철도 부속지 행정권의 이양에 관한 일본과

만주국 간의 조약에 서명함에 임하여 양국 전권위원은 만주국에서의 통신 업무 및 그 부대 업무에 관해 다음과 같이 협정한다.

제1조 남만주철도 부속지 통신 업무 중 제3국과 관계된 것은 만주제국 주차 대일본제국 특명전권대신과 만주제국 국무총리대신 간에 협의 결정할 때까지 일본 업무로 한다.

제2조 일본 정부는 일본 내 제도로 취급하면서 만주국의 국내제도에 유사한 것이 없거나 기타 특히 필요한 사무의 취급을 만주국 정부에 위탁할 수 있으며, 위탁할 사무의 종류 및 범위는 일본과 만주 양국의 주무 관청 간의 업무 협정으로 이를 정한다.

만주국 정부는 전항의 위탁사무에 관해 선량한 관리자에 주의함으로써 일본 정부를 위해 일본 법령에 준거하여 이를 처리한다. 일본 정부는 위탁사무의 처리에 대해 만주국 정부에 수수료를 지급한다.

제3조 위탁사무에 사용하는 통화는 만주국 통화로 한다. 일본과 만주 양국 통화의 환산 비율은 일본과 만주 양국 주무 관청 간의 협의에 따라 이를 정한다.

제4조 본 협정의 시행에 관한 사항은 일본과 만주 양국 주무 관청 간의 업무협정으로 이를 정한다.

제5조 1935년 12월 26일, 즉 강덕 2년 12월 26일 신경(新京)에서 서명한 일본과 만주국 간의 우편업무에 관한 조약의 부속 서명 의정서는 이를 폐지한다.

제6조 본 협정은 조약과 동시에 시행한다.

위 증거로서 양국 전권위원은 본 협정에 서명 조인한다.
1937년 11월 5일, 즉 강덕 4년 11월 5일 신경에서 이를 작성함

만주제국 주차 대일본제국 특명전권대사 우에다 겐키치(植田謙吉)
만주제국 국무총리대신 장경혜(張景惠)

만주국에서의 통신업무 및 그 부대 업무에 관한 일본과 만주 양국 전권위원 간 요해 사항

제1 만주국 정부는 일본과 만주 양국의 주무 관청 간에 협의 결정될 때까지 일본 통화(通貨)의 사용을 승인한다.

제2 만주국 주무 관청은 위탁사무에 관한 제도 및 시설의 정비와 운용에 대해 일본 주무 관청과 긴밀히 연락한다.

제3 만주국 정부는 위탁사무에 관해 현재 일본에서 부과하지 않은 공과(公課) 및 수수료에 해당하는 것을 부과하여서는 아니 된다.

1937년 11월 5일, 즉 강덕 4년 11월 5일 신경에서 이를 작성함

　　　　　　　　　만주제국 주차 대일본제국 특명전권대사 우에다 겐키치(植田謙吉)
　　　　　　　　　만주제국 국무총리대신 장경혜(張景惠)

2. 치외법권 철폐 이후 재만 조선인의 상황

〈자료 100〉 치외법권 철폐 후 학교경영 곤란 - 재만동포 대표들이 진정차 입성
(《매일신보》, 1940.8.24)

치외법권이 철폐된 후 재만 조선인 자질들의 초등교육과 중등교육 문제는 재정상으로 곤란하게 되었으므로 얼마전 재만 유지들은 만주국 초등교육 후원회를 조직하여 가지고 활동하여 어던 중 23일에는 이 문제를 본부에 진정하기 위하여 각성 대표 4명이 입성하였다. 즉 하얼빈 대표 김응두(金應斗) 씨를 비롯하여 길림의 강천룡조(江川龍祚), 봉천의 서범석(徐範錫), 용정의 방태섭(方泰燮) 씨 등 4씨는 23일 오후 2시 30분 경성역 도착 '노소미'로 입성하여 곧 본부를 방문한 뒤 숙소 반도호텔에 들었는데 역에서 김응두 씨는 다음과 같이 말했다.

우리들 대표가 입성한 목적은 먼저 본부에 대하여 만주국에 있어 초등교육비가 부족되는 것을 보조하여 달라는 것과 중등학교 설립의 임시건설비를 얻고자 진정하러 온 것입니다. 그리고 한 걸음 더 나아가서는 재만 조선인 교육 문제의 근본적 해결책을 얻고자 하여 온 것인데 우선 24일에는 부내 각처 학교를 견할 터이며, 25일에는 서울에 있는 민간유지와 더불어 교육 문제에 대한 간담회를 열어 볼 예정입니다. 그리고 그후 본부에 대하여 우리가 목적한 바를 진정하고 28, 29일경 퇴경할 예정입니다.

〈자료 101〉 봉천 재류동포의 현상은 과여하(果如何)? (《조선일보》, 1937.2.1, 4면)

현하 농촌의 피폐상이 그 극에 달함에 따라 정들인 고토를 등지고 북으로는 만주 남으로 현해탄을 건너 노동시장으로 남북으로 몰리는 것이 현하 우리겨레의 현상이어니 고토에 남아 있는 동포들로서는 새해를 당할 때마다 해외에 있는 우리 수많은 동포의 안위가 대단히 궁금할 것이다. 이에 기자는 간단하나마 봉천에 재류하는 동포의 현상을 들어서 새해에 고

국동포에게 알리려고 한다. 굶주린 배를 부여안고 고향을 떠나 처자의 손목을 이끌고 남부여대로 압록강 푸른 물결에 눈물을 뿌리고 만주로 온 그네들은 오늘에 있어서 과연 생활문제를 해결하였느냐하면 예상 이상으로 참담한 현상이다.

하루에도 수백 명씩 봉천역에 내린 그들은 오늘에 과연 무엇으로서 생활을 지행하여 가느냐 하면 정확한 숫자는 얻기가 매우 어려운 일인데 불분명하나마 총영사관의 통계표에 의할 수밖에 없다.

인구 동태

봉천이란 곳은 작금을 물론하고 만주에 있어서 제일 큰 도시였다. 만주사변 이후 인구는 급탬포로 늘어서 오늘에는 60만이란 인구를 포옹하고 있는 만주유일의 상공업 중심도시로서 사통팔달의 약진도상에 있는 국제적 대도시이다.

이 어마어마하고도 으리으리한 복잡하기 짝이 없는 대도회에 거주하는 우리 동포는 과연 얼마나 되는가? 통칭 3만이라고 한다. 봉천시 서탑(西塔)과 십간방(十間房)에는 우리 동포의 거리로 되어 있고, 기타 성내와 신시가에 거주하는 자는 통틀어 2만이 있고, 그 밖에는 전부가 봉천 부근 농촌에 산재하여 있다. 시가지에 거주하는 동포는 대부분이 소규모의 상공업에 종사하거나 그렇지 않으면 하루 임노동으로 그날그날의 생계를 해나아간다. 부근 농촌에 거주하는 동포들은 농업에 종사하는데 본래 적수공권으로 온 그네들인만큼 생활이 말할 수 없이 빈궁한 현상이다.

시명	호수	인구		계
		남	여	
봉천시	2,782	7,355	5,949	13,304
심양현	1,481	3,648	3,458	7,106

봉천 총영사관의 통계표에 의하면 위와 같거니와 이 통계에서 빠진 수가 약 1만 명은 되리라고 본다. 이제 이것을 다시 직업별로 보면 농업이 1만 명이나 되고, 기타는 관공리와 상

공업, 요리업이 수위를 차지하고 그 밖에는 전부가 노동시장의 품팔이꾼이다.

생업과 생활

이상에서 말한 바와 같이 봉천시가지에 거주하는 동포는 대부분이 소규모의 상공업을 경영하고 있으나 생산적으로는 이렇다고 들어 말할 것이 별로 없는 것이 매우 섭섭한 일이다. 부근 농촌에 거주하는 동포는 거의 전부가 농업에 종사하고 있는데 그 다수가 그동안 영리회사인 동아권업(東亞勸業)의 소작인이었으니만큼 그 전부가 적지 않은 부채들을 지고 있다. 그러므로 한 여름동안 피땀을 흘리며 지어놓은 곡식은 추수하여 그 전부를 회사의 빚으로 바치고 겨울에는 제승(製繩)·제입(製叺)을 하여 연명해 가는 것이다. 그러다가 춘경기를 당하면 또 금융회(金融會)에서 빚을 얻어야 되므로 채무는 연년히 늘어갈 뿐이다.

작년 9월부터는 선만척식(鮮滿拓殖)으로 옮겨감에 따라 소작인의 대우가 전날의 동아권업 시대와는 다소 나을까 하였으나 결국에 있어서 소작인의 직접관계자인 현장에 있는 농장사무원들의 전부가 동아권업의 그 인물들이므로 권업이라 척식이라 이름은 다를지언정 사실에 있어서는 엎치나 덮치나 곤란한 것은 우리 동포 농민뿐이다.

(통계표 생략)

교육 및 종교

수백만이 살고 있는 만주에 아직도 중등교육기관이 없으니 다시 무엇이라고 말할 수 없다. 봉천의 유지인사들이 작년에 발기한 봉천고보(奉天高普)가 금춘에는 기어히 실현되리라고 하니 ■시도 반가운 소식이다. 하루바삐 봉천거리에 봉고(奉高)라는 모표를 단 학생들이 나타날 때를 전 봉천시민과 한가지로 고대하는 바이다. 이제 보통학교로는 만철(滿鐵) 경영의 봉천보교와 북시장(北市場)보교 두 곳을 필두로 학교조합 경영의 보통학교가 일곱 군데나 되고 민간 측 경영이 한 곳 있다.

만철의 경영학교는 이럭저럭 유지문제에는 봉착하지 않았으나 학교조합으로써 경영하는 일곱 곳의 학교는 말할 수 없이 빈약한 현상이다. 교원봉급 지출이 문제가 되고 심지어 신탄

(薪炭)료까지 문제가 된다니 참으로 딱한 일이다. 조선총독부로부터 오던 보조금은 2만 원에서 절반이나 감소되었다고 하니 경영이 앞으로 매우 곤란할 것이다. 그리고 민간 측 경영으로 보합보(保合堡) 보교가 있어서 겨우 형식이나 갖추고 있으며 봉천서탑교회의 경영으로 유치원 보모 양성을 목적하고 설립된 봉천보모전습소(奉天保姆傳習所)가 있어서 중등 이상 학년 정도의 학생들이 수학하고 있다.

	교수	교원	생도 수
보교(普校)	10	65	1,193
유치원	2	4	134
보모전습소	1	3	12
계	13	72	1,339

종교는 기독교를 주로 하고 불교가 있는데 숫자적으로 알아보면

명칭	신도수
봉천서탑교회(장로교파)	1,750
봉천성(聖)■교회(성(聖)■교파)	420
봉천제2교회(장로교파)	300
봉천제3교회(장로교파)	200
부근 기독교	800
부근 ■■교회	200
봉천불교포교소	700
계	3,470

위생 및 기타

위에 기록한 바와 같이 봉천에 거주하는 우리 동포의 현상이란 참담하기 끝없는 바이니와 더욱이 위생상으로 보아서 너무나 한심한 일이다. 봉천 시내에 거주하는 이는 큰 병원의 신세라도 질 수 있지만 부근 농촌에는 오가황(吳家荒)에 병원이 하나 있을 뿐이다.

수많은 농민동포는 오늘에 있어서 문명의 혜택도 그들에게는 오불관언이 되고 말았다. 그리고 봉천서탑이나 십간방에 거주하는 동포의 위생이란 너무나 비인간적이다. 영사관이나 만주국 당국으로서도 고려가 있기를 바라거니와 도시 정화(淨化)는 별문제로 하고라도 우선 거리에 대소변과 틔끌로 하여 발을 옮겨 놓을 수가 없을 뿐만 아니라 비가 오기만 하면 거리에 홍수가 나서 교통이 두절될 지경이니 여름철에는 생지옥이나 다름없는 현상이다.

그리고 사회단체로는 그동안 몇몇 단체가 있었으나 당국으로부터 해산을 당하고 또한 어쩔 수 없는 사정으로 자취를 감추고 현재에는 봉천조선청년회와 조선기자단이 있어서 재봉(在奉) 동포의 지도역할에 담당하고 있다. 지면관계로 아직 이만하거니와 머지않아 봉천의 전모(全貌)가 본지상을 통하여 나타날 것을 약속하여 둔다. -끝-

(봉천지국 일기자)

〈자료 102〉 대륙 진출의 조선민중 - 만주국에서 활약하는 그 현상 - (홍양명, 《삼천리》 제11권 제1호, 1939.10.1, 87~92쪽)

1. 재만 조선인(在滿朝鮮人)의 현세

김동환(金東煥) 형! 형이 나에게 바라는 것이 무엇인지 잘 아는 나로서 형의 귀중한 지면을 빌어 딴 사람에게 딴소리를 하는 것은 확실히 붓을 들 때의 예정은 아니었다. 따라서 이렇도록 나의 심적 과정을 잘 이해하여 주실 형은 내가 아직도 어떠한 건설적인 글을 쓸 수 있는 상태에 있지 못한 것을 인정하여 줄 것이다. 더욱 이곳에 온 지 겨우 두 달이고, 최근 수년간 전후 3, 4차 이 땅에 발을 디뎠으나 언제나 신경(新京), 하얼빈(哈爾賓)의 두 도회 이외의 농촌에는 한 발자국도 못 밟아 본 나로서 농업국 만주국의 농업이민 조선인의 생활을 운운하는 것은 확실히 외람된 일이라고 생각된다. 요새 유행하는 2, 3주간 급제(急製)의 지나통(支那通)들이 전선 부근에 가서 대포소리 몇 방쯤 듣고 와서는 지나가 어떻다는 등 사변의 전도가 어떻다는 등 큰 소리를 하는 것과 같은 난센스를 연출하는 것이 되지 않을까 저어한다. 그러나 기왕 잡은 붓이니 이제 삼가 이전 날 나로서도 알아볼 필요 있는 일이고, 일반으로도 다 아는 듯하면서도 구체적으로 잘 모르는 점이 있으리라고 생각되는 재만 조선인의 약간의 현세를 최근의 통계문헌을 통하여 지상 주마간산 격으로 집약 일별하여 보기로 한다.

A. 재만 조선인의 총수

대체 만주에 조선인이 얼마나 사는가 하는 점에 대하여는 조선 내에서 백만이라고 불러온 지 이미 오래다. 그렇지만 현재 통계상으로 나타난 것은 재만 조선인의 이동의 빈번, 벽지 산재 등의 이유, 기타로 인한 조사곤란으로 100만 이하의 숫자로 추출되어 있다. 그러나 이 통계가 실수와 훨씬 상이한 것임은 두말 할 것도 없는 것이니 이 점이 본년 9월 상순 경성에서 개최되었든 시국대책조사회(時局對策調査會)에서 관동군(關東軍) 편창(片倉) 참모가 재만 조선인 수를 120만이라고 발표한 사실로써도 알 수 있는 것이다. 이제 기록에 나타난 성별(省別) 재만 조선인수를 적기(摘記)하면 다음과 같다.

재만 조선인 성별조사(省別調査) [1938년(昭和 13) 6월 현재]

성별	인구(인)	성별	인구
간도성(間島省)	530,145	봉천성(奉天省)	99,896
통화성(通化省)	78,730	길림성(吉林省)	77,791
목단강성(牧丹江省)	66,214	안동성(安東省)	44,228
빈강성(濱江省)	36,194	삼강성(三江省)	22,525
금주성(錦州省)	16,822	용강성(龍江省)	6,121
흥안남성(興安南省)	3,881	열하성(熱河省)	870
흑하성(黑河省)	858	흥안서성(興安西省)	805
흥안동성(興安東省)	328	흥안북성(興安北省)	320
신경특별시(新京特別市)	7,032	관동주(關東州)	3,917
總計			996,677

이같이 전 16성과 신경특별시와 관동주에 있는 최근의 조선인 총계는 996,677인으로 산출되어 있는데 간도성이 약 반수를 점하고 있는 것을 보면 간도는 조선의 연장이나 다름없

는 조선인 밀집지대라는 것을 잘 알 수 있다. 간도성의 전인구의 약 8할은 조선인이다. 이 숫자를 편의상 기준으로 하여 생각할 때도 전만 총인구 약 3천만에 대하여 조선인은 약 30분의 1을 점유하고 있어 만주국의 곡곡에 조선인이 없는 곳이 없다고 할 만큼 널리 분포되어 있는 것을 알 수 있다. 이제 최근 15년간에 매년 얼마씩이나 조선인이 증가되었는가를 표시하여 보면 다음과 같다.

연차별 인구증가표 [1924년(大正 13)~1938년(昭和 13)]

연차	인구	비(比)전년 증가	증가율
1924년(大正 13) 말	531,857	3,803	0.01
1925년(大正 14) 말	531,973	26	0
1926년(昭和 원년) 말	542,185	10,212	0.01
1927년(昭和 2) 말	558,280	16,095	0.01
1928년(昭和 3) 말	577,052	18,772	0.03
1929년(昭和 4) 말	597,677	20,625	0.04
1930년(昭和 5) 말	607,119	9,442	0.02
1931년(昭和 6) 말	630,982	23,863	0.04
1932년(昭和 7) 말	672,649	41,677	0.07
1933년(昭和 8) 말	673,794	1,145	0
1934년(昭和 9) 말	719,988	46,194	0.07
1935년(昭和 10) 말	807,505	87,516	0.12
1936년(昭和 11) 말	875,908	68,402	0.08
1938년(昭和 13) 5월 현재	996,677	58,799	0.07

이 표에 의하면 15년간에 약 50만이 증가된 것을 알 수 있고 1931, 1932년(昭和 6, 7) 만주사변 전후의 각 3개년간의 조선인 입만(入滿)의 증가수를 비교하여 보면 실로 사변 후의 입만 조선인 수는 사변 전에 비하여 실로 5배의 격증을 보이고 있는 것을 볼 수 있어 즉 아래와 같은 표를 얻을 수가 있는 것이다.

만주사변 전 3년간

    1927년(昭和 2) 말 558,280인

    1930년(昭和 5) 말 607,119인

    위 3년간의 증가 48,839인

    1년 평균증가 16,279인

만주사변 후 3년간

    1933년(昭和 8) 말 673,794인

    1937년(昭和 12) 말 888,181인

    위 3년간의 증가 214,387인

    1년 평균 증가 71,462인

이와 같은 최근년의 급속한 증가를 생각하면 총독부 당국의 이민 정책이 변경 없이 진행되는 한 만선척식(滿鮮拓殖)을 통하여 매년의 집단이민 10,000호(인구수 약 50,000), 이에 더하여 매년 3, 4만 인을 불하(不下)할 자유이민을 합산하고, 현주 조선인 및 이래(移來)할 조선인의 자연증가율을 연 1푼으로 쳐서 개산(槪算)한다면 10년 후에는 200만 내지 220~230만의 인구로 증가될 것은 충분히 추산할 수 있다. 북지(北支)니 중지(中支)니 하지만 조선인 해외의 대종(大宗)인 만주국에 있어서의 조선인 문제의 중요성은 더욱 배가될 운명에 있는 것이다. 작년 12월 1일 치외법권 철폐 이래 조선인은 만주국 내에 있어서는 오족협화 중의 중요멤버로써 만주제국 신민의 의무를 지는 동시에 이민이라는 관념을 떠난 정착성 있는 주민이 되도록 하기 위하여 만주국 정부 및 협화회가 문화습속이 다른 타족과의 공존공영에 협력하도록 유도(誘導)하는 노력은 상당히 크다는 것을 발견할 수 있다. 물론, 조선의 오족협화를 표방하는 복합 민족 국가인 만주국에서 하나의 민족적 단위로서 문화적·경제적 발전의 한계와 대책에 대해 필자의 의견을 적어볼 생각도 있으나, 이번에는 논의를 생략하기로 한다.

B. 재만 조선인의 생업

재만 조선인의 생업의 절대 대부분을 점유한 것은 농업으로 1938년(昭和 13) 현재 154,■

10호로써 전 호수 192,897의 약 8할에 해당하며 이것을 지방별로 보면 간도, 남만, 북만의 순위이다. 기타는 일용인(日傭人) 약 10,000호, 상업 약 7,000호, 관공리 2,300호, 은행회사원 2,000호, 음식점업 1,500호, 교원 1,300호, 기타직업 약 5,000호, 무직 3,000호로 되어 있는데, 이중 일용인 약 10,000호 중의 대반은 대개 농번기에 농가에 고용되어 농경에 종사하는 사람으로, 농업에 다음 가는 상업의 약 7,000호는 간도, 하얼빈, 신경, 안동, 봉천 등의 도회에 집중하여 소액자본으로 정미업 기타 소규모의 상업에 종사하는 것으로 그리 보잘것없는 상태이다. 조선인의 만주국 관공리가 상당한 다수에 달한 것은 주목할 점이니 이것은 작년 12월 1일 치외법권 철폐에 따라서 조선총독부 관계직원 및 민회 직원 등 2,127명이 만주국 관공리로 그대로 인계 임명된 것과, 또 작년 7월 행정기구개혁 시에 조선인 중견관리 간임(簡任), 칙임(勅任), 천임(薦任), 주임(奏任) 약 25명 임명 또 이어서 8월에 6명의 중견관리가 조선에서 진출된 것 및 이곳에서 만주국 중견관리 양성기관인 대동학원(大同學院) 출신 기타 현지임용 등을 합하고, 만주제국 구성의 정신적 모체의 역할을 하고 있는 협화회의 직원으로 있는 조선인 중견까지를 가산하면 3,000여 명 이상의 조선인이 만주국 행정기구 중에서 일하고 있는 것을 알 수 있다. 이 중에는 천임(주임)관이 50여 명, 간임(칙임)으로는 최남선(崔南善, 건국대학 교수), 박석윤(朴錫胤, 외무국 조사처장), 진학문(秦學文, 내무국 참사관), 이범익(李範益, 간도성장), 유홍순(劉鴻洵, 간도성 민생청장)의 5씨가 있고, 천임으로는 윤상필[尹相弼, 척정사(拓政司) 제2지도과장] 씨 외 수십 인의 과장급(科長級)의 중요지위에 있는 이들이 있어 기염을 토하고 있는 것은 기쁜 일이라 할 수 있다. 신경에만 해도 근 10,000명의 조선인이 사는데 관공리, 회사원 등 창백(蒼白)한 인텔리가 근 1,000명이나 된다.

C. 조선 농민과 그 생산

재만 조선 농민은 말할 것도 없이 미작(米作) 농민이므로 주요 생산물이 '쌀'일 것은 물론이다. 조선인의 미작에 대한 천품을 찬탄한 이곳의 당국자의 소론에 이러한 구절을 볼 수가 있다.

조선 농민의 수리(水利)에 대한 인식은 천재적으로 땅의 고저를 보고 물을 어떻게 유도할까 하는 판단의 정확과 도수(導水)의 교묘함은 경탄할만한 것이다. 저들 자유이민이 토지를 찾아 걸어 다니다가 수류(水流)를 보기만 하면 그곳에 수전(水田)을 개척한다. 쳐다보지도 않는 산간벽지에 만인(滿人)과는 뚝 떨어져 2, 3호의 조선 농민이 소답(小畓)을 지키고 살아가는 광경을 접하는 것은 드문 일이 아니다.

실로 조선 내지에서 살길을 잃고 남부여대하여 압록강 두만강을 건너와서 고심참담(苦心慘擔) 만인지주(滿人地主)의 착취하에서 일보 일보 수전 개발의 큰 일 등을 수행한 조선 농민동포들의 한숨과 땀을 상상하면 1개의 위대한 세계의 엘레지라고 할 것이다. 이리하여 만주사변 전 이미 백만 석의 미(米) 산출이 만주 평야에서 조선인 손에 의하여 수행된 것이다. 이에 따라서 전작(田作) 농민인 만인(滿人)들도 점차 수전경작의 유리한 점을 깨닫게 되어 근년에는 만농(滿農)들도 이쪽에 손을 대기 시작하였다. 그러나 다음 표에서 보는 바와 같이 비교가 못 된다.

조선 농민과 만농의 수전경영 비교[1937년(昭和 12) 조사]

	수전 작부 면적	정조(正租) 수확고	반당(反當) 수확고
조선농(朝鮮農)	144,088정보	2,545,482석	2,211석
만농(滿農)	14,671정보	302,193석	1,90석

즉 조선 농민에 대하여 만농은 수전 작부 면적에 있어 1할 2리약, 정조 수확고에 있어 1할 1푼 4리에 불과하며 반당 수확고도 단연 조선 농민이 우위를 점하고 있다.

다음 전만 조선 농민의 미(米) 작부면적 및 정조 수확고를 표시하여 보면 다음과 같다.

재만 조선 농민의 수전 작부 면적 및 정조 수확고(1938년 5월 조사)

성별(省別)	수전 작부 면적	정조 수확고
봉천성(奉天省)	27,059	927,787
빈강성(濱江省)	36,001	1,006,077
길림성(吉林省)	23,993	517,441
간도성(間島省)	21,237	236,151

성별(省別)	수전 작부 면적	정조 수확고
안동성(安東省)	9,232	115,943
삼강성(三江省)	-	266,847
용강성(龍江省)	2,754	68,070
흥안남성(興安南省)	2,549	57,940
금주성(錦州省)	839	20,195
흥안서성(興安西省)	490	10,560
흑하성(黑河省)	231	3,780
흥안동성(興安東省)	55	860
열하성(熱河省)	38	800
계	144,088	3,344,449

이로써 보면 조선 농민의 미(米) 생산고는 하얼빈을 중심으로 한 빈강성이 단연 제1위, 다음 봉천성, 길림성의 순서가 된다. 전만 조선인구의 태반을 점하고 있는 간도의 미 생산고가 겨우 4위가 되는 것은 간도성의 조선 농민은 대다수가 전작(田作)에 종사하고 있기 때문이다.

D. 조선 민도(民度)에 대한 만주국 정부의 방책

조선인의 모험 도강으로부터 개시된 과거 수십 년 전의 자유이민시대를 지나 통제적으로 이민을 지도하는 계획이민단계에 처하여 만주국 정부가 1936년(昭和 11)에 칙령에 의한 만선척식주식회사(滿鮮拓殖株式會社)를 설립하여 총독부 당국과 협력하여 만주이민의 보호통제를 하고 있는 것은 주지하는 바이다. 그런데 이 계획이민방침은 조선이민의 분포지역을 간도성 및 구(舊) 동변도(東邊道)의 33현(縣)으로 제한하고 한편 기주(旣住) 조선인에 대하여는 표만주(表滿洲) 각성(各省) 중의 16현을 통제 집결지로 지정하였던 것인데, 이래 2개년간의 이민실적으로 보아 지역적 집결 내지 입식제한을 할 필요 없다는 결론을 얻게 되어 금년 7월 27일 이래 지역적 제한을 철폐하게 되었다. 조선인에 대한 획기적인 결집 개선이라 할 것이다. 또한 조선인의 교육은 작년 12월 1일 치외법권 철폐에 따라 구 만철부속지 내의 보통학교 14교만은 그대로 일본 측(대사관 교무부 관할)이 경영하나 그 외의 공사립 학교는 전부 만주국에 이양되었는데 이 점이 문화교류 상 중대 문제라 할 것이다. 현재 만주국에 이양된 조선인 교육기관의 수는 다음과 같다.

    초등학교(서당 포함) 492교　　　　생도 수 69,209인
    중등학교 8교　　　　　　　　　　　　　　　1,651인
    유치원 27교　　　　　　　　　　　　　　　1,136인
    특수학교 19교　　　　　　　　　　　　　　　850인

만주국의 조선인 문제로써 여러 가지 표시하고 논의할 문제 있으나 차차 사정을 더 살피면서 써볼까 하고 우선 이만 줄인다.(12월 15일 신경에서)

〈자료 103〉 재만 조선인 금융기관의 현세(신기석, 《조광》 5권 7호, 1939.7.1, 62~63쪽)

재만 100만 조선인의 금융기관으로는 제일로 금융회(金融會)를 손꼽을 수 있다. 금융회는 조선금융조합을 모방한 것으로서 전만 각지에 38개소의 금융회와 7개소의 지소를 가지고서 조선 농민의 영농자금 기타 농촌금융을 취급하고 있다.

금융의 성립과정을 고찰하여 볼 것 같으면 간혼(間琿) 지방에서는 을미년간의 만세사건 후 재류동포 중에는 많은 피해가 있었는데 정부에서는 이 이재자(罹災者) 구제의 취지로서 10만 원을 하부하여 그 유효적 운용법에 대하여는 재간도 총영사에 일임하였던 것이다. 이에 관계기관의 동의를 얻은 후 이것을 자금으로서 조선인의 금융을 완화하고 경제의 발전을 기도하려는 목적하에 1922년(大正 11) 용정촌(龍井村), 두도구(頭道溝), 국자가(局子街), 혼춘(琿春)에 금융부를 설치한 것을 효시로 현재 간도에 62 금융회, 지소 1, 출장소 1을 가지게 되었다. 간도 이외의 만주 각지에 있어서도 조선인이 집단하여 거주하게 되면 조선인 민회의 알선과 조선총독부의 후원으로서 금융회를 설립하게 되어 서민 금융을 취급할 뿐 아니라 농사개량, 근검저축 등의 사업을 하였던 것이다.

당시 금융회의 자금구성은 표만주(表滿洲)에 있어서는 기본금으로서 총독부로부터(일부

는 외무성) 일회 평균 7,800원 정도의 무이자 자금의 교부와 동아권업(東亞勸業) 및 동척(東拓)으로부터의 차입금 등으로서 조선총독부의 보조와 감독을 받아왔던 것이다.

1936년 7월 1일 부속지 외 금융행정권의 만주국 이양에 즈음하여 금융회 및 금융회연합회에 대하여 금융합작사 법령을 적용하게 되어 지금까지 준거법령이 없고 단지 조선총독부가 예시한 소위 준거정관식의 정관을 작성하여 소할(所轄) 영사(領事)의 인가를 얻어 성립하였던 것이 일정한 준거법을 얻고 법인격을 취득하여 성질 및 목적을 명료하게 되었다.

이같이 금융회 및 동 연합회는 부속지 행정권의 이양과 함께 금융합작사 법령을 적용했으나 그 특수사정에 비추어 보아 당분간 동 법령의 적용에 관하여 필요한 특례를 설하고 점차 합작사법에 합치되도록 조정하게 되어 당분간 금융회의 실체는 종전과 다름이 없으며 감독방침에 있어서도 만주국 측으로부터 일본대사관에 협의한 후 결정하고 일본 측도 당분간 금융회에 대하여 종전과 같이 제 보조금을 계속 교부하고 만주중앙은행도 필요에 응하여 금융회연합에 대해서 자금의 융통을 하게 하는 등 당면의 조치를 취해 왔으나 1937년(康德 4) 12월 1일 치외법권의 전면적 철폐와 함께 금융회는 전연 조선총독부의 손을 떠나 만주국의 일원적 감독을 받게 되었다.

이상에서 금융회의 역사적 고찰을 하였거니와 현상은 어떠냐하면 신경(新京) 특별 제1, 길림성 5[길림(吉林), 돈화(敦化), 교하(蛟河), 공주령(公主嶺), 반석(盤石)], 봉천성 6[봉천(奉天), 무순(撫順), 산성진(山城鎭), 철령(鐵嶺), 개원(開原), 흥경(興京)], 금주성(錦州省) 1[영구(營口)], 통화성(通化省) 4[동화(通化), 장백(長白), 유하(柳河), 집안(輯安)], 안동성(安東省) 1[안동], 빈강성(濱江省) 3[하얼빈, 주하(珠河), 해륜(海倫)], 삼강성(三江省) 1[가목사(佳木斯)], 목단강성(牧丹江省) 3[목단강, 동경성(東京城), 신안진(新安鎭)], 북간도 12[연길(延吉), 도문(圖們), 삼차구(三岔口), 혼춘(琿春), 왕청(汪淸), 용정(龍井), 두도구(頭道溝), 삼도구(三道溝), 노두구(老頭溝), 명월구(明月溝), 개산둔(開山屯), 남양평(南陽坪)], 흥안남성(興安南省) 1[통요(通遼)]의 38개소와 지소 7개소[서풍(西豐), 소산부부합이(蘇山府府哈爾), 부금(富錦), 밀산(密山), 목교지도구(穆校之道溝)], 출장소 2[환인(桓仁), 동흥진(東興鎭)]가 있으며 총 회원수 85,369인, 출자금 934,480원, 정부 하부금 323,340원, 대출금 8,074,136원이며, 대출이율은 단기 담보대부 일보(日步) 3일, 단기 보증대부 3전 2리, 장기담보대부 연 9푼 내지 1할, 신용대부는 1인당 300원까지 농무계의 연대보증으로 대출한다.

전술한 바와 같이 금융회는 재만 조선인의 유력한 금융기관이며 치외법권 철폐 후는 유일한 조선인을 상대로 한 단체로서 농무계(農務契)를 통해서 금융사업 이외에도 산업개발에 노력하는 바가 있으나 농업개발을 촉진하고 농촌의 생산배급을 통제 지도하려는 목적으로 된 농업합작사가 설립된 후로부터는 사업범위에 다소의 마찰이 없지 않은 것은 조선 내에서의 금융조합과 산업조합의 관계와 흡사하다.

금융회를 논하면서 잊을 수 없는 것은 농무계이다. 농무계는 상호부조에 의해서 계원 각자의 이익을 증진하고 폐습을 교정하려는 취지와 금융회로부터 농경자금의 대부를 받는 연대보증의 매개체로서 발달되어 왔으나 전술한 바와 같이 각 현에 농업합작사가 되고 각 촌에 실행합작사가 되어 그 부분의 속한 사항을 점차 합작사로 흡수되고 금융회로부터 농경자금의 차입, 회수의 알선 기관처럼 되어 있다.

1938년(康德 5) 2월 말 현재로 전만 각지에 농무계의 수 1,194, 계원수 65,669인을 헤아리고 있다.

그리고 금년도에는 금융회와 농무계를 동원하여 이민의 용지(用地)를 준비시켜 집합이민의 형식으로 879호, 4,681인의 이민이 입식하게 되었다.

다음으로 이민부락의 금융은 만선척식주식회사(滿鮮拓殖株式會社)에서 취급하고 있다. 동 회사의 금융업무는 조선인 이민 농자금과 자작농제정 자금을 주로 하고 있는데 대부금 총액은 1천 104만 6천 83원으로서 그 내역은 (1) 간도, 봉천, 통화, 길림 기타 각 성에서 자작농 제정을 목적으로서 소작 선농에 대하여 토지매입자금으로서 융통한 액 270만 789원, (2) 전만 각지 금융회의 중앙통제기관인 금융회연합회 대부액 83만 원, (3) 이민에 대한 이주비, 영농자금 등 대부액 306만 6,190원, (4) 기설(旣設) 농촌 선만농(鮮滿農)에 대한 영농자금 342만, (5) 기타 102만 8,969원을 대부하고 있다. 대부이율은 단기 일보(日步) 3전 2리, 장기 일보 2전 7리, 자작농 제정 자금 연 1할로 되어 있다.

그 외에 간도 등지에는 조선인을 상대로 한 은행, 무진업(無盡業), 금융회사 등의 기관이 있으나 상세한 자료를 얻지 못하여 생략한다.

〈자료 104〉 만주 조선인 교육계 현상(신기석, 《조광》 6권 2호, 1940.2.1., 124~134쪽)

만주에 있는 조선사람은 교육열이 대단히 왕성하다. 만주의 각지에서 조선 사람이 20~30호만 집단할 것 같으면 반드시 불완전하나마 학교를 세우고 자녀들의 교육을 시키게 된다. 이것은 대개 만주에 온 조선사람 중에 이왕에는 정치적 색채를 띤 사람들이 적지 않았으며 또 생존경쟁에 패배를 하고 타국에 온 까닭으로 자제나 잘 교육을 시켜 후일의 발전을 꾀하며 남에게 지지 않도록 하자는 것이 재만 조선인의 교육열이 왕성한 소이가 아닌가 생각한다.

1. 치외법권의 철폐와 교육권의 이양(移讓)

그런데 재만 조선인의 교육은 1937년(昭和 12) 12월 1일 즉 치외법권 철폐 그리고 행정권 이양 이전에 있어서는 경영주체가 구구하였다. 즉 개인의 사립, 조선인 민회, 조선총독부, 만철, 종교단체 등이 경영하였으며 이러한 학교에 대하여 조선총독부, 외무성, 만철 등에서 보조금을 교부하고 감독지도하여 왔던 것이다.

치외법권의 철폐를 당하여 조선인의 교육행정권은 만철연선 14개소의 보통학교를 제한 외는 전부 만주국에 이관하여 만주국의 교육방침에 의하여 경영하게 되었다.

그 당시 조선총독부와 만주 당구과의 협정 내용을 볼 것 같으면 재만 조선인 자제에 대한 교육은 일본인된 본질하에 만주국 구성분자로서 건국의 본지에 합치되도록 실시하는 것이 근본방침으로 되어 있다. 일본 내지인의 초등교육은 치외법권 철폐 후에도 만주국에 이양하지 아니하고 대사관 교무부에서 관장하고 있음에 불구하고 조선인의 교육만을 이양한 데에 재만 조선인의 특수성이 있는 것이며, 만주국의 중요한 구성분자로서 완전히 일반행정기구에 융합하여 속인(屬人)적 행정을 하지 않는다는 것이 조선인 취급의 근본방침이다. 재만 조선인 자제의 교육을 일본인된 본질하에 만주국 구성분자로서 교육하게 된 까닭에 만주아동을 수용하는 학교와는 달리 일본제국의 4대절(大節)에는 국기를 게양하고 일본 국가를 합창하며 기타 교육용어, 교과서 등에도 조선 내지의 소학교의 방침에 따르고 있는 현상이다.

경영방침은 어떠냐 하면 1938년(康德 5, 昭和 13) 1월 1일부터 만주국의 신학제에 의하여 교육의 실질을 이양 당시의 현상보다 저하되지 않도록 고려하며 경영주체는

1. 간도성(間島省) 내에 있어서는 함북도립(咸北道立)의 6교는 현립(縣立)으로, 기타의 학교는 만주국 일반의 예에 의함.
2. 간도성 이외의 지역에는 원칙적으로 학교조합을 설치하되 학교조합이 설립되지 않은 지역의 조선인 교육기관은 현가촌(縣街村) 등 일반 행정단체에서 이를 경영함.
3. 사인(私人)의 경영학교는 점차 공립으로 승격하고 또는 이에 통합함.

즉 학교조합이 설치되는 곳과 학교조합이 설치되지 않는 곳과는 그 경영주체가 다르게 되는데 학교조합은 1938년(康德 5) 12월 1일에 공포된 학교조합법에 의하여 조선인 600호 이상의 거주자를 가지는 특별시 및 시현기(市縣旗)에 설치하는 것을 원칙으로 하고 특수한 경우에는 400호 이상의 거주자를 가지는 지역에도 설치할 수 있게 되었다. 조합은 법령의 범위 내에서 조선인 초등교육기관을 경영하는 법인으로서 그 구역은 특별시(신경) 시현기의 행정구역에 의하여 성장(省長)이 이를 지정하며 조합의 감독은 제1차로 특별시 및 시현기장(長), 제2차로 성장, 제3차로 민생부(民生部) 대신으로 되어 있다.

이양된 조선인 초등학교의 경비는 1937~1938년 두 연도에 있어 일본 측(조선총독부)은 아동 1인당 7원씩을 보조하고(아동 수 63,868인에 대하여 447,076원), 만주국 측은 1인당 9원씩 612,081원을 부담하기로 되었다. 그 외에 학교조합, 즉 학부형이 아동 1인당 3원씩을 부담하여 아동 1인당 합계 19원의 경비를 계상하게 되었는데, 실제에 있어서는 내용이 불충분한 서당(書堂)식의 학교 외에는 아동 1인당 19원의 경비로는 경영이 곤란하므로 실제의 예산 할당액은 전게(前揭)의 산출 근기(根基)에 불구하고 현상을 기초로 하여 이를 정하게 되었다.

조선총독부의 보조금은 1937, 1938년도에 한하였으나 1939년도(康德 6)에도 보조가 왔으며 금후 당분간은 계속되도록 재만 조선인 유지와 만주국 교육당국이 조선총독부와 교섭한 결과 원만히 해결되었다고 한다.

이상과 같이 치외법권 철폐 후의 조선인 초등교육은 만철연선의 14개 보통학교는 대사관 교무부가 관할하고 산도성 내의 초등학교는 만주국의 일반 방침에 의하며 기타의 지방은

학교조합을 설립하는 곳(원칙적으로 600호 이상의 조선인이 거주하는 시현기)과 학교조합을 설립하지 않은 데에 따라 각각 경영주체가 다르게 되었다.

2. 만주국의 신학제

여기에서 만주국의 신학제에 대하여 설명할 필요를 느끼게 된다. 신학제라 함은 만주건국 이후 학교교육체계를 구 정권시대의 것을 답습하여 이에 약간의 응급적 개편을 가한데 불과하였으나 그 후 실정에 적합한 독자의 신학제를 1937년(康德 4) 5월 2일에 제정공포하게 된 것이다.

신학제에 의한 국민교육의 근본방침은 건국의 이상과 국체(國體)의 특수성에 비추어 보아 국가관념과 건국정신을 체득 인식하고 희생봉국(犧牲奉國)의 충량한 국민을 양성함으로써 안목으로 하며, 이 목적을 달하기 위하여는 확호불발(確乎不拔)의 정신을 연마하고 신체를 단련하여 왕성한 활동력을 함양함과 동시에 국민생활에 필요한 실학을 기조로 하는 지식기술을 교수함에 있다.

이러한 근본방침에 의하여 그 방침의 유효적절한 구리(具理)의 방법으로서

1. 정신교육을 기조로 하여 인격의 도야, 덕성의 함양을 도모하여 국민정신의 앙양현현(昂揚顯現)에 노력함을 기(期)함.
2. 노력 교육을 중히 하여 근로애호의 정신을 함양하고 편지(偏智) 교육의 폐를 교정함.
3. 예비 교육의 사조(思潮)를 배제하고 학교체계의 각 단계에 있어서의 교육으로 하여금 완성교육이 되게 함.
4. 실업교육 또는 실무교육을 중시하여 중등교육은 주로 이에 의함.
5. 중등교육 이상의 교육에 대하여는 사회의 수급(需給)을 고려하여 이를 실행하고 소위 학문유민(學問遊民)의 배출을 방지함.
6. 사회의 문화, 민도, 재정 등을 고려하여 이와 격절(隔絶)함과 같은 것이 없게 함.

등에 주점(主點)을 두고 있으며 학교체계에 대하여는 교육의 수업연한을 될수록 단축하

여 민도문화 등에 적응하도록 하며, 일본어를 일만(日滿) 일덕일심(一德一心)의 정신에 기(基)하여 국어의 하나로서 중시하게 되었다.

　신학제에 의한 학교교육은 초등교육, 중등교육, 고등교육의 3단계 및 사도(師道)교육, 직업교육의 2부문으로 유별(類別)할 수 있게 되었다.

1. 초등교육은 국민학사(學舍), 국민학교 및 국민우급(優級)학교의 3종으로서 국민학사는 국민학교의 설치 곤란한 지역 또는 부적당한 지역에 국민학교의 대용기관으로서 설치하는 것인데 수업연한은 1년 내지 3년이다. 국민학사 중 사립을 국민의숙(義塾)이라고 하여 조선의 서당과 같은 것이다.
국민학교는 만 7세 이상의 아동을 수용하여 수학연한은 4년이다. 만주아동의 취학률은 학령아동의 3할에 불과하기 때문에 취학연령을 제한하지 않고 7세 이상이면 취학하도록 되었다.
국민우급학교는 국민학교를 수료한 자를 수용하여 수학연한 2개년으로서 인격교육을 기조로 하는 실무교육을 실시하여 졸업 후 바로 사회에서 활동할 인재를 양성하는 것이다.
2. 중등교육은 국민고등학교와 여자국민고등학교로서 종래의 문리과(文理科)를 주로 한 것을 폐하고 실업교육을 기조로 하고 거기에 실생활에 유용한 문리과 교육을 병과(併課)하기로 되어 있으며 여자교육에 있어도 가사, 재봉, 수예 등의 실과(實科)를 교수(敎授)하여 현모양처 될 자를 양성한다. 수업연한은 4개년.
3. 고등교육은 대학령에 의하여 국학(國學)에 수요(須要)한 학술의 이론 및 실제를 수득(修得)케 하여 국가 추요(樞要)의 인물을 양성함을 목적으로 하고 수업연한을 3년 혹은 4년으로 하는 실과(實科) 혹은 법제, 경제에 관한 대학을 정비하고 있다.
4. 사도교육은 인격을 도야하여 교사될 자를 양성하는 것으로서 국민고등학교 3년 수료 정도로서 입학자격으로 하여 수학여한 2개년인 사도학교와 국민고등학교 졸업정도자를 수용하여 수학연한 3개년인 사도고등학교가 있다.
5. 직업교육은 근시 산업의 발달에 수반하여 직업적 지식을 연마시키고자 수학연한 2년 혹은 3년으로 하는 각종 직업학교를 설치하여 국민학교 또는 국민우급학교 졸업정도 이상의 자를 입학시킨다.

이상으로 만주국 신학제에 의한 학교체계를 약술하였거니와 이것을 표시하면 다음과 같다.

3. 통계로 본 재만 조선인 교육

이러한 만주국의 교육방침 및 학교체계에 의한 조선인의 교육현상을 통계적으로 관찰하면

1) 초등학교
    1. 성별 학교별 조선인학교 일람표(표는 생략)
    2. 성별 경영주체 조선인학교 일람표(표는 생략)

2) 중등교육

재만 조선인의 중등교육은 교육행정권 이관 당시에도 하등의 협정이 없었으며 현재에 있어서도 간도성을 제하고는 조선인 중등교육이란 보잘것없다. 다만 봉천성에 동광(東光)중학교와 공업학원이 있으며 안동성에 신흥(新興)국민고등학교(상과), 신경에 실무학교(야학)가 있을 따름이다. 간도성의 중등교육기관은 상당히 다단하고 장구한 역사를 가진 것으로서 파란 많은 역사와 재만 조선인 교육계에 적지 않은 공헌을 하여 왔다. 이관 후에는 각각 만주국의 신학제에 의하여 개편되었으며 상세한 내용은 별표와 같다. 그러나 이것만으로서는 매년 수만의 졸업생을 내는 조선인 학생을 수용할 능력이 없는 고로 식자의 우려한 바 되어 저번 협회 전국연합협의회를 기회로 하여 재만 조선인 유지 중에서 발기하여 만주국 정부와 조선총독부 등 관계기관의 적극적 원조 밑에서 신경, 하얼빈, 목단강, 길림, 통화, 북안(北安) 등지에 선계(鮮系) 중등학교를 설립코자 적극적 운동을 개시하고 있다.

중등정도 이상의 학교에 있어서는 조선인을 본위(本位)로 한 교육기관은 물론 없지만은 조선인도 만주국의 중요한 구성분자의 일원으로서 각각 그 능력에 응하여 신경법정대학(新京法政大學), 의과대학, 봉천농업대학, 하얼빈공업대학, 길림사도고등학교, 건국대학 등에 수명 내지 수십 명의 조선인 학생이 수용되어 우수한 성적을 나타내고 있으며, 관비로 유학하는 일본유학생 중에도 조선인 청년이 참가하여 있다. 그 외에 만주국의 특수사정으로서 만계(滿系)의 학교와 일본 내지인의 초등, 중등학교에 공등(共等)하는 조선인 생도 수도 상

당히 많다고 볼 수 있다. 더욱이 도회지에 거주하는 조선인은 조선인 교육기관이 불완전한 까닭에 내지인 학교에 자제를 입학시키려는 경향이 조선 내지보다 심하다고 볼 수 있다.

조선인 중등교육 일람표(1939년 3월 말 현재)(표는 생략)

4. 개척지의 교육기관

매년 1만 호 5만 명의 조선인 개척민을 신규로 입주하며 기주민(旣住民)의 가족, 호기(呼寄) 기타 통제 외의 이주자를 합하면 7, 8만의 조선인이 만주에 이주하게 되는데 그들의 자제교육은 어떻게 하느냐 하면 이주 후 생활이 안정되면 조선총독부와 만주 측 정부의 보조로서 학교를 설립경영하고 있는데, 조선 내에서 재학하는 아동들이 이주 즉시는 교육기관이 정비되지 못하여 적지 않은 곤란을 맛보고 있다. 그러나 만주개척 정(政)■계 기본국책에 의하여 조선인집단 집합개척지에 있어서는 학교조합을 설치하지 않고 지방단체에서 이를 경영하며 건설비는 일만(日滿) 양국 정부에서 반분을 부담하고 경상비도 3분의 2 이상을 정부에서 보조하게 되리라고 생각하며 그렇게 되면 조선인 개척지의 교육 문제도 일대 서광을 볼 수 있을 것이다.

5. 결어

이상에 재만 조선인 교육현상을 약술하였거니와 만주에 와서 생활의 안정을 얻지 못한 사람들이 적지 않음에도 불구하고 향학열의 왕성함은 경하할 현상이며 취학률은 조선 내지의 조선이이나 만주국의 만주인보다는 훨씬 고율이라고 생각한다. 그러나 질적으로 보면 불완전한 것이 대부분이며 교사의 소질에 있어 더욱 그러하다고 생각한다. 조선인 교육권을 만주국에 이양하였기 때문에 자칫하면 뒤떨어진 만주사람들의 교육수준에 발을 맞추려고 답보를 하는 폐해가 있을 것을 우려하는 바이며, 더욱 일본 내지인의 교육과 조선 내의 교육제도와의 사이에 다소의 차이가 있으므로 그것의 조화를 어떻게 할까 하는 것도 적지 않은 문제라고 생각한다.

상급학교 연락 문제에 있어서도 불편한 점이 적지 않으며 더구나 학교조합이 일본인 학교조합과 달리 학교조합연합회와 관계를 가지지 못하였기 때문에 중등학교에 입학할 권리를 가지지 못하였다. 그러나 이러한 점은 만주국의 발전과 조선인 자체의 생활안정으로서 차차 해결되리다 믿으며 이것으로 각필(閣筆)한다.

12월 12일

〈자료 105〉 건국 10년의 만주국과 조선인 근황 - 조선 내 자본의 진출과 인물의 집산 등(김동진, 《삼천리》 제12권 9호, 1940.10, 64~68쪽)

만주국은 우리 일본의 도의적 신대륙정책의 거점이고 동아 신질서 건설의 기지로 만주국의 건전한 발전이 없이는 도저히 우리 일본의 국가적 생명이 유지될 수 없으며 따라서 동아의 안정과 세계의 평화를 바랄 수 없습니다. 그러므로 만주국의 개발 배양은 우리 일본국민에 지워진 중대한 의무의 하나라고 할 수 있습니다.

이 국가적 의무를 이행함에는 여러 가지 방법이 있습니다. 혹은 국내에서 힘을 쓰는 이도 있겠고 혹은 국외에서 정성을 바치는 사람도 있겠지마는 무엇보다도 만주국 내에서 직접 그 국가의 계발(啓發) 번영을 위하야 노력하는 사람에게 보다 더 큰 책임이 있을 것은 물론이니 이제부터 이러한 중요한 역할을 맡아 가지고 있는 103만 재만 조선동포의 근황을 말씀하려는데 우선 순서로 고래의 선만(鮮滿)관계를 잠깐 말씀하려고 합니다.

조선과 만주는 지리적으로나 역사적으로나 또는 민족적으로 보아 극히 긴밀한 관계를 가지고 있음은 여러분도 다 잘 아시는 바라 압록강과 두만강이라는 두 강이 사이에 막고 있을 뿐이라는 지리적 관계는 막론하고 민족적으로보다도 저 2천 년 전에 건국된 고구려며 백제가 모두 만주에서 발흥한 부여(扶餘)의 족속인 것을 생각할 때, 우리는 만주와 끊을래야 끊을 수 없는 피의 엉킴이 있음을 깨닫지 않을 수 없습니다. 역사가는 만주인, 몽고인, 조선인을 내지인과 더불어 퉁구스족의 계통, 즉 다시 말하면 아세아 북방계통의 민족이라고 칭하는데 옛날 우리의 조상이든 고구려와 백제가 만주족인 부여로부터 파생되었다는 것을 생각하면, 오늘날에 있어 조선 사람이 만주에 대한 일종의 동경을 가지고 만주를 조선의 연장같이 생각하고 건너다니는 것이 결코 우연한 현상이 아니라 신의 계시가 아닌가도 생각됩니다. 남(南) 총독께서 '선만일여(鮮滿一如)'를 부르짖은 것은 조선인의 가슴속에 싹 돋은 감정의 일단을 표현하여 준 것이 아닌가도 생각됩니다.

이상과 같은 고대의 역사적 사실은 차치하고 근대를 돌아보더라도 청조의 초기에 벌써 서간도라고 하는 압록강을 건너가 남만주 각지에 이주하는 조선 농민이 점점 많아지기 때문에 두 나라에서는 강도회(江都會)라는 조약을 체결하고 각기, 그 국경을 지켜 서로 건너다니지 못하게 하였으나 모금잠경(冒禁潛耕)하는 농민이 끊이지를 않았습니다. 그러나 이는 대개 조경모귀(朝耕暮歸), 또는 춘경추귀(春耕秋歸)라고 하야 오늘의 말하는바 월경 경작이라고 하는 불안정한 상태에 있었든 것이지마는 명치(明治) 초년, 조선에 5년 흉년이 계속됨에 엄중한 금법을 무릅쓰고 비옥한 만주로 건너가는 사람이 격증하였으니 이것이 아마 조선인의 단체적 만주 이주의 ■촉(觸)일가 합니다. 필경 이리하야 1880년(明治 13)년 경진(庚辰)에는 압록강 건너편 동변도(東邊道)에 조선의 4군을 두고 조선인의 자치제를 펴고 조선인을 다스렸으며 이와 전후하여 북간도, 즉 두만강 대안에도 국금을 범하고 건너가는 사람이 부쩍 늘어 대지에 발을 붙이고 살게 되었습니다.

그 후론 정치적 관계와 치안관계로 인하여 일시적 소장(消長)은 있었으나 물이 낮은 데로 흘러가는 것과 마찬가지로 척박한 땅에서 비옥한 땅으로 끌려가는 자연적 대세에는 사람의 힘으로 막아내는 수가 없었습니다.

이같이 되어 조선 사람은 북간도와 동변도 지방을 제2 조선으로 하여 여기서 잠시 기력을 휴양한 후에는 다시 그곳을 근거지로 하야, 동으로 험준한 지격령(志格嶺)을 넘어 목단강(牧丹江)을 건너 삼강성(三江省) 지방까지, 북으로는 흑룡강변(黑龍江邊)까지, 서편으론 동몽고(東蒙古) 사막지대까지 진출하야 수전(水田)을 일구어 옥야만리에 격양가 소리가 서로 들리게 되었지만은 그들의 걸어온 행로는 결코 탄탄한 대로가 아니었고 가시덤불을 헤치고 나가는 큰 모험이었으니 만주국 건국전의 조선인의 참상에 대해서는 여기서 제가 다시 말하지 않더라도 여러분이 다 아실 것입니다.

그러든 것이 건곤일척, 1931년(昭和 6) 9월 18일에 만주사변이 발발한 것을 계기로 만주국이 성립되자 종래의 모든 포악은 부서져 버리고 오족협화(五族協和)의 건국정신 밑에 재만 조선인도 만주국 구성분자의 하나로 균등의 대우를 받게 되어 그 생활이 점차 안정되었으므로 새로이 조선으로부터 도만(渡滿)하는 사람이 갑자기 불어서 필경은 130만이라는 숫자로 헤아리게 되었습니다.

만주국의 총면적은 130만 3천 평방킬로미터로 조선의 22만 760여 평방킬로미터보다 약 6배나 되는 넓이를 가지고 있으나 인구는 3,950만 명밖에 되지 않습니다. 이것을 민족별로 보면 한인(漢人)이 절대다수로 3,470만 명, 그다음이 만주인으로 180만 명, 조선인 130만 명, 몽고인 102만 명, 내지인 65만 명, 백계(白系) 러시아인 5만 명, 기타 외국인의 순서인데 조선인 130만 명은 숫자로 결코 적은 것이 아니며 또 그 생활이 경제적으로 빈약하나마 그 기초가 대지에 곧게 입각하에 있는 농업이니만치 확호불발(確乎不拔)의 지위를 가지고 있다고 할 수 있습니다.

재만 조선인의 분포상태를 보면 간도성(間島省)에 제일 많아 간도 총인구의 8할인 52만 명, 그다음이 봉천, 안동, 용강(龍江), 목단강, 길림 등의 순서인데 만주 14성(省) 중 안사는 곳이 없이 들어가 사나, 흥안(興安) 동, 서, 북의 3성과 열하성(熱河省) 같은 곳은 천명 미만의 소수입니다. 재만 조선인의 생업이 농업인만큼 도시인구보다도 농촌인구가 훨씬 많음은 물론이나 농촌의 중심도시가 되는 목단강이며 봉천 같은 데는 각기 만 명 내외가 생활하고 안동역이나 간도성 도문(圖們)같은 곳은 국경도시로, 또 연길, 용정 같은 곳은 특수도시로 조선동포가 많이 사는데, 목단강 같은 도시의 조선인의 세력은 놀랄만한 것이니 이는 또 신흥 만주국에서의 조선인의 성장을 보여주는 축국(縮國)이라고 볼 수 있을까 합니다.

재만 조선인의 직업은 안정 농업이 대업으로 총호구의 8할이 농사를 짓습니다. 농사를 짓는다 하더라도 자작농과 지주는 극히 적고 대개는 소작인으로 만주인의 토지를 소작하는 것이 많으니, 이는 만주동포의 대개가 적수공권(赤手空拳)으로 문자 그대로 남부여대(男負女戴)하고 건너간 것과 옛 지나 동북정권이 절대로 조선인을 압박한 때문으로 생활향상의 길을 얻지 못한 까닭이었으나, 건국 후에는 지주의 무도한 착취가 없어지고 치안이 회복되고 정부가 보호하므로 현저히 생활이 안정되어 가는 중에 있는데, 더욱 일만(日滿) 양국 정부의 국책적 기관으로 설립된 조만척식주식회사(朝滿拓殖株式會社)와 그 자매기관인 만선척식회사(滿鮮拓殖會社)에서는 정부의 방침대로 자작농 창정을 시작하고 또는 치외법권 철폐 전에 많이 있던 부정업자와 부동(浮動) 농민을 농촌에 집결하고 또는 새로 조선서 들어가는 농민들을 입식시키어 4정보(町步) 평균의 경지를 나누어 주고 농자금은 대여하여 영농케 하므로 장차로는 이전에 보던 바와 같은 소작인의 참상이 점차 해결될 것입니다.

조선 농민의 만주 이주와 만주척식회사와의 관계는 순치보거(脣齒輔車)와 같은 밀접한 관계를 가지고 있으며 더욱 자금 없는 농민의 만주 이주에는 없어서 안 될 기관인데 1937년(昭和 12) 이래 금년 봄까지 이 회사의 손을 거쳐 도만(渡滿)한 농민이 14,430호에 61,761인이며 또 만주국에 살던 부동농가와 부정업자를 집결 안정시킨 것이 1,047호에 3,600여 명이나 됩니다. 이 외에 회사의 손을 거치지 않고 단독 도만하는 소위 분산(分散) 개척민도 상당한 숫자에 달할지나 이것은 분명한 통계가 없으므로 알 수 없습니다. 대체로 집단·집합 등 단체로 회사의 손을 거쳐 도만하는 개척민에게는 조선총독부로부터 여비 40원을 비롯하여 약 80여 원의 보조금을 주고 또 만주국에서도 이와 동액의 조성금을 내어주어 건전한 발전을 도모하고 있으므로 조선 개척민의 장래는 실로 양양한 바가 있다고 생각합니다.

이러한 국책기관 외에 민간경영의 개척민 관계기관도 결코 적지 않으니 하얼빈의 만몽산업, 신경의 삼척기업(三拓企業)을 위시하야 대규모로 개척민을 수용하는 농장이 많습니다. 지금 만주국 내에 있는 가경지(可耕地) 면적 3,200만 정보 중 기경지는 절반도 못 되는 1,400만 정보에 불과하고 그 나머지 1,800만 정보(조선 경지 총면적 490만 정보의 약 4배에 해당)는 무연한 황지로 남아 있는데 만주국의 개발은 우선 개척부터 하여야 되겠으므로 만주국 정부에서도 3대 국책의 하나로 개척정책을 수립하고 제국정부에서도 이와 호응하야 1937년(昭和 12) 이래 20년간에 내지인 개척 100만 호, 500만 명, 조선인 개척민 매년 만호, 5만 인을 입식시키어 개간하기로 되었습니다. 만주국의 대(對) 조선인 개척민 정책은 1936년(昭和 11) 5월 30일부 관동군 지시와 1937년 1월 이민사무처리위원회(移民事務處理委員會)에서 결정한 바에 의하여 입식 숫자도 연 1만 호로 제한되고 입식 지역도 통제되어 해마다 조선인이 많이 살든 간도성와 동변도의 23현(縣)으로 결정되고 기왕의 조선 개척민 집결지역도 역시 조선인이 많이 사는 철령·개원 등 17현에 불과하였으나 그 후 재만 조선인이 자중하고 또 지나사변을 기회로 조선 내외를 물론하고 애국의 열정이 점점 높아 황국신민된 자각이 깊어진 것이 관동군과 만주국 당국에 반영되어 1938년(昭和 13) 7월 27일 이민사무처리위원회의 심의로 제한지역을 철폐하야 원칙적으로 아무데나 들어가게 되었으며 또 금년부터 실시된 만주개척정책 기본요강에 의하여 조선 개척민도 내지인 개척민에 준거하여 취급하게 되었는데 종래 내지인에만 한하였던 만주개척 소년의용군이 문호를 개방하야 벌서 60여 명의 소년이 조선총독부 만주개척 지원자훈련소를 수료하고 내지 내원(內原)

훈련소에서 2개월의 훈련을 받고 장차 내지인과 같이 도만하여 도만 개척청년의용대 훈련소에 들어가 3년간 훈련을 마친 후 내지인과 동등의 조건으로 만주개척에 봉사하게 된 것과 같은 것은 조선인 개척민 취급 개정의 일단이라고 할 수 있으며 또 종래 내지인 개척민 사업을 맡아보기 위하여 설립된 만주척식회사와 조선인을 위하야 설립된 만선척식회사를 통합하게 된 것도 이 정신 밑에서 솟아나는 것입니다.

재만 조선인의 농업 이외의 생업으로는 정미업, 토지경영, 특산물취인, 자동차교통운수업, 잡화소매상, 요리업, 광산, 삼림채벌, 관공리 등이 있는데 봉천 소가둔(蘇家屯)에 건설 중에 있는 경성방직 계통의 1천만 원 자본의 남만방적(南滿紡績) 같은 기업이 생기는 중에 있으며 간도의 동흥은행(東興銀行)을 비롯하여 조선 내 자본가의 투자가 많아지는 것은 기쁜 현상이외다. 이 외에 문화 사업으로는 만주국 유일한 신문인 신경의 《만선일보(滿鮮日報)》가 조선인 계몽운동의 봉화를 들고 있으며 또 봉천에는 서범석(徐範錫) 씨 주간의 《재만 조선인 통신》이 월간으로 간행되어 조선인 교화에 공헌하고 있습니다.

관공리 방면으로도 상당한 지위를 차지하고 있는 사람이 많으며 친임급(親任級)인 만주국 참의(參議) 이범익(李範益, 전 간도성장)씨를 비롯하여 칙임급(勅任級)에도 최남선(건국대학 교수), 박석윤[朴錫胤, 파란(波蘭) 총영사], 유홍순(劉鴻詢, 간도성 차장), 윤상필(尹相弼, 개척총국 참사관) 씨 등이 있으며 과장급 이하 천임관(薦任官, 겸임)에는 50여 명이 있으며 특수회사 상무이사에는 진학문(秦學文) 씨가 있습니다. 그리고 치안방면에는 간도성의 조선인 국경경비대의 충용은 세상이 다 아는 바이며 또 간도성 밍월구(明月溝)에 있는 조선인의 간도특설부대는 만주국군의 귀감이외다.

비단 만주국뿐만 아니라 재외 조선인이 공통적으로 근신하는 것은 자제의 교육 문제인데 재만동포의 소학 취학생은 약 15만 명으로 학령아동 취학률이 5할 이상으로 조선보다 훨씬 높은 현상이나 교육기관의 시설은 극히 빈약하여 조선에 비길 바가 아니니 치외법권 철폐와 동시에 만철이 경영하던 14 보통학교와 간도에 있는 함북도립(咸北道立) 보교(普校) 2교를 제하고는 일률로 만주국에 이관되어 만주국 국민학교로 되었는데 만주국인의 교육정도가 조선인의 그것보다 훨씬 낮은데다 만주국 정부의 재정상태가 빈곤하야 조선인 교육에만 우월한 시설을 할 수 없는 형세에 있으므로 조선 내에서는 의무교육을 실시하려는 금일에 있어 당연히 재만 조선인 교육시설도 향상케 하여야 되겠는데 이에는 재만 조선인의 세력과 조선총독부의 농후한 원조가 있어야 할 것입니다. 근자 재만 조선인 교육 진정 대표로 김응두(金應斗), 황의명(黃義明) 씨 등이 서울에 와서 활동하는 것도 재만 조선인의 총의를 관철하여 보려고 함이외다. 만주국의 정신인 민족협화(民族協和)와 조선인 관계는 조선인이 만주인에 대하여 우월감을 가진다는 데 대해서 여러 가지 비난이 많습니다. 이는 일본 내지인이 5족 구성의 핵심이 되어 지도적 입장에 있으므로 같은 일본인인 조선인도 일본인으로 자처하고자 함에서 일어나는 문제인데 만주국에 있는 내지인은 대체로 아직 조선인으로 이해치 못하는 점과 과거 건국 전의 재만 조선인 일부의 거취가 반국가적 행동으로 다스릴 일이 있었던 것과 또 만주인·한인(漢人)들이 조선인에 대한 감정 등이 서로 엉키어 재만 조선인은 일시 위기(危期)에 빠지지나 아니한가 하는 걱정이 없지 않았습니다. 그렇지만 그 후 조선인이 자중하야 민족협화의 정신을 체득하고 그 구성분자로서의 의무들 저버리지 않으려는 노력이 다른 민족에게 알려지게 되었으며 또한 내지인의 인식이 매우 깊어졌으므로 조선인의 지위는 점차 개선 향상되어 가는 중에 있으니 백척간두에서 다시 진일보하여 더욱 자중, 제국신민으로서의 여유를 높이 가져야 할 것입니다.

방금 조선 내의 인구증가율은 매년 약 35만 명이니 35년 후에는 현재의 2,400만 명의 배가 될 터이다. 70년 후에는 1억에 가까운 인구가 될 터인데 이 과잉인구의 대다수는 현상으로 보아 만주에 내보낼 수밖에 없으며 만주로 내보내는 것은 긴박한 조선 내의 과잉인구문제를 해결함에 기여할 뿐 아니라 우리제국의 생명선인 만주국 개발에도 공헌하는 바가 많을 터로 일석이조의 효과를 기대할 수 있을 것이니 재만 조선인의 동향은 조선인 전체의 장래를 좌우하는 데에 큰 영향이 있을뿐더러 제국의 동아 신질서 건설에 중대한 관련을 맺었다는 것을 깊이 명심하여야 될 것입니다.

〈자료 106〉 만주국 건설 근로봉사 조선부대기(朝鮮部隊記)[이완수(李完琇), 1940.10.1, 《삼천리》제12권 제9호, 140~143쪽]

지난 6월 29일 오전 7시 55분, 만주국 건설 봉사대(奉仕隊)의 연길반(延吉班)은 경성역을 출발하게 되었다. 역에는 관민 제위와 시민이 나와 전송(餞送)하여 주었으며, 출발 기적 신호

성과 아울러 열차는 움직이기 시작함에 일편 기쁜 동시에 책임이 중대함을 깨닫게 되었다.

봉사대 구별을 보면 연길반, 왕청반(汪淸班) 2반으로 나뉘었는데 연길반은 경기도, 충청남북도, 경상남북도, 전라남북도, 황해도 이상 8도 161명으로 29일 오전 7시 55분에 출발하고, 왕청반은 평안남북도, 강원도, 함경남북도 5도 93명인데 동일 오후 10시 몇 분에 출발한다 하였다.

나는 연길반이었다. 열차는 경원선(京元線), 함경선(咸鏡線)을 달렸으며, 도문(圖們)에 도착하기는 익일 오후 6시 50분이었다.

연길에 도착하였을 때는 30일 오후 9시 반이었다. 역에는 간도성장(間島省長)인 신길(神吉) 성장 각하 이하 각 관공서 관민, 학생대표, 애국부인회, 청년단체 등이 성대히 출영(出迎)을 하여 주어 감격하기 짝이 없었다. 연길 역전 광장에 륙삭크[3]를 내려놓았더니 트럭 2대가 와서 전부 실어가고 우리는 도보로 밤 10시경에 방향을 알지 못하고 서틀은 연길시가를 행진했는데 모든 것이 이상한 감상을 주었다.

시가의 번화지를 지나갈 때 유락장도 적지 않았으나 동포의 언어와 모습이 눈에 띄어 무척 반가웠다. 여기저기서 음악소리도 낯익은 듯했고, 외국이란 감은 전혀 없이 보였다. 이윽고 어느 반 비탈거리를 걸어 들어가 본즉 훌륭한 2층 벽돌건물이 즐비한데 교육기관이나 관청인줄로 짐작하였다. 안내자의 말이 북산국민우급학교(北山國民優級學校, 공립심상소학교)라 하였다. 즉시 실내에 들어가 본즉 매인당 침구 1조가 배당되어 있었으므로 약간 안심하고 차중 피곤을 풀고 말았다.

익일(7월 1일) 조기(朝起)는 6시인데 기상하여 점호를 받고 세수를 하고, 조기회(朝起會)를 행한 후 조반을 먹고 10시경에 연길 신사 참배를 행하였다. 당일 오후 3시에는 당교 교정에서 환영회가 열려 현장(縣長) 각하 이하 관민대표, 학생 청년단체, 애국부인회 등 각 단체 유지귀빈의 내임(來臨)하에 성대한 환영회를 받았으며 선만일여(鮮滿一如)의 정신이 1일에 나타나서 우리의 사명이 여하히 중대함을 새로이 생각하게 되었다.

---

[3] '륙삭크'는 하이킹의 필수품이었던 듯하다. '하이킹에 드는 도구'(조선일보 1938년 5월17일)는 "하이킹을 한답시고 야단스럽게 도구를 새로 구입할 필요는 없고 전에 입던 헌 양복에 떨어진 구두, 거기에 '륙싹' 하나만 있으면 그만입니다"라고 썼다.

새벽마다 5시에 기상 종소리와 아울러 침상에서 일어나 교정에 정렬하여 아침 기상 점호를 행하고 즉시로 30분간에 160여 명이 세수를 간단히 한 뒤 침구정돈을 하며 복장을 갖추고 5시 30분에 조기회를 연다.

조기회 순서는 일동이 정렬한 후 도별로 인원점호를 한 후에 미타마시가메(みたましがめ-)라는 정신을 정숙하게 하는 뜻으로 1분 30초가량 눈을 감고 무언정숙하는 것이다. 다음으로 '2배(拜) 2박(拍) 1배(拜)'로 궁성요배를 행하고 국가합창, 칙어봉독, 황국신민 서사 제창, '천황폐하미영(天皇陛下彌榮)' 3창을 행하고, 봉사대강령 "우리들 근로봉사대는 황조(皇祖)의 신칙(神勅)을 봉하여 협심육력(協心戮力)으로 정신(挺身)하고 흥아(興亞)의 천업(天業)을 추진함을 신명(神明)에 맹세하고 천황폐하의 대어심(大御心)에 부응하여 봉(奉)하지 아니치 못함"이라는 강령을 복창하고 "맑음, 저 즐거움, 저 기쁨. 저 영광이여, 저 축복이여"라는, 우리 인생 각자의 책임과 사명이 신성만족(神聖滿足)하다는 것을 노래한다. 다음에「우미유카바(海行かば)」[4]를 합창하고 2배 2박 1배로 조기배례를 끝마친 뒤 아침인사를 행한다. 그리고 예배가 끝나면 일본체조(야마토 하타라키)를 행한다. 체조가 끝나면 식사당번이 조반준비를 하고 각도 부대별로 봉사대강령을 제창한 후 먹게 된다. 조반이 끝나면 점심준비를 하여 가지고 7시 반에 집합종이 울리자 일제히 정렬하여 각각 사업장 분할을 하여 가지고 의기양양한 웅세(雄勢)로 식민가(植民歌)를 부르며 공사장에 행한다. 총검을 대신하여 스코프나 곡괭이를 메고 행진할 때는 태산이라도 우습고 여하한 난공사라도 용의(容意)하게 성사할 기상이었다. 이윽고 공사장에 가서 작업을 시작하면 자기의 책임 일을 열심히 하던 중 얼마쯤 하다가는 피곤하여 쉬기도 싫고 힘도 들어 게을러질 생각도 없지 않았다. 그러나 다시 생각할 때 우리들은 반도 2,300만 민중의 대표로 '만주국 건설 봉사대'라는 중대 사명을 등지고 불원천리하고 온 이상 전 노력을 발휘하지 않을 수 없었다.

그리하여 오전 11시 반이 되면 오전의 작업을 마치고 휴식장에 가서 점심을 먹는다. 식후 약 1시 반까지 피곤을 푸는 것이다. 오후 2시경서부터 또 작업을 시작하는데 맹렬한 태양은 사정없이 내려 쪼이여 고도(高度)에 고도로 숨이 탁탁 막히는 듯싶었다. 작업을 하기도 전에 땀은 전신에 흘러 눈을 뜰 수가 없었다. 그러나 조금도 게으르지 않고 여전히 전력을 발휘하

---

4 일본 해군가

여 작업이 진행됨을 재미로 알고 우리는 '땀의 봉사'라는 슬로건 밑에 만족을 갖고 또한 신동아건설의 한 토대를 작성함이라는 감(感)이 잠시도 사라지지 않아서 조금도 게을리 하지 않았다. 사실에 있어서 임금을 받고 한다면 이렇게 힘들지 않았을지도 모른다. 오후 3시 반에 휴식이 있는데 부대로부터 간식으로 맛있는 빵을 1개씩 줌으로 우리는 그 빵을 받아 들고 일동이 웃어가며 먹을 때 자기도 생각지 않은 동안에 손에 쥔 빵은 없어져 버린다.

15분간 쉬었다가 다시 일을 시작하는데 그때부터는 선선하여 일하기도 좋을 때다. 그러나 오후 6시가 되어 하루의 작업을 마치고 종수(終修)의 예배를 동편 궁성을 향하여 2배 2박 1배를 하고 "참으로 맑고 밝구나! 저 재미있고, 저 즐겁고, 저 영광스러움이여, 저 축복이여"라는 봉사대 정신을 표한다. 대륙의 석양과 시원한 바람이 기분 좋게 불어와 자연의 위문을 받으며 하루의 봉사도 재미있게 끝낸다.

그리고 식민가와 또는 황국청년가를 부르며 숙소로 돌아가는 것이다. 피곤과 괴로움도 적지 않으나 인고단련이라 생각함에 스스로 위안을 받는다.

숙사에 들어가면 취사당번은 저녁밥을 지어놓고 고대하고 있으며, 위생당번은 욕탕수를 끓여놓고 기다리고 있고, 위생당번은 무언경례로 피곤을 위안하여 주어 하루의 피로는 꿈같이 사라져 버리게 된다. 도구정리를 하고 각기 그릇을 닦으면 오후 7시가 된다. 그 밥맛이란 말할 수 없이 맛있는데, 반찬은 사실에 있어서 웃어야 될 형편의 것이지만 어찌도 맛이 있고 수일간 밥을 보지 못하다가 대한 듯 반가운 것이다.

서녁밥 후 입탕(入湯)을 각 부대별로 10분간에 간단히 한다. 심할 때는 5분간에 할 적도 있다. 목욕 후 2, 30분간 일기도 쓰고 고향에 편지도 쓰는 등 각각 자기행동을 취하게 된다. 8시 반이 되면 여하한 일이 있던지 필히 점호를 행하고 9시에는 소등을 한 후 침상에 누어 하루의 피로를 기분 좋게 잊고 마는 것이다.

매일 당번이 있는데 취사와 위생당번은 각도에서 1명씩 8명씩이고 본부실 당번이 2인, 위생당번이 3인이다. 취사당번은 일동의 식사를 만드는 것인데 나로서는 일생에 처음 솥 부시고 밥 짓고 국 끓이고 건건이를 만들었다. 당시 식사를 하여 보고 식사란 것도 그리 쉬운 것이 아님을 깨달았다.

위생당번은 숙사일대를 지키는 동시에 내외 사를 처리하는 기관이다. 위생당번은 불결한 곳, 즉 변소, 우물 부근 등 불결한 곳을 청결하게 하고 욕탕에 물을 끓이는 임무를 가졌다.

본부실 당번은 부대장이 있는 실내의 당번이다. 절대 명령복종일 뿐 아니라, 실행이 우수하여야 된다.

위문에는 언어위문, 물품위문 등 다수히 있는데 어떠한 위문이든지 차별 없이 반가웠다. 가끔 폭서(暴暑)에도 불구하고 맛있는 음식을 가져와서 공급하며 위안해 줄 때는 감격한 나머지 자기가 이와 같은 위문을 받을 자격이 없음을 못내 부끄러워하고, 일층 강한 각오를 갖게 된다. 또는 고향에서 편지가 올 때는 그 기쁨이란 일필난기(一筆難記)이며, 매일매일 고대케 되는 것이다. 더욱이 도(道) 당국에서 위문품을 보내 주어서 일동 24명이 공평히 나눠 들고 수군거리며 기뻐하는 양은 또한 한 즐거움인 것이다.

연길 부근, 즉 간도성(間島省) 일대는 반도인이 8할이나 거주한다는 말을 듣고 사실일까 하는 감도 적지 않았으나 현지에서 본즉 사실이었다. 그들의 일상생활은 조선 내 주재 동포와 조금도 이상 없이 보였다. 노상에 왕래하는 사람이 의복 입고 나선 것이라든지 이야기를 들어보면 의식은 조금도 걱정 없이 지낸다 한다. 나는 그것을 보고 듣고 반갑고 고맙고 다행으로 아는 동시에 부러웠다.

1개월이란 기간을 하루같이 지나 예정의 봉사도 종막을 보게 되었다.

최후 봉사종료의 예배를 할 때는 더욱 성실한 자세를 갖게 되었다.

출발기일 7월 30일이 돌아와 1개월간 정들인 연길을 떠나게 됨에 섭섭한 감회를 갖게 되는 일편, 눈에는 눈물까지 어렸다.

더욱 북산소학교(北山小學校) 아동과 교원 일동이 출발도로 양편에 정렬하여 전송하여 줄 때 나는 친형제자매를 영원히 작별하는 듯싶어 자기도 모를 사이에 눈물이 앞을 적셨다.

연길역에 나오니 벌써 수백 명의 인사가 나와 우리를 기다리고 있었다. 열차에 몸을 실어 기적소리와 함께 송별객의 만세소리는 지금껏 귀에 쟁쟁하게 남아 들리는 듯싶다.

일동은 연길을 떠나 도문를 거처 북만의 가목사(佳木斯)로 갔다. 도중 목단강(牡丹江) 역에 도착하였을 땐 밤 10시경이었다. 모단강역에도 환영객이 나왔으며 승하차 객이 조선인이 태반이 넘어 또한 놀랄 뿐 아니라 동포의 약진이 실로 무섭게 생각되었다. 하얼빈(哈爾賓)행 열차를 바꿔 타고 다시 차를 달리었다. 하얼빈에 도착하였을 땐 31일 오전 9시경이었다. 출영을 받고 안내자 인솔로 신사참배와 충령탑에 배례하고 경무부 청사에 들어가 조반을 먹은 후 도보로 시내견학을 하였다. 박물관과 각 관청, 시내 중요한 거리를 보았으며, 경성시의 7배나 된다는 대도시로 건물 웅장은 말할 것 없고 끝이 없는 벌판에 시가 끝을 못 보았으니 얼마나 넓고 큰 도시인 줄 가히 상상할 것이다.

건물은 말하자면 회사인지 상점인지 관청인지 공장인지 주택인지 분간을 못할 만치 문화적이오, 현대식이었다. 가정생활도 양식과 아파트식인 모양 같았다. 송화강이란 흑룡강 상류인데 하얼빈시가의 명소로 일층 시가의 경치를 도와주었다. 인구는 내지인이 5만, 조선인이 3만, 러시아인이 15만 기타 합하여 75만 인구라 한다. 러시아인이 비교적 많은 편이었다.

오후 11시 15분에 하얼빈을 떠날 때 관민대표와 각 단체대표와 인상 깊게도 러시아인 수십 명이 음악대를 인솔하여 전송해 주는 데는 실로 감격하였다.

신경(新京)에 도착하였을 땐 오전 7시 54분이었다. 신경역에도 역시 각 대표가 나와 환영을 하여주었다. 안내자의 인솔로 만철 신경지사 식당에 들어가 조반을 먹고 지사광장에서 만주국 건설 봉사대 실천본부장 각하 이하 각 관청귀빈 임석하에 성대한 환영식이 있었으며, 감사장과 기념장을 받는 후, 신사와 충령탑에 참배하고 국무원에 들어가 점심을 먹었다. 그리고 유람버스를 타고 남령전적기념탑(南領戰蹟記念塔)에 참배하였다.

중요 시가를 두루 구경하고 만주국 황제폐하 궁성을 배례하고 '황제폐하 미영(彌榮)'을 3창(唱)한 후 신경국민우급학교(新京國民優級學校)에 들어가 전 간도성장이시든 이범익(李範益) 각하의 훈화를 듣고 역으로 나와 경성을 향해서 출발하였다. (끝)

〈자료 107〉 재만 조선인 교육의 과거와 현재[신형철(申瑩澈), 《조광》 7권 6호, 1941.6.1, 268~282쪽]

1. 만주국 교육제도의 일반

우리가 재만주 조선인의 교육 상황을 말하려면 거기에 앞서 만주국의 교육제도에 대한 일반적 상식이 없고는 요해키 어려운 점이 있을 것이므로 여기에 먼저 그의 일반을 개시(概示)하고 본론에 들어가려 한다.

만주의 건국이 여기에 겨우 10년, 국방의 완성, 치안의 확보, 산업의 개발, 경제의 건설에 국력을 들여 정비하여 온 만큼 그 모든 방면의 발전은 실로 융륭(隆隆)한 바 있어 단축한 10년간의 실적은 가히 1세기에도 필적할 만한 세계역사상 유례없는 비약적이라 아니할 수 없을 것이다.

일가의 영고(榮枯)가 자녀의 교육에 달리고 일국의 흥체(興替)가 전국민의 교육에 메인 것이라면 신흥의 만주국으로서도 거기에 허술하게 간과할 리(理) 만무(萬無)이었다. 더구나 건국의 연조(年祚)가 상천(尙淺)하고 국내 구성분자의 자(子)가 복잡불일한 만큼 건국의 정신을 선양하고 조국(肇國)의 이상을 현현하는 데는 먼저 국민교육에 치력(致力)치 아니할 수 없었다.

그런데 종래 만주국의 학교교육 체계라는 것은 건국 초에 있어 백무(百務)가 홀홀(忽忽)했을 만큼 구 정권시대의 제도를 그대로 답습하고 거기에 약간의 응급적 개편을 손질한 데 불과하였으므로 국정(國情)과 시대의 추세에 즉응치 못한 점이 많았었다. 그리하여 정부에서는 건국 후 바로 학제개혁의 준비에 착수하여 조사연구와 심의를 거듭하여 오던 중 마침내 그 성안(成案)을 얻어 지난 1937년(昭和 12, 康德 4) 5월 2일 만주국 황제폐하 방일 선조(宣詔) 기념의 가일(假日)을 복(卜)하여 문교(文敎)의 대본(大本)인 신학제를 칙령으로써 공포한 것이 다음 표와 같은 학교체계였다.

(만주국 학교체계표-생략)

그리고 동년 10월 10일에 그 시행세칙인 각종 학교규정과 기타 부속규정이 민생부령(民生部令)으로써 공포되고 그다음 1938년(昭和 13, 康德 5) 1월 1일부터 그 신학제가 실시케 된 바, 그는 만주국 독특의 학제로서 건국정신의 명징(明徵), 국가관념의 선양과 일만(日滿) 일덕일심(一德一心)의 체득, 민족협화정신의 철저를 도모하는 한편 수업연한의 단축, 교육의 기회균등, 교육내용의 탄력성과 실학중점주의를 강조하여 제2세 국민으로 하여금 지덕체(智德體)계의 3방면으로부터 현대의 만주국을 짊어지고 나가기에 넉넉할만한 육체와 정신을 연성시키기에 주력한 것이었다.

그러나 건국 이래 일자가 얕은 만주국의 정치는 부득이 산업개발과 경제건설의 치중치 아니할 수 없는 만큼 세간에는 민생진흥 방면에 소루(疏漏)한 혐(嫌)이 없지 않다는 다소의 비난도 있었다. 거기에 반드시 자극을 받은 것도 아니었겠지만 신흥의 만주국으로서 민생과 문화 방변에 대하여 제2기적 국가건설의 단계에 들어간 오늘 국민생활의 향상, 민생의 진흥, 문화정책의 신장을 소호(小毫)라고 홀제(忽諸)에 붙일 리는 없는 일이었다. 그리하여 이래 2, 3년간 운영의 실적을 보아가며 신학제에 대해서도 국적부(局的部) 수정(修正) 보족(補足)을 하여 오는 동시에 지난 1940년(昭和 15, 康德 7) 5월 중에 이르러 교육 10개년 계획을 수립하고 지금까지 추정학령아동에 대한 취학률이 약 30%에 불과하던 것을 박력적으로 추진하여 10년 후에는 적령아동 전부를 수용할 수 있는 목표하에 두고 방금 교사의 증설, 초등교원의 양성, 교원대우의 개선, 교육시설의 확충 등에 일단의 노력을 가하고 있는 현상이니, 만주국 교육의 발전도 실로 전도가 양양한 바 있어 그의 후일은 단연코 괄목할 것이 있으리라고 믿어도 별로 크게 틀림이 없을 것이다.

2. 재만 조선인 교육의 개설

이상으로써 만주교육제도의 일반은 간단하나마 그의 연혁과 체계를 대강이라도 알 수 있으리라 생각하거니와 여기에 우리 재만 조선인 교육의 과거와 현재를 술하면 문헌의 결핍, 자료의 수집난, 조사의 불충분 등 여러 가지 관계로 어려운 점이 없지 아니하다. 다만 가능한 범위에서 그의 발달순서를 약술해 보려 한다.

원래 만주와 조선인에 대하여는 자연적 역사적 혈연적으로 유서가 깊은 것은 이미 세간과 오인이 숙지하는 바이라 다시 긴 말을 허비할 필요도 없는 것이다. 멀리 수천 년 전 상고시대부터 고구려 내지 발해가 이곳에 건국하고 정치적 문화적으로 동양에서 웅비하던 것은 청사(靑史)에 그 유적이 오히려 새롭거니와 최근 이조말엽 거금 6, 70년 전부터 조선인의 만주 이주는 국가의 금령이 엄함에도 불구하고 패연(沛然)히 흘러들어와 그의 추세는 무엇으로도 막을 수가 없었다. 더욱이 거금 31년 전 일청(日淸) 간에 간도협약이 성립되어 오래 영토 문제와 이주 문제로 분규를 거듭하던 것이 일시적 해결을 보자 조선인의 이주가 지금까지는 북서간도(北西間島)에 국한되어 있던 것이 노도와도 같이 한편은 동만(東滿)으로부터 북만(北滿)에 또 한편은 남만(南滿)으로부터 서만 내지 동몽(東蒙)에까지 용감한 진출을 하였다. 일시는 조선 내에서 정치적 불평을 품고 건너온 자도 없지는 아니 하였으나 실로 그의 이주는 자연의 추세인 것이 무엇보다도 강하였을 것이다. 더구나 만주사변을 지나 만주국이 창건된 이후는 일만(日滿) 양국의 자광(慈光)과 은로(恩露)가 아울러 비치고 젖어 왕도낙토(王道樂土)에서 힘찬 건설에 한 귀퉁이 힘찬 역할을 하고 있는 것은 엄연한 사실이다. 지금 그 이주 인구의 최근 약 20년간 증가율을 보면, 1919년(大正 8) 말에 431,198인이던 것이 1926년(昭和 원년) 말에 이르러 542,185인이 되고 1933년(昭和 8) 말 만주국 건국 당시에는 673,794인이 되었으며 1939년(昭和 14, 康德 6) 말에 와서는 1162,127인의 숫자를 보임 외에도 샅샅이 손이 미치지 못하여 조사에 빠진 자를 합하면 현재 만주국 내에 살고 있는 조선인은 넉넉히 150만을 돌파하고 있으리라는 것이 확실하다고 보아 틀림이 없을 것이다.

그런데 오직 근면역행(勤勉力行)으로써 개척에 열중하여 무주공광(無主空曠)의 토지로 하여금 금전옥답(金田玉畓)화하기에 여념이 없었다. 더구나 우리 조선인의 특장이요 천재라고도 할 만한 수전경작(水田耕作)에는 단연히 남이 따르지 못하는 예안(銳眼)과 혜식(慧識)을 가져 아무런 지도와 보호는 고사하고 박해와 간고(艱苦)가 따를 뿐이던 그중에도 발이 나가는 곳을 좇아가다가 아무런 산간벽지나 야외 하추(遐陬)라도 물이 흐르는 것을 보고는 문득 발을 멈추고 개척의 괭이를 들어 좁고 적으나마 논을 풀고 집을 세우기 시작하여 그곳에서 단 한 호(戶) 혹은 2, 3호라도 충실히 수전을 지키어 왔다. 오늘의 국책적 보호와 장려와는 딴판으로 조선인의 만주개척은 쓰고 실로 어린 피와 눈물의 점철이라 하여도 결코 과언은 아니리라.

말이 옆길로 나간 듯하나 만주 이주의 조선인에게는 그와 같이 생활의 조건이 무엇보다도 긴요한 일이었다. 그러나 그들은 다만 먹고살기에만 급급하지는 아니하였다. 굶는 한이 있더라도 자식은 가리켜야 한다. 그것이 그때나 오늘에 있어 우리 조선인의 굳은 신념 중 하나이었다. 그리하여 물을 보면 반드시 수전을 일구는 것과 같이 아무리 벽지궁항(僻地窮巷)이라도 2, 30호만 모여 촌락을 이루게 되면 반드시 학교를 세우는 것이 의례의 행사이었다. 그들의 자제교육열은 그렇게도 개척의 열에 지지 않으리만큼 불타고 있었다. 그러나 그 교육열을 채워주기에는 너무도 여러 가지 조건이 참담하였다. 개척사상(開拓史上)에서 우리의 신고(辛苦)가 적지 않은 것을 아는 사람이라면 교육사상에서도 우리의 난관이 많았음을 알아야 할 것이다. 오늘날 일만 양국의 애틋한 천은하(天恩下)에 모든 과거를 회고할 때 우리는 더 한층의 감격을 느끼지 않아서는 안 될 것이다.

여기에 재만 조선인 교육의 과정을 3기로 나누어 개술하여 보자.

가. 만주 건국 이전의 재만 조선인 교육

위에서도 말한 바와 같이 과거 재만 조선인의 교육 상황이란 결코 평탄한 길을 걸어온 것이 아니었다. 자제를 가리키려는 욕망과 열의는 불타는 듯하였으되, 첫째 이주민이란 일정한 근거를 둔 생활이 못되며 각지에 잔재해 있기 때문에 근대 도회의 학교교육제도를 밟아서 학교를 조직설립하기가 극난하였고, 따라서 넉넉지 못한 생활은 지금이라고 그다지 향상했다 하기 어렵겠지만, 당시의 정도는 더 한층 궁박했던 만큼 일정한 재원으로 학교를 경영할 수 없었으며, 또 하나 구 정권시대가 되어 여기에도 보호 장려는 그만두고 간섭과 압박이 심하여 정상적 교육을 시킬 수 없는 등 수많은 난관이 있었을 것을 우리는 상상하기에 어렵지 아니하다. 그러나 그 난관을 돌파해가면서 복잡다기한 길을 걸어온 건국 이전의 교육 상태는 용케도 다음과 같은 여러 가지 길을 밟아서 발달해 왔다.

과도기에 있던 우리 조선인의 교육이라는 것은 조선 내에서도 그랬지만 만주로 이주해 왔다고 그것이 일조(一朝)에 변할 것은 아니었다. 그리하여 여기에도 신구(新舊) 양식(兩式)의 교육제도를 끌고 왔다. 즉 구제도는 오랜 전통을 가진 서당으로서 규모가 작은 것, 선생의 훈련이 없는 것, 아동의 수효도 적은 것은 물론 짓궂게도 천자문, 사략, 통감, 소학 같은 것을 교과서로 삼은 것은 웃을 것이 아니라 분산원격해 있는 벽지하추(僻地遐陬)에 있어 근대식 학교를 건설할 수 없던 부득이한 당시 사정에 오히려 동정할 여지가 있을 것이다. 그리고 신식의 학교라는 것은 대개가 전날의 보통학교로서 대도시나 상업중심지 또는 조선인의 집합이주로 자연히 조선인 촌락이 형성된 곳에 설립 경영히었으며 유치원의 설립도 있었으나 그는 매우 미미한 것이었고 조선이주민이 가장 밀집한 간도 지방에는 동흥(東興), 대성(大成), 광명(光明), 은진(恩眞) 등 6개소의 중등학교가 있어 조선청년을 교양하고 있는바 이들 초중등학교에는 당시의 사회 환경과 정치적 색채에 따라 그 교육의 경향과 경영의 주체로 각기 다른바 그 종별을 개별하면

1. 순전히 조선이주민이 설립한 학교
2. 조선총독부, 함경북도 또는 만철 등이 주체가 되어 설립 관리하는 학교
3. 각 종교단체에서 경영하는 학교
4. 조선인 자제와 공학하는 내지인 및 중국인의 초중등학교

5. 불평분자 측에서 경영하는 학교

등으로 구분할 수 있는데 그의 상황을 표시하면 다음과 같다.

경영입체별	종류	학교 수	교원 수	생도 수	경비
1. 유치원		1	2	62	
	소학교	115	249	5,379	
	서당	108	108	1,120	
	중학교	1	3	415	
	합계	225	361	7,076	
2. 보통학교		51(?)	139	4,106	26,339원(圓)
	중학교	1	14	92	?
	합계	52	153	4,198	
3. 유치원		2	4	128	1,738원(元)
	보통학교	81	195	4,638	
	합계	83	199	4,766	
4. 중선인(中鮮人 공학학교)		108	중 67	중 558	
			선 178	선 608	

(이외에 약간 일본 내지인 소중학교에 공학하는 조선인 자제가 있음)

5. 보통학교		34	57	1,218	15,648

(이것은 아주 불충분한 조사로서 실은 그 2, 3배로 추정됨)

이렇게 계통과 경향이 다기한 교육을 받아왔지만 거기에 달게 여길 수밖에 없는 것이 그 때의 경우이었다.

그러나 그나마도 취학률은 극히 적어 연전의 우리 외우(畏友) 이훈구(李勳求) 박사의 조사에 의하면 당시 취학연령에(6~14세) 달한 아동 수가 총인구 1,074인 중 308인뿐으로서 총인구 수의 28.9%이었으며 당시 만주의 조선이민 총수 800,000인으로 본다면 적어도

226,000명의 아동이 취학하였어야 할 것인데 전기 표로 보아 실제 취학의 아동 수는 겨우 43,216인에 불과하고 가령 중국인 학교 및 기타 학교에 다니는 아동으로서 전기 표의 계산에 들어가지 않은 수를 10,00명으로 추정하더라도 전부가 53,216명에 불과하여 학령아동의 취학률은 겨우 23%밖에 되지 못한다는 것이라 하였다. 그뿐 아니라 교원자격의 불충분과 학교시설의 불비로 인하여 도저히 근대적 과학교육을 충분히 받지 못하는 경우에 놓여 있는 것이 그때 조선인의 자제들이었다 한다. 게다가 구정권시대의 중국관헌의 박해는 이 교육방면에까지 손을 뻗히어 강제적으로 학교를 폐쇄시키고 학생과 교원을 구축하는 등의 일까지 종종 있었다 한다.

과연 그만큼 재만 조선인의 과거 교육은 결코 평탄한 길을 걸어온 것이 아니었다.

나. 치폐(治廢) 이전(以前)의 재만 조선인 교육

상술한 바와 같이 만주 건국 이전의 교육이란 그 제도와 시설이나 도야의 정신, 훈육하는 사상까지 구구불일(區區不一)할 뿐 아니라 간난궁고(艱難窮苦)의 속에서 험로를 밟아왔던 것이다.

그러나 시대는 일시에 깨끗하게도 변하였다. 지금으로부터 꼭 10년 전 9월 18일 밤 유조구(柳條溝) 철뚝 위의 1발 총성은 마침내 만주사변을 일으키고 익년 3월 1일로 민족협화, 황도실현의 이상적 신국가가 탄생하자 이를 계기로 하여 재만 조선인 100만 동포에도 일대 전환기가 되었다. 재래에 다소 불평의 사상을 품었던 자까지 완선히 그 불순한 사상을 깨끗이 청산하고 흡연(翕然)히 황국신민으로서 충성을 본받는 동시에 또 만주제국의 일구성분자로써 당당히 등장케 되었다.

그리하여 재만 조선인 교육계에도 1911년(明治 44) 10월 24일 일찍이 환발(渙發)하옵신 교육에 관한 칙어를 조선총독에게 하부하옵신 그 반도교육의 본지에 즉하여 조선 내와 다름이 없이 되어 왔다. 이주자가 축년 증가함을 따라 일상생활에 급급하면서도 도시와 지방을 통하여 전만(全滿) 도처에 재래 설치 경영되어 오던 또는 신설된 학교와 서당은 실로 융륭(隆隆)하기 요원(燎原)의 불과 같이도 일어났던 것이다. 그런데 그때의 교육 상황을 본다면 대체로 다음과 같은 추세에 있었다.

1. 초등교육. 재만 조선인의 약 반수를가진 간도성에서는 함경북도립 보통학교 6교와 또는 그를 중심학교로 해 가지고 상당수의 교사파견 학교 및 건국 이래 다수 설립한 현립학교가 있고, 만철부속지에는 만철의 경영하는 14보교(普校)와 1교의 보조학교[하얼빈 보통학교-즉 지금 금강국민우급학교(金剛國民優級學校)]가 있었으며, 위 이외의 지방에서는 혹은 민회가 총독부의 보조를 받아 서당 또는 보통학교를 경영하고, 혹은 사인(私人)이 서당 같은 것을 경영하거나 또는 그런 시설이 없는 지방 특히 선만인(鮮滿人) 잡거지대에서는 만어(滿語)를 해득하는 다수 자제가 일반 공립학교에서 만계(滿系) 생도와 훌륭히 공학하고 있었는데 그런 것은 조선과 접경한 통화(通化) 안동성(安東省) 같은 각현에 많았었다.

2. 중등교육. 간도성에는 연길사범학교, 연길 및 혼춘의 양 농업학교, 연길여자초급중학교 등이 있고, 사립학교로서는 간도의 학도(學都)로서 이름있는 용정에 조선인 교육계 공로자 일고병자랑(日高丙子郞) 씨의 경영인 광명(光明)학원 중학부와 동 고등여학부, 캐나다 장로회의 경영인 은진(恩眞)중학교와 동 명신(明信)고등여학교가 있는 외에 불완전하나마 조선인의 손으로 경영하는 대성(大成), 동흥(東興)의 두 중학교가 있었는데, 이들 사립학교는 모두 일본학제에 의하였으나 재외 지정학교로 지정을 맡은 것은 오직 광명학원의 두 학부뿐으로서 그 학원에는 외무성과 조선총독부의 보조금도 상당히 교부되었다.

그리고 간도성 외에는 1937년(昭和 12, 康德 4) 봄에 봉천에 신설된 사립 동광(東光)학교 외에는 조선인 학생을 상대로 하는 중등학교가 없었기 때문에 그런 지방의 자제는 혹은 간도성 내의 각 학교에 진학하거나 혹은 극소수이었지만 일반 만계(滿系) 학교에 공학하는 외에 만철경영의 일본중학교, 여학교 및 조선 내 중, 여학교에 진학하는 자도 상당한 수에 달하였었는데 그것을 숫자로 표시하면 다음과 같다.

재만 조선인 학사통계표(표는 생략)

(1936년 6월 말일-치폐 당시의 4개월 전 기록 현재)

재만 조선인 학령아동 취학률(1936년 6월 말 현재)(표는 생략)

다. 치폐(治廢) 이후의 재만 조선인 교육

여기서 재만 조선인 교육계는 또다시 전환기에 들게 되었다. 그것은 물론 교육의 근본 정신이나 지도사상에는 하등의 도(度)함이 없었으되 다만 만주국의 약진적 발전에 따라 1937년(昭和 12) 12월 1일 치외법권 철폐와 부속지 행정권이 이양되는 동시에 재만 조선인의 교육행정권이 만주국에 이관케 된 교육계의 역사적 사실이 그것이다.

지금 그 이양 당시의 경위와 사항을 상술하자면 지면의 관계가 그를 허락치 않으므로 다만 그의 개요를 들어 전반을 엿보기에 좇으려 한다.

1. 초등교육

그런데 위 대사실에 즈음하여 재만 일본 내지인에 대한 교육행정권은 당분간 그를 일본제에 보유하기로 되었으나 조선인 자제의 교육은 그 일부를 제하고 모조리 그것을 만주국에 이관케 되었으니 그 일부라는 것은 즉 소위 만철부속지 내 보류 14교라는 것으로서 그 경영은 전과 틀릴 것이 없고 그 나머지는 만주국 신학제에 의하여 다 각기 개편된 오늘의 국민우급(優級)학교, 국민학교, 국민학사(學舍) 및 국민의숙(義塾)이 그것이다.

그리하여 그 경영은 조선인이 다수 거주하는 간도성 내에는 전(前) 함북도립의 6교는 현립으로 기타는 만주국 일반례에 의하기로 하고 동성 외의 지역에는 원칙으로 조선인학교조합을 설치하여 그것이 1938년(昭和 13) 12월 1일로써 법제화 실시케 된바 그 원칙으로는 조선인 600호 이상의 거주자를 가진 특별시 및 시현기(市縣旗)에 설치하기로 하고 특수사정이 있는 때는 400호 이상이라도 설치하게 되었으며 조합구역 내에서 거주하는 독립의 생계를 경영하는 순전한 조선인만을 조합원으로 하여[1940년도(康德 7) 조사에 의하면 조합 39, 조합원 79,721인, 세출입 경비 4,969,714원], 그 경영에 당케 하고 있으니 그것이 즉 조합립(組合立)이며 또 그 조합이 설치되어 있지 않는 지역에서는 시현 등 일발 행정단체가 그 경영에 담당케 되었으니 그것이 소위 공립(公立)이다. 그리고 혼주(混住)지대에서는 특별시설을 하지 아니하고 만몽인(滿蒙人)과 공학하기로 하였으며 사인(私人)의 경영은 점차 공립으로 인상 또는 통합할 방침을 취하기로 하여 오늘까지에 이른바 그의 최근 각 통계를 종합하면 다음과 같다.

재만 조선인 초등교육 상황 조사표(표는 생략)

보류 14교 조사표(표는 생략)

2. 중등교육

이양 당시의 조선인 중등교육 시설이라는 것은 간도성을 제하고는 전혀 보잘것없었던 것은 상술한 바로도 알 수 있거니와 이양 후 정부의의 방침으로는 조선인의 다수 재주하는 지방에 교수 용어를 방어(邦語)로 하는 중등학교 또는 학급을 설치하여 내선만(內鮮滿) 등 각 민족의 공학을 행케 한바 현재 차종(此種) 학교로는 신경특별시 2, 길림성 2, 삼강성(三江省) 1, 동안성(東安省) 2, 목단강성 2, 빈강성 2, 간도성 6, 통화성 2, 안동성 1, 봉천성 2이고 이외에 사립중학교로는 용정의 구 광명(光明)학원 두 학부가 성립(省立)으로 접수되어 가고, 대성(大成), 동흥(東興) 양교가 합병되어 용정국민고등학교가 되었으며, 은진(恩眞)국교가 교회의 손으로부터 유지 이태준(李泰俊)의 인계로 넘어오게 되고 명신(明信)여자국교와 조양천(朝陽川)농업학교, 안동신흥국교, 봉천동광(東光)학교, 동 공업학원, 신경의 실무학교(야학)가 있을 뿐인바 그 통계를 들으면 다음과 같다.

재만 조선인 중등교육 상황조사표(1940년 3월 말 현재)(표는 생략)

3. 고등교육

이에 있어서는 아직 조선인을 본위로 한 교육기관은 없다 하더라도 만주의 국립대학은 1, 2의 예를 제하고는 건국대학을 위시하여 모두 현재 방어를 교수용어로 하고 각 민족 공학을 방침으로 삼고 있기 때문에 그 전체에 상당한 수의 조선인 학생이 진학하고 있는바 방금 수중에 자세한 통계는 없으므로 확실히 알기 어려우나 금춘 최근의 조사에만 의하여도 신경 시내 각 대학에 130여 명의 재학생이 있다 하니 전만(全滿)을 통산한다면 그 수도 적지는 않을 것이며 그리고 조선 내와 일본 내지에 진학하는 학생도 다소 있을 것이나 여러 가지 난관은 도저히 중학졸업생의 진학률을 채우기에는 전도가 요원하다 하지 않을 수 없을 것이다.

3. 결어

이상으로써 재만 조선인 교육의 과거와 현재를 개모(槪貌)라도 알 수 있을까 하나 그 내용에 들어가 상술치 못한 중 더구나 경비, 사용교과서, 교사의 양성훈련과 그의 신분, 대우 등을 언급치 못한 것은 심히 유감인가 한다.

그런데 최근은 더구나 조선인 개척민의 이주와 생산율이 축년 격증함에 따라 학령아동의 증가와 또는 초중등학교 졸업생의 수가 역시 대팽창의 세를 보이고 있은즉 거기에 상응한 교육시설의 필요는 크게 요망되는바 그는 일반 양국 정부 및 관계 각 기관에서도 극력선처에 노력하며 민간유지들로서도 상당한 노력을 하고 있는 것은 무엇보다도 기쁘고 든든한 일이다. 그 2, 3의 예로는 각지 학교의 증설 확충, 개척현지의 교육시설이 그것이며 보류 14교가 일본교육제에 완전히 의하여 지난 1940년(昭和 15) 4월 1일로서 보통학교로부터 심상(尋常)소학교가 되었다가 금년 4월 1일로서 또다시 이번 일본 전국에 실시된 국민학교제에 의하여 관동국(關東局) 내 재만(在滿) 교무학부 관하의 재만국민학교로 개칭케 되었으며 만주국 신학제에 의한 국민우급학교, 국민학교 생도로서도 조선 내 소학교와 입전학(入轉學)의 연락(聯絡) 자재(自在)와 바로 얼마 전에 일계(日系) 중학교 입학시험 검정시험면제 학교로 주만(駐滿)대사의 지정을 받은 것이 918교에 달한 것과[이번 8년제 국민학교제의 실시로 어떠한 저오(牴牾)가 생길는지 모르나], 조선 내 상급학교와의 연락(連絡)을 실현한 것이라든지, 작년 11월 중 협화회 전련(全聯) 처리 간사회에서 민생부(民生部) 내에 선계(鮮系) 교육자기회(敎育諮記會) 설치를 결기(決記)한 것, 동월 중 조선총독부로부터 재만 조선인 교육실정 조사반의 미만(未滿)한 것, 금년 1월 중 민생부(民生部) 교육사(敎育司) 주최로 재만 조선인 교육에 성(盛)코자 조선 내에 교육시찰단을 파견한 것, 또 지난 1940년 11월 중 민생부 편심관실(編審官室)에서 발표한 초중등 국정교과서 개찬 5개년 계획에 선계용(鮮系用) 편찬도 새로 착수하기로 된 것과 바로 금 4월 중으로 실시케 된 만주 측 관계당국의 만주 내 선계 교육시찰 등은 이 모든 것을 종합하여 볼 때 얼마나 관계당국이 조선인 교육에 소홀하지 않은 점을 가히 규지(窺知)할 수 있을까 한다.

그리고 민간유지에 있어 더욱이 재만 조선인의 특수성이 있는 만큼 어디까지 일본인으로서의 본질하에 또 만주국 구성분자로서의 자격을 제2세에게 갖추어 주어 조선 내 교육에 떨어지지 않도록 고심하고 있는 것은 차라리 당연한 열의라 할 것이다. 그리하여 지난 1940년 8월 중에 전만(全滿) 각지의 유지를 연합하여 선계 교육경영기구와 기타 문제를 타개코자 만주국도 신경에서 각지 대표 회동하에 교육후원회가 조직되고 대표위원 5명이 조선에 파견되어 총독부에 진정한 것과 거기에 호응하여 조선 내에서도 각계 인사의 궐기로 재만 조선인 교육후원회가 동 9월 중에 결성된 것, 선계교육후원회의 발기로 전만 각지 주요 도시에 중등교육시설이 계획된 것 등은 아주 우리의 귀에 갓 새로운 일의 하나이다.

그리고 금춘에 있어 순전히 선계의 중등교육기관으로 도문(圖們)에 상과(商科)국민고등학교와 안동(安東)에 여자국민고등학교가 개교케 된 것과 대랍자(大拉子)농과국민고등학교의 창설 준비완성, 신경실무학교의 유지회 설립 및 4년제 실시, 토목과 창설 등도 재만 조선인 교육계에 일대 명랑보(明朗報)라 아니할 수 없을 것이다.

재만 조선인의 교육은 이같이 발전하고 있다. 개중에는 많은 불합리, 불충분과 간난신고(艱難辛苦)의 형극(荊棘)이 있을는지 모르되 당국의 선처, 유지의 노력은 결코 헛되이 돌아가지 않고 그의 전도에 자못 양양(洋洋)함이 있을 것을 나는 믿고 믿어 의심치 않으며 이 붓을 놓는다. [1941년(昭和 16) 4월 17일 새벽]

> **필자 부기**: 본문의 통계표는 이훈구(李勳求) 씨 저 조선과 조선인, 일본대사관 발행 재만 조선인 개황, 민생부 교육사 발행 만주제국학사요람, 동 선계국민요육개황, 동 선계국민교육조사표, 전 문교부 총무사 조사과 발행 재만 조선인학사급종교통계, 만선일보 등에 의함.

〈자료 108〉 동만(東滿)과 조선인 [이학성(李鶴城), 《조광》 제7권 6호, 1941.6, 306~311쪽]

1. 서언(序言)

동아협동체의 거점-오족협화(五族協和)의 세계독창적 도의국가인 만주국내의 조선인은 일본제국의 충량한 신민인 동시에 만주국의 충실한 선구적 국민으로서 정치, 산업, 경제, 문화 등 각반에 걸쳐서 중대 사명을 다할 2중의 의무가 부과되어 있다.

현하 재만 150만의 조선인의 전체적 분위기를 논하면 점차 자숙(自肅) 자흥(自興)의 능동적 운동을 전개하여 내지동포와 함께 만주국의 중핵적 역할에 당하고 있다. 만주건국의 이상인 일만일체(日滿一體), 공동방위, 오족협화, 왕도낙토(王道樂土)의 실현 나아가 동아신질서 배양의 거점-만주에 역사적 진출을 개시한 전위대인 개척민은 금년도까지 이미 16만 인의 입식(入植)을 완료하여 만주개척정책 제1기 5개년 계획도 드디어 본년을 엄종(嚴終) 연도로서 제1단계에 종지부를 치고 모든 악조건을 극복하여 예기(豫期) 이상의 실적을 거두어 제2단계에 이행의 체제를 정비하기로 되었는데 그 가운데 특히 조선인 개척민은 흙과 맘의 전사로 형언키 어려운 고경(苦境)에서 사투함으로써 기왕 농민과 더불어 국책수행의 동력이 되어 있다. 그리고 오직 앞날의 광명을 약속하는 교육열은 광풍에 불꽃같이 맹렬하여 전만(全滿)에 조선인 초등학교 1,000개소에 10여만의 생도를 수용하였으나 대소 도시에는 입학난의 부르짖음이 갈수록 심하다.

재만 조선인이 뻗어난 요람지 간도에는 조선통치상 대서특필할 지원병제 실시와 함께 국군조선인특설대가 배치되어 그 원기 발랄한 정예는 국방의 간성(干城)으로 이래 치안숙정(治安肅正)에 혁혁한 공적을 나타내어 만주국 구성분자로의 면목을 약여(躍如)케 한다.

그런데 만주국에서 인후(咽喉)를 고인 수뇌부 동만(東滿)은 재만 조선인의 7할 5푼 강을 감한 특수지역으로 북변진흥계획의 근간이 되는 동시 우량한 조선인으로서 포진한 요충지대이다. 금후 동만은 국방, 산업, 경제 내지 문화의 각 분야에 걸쳐서 비약적 발전을 이루는 동시 조선인의 장래는 더욱 크게 촉망되는 바 있다.

회고하건대 명치 초두 조선인의 만주 진출사는 억센 생(生)의 힘에서 짜낸 피와 눈물의 점철이었다. 동만은 어느덧 조선의 연장으로 되어 장차 전만을 조선화하려는 기세를 보이고 있다. 이 진실로 선만일여(鮮滿一如)의 구현이 아니랴. 이제 조선인이 만주 진출은 역사적 고향에 금의(錦衣)로 돌아온 느낌이 없지 않으므로 옛 문헌을 간단히 사고(査考)함도 한갓 사족(蛇足)은 아닐까 한다.

2. 만주국 사적(史的) 고찰

지나의 춘추전국시대에 만주에는 숙신(肅愼)이라는 부족이 살았는바 그들은 길림성을 중심으로 산재하여 목수(牧狩)로 생계를 지었으니 이 만주인의 조선(祖先)이었다. 기타 예(濊)이니 산융(山戎)이니 부족도 산 모양이다. 한편 한인(漢人) 국내적 사정으로 만주 지방에 도망하여 온 자도 있으니 일찍이 은(殷)의 현인 기씨(箕氏)도 동주(東走)하게 되어 주(周)의 무왕은 그를 조선후(朝鮮侯)로 봉하였다. 이에 일부 지나인이 그의 덕을 사모하여 따라온 결과 만주와 지나의 관계가 생기고 따라서 지나문화가 상파(傷播)되었다. 그 후 전국시대에 연(燕)의 망인(亡人) 위만(衛滿)이 기씨의 조선을 멸하고 위씨(衛氏)의 조선을 세웠다.

진(秦)의 시황제가 천하를 통일하였으되 오히려 만몽(滿蒙)의 제 부족의 침입을 염려하여 소위 만리장성을 쌓아 만주 지역을 갈라놓았던바 한(漢)의 시대에 들어 제5대조가 흉노를 치고 그 여세를 몰아 만주와 조선을 경략하여 위씨 조선을 멸하고 지나의 세력을 뻗치었다. 당시 만주에는 숙신과 같은 계통인 읍루 및 부여(扶餘)라 칭하는 부족이 점차 한인의 세력문화에 눈을 떠 드디어 부여의 일부가 고구려라 칭하는 나라를 현토군(玄菟郡)에 세웠으니 이 만주족의 최초 독립국이었다. 당시 고구려 북방에는 부여, 읍루 등의 부족이 살았는바 부여의 일부는 대체 송화강 남부 평야에, 읍루는 주로 동만에 살았고, 서방지구에는 동호족(東胡族)이 주가 되어서 침침호(駸駸乎) 세력을 부식하는바, 당(唐)의 시대에 들어 제3대 고조에게 멸한 바가 되었으나 그 북방에서 의연히 말갈족이 살더니 측천무후(則天武后) 전권 시에 대조영(大祚榮)이 나서 발해국(渤海國)을 세워 만주족을 통일하고 수도를 상경(上京) 홀한성(忽汗城)[영고탑(寧古塔) 서남의 동경성(東京城)]에 옮겨 금일의 길림, 봉천, 간도 3성(省) 이남을 경략하여 해동(海東)의 성국(盛國)으로 문물제도가 찬연하였다. 그 후 서린(西隣) 거란족(契丹族)이 강성하여 태조 아보기(阿保機)에서 망한 바가 되니 이 이른바 동단국(東丹國)이었다. 제2대 태종 시에 이르러 지나 연헌(燕憲) 16주(州)를 경략하여 크게 세력을 중원에 뻗치고 국호를 요(遼)라 칭하고 방종사치(放縱奢侈)에 빠져서 여진족(女眞族)에게 멸한 바가 되었으나 여진의 일부는 처음 간도의 지방으로부터 금일의 아성변(阿城邊)에 옮겼던바 금(金)의 태조에 이르러 그 세력은 강성하여 요의 천하를 복(複)하고 대금국을 세웠다. 태종에 이르러 서하(西夏)를 벌(伐)하고 조선을 복(服)하여 수도를 옮기기 시작하여 회령부(會寧府)로부터 연경(燕

京), 개봉(開封)과 지나 중원에 이르러 위세를 폈으나 지나 본토의 문화에 물들어 본래의 국수(國粹)를 잃고 몽고의 압박까지 받아 드디어 멸망하고 말았다. 청조(후금) 발흥하기까지 무릇 400년간 원(元), 명(明)의 2대 세력하에 습복(慴伏)하여 만주족의 활동은 침체하고 말았다.

그 후 북만에 건주(建州) 여진족이 대두하여 남벌(南伐)의 기치를 든 노이합적(弩爾哈赤)은 인근 각부를 병합하여 1616년 황제의 자리에 나아가 국호를 후금(後金)이라 칭하고 남벌을 개시하여 명(明)의 대군을 분쇄하고 수도를 심양(瀋陽)에 전(奠)하였던바 태종에 이르러서 몽고를 항복받고 국호를 청(淸)이라 칭하였다. 그동안 명과의 난이 끊이지 않았으나 모두 평정하여 청조의 기초는 반석 위에 서게 되었으나 서구제국(西歐諸國)의 동양경략을 비롯하여 청·러 양병(兩兵)의 충돌을 거쳐 유유(悠悠)히 세력을 문도(文都) 본토에 뻗히고 발상지 만주의 방위에 전력을 다하고 태평천국의 난까지 평정하였는데 소위 아편전쟁을 비롯하여 일청, 일로 양 전역을 거쳐 청은 정체개혁을 단행키로 되었으나 그 중추인물의 죽음으로 인하여 모든 대계(大計)는 수포(水泡)로 패하고 드디어 청조는 멸망의 일로를 밟게 되었다. 이 기회를 틈타서 손문(孫文)이 혁명을 일으켜 공화정부를 성립하였는데 군벌 장작림(張作霖)은 의연히 세력을 만주에 부식하여 스스로 동삼성 총독이 되어 야망을 중원에 두고 가렴주구(苛斂誅求)를 자행하여 조선인에 대한 박해는 날로 혹심하여 내지 구축 문제까지 대두하여 당시 조선인은 생활의 안정을 잃고 전전긍긍하였다. 1927년 장작림이 폭사된 뒤 그 아들 장학량(張學良)은 남경정부와 결탁하여 배일정책을 강행하게 되어 드디어 1931년 9월 18일 유조구사건(柳條溝事件)을 계기로 하여시 1932년 2월 17일에 이브러 농북행정위원회(東北行政委員會)가 성립되어 동 3월 1일 만주국 건국을 선언하게 되었다. 이에 조선인도 만주국 구성분자의 일 민족으로 등장하게 되어 포학무도한 군벌의 유린을 면하게 되었다.

3. 동만은 어떤 곳인가

대저 동만이라면 간도(間島), 목단강(牧丹江), 동안(東安), 삼강(三江)의 4성(省) 및 길림성(吉林省) 일부를 칭함인데 간도의 명칭은 간토(墾土) 및 간토(間土) 등으로 일반이 부르던바 점차 전와(轉訛)된 것인바 왕시(往時) 종성(鍾城)과 온성(穩城)과의 사이의 두만강 중주(中洲)에 하나의 조그만 섬이 있었는데 부근 주민이 이를 간도(間島)라고 부른바 간도는 이로 말미암아 보아도 조선인의 첫발을 인(印)친 곳임을 족히 알겠다.

그런데 만주와 조선의 경계는 이래 명확을 결하여 국경분쟁은 끊임없이 일어나던바 1909년[5] 소위 간도조약에 의하여 정식 지나의 영토가 되었다. 한편 조선인은 도처에서 개간 농경할 자유를 얻게 되었다. 그동안의 참담한 사적은 생략하거니와 조선인은 명치 초년에 북년 대흉작에 쫓기어 결사적으로 간도에 이주하여 점차 부락을 형성케 되었는바 동부는 소련과 접경하여 사변 전후 청년층 다수가 적화사상에 침윤되어 공산당의 발호가 극도로 심하였다. 왕덕림(王德林) 일파를 비롯하여 일어난 김일성(金日成) 최현(崔賢) 등은 간도 오지 밀림지대에 근거를 두고 수시 신출귀몰하면서 치안을 요란(擾亂)시켜 오지부락민은 안도낙업할 수 없게 되어 군경(軍警) 당국은 부단히 토벌함과 함께 귀순공작을 병행하여 거의 숙청(肅淸)함에 이르렀다. 간도성 인구는 72만 8천 155인(1939년도 현재) 가운데 특히 조선인이 8할의 압도적 다수로서 그 특수는 이점에 있다. 간도성이 성립된 이래 당국은 예의 치안의 확립, 행정의 쇄신을 기조로 교육보급, 문화향상, 산업진흥, 민족협화 등 제 공작을 행하여 민도(民度)와 민생은 타자를 능가하여 족히 전만에 수범(垂範)이 되었다. 그리고 북진(北振)계획의 근간으로 동북만(東北滿)의 관문을 진(振)하여 일본해를 중심으로 일만(日滿) 경제블록이 긴밀화되는 추세이며, 목하 대련 무역과 비견하여 만주 방면의 3대 분야를 구성하였다. 농업에 있어서는 농산개발 5개년 계획에 순응하여 기술지도원의 확충, 채종(採種)시설의 충실, 지방갱생시설, 농산물병충해 예방구제, 부업장려, 농사합작사 정비 등에 의하여 합리적 영농에 매진케 되었으며, 개척사업은 북진계획 중 특히 조선인 대량 초치(招致)에 대응하여 용지 정비, 생활 보도(補導)에 만전을 기하였다. 교육은 특별히 진보되어 현재 초등학교 437, 생도 수 64,763, 중등학교 수 13, 생도 수 3,639인데 해마다 입학지원자가 증가하여 조선과 마찬가지로 입학난의 부르짖음을 듣게 된다.

목단강성(牧丹江省)은 1937년(康德 4) 7월 1일 국경성(國境省)으로서 특수사명을 띠고 설치되어 치안숙정 및 동만진흥공작을 비롯해 도로, 방공, 방호경비를 다하였다. 인구는 43만 7천 인, 그 가운데 조선인이 7만 4천 인이다. 개척사업에 있어서는 특히 경박호(鏡泊湖)에 실습학원을 설립하였음에 개척민은 거개 자작농을 영(營)함으로써 생활은 거의 안정된 셈이다.

---

[5] 자료 원문에 이 부분을 "일한병합 후 명치 43년"이라고 한 것은 잘못이다.

교육은 자못 진보되어 초등학교 수 399, 생도 수 35,122, 중등학교 수 3, 생도 수 581이다.

동안성(東安省)은 현하의 제 정세의 긴박함에 비추어 보아 신설된 국경성으로 최동부에 위치하여 650킬로미터의 국경선으로서 소련에 대치하였다. 지미(地味)가 비옥하여 농작에 적의하며 개척 국책에 있어서는 개척단, 훈련소 기타 시설을 충분히 하여 괭이는 빛나게 격양가(擊壤歌)에 움직이고 있다. 오직 교육시설이 불충분하여 초등학교는 적지 않으나 중등학교는 목하 설립 중에 있다.

삼강성(三江省)은 동부에 위치하여 만소(滿蘇) 국경 제일선에서 국방적 건설에 매진하는 바 왕시 장작림은 이곳에 20만의 이민계획을 실시하려 하였으며 건국 후는 개척민 입식에 의하여 조선인 1만 8천 486인이 입식되었는바 동성은 원래 개척중점성으로 장래 30만 호, 150만 인을 입식키로 되었는데 목하로는 계획대로 순조로이 진행되고 있다. 다만 교육시설이 불완전함이 크게 유감되는바이다.

길림성(吉林省)은 전만(全滿)의 핵심으로 국경 제일성(第一省)에 대한 후비 역할에 당하고 있는바 지미가 비옥하여 농작에 적의하며 금후 일대 중경공업지대로 출현될 것이다. 개척사업에 있어서는 선농개척민의 호수 1만 8천 759호, 농업자 수 9만 8천 678이다. 교육은 전만의 중심지인 만큼 비교적 낮게 보급되어 초등학교 수 3,520, 생도 수 67,443, 중등학교 22, 생도 수 5,546이다.

4. 조선인 개척민 문제

만주사변 후 자작농 창정 방침하에 1936년(康德 3)에 만선척식주식회사(滿鮮拓殖株式會社)와 농무계(農務契)가 설치되어 영농지도를 행한바 1939년(康德 6)에 이르러 개척정책 신요강이 결정되자 선농개척민이 등장, 이후는 일정한 국책적 계획하에 현재 집단집합을 합하여 2만 3천여 호, 10만여 인이 동만을 중심으로 입식되었다.

개척국책은 국방계획, 농산물증산계획에 있어서 양적 질적으로 제2기에 들었다. 금후 당국은 의무교육, 사회교육을 통하여 개척 진의를 철저케 하는 동시 청년의용대를 편성하여 중견 개척민으로서의 중임을 당케 하였다.

북진계획 중에 있어서 조선인 개척민 대량 초치가 주요사업이 되어 수도(水稻) 재배에 탁

월한 기능을 가진 선농의 지위는 더욱더 중대하게 된 것이다. 이에 관계당국은 우선 조선인 개척민의 용지 정비의 완전을 기하여 지주와의 분쟁을 피하게 하며, 입식기간을 당년 봄 때 맞도록 정하여 농기를 어기지 말게 하며 기술본위 또는 다각적으로 영농하여 천재지변의 방비에 당케 하며 재지(財智) 겸비한 개척민의 이주를 효장(効奬)하여 개척민에 수범(垂範)케 하며, 교육기관을 증설하여 영주개척을 양성케 하며, 의료기관을 충실히 하여 보건위생을 꾀함은 개척국책 수행에 대한 끽긴(喫緊)의 당면 문제인바 요컨대 관계당국은 이에 대한 지도방침을 확립하여 유유(悠悠) 노력함이 가할 것이다.

5. 조선인 교육 문제

만주 교육은 1937년(康德 4) 5월 2일 방일선조(訪日宣詔) 기념일을 복(卜)하여 독자의 신학제를 제공 공포케 되었다. 이 신학제의 근본방침은 '건국정신 및 방일선조의 취지에 기하여 확호한 정신과 강고한 신체와 실학을 기조로 한 지식기능을 가르쳐 충량유위(忠良有爲)의 국민을 양성함에 있다.' 이 신학제 실시후 그 근본방침의 구현 실천을 위하여 오로지 교육제도 신확충에 매진하였다. 이 사이 치외법권의 철폐에 수반하여 부속지 만주인 및 조선인 학교는 만주에 이양되어 공립학교비의 일부는 국고부담이 되었다.

요컨대 교육의 근본방침을 명시하여서 국민교육의 본질을 철저케 함이 가할 것이다.

이번 선만일여(鮮滿一如)의 재강화에 박차를 가한 남(南) 총독의 역사적 방만(訪滿)에 즈음하여 매진(梅津) 관동군 사령관은 "재만 조선인은 동시에 일본인이므로 일본인 본질하에 만주국 인민으로서 유감없도록 지도하고 있는바 참으로 만주국 정부 중에 녹여 넣어 거기에서 안거(安居)를 얻게 하는 것이 긴요합니다. 그리하려면 민족의 습관, 도의 등의 본래의 것을 구하여 존중하면서 급격한 변화를 피하는 동시에, 한편 학교를 중심으로 하는 청년의 교육훈련, 다시 생도를 중심으로 하는 가정 및 사회의 도의연성(道義練成)에 추급(推及)하여서 견실한 훈화(薰化)를 기도하고 있는 바로서, 그리하려면 중앙 지방 관리의 태도정신 그 가운데 특히 공평 명랑한 마음으로써 대책하는 것이 긴요하므로 이 취지에 기(基)하여 점차 시책하고 있는 바이올시다"라고 재만 조선인 취급방침을 명시함에 대하여 남 총독은 쌍수를 들어 공명(共鳴)하였다. 그러므로 금후 재만 조선인 교육 문제는 순조로이 진행되어 좋은 결과를 나타낼 것은 의심 없는 사실이다.

조선국민학교 규정의 골자를 살피면 "확호불발(確乎不拔)의 단체관념을 파악케 하여 황국의 사명을 자각케 함과 과학에 대한 인식과 고아한 정조관념과 근로정신을 함양하며 학교행사, 공동작업, 단체훈련을 교과와 아울러 일체로써 교육의 실을 거(擧)함"과 만주국 국민학교령 제1조 "국민학교는 학생의 심신의 발달에 질의(質意)하여 국민도덕의 기초 및 국민의 일상생활에 필수한 보통의 지식기능을 가르쳐 노작(勞作)의 습관을 길러서 충량한 국민이 되는 성격을 육성함을 그 목적으로 한다" 함을 일만(日滿) 일덕일심(一德一心)의 정신 하에 비교 검토하면 대동소이하여 오직 그 실시여하가 주목된다. 이에 비추어 보건대 장래 조선인 자제 교육목표는 학교령에 즉하여 동아민족의 공통한 동양 도의정신의 발양(發揚), 민족협화의 철부(徹府), 일만 일덕일심의 결합, 실업교육의 존중에 치중하여 매진할 것은 틀림없는 사실인바 이 문제는 아직도 관계당국과 일반인사의 연구에 이바지되어 있는 터이므로 이로써 끝맺는다.

〈자료 109〉 조선인 개척민의 전도(前途)[신기석(申基碩), 《조광》 7권 6호, 1941.6, 312~317쪽]

1. 만주 개척민에의 관심

이번 조광사(朝光社)에서 만주특집호를 냄에 즈음하여 개척민 문제에 관해서 무엇이든지 쓰라는 부탁을 받고 변변한 것을 쓰지는 못하나 조선 내에서 만국국의 발전하는 현상 특히 개척민의 문제에 대하여 관심을 가진다는 데 대해서 대단히 반히 생각하는 바이다.

아직도 조선 내에서는 만주라면 비적의 소굴이요, 원주민에게 학대와 압박을 받으며 농토는 얼다든지 있어 봄에 씨 뿌려 놓으면 가을에 가서 불로이추수(不勞而秋收)할 수 있는 곳이라는 관념을 가지고 있으며 이민이라면 생활전선에 참패하여 남부여대하고 눈물을 흘리며 강을 건너는 패퇴적 생각을 가지는 것이 보통인데 여론의 지도하는 언론기관이나 식자계급에서 만주에 대한 정당한 이익을 주고 개척민의 적극성과 국책적 의미를 강조할 필요가 있다고 생각한다.

일본 내지인 개척민이 일만(日滿) 양국의 중요한 국책으로서 결정되어 자력과 인재와 기술과 열과 성을 총동원하여 적극적으로 수행됨을 볼 때, 조선 내지 인사의 개척민 송출에 대한 무관심은 매우 유감으로 생각하는 바이다. 이것은 오로지 조선인 개척민을 다량으로 이주시키라는 것을 의미하는 것이 아니라 이민은 기민(棄民)이라는 그릇된 생각을 버리고 보내는 사람도 국방의 제일선에 가는 병사와도 같이 그들의 앞날을 축복하는 정신적 물질적으로 격려할 것이며, 떠나는 사람도 패퇴자라는 비국감과 고국을 떠나는 슬픔을 극복하고 새 땅을 개척하고 새 문화를 건설하러 가는 전사와 같은 긍지와 환희를 가져야 할 것이다.

그런데 현실을 볼 것 같으면 개척민이 떠나는 역두는 울음의 마당으로 변하는 일이 적지 않으며 부채의 정리를 못하고는 야간도주를 꾀하며 관리는 사무적으로 배당된 수를 채우기에 급급하고 연선(沿線)동포는 그들을 송영하는 자취도 보이지 않는다. 그러나 한 번 만주국에 들어서면 역두에는 일선만계(日鮮滿系)의 인사와 국방부인회원들이 환송영을 하고 탕다(湯茶)를 준비하여 격려와 안애에 만전을 다하는데 개척민들은 다만 감격하는 것이다. 작년 춘기 북안성(北安省) 눈강현(嫩江縣)에 집단개척민이 입식할 때 광경을 말씀하면 임시수송열차가 눈강(嫩江)[묵이근(墨爾根)]역에 도착한 것이 오전 4시 반경이었는데 어두운 밤중임에도 불구하고 만계(滿系) 현장(縣長) 이하 관리, 협화회 직원 등이 '환영 조선인 개척단'의 깃발을 들고 출영(出迎)이며 환영과 격려사를 주었으며, 재류 조선동포는 일부러 만든 수십 개의 아름다운 초롱[제등(提燈)]에 불을 밝혀 개척민의 만세를 부르고 특히 유지 한(韓)모는 빵 수십 개를 개척민에게 기증하는 등 따뜻한 동포애의 발로와 아름다운 민족협화의 장면은 만주국 인사의 개척민에 대한 관심과 기대를 여실히 나타냈던 것이다.

조선 내에서도 이주협회가 설립되고 각 지방으로 유세대가 돌아다니며 개척영화의 촬영을 계획하는 등 관심이 점차 깊어가는 것은 반가운 현상이나 민간의 인식과 협력이 아직도 대단히 부족하지 않은가 생각한다. 고국을 떠난 개척민은 멀리 있는 동포와 고국의 소식을 그리며 산 설고 물 선 타국에서 건설의 괴로움을 맛보면서 따뜻한 위안을 기대하고 있다. 또한 책 한 권(특히 아동의 헌 교과서), 헌 신문 한 장이라도 그들은 유난히 쓸 것이며, 의료반의 순회는 보건시설이 불충분한 개척지에 복음이 될 것이다. 개척지를 실지로 방문하여 실정을 소개하며 연구하는 기도가 자주 있어 주기를 바라는 바이다.

2. 내지 도항(渡航)과 만주 개척

만주 조선인 개척민은 매년 1만 호의 수적 통제를 받는 관계로 그 제한을 철폐하라는 여론이 없지 않았으나 금년에 와서는 집단(集團)개척민 집합(集合)개척민 합하여 5천 호, 분산개척민 5천 호 계획이던 것이 실제에 있어서 금년 내에 입식하는 것이 집단과 집합을 합하여 2천 호가 찰 것 같지 않으며 분산개척민의 입식수도 예년에 비하여 반감된 현상이다. 이 원인은 작년 북만에 입식한 개척민이 다수 퇴단(退團) 귀국하여 북만개척단의 자연적 조건 대우 등에 대하여 악선전을 한 것도 원인이겠으나 주된 요인은 조선 내의 노동력 부족이 아닌가 생각한다.

조선 내의 노동력 부족은 농업인구의 광공어업에의 진출, 만주 개척민의 송출 등이 큰 원인이나 근래에 와서 내지 도항이 전같이 시끄럽지 않게 되고 일본 내지의 노동력 부족으로 조선인 노동자를 대량 모집하는 데 따라 1년에 십수만의 노동자가 현해탄을 건너가게 된 것이 또한 중요한 원인일 것이다. 내지는 만주에 비하여 기후도 따뜻하고 생활정도가 높으니만큼 노임도 비싸며 내지만 건너가면 다음 달 고향에 송금할 수 있는 것이 보통이니 춥고 생활하기 어렵고 땀 흘려 농사지어도 입식 수년간은 수지가 맞지 않는 만주에는 오기 싫어하고 내지로 몰려가는 것이 자연의 세(勢)라고는 할 것이다.

그러나 전시하에 있어서 내지의 노동력 부족은 영구적이 아니며 생활정도가 비교적 높은 내지 노동시장에 생활정도가 낮고 생활력이 왕성한 조선 노동자의 진출은 내지 노동시장의 싫어하는 바 될 것이며 동아 전체의 식량정책상으로 보더라도 농업을 위주로 하는 조선농업인구의 감소가 반갑지 못한 현상일 것이다. 조선인은 여러 가지 관점으로 보아서 북진의 운명에 있으며 지금 형편으로는 만주국에 이주의 여지가 있는 한도 내에서 또 국가가 허락하는 범위 내에서는 적극적으로 입식하여 증산국책에 공헌하며 신대륙정책의 거점배양에 기여하여야 할 것이다. 일본 내지의 노동력 부족에 대하여 일정수를 송출하여 국방산업 등에 봉공하는 것도 물론 필요하지마는 조선의 과잉인구를 근본적으로 해결하고 조선 농민의 백년대계를 꾀하자면 마땅히 만주 개척민의 송출을 기피할 것이 아니라고 생각한다.

3. 북만개척단의 실상

　위에서 말한바와 같이 작년 북만개척단에 입식한 개척민은 반수 이상이 퇴촌 도주한 것이 사실이며 금년도 입식 개척민의 대부분이 북안 흑하성(黑河省) 등 북만지대에 입식할 예정이고 금후도 대량 입식 후보지는 북만을 제하고는 구하기 어렵다는 사실에 비추어 보아 북만지대의 자연풍토와 영농법을 연구하고 실정을 여실히 소개하는 것이 필요하다고 생각한다. 이곳에서는 자세한 실정을 소개할 여유가 없으나 개략 말씀할 것 같으면 북만개척단에 안착하지 않고 도부한 원인은 제일로 조선인 개척민의 매력의 대상인 수전이 전혀 없으며 황막한 미경지를 어떻게 손을 대서 영농을 하겠느냐 하는 아득한 위구감(危懼感)과 5월 초순 조선서 꽃이 지는 것을 보고 떠나왔는데 자기들의 영주할 개척지는 육화(六花) 분분(紛紛)하고 푸른 빛 하나 보이지 않는 데 대한 적막감과 집이라는 것은 아직 되지 않고 삿자리 움막 속에 풀을 깔고 자며, 전부 조밥에 국 한 그릇, 무 말린 것 한 접시에 밥을 먹고, 더구나 부모처자를 고향에 두고 단신 입식을 하였으니 마음이 붙지 않고 퇴촌자가 속출한 것도 무리는 아닐 일이었다. 그러나 여기에 우리는 개척지의 실정소개가 충분치 못하였으며 국책 개척민으로서의 각오가 부족하였다는 것을 유감으로 생각지 않을 수 없다. 만주에 개척민으로 오면 조밥 먹고(생활안정을 얻은 후는 쌀밥 먹지 말라는 법은 없지만) 변변치 못한 단칸방에 고생하면서 대지를 개척한다는 생각은 당연히 가져야 할 것이며, 그런 실정을 여러 가지로 과장하지 않고 실상대로 소개하여 그러한 실정을 미리 알고 굳은 결심을 가진 농민만을 이주시켜야 할 것이다.

　입식 후 퇴촌자가 속출하고 영농에도 자신을 갖지 못하던 것이 차차 일기도 따뜻해지고 트랙터로 수천 정보의 대지를 개간하여 시험 삼아 뿌린 교맥(蕎麥), 연맥(燕麥) 등이 나날이 자라고 감자(馬鈴薯)가 굵어감에 따라 점차 안정이 되었으며, 가옥, 방벽 기타 공동시설도 건설을 완료하고 추기(秋期)에 잔류 가족을 입식한 뒤부터는 울긋불긋한 치마자락이 날리고 어린 아기의 울음소리가 들리게 되어 이만하면 사람이 살 데라는 생각을 가지게 될 것이다. 작년 입식 초와 단지 1년이 지난 지금을 비교할 것 같으면 무에서 유를 낳았으며 황량한 광야가 사람이 살 수 있는 옥토(沃土)로 변하고 새 짐승의 독무대이던 곳이 조선인의 발전의 거점이 된 것이다. 이것이 개척의 진(眞) 의의며 대륙발전의 증좌가 아니고 무엇이랴.

입식 후 수년간은 건설의 고난이 계속될 것이며 풍토 기후에 익기까지에는 상당한 시일이 걸릴 것이고 어느 정도의 희생도 각오하여야 할 것이다. 그러나 감상적 동정론으로서 일시적 현상만을 가지고 비판하는 것은 금물이라고 생각한다. 북미의 개척담(開拓譚)이라든지 북해도 개척의 역사가 말하는 바와 같이 개척 사업이 그리 쉽게 된 것이 아니고 민족의 발전에는 아무 장애 없이 순풍에 돛을 단 것 같이는 될 수 없는 것이다. 모름지기 조선의 식자는 만주에서 제일 자연적 조건이 나쁜 북만개척지를 시찰하여 그 장래성을 깊이 인식하고 만주국의 구성분자로서 부끄럽지 않은 개척민을 보내기 바란다.

4. 개척지의 영농

조선인 개척민은 종래 수전(水田)을 많이 경작해 왔고 또 그 방면에 특기가 없는 것은 아니나 수전 경작에 있어서도 지금까지와 같은 조삽(粗揷) 농법으로는 도저히 경쟁에 이겨나갈 수 없을 뿐 아니라 증산의 요청에도 부응치 못할 것이다. 지역에 따라 다소의 차이는 있으나 5월 중순 경에 파종을 하는데 거개가 살파(撒播)이며 조파(條播), 점파(點播), 이앙(移秧) 등은 대단히 드물다 살파를 하는 관계로 제초에 대단한 품이 들며 노동력 기타 관계로 수년 농사를 지으면 피(稗)가 무성하여 논을 버리게 된다. 그뿐 아니라 영농 방법이 대단히 유치하여 토지가 비옥한 데 비하여 많은 수확을 내지 못하며 소작조건이 비교적 유리한 데도 불구하고 농민이 생활의 근거를 잡지 못한다. 또 장기간의 동기(冬期)생활을 유효하게 활용할 줄 모르고 축산, 부업 등에 등한하여 좋지 못한 일을 하고, 반개년(半個年)이나 되는 동기간을 지내니 이러한 원시적 영농으로야 도저히 갱생이 어려울 것이다. 이같이 수전지대의 영농지도도 절실히 필요한 동시에 북만 전작(田作) 지대에 입식하는 개척민은 대면적을 경작하여야만 수지가 있을 수 있고 또 축산을 병행하여야만 생활에 윤택을 자져올 수 있다. 만주 재래 농법으로 할 것 같으면 한 사람의 노동력으로 3상(晌, 약 2정보) 이상 경작하기 어려운데 북해도 농법, 즉 푸라우 농법을 채용할 것 같으면 북해도 등지에서는 부부의 노동력으로 10정보 이상을 경작하며 그 외에 젖소 5, 6두를 사육하는 것은 보통이라고 한다.

푸라우로 기경(起耕)을 하면 심경(深耕)이 될 뿐 아니라 작업이 빠르고 일련의 농구 하로-(레바-하로-, 제초 하로- 등) 작조기(作條器) 칼티베터[중경(中耕) 제초기], 티파- 등을 사용하여 경기(耕起), 쇄토(碎土), 파종(播種), 서복토(西復土), 중경제초(中耕除草), 예취(刈取)를 할 것 같으면 작업도 신속하고 한 폭이 없이 관리하며 수량도 재래농법보다 상당히 다수확을 볼 수 있다. 조선 내지에서 호미로 밭을 매고 괭이로 서복토하던 시절은 등잔불 켜고 삼베를 가정에서 나여 입던 시절이요 오늘에 와서는 전등 켜고 인노견(人老絹) 입던 것이 편리한 것과 같이 기계농법을 채용하여야만 능히 북만지대에서 노농(勞農)이 성립될 수 있는 것이다.

다음으로 지방을 유지하기 위하여서는 시비(施肥)가 필요한 것은 다시 말할 필요도 없거니와 금비(金肥)를 사용하여 생산비를 과대히 할 것이 아니라 우마(牛馬)를 사육하여 그 분뇨(糞尿)를 토지에 환원시키고 역력(役力)을 반 이용하여 또는 번식하여 잉익을 보고 젖소를 사육하여 유제품을 가공하는 등 다각적으로 유축(有畜) 혼동농법을 채용할 것 같으면 북만지대에서라도 충분히 자작농이 되고 여유 있는 생활을 할 수 있다는 것이 증명된 것이다.

그 일례로서 용강성(龍江省) 눌하현(訥河縣) 제7차 북학전(北學田) 일본 내지개척단은 수전(水田)도 없고 지미(地味)도 그리 좋지 못하고 제초 등의 비용이 많아 수지가 크게 맞지 않고 경영상 문제되던 곳인데 북해도 십승(十勝) 지방에서 실험농가 6호를 초빙하여 소백, 대맥, 연맥, 대두, 옥수수 등을 30정보 재배하고 경마(耕馬) 11두, 젖소 2두, 돼지 6두를 사육하였는데 농경 총 수입이 8,85원, 1호당 1,397원 수익을 얻게 되었으며 대체로 6.8인의 노동력으로서 이만한 수익을 보았다는 것을 보면 장차 완성 연도에 1호당 경지 15정보, 경마 3두, 젖소 4~5두 및 작은 가축을 사육할 것 같으면 상당한 수익이 있을 것을 알 수 있다. 북만조선인 개척단에도 1호당 경지 6정보 이상, 경우와 경마 각 1두, 기타 작은 가축을 사육시킬 계획으로 있다.

5. 개척지 지도진(指導陣)

개척지에 개척단(집단개척지) 또는 개척흥농회(開拓興農會, 집합개척지)를 결성하고 단장 및 농사, 축산, 경리, 보건 등의 지도원을 배치하여 각 방면의 지도를 하게 되고, 개척 총국의 만선척식(滿鮮拓殖)에서 감독지도 조성을 하게 되는데 지도자에 그 사람을 얻지 못할 것 같으면 소기의 성과를 얻지 못할 것은 다시 말할 필요가 없을 것이다.

단장 지도원은 금년에 제3기생을 모집하여 훈련 중이며 제1, 2기생은 각기 개척지에서 침식을 잊고 활동하고 있으나 점차 그 소질이 저하하지 않는가 하는 위구(危懼)를 가지게 됨은 실로 유감이다. 물론 대우의 불충분한 점도 있겠지마는 조선의 젊은 청년으로서 개척정책의 진의의(眞意義)를 인식하고 이곳은 곤란하니 만주에 가서 좀 나은 생활을 하여 보겠다는 열의가 있는 청년이 한 사람이라도 많이 나오기를 바라는 것이다. 조선 내에서 직(職)을 잃었다든지 조선 내에서 생활 취직할 때의 일시적 교언(巧言)이 아니라 진심으로 몸을 바쳐서 개척민을 위하여 일하고 개척지 건설의 성업(聖業)에 순(殉)하겠다고 지도원을 지원한 사람은 개척지의 건설에 있어 너무나 큰 난관과 고통을 참지 못하고 불평을 말하고 돌아가는 것이 적지 아니하니 개척지에서 요구하는 인물은 일신을 바쳐서 개척민의 좋은 반려(伴侶)가 되고 지도자가 되며 역사를 창조하고 신문화를 건설하는 환희와 긍지를 자질 수 있는 근실한 청년을 절실히 요구하고 있는 것이다.

조선인 개척민이 만주에 와서 생활이 저하된다든지 문화가 쇠미(衰微)케 된다면 이것은 중대한 문제일 것이다. 새로운 문화를 건설하고 만주건국의 중심이 되어서 후진민족을 끌고 나가겠다는 자부와 노력이 있어야 할 것이며, 그러하기 위해서는 우수한 청년이 다수 개척지에 들어가서 이론이 아니라 실지로 지도하고 나가야만 될 것이다. 일본의 노동운동의 거두이던 대의사(代議士) 영목문치(鈴木文治) 씨가 자진 개척단장이 되어서 뼈를 만주의 광야에 묻겠다는 결심으로 개척지 건설에 병사가 되리라는 뉴스를 듣고 그 장한 결심을 놀랍게 생각하는 동시에 조선에서 뜻을 얻지 못하고 웅지를 품은 열(熱) 있는 청년이 많이 개척민과 함께 건너와서 이상적 농촌 대륙발전의 근거점을 배양할 것을 바린다.

〈자료 110〉 재만(在滿) 조선인의 장래(김연수, 1943.1, 『반도사화와 낙토만주』, 만선학해사, 40~41쪽)

지나사변 발발 이래, 이에 2년여 반, 충용 과감한 황군의 실전은 도처에 위대한 전과를 나타내어 오늘에 동아의 전국(全局)은 동아영원의 안정을 확보할 신질서 건설에 용왕매진할 의의 깊은 성전(聖戰) 제4의 봄, 광휘 있는 황기(皇紀) 2,600년을 맞이함에 당하여 먼저 황군 장병 각위의 혁혁한 무운에 대하여 충심으로 감사의 뜻을 표하는 바이다.

생각컨대 이번 성전 궁극의 목적인 동아 신질서 건설의 위대한 사업은 그 연원을 만주사변에 두고 그 거점을 만주국에 두었으므로 일만(日滿) 양국이 소리를 같이 하여 만주국의 배양, 충실을 부르짖고 있어 그 방법으로 우선 인희물다(人希物多)한 만주의 개발을 위하여 만주국의 5대 국책인 산업 5개년 계획, 개척정책, 북변진흥, 교학훈련, 민생진흥의 기치를 세우고 다수 개척민의 입식을 위하여 각종 산업개발에 주력하고 있음은 세상이 주지하는 사실이다.

이제 조선동포와 만주국 관계를 고찰하여 보면 고구려 전후부터의 역사적 관련은 그만두고라도 압록, 두만의 일의대수(一衣帶水)로 접양하였다는, 지리적으로 밀접한 관계 때문에 기왕부터 서로 내왕 교착하여 완연히 일여(一如)의 감이 있었으니 조선인 측으로 본 선만일여(鮮滿一如)의 정신은 옛날부터 감정에 싹트고 있었다고 할 수 있다.

그러나 과거의 재만 조선인의 생활은 관헌의 가렴주구, 지주의 무리한 착취, 비적의 박해 등 이중삼중으로 곤란이 막심하여 그의 생활은 형극의 길이었으며 사선(死線)에서의 도약이었음은 노노(呶呶)할 필요가 없는 바이다. 그런 것이 만주국 건국 이후로 만주국은 그 건국 정신인 제 민족협화의 실적을 나타내고저 재만 조선인에 대한 지도 유액(誘掖)도 게으르지 않게 하여 조선동포의 생활은 점차 안정되어 모든 경우가 일변한 현상이다.

회고하건대 매년 250만 석 이상에 달하는 수도(水稻)의 생산이 오로지 우리 조선동포의 혈한(血汗)으로 된 것은 조선인의 만주개발에 이바지한 큰 공헌이라고 할 수 있다. 저 삼강(三江) 지방의 밀림을 개척하고 동몽고의 사막 가까이에도 수전을 조성하였으며 또 흑룡강 연안의 흑토를 개발한 것이 모두 조선동포의 공로로 그 인내력이 풍부한 정신과 그 저항력이 강한 체력과, 기후풍토의 근사한 점 등으로 보아 조선인의 만주국 진출은 장래 더욱 유망하다고 생각되며, 일만(日滿) 양국 정부에서도 만주국 제 민족협화의 핵심이 될 일본 내지인에 준하여 조선인을 취급하게 된 오늘에 이르러 그 전도는 더욱 양양하다고 할 수 있다. 그러나 과거에 도만(渡滿)한 조선인은 전술한 바와 같이 모든 불리한 환경에 처하여 있으므로 그 심정과 행동이 한 가지로 거칠어져서 핵심 민족으로서의 여러 가지 결점이 많았으므로 우리는 모름지기 스스로 반성하여 심신의 도야에 노력하지 않을 수 없다고 생각한다.

나는 조선인의 만주국 이주의 의의를 이렇게 본다.

1. 조선 측으로 보면

    인구 과잉에 기인한 각종 사회 문제의 해결, 특히 농촌궁핍 타개를 위한 과잉 농민의 조정으로써 농촌을 구제할 수 있는 것.

2. 만주국 측으로 보면

    일반 산업의 개발, 특히 수전 등의 영농 기술로써 만주국의 개발에 이바지할 수 있는 것.

3. 선만(鮮滿) 양측으로 보면

    선만일여(鮮滿一如)의 정신을 발휘함으로써 일만(日滿) 불가분 관계를 강화하고 만주국 건국정신의 발양, 광의(廣義) 국방치안의 확보 등에 기여할 수 있는 것

등이다. 이로써 보아 조선인의 만주 진출 또는 재만 조선인의 책임이 대단히 중대하다 함은 생각하지 않을 수 없다.

재만 조선인의 자질 개선에 대하여서는 만주국 정부를 위시하여 재만 조선인의 선각자들이 침식을 잊다시피 하고 노심초사하는 것이므로 불원한 장래에 상당한 효과가 나타날 것은 확신하거니와 매년 수만 호 내외로 결정된 조선 개척민의 신규 입만(入滿)에 대하여도 관민이 협력하여 그 소질향상에 노력하여야 되리라고 믿는 바이다.

'농자(農者)는 천하(天下)의 대본(大本)'이라 하여 내외를 물론하고 조선인이 농사에 집착하며 만주국에 진출하는 조선인이 또한 개척민임은 1,500만 정보(町步)라는 미간지(未墾地)를 가지고 있는 만주국의 개발을 위하여 의의 있는 현상이지만은 그 정도가 원시 농업형태를 아직 벗어나지 못한 유치한 상태에 있으니 영농 방법의 개량과 농산물을 기초로 한 각종 산업과 그 관련성을 가진 기업의 발흥을 보아야 장차 조선인의 생활이 보다 향상될 줄 믿는다.

개척 농민이 계속하여 만주국으로 들어가고 또한 생활이 점차 개선된다 하더라도 문화 정도가 저급이라 할 것 같으면 그 번영성장은 바랄 수 없는 바이다. 만주국 내에서도 협화회를 중심으로 하여 그 교화사업에 주력하고 있음은 실로 경하할 일이라 하겠으나 제2세 국민을 양성하는 모든 교육기관의 불완전은 재만 조선인의 장래를 위하여 염려를 금치 못하는 바이다. 재만 조선인 된 자, 자기대의 교양상 불행을 자녀의 대까지 거듭하게 하지 아니하려는 마음은 일각도 사라지지 아니하겠지만, 이 점은 또한 자력(資力)이 성력(誠力)을 따르지 못하는 바가 있다 하겠으니 우리 선내(鮮內)에 사는 동포들도 너그러운 동포애를 발휘하여

재만 조선인의 번영이 만주국의 발달을 위함이오, 만주국의 생장발전은 동아 신질서 건설의 거점의 배양이 된다는 의미를 통찰하여 항상 관심을 가지고 원호지도의 수고를 아끼지 말기를 바라는 바이다.

〈자료 111〉 재만 조선인(在滿朝鮮人)의 10년 혈한사(血汗史)[이성재, 1943.1, 『반도사화와 낙토만주』, 만선학해사, 146~150쪽]

세계 신질서 건설의 힘찬 의욕과 웅대한 구상 아래 이상국가 건설을 목표로 스타트한 만주국은 대동아공영권의 건설인데 동아 전쟁의 진전에 따라 착착 진행되고 있는 이때 빛나는 10주년을 맞이하였다. 오늘 우리 4천 3백만 만주국민은 동아 10억의 민중으로부터 동경(憧憬)과 축복을 받으며 건국의 감격과 환희에 마음껏 춤추고 있는데, 그 가운데 있어 우리 2백만 선계(鮮系) 국민의 기쁨은 또한 남다른 것이 있다. 물론 건국에는 각계(各系) 국민이 각각 그 사정에 따라 서로 남에게 지지 않을 만한 존귀한 희생과 건설을 하여 왔지만 선계 국민 또한 수천의 생명을 바치면서 그야말로 피와 땀으로 건국에 봉사하였던 것이고 이러한 희생은 빛나는 비약적 발전으로서 결실되고 있다. 우리도 또한 기쁜 오늘을 맞이하여 남과 함께 쓰라림과 기쁨으로써 여긴 10년간의 역사를 잠깐 회고하여 보기로 하자!

사변의 전야

역사가들은 근세에 있어서의 조선인의 만주 진출을 조선 민족의 대륙 환원이라고 하고 있다. 대륙에서 반도로 뻗은 조선민족이 그 넘치는 정력을 가지고 그의 고토인 만주를 찾아 들어오는 것이라는 것인데, 이러한 역사적 관계와 혈연적 유대관계를 가지고 흘러 들어오는 조선인의 만주 진출에 대하여 천의(天意)에 거슬리는 압박을 가한 것이 포악무도한 구(舊) 동북정권(東北政權)이었다. 동아의 사태를 바로 보려하지 않은 구 동북정권은 국권회수의 미명 아래 헛되이 배일(排日)·배선(排鮮)을 일삼아 1930~1931년(昭和 5, 6)경에 이르러서는 관헌의 압박은 부당징세, 소작권침해, 가옥회수, 거주금지 등등 직접 혹은 간접으로 심각해져서 오지에 있는 조선 농민들은 생명의 안전을 구하여 철도 연선으로 남부여대하고 물밀듯이 피난하여 왔던 것이다. 이러한 가운데 당시의 가장 첨예화한 일지(日支) 관계를 말하는 것으로서 만보산사건이 일어났지만 이러한 사건은 당시 무수히 도처에서 일어나고 있었던 것이다. 그리하여 구 동북정권은 만주정국 파국으로 만주사변의 발발로 오로지 맹목적으로 돌진하고 있었다.

만주사변의 발발

구 동북정권의 배일·배선은 드디어 모일(侮日)·모선(侮鮮)으로 발전하였다. 일본의 모든 재만 권익은 모조리 침해를 당하고 조선 농민은 오지에서 철도 연선으로, 철도 연선에서 조선 내로 유리(流離) 분산(分散)하여 생활의 근거를 잃은 이들 수천 호에 대한 구제 문제는 당시의 커다란 정치 문제로까지 화하였다. 이러한 재만 조선 농민의 극단한 수난 가운데 만주사변은 구 베르사유 체제에 대한 최초의 폭격으로서 또는 민주주의 국가 몰락의 최초의 조종(弔鐘)으로서 동아의 지축(地軸)을 올리며 일어났던 것이다. 그러나 건국의 진통은 심각하였다. 미리 피난을 하지 못하였던 오지의 조선 농민들은 이때부터 패잔병, 비적, 혹은 공산비 등의 살육, 방화, 약탈, 부인 능욕 등 가진 고난의 세례를 받기 시작하였다. 수만의 피난민이 철도 연선에 범람하여 참담한 광경을 도처에 현출하였고 수천의 생령이 잔악한 총검 아래 의미 없는 희생을 당하였다. 1931년(昭和 6) 11월 4일 봉천, 길림, 장춘 등 전만주 요지 16개소에서 만주사변 조난 조선동포 초도회가 전만동포의 눈물 가운데 엄숙히 집행되었다. 그러나 만주건국을 위한 조선인의 희생은 다만 이러한 비전투원만이 아니었다. 귀순공작에 혹은 치안공작에 몸소 정신(挺身)하여 건국의 초석이 된 자도 적지 않다. 김동한(金東漢, 간도협조회 대표), 김사호[金司鎬, 북안성(北安省) 사무관], 최창헌(崔昌憲, 국군헌병중의), 조선인특설부대의 17명의 전자 등 일일이 열거할 겨를도 없다. 그리하여 우리는 또한 남과 함께 피로써 건국에 참할(參割)하고 우리나라 만주국의 발전에 일익을 담당하였던 것이다.

건국 후의 약진

팽창하는 조선민족을 말하는 조선인의 만주 진출에 대하여 구 동북정권이 인위적으로 이것을 막으려 한 것도 어느 정도의 효과를 보았다. 그리하여 1926년(昭和 원년)부터 재만 조선인의 인구 동태를 보면 매년 1만 명으로부터 증가하여 1929년(昭和 4)에 2만 명까지 상승한 그 증가율은 1930년(昭和 5)에 9천 명대로 저락(低落)하고 다시 1933년도(昭和 8)에는 비적의 해를 피하여 다수의 농민이 귀선한 관계로 1천 명대까지 후퇴하였다. 그러나 건국 후 조선인 북진에 대한 압박이 해소되고 중요한 건국의 구성 분자로서 참회하게 되자 조선인의 발전은 본격적으로 시작되어 1년에 6만으로부터 10만에 가까운 증가율을 보이고 있다. 다음의 숫자가 무엇보다도 이것을 웅변으로 말하고 있다.

재만 조선인 연차별 호구표

연도	인구(人口)	증감
1926년(昭和 원년)	542,185	10,212
1927년(昭和 2)	558,280	16,095
1928년(昭和 3)	577,052	18,772
1929년(昭和 4)	597,677	20,625
1930년(昭和 5)	607,119	9,442
1931년(昭和 6)	630,982	23,863
1932년(昭和 7)	671,649	41,667
1933년(昭和 8)	672,794	1,145
1934년(昭和 9)	719,988	46,194
1935년(昭和 10)	807,506	87,518
1936년(昭和 11)	875,908	68,402
1938년(昭和 13)	1,060,804	184,896
1939년(昭和 14)	1,162,127	101,323

그리고 건국 전 동만, 남만 방면에 주로 거주하던 그 분포 상태에도 점차 변화를 보게 되어 북진 혹은 서진하여 현재로서는 조선인의 거주지대가 전만주로 확대되어 조선인이 안 가 있는 곳이 없게 되었다. 지금 1940년(康德 7) 말 현재 성별(省別) 호수인구는 다음과 같다.

성별(省別)	호수(戶數)	인구(人口)
신경시(新京市)	2,382	13,468
길림성(吉林省)	22,319	119,908
용강성(龍江省)	1,045	4,850
북안성(北安省)	2,942	14,738
흑하성(黑河省)	240	1,05■
삼강성(三江省)	4,348	23,524
동안성(東安省)	4,601	27,312
목단강성(牧丹江省)	15,541	76,115
빈강성(濱江省)	8,431	43,171
간도성(間島省)	99,640	558,717
통화성(通化省)	13,900	82,155
안동성(安東省)	9,933	54,486
봉천성(奉天省)	23,679	137,664
금주성(錦州省)	3,771	18,787
열하성(熱河省)	270	969
홍안서성(興安西省)	203	971
홍안남성(興安南省)	993	4,485
홍안동성(興安東省)	329	1,304
홍안북성(興安北省)	84	430
계	214,522	1,175,127

이상의 인구의 약진적 증가가 개척 국책에 의하여 조선 개척민이 다량으로 입식하여 오는 데 큰 관계가 있는 것은 물론이지만 이러한 개척민만의 증가가 아니라 도시 방면에 대한 인구의 증가도 또한 놀라운 것이 있다.

산업의 개발

만주쌀의 생산은 재만 조선 농민의 불휴의 공적이다. 전시하 동아 양식 문제 해결에 대하여 조선 농민이 만주쌀 생산을 통하여 공헌하는 바는 극히 크다. 그리고 만주쌀의 생산도 개척정책의 진정(進程)에 따라 약진적으로 증가하고 있다. 그러면 숫자에 의하여 그 약진 상황을 보기로 하자.

흥농개척공진회(興農開拓共進會) 준비 타합회(打合會) 개최

건국절을 기하여 거행되는 흥농개척 대공진회 개최에 대하여서는 작년 10월에 결정한 요강에 기하여 지난 13일 준비위원회 간사회를 연 결과 동 공진회 개최에 관한 대강을 결정하였다. 총무, 농산, 마필, 축산, 임산, 수산, 농기구, 개척 일반의 각 부를 설치하기로 되었는데 개최에 관한 구체적 타합을 하기 위하여 흥농부 주최하에 27일 오후 1시부터 흥은구락부(興銀俱樂部)에서 관계기관 약 44 대표가 출석하여 제1회 출품을 타합하였다.

조선 농민의 상황

백의(白衣)의 조선 농민이 저마다 호미를 들고 압록강, 두만강을 넘어 만주에 들어오기 시작한 것은 실로 고대사에 속하는 일이었으나 그것이 세인의 눈에 뜨이기는 청조 초엽이었다. 그 후 청한(淸韓) 양국에서는 그 정치적 견지에서 강도회맹(江都會盟)을 체결하고 서로 국경을 닫아 이를 금지하였으나 농민의 옥토 집착은 소위 모금(冒禁) ■경(耕)의 조선 농민이 끊이지 않았던 것이다. 그러나 그것은 어디까지 이른바 조경모귀(朝耕暮歸) 내지는 춘경추귀(春耕秋歸)의 불안정 상태를 벗어나지 못한 것으로 이주라고 불릴 것은 아니었다. 그랬던 것이 1872년(明治 5)에 이르러 조선 전토에 내습한 대흉작은 북선 지방의 다수의 이재민으로 하여금 남부여대하여 앞을 다투어 대안의 만주로 이주하였는데 이것은 실로 조선 농민 만주 이주의 선견대(先遣隊)이었던 것이다. 이래 이들의 뒤를 밟는 이주농민은 증가 일로를 보여 1907년(明治 40)에는 그들이 가장 다수 거주하고 있는 간도에 통감부임시파견소를 개설하게까지 되었고 다시 이것이 원인이 되어 반도농민의 이주자는 더욱 늘게 되었다.

이같이 기록하면 마치 이들 선배 제씨는 극히 순조롭게 입만(入滿) 영농(營農)한 듯하나 결코 그런 것이 아니었다.

적수공권(赤手空拳) 다만 호미만을 들고 입만한 그들이 좌청우촉(左請右囑)하여 간신히 입수(入手)하는 것은 거의 전부예외가 없이 원주농민이 버리고 돌보지도 않는 습지대뿐이었다. 그러나 그들의 신고(辛苦)는 결코 이의 투간(鬪墾)에서 받은 것뿐이 아니었다. 그렇다면 오히려 건설의 감격이나 있었을 것이다.

이제 새삼스럽게 당시의 구 동북군벌의 극단한 압박과 이에 자극된 일부 원주민의 폭행을 들추는 것은 이 기사의 본의가 아니므로 그를 생략하나 만주사변의 가장 중대한 원인이 이들 조선 농민의 구출에 있었던 것을 생각하면 짐작하고도 남음이 있을 것이다. 그것은 실로 악전고투 유혈의 연속이었다. 이러한 의미에서 우리 조선인이 만주에 이주하는 것은 결코 타국에 이주하는 것은 아니고 말하자면 선조의 향토에 귀환하는 것이라고 보는 것은 결코 궤사(詭辭)만도 아닐 것이다.

그러므로 사계(四界) 있는 각 기관도 있어 1922년(大正 11)에는 봉천에 수전개척과 조선농민의 지도보호를 목적으로 하는 자본금 2천만 원의 동아권업회사(東亞勸業會社)가 설립되었고 또 조선인민회 등의 꾸준한 노력이 있었으나, 그것도 제1차와 제2차 봉직전쟁(奉直戰爭) 등 지나 측의 정계불안정으로 말미암아 이렇다 할 실적을 내지 못하고 있던 차에 만주사변의 발발로 인하여 만주국이 새로 건국되고 일만(日滿) 불가분관계가 성립되자 조선인의 도강입만(渡江入滿)의 수는 격증하여 바로 민족이동의 관(觀)을 드러내 보이게 되었다. 이에 만주사변 전후 각 3년간의 조선인 입만의 숫자를 비교하여 보면

지역	1936년(康德 3)	1940년(康德 7) 6월 말
봉천시(奉天市)	15,304	25,081
하얼빈시(哈爾濱市)	7,092	6,546
신경시(新京市)	7,521	13,556
무순시(撫順市)		5,434
안동시(安東市)		18,805

안산시(鞍山市)		1,665
영구시(營口市)		1,358
목단강시(牧丹江市)		30,080
길림시(吉林市)		5,082
금주시(錦州市)		848
제제합이시(齊齊哈爾市)		13,269
가목사시(佳木斯市)		10,322
요양시(遼陽市)		6,237
사평가(四平街)		8,715
철령시(鐵嶺市)		3,753

사변 전	인구
1927년(昭和 2) 말	558,180
1930년(昭和 5) 말	607,119
이 동안의 증가	48,939
1년 평균 증가	16,313
사변 후	인구
1932년(昭和 8)	273,794
1936년(昭和 11)	125,930(515,930)
이 동안의 증가	242,136
1년 평균 증가	80,712

로서 사변 후의 숫자는 실로 사변 전의 그것에 비하면 5배라는 격증을 보이게 되었다.

이리하여 이미 백만을 돌파한 재만 기주(既住) 조선인에 대하여도 어떠한 무육(撫育) 통제를 가할 필요가 있을 뿐 아니라 일만 불가분관계를 더욱 견고케 하는 조선인의 만주 이주를 지도원조하는 특별한 기관 설립의 필요가 일만 양국 사이에 의견의 일치를 보아 선만척식회사(鮮滿拓殖會社)가 그 회사의 지점으로서 신경에 설립된 것은 당시 우원(宇垣) 조선총독이 1932년(昭和 7)에 이를 제창함으로부터 실로 5년 후인 1936년(昭和 11, 康德 3) 8월이었다. 이리하여 선만 양 당국은 15개년 15만 호 75만 인, 매년 1만 호 5만 인의 조선인 신규 개척민을 입식(入植) 원조하기로 협정을 맺은 이래 1938년(康德 5)의 1만 호 입식의 여행입식지역(勵行入植地域)에 관한 제한의 철폐, 1939년(康德 6)의 만주개척정책 기본요강의 준용(準用), 다시 1940년(康德 7)에는 개척단법(開拓團法)의 적용 등 수차에 걸친 대우 혹은 취급상의 개선을 거쳐 조선인의 만주 개척민 입식도 겨우 본궤도에 올랐는데, 1937년(康德 4) 이래 작년 말까지 선계(鮮系) 개척민의 입식 상황을 숫자로 보면 다음과 같다.

형태별	호별	인구
집단	3,116	13,005
집합	11,503	60,443
분산	11,869	41,252
누계	27,488	114,700

이리하여 재만 조선 농민은 기주(既住)와 신규 입식을 합하여 재만 선계의 8할을 점하는 100만 인 20만 호로 추산되는데 그들은 각각 공영(共榮) ■내(內) 곡창기지로서의 만주를 두 어깨에 짊어지고 감투(敢鬪) 중으로 특히 수전작(水田作) 곧 미곡생산에서의 활약은 매우 두드러진다. 이에 일선만계의 1939년도(康德 6) 수도작(水稻作)을 비교하여 보면

	작부농사 면적, 정(町)	수확고, 석(石)	정당(町當) 수량(收量), 석(石)
선(鮮)	244,003	6,752,004	27.67
만(滿)	34,222	689,131	20.13
일(日)	7,353	146,246	19.88
계	285,579	7,587,381	26.57

3자의 비율을 보면 이렇다.

	작부 면적	수확고
선(鮮)	0.85	0.89
만(滿)	0.12	0.09
일(日)	0.13	0.02

　이로써 만주국의 미곡 생산상에서의 선계 농민의 지보(地步)는 실로 수도(水稻) 미곡생산고의 8할 9푼 수육도(水陸稻)를 합한 전 미곡생산고의 양 7할이라는 놀라운 숫자를 보이고 있다. 이같이 선계 농민은 수도작에서 격단(格段) 능률과 절대한 지위를 확보하고 있어 이부 사회에서는 마치 선계 농민은 수도작 외에는 능력이 없는 것같이 오해하고 있으나 그들의 전작(畑作)에서의 지위도 결코 타에 비하여 손색이 없음은 말할 것도 없다. 선농 인구의 밀도가 가장 강한 간도성에서의 약 20만 정보를 필두로 하여 통화, 봉천, 홍안 간의 각성(各省)을 통하여 약 262,860정보의 옥전(玉畑)이 개간되어 그 생산도 1939년도(康德 6)에 대두 686,540석, 속(粟) 508,013석, 포미(包米) 145,248석을 비롯하여 고량, 소맥 기타 콩류 잡곡을 합하여 2,382,611석을 생산하고 있다.

　이에 가하여 조선 농민 입식에 의한 치안의 확보 등 실로 선만인(鮮滿人)은 금일에 이르러서는 이미 만주국의 중요한 구성분자인 동시에 일본 동포로서의 지위를 확보하여 다른 제 민족과도 협동 융화하여서 우리 만주국의 흥륭발전과 아울러 동아공영권(東亞共榮圈) 확립에 공헌하는 권리와 의무를 다함에 매진하고 있다.

교육편

　여명(黎明) 이전에 만주에 있어 불우한 조선인들의 교육 문제라는 것은 말이 아니었다. 당시 교육기관의 경영주체로서는 민회(民會), 조선총독부와 만철(滿鐵)로서 이런 학교에서는 조선총독부 외무성 만철 등으로부터 보조를 받아 경영하고 있었으나 원래 교육에 남다른 열성이 있는 조선인은 가는 곳마다 수전을 일구어 개척사상 빛나는 공적을 나타낸 것이다. 만주 각지 벽향벽추(僻鄕僻陬)에서라도 수십 호의 집단이 있으면 반드시 학교를 세워 자제를 교육하는 것이 의례 하는 버릇이 되어 있었으니 그것이 사인(私人) 경영의 학교가 많은 까닭이며 또는 조선인의 교육기관을 오늘만큼이라도 발달케 한 기인(基因)이 된 것이다. 그러니 당시의 정권 아래의 압박과 간섭이라는 것은 교육에 한해서만 너그러울 리 없는지라. 저간의 간난신고(艱難辛苦)는 그들의 생활사와 더불어 실로 눈물겨운 일이었으리라고 우리는 믿는다.

회연(晦宴)의 천지가 다시 밝아오고 신흥 만주국이 건설되자 왕도정치의 자우(慈雨)는 조선인에게도 균점(均霑)하여 지금껏 만박잡잡(漫駁雜雜)하든 교육방침도 일본 신민인 동시에 만주국 구성분자의 국민될 자격을 양성한다 함에 귀일(歸一)하였던 것이다.

그러자 1937년(康德 4) 12월 1일의 치외법권 철폐와 행정권 이양으로 인하여 만철의 부속지 안에 있는 보통학교 14교를 제하고는 그 나머지 선인교육기관은 전부 만주국으로 이관되어 모두 국민우급학교(國民優級學校), 국민조학교(國民朝學校), 국민학사(國民學舍)로 개편되게 되었다. 그리하여 그 경영은 조선인이 많이 살고 있는 간도성 내에서는 전(前) 함북도립(咸北道立) 6교는 현립(縣立)으로 기타는 만주국 일반의 예에 의하기로 하고, 간도성 외 지역에서는 원칙으로 학교조합을 설치하여 경영에 담당케 하고 조합이 없는 지역에서는 시·현 등 일반 행정단체가 경영에 담당케 되고 혼주(混住) 지대에서는 특별한 시설이 없이 만호인(滿豪人)과 공학하는 한편 사립학교는 차차 공립으로 끌어올리거나 또는 통합시키었다.

〈자료 112〉 재민 조선인 역사직 사명과 지도 문제[청원웅길(淸原雄吉), 1943.1, 『반도사화와 낙토만주』, 만선학해사, 626~631쪽]

변천무궁한 현시국에 처하여 재만 조선인을 어떻게 지도할 것이며 어떤 점에 중점을 두어 지도할 것이냐? 이 문제는 너무도 큰 문제인 고로 종합적으로 논하려면 끝이 없으니 이 소론에서는 시국에 대처하여 어떤 각오를 가지겠다 하는 정신적 방면을 주로 논하려고 한다.

제1. 만주국 구성분자적 자각

만주건국은 여러가지 의미로 이를 관찰할 수 있는데 우선 세계사적 의의를 탐구하면

1. 만주건국은 일본황군의 기동력으로 성립되었다. 건국 당시 세계여론은 전부 반대였고 갖은 압력견제를 받았다. 이 문제가 국제연맹에 제기됨에 42대 1로 부결되었으니 이에 대하여 일본제국은 국제연맹 탈퇴를 결행하였다. 이는 전 세계 적어도 당시 열강을 전부 적으로 삼고 국토를 초토화한 일대 결의하에서 결행한 것이니 이는 세계 구질서에 대한 일대도전이었고 이를 반면으로 보면 만주건국은 세계 신질서 건설의 일대 전주곡이 된 점이다.
2. 만주국은 왕도낙토(王道樂土) 정치를 표방한 점인데 이는 동양본래의 정치 이상이며 서양류 간도적 법치 정치에 대비되는 도의적 덕치 정치이고, 서양식 국가통치 방식과는 다른 동양식 통치의 우수성을 소리높이 세계에 선언한 점이다.
3. 만주국은 왕도정치의 이상에 부가하여 오족협화(五族協和)를 표방함으로써 동아민족의 대동단결을 촉진케 하여 백인세력으로부터 동양민족의 해방과 구미제국주의의 희생이 되지 않도록 함인즉 동아연맹의 결성, 대아세아건설, 대동아공영권 건설 등등을 고조(高調)하는 것은 이를 의미함이다.

이상은 만주건국의 세계사적 의의이나 조선인과는 어떤 관계를 가지는가 하면 이를 역사적 견지, 경제적 견지, 정치적 견지로 나눠 고찰하여 보면, 만주는 조선민족의 발상지이다. 민족학적으로 설명하면 아세아 북부 민족은 쯔란민족(혹은 우랄알타이 민족)이라 칭하는데 이 쯔란민족은 우랄산맥 및 알타이산맥의 산록, 즉 중앙아세아 쯔란평원에서 발생하여 서행(西行)한 것이 터키족, 횡우구리아족, 사무에-도족이고, 동행(東行)한 것이 퉁구스족, 몽고족이다. 그런데 우리 조선민족은 이들 퉁구스족에 속한다. 이 퉁구스족은 숙신(肅愼), 물길(勿吉), 말갈(靺鞨), 여진(女眞), 만주부여(滿洲扶餘), 예맥(穢貊), 고구려, 백제 등 이렇게 발전되었다. 혹은 퉁구스는 시베리아 퉁구스, 만주 퉁구스, 몽고 퉁구스, 일선(日鮮) 퉁구스로 분류하는 학자도 있다.

그러므로 본래 만주족과 조선족은 이 퉁구스족이니 형제지간이라. 여기에 주의할 것은 한족(漢族)은 일본인, 조선인, 만주인, 몽고인 등과 상이하여 아세아 남부에 거주하고 있는 곤륜인종(崑崙人種)에 속하여 서양인들이 동양인을 황색인종이라고 개칭하나 쯔란민족은 결코 황색이 아니고 홍황백색(紅黃白色) 혹은 황백색 인종인 것이다.

그리고 조선민족은 역사상에 유명한 고구려를 만주를 중심으로 건설하고 북은 흑룡강 남은 조선반도까지 광대한 판도를 끌어안아 찬란한 역사를 가진 사실(史實)을 보면 조선민족은 만주의 땅에서 발상되고 이 땅에서 융성하였으니 만주는 조선인에게 역사상 인연이 깊은 땅이다.

그러면 만주건국 전에 조선인은 어떻게 만주로 이주하여 왔는가를 새삼스러이 설명치 아니하여도 주지하고 있는 바이나 구 정권시대에 갖은 압박과 학대를 받으면서도 백절불굴함은 물론 수초(水草)를 따라 내버려 돌아보지도 않은 습지불모지를 개간하여 미전(美田)으로 만들었으니 미전이 되면 당시 정권 또는 그 괴뢰인 지주는 농민들을 무리하게 쫓아냈다. 그리하여 여년 일정한 지역에서 경작을 하지 못하고 부평초와 같이 어슥한 가재도구를 짊어지고 우왕좌왕하는 것이 당시 만주에 온 조선 농민의 상태였다.

또 도회에서 조선인은 상권을 주지 않으므로 정업(正業)을 얻지 못하고 이면(裏面) 생활을 하여 아편, 마약밀매 등 부정업자(不正業者) 혹은 부정업자의 사환이 되고 있었다. 이러한 상태가 극도에 달하여 만주사변의 도화선이 된 만보산사건(萬寶山事件)이 야기되었으니 말하면 일본 황군은 직접 전선에서 생명과 선혈을 흘렸고 조선인은 벌거벗은 몸으로 육탄을 바친 셈이다. 이같이 우리 선배들은 갖은 고난과 압박을 다하면서 만주 진출에 애를 써온 것이다.

다음 경제적 견지로 보면 조선은 토지가 협소하고 척박한데 인구가 과잉되어 농촌은 상당히 피폐하였다. 다시 말하면 조선인구의 절대다수 전인구의 약 8할인 농민은 해마다 곤궁에 빠져 허덕이는 현상이었다. 이에 비하면 만주는 토지가 광대하고 비옥하여 인구가 희박하므로 농경을 하려면 만주는 왕도낙토이다. 현재는 치안이 확립되었고 토지소유권도 인정되었으므로 안심하고 농사에 종사할 수가 있으니 조선에서 기아를 걱정하는 데 대하여 만주에서는 어떻게 하면 돈벌이 할까를 생각하고 있는 만치 만주는 자연혜택이 많다. 그러므로 농업인으로서 만주에 살아보면 조선으로 돌아갈 생각이 나지 않을 만치 농업낙토인즉 연년세세 조선으로부터 대거하여 국경을 넘어 이주하여 오니 말하면 민족이동이라고 볼 수 있다. 만주는 조선인에게 진정 생명선이며 왕도낙토이다.

정치적 견지에서 볼 때, 만주는 왕도 정치와 도의 정치에 기반하고 있음을 앞서 언급한 바이나 조선인에게 더욱 주목할 만한 점은 협화정치라는 것이다. 물론 조선인은 일본 황국 신민이라는 점에서 차이가 없으나, 지역적 차이로 인해 각 정책에 다소 다른 점이 존재한다.

만주는 협화정치이므로 민족의 독자성을 어느 정도까지 존중하며 민족 전체에 공통되는 협화문화를 건설하려고 노력 중이다. 따라서 각 민족의 창의를 존중하며 의견을 존중하고 있다. 적어도 만주에서는 어느 정도 동태적이며 명랑성이 있다. 또 만계(滿系) 국민에 비하면 조선인은 30여 년이나 일본정신하에 교육도 받고 통치도 받은 만큼 문화 정도가 고등하므로 선진민족으로서 취급을 받고 있으니 우리가 정당하게만 처신하면 만계 국민에 대하여 지도적 입장에 있으며 따라서 존경을 받을 처지에 있다. 그러나 철없는 우월감을 갖고 그들을 업신여기거나 마찰을 일으키지 말고, 그들과 잘 협화하여 나아가야 한다.

이를 형식적으로 표현하면 조선인은 만주국 구성분자로서 인정되어 있으므로 협화회 각급 연합회 특히 전련(全聯)에 대표로 참가시켜 우리 입장을 말할 수도 있으며 또 그 의견을 어느 정도까지 용납하고 있다. 이런 점이 서양 제국의 착취적 경영과는 유(類)가 다른 점이다.

이상은 요컨대 만주는 도의를 주로 한 왕도정치이며 민족협화를 한 협화정치이다. 특히 조선인에 대하여는 역사적으로 인연 깊은 땅이며, 이곳에서 안심하고 살만한 낙토이므로 우리는 만주를 분묘(墳墓)의 땅으로 삼고 만주국 구성원의 일원으로서 확고한 자각하에서 만주국에 대하여 충성을 다하여야 한다.

제2. 동아공영권 건설에 참가의식

동아경영권 건설의 필요성! 만주건국으로써 만주 문제는 일시 해결되었으나 이로써 동양 문제가 해결된 것은 아니다. 만주 문제도 동양 문제가 근본적으로 해결되지 않고는 해결되었다고 보지 못한다. 동양에서 절대인구와 광대한 지역을 차지한 지나는 북으로는 소련, 서남방으로는 구미 세력이 침범하여 일시에는 서양열국에서 지나 분할의 음모를 도모한 적도 있었다. 이리하여 지나는 백인종의 반식민지화되었고 또 남부 아세아는 이미 백인종의 영토가 되었으니 이런 상태로 가면 동양 전체가 백인종의 식민지가 될 것임에 우선 북방에서 침입한 노국(露國)을, 일본은 일로전역(日露戰役)에 격퇴하였으니 서남방에서 침입하는 서구세력 및 그 괴뢰인 장(蔣) 정권을 격하려고 황군은 현재 성전인데 다행히도 이번 제2차 세계전쟁 때문에 백인세력은 쇠퇴한 이때 백인세력으로부터 동양해방을 기(期)하여야 할 것이며, 또 절호의 기회이다. 그러나 제2차 세계전쟁이 종결되면 또 백인세력은 동양으로 뻗힐 터이니, 아니 현재에도 영미는 도전하고 있는 형세이니 우리는 하루라도 빨리 동아공영권 건설을 도모하여 국방 자재(資材)를 공영권 내에서 자급자족을 받아야 구미세력에 대항할 수가 있다. 그뿐만 아니라 종래의 자유주의 민주주의로서는 도저히 근대적 총력전에 승리를 얻지 못할 터이니 단연코 전체주의로써 공영권 내의 물적 공동으로만 충분하지 않으니 일보 나아가 정신적 협동을 하여 일심이 되어야 하겠다. 이런 의미에서 동아공영권 건설을 하루라도 빨리 하여야 한다.

그러면 우리 조선인은 어떤 태도로 동아공영권 건설운동에 임할 것이냐. 만주건국 자체가 동아공영권 건설의 제1단계이며 만주국 자체가 건설적 역할을 하고 있음인즉 우리는 이를 인식하여 건설적 역할에 참가하여야 한다. 환언하면 동아공영권 건설에 우리도 적극적으로 참가하여 우리의 지보(地步)와 입장을 얻어야 한다.

1. 생산인으로서 국가에 공헌하자. 현금은 자유주의 경제시대로부터 통제 내지 계획경제 시대로 이행하여 왔다. 자유주의 경제시대에는 상품은 갑지(甲地)로부터 을지(乙地)로 옮겨와서 이윤을 취하였으나 통제경제시대에는 이 이윤이 양적으로나 질적으로 대단 제한을 받은 것이나 금일같이 계획경제시대로 이행되면 생산과 소비는 고도계획성으로 규정되었으므로 전부가 배급제도로 되어 자유주의 경제시대의 이윤은 배금에 관한 수수료로 대위되었다. 따라서 이윤 추급(追及)을 목적한 상업의 분야는 점점 협소하여 간다. 그러므로 유리는 유통경제상업보다 생산의 우위를 인식하여 매매선수보다 생산선수가 되어야 한다. 예를 농업인에 물으면 미작(米作)이라면 조선인의 미작을 연상할 만치 미작에 대하여는 선수이다. 그러므로 국방재 생활필수품으로써 쌀의 중요성은 더 말할 필요도 없거니와 이 중요한 쌀을 우리 조선인이 생산한다는 자부와 미산(米産)은 우리 조선인에게 일임하라는 의기(意氣)와 책임을 가져야 한다. 이런 자부와 책임은 자각하면 농경지 입수(入手) 문제, 즉 농경지 이민지구 편입 문제 등은 쉽게 해결될 문제가 아닐까. 상업인도 금후로부터 생산적 사업에 향심(向心)할 것이며 전체적 견지에서 한몫 담당한다는 자부와 책임을 가지도록 주심(注心)하여야 한다.
2. 국내치안 확립에 적극적으로 협력할 것! 세계정세가 대단히 긴박하여 온 이때 황군은 전부 국방 제일선에 출병하면 국내치안은 도시에서는 의용봉공대(義勇奉公隊), 촌락

에서는 자위단에 일임하게 된다. 다시 말하면 만일 유사시에는 의용봉공대가 우리 치안을 맡고 우리의 생명재산을 보호함인즉 평시부터 대중의 보호자로서 부끄럽지 아니할 만한 교양과 훈련을 받으며 일반민중은 이를 적극적으로 응원하여야 한다. 일지사변 당시 통주사건(通州事件)[6]의 예를 들면 일선인은 전부 학살을 당하였다. 또 최근에도 만계와 선계 간에 알력이 많은 사건이 있었다. 이 사실을 볼 때 일본민족과 조선민족은 명실 공히 운명공동체이다. 우리는 자위상으로도 국내치안에 적극적으로 협력하여야 할 것이며 일보 나아가 국내치안은 우리가 맡을 만치 적극적이 되어야 한다. 이 문제와 관련 깊은 동남지구 특별공작 후원회의 의의를 말하면 동변도 및 동만 지구의 비적 토벌공작을 지원하기 위한 후원회다. 이 회가 설립된 동기는 유감스럽지만 비적 중에 우리 동포도 섞여 있는 고로 우리 양민이 여러 가지 측면에서 악영향을 받고 있기 때문이다. 따라서 이들을 귀순시키는 것을 목표로 삼고 있다. 이것을 상세히 말하면 그 하나는 토벌대의 신고(辛苦)에 대하여 그 신고를 위문하는 의미, 그 둘은 비민(匪民)의 경계를 명백히 하는 의미, 즉 대내적으로 보면 비적에 대한 확고한 관념을 가지게 하고 대외적으로 양민을 비적과 혼동치 말게 하는 의미, 그 셋은 비적에게 그릇된 의용심(義勇心)을 가지게 만든 점, 즉 비적들이 반만항일(反滿抗日)로써 양민을 자신이 하지 못하는 정의를 대신하여 한다는 그릇된 의용심을 갖게 하지 않고 양민들에게 얼마나 폐단을 끼치는가를 명백히 하는 의미, 그 넷은 선전의무(宣傳宜撫)와 귀순권고 등을 우리도 이 공작에 소극적이나마 협력한 점 등이다.

이 운동도 단시일간이었으나 전만 선인이 다 함께 협력하였으며 많은 성과를 거두며 종료하였다. 이 운동은 종료되었을지라도 이 운동의 정신만은 일상으로 가져야 한다.

3. 징병법 적용을 촉진하여 직접 국방을 담당하는 동시에 국민훈련을 받아야 할 것. 병역에 복역하는 의의는 국방을 직접 담당함으로써 우리도 동아공영권 건설에 직접 참가하여 동아공영권 내에 조선민족의 지보와 입장을 획득할 수 있는 것이며 또 국민의 최대 의무를 다함으로써 국민의 권리를 주장할 수가 있는 것이다. 이뿐만 아니라 병역에 복종하여 실전에 참가하면 사선에 임하는 것이니 사선에 임하면 사물에 대하여 일검(一

---

6 1937년 7월 29일 중국 통주에서 동부 하북군(河北軍)이 일본 민간인과 군대를 공격한 사건이다

劍)히 사려하면 자신 내지 신념이 생기고 신념이 생기면 담력이 생기나니 즉 정의에 불타오르는 왕성한 정신력이 양성된다. 그리고 엄격한 통제규율 생활하에서 수만 각 힘을 종합시켜 일대 총력을 발휘하는 통제력을 양성하는 것이니 이런 의미에서 병역의 직접 목적은 국방이니 간접으로 국민훈련상 절대 필요하다. 그런고로 조선지원병제도는 하루라도 속히 전적으로 징병제도 실시를 요망하는 것이며 이 제도가 실시되지 않은 금일 만주국 병법을 우리 조선인에게도 적용하기를 요망하는 바이다. 그렇지 않으면 국민의 최대의무를 다한 만계 국민이 최대의무를 다하지 조선인은 무슨 권리가 있는가를 반문할 때 우리는 무어라고 대답할 것이냐. 또 국민훈련을 받지 못한 조선인이 10년이나 20년 후에 있어 훈련받은 만계와 대비할 수 있을 것이냐. 즉 국민훈련을 받으면 마치 근대 고층건축에 철근처럼 심신 중에 철근이 들게 되고 왕성한 정신력과 통제력을 가지게 되는 것이니 우리는 하루라도 속히 징병제도 또는 만주국 병법 적용을 촉진할 필요가 있다.

4. 교육에 일층 주력하여 국가에 인재를 보내라. 교육에 관하여는 조선인은 남녀노소 직업여하 계급여하를 물론하고 열렬한 열성을 가지고 있다. 그러므로 우리 경제생활로서 감당할 최대한도의 부담을 하고 있는 바다.

교육은 조선인에게는 민족적 종교라고 하여도 과언이 아니다. 이 교육에 대하여 절대적 신앙을 가지고 있다.

이런 교육열에 즉응하여 조선에서는 의무교육제가 실시되려고 준비 중이다. 그러나 만주에서는 여러 가지 문제가 미해결 중에 있다. 그런데 만주에서는 교육에 대한 관심은 초등교육에 집중되고 있는 현상이나 고등교육에 대하여는 막연한 생각을 가지고 있다. 고등교육을 받으려면 조선이나 일본으로 보내려고 하나 그것이 되지 않으면 만주 고등교육기관에는 보내지 않아도 좋다는 막연한 생각을 가지고 있는 예가 많다. 현재는 각 관서(官署) 특수회사는 일본 조선에서 인재를 수입하고 있으나 조금 있으면 우선적(優先的)으로 현지 조판(調辦)을 할 것이니, 그때 만주 고등교육을 재인식하여도 믿지 못할 일이니 지금부터 만주 고등교육에 대하여 심대한 관심을 가지고 학풍을 우리 조선인에게도 상합(相合)하도록 진력하며 일보 나아가 우리 손으로 고등교육기관을 요소요소에 설립하도록 진력하여야 한다. 그렇지 않으면 국가의 간부가 현금에도 적은데 금후 10년이나 20년 후에는 만계와 비교할 적에 퍽 적어질 것이다. 현재보다 간부가 적어지면 우리의 사정을 누가 대변해 줄 것이냐. 우리는 고등교육에 대하여 좀 더 관심과 열성을 가지고 인재를 배양하여 국가에 인재를 보내어 하루라도 속히 동아공영권 건설의 선수가 되도록 하여야 한다.

제3. 선계(鮮系) 사회의 기본 문제

1. 선계사회 통제 문제

특히 지도자층 문제. 우리 조선인사회에서 제일 문제되는 것은 통제가 잘 되지 않는 점이다. 이조 500년 역사가 그러한 것처럼 각처에서 지방별 당파 관념을 가지고 있으며 그렇지 않으면 각각 자기 성관 내에 집거하여 개인주의가 많다. 환언하면 조화의 관념, 복종의 관념이 결핍하며 대체로 성질이 순직(順直)치 않는 까닭에 사물을 선의로 해석치 않고 악의를 해석하여 타인의 인격을 존중치 않는다. 그런고로 개인적으로 이해 상반되는 때는 만은(萬恩)을 잊어버리고 악매(惡罵)하며 백년원수처럼 되는 예가 많아 사회전체의 통제는 난마와 같이 되는 때가 많다.

이런 민족성은 결코 선천적 성질이 아니라 장구한 환경하에서 생장한 것이니 단시일간에 근본적 광정(匡正)을 할 수 없으니 교육, 특히 정신교육과 훈련, 특히 병역과 같은 엄격한 단체훈련을 강화하여 민족성에 대한 준엄한 반성력을 거듭하여 민족성 개조를 기하여야 한다.

금일과 같이 전체주의인 세상에서 통제가 되지 않으면 정치적으로나 경제적으로나 손해가 많을 뿐 아니라 생활에 직접 위협을 받는 것이다. 통제의 제일 문제는 지도자문제이다. 지도자 혹은 지도자층은 현금과 같이 긴박한 세태에 처하여 적어도 사회국가에 봉사하는 마음으로 공익우선을 생각하여 사회모범이 되도록 처신할 것은 물론이나 일반 대중은 이를 질시하며 악평하여서는 언제든지 우리 지도자는 출생치 않는다. 다시 말하면 우리 사회에서는 지도자가 천생(天生)하는 것이 아니라 우리가 서로 만들어야 한다. 만든다는 의미는 우리가 일상(日常) 상교(相交)하고 있는 사람 중에서 비교적 우수한 인물을 진정 우수한 인물이 되게 격려하며 또 북돋아서 이에 협력하며 사소한 실패가 있더라도 악평을 하지 말고 조금 결점이 있으면 선전하여 실각케 하여서는 지도자는 출생치 않는다. 우리는 모든 것을 선의로 해석하여 결점보다 장점을 다소라도 뛰어난 인물을 서로서로 격려하여 북돋아서 장점을 더욱 장생(長生)하게 하여야 한다.

2. 조선민족 자숙(自肅) 운동의 전개

우리 심저에 깊이 잠재하여 있는 연대책임감을 고양시켜야 한다. 만주에서 조선인 모(某)가 악사(惡事)를 행할 때 타 민족들은 하모(何某)가 하였다고 하지 않고 조선인이 하였다고 하여 악사에 대한 반향이 조선인 전체에 미치는 것이다. 우리 조선인 전체 수준이 고양되어야 우리 개인도 존경을 받게 되는 것이다. 그러므로 우리는 나무 하나 풀 하나라도 이 자위(自衛) 운동에 총동원하여야 한다. 특히 도시에 집중하고 있는 실업인의 자숙(自肅) 자계(自戒)를 요망하는 바이다. 도만(渡滿)하여 온 실업인 중 다수가 일확천금을 꿈꾸고 성실히 실업에 종사치 않고 투기적 기분을 가진 자가 많다. 혹은 블로커 혹은 이권에 눈이 어두워 사기행위를 평연히 하는 자도 많고 또 극단한 자는 아편, 마약 밀매 등 부정업자, 마작(麻雀) 등 도박 상습자도 많다. 이리하여 돈만 벌면 제일이라고 생각하는 배금주의에 경도하여 법률상으로는 사기행위는 되지 않을지라도 도덕상으로 보면 명백한 배신행위를 감행하는 비열한 관념을 가진 자도 많으니 선계 실업인의 상업도덕은 대단히 부패하고 있는 현상이다. 현금주의에 극단으로 경도하여 항간에는 우리는 유태인이 되어도 좋다는 언사를 농하는 자도 있은즉 이런 상태로 경과하면 진정 유태인처럼 될 것이다. 유태인은 두뇌가 좋아서 각재(各才)가 즉 일류과학자, 기술자, 예술가, 사상가가 배출되었고 그중에서도 금만가(金滿家)가 많으나 그네들은 돈벌이를 위해서는 여하한 악송(惡竦) 수단이라도 감행하니 세계 도처에서 배척을 받고 세계가 넓다 하더라도 그네들의 안주의 땅이 어디 있는가. 우리는 자중(自重) 자계(自戒)치 않고 현재와 같이 배금주의에 경도하여 비열 악송 음모로 이를 수행한다면 진정 동양 유대인이 되어 만주에도 거주치 못하게 될 것이니 다음 점에 특히 주의할 필요가 있다.

- 건전생활로 선도(善導)할 것! 사치 낭비를 방지하여 향락사상을 타파할 것이며 도박의 폐풍을 일소하여야 하겠다.
- 건실직업으로 전환하여야 할 것! 투기적 사상을 타파하여 착실한 직업으로 전환하여야

하겠다. 즉 요리업, 특수 요리업 등 영계(永系) 상업 최소한도 축소, 아편, 마약 등 부정업자 박멸.
- 실업상 신의를 존중하고 절대신용을 보지할 것! 상업도덕을 명징(明徵)히 하고 경제통제정책에 위반되지 않도록 서로서로 자숙자계하여야 한다.

이상과 같은 점에 주의하여 정정당당히 실업에 종사할 것이며 특히 부언할 것은 실업인이 장차 개척할 분야는 대중민족인 만계 사회이니 그네들과 좀 더 협화하여 그네들 사회에도 진출하여야 한다. 좀 더 만주어를 수득하여 그네들 풍속인격을 이해 존중하여 근거 없는 우월감을 저버려야 한다.

3. 청년층의 지도훈련 강화

사회의 중견이 되어야 할 청년층이 금일과 같이 무력하고 오히려 사회에 해독을 끼치고 있는 현상이니 ■일(日)이라도 이런 환경으로부터 청년을 구출치 않아서는 안 된다. 청년층이 무력한 원인, 조선인 전체사회가 신념이 없고 목표가 없이 다만 돈벌이에만 주심(注心)하고 고상한 정신생활이 없다. 그러므로 청년들도 역시 탐리에만 경도하므로 금일과 같이 무력한 존재가 되고 건강한 신력(身力)으로 전체사회에 공헌하여야 할 청년들이 반동적으로 악도(惡道) 향락생활에 정력발산하고 있는 현황이며 또 사회유지층은 이런 청년층에 대하여 무관심하며 지도훈련의 방도를 강구치 않았다. 청년의 특장은 누구보다 양심적이고 정의감이 왕성하므로 사회는 진진명랑(津津明朗)케 하고 심신이 건전하므로 교육훈련을 받아 진보향상할 수도 있고 심신이 왕성하므로 실천력이 많다. 그러므로 청년들은 하루라도 속히 교육훈련을 시켜 사회중견이 되도록 지도할 것이며 특히 만주 도시에는 협화 의용봉공대가 조직되어 있으므로 이를 활용하여 청년층의 갱생을 도모하여야 한다. 의용봉공대의 임무는 전시에는 국내치안에 대하여 중대한 역할을 담당하고 우리의 생명재산을 보호하며 국방의 일부를 담당한 것이니 평시부터 교육과 훈련을 받아 명실 공히 사회중견이 되도록 하지 않으면 오히려 해독을 끼칠지 모른다. 평시에는 사회의 중견이 되어 만반사(滿盤事)에 지도적 역할과 봉사적 역할을 담당한 것이니 더욱더욱 이 의용봉공대를 강화하기 위하여서는 아낌없는 노력과 관심과 열성을 갖기를 요망한다. 끝.

〈자료 113〉 눈강(嫩江) 지구의 조선 개척민 선견대(先遣隊)[신기석, 1943.1, 『반도사화와 낙토만주』, 만선학해사, 677~680쪽]

　북변 진흥공작 국책의 선(線)에 순응하여 북변 북안성(北安省)에 조선 개척민을 입식하여 산업을 개발하고 모절(模節) 개척부락을 만들어 개척민 진출의 거점이 되게 하기 위하여 명년도에 2천 호의 집단개척민을 이주시키게 되었음은 이미 주지의 사실이거니와 3천 호 중 북안성 용진(龍鎭) 지구에 천 호, 눈강(嫩江) 지구에 2천 호를 이주시키되 미리 개척지를 건설하기 위하여 용진 지구에 219명, 눈강 지구에 369명에 선견대가 입식하여 부락의 건설에 매진하고 있다. 나는 지난 12월 11일부터 1주간 눈강 지구 선견대의 건설상황을 시찰하고 왔는데 그 개황을 적어 실정을 소개하는 동시에 선내와 만주의 동포가 이 곤란한 임무에 종사하는 선견대에 대하여 후원과 위문을 하여 주기를 바라는 바이다.

　눈강 지구 개척지는 제제합이(齊齊哈爾)에서 북안(北安)을 가는 기차를 타고 가다가 영년(寧年)이라 하는 역에서 묵이근(墨爾根)행 기차를 갈아탄다. 묵이근은 눈강현 현공서 소재지로서 최근 발달된 소도시인데 이곳에서 다시 북행하는 건설열차를 타고 2시간가량 가면 백근리(柏根里)역에 내리게 된다. 백근리역의 동편 언덕 위에는 청년의용대의 갑종훈련소가 있어 약 300명의 훈련생을 수용하고 있으며 역에서 서편으로 미슬변한(원문대로) 구릉(丘陵)이 있는데 그 구릉을 넘어서면 금년 선견대의 손으로써 건설한 개척부락이 보인다. 역에서 제1부락까지 약 6킬로가 되며 장차 백호 단위의 부락을 20개소 선설할 예정이다. 지구 내의 면적은 약 11만 정보로서 대개 광막한 평원지대이나 경사 완만한 구릉이 기복하고 있으며 중심부는 습지대가 있다. 기주민(旣住民)으로는 만인(滿人)이 수개소에 3, 4호씩 산재하여 합계 20여 호가 있으며 노인(露人)이 2개소에 50호 233인이 거주하고 있고 독일인도 1호 있다고 한다.

　선견대는 금년 9월에 이주한 것으로서 제1차는 9월 17일에 강원도 세포(洗浦) 이민훈련소를 수료한 청년 30명 동 19일에 전라남북 경북 충남의 4도에서 선출된 339명이다. 선견대라는 것은 글자의 표시하는 바와 같이 그 지구에 이주할 개척민 중에서 노동능력을 가진 사람이 입식 전년에 들어와서 건설과 제반 준비를 하여 본대 입식에 지장이 없도록 하자는 것인데 조선인 개척민으로서 이러한 의미의 선견대는 이번이 처음이다.

지금까지 조선인이 이주한 곳은 간도 동변도나 그 외라도 조선인이나 만주인이 거주하는 지역이어서 그곳을 거점으로 하여 건설을 진행할 수 있지만 북안성의 용진, 눈강 지구는 조선인뿐 아니라 원주민도 거의 없는 무주(無住)지대로서 거점으로 할 곳이 없는 고로 선견대를 미리 이주시켜 자력으로 건설함이 필요케 된 것이다. 이같이 이 지구는 선견대로서 효시일 뿐 아니라 북변 진흥공작의 선(線)에 순응하여 북안성에 입식하게 된 것도 처음이요, 개척단을 조직하여 단(團)이 중심이 되어 개척지의 운영을 하게 된 개척국책 기본요강에 의한 집단개척민으로서도 첫 시험인 만큼 중대한 사명을 띠고 있는 것이다.

선견대는 이주 후 무한한 고난과 싸워 가면서 건설에 종사하여 왔다. 전술한 바와 같이 제2차 선견대가 현지에 도착한 것은 9월 말이어서 박근리 앞 고개에 올라섰을 때 살을 에이는 쌀쌀한 바람이 벌써 묵만의 겨울을 감각하였다고 한다. 즉시 움집[가소옥(假小屋)]에 수용되어 부락건설의 작업에 착수하게 되었는데 부락은 종횡 200미터와 175미터의 장방형으로서 주위에 기저 2미터 반, 높이 약 2미터의 방벽을 구축하고 내부에 2호(戶) 1동(棟)의 가옥 50동을 건축하였다. 가옥의 구조는 장(長) 11미터, 광(廣) 3.5미터의 1동인데 2호가 수용하게 되며, 결국 1호를 볼 것 같으면 3.5미터 평방의 방 1칸과 3.5미터×2.5미터의 주방으로 되어 있다. 벽은 양초라는 풀을 흙물에 적시어 벽에 틀어붙이고 그 위에 양편으로 흙칠을 한 것으로서 방한에 충분치 못한 점은 이하 설명하려니와 하여간 1개월 반 동안에 75미터의 토벽을 쌓고 50동 100호의 가옥을 건축하고 백 수십 필의 말을 사육하여 일부분 신재(薪材)의 벌채에까지 종사하게 된 것은 위대한 업적이라고 할 수 있다.

개괄적으로 볼 때는 선견대의 손으로, 물론 대목(大木) '목장(木匠)'이라던지 약간의 만인 쿨리(苦力)를 사용하였지만 그만한 건설이 되었다는 것은 경이의 사실이나 그 내부에 들여다보면 여러 가지 절박한 문제가 적지 않다. 즉 집은 되었지만 단기일의 공사를 한 까닭과 설계자체에 조설(粗洩)이 없지 않은 관계로 바람벽에서는 바람이 새어서 들어오고 건조하기 전에 얼어서 습기가 차이며 토벽자(土壁子) 루피로 온돌을 놓았으나 이 역시 마르기 전에 얼어서 불을 때면 녹아 무너져서 연기가 올라오고 또 분구(焚口)가 실내에 있는 까닭에 연기가 끼어서 숨을 쉴 수가 없는 지경이다. 그리하여 문을 열어 환기를 하게 되니 결국 얼마를 때어도 실내의 공기는 덥지 않고 방안에서 물이 얼며 귀가 따가울 형편이다.

북만의 광야 영하 3, 40도의 추위에 처자를 데리고 와서 안정을 하자면 제일 동절기의 대부분을 침거하며 생활의 근거가 되는 주택을 완전히 하여 방한의 준비가 되어야 정신적 안정을 얻을 수 있을 것이다. 이러한 점으로 보아서 이번 건설된 부락은 유감이나마 도저히 안주의 주택이 되지 못할 뿐 아니라 내년에 가족이 들어온다면 다시 수리를 요할 것이라고 생각한다. 명년 1,900호의 가옥건축에는 설계를 다시하여 적어도 방한이 완전히 되도록 할 것을 현지 사무소 주임에게 부탁하였다. 선견대 369명 중 병고, 가정의 사정, 기타 여러 가지 사정으로 귀선한 자가 68이나 되어 현재 301명이 남아 있다. 그러나 남아 있는 300명도 아직 정신이 안전하지 못하고 현재 생활과 전도에 불안을 느끼고 있다. 장래의 참고로 그 원인을 고찰하여 볼 것 같으면

1. 선견대의 소질 문제로서 만주 측에서 기회 있을 때마다 조선총독부에 대하여 질이 좋은 개척민을 보내 달라고 하는데 그 질이 좋은 개척민이라는 것은 물론 신체가 건전하고 만주개척에 확고한 신념을 가질 것이 필요하지마는 그보다 더 필요한 것은 농업이민인 만큼 농업에 경험이 있는 노동능력자라야만 양질의 개척민이라고 할 수 있으며, 묵묵히 모든 고난을 돌파하여 가며 만주의 개척에 종사할 수 있을 것이다. 그런데 이번 선견대의 전력(前歷)을 볼 것 같으면 자수로 괭이(鍬)를 들고 농사일 하던 사람이 3, 4할에 지나지 못하며, 상업, 관공직이 2할가량이 된다. 조선총독부에서 선견대 전형을 할 때 보통학교 졸업 정도를 표준으로 하고 월 60원의 봉급을 단다고 한 까닭에 전부 만주에 취직하는 기분으로 왔다고 한다. 그런고로 만주의 땅에서 정착하여 개척의 선구자로서의 사명을 다할 각오는 적고 될 수 있으면 고향에 돌아가기를 원하는 사람이 적지 않다.
2. 북안성의 선견대를 입식하여 건설을 하는 계획 자체에 무리가 있었다. 즉 무주(無住) 지대에 10월이라는 초동부터 시작하여 방벽을 구축하고 샘을 파고 가옥을 건축하고 부락을 자위한다는 것이 무리하였던 것이다. 그러나 선견대가 입식하여 무리하나마 근거점을 만들어 놓아야 명춘에 본대가 이주하여 건설에 종사할 수 있으며 가을까지 2,000호의 가옥을 전부 건축하여 추기에는 가족을 초치하는 계획이 진보(進捗)되는 것이다. 그러니 최초부터 무리한 줄은 알고 시작한 것이며 따라서 건설의 조설(粗洩)도 어느 정도 부득이한 일이며 국책 수행상에 희생이 된 선견대에 대하여는 동정할 점이 적지 않다고 생각한다.

3. 다음은 잔류가족의 생활 문제로서 일부분을 제한 외는 거의 부양의 의무를 가진 가족이 있는 사람으로서 매월 생활비를 송금하지 않으면 안 된다. 이주한 이후 노동에 종사하는 사람에게는 매일 평균 2원 정도의 보수를 지불하고 있어 매월 10원 정도의 ■무(務) 저금을 하는 외 25원가량의 송금을 하게 된다고 하나, 그것으로는 잔류가족의 생활이 보장되지 않아 그것이 걱정이라고 한다. 이와 관련하여 가족을 잔류하고 왔기 때문에 성(性)의 해결이 절실한 문제가 되어서 여자의 낯이라도 보았으면 하고 원(願)한 …

이상에서 말한 바와 같이 동절기에 들어 단기일에 건설을 하였기 때문에 적지 않은 희생이 있으며 선견대의 소질이 확호한 개척의 신념이 없고 지도원으로 취직하는 기분으로 온 까닭에 사실 와서 보고는 기대와 어그러져서 노동능률이 좋지 못하고 60명에 가까운 낙오자를 보게 된 것이다. 그러나 그중에는 자동차 운전수 경험을 가진 사람이 2명이 있어 트럭을 운전하고 있으며 군(郡) 축산계에 근무하여 수의(獸醫)의 기술이 있는 사람이 마필의 관리를 맡아보고 있으며 병원에 있던 사람은 배속의(配屬醫)의 조수로, 기타 면서기, 이발업, 순사의 전력을 가진 사람이 있어 장차 부락이 건설되고 생활이 안정되면 모두 긴요한 인물들이로되 당장의 고통에 견디며 건설함에는 반드시 근육노동을 하던 사람이 필요한 것이며 조선 측에서도 특별히 주의할 점이라고 하겠다. 현재는 부락의 건설도 끝나고 명년도 건축의 목재를 준비할 필요도 현재 인원 300명 중 100명은 부락에 잔류하며 운반 기타 사무에 종사하고 200명은 2대로 나누어 산에 들어가서 목재벌채를 시작하고 있다. 도착하던 날 오후 영하 20여 도에 좀처럼 오금이 떨어지지 않는 것을 용기를 내어 회사원 맹(孟)씨와 같이 말을 타고 일본 리수(里數)로 5리쯤 되는 벌채 현장을 시찰하러 떠났다. 도중은 명년도 입식할 예정지역의 거의 전부를 볼 수 있어 부락 예정지 등을 보아가면서 벌채 소옥(小屋)이 있는 노인(露人) 부락에 도착한 때는 오후 4시경이었다. 벌채 소옥은 벌채에 종사하는 선견대원 백 명이 숙식하는 곳으로서 땅을 2미터나 파고 기둥을 세우고 유조(柳條) 양초와 흙으로 지붕을 입혔으며 내부는 중간에 목도를 내고 양편에 풀을 깔고 암배라(삿자리)를 깔았으며 양철로 만든 '스도부'를 10여 개 설비한 움집으로서 춥지는 않으며 연기도 부락보다는 훨씬 덜하여 모두 이곳을 낙천지라고 부른다. 이곳에서 조밥과 무 썬 것[간절(干切)]과 미역을 띠운 국물의 저녁밥을 같이하고 6시부터 좌담회를 시작하였다. 먼저 조선인 개척민의 만주 진출의 필연성과 필요성을 역설하고 집단개척민의 선견대로서의 사명건설의 기쁨을 말하였다. 매년 4, 50만씩 자연증가의 인구를 가진 조선은 막대한 과잉인구를 국외로 이출하지 않으면 안 되며 극도로 피폐(疲弊)한 조선의 농촌은 자력갱생의 구호쯤으로는 소생될 가능성이 보이지 않는다. 민족발전의 대계를 생각할 것 같으면 일부의 희생과 일시의 고통은 참아야 할 것이다. 만주의 옥토가 개간되고 문물이 발전되는 그날에는 자력(資力)이 없는 조선사람으로서 무엇으로 참가할 것인가. 아직 어수룩한 구석이 있는 만주의 땅에 굳세게 발을 붙이고 흙과 친하여 나가는데 만주에서의 조선 사람의 발전이 있는 것이다. 장래의 발전을 위하여는 목전의 곤란을 극복하라. 황군이 지나의 전선에서 혹은 북만의 광야에서 총을 들고 싸우고 국경을 지키는 것도 국가민족을 위함이요 홍안(紅顔)의 청년의용대가 괭이를 휘둘러 개척을 하고 총을 메고 훈련을 받는 것도 신대륙정책의 선구자 되려 함이 아닌가. 우리는 병역의 의무가 없어 직접 총을 잡고 전선에서 국가를 위하여 목숨을 바칠 길이 없더라도 정신만은 제일선에 선 용사와 같이 굳은 신념과 성의로써 개척의 선구자가 될 것 같으면 반드시 성공의 광명이 있을 것이니 2, 3년 동안은 입명한 것과 마찬가지 기분으로 일하며 쫓겨온 자의 비애를 극복하고 대륙개척의 희망과 열의를 가질 것을 누누이 부탁하였다. 그 뒤를 이어 대원과의 의견교환이 있었는데 여러 가지 불평과 의문이 속출하였다. 일일이 적기(摘記)할 필요를 느끼지 않으나 현재의 곤란한 환경에 이기지 못하고 또 장래의 생활에 신념을 가지지 못한 것에 의한 불안과 불평이 많았으나 장래 가옥건축 부락건설 개간영농 자작농 창정에 대한 건실직 의기로 직잖이 긴긴 겨울밤이 가는 줄도 모르고 11시가 되도록 긴담하였다.

아침에는 7시경 기상하여 옥외에 집합하여 동방을 향하여 요배하고 체조■[천회지운동(天廻地運動)]를 한 후 간단한 작업을 하고 조반을 먹게 되는데 마침 그날은 1개월 2번씩 있는 공휴일이어서 옥내외의 정돈 등을 하고 휴식한다고 한다.

내부의 조직은 어떻게 되어 있느냐 하면 부락장 밑에 요장(寮長), 반장이 있으며 간부급은 전부 세포(洗浦)훈련소의 수료생들이다. 그 외 사원 2명이 현지에 주재하면서 지도도 하고 작업도 시키고 한다. 벌채는 아직까지 신탄재(薪炭材)의 채취에 지나지 못하나 근근 건축용재와 유조(柳條)채취에 착수하리라 하며 제반 준비는 되어 있었다.

이 움집은 노인(露人)부락의 일우(一隅)에 있는데 이곳의 노인부락은 모두 11호로 연해주

방면으로부터 망명한 백계노인(白系露人)으로서 찰란둔(札蘭屯) 부근에 산재하여 농경에 종사하던 것이 1938년(康德 5) 7월에 이곳에 내주하였다고 하며 생활에 내용은 빈약한 것이었으나 가옥건축의 양식, 경종(耕種)과 탈곡에 기계를 사용하는 점, 유축(有畜) 농업으로서 말과 젖소 등을 사육하여 자급자족 경제를 위하는 점 등은 조선인 개척민의 좋은 모범이 되며 참고가 될 줄로 생각한다. 이상에서 불충분하나마 선견대의 일면을 기술한 바와 같이 그들은 국책 수행의 선구자로서 불완전한 가옥에서 추위와 불편을 감내하여 가면서 건설에 벌채에 노력하고 있다. 그들은 따뜻한 위문과 격려를 바라고 있다. 위문문(慰問文), 격려문 등의 글이나 위문대(慰問袋), 위문대(慰問隊) 등으로서 위로하여 주기를 바라고 굴필(掘筆)한다.

〈자료 114〉 재만동포(在滿同胞)의 결전(決戰) 생활 – 재만 개척전사(開拓戰士)와 조선인 보도부(輔導部)의 신발족 – (홍양명, 《신시대》 제4권 제2호, 1944.2.1, 32~33쪽)

1. 특설된 조선인 보도부(輔導部)

재만 170만의 반도인은 조직에 있어서는 만주국의 유일한 국민조직인 협화회(協和會)의 기치하에 도회(都會)에 있어서는 인구 5천 이상, 현기(縣旗)에 있어서는 인구 1만 이상의 반도인이 거주하고 있는 곳에 조선인 보도부를 특설하여 결전체제에 호응한 상시 훈련을 받고 있다. 협화회의 지도목표는 만주국(滿洲國)의 국시(國是)인 민족협화(民族協和)에 의한 도의국가(道義國家)의 창성(創成)에 있으므로 내지인, 만인(滿人), 몽고인 등 각 민족을 일체로 한 지도 체계를 구축하는 가운데, 특히 반도인은 타 민족에 대한 지도 중점과는 별개로 완전한 일본인의 소질을 함양케 하는 것이 지도 중점이 되어야 할 필요성이 있다. 이러한 필요에 따라 협화회는 특수한 조직을 갖추게 된 것이다.

2. 개척민의 성과와 지도층의 활약

재만 조선인은 심성상으로도 조선 내의 반도인보다 외지에서 안거낙업하는 것이 제국의 광위에 있음을 잘 알고 있으므로 제국 신민된 광영을 깊이 느끼고 따라서 일본인으로서 부끄럽지 않은 자질을 획득하려는 열의는 대단한 것이다. 특히 국어의 상용, 그 숙달이란 점에 있어서는 조선 내의 반도인보다 훨씬 앞서고 있다는 것은 일반이 승인하는 바이다.

따라서 결전체제의 상응한 제국 신민다운 생활태도는 만주국의 국토개발에 정진하는 반도 출신 개척민의 늠름한 자태에서 볼 것이다.

또한 지도층의 열의는 대단한 것으로 완전한 일본인화를 위한 각종의 기획, 행사 등은 도처에 성행, 활발한 공작이 진행되고 있다.

3. 재만 조선인의 불령(不逞) 사업 문제와 기타

그러한 한편 일부에 있어서는 소위 외지출가근성(外地出稼根性)이라고 할지, 일확천금을 꿈꾸고 국책에 배반(背離)된 아편매매 등 부정업에 종사하던 자 적지 않고, 돈을 모으기 위해 체면도 불구하고 유곽, 요리점 등 권장할 수 없는 영업에 종사하는 자도 다수하여 타 민족의 ■■을 받은 점이 상존(尙存)한 것은 유감스러운 일이다.

이들은 대개 도회지에 거주하는 자들로서 이러한 유의 존재는 일종의 만주사회화(滿洲社會禍)의 하나라고까지 극언하는 사람도 있다. 또 심성상으로도 도회지에 거주하는 혈기 있는 청년의 일부가 아주 과도한 음주유흥에 탐일(耽逸)하고, [이것은 비단 반도인뿐이 아니라 외지 거주자의 통폐(通弊)] 또 대언장어(大言壯語)하는 식의 좌장이 조선 내보다 앞선 것 같다. 진지한 생활태도의 결여-이것이 지도층에서 걱정하는 점이다.

그렇지마는 이러한 부류의 인물도 제국 신민된 긍지를 보지하기에 노력하려는 열의만은 가진 듯하다.

〈자료 115〉 간도동포(在間島同胞)의 결전(決戰) 생활 - 간도 역사와 조선인 특설부대의 웅보(雄步) - (최문국, 《신시대》 제4권 제2호, 1944.2.1, 38~42쪽)

1. 동만(東滿)의 연혁

대동아공영권 건설의 성업은 그 연원을 멀리 일청(日淸), 일로(日露)의 양 전역(戰役)에 두었으나 그 도도한 주류는 만주사변에 이르러 한 곳을 잡아 드디어 오족협화의 세계독창적 국가인 만주국이 탄생한 것이다.

동만은 만주국의 축도(縮圖)로서 무릇 정치, 경제, 교육, 문화 내지 국방의 기준을 삼게 된 특수중점지역이다.

일(日), 만(滿), 소(蘇) 국경에 걸치어 만주국의 인후(咽喉)를 고인 동만은 200만에 육박하는 재만 조선인의 7할 5푼 강을 차지한 곳이다. 이야말로 일만(日滿) 일덕일심(一德一心), 가까이는 선만일여(鮮滿一如)의 이상을 구현함이 아니고 무엇이랴. 조선인의 만주 진출은 역사적으로 보아서 문자 그대로 금의(錦衣)로 고향에 돌아온 느낌이 없지 않다.

까닭 많고 갈피가 많은 사적 고찰은 피하더라도 조선인과 동만의 관계에 대한 옛이야기를 들추어낸다면 필자 자신의 눈매가 뜨거워지며 감개무량함을 금하지 못하겠다. 그러나 그동안에 헛되이 흘리지 않은 그 뜨거운 눈물과 피의 점철이었던 조선인 만주 진출의 편린적(片鱗的) 고투사(苦鬪史)나마 잠깐 음미하려 한다.

원래 인류는 처음 남방과 같은 열대 또는 아열대의 사시(四時)로 꽃피는 지권(地圈)에서 발생하고 깃들였던 것이라고 상상되는데 그러한 곳에도 인구의 증가와 반대로 식량이 부족하면 생활투쟁이 일어나 마침내 약자는 경도적(經度的)으로 또는 위도적(緯度的)으로 천혜(天惠)가 적은 곳으로 걸리게 되는 비극이 생긴다.

백두산록의 밀림지대에서 수렵을 일삼으며 국가의 형태를 갖추지 못한 고(古) 아세아족의 일파였던 숙신(肅愼), 읍루(挹婁), 물길(勿吉)은 그 실상인즉 한 민족으로서 이 지역에서 몇 세기를 지내면서 원시적 고립경제생활을 하였는데 이곳이 오늘의 동만이라 한다. 그런데 이 민족들은 그 뒤에 점차로 자취를 감추고 그 분파인 고구려족이 남동에 일시 웅대한 국가를 형성하여 일대 문화 농업국으로서 다른 민족을 계몽하고 나아가 만주민족발전의 요람으로서 기여한 바가 컸었다. 그후 대조영(大祚榮)이라는 위대한 인물이 나서 고구려의 여중(餘衆)과 말갈부민(靺鞨部民)을 모아 한 나라를 세웠으니 그것이 곧 '진국(震國)'으로서 후에 발해국(渤海國)이라고 일컬어졌다. 진(震)은 역(易)의 괘(卦)로서 동방을 의미한다고 하는데 만주국 제제(帝制) 대전기념장(大典紀念章)에 고 정(鄭) 총리가 『제출호진(帝出乎震)』이라고 제(題)하여 새긴 것으로 보아서도 그 의미가 전기(前記)의 사실(史實)을 단적으로 표시하였다고 보인다.

그리고 가까이 보아서 지리상으로도 압록, 두만의 일위대수(一葦帶水)로 접양된 양강 유역은 토지가 비옥하고 공광(空曠)한 데다가 그 소속이 분명하지 못하여서 당시 생활욕에 불탄 조선인에게는 지극히 자연스러운 발전지여서 유유(悠悠)하게 진출한 것이었다. 그러므로 이상에서 말한 바와 같이 조선인의 만주 진출은 밀려서 북으로 북으로 흘러갔다기보다, 기사(己巳) 대흉을 원인으로 하고 천여복지(天與福地)를 눈 겨누고 진출한 천업(天業)을 과(果)로 하여 월강죄에 목이 잘리면서도 숨어든 것이었다. 이것이 바로 대동아건설의 앞잡이로서 조선인이 만주에 선구(先驅)하였다는 커다란 긍지인 것이다.

2. 간도와 개척부대(開拓部隊)

건국 10년이 지난 오늘에 이르러서는 간도를 전초지로 동만에 아니 전만(全滿)의 방방곡곡에 조선인의 그림자가 없는 곳이 없으리만큼 이 신흥국가의 건설 분자로서 포진되어 성전하 총검 대신 '괭이'를 들고 왕도(王道)의 자광(慈光) 아래서 천재적인 수전 조성과 경작에 정신(挺身)하여 결전의 지상명령(至上命令)인 미곡증산에 선봉이 되어 있다.

간도를 비롯하여 동만의 개척 농업은 대개 선농 개척민의 손으로 경영되어 있는데 지금 동만의 가경지(可耕地) 면적으로 말하면 약 724만 맥(陌)으로 그중에 기경지(旣耕地)는 겨우 19%이고 나머지 588만여 맥(陌)이 개척의 '호미'를 기다리는 풍요한 미개지(未開地)로서 우리를 맞이하고 있다. 그런데 동만의 수도(水稻)는 옛날 해동성국 발해시대에도 '노성(盧城)의 벼'라고 일컬어 내려온 천혜의 옥토미전이 많은데 그 주산지는 간도성(間島省) 일대를 필두로 하여 목단강(牧丹江) 유역인 영안(寧安), 목단강(牧丹江), 해림(海林) 지방과 왜긍하(倭肯河) 지류 유역인 발리(渤利), 의란(依蘭) 및 오소리강(烏蘇哩江) 지류 일대의 동안현(東安

縣), 찰산현(察山縣) 지방으로 연 수확고가 약 14만 톤(瓲)이나 된다.

그리고 임산, 광산, 수산, 축산도 만주자원의 창고의 지위를 차지하고 있어 지금 그 증산 개발에 매진하고 있다. 1942년도(康德 9) 전만(全滿) 다수확 경작회에서도 수도(水稻)와 함께 시국하 중요성을 가진 아마(亞麻)는 전만 제1위의 영관(榮冠)을 간도에서 얻었었다.

그들은 결전하 산업전사로서의 혼을 떨쳐서 천재지변을 능히 극복하고 타작한 농산물은 개인 혹은 공동으로 밤과 낮을 이어 모조리 출하(공출)하여 공출 확약량을 돌파하여서 친방(親邦) 일본으로 하여금 후고(後顧)의 염려가 없이 전쟁 완승에 매진하도록 이바지하는 한편 북변 진호(鎭護)에 가장 주요한 국내식량 확보에 금자탑을 세웠다. 그런데 증산과 출하에 정부 요청량을 확보하는 방법은 이러하다.

우선 봄에 파종할 적에 밭 한편 구석에다가 그 밭 면적은 얼마인데 소출량은 얼마라고 쓴 나무패를 세워서 씨 뿌릴 적부터 김매고 가을에 추수할 때까지 밭에 일하러 나간 농부가 그 목패를 보고 목적량을 채워야 하겠다는 결심을 가다듬게 하고 각 농가의 문패 붙이는 곳에는 그 농가에서 그해에 짓는 수전은 얼마이고 육전(陸田)은 얼마인데 타작량은 얼마라고 써 붙여서 농민이 조석으로 자기 집에 드나들 적마다 증산의 마음가짐을 새롭게 하여 소기의 목적을 이루고 불행히 암만 애써도 처음 작정한 양을 채우지 못하게 되면 도시에서 배급받는 사람들이 자기들의 타 먹을 양식의 1할을 나라에 바치는 헌미(獻米)운동을 일으켜서 끝끝내 정부의 소요량만을 확보하는 거룩한 인인상조(隣人相助)의 미화도 가지가지이며 출하한 농산물 대금을 모두 헌금하는 등 일일이 매거하기 미황(未遑)한 독행(篤行)과 미담이 수두룩하다.

3. 만주와 조선인

해동(海東)의 영산(靈山)인 백두산 아래서 영기(靈氣)를 받았으되 오랫동안 시대의 각광을 띈 무대에 오르지 못하였던 동만! 문득 만주사변으로 말미암아 천하의 총아(寵兒)로 나타나서 그중에도 조선인이 엄연한 존재를 보이는 것은 우연한 일이 아니다.

우선 일본민족이 백산두수(白山豆水)의 대륙으로부터 신역(神域) 대화도(大和島)에 초석을 박고 건국한 신족(神族)으로 인류문화의 초기이던 석기시대부터 그 생활이 동만(조선을 포함)과 불가분의 관계를 맺어 왔다는 것은 문헌으로 또 신화로서 족히 알 수가 있으며 더구나 최근에 이르러 발해왕 시대의 5경의 성적(城蹟)이 간도성(間島省) 내에서 계속적으로 발견되는 것으로 보아서도 감추지 못할 사실(史實)이다. 지금에 와서는 내선(內鮮), 만(滿)으로 나누지만 사실 그 원조(遠祖)인 숙신족[肅愼族, 고(古) 아세아족]으로부터 이합집산(離合集散)하여 영고성쇠(榮枯盛衰)를 더듬어 온 동계(同系)이다.

이류학자는 숙신족을 남북 양파로 나누어서 북계를 말갈(靺鞨), 읍루(挹婁), 물길(勿吉), 발해(渤海), 여진(女眞)이라 하고 남계를 부여(扶餘), 고구려(高句麗), 옥저(沃沮), 예맥, 한족(韓族), 일본의 대산진견족(大山津見族)이라 하는데 동만의 간도는 바로 그들의 교차투쟁의 접촉지점이라 하며 북계 최종기의 말예(末裔)가 만주족이고 남종의 말손(末孫)이 내선인이라고 뚜렷이 증언하였다.

그래서 정치적, 경제적, 문화적으로 일찍부터 내선만(內鮮滿)은 밀접한 관계와 인연을 맺어 왔던 것이라 한다. 이 원조동계(遠祖同系)의 혈인 밑에서 일본제국이 팔굉일우(八紘一宇)의 대이상을 내걸고 세계 신질서 건설에 대동아의 맹주로서 정의의 거화(炬火)를 들게 되자 반도 2,500만 동포도 그 옛날 '야마도'와 '구다라'가 맺어준 백년 꿈을 이루어서 일시동인(一視同仁)의 홍은(鴻恩)을 입어 진충보국의 길이 열린 것이다. 이는 반도동포로서 한없는 영광으로 그 감격은 반도산하를 휩싸게 한 것이었다. 즉 금년부터 실시되는 징병제와 아울러 학도특별지원병제 및 1946년도(昭和 21)부터 시행되는 의무교육제도는 우리가 생당운수(生當隕首)하고 사당결초(死當結草)하여야 할 은전(恩典)이다.

4. 재간도 동포와 애국열

이에 재만동포의 반수를 차지한 간도를 비롯하여 동만 일대의 반도동포는 국민개병을 선창하여 간도특설대를 창설한 것이 금년이 벌써 6주년이며 그동안에 관동군의 지도 밑에서 복룡봉추(伏龍鳳雛)가 많이 배출하여 순국의 영령(英靈)으로 사라진 용사도 많았었다. 이 특설대는 북변 진호의 중책을 짊어졌을 뿐만 아니라 국내 치안 확보에도 공헌이 컸었으며 황민화운동을 실천에 옮겨서 매호에 신책(神柵)을 봉재(奉齋)하여 일본정신을 체측하는 동시에 국어 학득(學得)과 청소년의 특별연성에 힘써 간도성 내만 하더라도 국어강습소가 작년 말 현재로 600여 개소이며 특별연성소가 90여 개소에 달하여 이미 황민화운동은 생활화하여서 조선 내 재주 동포에 못지않은 실천을 가지고 있다.

특별연성의 방법은 초등교육을 받지 못한 청년은 미리부터 국어 해득에 힘쓰게 하는 한편으로 기초훈련을 시켰는데 각각 그 지방의 형편에 따라서 집합훈련과 분산훈련을 시켜 가지고 요새 와서는 초등학교를 마친 청년들과 함께 숙식을 시키며 훈련하는 중인데 만주국의 현행법으로 한 사람이 쌀 1킬로그램 이상은 가지고 다지지는 못하게 되어 있는데 이 연성생에 한하여서는 그 청년의 식량만은 자기 집에서 훈련소에 가지고 와도 무방하다는 특전을 주었다. 이러한 특전은 전만에서 간도성만이 허여한 은전이다.

"나허라 불궈라도[7] 중하지 마는 서남태평양으로 보내자 비행기를!" 이 외침은 최근 국민의 고막을 제일 몹시 울리는 소리일 것이다. 질도 질이지만 양은 양으로서 대하자 하는 이 경종이 울리우기 전에 간도성 내를 비롯하여 동만 일대에 재주하는 반도동포는 애국기헌납운동이 치열하여서 간도성 내의 반도동포만으로서도 지나사변이 일어난 직후에 1대, 대동아전쟁으로 들어가서는 육군에 2대, 해군에 1대 합쳐서 3대의 비행기를 한꺼번에 바친 일이 있었다. 그외 혼춘호(琿春號), 도문호(圖們號), 노무호(勞務號), 방금 협화호(協和號) 헌납운동을 일으켜서 그 기금을 거두는 중에 있다. 바치는 비행기의 대수를 이로써 만족하게 생각하는 것은 절대로 아니다. 바치고 또 바치자는 것이 동만에 재주하는 반도동포의 외침이다.

이러한 운동이 일어나면 국방부인회에서는 고사포헌납운동을 일으켜서 당국을 크게 감격시키고 있다. 이같이 병기를 헌납할 적마다 왜 비행기를 바쳐야 하며 고사포를 헌납하여야 하는가 그 원인을 말하여 대동아전쟁의 의의를 설명하여 일반 민중으로 하여금 시국인식을 철저하게 하는 것이 협화회의 사명과 같이 되어서 간도성 내의 성, 시, 현 본부원과 각 분회 회원들이 일하는 부담량은 그만큼 타성에 비하여 크고 많다는 것을 말하여 두는 동시에 국방부인회원들의 활동도 심상치 않다.

저축도 협화회의 지도 밑에 매호에서 1구에 월 15전 이상을 징하려 하고 월수에 따라 한 가정에서 15구 이상, 즉 3원 이상까지 저금하는 이도 있고, 인조(隣組)를 통하여 국민의무저금을 여행(勵行)하여 국방헌금과 철물회수 등 자못 눈물겨운 적성보(赤誠譜)를 엮고 있으며 작

---

7 원문대로임.

년도의 16억 저축목표 분담액도 보기 좋게 돌파하여 성전 완수에 이바지한 바가 컸었다.

그리고 징병에 합격을 혈서로 탄원한 사람도 다섯 손가락 이상을 꼽게 되고 정초에 신사(神社) 새전(賽錢) 상자에 금년에 기어코 병정이 되도록 하여 달라는 맹서의 글발을 넣어서 신관을 감격케 하는 이까지 있었다. 그리고 학도특별지원병제가 발표되자 동만 출신의 유학생들은 한 사람도 빠지지 않고 전원이 출원하여 1월 17일에 장도에 오르는 때 관계당국은 물론이고 일반으로 하여금 손에 땀을 흘리게 하는 긴장미가 보였다.

이제 이상을 개괄하여 결론하면 재만 조선인이 이렇다고 뱃장을 내미는 것은 결코 우연한 편승(便乘)이나 추세(追勢)가 아니고 오랫동안 역사적으로 지리적으로 쌓아온 인과인 것이다. 물론 만주국에 발을 들여놓은 사람이면 그 급 탬포로 발전한 양상에 당목(瞠目)하지 않을 리가 없으리라고 믿어진다. 진실로 만주국은 역사의 격단(激湍) 속에서 단 10년이 1세기에 해당한 생장을 하여 왔다.

우리가 만주를 사랑하는 거룩한 심정은 이 땅에 살아보지 않고는 상상키 어려운 일이다. 피일시(彼一時) 차일시(此一時)이지마는 감자밥 먹으러 북간도 간다는 감상의 그때, 낙오의 그때는 앳된 추억에 사라지고 지금은 성초(聖鍬) 부대로서 씩씩한 개척혼을 가진 건설투사가 아니면 이 땅에 용납하지 못한다. 지금의 재판동포야말로 당당하게 충량한 황국신민으로서 선량한 만주국 국민으로서 대동아공영권의 거점인 이 나라의 국운흥륭에 참진(參盡)하고 있다는 자존심을 가지고 10억이 안도(安堵)할 공영권(共榮圈)의 십자가(十字街)에서의 중대 역할을 다하겠다는 결심을 철석같이 가지고 있다는 것을 말하여 둔다. [간도시 공영가(共榮街)에서]

| 자료 목록

자료번호	편저자	문건명(호수, 일자 등)	자료(책)명	발행처	발행일	본문 쪽수
1		재만 조선인의 불령 행동 및 취체 상황	『최근지나급만주관계제문제적요(最近支那及滿洲關係諸問題摘要)』	일본 외무성 동아국(東亞局) 제2과	1933.12	22
2		길림성 정부의 선인취체에 관한 훈령 시정 문제	『최근지나급만주관계제문제적요(最近支那及滿洲關係諸問題摘要)』	일본 외무성 동아국(東亞局) 제2과	1933.12	30
3		간도 공비 대책 문제	『최근지나급만주관계제문제적요(最近支那及滿洲關係諸問題摘要)』	일본 외무성 동아국(東亞局) 제2과	1934.12	34
4		공비 토벌 그리고 선무(宣撫)기관의 조직	『최근지나급만주관계제문제적요(最近支那及滿洲關係諸問題摘要)』	일본 외무성 동아국(東亞局) 제2과	1934.12	37
5		불령선인 선무기관 협조회의 활동 상황	『최근지나급만주관계제문제적요(最近支那及滿洲關係諸問題摘要)』 하권	일본 외무성 동아국(東亞局) 제2과	1935.12	43
6		관동군 추계 치안숙정 계획(사상대책)	『최근지나급만주관계제문제적요(最近支那及滿洲關係諸問題摘要)』 하권	일본 외무성 동아국(東亞局) 제2과	1935.12	47
7		○○단(團) 취체(取締)코저 사무관을 만주에 파송(派送), 경무국(警務局) 보안과(保安課) 부산(富山) 사무관을, 재주(在住) 조선인의 생활 상태도 조사, 특법(特法) 방안을 확립?	《동아일보》	동아일보사	1934.3.10	69
8		재외 조선인 취체코저 외사 경찰을 확장, 밀정정책과 파견원 직접활동 경무국에서 출장 조사	《동아일보》	동아일보사	1934.3.16	69
9		재외 조선인 취체코저 외사 경찰망 확충, 외지 파견원이 모이어 회의, 사상 직접행동 방지코저	《동아일보》	동아일보사	1934.4.27	70
10		재외 조선인의 책동도 철저단속, 블랙리스트를 작성 내외 각 경찰에 배비(配備)	《매일신보》	매일신보사	1934.8.23	70

자료 번호	편저자	문건명(호수, 일자 등)	자료(책)명	발행처	발행일	본문 쪽수
11		재만 조선인 취체의 통제기관을 설치, 만주 당국과 총독부 중간연락, 실현은 명후년경 예정	《동아일보》	동아일보사	1934.11.11	71
12		재만 조선인 통제기관 설치안 지도취체를 철저히	《매일신보》	매일신보사	1934.11.12	72
13		해외조선인 취체전문 파견원 회의 소집 재외 조선인의 증가를 따라 신방침 수립의 목적	《매일신보》	매일신보사	1935.4.16	72
14		재외파견원 의회를 소집, 재외 조선인 취체를 협의코저 7, 8 양일 경무국 주최	《매일신보》	매일신보사	1935.6.6	73
15		1934년 10월 30일 「조선인 이주 대책의 건」 각의 결정	「조선인 이주 대책의 건(朝鮮人移住對策の件)」	일본 내무성	1934	74
16		1936년 10월 〈만주국에서의 선농 취급 요령(滿洲國に於ける鮮農取扱要領)〉	〈조선인 만주개척의 사적 고찰(朝鮮人滿洲開拓の史的考察)〉,《조선(朝鮮)》	조선	1943.11	76
17		1937년 4월 〈선농 이주 통제 그리고 안정 실시 요령(鮮農移住統制並に安定實施要領)〉	〈조선인 만주개척의 사적 고찰(朝鮮人滿洲開拓の史的考察)〉,《조선(朝鮮)》	조선	1943.11	76
18		재만 조선인(在滿朝鮮人) 지도요강(指導要綱)		관동군사령부(關東軍司令部)	1938.7.25	77
19		선농취급요강(鮮農取扱要綱)		관동군사령부(關東軍司令部)	1938.7.25	78
20		1938년 7월 28일 〈선농취급요강(鮮農取扱要綱)〉	〈조선인 만주개척의 사적 고찰(朝鮮人滿洲開拓の史的考察)〉,《조선(朝鮮)》	조선	1943.11	80
21		1939년 12월 〈조선인 개척민에 관한 건〉	〈조선인 만주개척의 사적 고찰(朝鮮人滿洲開拓の史的考察)〉,《조선(朝鮮)》	조선	1943.11	81
22		1942년, 제2기 5개년 계획 실행목표 개요에 대하여(滿洲開拓 第二期 五個年計劃 實行目標 槪要の就て)	《조선(朝鮮)》	조선	1943.11	82
23		조선인과 만주국(2)	《매일신보》	매일신보사	1937.6.16	90
24	서범석(徐範錫)	만주국의 조선인 이민통제내용?	《재만 조선인 통신》	봉천홍아협회	1937	91
25		조선인 이민 문제의 중대성		조선총독부	1935	98
26		반만군의 집단부락 습격은 이민계획에 대문제	《조선중앙일보》	조선 중앙일보사	1935.5.22	168

자료번호	편저자	문건명(호수, 일자 등)	자료(책)명	발행처	발행일	본문쪽수
27		삼백동포 충화사건	《조선중앙일보》	조선 중앙일보사	1936.2	168
28	松葉秀文	조선인의 안전농촌의 경영관리와 복리증진 시설	《조선총독부 조사월보》	외사과	1936.2	178
29		재만 조선인 안전농촌 순회기	《재만 조선인 통신》	봉천흥아협회	1936	183
30		재만동포의 안전농촌 적의개소결정	《매일신보》	매일신보사	1933.2.7	191
31		만주피난 동포 구제책	《매일신보》	매일신보사	1933.4.23	192
32		재만농민의 항구적 대책, 안전농촌, 자작농 창정 등 기초적 조사에 착수	《매일신보》	매일신보사	1934.1.19	193
33		3천 호 수용목표로 낙토화하는 안전농촌	《매일신보》	매일신보사	1937.1.1	193
34		조선인과 만주국(3)-북지재주 조선인의 현황	《매일신보》	매일신보사	1937.6.17	195
35		총독부대동척의 안전농촌협의안	《중앙일보》	중앙일보사	1933.3.31	197
36		간도 각지 피난동포 집단부락을 건설	《매일신보》	매일신보사	1933.3.31	198
37		만주와 조선 농민 17	《매일신보》	매일신보사	1936.5.17	198
38		집안현 집단부락 계획 빈곤조선인엔 난색	《매일신보》	매일신보사	1936.9.19	201
39		대리수구 집단부락에 부정업자 수용	《매일신보》	매일신보사	1937.11.25	202
40		민중에게 고하는 동북항일련군 제2군, 제5군 사령부, 정치부의 글-일본제국주의가 강박적으로 집단부락을 수축하고 만주에 증병하며 무력으로 이민시키는 문제에 대하여	『동북지역조선인 항일력사자료집7』		1936.5.30	202
41		소작에서 자작으로 갱생하는 재만조선 농민대중: 5백만 원 예산으로 소작농의 경작지 구입 자금 대출안 결정	《재만 조선인 통신》	봉천흥아협회	1937	207
42		간도 집단부락 건설 개황	《조선총독부 조사월보》	조선총독부	1933	210
43	박찬승 김민석 최은진 양지혜	(우가키 총독 시기 1931.6~1936.8) 일반 재외 조선인 개황	『국역 조선총독부 30년사』	민속원	2018	226
44	박환 박호원	조선인의 만주 이주 연혁 개요, 호구의 분포 상황, 직업 및 생활 상황	『일본제국의 양면: 탄압과 회유 재만조선총독부시설 기념첩』	민속원	2017	227
45	박찬승 김민석 최은진 양지혜	(미나미 총독 시기 1936.8~1942.5) 재외 조선인 상황	『국역 조선총독부 30년사』 하	민속원	2018	234

자료 번호	편저자	문건명(호수, 일자 등)	자료(책)명	발행처	발행일	본문 쪽수
46	박찬승 김민석 최은진 양지혜	재만 조선인에 대한 사업	『국역 조선총독부 30년사』중	민속원	2018	240
47	박환 박호원	만주의 조선 동포에 대한 조선총독부 시설 대요	『일본제국의 양면; 탄압과 회유 재만조선총독부시설 기념첩』	민속원	2017	255
48	박찬승 김민석 최은진 양지혜	재만 조선인 사업, 만주 및 북중국에서의 특별사업	『국역 조선총독부 30년사』하	민속원	2018	291
49		만주 조선인 농촌 진흥책-조선인 이민의 특이성을 구명하고 객관적 조건의 순화를 요망-신경 신영우	《재만 조선인 통신》	봉천흥아협회	1937	312
50	滿史會	조선인 개척민	『滿洲開發四十年史』		1965	320
51		조선인(朝鮮人) 만주 개척민(滿洲 開拓民)의 보호와 지도에 대하야	『반도의 光』		1941.6	323
52		남총독(南總督)과 협력하여 쌀 생산 증대에 만전(萬全)을 기하다-개척민(開拓民)은 동방(東方)의 사명(使命)을 띠고 대륙(大陸)에 진출(進出)하라-기자단(記者團), 개척상(拓相)과의 일문일답(一問一答)	《매일신보》	매일신보사	1939.10.27	328
53		만주 개척민 심의회 답신안요강 가결	《매일신보》	매일신보사	1939.10.31	329
54		과잉인구보다도 실제기술자들 파견	《매일신보》	매일신보사	1940.11.14	331
55		선만일여로 확립될 개척민의 백년대계	《매일신문》	매일신보사	1942.8.7	332
56		대동아건설하는 데 한 목을 보는 개척민	《매일신보》	매일신보사	1942.8.14	333
57		개척민 복리시설비로 100만 원 재단을 계획	《매일신보》	매일신보사	1943.2.24	335
58		『희망의 개척사(希望의 拓土)』 만주 개척민 부락에 함께 이주(移住), 아내가 될 처녀 개척사(處女拓士)도 양성훈련(養成訓練)-하토리 외무과장(服部外務課長)과 일문일답	《매일신보》	매일신보사	1943.10.27	336
59	윤상희	조선인 만주개척청년의용대에 대하여조선총독부사무관	『반도의 光』		1941.7	339
60	이광평	연변조선족 자치주 안도현 개척민 구술자료				344

자료 목록 593

자료 번호	편저자	문건명(호수, 일자 등)	자료(책)명	발행처	발행일	본문 쪽수
61		『만주 개척 중요 연사(年史)만주개척년감』			1940	359
62		만주국 치외법권 철폐 준비	《매일신보》	매일신보사	1933.2.14	463
63		치외법권 철폐로 일만 양국 성명(신경)	《동아일보》	동아일보사	1933.8.6	463
64		9월로부터 2년 후에 치외법권을 철폐, 만철부속지에는 특수변법 시행, 구체적대강을 결정, 일방적 선언으로 철폐설 유력, 2년간에 제 기관을 충실	《동아일보》	동아일보사	1933.8.6	463
65		일방적 선언으로 치외법권 철폐? 2년간에 제 기관 충실	《조선중앙일보》	조선중앙일보사	1933.8.9	464
66		치외법권 철폐 만주국 준비착수	《동아일보》	동아일보사	1934.8.17	464
67		재봉(在奉) 조선인의 치법문제협의회, 철폐되면 영향 지대	《매일신보》	매일신보사	1934.8.25	465
68		재영(在營) 조선인 치법철폐 반대	《매일신보》	매일신보사	1934.9.2	465
69		개원(開原) 거류 조선인 치외법권 철폐 반대, 관계 요로 당국에 타전하기로 시민대회에서 결의	《동아일보》	동아일보사	1934.9.12	465
70		법권(法權) 철폐의 방침, 만주 측에 제시(신경)	《동아일보》	동아일보사	1935.6.13	466
71		만주의 치외법권. 일본, 철폐를 정식결정. 만철부속지 행정권도 위양(委讓)(동경)	《동아일보》	동아일보사	1935.8.10	466
72		만주국 치외법권 3단계로 철폐 방침 3년 내에 전부 철폐?	《조선중앙일보》	조선중앙일보사	1935.9.29	467
73		치외법권 철폐, 현지결정 대강	《매일신보》	매일신보사	1935.11.6	467
74		치외법권 철폐 재이(在爾)로 조선인 민회서 진정, 보호시설을 고려하여 달라고 총독부에 요망 제출	《매일신보》	매일신보사	1935.12.28	468
75		치외법권 철폐와 조선동포의 지도	《매일신보》	매일신보사	1936.3.26	468
76		치외법권 철폐, 이양안(移讓案) 결정(신경)	《동아일보》	동아일보사	1936.4.16	469
77		"치외법권 철폐" 실현되면 벽지 조선이민에 영향중대 중, 독립적 자치 안도 수포에, 우려되는 금후의 사태	《동아일보》	동아일보사	1936.4.26	470
78		치외법권 철폐로 재만동포 대책 강구, 자주연합기관 필요설 대두	《조선중앙일보》	조선중앙일보사	1936.4.26	470
79		치외법권 철폐의 일만(日滿) 협정안 조인	《조선중앙일보》	조선중앙일보사	1936.6.11	471

자료 번호	편저자	문건명(호수, 일자 등)	자료(책)명	발행처	발행일	본문 쪽수
80		재만주 치외법권 철폐 백만동포에 영향지대	《조선중앙일보》	조선중앙일보사	1936.6.11	472
81		치외법권 일부 철폐로 만주이민 대곤경, 신세금의 중압, 농자융통도 경색, 개간사업에도 영향 막대	《동아일보》	동아일보사	1936.6.13	472
82		치외법권 철폐와 재만동포에 영향	《매일신보》	매일신보사	1936.6.13	473
83		관동군 간부 입경, 총독부와 중요회의, 만주국의 치외법권 철폐 후 재주 조선인 문제로	《동아일보》	동아일보사	1936.6.17	475
84		치법철폐 후의 제대책협의회(동경)	《동아일보》	동아일보사	1936.6.26	475
85		치외법 철폐 후 만주국 대외방침, 외교부대신이 성명	《조선중앙일보》	조선중앙일보사	1936.7.3	476
86		재만 조선인 관계로 양 당국 중요협의, 치외권 철폐와 제시(諸施) 이양협정 차 만국(滿國) 관계자 금일 착경(着京)	《동아일보》	동아일보사	1937.10.5	477
87		치외법권 철폐에 반(伴)한 재만 조선인 문제, 양 당국협의회 개최	《매일신보》	매일신보사	1937.10.6	477
88		치외법권 철폐에 반(伴)한 조선인 문제 토의, 조선 만주 당국 회의서	《동아일보》	동아일보사	1937.10.7	478
89		재만 조선인 시설 만주국에 이양, 금일 세목협정 조인	《동아일보》	동아일보사	1937.10.9	478
90		조선인 교육 제 기관 만주국 측에 이양, 단 17 교만은 당분간 보류, 치외법권 철폐 조인	《동아일보》	동아일보사	1937.11.6	479
91		치외법권 등 철폐조약, 일만(日滿) 간 정식 조인, 내월 1일부터 효력 발생	《동아일보》	동아일보사	1937.11.6	480
92		조약문 내용	《매일신보》	매일신보사	1937.11.6	484
93		만주국 치법철폐 9일 관보로 공포	《동아일보》	동아일보사	1937.11.11	486
94		만국(滿國) 치법(治法) 철폐	《매일신보》	매일신보사	1937.12.2	486
95		치외법권의 철폐, 전면적 실시를 단행	《동아일보》	동아일보사	1937.12.2	487
96		금일부터 치외법권 철폐, 경찰권도 완전히 이장(移掌), 아직 벽지 농민에겐 익지 않아 우려, 금후 문제는 신기구 운용 여하	《동아일보》	동아일보사	1937.12.2	487
97		근위(近衛) 수상의 방송요지, 만주국 치외법권 철폐에 대해(東京)	《동아일보》	동아일보사	1937.12.3	488
98		치외법권 철폐[작금의 화제]	《동아일보》	동아일보사	1937.12.3	489

자료번호	편저자	문건명(호수, 일자 등)	자료(책)명	발행처	발행일	본문쪽수
99	박환 박호원	만주국에서의 치외법권의 철폐 및 남만주철도 부속지 행정권의 이양에 관한 일본·만주국 간 조약 및 부속협정	『일본제국의 양면; 탄압과 회유 재만조선총독부시설 기념첩』	민속원	2017	490
100		치외법권 철폐 후 학교경영 곤란-재만동포 대표들이 진정차 입성	《매일신보》	매일신보사	1940.8.24	501
101		봉천 재류동포의 현상은 과여하(果如何)?	《조선일보》	조선일보사	1938.2.1	501
102	홍양명	대륙 진출의 조선민중-만주국에서 활약하는 그 현상-	《삼천리》		1939.10.1	505
103	신기석	재만 조선인 금융기관의 현세	《조광》		1939.7.1	512
104	신기석	만주 조선인 교육계현상	《조광》		1940.2.1	515
105	김동진	건국 10년의 만주국과 조선인 근황-조선 내 자본의 진출과 인물의 집산 등	《삼천리》		1940.10	521
106	이완수	만주국 건설 근로봉사 조선부대기(朝鮮部隊記)	《삼천리》		1940.10.1	526
107	신형철	재만 조선인 교육의 과거와 현재	《조광》		1941.6.1	531
108	이학성	동만(東滿)과 조선인	《조광》		1941.6	542
109	신기석	조선인 개척민의 전도(前途)	《조광》		1941.6	549
110	김연수	재만(在滿) 조선인의 장래	『반도사화와 낙토만주』	만선학해사	1943.1	555
111	이성재	재만 조선인(在滿朝鮮人)의 10년 혈한사(血汗史)	『반도사화와 낙토만주』	만선학해사	1943.1	558
112	청원웅길 (清原雄吉)	재만 조선인 역사적 사명과 지도 문제	『반도사화와 낙토만주』	만선학해사	1943.1	567
113	신기석	눈강(嫩江) 지구의 조선 개척민 선견대(先遣隊)	『반도사화와 낙토만주』	만선학해사	1943.1	577
114	홍양명	재만동포(在滿同胞)의 결전(決戰) 생활-재만 개척전사(開拓戰士)와 조선인 보도부(輔導部)의 신발족-	《신시대》		1944.2.1	582
115	최문국	간도동포(在間島同胞)의 결전(決戰) 생활-간도 역사와 조선인 특설부대의 웅보(雄步)-	《신시대》		1944.2.1	584

참고문헌

1. 연구저서

강동진, 1980, 『일제의 한국침략정책사』, 한길사.
김경일·윤휘탁·이동진·임성모, 2004, 『동아시아의 민족이산과 도시 - 20세기 전반 만주의 조선인』, 역사비평사.
김기봉·방영춘·권립, 1987, 『일본제국주의의 동북침략사』, 연변인민출판사.
김도형, 2009, 『식민지 시기 재만 조선인의 삶과 기억』, 선인.
김주용, 2008, 『일제의 간도 경제침략과 한인사회』, 선인.
김태국, 2002, 『만주지역 '조선인 민회' 연구』, 국민대대학원 국사학 박사학위논문.
김춘선, 2016, 『북간도 한인사회의 형성과 민족운동』, 고려대학교 민족문화연구원.
나카미 다사오 외 저, 박선영 역, 2013, 『만주란 무엇이었는가』, 소명출판.
박금해, 2012, 『중국 조선족 교육의 역사와 현실』, 경인문화사.
박영석, 1978, 『만보산사건연구』, 아세아문화사.
_____, 1982, 『한민족독립운동사연구 – 만주지역을 중심으로 -』, 일조각.
서굉일·동암 공편, 1993, 『간도사신론』(상)·(하), 우리들의 편지사.
손춘일, 1999, 『만주국의 재만한인에 대한 토지정책연구』, 백산자료원.
신주백, 1999, 『만주지역 한인의 민족운동사(1920~45) - 민족주의운동 및 사회주의운동 계열의 대립과 연대를 중심으로』, 아세아문화사.
왕득신 편, 1984, 『연변조선족자치주개황』, 연변인민출판사.
유지원 외, 2011, 『이민과 개발 - 한·중·일 삼국인의 만주 이주의 역사』, 동북아역사재단.
윤병석, 2003, 『간도 역사의 연구』, 국학자료원.
이명종, 2018, 『근대 한국인의 만주 인식』, 한양대학교출판부.
한석정·노기식 편, 2008, 『만주, 동아시아 융합의 공간』, 소명출판.
현규환, 1967, 『韓國流移民史』, 어문각.
황민호, 2005, 『일제하 만주지역 한인사회의 동향과 민족운동』, 신서원.

金永哲, 2012, 『'滿洲國'期における朝鮮人滿洲移民政策』, 昭和堂.

鈴木隆史, 1992, 『日本帝國主義と滿州 1900~1945』(上)·(下), 塙書房.

滝沢秀樹, 2008, 『朝鮮民族の近代國家形成史序說 - 中國東北と南北朝鮮』, 御茶の水書房.

滿州移民史硏究會, 1976, 『日本帝國主義下の滿州移民』, 龍溪書舍.

朴敬玉, 2015, 『近代中國東北地域の朝鮮人移民と農業』, 御茶の水書房.

朴昌昱, 1995, 『中國朝鮮族历史硏究』, 延边大学出版社

北野剛, 2012, 『明治·大正期の日本の滿蒙政策史硏究』, 芙蓉書房出版

田中隆一, 2007, 『滿洲國と日本の帝國支配』, 有志舍.

田中恒次郎, 1997, 『'滿洲'における反滿抗日運動の硏究』, 綠陰書房.

2. 연구 논문

권립·김성호, 2002, 「연변지역 조선민족 항일혁명투쟁의 특수성 연구 1 - 연변지역사회의 특수성과 조선인 문제를 중심으로」, 『국사관논총』 100, 국사편찬위원회.

김도형, 2008, 「한말·일제하 한국인의 만주 인식」, 『동방학지』 144, 연세대하교 국학연구원.

김철성, 1997, 「중화인민공화국 수립전 중국 조선족의 민족자치 운동」, 『지역과 역사』 4, 부경역사연구소.

손승회, 2004, 「滿洲事變 前夜 滿洲韓人의 國籍問題와 中國·日本의 對應」, 『중국사연구』 31, 중국사학회.

손춘일, 2001, 「만주사변 전후 在滿朝鮮人 문제와 그들의 곤경」, 『정신문화연구』 83, 한국정신문화연구원.

황민호, 2006, 「재만 한인의 합법적 자치운동의 전개와 '자치'에 대한 국내 언론의 인식」, 『한국민족운동사연구』 47, 한국민족운동사학회.

梶村秀樹, 1967, 「1930年代滿州における抗日鬪爭に對する日本帝國主義の諸策動-'在滿朝鮮人問題'と關連して」, 『日本史硏究』 94, 日本史硏究會.

松村高夫, 1970, 「日本帝國主義下における'滿洲'への朝鮮人移動について」, 『三田學會雜誌』 63-6, 三田學會.

許春花, 2004, 「滿洲事變以前の間島における朝鮮人の國籍問題」, 『朝鮮史硏究會論文集』 42, 朝鮮史硏究会..

찾아보기

ㄱ

가목사(佳木斯) 63, 106, 160, 360, 437, 438, 513, 530, 564
가목사(佳木斯) 의과대학 409
가토 간지(加藤完治) 360, 369, 444
간도 대한국민회 149
간도성(間島省) 46, 77, 90, 202, 230~232, 237, 322, 335, 430, 506, 510, 511, 516, 519, 523~525, 538~540, 546, 561, 566, 585, 587, 588
간도일보(間島日報) 42
간도협약(間島協約) 153, 228, 428, 461, 533
간도협조회(間島協助會) 20, 21, 39, 41, 45, 559
감계담판(勘界談判) 152
강희제(康熙帝) 130, 228, 423, 427
개척단 83, 326, 330, 334, 364, 365, 372, 373, 376, 378~380, 383, 385, 387, 390, 391, 393~395, 397, 398, 410, 412, 438, 439, 456, 457, 547, 550, 552, 554, 578
개척흥농회(開拓興農會) 83, 323, 554
경무연락위원회 47, 63, 65
고마이 도쿠조(駒井德三) 107
고무라 주타로(小村壽太郎) 359
고유수(孤楡樹) 123, 317
고이허(高而虛) 25

고한봉(高漢峰) 44
공비(共匪) 46, 51, 108, 145, 147, 150, 173, 176, 177, 198, 199, 210, 211, 215, 242, 245, 246, 251, 271~274, 324
관동군 13, 14, 20, 37, 38, 47, 49, 50, 52, 54, 56, 57, 61, 64, 67, 78, 86, 87, 91, 141, 158, 166, 172~174, 178, 179, 186, 192, 193, 217, 246, 254, 274, 314, 360, 361, 410, 436, 440, 474, 478, 483, 506, 524, 587
관동군사령부 67, 78, 79, 437, 467, 469
관동군척무성(關東軍拓務省) 340
관동청 32, 254, 433, 435
관동헌병대 47, 61, 63~65
교육자기회(敎育諮記會) 541
구국군후원회(救國軍後援會) 28
구제회 261
구춘선(具春先) 149
국민부(國民府) 22~25, 27, 28, 70
국민우급학교(國民優級學校) 479, 518, 541, 567
국민정부 25
국민조학교(國民朝學校) 567
국민학사(國民學舍) 518, 539, 567
국제연맹 226, 568
권수정(權守貞) 27, 28
권화산(權華山) 44

금융조합 196, 514

금융회(金融會) 17, 80, 81, 145, 146, 181, 195, 208, 210, 242, 249, 262, 288, 309, 318, 390, 473, 474, 479, 480, 503, 512~514

금주성(錦州省) 90, 237, 430, 506, 511, 513, 561

기동방공자치정부(冀東防共自治政府) 236, 299

길림성(吉林省) 30~33, 90, 125, 194, 227, 229, 231, 237, 320, 362, 368, 428, 430, 506, 510, 511, 513, 540, 544, 545, 547, 561

길림임시정부 28

김공천(金恭泉) 44

김금단(金今丹) 349

김기환(金基煥) 349

김도(金濤) 44

김동한(金東漢) 20, 559

김보안(金輔安) 23

김봉련 350

김사호(金司鎬) 559

김약천(金若泉) 45

김영헌(金榮軒) 44

김응두(金應斗) 44, 501, 526

김이대(金履大) 28, 43

김인수(金仁洙) 44

김일성(金日成) 354, 546

김좌진(金佐鎭) 26

김태묵(金泰黙) 23

김희수(金姬洙) 349

ㄴ

남대관(南大觀) 27, 28

남도촌촌사(南道村村史) 345

남령전적기념탑(南領戰蹟記念塔) 531

남만방적(南滿紡績) 525

남만주철도 229, 257, 291, 292, 294, 432, 460, 466, 467, 481, 485~487, 490~499

남주일 345

내선일체(內鮮一體) 238, 334, 335, 340

노이합적(弩爾哈赤) 545

농무계(農務稧) 81, 142, 180, 191, 196, 309, 473, 474, 513, 514, 547

농무연합회(農務聯合會) 26, 27

농민당(農民黨) 26

농민협회 35

농상조합 262

ㄷ

다나카 사다오(田中定雄) 367

당취오(唐聚五) 26, 25

대도회(大刀會) 23, 24, 502

대동학원(大同學院) 509

대련농사회사(大連農事會社) 106, 360, 433, 434

대조영(大祚榮) 544, 585, 130

데루오카 기토우(暉峻義等) 366

동북행정위원회(東北行政委員會) 545

동아권업공사(東亞勸業公司) 124, 141, 184, 192~195, 226, 241, 243, 254, 301

동아권업주식회사 178~181, 198, 249, 257, 262, 263, 296, 311, 435
동안성(東安省) 540, 547, 561
동양척식주식회사 217, 224, 247, 263, 290, 296, 299, 302, 304, 305
동청철도(東淸鐵道) 229
동흥은행(東興銀行) 525

ㄹ

류영동(柳瑛东) 348
리튼 보고서 111

ㅁ

마이하(螞蟻河) 144, 178
만보산사건(萬寶山事件) 27, 107, 133, 174, 324, 428, 559, 549
만선개척주식회사 82
만선척식주식회사(滿鮮拓殖株式會社) 296, 310, 322, 325, 511, 514, 547
만선척식회사 96, 196, 311, 321, 322, 325, 377, 387, 430, 523, 525
만주 척식주식회사 320
만주개척청년의용대 374, 331, 384, 382
만주 개척민 311, 323, 327, 329, 330, 332~334, 336, 340, 342, 343, 375, 396, 398, 414, 435, 437, 442, 444, 549, 551, 565
만주 개척민 지원자 훈련소(本府滿洲開拓民志願者訓練所) 327
만주개척정책 기본요강(滿洲開拓政策基本要綱) 340
만주개척청년(滿洲開拓靑年) 339
만주개척회사(滿洲拓植會社) 340
만주농사협회 436
만주사변 13, 23, 24, 26, 27, 87, 92, 95, 107, 125, 132, 172, 174~176, 178, 185, 192~195, 199, 203, 210, 229, 230, 233, 235, 236, 240, 242~244, 247, 248, 251, 257, 260, 263, 265, 269, 271, 291, 300, 301, 314, 320, 323~325, 337, 418, 421, 425, 426, 428, 429, 435~437, 441, 489, 502, 507, 508, 510, 522, 533, 537, 547, 556, 559, 563, 569, 584, 586
만주척식고빈유한공사(滿洲拓殖股份有限公司) 301
만주척식공사 82, 377, 378, 381, 382, 384, 387, 389, 390, 441
만주척식주식회사(滿洲拓殖株式會社) 301, 308, 436, 440, 441
만주토지개발주식회사 443
만척 공사(滿拓公司) 322, 323, 441, 443
맹중은(孟中恩) 45
모리오카(森岡) 30
모범농촌 211, 245, 272, 304, 305
목극등(穆克登) 152, 228, 427
목단강성(牧丹江省) 231, 362, 430, 463, 506, 513, 540, 546, 561
무순조선인금융회 262
미쓰야(三矢) 협정 150
민우연맹(民友聯盟) 26
민정부(民政府) 32, 91, 92, 320, 364, 366, 369
민족협화(民族協和) 45, 79, 95, 207, 229, 235, 257,

320, 325, 326, 330, 339, 342, 370, 371, 374, 375, 377, 382, 387, 391, 400~404, 407, 408, 413~413, 416~418, 420, 421, 440, 443, 444, 526, 532, 537, 546, 549, 550, 556, 570, 582

민회(民會) 72, 73, 123, 158, 226, 245, 246, 250, 253, 256, 274, 294, 480, 509, 515, 563, 566

북진흥아여자추진대(北進興亞女子推進隊) 334

분촌이민(分村移民) 337

빈강성(濱江省) 90, 178, 229, 237, 269, 320, 361~363, 430, 438, 506, 510, 511, 513, 540, 561

ㅂ

박관해(朴觀海) 44

박내춘(朴來春) 26

박복순(朴福順) 249, 250

박석윤(朴錫胤) 509, 525

박영훈(朴永勳) 23

박중화(朴中和) 44

반길림군(反吉林軍) 28

반길연합군(反吉聯合軍) 29

반일회 35, 176

반제동맹호제회(反帝同盟互濟會) 35

방태섭(方泰燮) 501

백음태래(白音太來) 106, 160

봉직전쟁(奉直戰爭) 563

봉천보모전습소(奉天保姆傳習所) 504

봉천서탑교회 504

봉천성(奉天省) 90, 178, 186, 194, 227, 229, 231, 237, 244, 269, 270, 301, 302, 319, 421, 426, 428, 130, 504, 506, 510, 511, 519, 540, 561

봉천영사관(奉天領事館) 22

북변진흥 426, 444, 543, 556

북안성(北安省) 438, 442, 550, 559, 561, 577~579

ㅅ

사상대책 47~52, 55, 59~61, 63~65, 67, 68

사이토 스에지로(齋藤季治郎) 153

삼강성(三江省) 90, 237, 360, 361, 430, 436, 438, 442, 506, 511, 513, 522, 540, 547, 561

삼부통일회의(三府統一會議) 22

삼원포 농촌 186

삼원포(三源浦) 안전농촌 186, 195, 269~271

상조권(商租權) 124, 155, 156, 169, 248, 472

상조문제(商租問題) 31

서범석(徐範錫) 91, 501, 525

선농취급요강(鮮農取扱要綱) 79, 81

선만척식주식회사(鮮滿拓殖株式會社) 294, 302~304, 325, 429

선인취체(鮮人取締) 30, 31

세린하(細鱗河) 147, 199, 212, 213, 216, 220~222, 272, 276, 278~289

소비에트 34, 149, 151

손기창(孫其昌) 491

수화 농촌 178, 179, 181~183, 185, 189, 194, 195, 269

스사노오노미코토(素戔嗚尊) 135

시국대책조사회(時局對策調査會) 506

신민부(新民府) 22
신숙(申肅) 27, 28
신영우 311, 312
신오(申悟) 44

ㅇ

아성주민회(阿城住民會) 27
안국형(安國亨) 23
안동성(安東省) 90, 168, 237, 430, 431, 506, 511, 513, 519, 538, 540, 561
안전농촌(安全農村) 14~16, 91, 123, 141~143, 146, 147, 149, 161, 172~174, 176, 178~186, 188, 189, 191~201, 224, 225, 246, 244, 251, 265, 269, 295, 299, 301, 304, 311, 316, 324, 429
안혜경(顏惠慶) 150
야마다 데이이치(山田悌一) 360
양서봉(梁瑞鳳) 23~25
양춘방(楊春芳) 143
양하산(梁河山) 24, 25
어윤중(魚允中) 228
여영환(呂榮寰) 491
연수현(延壽縣) 145, 244
열하성(熱河省) 90, 227, 237, 431, 506, 511, 523, 561
영구 안전농촌 142, 186, 244
영구항 195, 196
영사관 30, 36, 37, 64, 66, 145, 215, 230, 240, 241, 245, 247, 254, 259, 264, 269, 272, 295, 324, 505
영사재판권(領事裁判權) 17, 460, 461, 466, 475, 490
오록정(吳祿貞) 153

오족협화(五族協和) 173~175, 479, 482, 489, 508, 522, 542, 543, 568, 584
오쿠마(大隈) 내각 116
왕덕림(王德林) 176, 210, 242, 271, 546
왕청문(旺淸門) 24
외무성 14, 15, 20, 22, 30, 34, 37, 43, 47, 131, 158, 168, 172, 193, 211, 226, 227, 238, 241, 242, 249, 256, 261, 270, 297~299, 304, 474, 481, 513, 515, 538, 566
용강성(龍江省) 90, 237, 245, 320, 431, 506, 511, 554, 561
우에다 겐키치 492, 496, 498~500
우지산(于芷山) 491
유동열(柳東悅) 29
유조구사건(柳條溝事件) 545
유홍순(劉鴻洵) 509, 525
윤상필(尹相弼) 15, 86, 91, 92, 509, 525
윤상희(尹相羲) 323, 339
이규성(李奎星) 23
이대훈(李大勳) 43~45
이동선(李東善) 27
이민사무처리위원회(移民事務處理委員會) 77, 80, 321, 524
이범윤(李範允) 152, 153
이범익(李範益) 509, 525, 531
이병표(李秉彪) 23
이붕해(李鵬海) 44
이삼현(李三賢) 23
이소경(李紹庚) 491
이시와라 간지(石原莞爾) 360
이옥룡(李玉龙) 345~347

이욱(李旭) 43

이종건(李鍾乾) 23

이주 대책 75

이중하(李重夏) 152

이지영(李枝榮) 27

이진무(李振武) 23

이청천(李靑天) 27~29, 43, 70

이타케루노미코토(五十猛命) 135

이탁(李鐸) 28

이토고로(伊藤五郎) 366

이호원(李浩元) 23

이훈구(李勳求) 536

일등원(一燈園) 106, 160

ㅈ

자위단 20, 35~38, 44, 46, 67, 68, 148, 183, 196, 215, 218, 245, 272~274, 287, 349, 354

자작농 창정 16, 83, 97, 144, 178, 184, 185, 192~194, 197, 200, 224, 246, 247, 263, 269, 273, 290, 296, 301, 302, 308~311, 320, 394, 429, 523, 547, 581

자혜의원출장소(진료소) 250m 259

장경혜(張景惠) 480, 482, 486, 491, 492, 496~500

장세용(張世湧) 23

장작림(張作霖) 124, 143, 150, 545, 547

장작상(張作相) 28

장학량(張學良) 24, 28, 545

장환상(張煥相) 491

재만동포구제조사위원회 241, 243

재만한교총연합회(在滿韓僑總聯合會) 27

적색공회(赤色公會) 35

적색특별검거대 36

전만경무청장회의 31

전만 일제사상 대책 실시계획 대강(全滿一齊思想對策實施計劃大綱) 65

전만조선인민회연합회(全滿朝鮮人民會聯合會) 252, 266, 291, 295

전운학(田雲鶴) 23

전장대(田庄臺) 142, 192, 194, 195, 224, 269, 270, 301

정의부(正義府) 22

정주문(鄭注文) 351, 352

정초(丁超) 29

정해련 345, 352~357

조만척식주식회사(朝滿拓殖株式會社) 523

조백산(祖白山) 44

조선공산당 23, 145, 150

조선사회사업협회 241, 242, 271

조선인의용자위단 21, 37, 38

조선혁명군 28, 29

조선혁명당 27

조성원(趙星垣) 44

중국공산당 23, 26, 60, 150, 304

지도방침(指導方針) 78, 309, 548

지도요령(指導要領) 78

지방주인(地方主人) 154

진소상(陳昭常) 153

진학문(秦學文) 509, 525

집단부락 14~16, 35~37, 43, 58, 89, 91, 168, 169, 175~177, 192, 193, 198~202, 204, 206, 210,

211, 215, 217, 219, 225, 245~248, 251, 258, 260, 265, 269, 271~275, 290, 325, 429

ㅋ

카마타 사와이치로(鎌田 澤一郎) 88, 98

ㅊ

참의부(參議府) 22, 471, 490

척식훈련소(拓殖訓練所) 84, 304, 338, 361

척정변사처(拓政辯事處) 321

척정판사처(拓政辦事處) 80, 81

철령 농촌 143, 178, 179, 181~183, 185, 194, 243, 269, 270

청년의용대(靑年義勇隊) 82, 84, 327, 331, 339~341, 363, 365~371, 374, 375, 377, 439, 441, 442, 444, 451, 525, 547, 577, 581

청산리(靑山里) 147, 199, 212, 213, 216, 220~222, 272, 276, 278~289

초등학교 391, 512, 516, 519, 543, 546, 547, 588

초민령(招民令) 110, 423

종영사관 198, 240, 245, 502

최기홍(崔基弘) 349, 350

최남선(崔南善) 509, 525

최창헌(崔昌憲) 559

최현(崔賢) 546

최홍재(崔弘栽) 344~346

치안공작 51, 58, 59, 68, 201, 559

치안숙정계획(治安肅正計劃) 47, 49, 50

치외법권 철폐 17, 93, 235, 291, 292, 294, 296, 301, 306, 324, 430, 460~479, 481, 483~489, 491, 498, 501, 508, 509, 511, 515, 516, 523, 525, 539, 567

ㅌ

토미야 가네오(東宮鐵男) 360

토벌계획 49, 57

통감부임시간도파출소 259

통주사건(通州事件) 572

통화성(通化省) 270, 271, 430, 506, 513, 540, 561

ㅍ

풍점해(馮占海) 29

ㅎ

하동 농촌 144, 178, 179, 181~183, 185, 194, 244, 269, 270

하얼빈 총영사관 146, 245, 271

한광준(韓光俊) 44

한국대독립당(韓國大獨立黨) 28

한국독립군(韓國獨立軍) 28, 29

한국독립연대 29

한운계(韓運階) 491

한족농무연합회(韓族農務聯合會) 27

한족자치연합회(韓族自治聯合會) 26~28

한족총연합회(韓族總聯合會) 26
한테러단 26
항일반만운동(抗日反滿運動) 24
항일의용군(抗日義勇軍) 23
해림권농회(海林勸農會) 262
협조회 15, 37, 40, 42~46
협화청년단(協和靑年團) 365
협화회(協和會) 79, 80, 367, 375, 379, 387, 391, 393, 394, 399, 404, 406, 408~411, 416, 508, 509, 541, 550, 557, 570, 582, 588
홍진(洪震) 29
홍학순(洪學亨) 23
황의명(黃義明) 526
후지가케 스에마쓰(藤懸末松) 369
흑하성(黑河省) 231, 237, 431, 506, 511, 552, 561

흥경농무조합(興京農務組合) 262
흥농개척공진회(興農開拓共進會) 562
흥안남성 90, 237, 320, 431, 439, 506, 511, 513, 561
흥안동성(興安東省) 237, 431, 506, 511, 561
흥안북성(興安北省) 231, 237, 431, 506, 561
흥안서성(興安西省) 237, 431, 506, 511, 561
흥은구락부(興銀俱樂部) 562
희흡(熙洽) 33

동북아역사재단 일제침탈사 자료총서 78
국외편

재만 조선인 통제(4)
1933~1945년 일제의 재만 조선인 정책 자료집

초판 1쇄 발행 2024년 12월 26일

기획 | 동북아역사재단 일제침탈사 편찬위원회
편역 | 김주용·이명종
펴낸이 | 박지향
펴낸곳 | 동북아역사재단

등록 | 제312-2004-050호(2004년 10월 18일)
주소 | 서울시 서대문구 통일로 81 NH농협생명빌딩
전화 | 02-2012-6065
홈페이지 | www.nahf.or.kr
제작·인쇄 | 니케북스

ISBN 979-11-7161-154-6 94910
      978-89-6187-722-0 (세트)

• 이 책은 저작권법으로 보호를 받는 저작물이므로 어떤 형태나 어떤 방법으로도 무단전재와 무단복제를 금합니다.
• 책값은 뒤표지에 있습니다. 잘못된 책은 바꾸어 드립니다.